数量经济学系列

金融计量学
（第3版）

唐勇　朱鹏飞　林娟娟　编著

清华大学出版社
北京

内容简介

金融计量学是一门新型的金融数据处理课程，汇总了时间序列等数据处理方法在金融、经济方面的应用。本书是在作者多年来从事金融计量方面的教学和科研基础上编写而成的，融合最新的有关研究成果，使课程体系更加完善。本书体现了理论深度和学术前沿性，同时针对我国金融市场进行了大量实证研究，展示了我国金融市场取得的伟大成就，具有理论和实践指导意义。

本书可作为财经类或综合性院校的数量经济、金融等专业高年级本科生教材和相关专业的研究生教材，亦可作为相关领域研究人员的参考书。

本书封面贴有清华大学出版社防伪标签，无标签者不得销售。
版权所有，侵权必究。举报：010-62782989，beiqinquan@tup.tsinghua.edu.cn。

图书在版编目(CIP)数据

金融计量学/唐勇,朱鹏飞,林娟娟编著.—3版.—北京：清华大学出版社,2024.2
(数量经济学系列丛书)
ISBN 978-7-302-65276-2

Ⅰ.①金…　Ⅱ.①唐…②朱…③林…　Ⅲ.①金融学－计量经济学－高等学校－教材　Ⅳ.①F830

中国国家版本馆 CIP 数据核字(2024)第 024293 号

责任编辑：张　伟
封面设计：常雪影
责任校对：王荣静
责任印制：刘海龙

出版发行：清华大学出版社
网　　址：https://www.tup.com.cn, https://www.wqxuetang.com
地　　址：北京清华大学学研大厦 A 座　　邮　编：100084
社 总 机：010-83470000　　邮　购：010-62786544
投稿与读者服务：010-62776969, c-service@tup.tsinghua.edu.cn
质量反馈：010-62772015, zhiliang@tup.tsinghua.edu.cn
印 装 者：大厂回族自治县彩虹印刷有限公司
经　　销：全国新华书店
开　　本：185mm×260mm　　印　张：23　　字　数：403 千字
版　　次：2016 年 8 月第 1 版　2024 年 2 月第 3 版　印　次：2024 年 2 月第 1 次印刷
定　　价：69.00 元

产品编号：102791-01

前言

金融计量学是一门实践性很强的课程，本书对第2版有关内容进行修正和补充，着重汇集了金融时间序列在金融、经济方面的理论、方法和应用。本书是作者多年来在金融计量教学和研究基础上编写而成，体现较强的理论深度和学术前沿性，并针对我国金融市场的实际情况，进行了大量的实证分析和研究。

本书的最大特色在于：将最新的金融高频数据、小波理论、分形理论、Copula函数、空间计量和复杂网络结构等方面研究成果编写进本书，使教材理论体系更加完善，弥补了传统本课程教材的不足；主要针对中国金融市场的实际问题，应用相关的计量理论和方法进行分析，每章都配备了大量的实证分析和案例研究，充分把理论和实践相结合；重点内容配合计量经济软件EViews等对每个理论、方法与模型加以实现，充分让学生掌握金融计量的基本理论、方法，懂得如何在实践中应用金融计量基本研究方法，解决金融市场的实际问题并能应用相应的工具加以实现；内容安排上较为灵活，可以根据不同使用者需求，自由取舍，不影响本书的结构体系。

本书共14章，从内容上可以划分成三个部分。

第一部分包括第1章到第3章，第1章为金融计量学基本知识介绍，第2章和第3章为金融计量的基础理论、方法，这部分也是传统计量经济学的基础部分，可以根据实际学习需求自由取舍。如果已经学过计量经济学初步内容，那么这部分内容可以忽略，不用去学习。

第二部分包括第4章到第7章，这部分内容是传统金融计量学的核心部分，重点介绍金融计量中变量一阶矩、二阶矩建模与应用以及多变量之间的关系。波动建模中重点介绍了SV模型(随机波动模型)及其应用，这部分内容至今也很少有教材介绍。

第三部分包括第8章到第14章，介绍了金融计量学应用以及一些最新的数据处理方法。第8章详细地介绍了常见的金融风险度量方法并指出VaR(value at risk,在险价值)方法的局限性。第9章是有关金融高频数据方法及应用，这部分内容相关教材还比较少见。这一章重点介绍了金融高频数据的特征与建模以及最新模型优劣比较方法。第10~14章介绍了近年来在金融数据处理方面的新方法，分别介绍了Copula函数、小波、分形、空间计量及复杂网络结构，着重介绍了基础理论及其在金融市场中的应用。第10章到第14章这部分内容，目前鲜有教材详细介绍这方面的建模和应用。

本书在编写过程中，重点突出基础理论、方法与金融市场的案例分析，也适时加入金融计量研究领域的一些前沿问题，使学生在掌握传统的金融计量内容的同时，也了解金融计量研究前沿进展。另外，扫描下方二维码可下载数据，以方便学习。

I

林超华、詹元毅、付可颖、李小慧等提供了基础资料并进行了校对工作，在此表示感谢！

由于水平有限，不当之处在所难免，恳请同行专家和读者批评指正，并提出宝贵意见和建议。

本书受国家社科基金项目(21BJY033)资助。

唐　勇

2023 年 6 月 1 日

于福州大学旗山湖畔

第 1 章	金融计量学介绍	1
1.1	金融计量学的含义及建模步骤	1
1.2	金融数据的主要类型、特点和来源	2
1.3	收益率计算	4
1.4	常用的统计学与概率知识	6
1.5	常用金融计量软件介绍	14
复习思考题		20
即测即练		21

第 2 章	经典回归模型及其应用	22
2.1	一元回归模型及其应用	22
2.2	多元回归模型及其应用	28
2.3	回归模型的检验	31
2.4	案例分析	35
复习思考题		39
即测即练		39

第 3 章	非典型性回归模型及其应用	40
3.1	非线性模型转化为线性模型	40
3.2	异方差性	44
3.3	自相关	49
3.4	多重共线性	56
3.5	虚拟变量模型	62
3.6	预测	67
复习思考题		70
即测即练		70

第 4 章	一元时间序列分析方法	71
4.1	时间序列的相关概念	71
4.2	平稳时间序列模型	73

4.3 非平稳的时间序列分析 …… 84
4.4 长记忆时间序列模型 …… 93
复习思考题 …… 98
即测即练 …… 98

第5章 向量自回归模型 …… 99

5.1 VAR模型介绍 …… 99
5.2 VAR模型的估计方法与设定 …… 103
5.3 格兰杰因果关系检验 …… 107
5.4 脉冲响应函数与方差分解 …… 108
5.5 结构VAR模型 …… 115
复习思考题 …… 118
即测即练 …… 118

第6章 协整和误差修正模型 …… 119

6.1 协整与协整检验 …… 119
6.2 误差修正模型 …… 126
6.3 Johansen协整检验方法 …… 129
6.4 向量误差修正模型 …… 132
复习思考题 …… 134
即测即练 …… 134

第7章 GARCH模型分析与应用 …… 135

7.1 金融时间序列异方差特征 …… 135
7.2 ARCH模型 …… 137
7.3 GARCH模型 …… 139
7.4 GARCH类模型的扩展 …… 142
7.5 GARCH类模型应用 …… 146
7.6 几种向量GARCH模型 …… 154
7.7 随机波动模型 …… 160
复习思考题 …… 166
即测即练 …… 166

第8章 风险度量方法及应用 …… 167

8.1 金融市场风险概述 …… 167
8.2 金融风险度量方法 …… 170
复习思考题 …… 187
即测即练 …… 187

第 9 章 金融高频数据分析及应用 ··· 188

- 9.1 金融高频数据特征分析 ··· 188
- 9.2 波动率建模 ··· 189
- 9.3 案例分析 ··· 207
- 复习思考题 ··· 222
- 即测即练 ··· 222

第 10 章 Copula 分析方法及应用 ··· 223

- 10.1 Copula 函数理论 ··· 223
- 10.2 Copula 相关性测度 ··· 225
- 10.3 常用 Copula 函数介绍 ··· 228
- 10.4 藤 Copula 函数介绍 ··· 230
- 10.5 Copula 函数参数估计 ··· 233
- 10.6 混频 Copula ··· 236
- 10.7 案例分析 ··· 238
- 复习思考题 ··· 258
- 即测即练 ··· 258

第 11 章 小波分析方法及应用 ··· 259

- 11.1 小波函数 ··· 259
- 11.2 小波变换 ··· 264
- 11.3 案例分析 ··· 269
- 复习思考题 ··· 279
- 即测即练 ··· 279

第 12 章 分形分析方法及应用 ··· 280

- 12.1 单分形相关理论方法 ··· 280
- 12.2 多重分形相关理论方法 ··· 283
- 12.3 优化方案 ··· 287
- 12.4 案例分析 ··· 288
- 复习思考题 ··· 305
- 即测即练 ··· 305

第 13 章 空间计量方法及应用 ··· 306

- 13.1 空间自相关 ··· 306
- 13.2 空间计量模型 ··· 315
- 13.3 案例分析 ··· 319
- 复习思考题 ··· 323

即测即练 ·· 324

第 14 章　复杂网络方法及应用 ··· 325

　14.1　复杂网络基本概述 ··· 325
　14.2　经典复杂网络模型 ··· 333
　14.3　案例分析 ·· 336
　　复习思考题 ·· 340
　　即测即练 ·· 340

参考文献 ·· 341

附录　统计分布表 ·· 349

金融计量学介绍

本章知识点
1. 了解金融计量学的基本概念与建模步骤。
2. 深入理解金融数据的主要类型、特点和来源。
3. 熟悉收益率的计算方法。
4. 了解统计学与概率的基础知识。

1.1 金融计量学的含义及建模步骤

1.1.1 金融计量学的含义

要了解什么是金融计量学,先要了解什么是计量经济学。计量经济学从字面意思来看,是指经济学中的测量。实质上,计量经济学起源于经济学,是经济学的一个分支学科,是以揭示经济活动中客观存在的数量关系为内容的分支学科。

计量经济学不仅是检验经济理论的一门科学,而且也是预测经济变量未来值的一套工具,如预测股票价格走势、预测公司的销售额等。计量经济学可以利用经济数学模型拟合实际数据的过程,是基于历史数据给予政府和企业以数值化或定量化政策建议的一门科学和艺术。

一般认为金融计量学是计量经济学的一个分支,是计量经济学在金融学中的一种应用。在西方经济中,一般认为金融计量学是指金融市场的计量分析,特别是统计技术在处理金融问题中的应用。而本书所指的金融计量学除了包括以上计量经济学基本理论,还涵盖了其在金融市场的应用,如检验金融市场信息是否有效,检验资本资产定价模型(CAPM)是否决定风险资产收益率的优良模型,测量和预测债券收益率的波动性,检验关于变量相互关系的假设,考察经济状况变化对金融市场的影响,等等,后面相应章节将做详细介绍。

1.1.2 金融计量建模步骤

通过各种不同的方法对金融市场进行描述和模拟就形成了各种各样的金融计量模型,这些模型都具有一些相同的主要步骤。根据克里斯·布鲁克斯(Chris Brooks)提出的金融模型步骤,对金融计量建模的基本步骤总结如图 1-1 所示。

步骤一:问题的概述。该步骤主要涉及金融或经济理论的形成,一般来自某种理论的认识或对某种理论的假设,根据理论建立模型用数学公式表示出来。其具体包括选择变量、确定变量之间的数学关系、拟定模型估计参数的数值范围。选择变量需要注意以下几点:

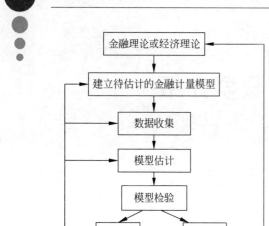

图 1-1　金融计量建模的基本步骤

①正确理解和把握所研究的经济现象中暗含的经济学理论和经济行为规律;②处在不同的环境中,要研究不同的行业,选择的变量也不同;③要考虑数据的可得性;④选择变量要考虑所有入选变量之间的关系,使得每一个解释变量都是独立的。

步骤二:收集样本数据。样本数据的收集与整理,是建立金融计量学模型过程中最基础的工作,也是对模型质量影响极大的一项工作。从工作程序上讲,它是在模型建立之后进行,但实际上经常是同时进行的,因为能否收集到合适的样本观测值是决定变量取舍的主要因素之一。对于金融数据的类型、特点、来源将在 1.2 节详细介绍。

步骤三:选择合适的估计方法。根据模型提出的假设和建立的数学表达式,确定数据的类型选择一元回归还是多元回归,选择单一方程还是联立方程。

步骤四:模型的检验。在步骤三之后初步得到估计结果,但需要进一步检验估计的结果是否满足我们的需要,是否合理地描述数据,是否具有经济学上的意义。一般检验包括三个方面:统计检验、计量经济学检验以及经济、金融意义检验。统计检验的目的在于检验模型参数估计值的可靠性,包括模型拟合优度检验、变量显著性检验、方程显著性检验等;计量经济学检验是否符合计量经济学理论知识,包括序列相关性检验、异方差检验、多重共线性检验以及协整检验等。经济、金融意义检验是将计量检验的结果与相应的经济理论或金融理论相比较,确定两者是否相符。估计的参数通过检验则可进行模型的解释,并应用在实际中,否则回到步骤一到步骤三,要么放宽假设条件,要么改变计算方法,要么重新建立模型,收集更多数据。

步骤五:模型的应用。当模型通过检验,结果获得合理的解释,步骤一的理论得到支撑,就可以将模型用来检验步骤一提出的理论、进行预测或者提出建议。金融计量学模型的应用很广,主要分为以下几个方面:①结构分析。对经济现象中变量之间相互关系进行研究,如研究某一因素变化对经济状况的影响。②金融、经济预测。根据模型变量的设定,预测金融经济变量,如一元回归模型中被解释变量的预测、未来资产价值以及波动率的预测。③政策评价。研究不同的经济政策产生的不同结果,评估这些结果,或是从不同的政策结果中选择最优的政策方案。④检验与发展经济理论。实践是检验真理的唯一标准,任何经济理论都是要通过检验,金融计量学模型是一种很好的科学方法,对于探索经济规律提供了很大的帮助。

1.2　金融数据的主要类型、特点和来源

1.2.1　金融数据的主要类型

在金融问题的分析中,主要有三类数据可供使用,即时间序列数据(time series data)、截面数据(cross-sectional data)、面板数据(panel data)。

(1) 时间序列数据。时间序列数据是指一个实体在不同时期内的观测数据。例如，中国各年的通货膨胀率，一家公司当年每个季度的营业额，每天的股票价格，等等。时间序列数据进行回归时应注意数据的一致性，确保各变量数据的频率相同，应注意模型随机误差项有可能产生序列相关，还应注意数据的平稳性问题，同时也要注意数据的可比性，消除不同时点的数据受通货膨胀因素的影响。时间序列数据可用于研究变量随时间推移的发展变化，并预测这些变量的未来值。如研究某个国家股票指数价格如何随着国家宏观经济基础变量的变化而变化、贸易赤字上升对该国汇率的影响、预测某股票的波动率等。

(2) 截面数据。截面数据是指多个实体在某一时点上的观测数据。例如亚洲各个国家2015年的人均GDP(国内生产总值)，某一时点上深圳证券交易所所有股票的收益率，中国各个省份2015年一年的税收情况等。分析截面数据时，可能出现异方差情况，整理数据时应注意消除异方差。这类数据主要用于研究某一时期内不同的人、公司或者其他经济实体之间的差异，从而了解变量之间的关系。例如研究公司规模对其进行股票投资的回报率之间的关系、一国GDP水平与其主权债务违约率之间的关系。

(3) 面板数据。面板数据是指时间序列数据和截面数据相结合的数据，即多个实体在多个时期内的观测数据。例如中国国内所有银行过去3年的贷款数据、所有蓝筹股2010年到2015年每日收盘价等。可以应用面板数据研究不同实体的经历和根据每个实体的变量随时间变化的发展来了解经济关系。

对于以上数据的统计和建模分析大多采用的是点值模型(Point-valued Model)。随着大数据时代的到来，统计学家和计量经济学家开始采用区间模型(Interval-valued Model)对相关数据进行分析。本书不对区间模型进行介绍，有兴趣的读者可参阅相关文献。

1.2.2 金融数据的特点

金融计量学主要研究计量经济学在金融市场中的应用。相比宏观经济数据，金融数据在频率、准确性、周期性等方面具有自己特有的性质。下面选择金融数据关注的两个重要指标即抽样频率和时间跨度逐一介绍。

金融数据可以是低频的、高频的和超高频的，随着技术的进步，研究的数据由以前的月、周、日到现在的10分钟、5分钟、1分钟，可用于计量的数据巨大，这是宏观经济数据不能比拟的。

与宏观经济数据相比，金融数据统计错误和数据修正问题会较少，宏观经济数据通常是测算和估计出来的，难免会有差错，而且新公布的统计数据也有可能出错，都会给计量分析带来困难。而金融数据虽然形式多样，但一般来说价格和其他金融变量都是在交易时准确记录下来的，当然也存在数据测量错误、记录错误的可能性。但总体上，金融学中的误差和修正问题不像经济学中的那么严重。

金融数据特别是时间序列数据，一般都是不平稳的，较难区分是随机游走、趋势或其他特征。金融数据通常还有许多其他特征，特别是高频数据，包含太多的噪声，很难分离出背后的趋势；另外，金融数据大部分不服从正态分布，一般回归方法很难适用，但这也推动了金融经济方法的发展。

1.2.3 金融数据的来源

金融数据主要来源于试验或者对现实世界的实际观测，有以下三个渠道。

(1) 政府部门和国际组织的出版物及网站，如可以从国家统计局网站(www.stats.gov.cn)获得宏观金融数据，可以从世界银行网站(www.worldbank.org)或国际货币基金组织网站(www.imf.org)获得世界各国的经济数据。

(2) 专业数据公司和信息公司。一些具体公司的市盈率、资产、负债数据需要到特定的公司网站上面下载，有些公司只有本公司网站才会提供这些数据。另外，还有一些信息公司通过收集某方面的数据，建立专业型数据，通过有偿方式来满足客户的需要。当然，也可以在股票软件，如同花顺等，下载不同股票的收盘价、最高(低)价、换手率等方面的交易数据。

(3) 抽样调查。如果分析人员需要一些特定的数据，往往只能通过抽样调查来获得。特别是大数据，很难对总体数据进行分析，或者无法获得总体数据，只能通过抽样来估计总体。例如要对中国股市的投资者信心进行建模，就必须通过设置调查问卷，对不同的投资群体进行数据采集。

1.3 收益率计算

1.3.1 单期收益率

金融许多问题都是从价格的时间序列开始的，如股票每天的收盘价、黄金期货每日价格等。在金融计量上，用得较多的是把价格时间序列转化为收益率时间序列，因为收益率序列统计特性良好，而且收益率还具有无量纲单位的优点，如年收益率为10%，那么投资者投资100元一年后就会得到110元，投资1 000元就会得到1 100元。

计算收益率一般有两种方法：简单收益率(simple return)和连续复合收益率(continuous compounding return)，计算方法如下。

简单收益率计算公式：

$$R_t = \frac{P_t - P_{t-1}}{P_{t-1}} \times 100\% \tag{1.1}$$

连续复合收益率计算公式：

$$r_t = \ln\left(\frac{P_t}{P_{t-1}}\right) \times 100\% \tag{1.2}$$

式中，R_t 为在 t 时期的简单收益率；r_t 为在 t 时期的连续复合收益率；P_t 为在 t 时期的资产价格；ln 为自然对数。

这里计算的收益率指的都是单期收益率，连续复合收益率也称对数收益率。

根据简单收益率和连续复合收益率的定义，可以根据泰勒公式一阶展开得出如下结论：当简单收益率的值接近零时，连续复合收益率与简单收益率几乎是相等的。也就是求极限时，若样本数据的时间间隔越来越小，简单收益率与连续复合收益率将趋于一致。

1.3.2 多期收益率

多期收益率指的是间隔多个时间段求得的收益率。

多期(假设有 k 期)的简单收益率计算公式如下:

$$R_t(k) = \frac{P_t - P_{t-k}}{P_{t-k}} \times 100\% \tag{1.3}$$

多期的连续复合收益率计算公式如下:

$$\begin{aligned} r_t(k) &= \ln\left(\frac{P_t}{P_{t-k}}\right) \\ &= \ln\left[\left(\frac{P_t}{P_{t-1}}\right)\left(\frac{P_{t-1}}{P_{t-2}}\right)\cdots\left(\frac{P_{t-(k-1)}}{P_{t-k}}\right)\right] \\ &= r_t + r_{t-1} + \cdots + r_{t-k+1} \end{aligned} \tag{1.4}$$

式中,$R_t(k)$ 为 k 期的多期简单收益率;$r_t(k)$ 为 k 期的多期连续复合收益率。

多期收益率可以由单期收益率计算得到,如 1 年有 12 个交易月,若采用简单收益率,则年总收益率可以由这 12 个月总收益率的乘积得到;若采用对数收益率,则可以由这 12 个月对数收益率求和计算得到。

单期与多期是相对的,比如,在用月收益率计算年收益率时,月收益率可被视作单期收益率,而在用日收益率计算月收益率时,月收益率则被视作多期收益率。这表明单期与多期是相对的,既可以将多期视作一个大的单期,也可以将一个单期分解成包括若干个小单期的多期。

从式(1.4)可以看出,对数收益率具有可加性,给计算带来了很大的方便;同时连续复合收益率有良好的性质,在比较资产间的收益率时,通过连续复合收益率的计算,可以消除不同频率的影响。所以金融学术文献上大都采用连续复利收益率公式计算收益率。

对于简单收益率而言,大部分金融资产以有限的负债形式表现,即投资者的最大损失仅仅是他的全部投资,这就意味着可获取的最小收益率是 -100%,但是目前国际上常用的描述收益率序列特征的分布函数(如传统的正态分布)所需要的支撑,往往是整个实数轴。因此,简单收益率的有限负债性给金融建模带来了一定的不便。而对数收益率是对简单总收益率取对数得到,它的取值范围为整个实数轴,所以可以不受有限负债的限制。

近年来,年化收益率在金融市场中较为常见。例如,某个 6 个月的理财产品"年化收益率为 4.8%",其意思是半年期到期收益率对应的是 2.4%。对于季节价格指数,年化收益率计算公式近似写成

$$100\% \times \ln\left(\frac{P_t}{P_{t-1}}\right)^4 = 400\% \times \ln\left(\frac{P_t}{P_{t-1}}\right) \tag{1.5}$$

以此类推,对于月度数据,年化收益率计算公式如下:

$$100\% \times \ln\left(\frac{P_t}{P_{t-1}}\right)^{12} = 1200\% \times \ln\left(\frac{P_t}{P_{t-1}}\right) \tag{1.6}$$

上述计算严格来说是一种近似计算,对于简单收益率而言,上述计算公式分别如下:

$$100\% \times \left[\left(\frac{P_t}{P_{t-1}}\right)^4 - 1\right] \quad 和 \quad 100\% \times \left[\left(\frac{P_t}{P_{t-1}}\right)^{12} - 1\right]$$

从基本的高数知识可知,在一般情况下,这两种计算方法近似相等。

1.4 常用的统计学与概率知识

1.4.1 随机变量

1. 随机变量的含义

随机变量是一个随机结果的数值概括。例如未来股票的价格、1年GDP值、企业生产总值等,这些经济方面的观测值都是随机变量。随机变量根据其结果取值的特性,可以分为离散型随机变量和连续型随机变量,若所有可能的结果是有限的或可数无限的,则随机变量是离散型;若所有可能的结果充满一个或若干有限或无限区间,则随机变量是连续型的。

2. 随机变量的概率分布

为了描述随机变量的不确定性,往往将随机结果与概率联系起来。随机变量 X 所有可能取值为 x_i 的概率就是 X 的概率分布。对于离散型变量,其概率分布为

$$P(X = x_i) = p_i \quad (i = 1, 2, 3, \cdots, n) \tag{1.7}$$

对于连续型变量,所有可能的结果对应的概率为 0,度量该随机变量在某一特定范围或区间内的概率才有实际意义。概率密度函数(PDF)定义为 $f(x)$ 且满足:

$$P(a \leqslant x \leqslant b) = \int_a^b f(x) \mathrm{d}x \tag{1.8}$$

$$f(x) \geqslant 0$$

$$\int_{-\infty}^{\infty} f(x) \mathrm{d}x = 1$$

3. 随机变量的累积分布函数

随机变量小于或者等于某个特定值的概率记为 $F(x)$,就是累积分布函数(CDF),定义如下:

$$F(x) = P(X \leqslant x) \tag{1.9}$$

容易得出离散随机变量 X 的累积分布函数为

$$F(x) = \sum_{x_i \leqslant x} p_i \tag{1.10}$$

连续型随机变量 X 的累积分布函数为

$$F(x) = \int_{-\infty}^{x} f(x) \mathrm{d}x \tag{1.11}$$

累积分布函数和概率密度函数可以准确而全面地描述随机变量的分布情况。

4. 随机变量分布的矩条件

矩条件是金融计量建模中重要的内容,这里先回归一下随机变量分布矩条件的一些基本概念。假设 X 是一个密度函数为 $f(x)$ 的连续型随机变量,则矩条件分别定义如下。

p 阶原点矩定义为

$$E[X^p] = \int_{-\infty}^{\infty} x^p f(x) dx \tag{1.12}$$

p 阶中心矩定义为

$$E\{[X-E(X)]^p\} = \int_{-\infty}^{\infty} [x-E(X)]^p f(x) dx \tag{1.13}$$

1) 随机变量的期望

期望就是随机变量平均值,度量了随机变量的集中趋势。用 $E(X)$ 来表示随机变量的数学期望,离散型随机变量期望定义为

$$E(X) = \sum_{i=1}^{n} x_i p_i \tag{1.14}$$

式中,x_i 为随机变量 X 所有可能取值;p_i 为 x_i 发生的概率。

连续型随机变量期望定义为

$$E(X) = \int_{-\infty}^{+\infty} x f(x) dx \tag{1.15}$$

式中,$f(x)$ 为随机变量 X 的概率密度函数。

数学期望有一个重要的性质:

$$E(a+bx) = a + bE(x) \tag{1.16}$$

式中,a 和 b 都为常数。

期望也是随机变量的一阶矩,其在金融中的含义是金融资产平均收益或者期望收益,反映的是金融资产收益的一阶矩风险。

2) 随机变量的方差和标准差

方差是刻画随机变量偏离期望的程度,偏离的量 $X-E(X)$ 有正、有负,为了不使正负偏离彼此抵消,一般考虑 $[X-E(X)]^2$,这也是一个随机变量,取其均值就可以刻画随机变量 X 的波动程度。所以方差 $\sigma^2(X)$ 定义如下:

$$\text{Var}(X) = \sigma^2(X) = \begin{cases} \sum_i [x_i - E(X)]^2 p_i & (X \text{ 是离散型随机变量}) \\ \int_{-\infty}^{+\infty} [x - E(X)]^2 f(x) dx & (X \text{ 是连续型随机变量}) \end{cases} \tag{1.17}$$

由于期末的收益是不确定的,所以期末的资产回报率是随机变量,收益的方差度量收益率的分散趋势程度,经常用方差来衡量经济变量的波动性。标准差是方差的开方,通常用 σ 来表示:

$$\sigma = \sqrt{\sigma^2(X)} \tag{1.18}$$

方差的一个重要性质是

$$\sigma^2(a+bX) = b^2 \sigma^2(X) \tag{1.19}$$

式中,a 和 b 都为常数。

方差或者标准差也是随机变量的二阶矩,其在金融中的含义是金融资产的一般波动(volatility),反映的是金融资产收益的二阶矩风险。

3) 随机变量的偏度和峰度

偏度是用于衡量分布的不对称程度或偏斜程度的指标,用 $E\{[X-E(X)]^3\}$ 来表示,也

称三阶矩。实际中通常用偏度系数 S 表示对称性程度,当 $S=0$ 时,分布对称;当 $S>0$ 时,为正偏斜,有个较长的右尾部,均值大于中位数;当 $S<0$ 时,为负偏斜,有个较长的左尾部,均值小于中位数,其定义如下:

$$S = \frac{E\{[X-E(X)]^3\}}{\sigma^3} \tag{1.20}$$

对于离散型随机变量 X 的一系列观测值 $(x_1, x_2, \cdots, x_n)$ 组成的样本,其偏度系数 S 的计算方法是

$$S = \frac{1}{n}\sum_{i=1}^{n}\frac{(x_i-\bar{x})^3}{[\sigma^2(x_i)]^{3/2}} \tag{1.21}$$

式中,n 为样本的个数;x_i 为样本的观测值;$\bar{x}$ 为观测值的平均值;$\sigma^2(x_i)$ 为观测值的方差。

峰度是随机变量的四阶矩,用 $E\{[X-E(X)]^4\}$ 来表示。峰度是用于衡量分布的集中程度或分布曲线的尖峭程度的指标,也就是反映分布函数尾巴厚度的指标。实际中通常用峰度系数 K 来表示,正态分布的 $K=3$,当 $K>3$ 时,分布呈尖峰状态。如金融时间序列多是这种分布,则具有"尖峰厚尾"(leptokurtosis and fat-tail)的特征;$K<3$ 为扁峰(矮峰)分布,其定义如下:

$$K = \frac{E\{[X-E(X)]^4\}}{\sigma^4} \tag{1.22}$$

同样地,对于离散型随机变量 X 的一系列观测值 $(x_1, x_2, \cdots, x_n)$ 组成的样本,其偏度系数 K 的计算方法如下:

$$K = \frac{1}{n}\sum_{i=1}^{n}\frac{(x_i-\bar{x})^4}{[\sigma^2(x_i)]^2} \tag{1.23}$$

偏度在金融中的含义是衡量金融资产受信息冲击的非对称程度,反映的是金融资产收益的三阶矩风险(偏度风险)。峰度在金融中的含义是测度极端风险发生的可能性,反映的是金融资产收益的四阶矩风险(峰度风险)。三阶矩风险和四阶矩风险统称高阶矩风险。

以上阶矩风险统称矩风险,它们在金融资产定价、投资组合、风险建模与管理等方面有着广泛的应用。

1.4.2 常用概率分布

每个随机变量都有其特定的概率分布特征,下面介绍金融计量学中常用的几种概率分布,即正态分布(normal distribution)、χ^2 分布(chisquare distribution)、t 分布(t distribution)、F 分布(F distribution)以及二项分布(binomial distribution)。

1. 正态分布

服从正态分布的连续型随机变量的概率密度曲线如图 1-2 所示,其概率密度为

$$f(x) = \frac{1}{\sqrt{2\pi}\sigma}e^{-(x-\mu)^2/(2\sigma^2)} \quad (-\infty < x < +\infty) \tag{1.24}$$

此时称随机变量 X 服从正态分布,记作 $X \sim N(\mu, \sigma^2)$,其中,$\mu, \sigma(\sigma>0)$ 分别是正态分布的期望和方差。正态分布也称为高斯(Gauss)分布。

对于 $\mu=0, \sigma=1$ 的特殊情况,即如果 $X \sim N(0,1)$,则称 X 服从标准正态分布,它的概

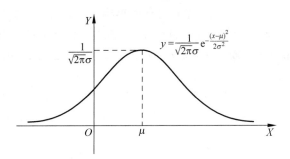

图 1-2 正态分布概率密度曲线

率密度有

$$\phi(x)=\frac{1}{\sqrt{2\pi}}\mathrm{e}^{-\frac{x^2}{2}} \tag{1.25}$$

从理论上看,正态分布具有很多良好的性质,许多概率分布可以用它来近似;还有一些常用的概率分布是由它直接导出的,下面介绍的三种分布都是由正态分布推导得到的。

2. χ^2 分布

随机变量 $X_1,X_2,\cdots,X_n$ 独立同分布于标准正态分布 $N(0,1)$,则 $\chi^2=X_1^2+X_2^2+X_3^2+\cdots+X_n^2$ 的分布称为自由度为 n 的 χ^2 分布,记为 $\chi^2\sim\chi^2(n)$。图 1-3 所示为不同的 n 值 χ^2 分布的密度函数。

χ^2 分布在第一象限内,呈正偏态,随着参数 n 的增大,χ^2 分布趋近于正态分布。自由度为 n 的 χ^2 分布,其期望值为 $E(\chi^2)=n$,方差 $\sigma(\chi^2)=2n$。如果来自方差为 σ^2 的一个正态分布的 N 个观测值的样本方差为 s^2,则可以得到

$$(N-1)s^2/\sigma^2\sim\chi^2(N-1)$$

3. t 分布

t 分布又称学生的 t 分布,它与正态分布和 χ^2 分布密切相关,其定义如下:随机变量 X 和 Y 独立,且 $X\sim N(0,1),Y\sim\chi^2(n)$,则称 $X/\sqrt{Y/n}$ 的分布为自由度为 n 的 t 分布,记为 $t=X/\sqrt{Y/n}\sim t(n)$。图 1-4 所示为不同自由度下 t 分布的密度函数曲线。

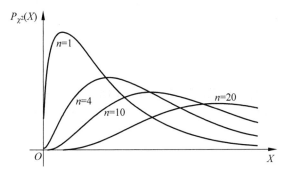

图 1-3 不同的 n 值 χ^2 分布的密度函数

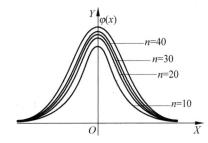

图 1-4 不同自由度下 t 分布的密度函数曲线

t 分布是一簇曲线,以 O 为中心、左右对称的单峰分布;其形态变化与自由度 n 大小有关。自由度 n 越小,t 分布曲线越低平;自由度 n 越大,t 分布曲线越接近标准正态分布曲线。对应于每一个自由度 n,都有一条 t 分布曲线,每条曲线都有其曲线下统计量 t 的分布规律,计算较复杂。

t 分布在概率统计中计算置信区间估计、显著性检验等问题时发挥重要作用。还有一个很有用的结论,设 $x_1, x_2, \cdots, x_N$ 是来自正态分布 $N(\mu, \sigma^2)$ 的一个样本,N 个观测值的样本方差为 s^2,样本均值为 $\bar{x}$,则有

$$\frac{(\bar{x}-\mu)/(\sigma/\sqrt{N})}{\sqrt{(N-1)s^2/\sigma^2(N-1)}} = \frac{\sqrt{N}(\bar{x}-\mu)}{s} \sim t(N-1) \tag{1.26}$$

当然,这里 t 分布是对称的,其实也存在着偏 t 分布,其分布图是非对称的。

4. F 分布

设 X 与 Y 是相互独立的随机变量,且 $X \sim \chi^2(m)$,$Y \sim \chi^2(n)$,则称 $F = \dfrac{X/m}{Y/n}$ 的分布是自由度为 m 和 n 的 F 分布,记为 $F \sim F(m,n)$,其中,m 称为分子自由度或第一自由度,n 称为分母自由度或第二自由度。图 1-5 所示为不同自由度的 F 分布密度函数曲线。

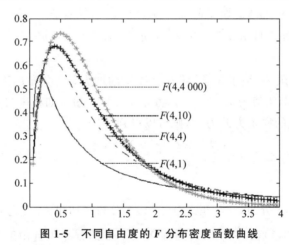

图 1-5 不同自由度的 F 分布密度函数曲线

F 分布是一种非对称分布,另外有两个结论:①若随机变量 $F \sim F(m,n)$,则 $\dfrac{1}{F} \sim F(n,m)$;②若 $t \sim t(n)$,则 $t^2 \sim F(1,n)$。

5. 二项分布

在金融计量领域中,有一些随机事件是只具有两种互斥结果的离散型随机事件,称为二分变量(dichotomous variable)。二项分布就是对这类只具有两种互斥结果的离散型随机事件的规律性进行描述的一种概率分布。

X 是一个离散型随机变量,其取值的概率分布为二项分布,记为

$$X \sim B(n,p) \tag{1.27}$$

1.4.3 假设检验

1. 假设检验的概念

假设检验是推论统计的重要内容，是先对总体的未知数量特征作出某种假设，然后抽取样本，利用样本信息对假设的正确性进行判断的过程。统计假设有参数假设、总体分布假设、相互关系假设，如检验两个变量是否独立、两个分布是否相同等。参数假设是对总体参数的一种看法。

假设检验的实质是对可置信性的评价，是对一个不确定问题的决策过程，其结果在一定概率上正确，而不是全部。

2. 假设检验的基本原理

假设检验所依据的基本原理是小概率原理，小概率原理就是发生概率很小的随机事件，在一次实验中几乎是不可能发生的。

根据这一原理，可以先假设总体参数的某项取值为真，也就是假设其发生的可能性很大，然后抽取一个样本进行观察，如果样本信息显示出现了与事先假设相反的结果且与原假设差别很大，则说明原来假定的小概率事件在一次实验中发生了，这是一个违背小概率原理的不合理现象，因此有理由怀疑和拒绝原假设；否则不能拒绝原假设。

在假设检验中，我们称检验对象的待检验假设为原假设或零假设，用 H_0 表示。原假设的对立假设称为备择假设或备选假设，用 H_1 表示。在规定了检验的显著性水平 α 后，根据容量为 n 的样本，按照统计量的理论概率分布规律，可以确定据以判断拒绝和接受原假设的检验统计量的临界值。临界值将统计量的所有可能取值区间分为两个互不相交的部分，即原假设的拒绝域和接受域。统计量估计值落在拒绝域就拒绝原假设，落在接受域就接受原假设。

3. 假设检验的两类错误

假设检验是依据样本提供的信息进行判断，有犯错误的可能。所犯错误有以下两种类型（表 1-1）。

表 1-1　假设检验中各种可能结果的概率

H_0 真伪	接受 H_0	接受 H_1
H_0 为真	$1-\alpha$（正确决策）	α（弃真错误）
H_0 为伪	β（取伪错误）	$1-\beta$（正确决策）

第一类错误是原假设为真时，检验结果把它当成不真而拒绝了。犯这种错误的概率用 α 表示，也称作 α 错误或弃真错误。

第二类错误是原假设不为真时，检验结果把它当成真而接受了。犯这种错误的概率用 β 表示，也称作 β 错误或取伪错误。

4. 假设检验的步骤

假设检验的步骤如下。

(1) 根据问题要求,提出原假设和备择假设。
(2) 选择适当的检验统计量。
(3) 确定检验的方向性并规定显著性水平。
(4) 计算检验统计量的值。
(5) 将统计量的值与临界值对比作出决策。

5. 置信区间法与显著性检验法

置信区间法与显著性检验法是判定原假设的两种互补方法。置信区间法是在给定置信水平下求出置信区间,该置信区间就是原假设的接受域,如果原假设落在置信区间内,则接受原假设;如果原假设没有落在置信区间内,则拒绝原假设。显著性检验法则是把原假设代入统计量中,得到统计量对应的值,将该值与统计量分布在显著性水平下查表对应的临界值相比较,判断是否拒绝原假设。

6. P 值检验法

假设检验的结论通常是很简单的,在给定的显著性水平下,不是拒绝原假设就是接受原假设,然而,也可能出现,在较大的显著性水平下(如 $\alpha=5\%$)得到拒绝原假设,在较小的显著性水平下(如 $\alpha=1\%$)却是接受原假设。显著性水平变小时,拒绝域会变小,原来落在拒绝域中的观测值就落在接受域了。为了更好地检验,引入检验的 P 值,它表示的是统计量拒绝原假设的最小显著性水平。所以只要应用 P 值与给定的显著性水平相比较,若 $\alpha \geqslant P$,则在显著性水平 α 下拒绝原假设;若 $\alpha < P$,则在显著性水平 α 下接受原假设。

1.4.4 三个常用的检验方法

似然比检验、沃尔德(Wald)检验、拉格朗日乘数(Lagrange Multiplier,LM)检验是三个常用的检验方法,它们都基于极大似然估计。另外,只有当估计量满足一致性和渐进正态性的条件,这三种检验给出的分布结果才是有效的。

在介绍这三种检验方法之前,做如下假设,假设由极大似然估计方法已经估计得到参数 θ,想要检验线性参数约束条件为

$$H_0: \boldsymbol{h}(\theta) = \boldsymbol{0} \tag{1.28}$$

是否显著成立,其备择假设为

$$H_1: \boldsymbol{h}(\theta) \neq \boldsymbol{0} \tag{1.29}$$

其中,$\boldsymbol{h}(\theta)$ 是关于 θ 可导的向量。

1. 似然比检验

似然比检验(LR 检验)是由耶日·奈曼(Jerzy Neyman)和埃贡·皮尔逊(Egon Pearson)于 1928 年提出的,它的思想是:如果参数约束 $\boldsymbol{h}(\theta) = \boldsymbol{0}$ 是有效的,那么加上这样的约束不应该引起似然函数最大值的大幅度降低。也就是说,似然比检验的实质是在比较有约束条件下的似然函数最大值与无约束条件下似然函数最大值。

似然比定义为有约束条件下的似然函数最大值与无约束条件下似然函数最大值之比,即

$$\lambda = \frac{L(\boldsymbol{x},\tilde{\theta})}{L(\boldsymbol{x},\hat{\theta})} \tag{1.30}$$

其中，$\hat{\theta}$ 为没有约束条件[即不要求满足 $\boldsymbol{h}(\theta)=\boldsymbol{0}$ 约束条件]的似然函数取最大值；$L(\boldsymbol{x},\hat{\theta})$ 为对应的极大似然估计量；$\tilde{\theta}$ 为加上约束条件 $\boldsymbol{h}(\theta)=\boldsymbol{0}$ 的似然函数最大值；$L(\boldsymbol{x},\tilde{\theta})$ 为对应的极大似然估计量；λ 为似然比。

两个似然函数取最大值时都是正的，而且 $L(\boldsymbol{x},\tilde{\theta})$ 不可能大于 $L(\boldsymbol{x},\hat{\theta})$，因为有约束条件下的目标函数最大值一定不会大于没有约束条件下目标函数的最大值，所以 λ 值一定是介于 0 和 1 之间。如果约束是有效的，则 $L(\boldsymbol{x},\tilde{\theta})$ 不会比 $L(\boldsymbol{x},\hat{\theta})$ 小很多，λ 值应该接近 1；如果约束是无效的，则 $L(\boldsymbol{x},\tilde{\theta})$ 可能会比 $L(\boldsymbol{x},\hat{\theta})$ 小很多，λ 值应该接近 0。当 λ 值较大时，我们可以接受约束条件。

似然比检验统计量为

$$LR = -2\ln\lambda = 2[\ln L(\boldsymbol{x},\hat{\theta}) - \ln L(\boldsymbol{x},\tilde{\theta})] \sim \chi^2(p) \tag{1.31}$$

式中，自由度 p 是约束条件的个数。

如果 $LR > \chi^2(p)$，则拒绝原假设，参数约束无效；如果 $LR \leq \chi^2(p)$，则接受原假设，参数约束有效。

2. 沃尔德检验

似然比检验的一个实际缺点是它要求估计约束和无约束参数向量的极大似然估计量的最大值都已知，而在复杂的模型中，有约束条件的极大似然估计很难实现，可以尝试沃尔德检验。沃尔德检验的思想是：如果约束是有效的，那么在没有约束的情况下，估计出来的估计量应该渐进地满足约束条件，即若约束条件 $\boldsymbol{h}(\hat{\theta})=\boldsymbol{0}$ 是有效的，在没有约束条件情况下估计出的 $\hat{\theta}$，应该渐进地满足 $\boldsymbol{h}(\hat{\theta})\approx\boldsymbol{0}$，因为极大似然估计是一致的。

以无约束估计量为基础可以构造一个沃尔德检验统计量，这个统计量也服从卡方分布：

$$W = \boldsymbol{h}'(\hat{\theta})\{\mathrm{Var}[\boldsymbol{h}'(\hat{\theta})]\}^{-1}\boldsymbol{h}(\hat{\theta}) \sim \chi^2(p) \tag{1.32}$$

式中，自由度 p 是约束条件的个数，$\mathrm{Var}[\boldsymbol{h}'(\hat{\theta})]$ 为 $\boldsymbol{h}'(\hat{\theta})$ 的方差-协方差矩阵。如果 $W > \chi^2(p)$，则拒绝原假设，参数约束无效；如果 $W \leq \chi^2(p)$，则接受原假设，参数约束有效。

3. 拉格朗日乘数检验

当没有约束条件的极大似然估计很难实现，而有约束条件的极大似然估计比较容易得到时，可以应用拉格朗日乘数检验。假设在约束条件 $\boldsymbol{h}(\theta)=\boldsymbol{0}$ 下，最大化对数似然函数，设 λ 是一个拉格朗日乘子向量，$\tilde{\theta}$ 表示加上约束条件 $\boldsymbol{h}(\theta)=\boldsymbol{0}$ 的似然函数取最大值 $L_R(\boldsymbol{x},\tilde{\theta})$ 时对应的极大似然估计量，最大化拉格朗日函数 $\ln L_R(\boldsymbol{x},\theta)$ 可以得到

$$\frac{\partial \ln L_R(\boldsymbol{x},\theta)}{\partial \theta} = \frac{\partial \ln L(\boldsymbol{x},\theta)}{\partial \theta} + \frac{\partial \boldsymbol{h}(\theta)}{\partial \theta}\lambda = 0$$

$$\Rightarrow \frac{\partial \ln L(\boldsymbol{x},\tilde{\theta})}{\partial \theta} = -\frac{\partial \boldsymbol{h}(\theta)}{\partial \theta}\tilde{\lambda} \tag{1.33}$$

若约束 $h(\theta)=0$ 是有效的,约束条件不会使似然函数最大值发生太大的偏差,则导数向量中的第二项应该很小,特别的是,$\tilde{\lambda}$ 值应该趋近于 0。所以,拉格朗日乘数检验就是在有约束估计量 $\tilde{\theta}$ 处,通过检验得出向量 $\dfrac{\partial \ln L(x,\tilde{\theta})}{\partial \theta}$ 是否趋于零来检验约束是否有效。

这里构造一个 LM 统计量:

$$\text{LM} = \left[\dfrac{\partial \ln L(x,\tilde{\theta})}{\partial \theta}\right]' \left\{\text{Var}\left[\dfrac{\partial \ln L(x,\tilde{\theta})}{\partial \theta}\right]\right\}^{-1} \left[\dfrac{\partial \ln L(x,\tilde{\theta})}{\partial \theta}\right] \sim \chi^2(p) \quad (1.34)$$

式中,自由度 p 是约束条件的个数。如果 $\text{LM} > \chi^2(p)$,则拒绝原假设,参数约束无效;如果 $\text{LM} \leqslant \chi^2(p)$,则接受原假设,参数约束有效。

在满足大样本的条件下,三种检验方法是渐进等价的,但是在小样本情况下,它们可能表现得相当不同。对于似然比检验,既需要估计有约束的模型,也需要估计无约束的模型;对于沃尔德检验,只需要估计无约束模型;对于拉格朗日乘数检验,只需要估计有约束的模型。一般情况下,由于估计有约束模型相对更复杂,所以沃尔德检验最为常用。对于小样本而言,似然比检验的渐进性最好,拉格朗日乘数检验也较好,沃尔德检验有时会拒绝原假设,其小样本性质不尽如人意。

1.5　常用金融计量软件介绍

1.5.1　常用金融计量软件简介

估计金融计量学模型可能用到各种各样的软件包,随着科技的发展,可用软件包的数量越来越多,所有软件包都在可用的技术所允许的范围内得到改进。找到一款合适的软件包处理金融时间序列数据相当重要,这里介绍几种主要的金融计量软件。

1. EViews 软件

EViews 是美国 QMS 公司研制的在 Windows 下专门从事数据分析、回归分析和预测的工具。使用 EViews 可以迅速地从数据中寻找出统计关系,并用得到的关系去预测数据的未来值。金融计量学上,EViews 是完成设计模型、估计模型、检验模型、应用模型的一项重要工具。EViews 是一款使用简便的交互式计算机软件,通过菜单很容易实现表格、条形图、序列图和回归结果,使用广泛。正是由于 EViews 等计量经济学软件的出现,计量经济学才取得了长足的进步,发展成为一门较为实用与严谨的经济学科。

2. SPSS 软件

SPSS(Statistical Package for the Social Sciences,社会科学统计程序包)是世界公认的最优秀的统计分析软件之一。20 世纪 60 年代末,美国斯坦福大学的 3 位研究生开发了最早的统计分析软件 SPSS,并于 1975 年在芝加哥成立了 SPSS 公司。"易学,易用,易普及"已成为 SPSS 软件最大的竞争优势之一,也是广大数据分析人员对其偏爱有加的主要原因。SPSS 操作简单,被广泛应用于统计学分析运算、数据挖掘、预测分析和决策支持任务等。其缺点是没有纳入最新统计方法;采用 VB 编制,计算速度慢;输出结果不能和常用文字处理软件直接兼容。

3. SAS 软件

SAS(Statistics Analysis System)最早由北卡罗来纳大学的两位生物统计学研究生编制，并于1976年成立了SAS软件研究所，正式推出了SAS软件。SAS软件研究所一直致力于为金融、医药研发、保险、电信、制造、政府以及科研教育等部门，在SAS应用数据仓库，统计分析、联机分析处理系统进行质量管理、财务管理、生产优化、风险管理、市场调查等业务。用户应用SAS软件还可以通过对数据集的一连串加工，实现更为复杂的统计分析。此外，SAS还提供了各类概率分析函数、分位数函数、样本统计函数和随机数生成函数，满足用户特殊统计要求。但是，这使得初学者在使用SAS时必须学习SAS语言，入门比较困难。

4. Matlab 软件

Matlab是MathWorks公司于1982年推出的一套高性能的数值计算和可视化软件。它集数值分析、矩阵运算、信号处理和图形显示于一体，构成了一个方便、界面良好的用户环境。它还包括Toolbox(工具箱)的各类问题的求解工具，可用来求解特定学科的问题。例如控制系统设计与分析、图像处理、信号处理与通信、金融建模和分析等。另外，它还有一个配套软件包Simulink，提供了一个可视化开发环境，常用于系统模拟、动态/嵌入式系统开发等方面。

5. Statistica 软件

Statistica是一个整合数据分析、图表绘制、数据库管理与自订应用发展系统环境的专业软件。它的图形库种类非常丰富，有同步报告输出功能，另外，Statistica和Excel、C++、Java等多种外部应用工具兼容，通过强大且直观的询问工具，可以连接并处理存储于任何地方的大型资料，而无须事先将资料复制到当前电脑中，就可以执行理想的大型资料提取和资料的分析任务。Statistica软件使用简便，操作界面、操作方式和Office软件类似，友好的操作界面方便客户操作并满足客户定制化的需求。

6. Stata 软件

Stata软件功能强大，是一套为使用者提供数据分析、数据管理以及绘制完整的专业图表及整合性统计软件。它除了传统的统计分析方法外，还收集了近20年发展起来的新方法，如Cox比例风险回归，指数与Weibull回归，多类结果与有序结果的logistic回归，Poisson回归，负二项回归及广义负二项回归，随机效应模型等。Stata的作图模块丰富，有八种基本图形的制作：直方图(histogram)、条形图(bar)、百分条图(oneway)、百分饼图(pie)、散点图(twoway)、散点图矩阵(matrix)、星形图(star)、分位数图。这些图形的巧妙应用，可以满足绝大多数用户的统计作图要求。

7. R 软件

R软件是一个有着统计分析功能及强大作图功能的软件系统，由奥克兰大学统计学系的Ross Ihaka和Robert Gentleman共同创立。R是一个庞大的体系，可以通过编写R语言实现，语言简单，容易实现，主要的统计方法有贝叶斯推断、聚类分析、机器学习、空间统计、稳健统计等。而这些方法又通过相应的RPackages扩展，可以说学习R是一件没有尽头的事情。

1.5.2 EViews 软件使用介绍及操作步骤简介

1. EViews 菜单栏功能介绍

EViews 菜单栏提供了 10 个选项："File""Edit""Object""View""Proc""Quick""Options" "Add-ins""Windows"与"Help"。单击这些选项，下方就会出现不同的下拉菜单，这里介绍它们的主要功能。

File 选项主要为用户提供有关文件（工作文件、数据库文件、EViews 程序）的常规操作选项，如文件的建立、打开、保存、关闭、导入数据、读出数据、打印、运行程序等。Edit 选项提供的是编辑功能，如剪切、复制、粘贴、删除、查找、替换、合并等。Object 提供了有关 EViews 对象的各种操作，如建立新的对象、复制、删除、给对象命名、删除、视图选择等。View 和 Proc 二者会根据不同的窗口发生改变，主要涉及用户对对象实行的运算过程和对象的多种显示方式。Quick 选项包含一些数据的分析命令，如抽取一定范围的样本、生成新的序列、显示某一观测值、创建图形、生成一个新的序列组、做序列描述性统计、估计方程、估计 VAR（向量自回归）模型等。Options 选项是参数设定选项，可以对 EViews 中图像、字体、方程估计等默认设置进行修改。Add-ins 选项类似软件的加载工具包，扩展 EViews 计量模型的功能。Windows 选项主要是对打开的窗口进行切换以及关闭对象等功能。Help 提供 EViews 软件的帮助服务，其中详细地列出 EViews 8.0 的基本操作指南，还包括一些对象的参考、基本命令参考、函数参考等。

2. EViews 工作文件基础

EViews 软件的具体操作在 Workfile 中进行。如果想用 EViews 进行数据分析，必须先新建一个 Workfile 工作文件或打开一个已经储存在硬盘（或软盘）上的 Workfile，然后才能够进行定义变量、输入数据、建造模型等操作。这里用的是 EViews 8.0 软件进行演示，新建工作文件步骤如下。

打开 EViews 软件，在 EViews Workfile 窗口（图 1-6）单击 Create a new EViews Workfile；或者在主菜单上依次单击"File"→"New Workfile"，即选择新建对象的类型为工作文件，将弹出一个对话框（图 1-7）。

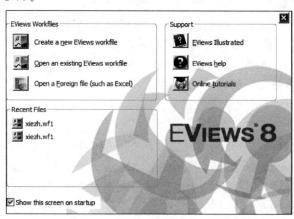

图 1-6 EViews Workfile 窗口

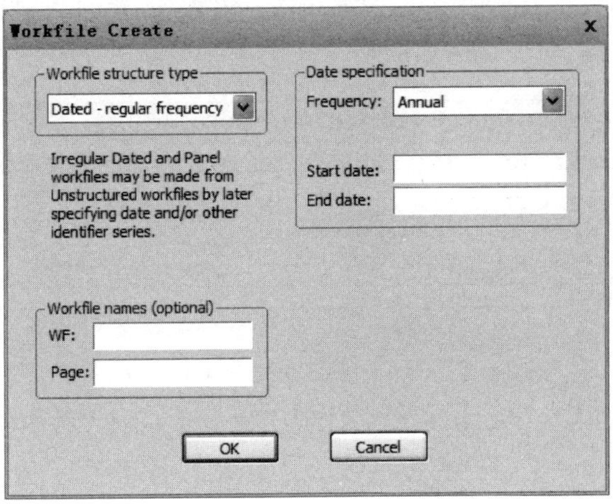

图 1-7　Workfile Create 对话框

在图 1-7 中,对话框中的"Workfile structure type"项用于设置工作文件的数据结构类型,依顺序分别是非结构/非时间数据、时间频率数据、平衡面板数据。处理时间序列数据,一般选择"Dated-regular frequency",表示创建规则的时间序列结构类型的文件,根据实际需要选择数据的时间频率(frequency)、起始期和终止期。选定时间频率之后,输入相应的日期(如 1978 和 2013,表示从 1978 年到 2013 年每年的数据)。输入季度、月份日期时用符号":"或"."分隔年、季或月。另外两个数据类型,只要输入观测值的个数即可。输入后单击 OK 按钮,就创建了一个 Workfile 工作文件。

3. 创建工作文档中的对象

EViews 的工作文件最主要的是对象,对象的类型有很多种,如序列(series)对象,指的是一序列特定变量的观测值,包括时间序列和非时间序列;数组(group)由若干序列组合而成,便于对多个变量执行操作;图形(graph)主要类型有折线图(趋势图)、相关图、柱状图、饼状图、分布图、QQ 图、箱线图等,可以在图像窗口定义图形参数;方程(equation)指含有变量之间相互关系的信息集合。

打开建立的 Workfile 工作文件,选择 Object,选择 New Object,出现图 1-8 所示的对象定义设置对话框。从上到下对象的类型依次为:Equation(方程)、Factor (因子)、Graph(图形)、Group(数组)等 22 种对象。右边 Name for Object 框是对对象的命名窗口,EViews 对象的命名不区分大小写。

4. 数据的导入

建立工作文件和创建对象之后,接下来的工作就是导入数据。数据导入的方法有很多,如果数据不多,可以选择直接从键盘输入数据,打开建立的对象,

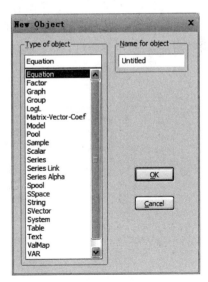

图 1-8　New Object 窗口

出现图 1-9 所示的窗口，在工具栏中单击"Edit＋/－"按钮，就可以进入数据编辑状态，再输入数值之后，按 Enter 键，就完成数据的输入操作。

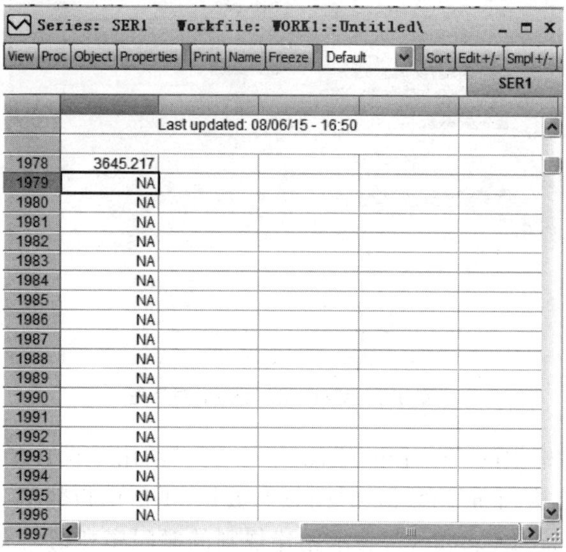

图 1-9　数据输入示意图

导入数据的方法还有直接复制/粘贴输入、直接复制数据、在工具栏中单击"Edit＋/－"按钮后直接粘贴数据。也可以从外部直接导入数据，接受调用数据的格式有 ASCII、Lotus、Excel 工作表。选择"Procs"→"Import"→"Read Text-Lotus-Excel"命令，打开目标文件，注意数据频率的一致性。

5．绘制图示

EViews 中提供了折线图（趋势图）、相关图、柱状图、饼状图、分布图、QQ 图、箱线图等图形，在输入数据之后，可以绘制各种图形，下面演示绘制 1978—2013 年的中国 GDP 数据的折线图和柱状图。数据已经输入保存在 ser1 对象中，打开数据，选择"View"→"Graph"，出现图 1-10 所示的窗口，在"Specific"窗口中选择"Line"（折线图），该窗口包含其他多种图

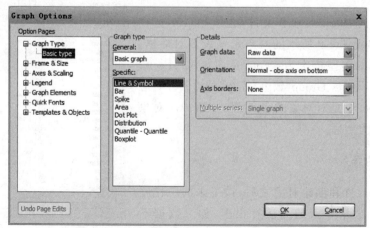

图 1-10　图形选择窗口

形,选择 Bar 就会出现柱状图,单击 OK 按钮,就绘制出 GDP 数据的折线图和柱状图,如图 1-11 和图 1-12 所示。

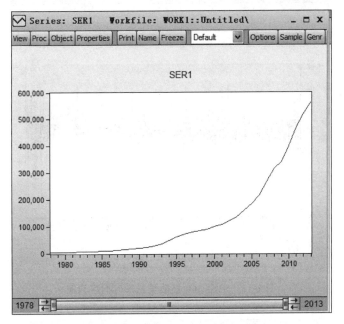

图 1-11　1978—2013 年 GDP 折线图

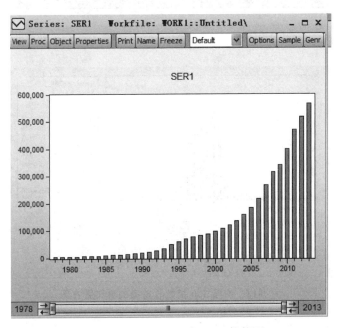

图 1-12　1978—2013 年 GDP 柱状图

图 1-13 和图 1-14 分别作出的是沪深 300 指数从 2012 年 1 月 4 日到 2015 年 7 月 31 日对数收益率数据(868 个数据)的时间序列图和分布直方图,具体操作后面章节会具体介绍。对对数收益率的描述性统计在金融计量学中占重要地位。

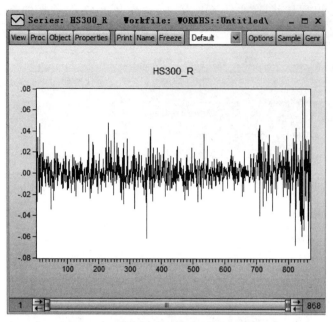

图 1-13　沪深 300 指数收益率时间序列图

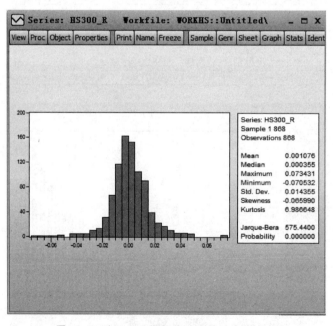

图 1-14　沪深 300 指数收益率的分布直方图

复习思考题

1. 什么是金融计量学？
2. 单期收益率与多期收益率的区别是什么？

3. 金融数据的主要来源是什么？
4. 简述假设检验的步骤。
5. 简要概括三个常用的检验方法。

即 测 即 练

第2章 经典回归模型及其应用

本章知识点
1. 一元回归模型及其应用。
2. 多元回归模型及其应用。
3. 回归模型的检验。

2.1 一元回归模型及其应用

2.1.1 经典一元线性回归模型

在研究经济学变量之间的相互关系时,最基本的方法就是回归分析,回归分析根据结构是否为线性可分为线性回归和非线性回归,解释变量超过一个时,称为多元线性回归。经典回归理论无论是在宏观经济理论、生产理论还是在金融投资领域都有广泛的应用,如资本资产定价模型、套利定价模型(APT)等都是回归模型。其中最简单的经典回归模型是一元线性回归模型,它只有一个解释变量。一元线性回归模型形式如下:

$$y_t = \beta_0 + \beta_1 x_t + u_t \quad (t=1,2,\cdots,T) \tag{2.1}$$

式中,y_t 为被解释变量或者因变量;x_t 为解释变量或者自变量;T 为样本的个数;u_t 为随机误差项或者扰动项,该项表示的是 y_t 中未被 x_t 解释的部分;β_0、β_1 为回归系数(通常未知)。

一般称式(2.1)的模型为 y_t 对 x_t 的总体线性回归模型。该模型可以分为两部分:①回归函数部分:$E(y_t)=\beta_0+\beta_1 x_t$;②随机部分:$u_t$。图 2-1 所示为真实的回归直线。

无论模型多么复杂,也不可能把影响被解释变量的因素全部包括在模型当中,总体回归模型表明被解释变量除了受解释变量的影响之外,还受其他未包括在模型中的诸多因素的随机性影响,这些影响都包含在随机误差项 u_t 中,归纳起来,主要包括以下几个因素。

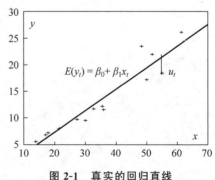

图 2-1 真实的回归直线

(1) 作为未知影响因素的代表。例如研究居民消费支出与可支配收入之间的关系时,被解释变量居民消费支出,由于对其总体上的认识不完备,还有其他影响因素未被发现,而且有很多无法引入回归模型中,随机误差项的引入可以代表这些未被认识的影响因素。

(2) 代表无法取得的数据。虽然知道了消费支出还受财富拥有量的影响,但是这些数据在实践中很难获得,所以随机误差项的引入可以代表残缺的数据。

(3) 综合代表众多细小的影响因素。有一些影响因素已经被认识到,而且数据可以收集得到,但是这些影响很小且不规则,几乎可以忽略。为了模型的简便和节约数据获取的成本,模型没有考虑这些细小的影响因素,随机误差项也可以代表这些细小的影响因素。

(4) 代表模型设定误差。在设计金融计量模型时,考虑太多变量会引起多重共线性(multicollinearity),为了使模型更加简单、明了,不应把更多的解释变量列入模型。但实际的模型与设定的模型就会产生偏差,随机误差项可以用来填补这些偏差。

(5) 代表数据观测的误差。在测量数据、记录数据的过程中都可能存在误差,这是不可避免的,引用随机误差项也包含这部分误差。

(6) 变量的内在随机性。变量都有其内在的随机性,也会对被解释变量产生随机性影响,这些随机性影响很难被人为控制,只能引入随机误差项中。

2.1.2 一元线性回归模型的基本假设

为了估计参数的简便以及使参数具有良好的统计性质,通常对回归分析中的随机误差项做以下的基本假设。在给定 x 的条件下,u_t 应满足以下几点。

(1) 零均值假定。误差项 u_t 期望值为 0,即 $E(u_t)=0(t=1,2,\cdots,T)$。

(2) 同方差假定。随机误差项的方差都相同,$\mathrm{Var}(u_t)=\sigma^2(t=1,2,\cdots,T)$。这个假定不成立,称为异方差。

(3) 随机误差项无自相关。误差项在统计意义上是相互独立的,$\mathrm{Cov}(u_i,u_j)=0(i\neq j; i,j=1,2,\cdots,T)$。如果这个假定不成立,称为自相关。

(4) 随机误差项与解释变量不相关,即 $\mathrm{Cov}(u_t,x_t)=0(t=1,2,\cdots,T)$。这个假定表明模型中的解释变量 x_t 和随机误差项 u_t 对被解释变量 y_t 的影响是独立的,便于分清 x_t 和 u_t 对 y_t 的贡献。

(5) 随机误差项服从正态分布。$u_t \sim N(0,\sigma^2)(t=1,2,\cdots,T)$。随机误差项代表在回归模型中未被列出来的所有影响因素之和,这些影响因素是独立的随机变量,根据中心极限定理,它们之和近似服从正态分布。说明该假定是合理的。

满足(1)~(5)项这些基本假设的线性回归模型称为经典线性回归模型(Classical Linear Regression Model,CLRM)。根据式(2.1)容易知道 y_t 的分布性质取决于 u_t,由上面的 5 个假设可以推出 y_t 的几个性质。y_t 的概率分布具有均值,即

$$E(y_t \mid x_t)=\beta_0+\beta_1 x_t \quad (t=1,2,\cdots,T) \tag{2.2}$$

式(2.2)称为总体回归方程,也称总体回归线。

$$\mathrm{Var}(y_t \mid x_t)=\sigma^2 \quad (t=1,2,\cdots,T) \tag{2.3}$$

$$\mathrm{Cov}(y_i,y_j)=0 \quad (i\neq j; i,j=1,2,\cdots,T) \tag{2.4}$$

$$y_t \sim N(\beta_0+\beta_1 x_t,\sigma^2) \quad (t=1,2,\cdots,T) \tag{2.5}$$

通过推导可知 y_t 的分布性质(均值、方差、协方差以及分布)假定与 u_i 的假定是等价的。

2.1.3 参数估计：普通最小二乘法

在金融计量学上，大多数情况下总体的特性是不知道的，只能通过若干样本的观测值来估计总体的性质。经典回归模型研究的目的是确定总体回归函数 $y_t = \beta_0 + \beta_1 x_t + u_t$，用样本信息建立的样本回归函数尽可能地接近总体回归函数。估计回归模型的参数方法有最小二乘法(ordinary least square, OLS)、极大似然法(ML)和矩估计法(MM)等，这里详细介绍最小二乘法。

假设有 T 个样本得到 T 个观测值 $x_t, y_t (t=1,2,\cdots,T)$，主要任务是估计经典回归模型中的参数 β_0、β_1 和随机误差项的方差 σ^2。假设参数 β_0 和 β_1 的估计值分别为 $\hat{\beta}_0$ 和 $\hat{\beta}_1$，则

$$\hat{y}_t = \hat{\beta}_0 + \hat{\beta}_1 x_t \quad (t=1,2,\cdots,T) \tag{2.6}$$

式(2.6)称为样本回归方程，是对总体回归方程的估计。

$$\hat{u}_t = y_t - \hat{\beta}_0 - \hat{\beta}_1 x_t \quad (t=1,2,\cdots,T) \tag{2.7}$$

式中，$\hat{u}_t$ 为残差(residual)，用来估计第 t 个样本的随机误差项 $u_t = y_t - \beta_0 - \beta_1 x_t (t=1,2,\cdots,T)$。

为了使样本回归函数尽量地接近总体回归函数，就要使样本回归线的估计值 $\hat{y}_t$ 与实际值 y_t 之间的误差尽可能小，即要使 $\hat{u}_t$ 尽可能小。可令其残差平方和最小来估计参数，这就是最小二乘法。记残差平方和为 Q。

$$Q = \sum_{t=1}^{T} \hat{u}_t^2 = \sum_{t=1}^{T} (y_t - \hat{y}_t)^2 = \sum_{t=1}^{T} (y_t - \hat{\beta}_0 - \hat{\beta}_1 x_t)^2 \tag{2.8}$$

通过 Q 可最小确定 $\hat{\beta}_0$ 和 $\hat{\beta}_1$ 的估计值。以 $\hat{\beta}_0$ 和 $\hat{\beta}_1$ 为变量，把 Q 看作 $\hat{\beta}_0$ 和 $\hat{\beta}_1$ 的函数，这是一个求极值的问题。求 Q 对 $\hat{\beta}_0$ 和 $\hat{\beta}_1$ 的偏导数并令其为0，得正规方程

$$\begin{cases} \dfrac{\partial Q}{\partial \hat{\beta}_0} = 2\sum_{t=1}^{T} (y_t - \hat{\beta}_0 - \hat{\beta}_1 x_t)(-1) = 0 \\ \dfrac{\partial Q}{\partial \hat{\beta}_1} = 2\sum_{t=1}^{T} (y_t - \hat{\beta}_0 - \hat{\beta}_1 x_t)(-x_t) = 0 \end{cases} \tag{2.9}$$

从正规方程组中解出 $\hat{\beta}_0$ 和 $\hat{\beta}_1$ 分别为

$$\hat{\beta}_0 = \bar{y} - \hat{\beta}_1 \bar{x}$$

$$\hat{\beta}_1 = \frac{T\sum_{t=1}^{T} x_t y_t - \sum_{t=1}^{T} x_t \sum_{t=1}^{T} y_t}{n\sum_{t=1}^{T} x_t^2 - \left(\sum_{t=1}^{T} x_t\right)^2} = \frac{\sum_{t=1}^{T} (x_t - \bar{x})(y_t - \bar{y})}{\sum_{t=1}^{T} (x_t - \bar{x})^2} \tag{2.10}$$

式中，$\bar{x} = \dfrac{1}{T}\sum_{t=1}^{T} x_t$，$\bar{y} = \dfrac{1}{T}\sum_{t=1}^{T} y_t$。

随机误差项的方差 σ^2 的估计值 $\hat{\sigma}^2$ 通过样本的残差平方和除以自由度来估计，由于应用最小二乘方法估计参数时，增加了式(2.9)两个限制条件，残差平方和的自由度为 $T-2$，所以

$$\hat{\sigma}^2 = \frac{\sum_{t=1}^{T} \hat{u}_t^2}{T-2} \tag{2.11}$$

详细推导过程可见庞皓主编的《计量经济学》(科学出版社,2010:69-70)。

2.1.4 估计量性质

由于选择的样本不同,估计出的参数也不同,即存在抽样波动的影响,需要考虑参数估计值是否能代表总体的参数值。应用不同的估计方法,也会使参数估计值与总体的参数值有差距,所以需要考察估计量的性质,用来衡量估计量的好坏标准。利用 OLS 估计得到系数估计量,进一步估计得到系数估计量的期望、方差等,可以证明 OLS 有很多良好的性质。

1. 线性无偏性

线性即估计量是另一随机变量的线性函数。无偏性即估计量的均值或者期望等于总体参数的真实值。OLS 估计的参数 $\hat{\beta}_0$ 和 $\hat{\beta}_1$ 分别是 y_t 的线性函数,即

$$\hat{\beta}_1 = \sum_{t=1}^{T} k_t y_t \tag{2.12}$$

$$\hat{\beta}_0 = \sum_{t=1}^{T} l_t y_t \tag{2.13}$$

式中,$k_t = \dfrac{(x_t - \bar{x})}{\sum_{t=1}^{T}(x_t - \bar{x})^2}$,$l_t = \sum_{t=1}^{T}\left(\dfrac{1}{T} - \bar{x} k_t\right)$。

OLS 估计的参数 $\hat{\beta}_0$ 和 $\hat{\beta}_1$ 的期望值等于总体回归函数参数真值 β_0 和 β_1,即

$$E(\hat{\beta}_1) = \beta_1 \tag{2.14}$$

$$E(\hat{\beta}_0) = \beta_0 \tag{2.15}$$

2. 一致性

一致性(consistency,也称渐进性)指的是当样本容量趋于无穷大时,估计量依概率收敛于总体参数的真实值。由基本假设可知 $\mathrm{Var}(u_t) = \sigma^2 < \infty$,且 $\mathrm{Cov}(u_t, x_t) = 0$。一致性只需要证明

$$\lim_{T \to \infty} P(|\hat{\beta}_0 - \beta_0| < \varepsilon) = 1 \tag{2.16}$$

$$\lim_{T \to \infty} P(|\hat{\beta}_1 - \beta_1| < \varepsilon) = 1 \tag{2.17}$$

3. 有效性

有效性指的是某一参数的估计量是所有可能的线性无偏估计量中具有最小方差的估计量。β_0 和 β_1 的 OLS 估计量的方差比其他估计量的方差小。

在基本假设条件下,OLS 估计量 $\hat{\beta}_0$ 和 $\hat{\beta}_1$ 是总体参数 β_0 和 β_1 的最佳线性无偏估计量 (best linear unbiased estimator,BLUE)。

2.1.5 案例分析

表 2-1 给出的数据是 2013 年分地区城镇居民人均可支配收入 x 和人均消费支出 y,研究两者之间的关系。

表 2-1　2013 年分地区城镇居民人均可支配收入与消费支出　　　　元

地区	人均可支配收入	人均消费支出	地区	人均可支配收入	人均消费支出
北京	40 321.0	26 274.89	湖北	22 906.4	15 749.50
天津	32 293.6	21 711.86	湖南	23 414.0	15 887.11
河北	22 580.3	13 640.58	广东	33 090.0	24 133.26
山西	22 455.6	13 166.19	广西	23 305.4	15 417.62
内蒙古	25 496.7	19 249.06	海南	22 928.9	15 593.04
辽宁	25 578.2	18 029.65	重庆	25 216.1	17 813.86
吉林	22 274.6	15 932.31	四川	22 367.6	16 343.45
黑龙江	19 597.0	14 161.71	贵州	20 667.1	13 702.87
上海	43 851.4	28 155.00	云南	23 235.5	15 156.15
江苏	32 537.5	20 371.48	西藏	20 023.4	12 231.86
浙江	37 850.8	23 257.19	陕西	22 858.4	16 679.69
安徽	23 114.2	16 285.17	甘肃	18 964.8	14 020.72
福建	30 816.4	20 092.72	青海	19 498.5	13 539.50
江西	21 872.7	13 850.51	宁夏	21 833.3	15 321.10
山东	28 264.1	17 112.24	新疆	19 873.8	15 206.16
河南	22 398.0	14 821.98			

在 EViews 软件中具体操作如下。

1. 导入数据

新建工作文件,这里给出的是截面数据,在数据类型框中选择"Unstructure/Undated",并在"Data range"中输入观测值的个数(Observation)31,单击 OK 按钮,即创建了一个工作文件。在"Objects"菜单中单击"New Objects",在"New Objects"对话框中选择"Group",单击 OK 按钮,出现数据编辑窗口。

在数据编辑窗口中,首先按上行键↑,这时对应的"obs"字样的空格会自动上跳,在对应列的第二个"obs"有边框的空格键入变量名,如"Y",再按下行键↓,对因变量名下的列出现"NA"字样,即可依顺序输入相应的数据。其他变量的数据也可用类似方法输入。也可以在 EViews 命令框中直接键入"data X Y"按回车键出现"Group"窗口数据编辑框,在对应的 Y、X 下输入数据。作各地区的城镇居民人均可支配收入 x 和人均消费支出 y 的散点图,如图 2-2 所示。

2. 建立一元回归模型

从散点图可以看出各地区的城镇居民人均可支配收入 x 和人均消费支出 y 大体呈现

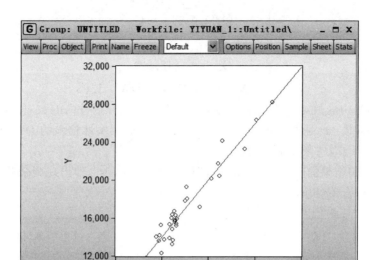

图 2-2 城镇居民人均可支配收入 x 和人均消费支出 y 的散点图

为线性关系,所以建立的计量经济模型为如下线性模型:

$$y_t = \beta_0 + \beta_1 x_t + u_t$$

假定所建模型及随机扰动项 u_t 满足古典假定,则可以用 OLS 法估计其参数。

3. 估计参数

方法一:在 EViews 主页界面单击"Quick"菜单,单击"Estimate Equation",出现 "Equation specification"对话框,选择 OLS 估计,即单击"Least Squares",键入"Y C X",单击 OK 按钮或按回车键,即出现回归结果(图 2-3)。

```
Dependent Variable: Y
Method: Least Squares
Date: 08/07/15   Time: 11:28
Sample: 1 31
Included observations: 31

Variable         Coefficient   Std. Error    t-Statistic   Prob.

C                1897.467      850.2586      2.231635      0.0335
X                0.598984      0.032347      18.51768      0.0000

R-squared              0.922023    Mean dependent var    17190.59
Adjusted R-squared     0.919334    S.D. dependent var    3963.841
S.E. of regression     1125.800    Akaike info criterion 16.95272
Sum squared resid      36755315    Schwarz criterion     17.04523
Log likelihood         -260.7671   Hannan-Quinn criter.  16.98287
F-statistic            342.9045    Durbin-Watson stat    1.684403
Prob(F-statistic)      0.000000
```

图 2-3 城镇居民人均收入与消费支出回归结果表

方法二:在 EViews 命令框中直接键入"LS Y C X",按回车键,即出现回归结果。
按照图 2-3 的分析结果,可以写出回归方程式

$$\hat{y}_t = 1\,897.467 + 0.598\,984 x_t$$
$$(850.26) \quad (0.03)$$
$$(2.23) \quad (18.52)$$

$$R^2 = 0.922 \quad F = 342.90 \quad DW = 1.68$$

式中,第二行括号内的数对应的是系数的标准误差;第三行括号内的数对应参数 t 的检验值;R^2 为可决系数;F 是方程显著性检验 F 值;DW 为相关性检验的 DW(杜宾-沃特森)统计量的值,本章 2.4 节将会详细介绍。

若要显示回归结果的图形,在"Equation"框中单击"Resids",即出现剩余项(Residual)、实际值(Actual)、拟合值(Fitted)的图形,如图 2-4 所示。

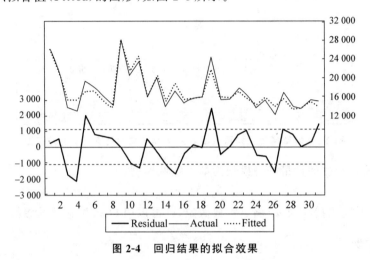

图 2-4　回归结果的拟合效果

2.2　多元回归模型及其应用

2.2.1　多元线性回归模型

在许多经济问题中,一个经济变量可能受多个变量的影响,与多个变量相联系。例如,股票的收益,可能会受通货膨胀、工业生产、材料价格、违约风险等因素的影响;一个国家的货币需求量不仅受经济总量 GDP 的影响,还受利率、物价水平、外汇储备等多种因素的影响。如果想要通过数量模型来描述这一影响关系,需要在一元线性回归模型的基础上引入多元线性回归模型。

当模型的解释变量超过一个时,就称为多元回归模型,含有 k 个解释变量的线性回归模型的一般模式如下:

$$y_t = \beta_0 + \beta_1 x_{1t} + \beta_2 x_{2t} + \cdots + \beta_k x_{kt} + u_t \quad (t = 1, 2, \cdots, T) \tag{2.18}$$

式中,y_t 为被解释变量;$x_{1t}, x_{2t}, \cdots, x_{kt}$ 为影响 y 的 k 个解释变量,习惯上,可以把常数项 β_0 看作样本观测值始终是 1 的虚拟变量的系数,所以 $\beta_0, \beta_1, \beta_2, \cdots, \beta_k$ 是 $k+1$ 个参数,用于测定每个解释变量对 y_t 产生影响的程度;u_t 为随机误差项。

多元线性回归模型也可以具体表示成如下的形式:

$$\begin{cases} y_1 = \beta_0 + \beta_1 x_{11} + \beta_2 x_{21} + \cdots + \beta_k x_{k1} + u_1 \\ y_2 = \beta_0 + \beta_1 x_{12} + \beta_2 x_{22} + \cdots + \beta_k x_{k2} + u_2 \\ \vdots \qquad \cdots \\ y_T = \beta_0 + \beta_1 x_{1T} + \beta_2 x_{2T} + \cdots + \beta_k x_{kT} + u_T \end{cases} \tag{2.19}$$

矩阵形式为

$$\begin{bmatrix} y_1 \\ y_2 \\ \vdots \\ y_T \end{bmatrix}_{(T \times 1)} = \begin{bmatrix} 1 & x_{11} & \cdots & x_{1i} & \cdots & x_{1k} \\ 1 & x_{21} & \cdots & x_{2i} & \cdots & x_{2k} \\ \cdots & \cdots & \cdots & \cdots & \cdots & \cdots \\ 1 & x_{T1} & \cdots & x_{Ti} & \cdots & x_{Tk} \end{bmatrix}_{[T \times (k+1)]} \begin{bmatrix} \beta_0 \\ \beta_1 \\ \vdots \\ \beta_k \end{bmatrix}_{[(k+1) \times 1]} + \begin{bmatrix} u_1 \\ u_2 \\ \vdots \\ u_T \end{bmatrix}_{(T \times 1)} \tag{2.20}$$

$$\boldsymbol{y} = \boldsymbol{X}\boldsymbol{\beta} + \boldsymbol{u} \tag{2.21}$$

式中，$\boldsymbol{y}$ 为被解释变量 T 维列向量；$\boldsymbol{X}$ 为所有解释变量（包括虚拟变量）的 T 个样本点观测值组成的 $T \times (k+1)$ 维矩阵；$\boldsymbol{\beta}$ 为 $k+1$ 维系数向量；$\boldsymbol{u}$ 为 T 维扰动项列向量。

类似地，多元样本线性回归估计模型的矩阵形式可以表示为

$$\hat{\boldsymbol{y}} = \boldsymbol{X}\hat{\boldsymbol{\beta}} \tag{2.22}$$

2.2.2 多元线性回归模型的基本假设

与经典一元线性回归模型类似，多元线性回归模型也要求基本假设，以保证参数的良好统计特性，便于后面对模型进行的各种检验。多元线性回归模型的基本假设有以下几种。

（1）随机误差项均为零均值的随机变量：

$$E(u_t) = 0 \quad (t = 1, 2, \cdots, T) \quad \text{或} \quad E(\boldsymbol{u}) = \boldsymbol{0} \tag{2.23}$$

（2）随机误差项同方差和无自相关：

$$\text{Cov}(u_i, u_j) = E(u_i u_j) = \begin{cases} 0 & i \neq j \\ \sigma^2 & i = j \end{cases}, \quad (i, j = 1, 2, \cdots, T) \tag{2.24}$$

因此可以得到随机误差项的方差-协方差矩阵为

$$\text{Var}(\boldsymbol{u}) = E(\boldsymbol{u}\boldsymbol{u}') = \begin{bmatrix} \sigma^2 & 0 & \cdots & 0 \\ 0 & \sigma^2 & \cdots & 0 \\ \cdots & \cdots & \cdots & \cdots \\ 0 & 0 & \cdots & \sigma^2 \end{bmatrix} \tag{2.25}$$

也可以写成 $E(\boldsymbol{u}\boldsymbol{u}') = \sigma^2 \boldsymbol{I}$，其中 $\boldsymbol{I}$ 为 $T \times T$ 单位矩阵。

（3）随机误差项服从多元正态分布：

$$\boldsymbol{u} \sim N(\boldsymbol{0}, \sigma^2 \boldsymbol{I}) \tag{2.26}$$

（4）随机误差项与解释变量不相关：

$$\text{Cov}(x_{jt}, u_t) = 0 \quad (j = 1, 2, \cdots, k \quad t = 1, 2, \cdots, T) \tag{2.27}$$

（5）解释变量是确定性变量，不是随机变量，解释变量之间不存在线性关系，即不存在多重共线性，矩阵 $\boldsymbol{X}$ 列满秩：

$$\text{rank}(\boldsymbol{X}) = k + 1 \leqslant T \tag{2.28}$$

此时，方阵 $X'X$ 满秩，即 $X'X$ 可逆。

$$\text{rank}(X'X) = k+1 \tag{2.29}$$

2.2.3 参数估计：普通最小二乘法

多元线性回归模型和一元线性回归模型一样，也是应用样本信息估计总体的回归函数，同样应用 OLS 方法估计参数，使得样本的估计接近真实值。最小二乘法的原理是求残差（误差项的估计值）平方和最小，代数上是求极值问题。

应用矩阵的形式，残差平方和 RSS 为

$$\text{RSS} = \hat{u}'\hat{u} = [\hat{u}_1 \quad \hat{u}_2 \quad \cdots \quad \hat{u}_T] \begin{bmatrix} \hat{u}_1 \\ \hat{u}_2 \\ \vdots \\ \hat{u}_T \end{bmatrix} = \hat{u}_1^2 + \hat{u}_2^2 + \cdots + \hat{u}_T^2 = \sum \hat{u}_t^2 \tag{2.30}$$

$$\min \text{RSS} = (y - X\hat{\beta})'(y - X\hat{\beta}) = y'y - \hat{\beta}X'y - y'X\hat{\beta} + \hat{\beta}'X'X\hat{\beta}$$
$$= y'y - 2\hat{\beta}'X'y + \hat{\beta}'X'X\hat{\beta} \tag{2.31}$$

用式(2.31)对 $\hat{\beta}$ 求一阶偏导，令其等于 0，估计 $\hat{\beta}$ 值：

$$\frac{\partial \text{RSS}}{\partial \hat{\beta}} = -2X'y + 2X'X\hat{\beta} = 0 \tag{2.32}$$

所以得到参数的估计式：

$$\hat{\beta} = (X'X)^{-1}X'y \tag{2.33}$$

2.2.4 估计量性质

前面证明了一元线性回归模型的 OLS 估计的参数具有线性无偏性、一致性以及有效性。同样地，在满足基本假设条件下，多元线性回归模型的 OLS 参数估计也满足以下性质。

(1) 线性性。由参数的估计式(2.33)容易看出，参数估计值 $\hat{\beta}$ 是被解释变量 y 的线性函数。

(2) 无偏性。参数最小二乘估计量的数学期望值都等于真实值，即

$$E(\hat{\beta}) = \beta \tag{2.34}$$

(3) 有效性。参数最小二乘估计值的方差是所有线性无偏估计值中方差最小的。

多元线性回归模型估计的随机误差项的方差 σ^2 也是用残差平方和除以自由度来估计的。如 $\hat{\sigma}^2$ 是 σ^2 的无偏估计量，则 $E(\hat{\sigma}^2) = \sigma^2$。

$$\hat{\sigma}^2 = \frac{\hat{u}'\hat{u}}{T-k-1} \tag{2.35}$$

同样地，可得 $\hat{\beta}$ 的方差-协方差矩阵：

$$\text{Var}(\hat{\beta}) = (X'X)^{-1}\hat{\sigma}^2 \tag{2.36}$$

如果随机误差项服从正态分布，$\hat{\beta}$ 是 y 的函数，是正态分布的随机变量的线性函数，所以 $\hat{\beta}$ 也服从正态分布。

$$\hat{\beta}_j \sim N(\hat{\beta}_j, \text{Var}(\hat{\beta}_j)) \quad (j = 0, 1, \cdots, k) \tag{2.37}$$

2.3 回归模型的检验

回归分析是应用样本回归线代替总体回归线,但是在一次抽样中,估计的参数值不一定就等于总体参数真值,如果参数的估计值与真值的差异太大,参数估计检验不显著,模型需要进一步修正,以确保得到的估计可靠。所以建立回归模型时,还要进行很多检验,这一节将详细介绍。

2.3.1 拟合优度和 R^2

拟合优度是指回归直线对观测值的拟合程度。显然若观测值离回归直线近,则拟合程度好;反之则拟合程度差。OLS 保证了最接近样本直线的拟合,但是一个特定条件下最优的拟合样本直线并不一定是高质量的,也许改进模型、改变解释变量、回归直线更加接近观测值,得到的拟合效果会更好。这里需要对拟合优度进行比较,所以也用拟合优度 R^2 来衡量拟合值对观测值拟合的好坏。

总离差平方和可以做下面的分解(图 2-5)

$$\sum(y_t - \bar{y})^2 = \sum(y_t - \hat{y}_t)^2 + \sum(\hat{y}_t - \bar{y})^2$$
$$\text{TSS} \quad = \quad \text{RSS} \quad + \quad \text{ESS} \tag{2.38}$$

式中,$\text{TSS} = \sum(y_t - \bar{y})^2$ 称为总离差平方和 (total sum of squares),自由度为 $T-1$,反映因变量波动的大小;$\text{RSS} = \sum(y_t - \hat{y}_t)^2 = \sum \hat{u}_t^2$ 称为残差平方和 (residual sum of squares, RSS),自由度为 $T-k-1$,反映变量总的波动中不能通过回归模型解释的部分;$\text{ESS} = \sum(\hat{y}_t - \bar{y})^2$ 称为回归平方和 (explained sum of squares, ESS),自由度为 k,反映的是模型计算出来的拟合值的波动。

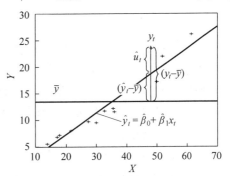

图 2-5 三种离差示意图

容易看出,回归平方和 ESS 越大,残差平方和 RSS 越小,拟合的效果越好,定义可决系数 R^2 为

$$R^2 = \frac{\text{ESS}}{\text{TSS}} = 1 - \frac{\text{RSS}}{\text{TSS}} \tag{2.39}$$

R^2 的值范围在 0 和 1 之间,R_2 值越接近于 1,模型的拟合优度越高。

如果模型中增加一个解释变量,可决系数往往是增大的,主要是因为即使增加的解释变量对被解释变量的影响很小,残差平方和也不会增加,R^2 不会减少。只要增加解释变量的个数,就可以提高可决系数,模型就模拟得更好,这是不明智的,加入更多的变量可能造成多重共线性。可决系数只涉及变差,没有考虑自由度。如果用自由度去校正所计算的变差,可纠正解释变量个数不同引起的对比困难。所以引入修正的可决系数 (adjusted coefficient of determination) $\bar{R}^2$。

$$\bar{R}^2 = 1 - \frac{\text{RSS}/(T-k-1)}{\text{TSS}/(T-1)} = 1 - (1-R^2)\frac{T-1}{T-k-1} \tag{2.40}$$

从式(2.40)可以看出,当解释变量的个数(包括虚拟解释变量)$k>2$ 时,修正的可决系数 $\bar{R}^2<R^2$。如果新增的变量使拟合的效果变化不大,而自由度增加,就会使 $\bar{R}^2$ 变小,这样在一定程度上可以排除影响效果不大的解释变量。而如果新增的变量使得拟合效果变化较大、$\bar{R}^2$ 变大,就可以考虑增加解释变量。

2.3.2 变量的显著性检验与 t 检验

对于多元线性回归模型,对方程进行显著性检验往往是不够的,还要对每个变量进行显著性检验,检验当其他解释变量不变时,某一解释变量是否对被解释变量有显著的影响,以寻求整体方程的显著性。若某个变量对被解释变量的影响并不显著,则应该将它剔除,以建立更为简单的模型。一般用 t 统计量进行假设检验。

假设 c_{jj} 为矩阵 $(\boldsymbol{X}'\boldsymbol{X})^{-1}$ 对角线上的第 j 个元素,根据式(2.36)可得

$$\text{Var}(\hat{\beta}_j) = c_{jj}\hat{\sigma}^2 \quad (j=1,2,\cdots,k) \tag{2.41}$$

再由式(2.37)可知 $\hat{\beta}_j$ 服从如下的正态分布:

$$\hat{\beta}_j \sim N(\beta_j, c_{jj}\hat{\sigma}^2) \quad (j=1,2,\cdots,k) \tag{2.42}$$

根据数理统计的知识就可以构造 t 统计量:

$$t = \frac{\hat{\beta}_j - \beta_j}{s_{\hat{\beta}_j}} = \frac{\hat{\beta}_j - \beta_j}{\sqrt{c_{jj}\dfrac{\hat{\boldsymbol{u}}'\hat{\boldsymbol{u}}}{T-k-1}}} \sim t_{\frac{\alpha}{2}}(T-k-1) \tag{2.43}$$

变量的显著性检验是用来检验系数是否为零的原假设,根据假设检验的步骤,进行假设检验 $H_0: \beta_j = 0, H_1: \beta_j \neq 0$。

如果原假设成立,说明变量 x_j 对因变量 y 没有显著影响,应在模型中剔除该变量,重新建立多元回归模型。如果一个变量对因变量 y 具有很强的解释意义,那么它的回归系数估计就不会拒绝原假设。

当 t 值较大时,β_j 就会偏离零更多,就更有理由拒绝原假设,所以,在给定的置信水平 α 下,可以确定一个临界值 $t_{\frac{\alpha}{2}}(T-k-1)$,如果 $|t|>t_{\frac{\alpha}{2}}(T-k-1)$,则拒绝原假设,得出变量 x_j 对因变量 y 具有显著影响;如果 $|t|<t_{\frac{\alpha}{2}}(T-k-1)$,则接受原假设,得出变量 x_j 对因变量 y 没有显著影响(图 2-6)。

当然,也可以用 1.4 节中的 P 值检验法,该方法更具有客观性。

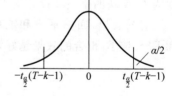

图 2-6 t 检验

2.3.3 方程显著性与 F 检验

为了检验被解释变量与解释变量之间的线性关系在总体上是否显著成立,需要对方程做显著性检验,通过构造 F 检验统计量,可以给出统计上严格的判断。其所用的方法是数理统计学中的假设检验。

按照假设检验的步骤,考虑一个联合原假设:$H_0: \beta_1 = 0, \beta_2 = 0, \cdots, \beta_k = 0$,备择假设 $H_1: \beta_i (i=1,2,\cdots,k)$ 不全为 0。

在原假设成立的条件下，根据数理统计的知识，可得到下面的统计量：

$$F = \frac{\text{ESS}/k}{\text{RSS}/(T-k-1)} \sim F(k, T-k-1) \tag{2.44}$$

观察统计量可以得出，因变量被解释的部分 ESS 越大，被解释变量与解释变量之间的线性关系越显著，F 值越大，就会拒绝原假设。所以 F 值越大，越有理由拒绝原假设。在给定的显著性水平 α 下，可以得到 F 分布的临界值 $F_\alpha(k, T-k-1)$。当 $F > F_\alpha(k, T-k-1)$ 时，拒绝原假设，方程显著成立，有较充分的理由说明解释变量和被解释变量之间有线性关系。当 $F \leqslant F_\alpha(k, T-k-1)$ 时，接受原假设，方程不显著（图 2-7）。

在一元线性回归中，t 检验与 F 检验是一致的。t 检验与 F 检验都有相同的原假设 $H_0: \beta_1 = 0$。

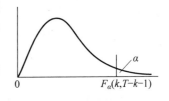

图 2-7　F 检验

2.3.4　自相关检验与 DW 检验

自相关检验用来检验随机误差项是否存在自相关，计量金融学最常用的自相关检验方法有 DW 检验法、相关图、Q 统计量检验法和 LM 检验法。这里介绍 DW 检验法。

DW 检验是詹姆斯·杜宾（James Durbin）和杰弗里·斯图尔特·沃特森（Geoffrey Stuart Watson）于 1951 年提出的，用于检验随机误差项是否存在一阶序列相关。DW 检验的假设如下。H_0：随机误差性不存在一阶自相关。H_1：随机误差性存在一阶自相关。DW 统计量定义如下：

$$\text{DW} = \frac{\sum_{t=2}^{T}(\hat{u}_t - \hat{u}_{t-1})^2}{\sum_{t=1}^{T}\hat{u}_t^2} \tag{2.45}$$

式中，$\hat{u}_t = y_t - \hat{y}_t (t = 1, 2, \cdots, T)$。

将式（2.45）展开，化简可以得到

$$\text{DW} \approx 2(1 - \hat{\rho}) \tag{2.46}$$

式中，$\hat{\rho} \approx \dfrac{\sum\limits_{t=2}^{T} \hat{u}_t \hat{u}_{t-1}}{\sum\limits_{t=1}^{T} \hat{u}_t^2}$，因为 $-1 \leqslant \hat{\rho} \leqslant 1$，可以得到 $0 \leqslant \text{DW} \leqslant 4$。

根据样本容量 T 和解释变量的个数 k（不包括常数项），查 DW 分布表，可得临界值 d_L 和 d_U，然后与式（2.45）计算出来的 DW 值比较，判断随机误差项自相关的状态（表 2-2）。

表 2-2　DW 检验决策规则

$0 \leqslant \text{DW} \leqslant d_L$	误差项 $u_1, u_2, \cdots, u_n$ 间存在正相关
$d_L < \text{DW} \leqslant d_U$	不能判定是否有自相关
$d_U < \text{DW} < 4 - d_U$	误差项 $u_1, u_2, \cdots, u_n$ 间无自相关
$4 - d_U \leqslant \text{DW} < 4 - d_L$	不能判定是否有自相关
$4 - d_L \leqslant \text{DW} \leqslant 4$	误差项 $u_1, u_2, \cdots, u_n$ 间存在负相关

表 2-2 用坐标图表示出来,如图 2-8 所示。

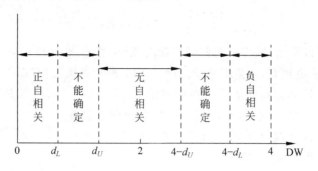

图 2-8 DW 检验示意图

在应用 DW 检验时需要注意:DW 检验只适用于有常数项的回归模型,并且解释变量不能包含滞后项,否则 DW 检验就会失效;DW 统计量的上、下界表一般要求 $T \geq 15$,如果 $T < 15$,DW 检验上、下界表的数据不完整,很难作出是否存在自相关的判断;DW 检验不能进行随机误差项具有高阶序列相关的检验;DW 检验存在两个不能确定的区域,不能对所有的情况作出判断,DW 值落在这两个区域,就不能判断。

2.3.5 信息准则

建立时间序列模型时,往往包含一些滞后 t 期的变量,有时,滞后阶数越高,越可以提升模型的拟合效果,需要选择一个准则来确定变量的最优滞后长度。后面章节介绍的 AR(p) 过程和 MA(q) 过程以及 GARCH(generalized autoregressive conditional hetero-scedasticity,广义条件异方差)类模型都需要决定滞后的阶数,通常应用 AIC(赤池信息准则)、BIC(贝叶斯信息准则)和 HQ(Hannan-Quinn 汉南-奎因)准则来确定滞后长度。选择最佳滞后阶数时,一般情况下 AIC、BIC 和 HQ 准则的统计量越小越好,从统计量公式可以看出,它们都加入增加更多系数的惩罚。

2.3.6 残差检验与 JB 统计量

Jarque-Bera(JB)统计量是用来检验一组样本是否能够认为来自正态总体的一种常用的方法,可以用来检验残差是否服从正态分布。它可以说明正态分布和 χ^2 分布在统计量检验上的关系。正态分布的偏度为 0,峰度为 3,JB 检验是通过检测分布的偏度和峰度偏离 0 和 3 的程度来实现的。JB 统计量定义为

$$JB = \frac{T}{6}\left[S^2 + \frac{(K-3)^2}{4}\right] \tag{2.47}$$

式中,T 为样本容量;S 为残差的偏度;K 为残差的峰度。

在正态分布的假设下,JB 统计量渐进地服从自由度为 2 的卡方分布。计算 JB 统计量,如果在一定显著性水平下 JB 统计量大于分位点,则拒绝原假设,残差不服从正态分布;反之服从正态分布。

2.3.7 参数的置信区间

前面分析了模型回归的各种检验,这里讨论参数的置信区间问题。由前面参数估计的概

率分布可以得到参数的区间估计。如 β_j 是多元线性回归模型 $y_t = \beta_0 + \beta_1 x_{1t} + \beta_2 x_{2t} + \cdots + \beta_k x_{kt} + u_t (t=1,2,\cdots,T)$ 中的参数,则有

$$t = \frac{\hat{\beta}_j - \beta_j}{s_{\hat{\beta}_j}} \sim t_{\frac{\alpha}{2}}(T-k-1) \quad (j=0,1,2,\cdots,k) \tag{2.48}$$

给出显著性水平 α,因 t 统计量是对称分布,查表可得 $t_{\alpha/2}$ 的值,由统计分布的性质可知:

$$p\left(-t_{\alpha/2} < \frac{\hat{\beta}_j - \beta_j}{s_{\hat{\beta}_j}} < t_{\alpha/2}\right) = 1 - \alpha \quad (j=0,1,2,\cdots,k) \tag{2.49}$$

所以参数 β_j 在置信水平 $1-\alpha$ 下的置信区间为

$$(\hat{\beta}_j - t_{\alpha/2} s_{\hat{\beta}_j}, \hat{\beta}_j + t_{\alpha/2} s_{\hat{\beta}_j}) \quad (j=0,1,2,\cdots,k) \tag{2.50}$$

2.4 案 例 分 析

2.4.1 一元回归案例分析

根据约翰·梅纳德·凯恩斯(John Meynard Keyes)的绝对收入假说,用一元回归的方法研究一个简单的消费函数,刻画我国 1990 年以来居民消费的边际倾向。1990 年到 2013 年的观测样本如表 2-3 所示,其中 YD 表示的是居民人均可支配收入,其计算方式是"城镇居民家庭人均可支配收入(元)"×"城镇人口数比重"+"农村居民家庭人均纯收入(元)"×"农村人口数比重";CS 表示的是居民人均消费水平;CPI 代表 1990 年为 1 的居民消费价格指数;数据来自 2014 年和 2007 年中国统计年鉴;表格后面两列的数据表示:inc=YD/CPI,cs=CS/CPI。变量均为剔除了价格因素的实际年度数据,模型形式如下:

$$cs_t = \beta_0 + \beta_1 \text{inc}_t + u_t, \quad u_t \sim N(0, \sigma^2) \tag{2.51}$$

表 2-3 中国居民人均收入和消费支出相关数据

年 份	YD/元	CS/元	CPI	inc	cs
1990	903.892 0	833.000 0	1.000 0	903.892 0	833.000 0
1991	975.844 8	896.000 0	1.034 2	943.574 6	866.370 1
1992	1 125.218 0	1 070.000 0	1.100 3	1 022.646 5	972.462 1
1993	1 385.058 4	1 331.000 0	1.262 0	1 097.510 6	1 054.675 1
1994	1 869.659 5	1 746.000 0	1.566 5	1 193.526 7	1 114.586 7
1995	2 363.319 1	2 355.000 0	1.834 1	1 288.544 3	1 284.008 5
1996	2 813.921 4	2 641.000 0	1.986 6	1 416.450 9	1 329.407 0
1997	3 069.800 8	2 834.000 0	2.042 1	1 503.256 9	1 387.787 1
1998	3 250.243 9	2 972.000 0	2.025 9	1 604.345 6	1 467.002 3
1999	3 477.585 8	3 138.000 0	1.997 2	1 741.230 6	1 571.199 7
2000	3 711.834 5	3 632.000 0	2.005 5	1 850.827 5	1 811.019 7
2001	4 058.539 1	3 886.925 2	2.019 4	2 009.774 7	1 924.792 1
2002	4 518.901 2	4 143.749 3	2.003 2	2 255.841 2	2 068.564 9
2003	4 993.218 4	4 474.527 5	2.027 3	2 462.989 4	2 207.136 3
2004	5 644.620 1	5 031.998 9	2.106 3	2 679.874 7	2 389.022 9

续表

年　份	YD/元	CS/元	CPI	inc	cs
2005	6 366.558 9	5 596.195 1	2.144 2	2 969.200 1	2 609.922 1
2006	7 210.920 8	6 298.565 3	2.176 5	3 313.081 0	2 893.896 3
2007	8 566.577 6	7 309.628 4	2.281 0	3 755.623 7	3 204.571 9
2008	9 938.888 3	8 430.149 8	2.415 5	4 114.629 8	3 490.022 7
2009	10 964.593 9	9 283.282 1	2.398 6	4 571.247 3	3 870.291 9
2010	12 507.629 8	10 522.398 2	2.477 8	5 047.877 1	4 246.669 7
2011	14 581.907 6	12 569.962 0	2.611 6	5 583.514 9	4 813.126 8
2012	16 668.507 2	14 110.112 2	2.679 5	6 220.752 8	5 265.949 7
2013	18 599.112 5	15 632.100 0	2.749 2	6 765.281 7	5 686.054 1

绘制的自变量与因变量的散点图如图 2-9 所示。

图 2-9　居民人均可支配收入与人均消费水平散点图

通过 EViews 软件操作估计参数,回归结果如图 2-10 所示。

Dependent Variable: CS
Method: Least Squares
Date: 08/10/15 Time: 12:03
Sample: 1990 2013
Included observations: 24

Variable	Coefficient	Std. Error	t-Statistic	Prob.
C	170.3450	20.85811	8.166849	0.0000
INC	0.818410	0.006392	128.0382	0.0000

R-squared	0.998660	Mean dependent var	2431.731
Adjusted R-squared	0.998599	S.D. dependent var	1452.244
S.E. of regression	54.35915	Akaike info criterion	10.90876
Sum squared resid	65008.17	Schwarz criterion	11.00693
Log likelihood	-128.9051	Hannan-Quinn criter.	10.93480
F-statistic	16393.79	Durbin-Watson stat	1.026649
Prob(F-statistic)	0.000000		

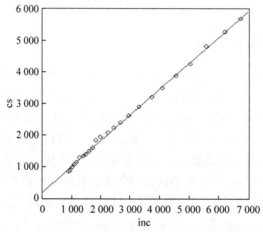

图 2-10　居民人均可支配收入与人均消费水平回归结果

估计参数结果如下:

$$\hat{cs}_t = 170.345 + 0.8184 inc_t$$
$$(20.8581) \qquad (0.0064)$$

$$(8.1668) \quad (128.0382)$$
$$R^2 = 0.9987 \quad F = 16393.79 \quad DW = 1.0266$$

式中,第二行括号内的数对应的是系数的标准误差;第三行括号内的数对应的是参数的 t 检验值;R^2 为可决系数;F 为方程显著性检验 F 值;DW 为相关性检验的 DW 统计量的值。

$\hat{\beta}_1 = 0.8184$ 是样本回归方程的斜率,表示居民人均的边际消费倾向,说明年人均可支配收入每增加 1 元,将 0.8184 元用于消费性支出;$\hat{\beta}_0 = 170.3450$ 是样本回归方程的截距,表示不受可支配收入影响的自发消费行为。参数估计的可决系数非常接近 1,总离差平方和的 99.87% 被样本回归直线解释,方程也通过显著性检验,系数也都显著不为 0,回归效果较好。但是本例中 DW 统计量通过查表,得出残差项有自相关性,也符合美国经济学家詹姆斯·杜森贝利(James Duesenberry)的想法,他认为人们的消费具有惯性,前期的消费水平高,会影响下一期的消费水平,是有自相关性的。后面章节会详细介绍系残差自相关性的内容。

2.4.2 多元回归案例分析

改革开放以来,随着经济的发展,我国财政收支发生较大的改变,这里研究我国财政收入的影响因素。影响中国税收收入的因素很多,主要有:经济的增长,选用 GDP 指标;财政的需求,选用财政支出指标;物价水平,选用居民消费价格指数(CPI)指标。表 2-4 给出了各项指标 1978 年到 2013 年的数据,财政收入、GDP、财政支出的单位为亿元,CPI 是以 1990 年为 100 折算的。

表 2-4 财政收入及影响因素数据

年 份	财政收入 y/亿元	GDP x_1/亿元	财政支出 x_2/亿元	CPI x_3
1978	1 132.26	3 645.2	1 122.09	46.21
1979	1 146.38	4 062.6	1 281.79	47.07
1980	1 159.93	4 545.6	1 228.83	50.62
1981	1 175.79	4 891.6	1 138.41	51.19
1982	1 212.33	5 323.4	1 229.98	52.95
1983	1 366.95	5 962.7	1 409.52	54.00
1984	1 642.86	7 208.1	1 701.02	55.47
1985	2 004.82	9 016.0	2 004.25	60.65
1986	2 122.01	10 275.2	2 204.91	64.57
1987	2 199.35	12 058.6	2 262.18	69.30
1988	2 357.24	15 042.8	2 491.21	82.30
1989	2 664.90	16 992.3	2 823.78	97.00
1990	2 937.10	18 667.8	3 083.59	100.00
1991	3 149.48	21 781.5	3 386.62	103.42
1992	3 483.37	26 923.5	3 742.20	110.03
1993	4 348.95	35 333.9	4 642.30	126.20
1994	5 218.10	48 197.9	5 792.62	156.65
1995	6 242.20	60 793.7	6 823.72	183.41
1996	7 407.99	71 176.6	7 937.55	198.66

续表

年份	财政收入 y/亿元	GDP x_1/亿元	财政支出 x_2/亿元	CPI x_3
1997	8 651.14	78 973.0	9 233.56	204.21
1998	9 875.95	84 402.3	10 798.18	202.59
1999	11 444.08	89 677.1	13 187.67	199.72
2000	13 395.23	99 214.6	15 886.50	200.55
2001	16 386.04	109 655.2	18 902.58	201.94
2002	18 903.64	120 332.7	22 053.15	200.32
2003	21 715.25	135 822.8	24 649.95	202.73
2004	26 396.47	159 878.3	28 486.89	210.63
2005	31 649.29	184 937.4	33 930.28	214.42
2006	38 760.20	216 314.4	40 422.73	217.65
2007	51 321.78	265 810.3	49 781.35	228.10
2008	61 330.35	314 045.4	62 592.66	241.55
2009	68 518.30	340 902.8	76 299.93	239.86
2010	83 101.51	401 512.8	89 874.16	247.78
2011	103 874.43	473 104.0	109 247.79	261.16
2012	117 253.52	519 470.1	125 952.97	267.95
2013	129 209.64	568 845.2	140 212.10	274.92

作散点图,如图 2-11 所示。

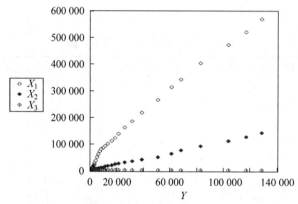

图 2-11 财政收入与其他影响因素的散点图

从散点图看出,影响因素在一定程度上对财政收入的影响是线性的,建立多元回归模型如下:

$$y_t = \beta_0 + \beta_1 x_{1t} + \beta_2 x_{2t} + \beta_3 x_{3t} + u_t$$

通过 EViews 软件操作估计参数,回归结果如图 2-12 所示。

从图 2-12 中的数据,估计参数结果为

$$\hat{y}_t = 2\,235.21 + 0.108\,8 x_{1t} + 0.536\,1 x_{2t} - 37.559\,8 x_{3t}$$

$$(507.496\,6) \quad (0.017\,1) \quad (0.063\,2) \quad (6.453\,0)$$

$$(4.404\,4) \quad (6.349\,8) \quad (8.488\,1) \quad (-5.820\,4)$$

$$R^2 = 0.994 \quad \bar{R}_t = 0.999\,3 \quad F = 18\,551.79$$

图 2-12　财政收入与三个影响因素的回归结果

式中,第二行括号内的数对应的是系数的标准误差;第三行括号内的数对应的是参数的 t 检验值;R^2 为可决系数;$\bar{R}^2$ 为修正的可决系数;F 为方程显著性检验 F 值。

由修正的可决系数看出,样本回归模型对总体的解释占 99.93%,模型对样本的拟合程度较好。从 F 值看出,方程通过显著性检验,由 t 值或者 P 值得出参数系数显著不为 0,国内生产总值、财政支出和居民消费价格指数对财政收入有显著的影响。国内生产总值每增加 1%,平均来说,当年的财政收入就会增加 0.108 8%;财政支出增加 1%,平均财政收入可能会增加 0.536 1%;物价指数上涨 1%,同样的平均水平,财政收入会减少 37.559 8%。

当然,也可以用当年的国内生产总值、财政支出和居民消费价格指数预测财政收入。

复习思考题

1. 什么是回归模型?
2. 回归模型的应用有哪些?
3. 回归模型的检验有哪些?

即 测 即 练

非典型性回归模型及其应用

本章知识点
1. 深入理解非线性模型如何转化为线性模型。
2. 深入探究模型的异方差性、自相关性、多重共线性解决方法。
3. 了解虚拟变量模型。
4. 理解预测的类型及评价标准。

第 2 章已经完成了对经典线性回归模型的讨论。但在实际中,经典回归模型的基本假设往往得不到满足,若继续使用 OLS 进行回归,就会产生一系列问题,我们就要采取不同的方法对基本假设不满足的状况作出处理。

3.1 非线性模型转化为线性模型

迄今为止,我们都假设未知的总体回归线是线性的,拟合优度检验及变量显著性检验也都是对函数形式的线性检验。然而,在实际经济活动中,经济变量关系是纷繁复杂的,直接表现为线性关系的情况并不多见。例如,著名的恩格尔曲线(Engel curve)表现为幂函数曲线的形式,宏观经济学中的菲利普斯曲线(Phillips curve)表现为双曲线形式等。但是,它们中的大部分又可以通过一些简单的数学处理,转化为数学上的线性关系,从而运用线性回归的方法建立线性计量经济学模型。下面通过一些常见的例子说明非线性模型转化为线性模型的数学处理方法。

3.1.1 模型的类型与变换

1. 指数函数模型

指数函数模型如下:

$$y_t = a e^{bx_t + u_t} \tag{3.1}$$

$b>0$ 和 $b<0$ 两种情形的图形分别如图 3-1 和图 3-2 所示。显然 x_t 和 y_t 的关系是非线性的。对式(3.1)等号两侧同取自然对数,得

$$\ln y_t = \ln a + bx_t + u_t \tag{3.2}$$

令 $\ln y_t = y_t^*$,$\ln a = a^*$,则

$$y_t^* = a^* + bx_t + u_t \tag{3.3}$$

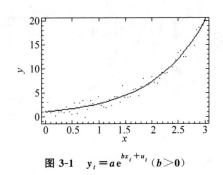
图 3-1 $y_t = a e^{bx_t + u_t}$ $(b>0)$

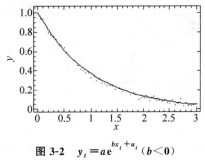
图 3-2 $y_t = a e^{bx_t + u_t}$ $(b<0)$

变量 y_t^* 和 x_t 已变换成线性关系,其中 u_t 表示随机误差项。

2. 对数函数模型

对数函数模型如下:
$$y_t = a + b \ln x_t + u_t \tag{3.4}$$
$b>0$ 和 $b<0$ 两种情形的图形分别如图 3-3 和图 3-4 所示。x_t 和 y_t 的关系是非线性的。

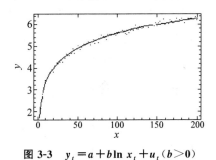
图 3-3 $y_t = a + b \ln x_t + u_t (b>0)$

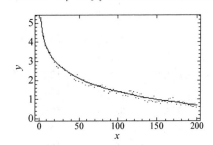
图 3-4 $y_t = a + b \ln x_t + u_t (b<0)$

令 $x_t^* = \ln x_t$,则
$$y_t = a + b x_t^* + u_t \tag{3.5}$$
变量 y_t 和 x_t^* 已变换成线性关系。

3. 幂函数模型

幂函数模型如下:
$$y_t = a x_t^b e^{u_t} \tag{3.6}$$
b 取不同值的图形分别如图 3-5 和图 3-6 所示,x_t 和 y_t 的关系是非线性的。对式(3.6)等号两侧同取对数,得
$$\ln y_t = \ln a + b \ln x_t + u_t \tag{3.7}$$
令 $\ln y_t = y_t^*$,$\ln a = a^*$,$\ln x_t = x_t^*$,则式(3.7)表示为
$$y_t^* = a^* + b x_t^* + \mu_t \tag{3.8}$$
变量 y_t^* 和 x_t^* 之间已成线性关系,其中 μ_t 表示随机误差项。

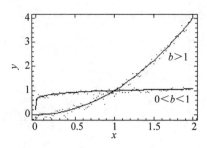

图 3-5　$y_t = ax_t^b e^{u_t}$（$b>1$ 和 $0<b<1$）

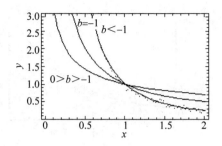

图 3-6　$y_t = ax_t^b e^{u_t}$（$b\leqslant -1$ 或 $0>b>-1$）

3.1.2　案例分析

中国城镇居民消费支出及价格指数见表 3-1。

表 3-1　中国城镇居民消费支出及价格指数　　　　　　　　　　　　　　　元

年 份	X（当年价）	X_1（当年价）	GP（上年=100）	FP（上年=100）	Q（2000年价）	P_0（2000年=100）	P_1（2000年=100）
1985	673.2	351.4	111.9	116.5	1 315.9	28.1	26.7
1986	799.0	418.9	107.0	107.2	1 463.3	30.1	28.6
1987	884.4	472.9	108.8	112.0	1 475.0	32.8	32.1
1988	1 104.0	567.0	120.7	125.2	1 412.5	39.5	40.1
1989	1 211.0	660.0	116.3	114.4	1 437.2	46.0	45.9
1990	1 278.9	693.8	101.3	98.8	1 529.2	46.6	45.4
1991	1 453.8	782.5	105.1	105.4	1 636.3	49.0	47.8
1992	1 671.7	884.8	108.6	110.7	1 671.4	53.2	52.9
1993	2 110.8	1 058.2	116.1	116.5	1 715.9	61.7	61.7
1994	2 851.3	1 422.5	125.0	134.2	1 718.7	77.2	82.8
1995	3 537.6	1 771.9	116.8	123.6	1 732.1	90.1	102.3
1996	3 919.5	1 904.7	108.8	107.9	1 725.6	98.1	110.4
1997	4 185.6	1 942.6	103.1	100.1	1 758.2	101.1	110.5
1998	4 331.6	1 926.9	99.4	96.9	1 799.8	100.5	107.1
1999	4 615.9	1 932.1	98.7	95.7	1 885.7	99.2	102.5
2000	4 998.0	1 971.3	100.8	97.6	1 971.3	100.0	100.0
2001	5 309.0	2 027.9	100.7	100.7	2 013.8	100.7	100.7
2002	6 029.9	2 271.8	99.0	99.9	2 258.3	99.7	100.6
2003	6 510.9	2 416.9	100.9	103.4	2 323.5	100.6	104.0
2004	7 182.1	2 709.6	103.3	109.9	2 370.2	103.9	114.3
2005	7 942.9	2 914.4	101.6	103.1	2 472.7	105.6	117.9
2006	8 696.6	3 111.9	101.5	102.6	2 573.4	107.2	120.9

资料来源：《中国统计年鉴(1990—2007)》。

其中，Q 为居民对食品的需求量；X 为消费者的消费支出总额；X_1 为人均食品消费支出；GP 为中国城镇居民消费价格总指数；FP 为城镇居民食品消费价格指数；P_1 为食品价格指数；P_0 为居民消费价格总指数。

建立中国城镇居民食品消费需求函数模型。根据需求理论，居民对食品的需求函数大致为

$$Q = AX^{\beta_1} P_1^{\beta_2} P_0^{\beta_3} \tag{3.9}$$

经过对数变换，可用如下的双对数线性回归模型进行估计：

$$\ln Q = \beta_0 + \beta_1 \ln X + \beta_2 \ln P_1 + \beta_3 \ln P_0 + \mu \tag{3.10}$$

式中，$\beta_0 = \ln A$。

用 EViews 软件具体操作过程如下。

创建 File，导入数据，并开始用普通最小二乘法进行线性回归：单击"quick""Equation Estimation"，输入"log(q) c log(x) log(p1) log(p0)"，如图 3-7 所示。并单击"确定"按钮，得到图 3-8。

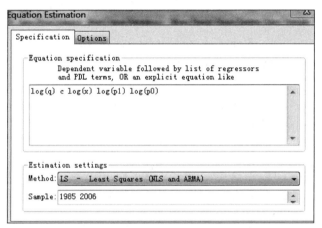

图 3-7　方程设定

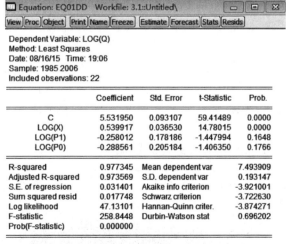

图 3-8　方程估计

分析输出结果可得（括号里为 t 值）

$$\ln \hat{Q} = 5.53 + 0.540 \ln X - 0.258 \ln P_1 - 0.288\beta_3 \ln P_0 \tag{3.11}$$
$$(59.4) \quad (14.78) \quad (-1.45) \quad (-1.41)$$
$$R^2 = 0.9773 \quad \bar{R}^2 = 0.9735 \quad F = 258.84$$

1985—2006 年，$\ln Q$ 变化的 97.7% 可由其他三个变量的变化来解释。在 5% 的显著性水平下，F 统计量的临界值为 $F_{0.05}(3,18)=3.16$，检验得出的 F 值 $=258.84>3.16$，说明模型的线性关系显著。

3.2　异方差性

3.2.1　异方差介绍及产生原因

假设有如下的多元线性回归：

$$Y_t = \beta_0 + \beta_1 X_{t1} + \beta_2 X_{t2} + \cdots + \beta_k X_{tk} + \mu_t \quad (t=1,2,\cdots,T) \tag{3.12}$$

同方差的假设就是

$$\mathrm{Var}(\mu_t) = \sigma^2 \quad (t=1,2,\cdots,T) \tag{3.13}$$

异方差（heteroscedasticity）就是指对于不同的样本点，随机干扰项的方差不再是常数，而是互相不同，即

$$\mathrm{Var}(\mu_t) = \sigma_t^2 \quad (t=1,2,\cdots,T) \tag{3.14}$$

一般异方差可以分为三种类型。

(1) 单调递增型：σ_t^2 随 X 的增大而增大（图 3-9）。

(2) 单调递减型：σ_t^2 随 X 的增大而减小（图 3-10）。

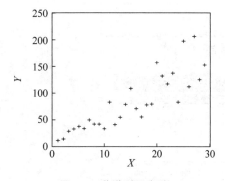

图 3-9　递增型异方差

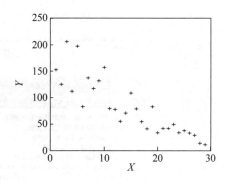

图 3-10　递减型异方差

(3) 复杂型：σ_t^2 与 X 的变化呈现复杂形式（图 3-11）。

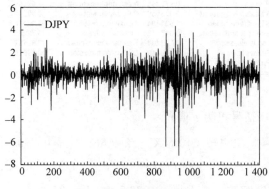

图 3-11　复杂型异方差

由于现实经济情况复杂,所以在研究经济问题时,出现异方差的现象非常常见。为什么会出现这种异方差呢？一方面是因为随机误差项ε包括测量误差和模型中被忽略的一些因素对因变量的影响；另一方面来自不同抽样单元因变量观测值之间可能差别很大。因此,异方差性多出现在横截面样本中。至于时间序列,则由于变量观测值来自不同时期的同一样本单元,通常因变量的不同观测值之间差别不是很大,所以异方差性一般不明显。

例如,如果研究的是一个行业中各个企业的横截面数据,则大企业的随机误差项或许会比小企业误差的方差大,这是因为大企业的销售量会比小企业的销售量具有更大幅度的变化。而如果对家庭可支配收入和储蓄额进行研究,也不能认为随机误差项满足同方差假定。在储蓄行为中,高收入家庭由于收入较高,基本消费支出之外剩余较多,在消费方式的选择上有更大的余地,因而储蓄的差异性较大,即方差较大。而低收入家庭除了必要支出外剩余较少,为了某种目的地参加储蓄,储蓄较有规律,差异较小,即方差较小。

3.2.2 异方差的后果

金融计量模型一旦出现异方差性,若仍然采用最小二乘法估计模型进行估计,则其估计量仍然具有线性、无偏性,但是不具有最小方差性,同时显著性检验失效。

我们可以试着用一元回归模型 $Y_t = \beta_0 + \beta_1 X_t + u_t (t=1,2,\cdots,T)$ 进行讨论,得出的结论结果具有一般性。

1. 显著性检验失效

在变量的显著性检验中,我们使用 t 检验统计量来检验,它是建立在随机扰动项同方差的基础之上的。因为 t 统计量的表达式是

$$t = \frac{\hat{\beta}_i}{S_{\hat{\beta}_i}} \quad (i=0,1) \tag{3.15}$$

如果出现异方差,估计的 $S_{\hat{\beta}_i}$ 也会有偏差,使得 t 检验失效；同理,也使得 F 检验失去意义。

2. 预测的精确度降低

由于异方差使得普通最小二乘法估计所得到的 $S_{\hat{\beta}_i}$ 增大,在预测值的置信区间中也包含参数方差的估计量 $S_{\hat{\beta}_i}$,所以降低了点预测和区间预测的精度,使预测结果变得不可靠,也就失去了应用的价值。

3.2.3 异方差检验

由于异方差的存在会导致不良后果,所以对于计量经济模型,在进行参数估计之前就应当对是否存在异方差进行识别。

1. 图示法

通常可以借助以下两种图示法判断。

(1) 残差图分析法。利用 EViews 进行回归模型的估计后,在方程窗口中单击"Resids"按钮,就可以直接看到残差分布图。如果残差分布图的区域逐渐变窄或变宽,或出现偏离带

状区的复杂变化,则表明存在异方差性。

(2) 相关图分析。在建立模型时,判断模型函数形式,一般要考虑被解释变量 Y 和解释变量 X 的相关图。如果相关图中随着 X 的增加,Y 分布的离散程度呈现逐渐增大(或缩小)的趋势,则表明模型存在递增型(或递减型)的异方差性。这就是被解释变量 Y 的离散程度和随机扰动项的离散程度相同的结果。

2. 怀特检验

怀特(White)检验由怀特 1980 年提出,以二元回归模型为例,具体步骤如下。

$$Y_t = \beta_0 + \beta_1 X_{t1} + \beta_2 X_{t2} + u_t \tag{3.16}$$

(1) 对式(3.16)进行 OLS 回归,求残差 $\hat{u}_t$。

(2) 做如下辅助回归式:

$$\hat{u}_t^2 = \alpha_0 + \alpha_1 X_{t1} + \alpha_2 X_{t2} + \alpha_3 X_{t1}^2 + \alpha_4 X_{t2}^2 + \alpha_5 X_{t1} X_{t2} + \nu_t \tag{3.17}$$

即用 $\hat{u}_t^2$ 对原回归式中的各解释变量、解释变量的平方项、交叉积项进行 OLS 回归,求辅助回归式(3.17)的可决系数 R^2。ν_t 满足 OLS 基本假设条件。注意,式(3.17)中要保留常数项。

(3) 怀特检验的原假设和备择假设如下。

H_0:式(3.16)中的 u_t 不存在异方差;

H_1:式(3.16)中的 u_t 存在异方差。

(4) 在不存在异方差假设条件下统计量为

$$TR^2 \sim \chi^2_{\alpha(5)} \tag{3.18}$$

式中,T 为样本容量;R^2 为辅助回归式(3.17)的 OLS 估计式的可决系数;自由度 5 为辅助回归式(3.17)中解释变量项数(注意:不计算常数项)。

(5) 判别规则如下:

若 $TR^2 \leqslant \chi^2_{\alpha(5)}$,接受 H_0(u_t 具有同方差)。

若 $TR^2 > \chi^2_{\alpha(5)}$,拒绝 H_0(u_t 具有异方差)。

3.2.4 异方差修正

如果模型被证明有异方差性,则需要发展新的方法估计模型,最常用的方法是加权最小二乘法(weighted least squares,WLS)。所谓加权,就是对不同的残差赋予不同的权重,使之成为一个新的不存在异方差的模型,然后再利用普通最小二乘法估计其参数。加权的基本思想是:给较小的残差项 $\hat{u}_t^2$ 赋予较大的权重,而给较大的残差项 $\hat{u}_t^2$ 赋予较小的权重,从而对残差提供的重要信息加以调整,提高参数估计的精确度。

加权最小二乘法就是对加了权重的残差平方和实施普通最小二乘法:

$$\sum w_t \hat{u}_t^2 = \sum w_t [Y_t - (\hat{\beta}_0 + \hat{\beta}_{t1} X_1 + \cdots + \hat{\beta}_k X_{tk})]^2 \tag{3.19}$$

式中,w_t 为权重。

由于 w_t 的变化趋势与异方差的趋势相反,所以,通过这一加权处理可以使异方差转变为与同方差相近,再加以加权残差平方和最小作为条件,得到对参数的准确估计。

当然,权数 w_t 可以选取任一变换趋势与异方差变化趋势相反的序列,如当异方差是递增型时,可以选取 $w_t = \dfrac{1}{X_t}$ 或者 $w_t = \dfrac{1}{X_t^2}$。

3.2.5 案例分析

考察从事农业经营收入和其他收入对中国农村居民消费支出增长的影响。中国内地 2006 年各地区农村居民家庭人均纯收入与消费支出见表 3-2。

表 3-2 中国内地 2006 年各地区农村居民家庭人均纯收入与消费支出　　　　　元

地　区	人均消费支出 Y	从事农业经营的纯收入 X_1	其他来源的纯收入 X_2
北京	5 724.5	958.3	7 317.2
天津	3 341.1	1 738.9	4 489.0
河北	2 495.3	1 607.1	2 194.7
山西	2 253.3	1 188.2	1 992.7
内蒙古	2 772.0	2 560.8	781.1
辽宁	3 066.9	2 026.1	2 064.3
吉林	2 700.7	2 623.2	1 017.9
黑龙江	2 618.2	2 622.9	929.5
上海	8 006.0	532.0	8 606.7
江苏	4 135.2	1 497.9	4 315.3
浙江	6 057.2	1 403.1	5 931.7
安徽	2 420.9	1 472.8	1 496.3
福建	3 591.4	1 691.4	3 143.4
江西	2 676.6	1 609.2	1 850.3
山东	3 143.8	1 948.2	2 420.1
河南	2 229.3	1 844.6	1 416.4
湖北	2 732.5	1 934.6	1 484.8
湖南	3 013.3	1 342.6	2 047.0
广东	3 886.0	1 313.9	3 765.9
广西	2 413.9	1 596.9	1 173.6
海南	2 232.2	2 213.2	1 042.3
重庆	2 205.2	1 234.1	1 639.7
四川	2 395.0	1 405.0	1 597.4
贵州	1 627.1	961.4	1 023.2
云南	2 195.6	1 570.3	680.2
西藏	2 002.2	1 399.1	1 035.9
陕西	2 181.0	1 070.4	1 189.8
甘肃	1 855.5	1 167.9	966.2
青海	2 179.0	1 274.3	1 084.1
宁夏	2 247.0	1 535.7	1 224.4
新疆	2 032.4	2 267.4	469.9

资料来源:《中国农村住户调查年鉴(2007)》《中国统计年鉴(2007)》。

为了考察从事农业经营收入和其他收入对中国农村居民消费支出增长的影响,可使用如下双对数模型:

$$\ln Y = \beta_0 + \beta_1 \ln X_1 + \beta_2 \ln X_2 + \mu \tag{3.20}$$

式中,Y 为农村家庭人均消费支出;X_1 为从事农业经营纯收入;X_2 为其他来源的纯收入。

用普通最小二乘法的估计结果如图 3-12 所示。

$$\ln \hat{Y} = 3.266 + 0.150\ln X_1 + 0.477\ln X_2 \quad (3.21)$$
$$(3.14) \quad (1.38) \quad\quad (9.25)$$
$$R^2 = 0.7798 \quad DW = 1.78 \quad F = 49.60 \quad RSS = 0.8357$$

估计结果显示,在 5% 的显著性水平下,不能拒绝从事农业经营的纯收入前参数为零的假设,因此可以认为,是其他收入来源的纯收入对农户人均消费支出的增长更有刺激作用,而非从事农业经营的纯收入的增长。下面对模型进行异方差检验。

可以认为不同地区农村人均消费支出的差别主要来源于其他经营收入,因此,如果存在异方差性,则可能是 X_2 引起的。模型普通最小二乘法回归得到的残差平方项 μ^2 与 $\ln X_2$ 的散点图表明(图 3-13),存在递增型异方差性。

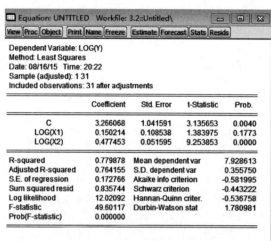

图 3-12 普通最小二乘法的估计结果

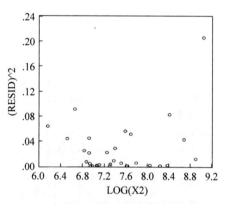

图 3-13 异方差性检验图

再进行进一步的统计检验:怀特检验。

将 μ^2 与 X_1, X_2 及其平方项与交叉项做辅助回归得

$$\mu^2 = 10.24 - 2.33\ln X_1 - 0.46\ln X_2 + 0.15(\ln X_1)^2 + 0.02(\ln X_2)^2 + 0.02\ln X_1 \ln X_2$$
$$(1.87) \quad (-2.09) \quad (-1.01) \quad\quad (2.56) \quad\quad\quad (1.58) \quad\quad\quad (0.47)$$
$$R^2 = 0.6629 \quad\quad\quad\quad\quad\quad\quad\quad\quad\quad\quad\quad\quad\quad\quad (3.22)$$

怀特统计量 $TR^2 = 31 \times 0.6629 = 20.55$,该值大于 5% 显著性水平下、自由度为 5 的 χ^2 分布的相应临界值 $\chi^2_{0.05} = 11.07$。因此,拒绝同方差的原假设。

去掉交叉辅助项的回归结果如图 3-14 所示。

由图 3-14 知,去掉交叉辅助项的回归结果为

$$\mu^2 = 7.763 - 1.851\ln X_1 - 0.258\ln X_2 + 0.126(\ln X_1)^2 + 0.017(\ln X_2)^2 \quad (3.23)$$
$$(5.64) \quad (-4.14) \quad (-1.64) \quad\quad (4.10) \quad\quad\quad (1.67)$$
$$R^2 = 0.6599$$

显然,其他收入 X_2 项和 X_2 项的平方项的参数的 t 检验是显著的,且怀特检验统计量 $TR^2 = 31 \times 0.6599 = 20.46$。因此在 5% 的显著性水平下,仍是拒绝同方差这一原假设。下

```
Dependent Variable: (RESID)^2
Method: Least Squares
Date: 08/16/15   Time: 20:47
Sample (adjusted): 1 31
Included observations: 31 after adjustments

                    Coefficient   Std. Error   t-Statistic   Prob.
C                    10.24328     5.474522     1.871082      0.0731
LOG(X1)              -2.329070    1.116442     -2.086153     0.0473
LOG(X2)              -0.457307    0.454020     -1.007238     0.3235
(LOG(X1))^2          0.149114     0.058107     2.566195      0.0167
(LOG(X2))^2          0.021101     0.013357     1.579694      0.1267
LOG(X1)*LOG(X2)      0.019333     0.041265     0.468507      0.6435

R-squared            0.662931     Mean dependent var     0.026959
Adjusted R-squared   0.595517     S.D. dependent var     0.042129
S.E. of regression   0.026794     Akaike info criterion  -4.229312
Sum squared resid    0.017948     Schwarz criterion      -3.951766
Log likelihood       71.55434     Hannan-Quinn criter.   -4.138839
F-statistic          9.833740     Durbin-Watson stat     1.462377
Prob(F-statistic)    0.000027
```

图 3-14 怀特检验回归结果

面我们用加权最小二乘法对原模型进行回归。

经试算，发现原模型的残差平方项的对数 $\ln \mu^2$ 与 $\ln X_2$ 及其平方项有显著回归关系为

$$\ln \mu^2 = 93.2 - 25.981\ln X_2 + 1.701(\ln X_2)^2 \tag{3.24}$$

于是以 $w_i = 1/\sqrt{\hat{f}_i} = 1/\sqrt{\exp[93.2 - 25.981\ln X_2 + 1.701(\ln X_2)^2]}$ 作为适当的权重，对原模型进行加权最小二乘估计得到

$$\ln \hat{Y} = 2.34 + 0.317\ln X_1 + 0.429\ln X_2 \tag{3.25}$$

$$(3.23)\quad (3.82)\quad (9.67)$$

$$R^2 = 0.7827 \quad DW = 1.36 \quad F = 50.4$$

下面我们检验是否经加权最小二乘法的回归模型存在异方差，记该回归模型的残差为 $\hat{\mu}^2$，将其与 $w, w\ln X_1, w\ln X_2$ 及 w^2 做回归，得

$$\hat{\mu}^2 = 6.28 - 8.22w + 0.61w\ln X_1 - 0.41w\ln X_2 + 0.26w^2$$
$$- 0.003(w\ln X_1)^2 - 0.001(w\ln X_2)^2 \tag{3.26}$$

$$R^2 = 0.2654$$

怀特统计量 $TR^2 = 31 \times 0.2654 = 8.23$，该值小于 5% 显著性水平下、自由度为 6 的 χ^2 分布的相应临界值 $\chi^2_{0.05} = 12.59$，因此不拒绝存在同方差的原假设，异方差性得以修正。

3.3 自 相 关

3.3.1 自相关的概念及产生原因

在经典回归模型中，我们的假设条件之一就是模型的随机扰动项满足 $\mu_t \sim N(0, \sigma^2)$ ($t = 1, 2, \cdots, T$)，且相互独立。但在实际问题中，若各 μ_t 之间不独立，则存在

$$\mathrm{Cov}(\mu_i, \mu_j) = E(\mu_i, \mu_j) \neq 0 \quad (i \neq j; i, j = 1, 2, \cdots, T) \tag{3.27}$$

则称随机误差项 μ_i 序列之间存在自相关，也称为序列相关（autocorrelation）。

如果仅存在

$$\mathrm{Cov}(\mu_t, \mu_{t+1}) = E(\mu_t, \mu_{t+1}) \neq 0 \quad (t=1,2,\cdots,T-1) \tag{3.28}$$

则称为一阶序列相关,这是最常见的一种序列相关。

在计量经济模型中,自相关现象是普遍存在的。在实际经济问题中,产生序列相关的原因主要有以下几个方面。

1. 经济惯性导致的自相关

由于许多经济变量的发展变化往往在时间上存在一定的趋势性,某些经济变量在前后期之间存在明显的相关性,因此在以时间序列数据为样本建立计量经济模型时,就可能存在自相关性。

(1) 在时间序列的消费模型中,由于居民的消费需求与以往的消费水平有很大的关系,因此本期的消费量与上期的消费量之间存在正的自相关性。

(2) 在以时间序列数据研究投资规模的计量经济模型中,由于大量基本建设投资是需要跨年度实施的,因此本期投资规模不仅与本期市场需求、利率以及实际宏观经济景气的指数等因素相关,而且与前期甚至前几期的投资规模有关,这就会导致各期投资规模的自相关性。

(3) 在以时间序列数据研究农业生产函数的计量经济模型时,由于当期许多的农产品价格在很大程度上取决于前期这些农产品的产量,甚至会影响当期的该农产品的播种面积,因此当期农产品的产量必然会受到前期农产品产量的负面影响,使某些农产品产量在前后出现负相关性。

(4) 在宏观经济领域中,由于社会经济发展过程中不可避免地存在着周期性发展趋势,国民生产总值、价格指数、就业水平等宏观经济指标也必然存在周期性前后相关性,因此在时间序列的许多宏观计量经济模型中会产生自相关。

2. 模型设定偏误

模型设定偏误是指设定的模型不正确,主要表现在模型中丢掉了重要的解释变量或模型函数形式有偏误。例如,估计的模型本该是

$$Y_t = \beta_0 + \beta_1 X_{t1} + \beta_2 X_{t2} + \beta_3 X_{t3} + \mu_t \tag{3.29}$$

但在模型设定中做了如下的回归:

$$Y_t = \beta_0 + \beta_1 X_{t1} + \beta_2 X_{t2} + v_i \tag{3.30}$$

因此,该式中 $v_i = \beta_3 X_{t3} + \mu_t$。在 X_3 确实影响 Y 的情况下,这种模型设定的偏误往往是导致随机干扰项中一个重要的系统性影响因素,使其呈现序列相关性。

3. 某些重大事件所引起的自相关

通常在建立计量经济模型时,会将一些难以定量化的环境因素对被解释变量的影响都归入随机误差项中。但发生重大自然灾害、战争、地区或全球性的经济金融危机以及政府的重大经济政策调整时,这些环境因素对被解释变量的影响通常会在同一方向延续很长时间。当以时间序列为样本数据的计量经济模型中含有发生重大时间年份数据时,就会使随机误差项产生自相关。

3.3.2 自相关后果

计量经济学模型一旦出现序列相关性,如果仍采用普通最小二乘法进行分参数估计,就会产生一些不良后果。

(1) 参数的估计量仍然具有线性无偏性,但是不再具有最小方差性,从而不再是参数 β 的有效估计,这使得估计的精度大大降低。

(2) 在变量的显著性检验中,t 统计量是建立在参数方差正确估计基础之上的,这只是当随机干扰具有同方差性和相互独立时才能成立。如果存在序列相关性,估计的参数方差就会出现偏误,t 检验就会失去意义。其他检验也是如此。

(3) 区间预测与参数估计量的方差有关,普通最小二乘法估计不再具有最小方差,使得参数估计的误差增大,就必然导致预测和控制的精度降低,失去应用价值。

3.3.3 序列相关性的识别和检验

随机干扰项 μ 自相关的存在,对参数的估计量产生了严重的影响。因此,在回归分析之前,必须判定是否存在序列的相关性。检验序列相关性的方法有以下几种。

1. 图示法

由于回归残差 e_t 可以作为 μ_t 的估计量,因此序列 μ_i 如果存在相关性,就必然从残差项 e_i 的性质中反映出来。我们可以通过观察残差 e_i 是否存在自相关来判断随机干扰项 μ_i 是否存在相关性。

按时间序列描绘残差图,在散点图中,如果 e_t 随时间 t 呈现某种周期性的变化趋势,则说明存在正相关;若呈现锯齿形的震荡变化规律,则说明存在负相关(图 3-15)。

2. 杜宾-沃特森检验

杜宾-沃特森检验,是检验自相关、最著名的方法。DW 检验计算简单,是最常用的自相关检验方法,但在应用时存在一定的局限性,存在两个不能判定的区域,只能适用于一阶自相关,并且对于存在滞后被解释的模型 DW 检验失效。其具体内容详见本书 2.3 节。

3. 拉格朗日乘数检验

拉格朗日乘数序列相关性检验亦称 Breusch-Godfrey(BG)检验,是迄今为止使用最为广泛、适用面最宽的自相关性检验之一,它不仅适用于回归等式中不存在被解释变量的滞后项的方程,也适用于含有被解释变量的滞后项的动态回归方程,而这一特点正是 DW 检验法所不具备的。

利用 LM 统计量可建立一个适用性更强的自相关检验方法,既可检验一阶自相关,也可检验高阶自相关,BG 检验由布罗施(Breusch)和戈弗雷(Godfrey)提出。BG 检验是通过一个辅助回归式完成的,具体步骤如下。

对于多元回归模型:

$$Y_t = \beta_0 + \beta_1 X_{1t} + \beta_2 X_{2t} + \cdots + \beta_k X_{Kt} + \mu_t \tag{3.31}$$

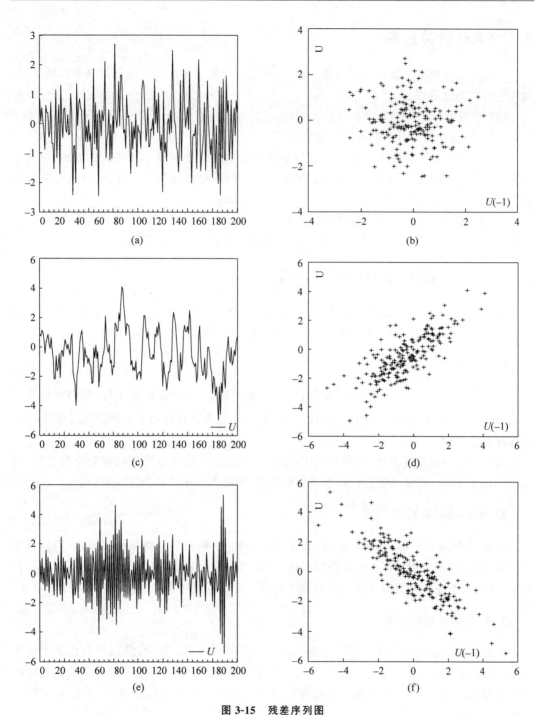

图 3-15 残差序列图

(a) 非自相关的序列图；(b) 非自相关的散点图；(c) 正自相关的序列图；(d) 正自相关的散点图；(e) 负自相关的序列图；(f) 负自相关的散点图

考虑误差项为 n 阶自回归形式：

$$\mu_t = \rho_1 \mu_{t-1} + \cdots + \rho_n \mu_{t-n} + \varepsilon_t \tag{3.32}$$

式中，ε_t 为随机扰动项，符合各种假定条件。

原假设为 $H_0: \rho_1=\rho_2=\cdots=\rho_n=0$，这表明 μ_t 不存在 n 阶自相关。用估计式(3.31)得到的残差建立辅助回归式：

$$\hat{\mu}_t = \hat{\rho}_1\hat{\mu}_{t-1} + \hat{\rho}_2\hat{\mu}_{t-2} + \cdots + \hat{\rho}_n\hat{\mu}_{t-n} + \beta_0 + \beta_1 X_{1t} + \beta_2 X_{2t} + \cdots + \beta_K X_{Kt} + \varepsilon_t$$
(3.33)

式(3.33)中的 $\hat{\mu}_t$ 是式(3.31)中 μ_t 的估计值。估计式(3.33)，并计算可决系数 R^2。构造 LM 统计量：

$$\mathrm{LM} = TR^2 \tag{3.34}$$

式中，T 为式(3.31)的样本容量；R^2 为式(3.33)中的可决系数。

在原假设成立条件下，LM 统计量近似服从 $\chi^2(n)$ 分布。其中 n 为式(3.32)中自回归阶数。如果原假设成立，LM 统计量的值将很小，小于临界值。

若 $\mathrm{LM} = TR^2 \leqslant \chi^2(n)$，接受 H_0，表明不存在 n 阶的序列相关。

若 $\mathrm{LM} = TR^2 > \chi^2(n)$，拒绝 H_0，表明可能存在直到 n 阶的序列相关。

3.3.4 自相关修正：广义最小二乘法

如果模型的误差项存在自相关，首先应分析产生自相关的原因。

如果自相关是由于错误地设定模型的数学形式所致，那么就应当修改模型的数学形式。怎样查明自相关是由于模型数学形式不妥造成的呢？一种方法是用残差 e_t 对解释变量的较高次幂进行回归，然后对新的残差做 DW 检验，如果此时自相关消失，则说明模型的数学形式不妥。

如果自相关是由于模型中省略了重要解释变量造成的，那么解决办法就是找出略去的解释变量，把它作为重要解释变量列入模型。怎样查明自相关是由于略去重要解释变量引起的呢？一种方法是用残差 e_t 对那些可能影响因变量但又未列入模型的解释变量进行回归，并做显著性检验，从而确定该解释变量的重要性。如果是重要解释变量，应该列入模型。

只有当以上两种引起自相关的原因都消除后，才能认为误差项 μ_t "真正"存在自相关。在这种情况下，解决办法是变换原回归模型，使变换后的随机误差项消除自相关，进而利用普通最小二乘法估计回归参数。这种变换方法称作广义最小二乘法(generalized least squares, GLS)，下面介绍这种方法。

设原回归模型为

$$Y_t = \beta_0 + \beta_1 X_{1.t} + \beta_2 X_{2.t} + \cdots + \beta_k X_{k.t} + \mu_t \quad (t=1,2,3\cdots,T) \tag{3.35}$$

式中，μ_t 具有一阶自回归形式，即

$$\mu_t = \rho\mu_{t-1} + \varepsilon_t$$

且 ε_t 满足通常的假定条件，把上式代入式(3.35)得

$$Y_t = \beta_0 + \beta_1 X_{1.t} + \beta_2 X_{2.t} + \cdots + \beta_k X_{k.t} + \rho\mu_{t-1} + \varepsilon_t \tag{3.36}$$

求式(3.35)的 $(t-1)$ 期关系式，并在两侧同乘 ρ 得

$$\rho Y_{t-1} = \rho\beta_0 + \rho\beta_1 X_{1.t-1} + \rho\beta_2 X_{2.t-1} + \cdots + \rho\beta_k X_{k.t-1} + \rho\mu_{t-1} \tag{3.37}$$

用式(3.35)与式(3.37)相减得

$$Y_t - \rho Y_{t-1} = \beta_0(1-\rho) + \beta_1(X_{1.t} - \rho X_{1.t-1}) + \cdots + \beta_k(X_{k.t} - \rho X_{k.t-1}) + \varepsilon_t$$
(3.38)

令
$$Y_t^* = Y_t - \rho Y_{t-1}$$
$$X_{jt}^* = X_{j,t} - \rho X_{j,t-1} \quad (j=1,2,3\cdots,k)$$
$$\beta_0^* = \beta_0(1-\rho)$$

则模型(3.38)表示如下:
$$Y_t^* = \beta_0^* + \beta_1 X_{1,t}^* + \cdots + \beta_k X_{k,t}^* + \varepsilon_t \quad (t=2,3,\cdots,T) \quad (3.39)$$

式(3.39)中的误差项 ε_t 是非自相关的,满足假定条件,所以可对式(3.39)应用最小二乘法估计回归参数。所得估计量具有最佳线性无偏性。上述变换也称作广义差分变换。当用广义差分变量回归的结果中仍存在自相关时,可以对广义差分变量继续进行广义差分直至回归模型中不存在自相关。

无论是应用广义最小二乘法,还是应用广义差分法,都必须已知不同样本点之间随机干扰项的相关系数 $\rho_1, \rho_2, \cdots, \rho_p$。实际上,人们并不知道它们具体的数值,所以必须首先对它们进行估计。于是发展了许多估计方法,但是基本思路大都是采用普通最小二乘法估计原模型,得到随机干扰项的"近似估计值",然后利用该"近似估计值"求得随机干扰项相关系数的估计值。一种常用的方法是科克伦-奥科斯(Cochrane-Orcutt)迭代法。

3.3.5 案例分析

1978—2013 年财政收入与 GDP 数据见表 3-3。用普通最小二乘法估计结果如图 3-16 所示。

表 3-3　1978—2013 年财政收入与 GDP 数据　　　　　　　　　　　亿元

年　份	财政收入 Y	GDP X	年份	财政收入 Y	GDP X
1978	1 132.26	3 645.2	1994	5 218.10	48 197.9
1979	1 146.38	4 062.6	1995	6 242.20	60 793.7
1980	1 159.93	4 545.6	1996	7 407.99	71 176.6
1981	1 175.79	4 891.6	1997	8 651.14	78 973.0
1982	1 212.33	5 323.4	1998	9 875.95	84 402.3
1983	1 366.95	5 962.7	1999	11 444.08	89 677.1
1984	1 642.86	7 208.1	2000	13 395.23	99 214.6
1985	2 004.82	9 016.0	2001	16 386.04	109 655.2
1986	2 122.01	10 275.2	2002	18 903.64	120 332.7
1987	2 199.35	12 058.6	2003	21 715.25	135 822.8
1988	2 357.24	15 042.8	2004	26 396.47	159 878.3
1989	2 664.90	16 992.3	2005	31 649.29	184 937.4
1990	2 937.10	18 667.8	2006	38 760.2	216 314.4
1991	3 149.48	21 781.5	2007	51 321.78	265 810.3
1992	3 483.37	26 923.5	2008	61 330.35	314 045.4
1993	4 348.95	35 333.9	2009	68 518.30	340 902.8

续表

年份	财政收入 Y	GDP X	年份	财政收入 Y	GDP X
2010	83 101.51	401 512.8	2012	117 253.52	519 470.1
2011	103 874.43	473 104.0	2013	129 209.64	568 845.2

```
Dependent Variable: Y
Method: Least Squares
Date: 08/17/15   Time: 16:55
Sample: 1978 2013
Included observations: 36

              Coefficient   Std. Error    t-Statistic    Prob.
    C         -3716.828     885.6531     -4.196709     0.0002
    X          0.219716     0.004395     49.98814      0.0000

R-squared            0.986576    Mean dependent var    24021.08
Adjusted R-squared   0.986181    S.D. dependent var    35232.27
S.E. of regression   4141.647    Akaike info criterion 19.54953
Sum squared resid    5.83E+08    Schwarz criterion     19.63750
Log likelihood       -349.8915   Hannan-Quinn criter.  19.58023
F-statistic          2498.814    Durbin-Watson stat    0.095000
Prob(F-statistic)    0.000000
```

图 3-16　用普通最小二乘法估计结果

采用普通最小二乘法建立如下的财政收入函数：

$$\hat{Y} = -3\,716.8 + 0.219\,7X \tag{3.40}$$
$$(-4.19)\quad(49.98)$$

$$R^2 = 0.986\,6 \quad \bar{R}^2 = 0.986\,2 \quad F = 2\,499 \quad DW = 0.095$$

进行序列相关性检验。从残差项 $\tilde{e}_t$ 与时间 t 以及 $\tilde{e}_t$ 与 $\tilde{e}_{t-1}$ 的关系图看，随机项呈现出序列正相关性(图 3-17)。

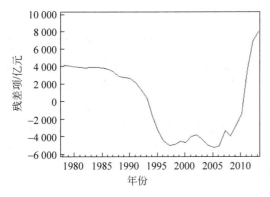
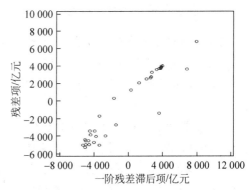

图 3-17　残差相关图

DW 检验结果表明，在 5% 的显著性水平下，$n=36, k=2$，查表得 $d_L=1.41, d_U=1.52$，由于 DW$=0.095 < d_L$，故存在正自相关。

3.4 多重共线性

3.4.1 多重共线性的概念

第 2 章在介绍经典多元线性回归模型时,其中一个重要的假设就是多元线性回归的各个解释变量之间不存在线性相关。然而,在现实经济现象中,构建多元线性回归模型将不可避免地引入两个或两个以上变量,而这些变量之间或多或少地存在关联,这些解释变量之间就可能存在多重共线性。

多重共线性是挪威经济学家弗瑞希(Frisch)在 1934 年提出的。其原意是回归模型中的一些或者全部解释变量中存在的一种完全或准确的线性关系。而现在所说的多重共线性,除指上述提到的完全多重共线性,也包括近似多重共线性。完全多重共线性是指若干解释变量或者全部解释变量之间存在严格的共线性关系。比如,对于多元线性回归模型:

$$Y = \beta_0 + \beta_1 X_1 + \beta_2 X_2 + \cdots + \beta_k X_k + \varepsilon \tag{3.41}$$

如果存在一组不完全为 0 的常数 $\lambda_1, \lambda_2, \cdots, \lambda_k$,使得

$$\lambda_1 X_1 + \lambda_2 X_2 + \cdots + \lambda_k X_k = 0 \tag{3.42}$$

成立,即一个变量可以用其他变量线性组合表示,则表示存在完全多重共线性。如果

$$\lambda_1 X_1 + \lambda_2 X_2 + \cdots + \lambda_k X_k \approx 0 \tag{3.43}$$

成立,则表示模型存在非严格但近似的线性关系,解释变量间高度相关,也即变量组存在近似的多重共线性关系。

3.4.2 多重共线性的产生原因

多重共线性问题在金融数据中是普遍存在的,不仅存在于时间序列数据中,也存在于横截面数据中。具体而言,多重共线性产生的原因主要有以下三点。

1. 经济变量相关的共同趋势

时间序列样本中发生多重共线性的主要原因在于许多基本经济变量存在相关共同趋势。例如,当经济衰退时,各基本经济变量(如收入、消费、投资、价格)都趋于下降;当经济繁荣时,各基本经济变量又同时趋于上升。这些变量的样本数据往往呈现某些近似的比例关系。

截面数据也有可能产生多重共线性。例如,建立企业生产函数,以产出量为被解释变量,选择资本、劳动力、技术等投入要素为解释变量。这些投入要素的数量往往与产出量成正比,产量高的企业,投入的各种要素都比较高,这就使投入要素之间存在线性关系。在建立这类模型时,多重共线性是在所难免的。

2. 数据收集及计算方法

例如,若抽样限制在解释变量取值的一个有限范围内,由于提供的信息有限,某些自变量之间似乎存在相同或相反变化的现象。再者,利用样本数据回归模型之前,需对数据进行各种处理和交叉计算,也会使样本数据之间易产生多重共线性。

3. 滞后变量的引入

在计量模型中,经常要引入滞后的经济变量来反映真实的经济关系。例如,以相对收入假设为理论假设,则居民消费 C_t 变动不仅受当期收入 Y_t 的影响,还受前期消费 C_{t-1} 的影响。显然,模型中引入的当期收入与前期消费之间具有较强的线性关系。

3.4.3 多重共线性的后果

若模型存在多重共线性,则在实证分析中会造成一系列后果。

1. 参数估计值方差变大,同时 t 值变小,得出错误结论

在含有 k 个变量的回归模型中,解释变量 X_i 的偏回归系数的方差可以表示为

$$\mathrm{Var}(\hat{\beta}_i) = \frac{\sigma^2}{\sum x_i^2} \times \frac{1}{1-R_i^2} = \frac{\sigma^2}{\sum x_i^2} \mathrm{VIF}_i \tag{3.44}$$

式中, R_i^2 为第 i 个解释变量与其他解释变量辅助回归的判定系数;VIF 为方差膨胀因子,定义为

$$\mathrm{VIF}_i = \frac{1}{1-R_i^2} \tag{3.45}$$

可以发现,随着辅助回归判定系数的增加,估计量的方差也会迅速膨胀起来。一般认为方差膨胀因子大于 10 时,模型存在较为严重的多重共线性。由于估计量方差增大, t 值变小,更难以拒绝原假设。

2. 无法区分单个变量对被解释变量的影响作用

如果模型中两个解释变量具有线性相关性,如 X_1 和 X_2,那么它们中的一个变量可以由另一个变量表示。这时, X_1 和 X_2 的参数并不反映各自与被解释变量之间的结构关系,而是反映它们对被解释变量的共同影响,所以各自的参数已经失去了合理的经济意义,于是经常表现出反常的现象。例如,估计出来的参数本来应该是正的,结果却是负的。经验告诉我们,在多元线性回归模型估计中,如果出现参数经济含义明显不合理的情况,应该首先怀疑存在多重共线性。

3. 变量的显著性检验失效

若变量之间存在多重共线性将导致参数的方差和标准差都变大,从而容易使通过样本计算的 t 值小于临界值,误导作出参数为零的推断,可能将重要的解释变量排除在模型之外。同时,由于多重共线性的存在,很可能出现 R^2 值很高但 t 值并不显著的情况。

3.4.4 多重共线性的检验

对多重共线性的检验主要包括以下内容:①检验多重共线性是否存在;②检验多重共线性存在的范围,即确定多重共线性是由哪些主要变量引起的。

1. 检验多重共线性是否存在

(1) 若回归模型的 R^2 比较高或 F 检验值显著,但单个解释变量系数估计值却不显著,或从金融理论来说某个解释变量对因变量有重要影响,但其估计值却不显著,则可以认为存在严重的多重共线性问题。

(2) 作出各个解释变量的相关系数矩阵,如果相关系数在 0.8 以上,则可以初步判定存在多重共线性。但是,应该注意的是,较高的相关系数只是判断多重共线性的充分条件,并非必要条件。也就是说,当相关系数较低时,也可能存在多重共线性。这是因为这种相关系数检验只适用于两个解释变量的线性关系检验。但当三个或更多的变量之间存在线性相关关系时这种检验法并不合适。

2. 产生多重共线性的变量分析

(1) 逐步回归法。用被解释变量对每一个所考虑的解释变量做简单回归。以对被解释变量贡献最大的解释变量所对应的回归方程为基础,以对被解释变量贡献大小为顺序逐个引入其余的解释变量。这个过程会出现三种情形:①若新变量的引入改进了 R^2 且回归参数的 t 检验在统计上也是显著的,则该变量在模型中予以保留。②若新变量的引入未能改进 R^2,且对其他回归参数估计值的 t 检验也未带来什么影响,则认为该变量是多余的,应该舍弃。③若新变量的引入未能改进 R^2,且显著地影响了其他回归参数估计值的符号与数值,同时本身的回归参数也通不过 t 检验,这说明出现了严重的多重共线性。舍弃该变量。

(2) 判定系数检验法。让模型中每个解释变量分别以其余解释变量为解释变量进行回归计算,并计算相应的拟合优度(也称为判定系数)。如果在某一种形式中判定系数较大,则说明在该形式中作为被解释变量的 X_j 可以用其他解释变量的线性组合代替,即 X_j 与其他解释变量之间存在共线性。

3.4.5 多重共线性的修正

在计量经济模型中,为了全面反映各方面的影响因素,总是尽量选取被解释变量的所有影响因素。如果模型的目的只是进行预测,只要模型的决定系数较高,能正确反映不同解释变量的总影响,且解释变量的关系在预测期内没有显著的结构性变化,就可以忽略多重共线性的问题。但是,如果要区分每个解释变量的单独影响,应用模型进行结构分析。要消除多重共线性的影响,可以考虑以下几种做法。

1. 删除引起共线性的变量

找到引起多重共线性的解释变量,将它排除出去,是最为有效地克服多重共线性的方法,所以逐步回归法得到了最为广泛的应用。但是需要特别注意的是,当排除了某个或某些变量后保留在模型中的变量的系数的经济意义发生变化,其估计值也将发生变化。

2. 改变解释变量的形式

当回归模型只是用于预测或所研究的问题并不需要分析每个自变量对因变量的影响时,可以根据金融理论或实际经验对解释变量进行变化。对于时间序列数据而言,若原始变量存在严重的多重共线性,则可以考虑对变量取差分形式,在一定程度上降低多重共线性的程度。需要注意的是,差分法可能会导致自相关问题,而且求差分的过程会损失观测值和自由度。

3. 补充新数据

由于多重共线性是一个样本特征,故有可能在关于同样变量的另一样本中,共线性没有第一个样本那么严重。有些研究认为:解释变量之间的相关程度与样本容量成反比,即样本容量越小,相关程度越高;那么容量越大,相关程度越低。因此收集更多观测值,增加样本容量,就可以避免或减轻多重共线性的危害。

3.4.6 案例分析

影响国内旅游市场收入的主要因素,除了国内旅游人数和旅游支出以外,还可能与相关基础设施有关。为此,考虑的影响因素主要有国内旅游人数 X_1、城镇居民人均旅游支出 X_2、农村居民人均旅游支出 X_3,并以公路里程 X_4 和铁路里程 X_5 作为相关基础设施的代表。

为估计模型参数,收集 1994—2003 年的统计数据,见表 3-4。

表 3-4　1994—2003 年的统计数据

年份	国内旅游收入 Y/亿元	国内旅游人数 X_1/万人次	城镇居民人均旅游支出 X_2/元	农村居民人均旅游支出 X_3/元	公路里程 X_4/万千米	铁路里程 X_5/万千米
1994	1 023.3	52 400	414.7	54.9	113.78	5.90
1995	1 375.7	62 900	464.0	61.5	115.70	5.97
1996	1 638.4	63 900	534.1	70.5	118.58	6.49
1997	2 112.7	64 400	599.8	145.7	122.64	6.60
1998	2 391.2	69 450	607.0	197.0	127.85	6.64
1999	2 831.9	71 900	614.8	249.5	135.17	6.74
2000	3 175.5	74 400	678.6	226.6	140.27	6.87
2001	3 522.4	78 400	708.2	212.7	169.80	7.01
2002	3 878.4	87 800	739.7	209.1	176.52	7.19
2003	3 442.3	87 000	684.9	200.0	180.98	7.30

资料来源:《中国统计年鉴 2004》。

(1) 为此设定了如下形式的计量经济模型:

$$Y_t = \beta_0 + \beta_1 X_{1t} + \beta_2 X_{2t} + \beta_3 X_{3t} + \beta_4 X_{4t} + \beta_5 X_{5t} + \mu_t$$

利用 EViews 软件,采用以上数据对模型进行 OLS 回归,结果如图 3-18 所示,可知在该模型的回归结果中可决系数 $R^2 = 0.995\ 667$,$\bar{R}^2 = 0.990\ 252$ 很高,且 F 检验值为 183.848 1,说明整个方程回归效果显著。但是在 5% 的置信水平下,显然 X_1、X_5 的检验 P 值都大于 0.05,说明这两个变量前的参数都不显著。而且 X_5 系数的符号与预期相反,这说明存在严重的多重共线性。在 EViews 中单击 "Quick-Equation Estimation-correlation" 计算各变量间的相关系数,如图 3-19 所示。

由相关系数矩阵可以看出:各解释变量相互之间的相关系数较高,证实确实存在严重

```
Dependent Variable: Y
Method: Least Squares
Date: 03/08/16   Time: 17:36
Sample: 1994 2003
Included observations: 10

Variable      Coefficient   Std. Error   t-Statistic   Prob.
C             -307.9448     1275.107     -0.241505     0.8210
X1            0.014247      0.012018     1.185468      0.3014
X2            5.504971      1.341773     4.102758      0.0148
X3            3.237082      0.914152     3.541075      0.0240
X4            12.53797      3.874021     3.236424      0.0318
X5            -566.6369     312.1095     -1.815507     0.1436

R-squared            0.995667   Mean dependent var    2539.180
Adjusted R-squared   0.990252   S.D. dependent var    985.0669
S.E. of regression   97.25894   Akaike info criterion 12.27634
Sum squared resid    37837.21   Schwarz criterion     12.45789
Log likelihood       -55.38170  Hannan-Quinn criter.  12.07718
F-statistic          183.8481   Durbin-Watson stat    2.282022
Prob(F-statistic)    0.000082
```

图 3-18　最小二乘法回归结果

	X1	X2	X3	X4	X5
X1	1.000000	0.918851	0.751960	0.941932	0.941681
X2	0.918851	1.000000	0.865145	0.851597	0.963313
X3	0.751960	0.865145	1.000000	0.658446	0.818137
X4	0.941932	0.851597	0.658446	1.000000	0.891549
X5	0.941681	0.963313	0.818137	0.891549	1.000000

图 3-19　各变量间的相关系数

的多重共线性。

（2）修正多重共线性。采用逐步回归的办法，去检验和解决多重共线性。分别做 Y 对各个解释变量的一元回归，结果如表 3-5 所示。

表 3-5　Y 对各变量的一元回归结果

变量	X_1	X_2	X_3	X_4	X_5
参数估计值	0.084 2	9.052 3	11.667 3	34.332 4	2 014.14
t 值	8.665 9	13.159 8	5.196 7	6.467 5	8.748 7
R^2	0.903 7	0.955 8	0.771 5	0.839 4	0.905 4

由 R^2 大小排序：X_2、X_5、X_1、X_4、X_3。那么就以 X_2 为基础，顺次加入其他解释变量逐步回归。首先加入 X_5，回归结果如图 3-20 所示。

```
Variable      Coefficient   Std. Error   t-Statistic   Prob.
C             -4109.713     2582.722     -1.591233     0.1556
X2            7.851180      2.698874     2.909058      0.0227
X5            285.1369      617.0177     0.462121      0.6580

R-squared            0.957164   Mean dependent var    2539.180
Adjusted R-squared   0.944925   S.D. dependent var    985.0669
S.E. of regression   231.1751   Akaike info criterion 13.96755
Sum squared resid    374093.5   Schwarz criterion     14.05833
Log likelihood       -66.83777  Hannan-Quinn criter.  13.86797
F-statistic          78.20749   Durbin-Watson stat    1.106234
Prob(F-statistic)    0.000016
```

图 3-20　加入 X_5 回归结果

由回归结果可知,在 5% 的置信水平下,X_5 参数 P 值大于 0.05,说明 X_5 的参数检验不显著,应予以剔除。接下来加入 X_1,回归结果如图 3-21 所示。

Variable	Coefficient	Std. Error	t-Statistic	Prob.
C	-3326.648	394.4348	-8.433961	0.0001
X2	6.194545	1.445654	4.284944	0.0036
X1	0.029762	0.013832	2.151622	0.0684
R-squared	0.973430	Mean dependent var		2539.180
Adjusted R-squared	0.965838	S.D. dependent var		985.0669
S.E. of regression	182.0689	Akaike info criterion		13.48997
Sum squared resid	232043.5	Schwarz criterion		13.58075
Log likelihood	-64.44986	Hannan-Quinn criter.		13.39039
F-statistic	128.2263	Durbin-Watson stat		1.120050
Prob(F-statistic)	0.000003			

图 3-21　加入 X_1 回归结果

由回归结果可知,在 5% 的置信水平下,X_1 参数检验 P 值大于 0.05,说明 X_1 的参数检验不显著,应予以剔除。接下来加入 X_4,回归结果如图 3-22 所示。

Variable	Coefficient	Std. Error	t-Statistic	Prob.
C	-3085.727	320.5647	-9.625912	0.0000
X2	6.796304	0.982194	6.919513	0.0002
X4	10.81810	4.010335	2.697556	0.0307
R-squared	0.978357	Mean dependent var		2539.180
Adjusted R-squared	0.972173	S.D. dependent var		985.0669
S.E. of regression	164.3237	Akaike info criterion		13.28488
Sum squared resid	189015.9	Schwarz criterion		13.37565
Log likelihood	-63.42439	Hannan-Quinn criter.		13.18530
F-statistic	158.2125	Durbin-Watson stat		1.345462
Prob(F-statistic)	0.000001			

图 3-22　加入 X_4 回归结果

由回归结果可知,在 5% 的置信水平下,X_4 参数检验 P 值小于 0.05,说明 X_4 的参数检验显著,应予以保留。接下来加入 X_3,回归结果如图 3-23 所示。

Variable	Coefficient	Std. Error	t-Statistic	Prob.
C	-2479.671	294.2023	-8.428455	0.0002
X2	4.339095	1.044608	4.153803	0.0060
X3	3.182105	1.043797	3.048587	0.0226
X4	13.39901	2.842146	4.714398	0.0033
R-squared	0.991509	Mean dependent var		2539.180
Adjusted R-squared	0.987264	S.D. dependent var		985.0669
S.E. of regression	111.1707	Akaike info criterion		12.54918
Sum squared resid	74153.53	Schwarz criterion		12.67022
Log likelihood	-58.74592	Hannan-Quinn criter.		12.41641
F-statistic	233.5440	Durbin-Watson stat		1.978871
Prob(F-statistic)	0.000001			

图 3-23　加入 X_3 回归结果

由回归结果可知,在 5% 的置信水平下,X_3 参数检验 P 值均小于 0.05,说明 X_3 的参数检验显著,应予以保留。且 X_2、X_4 的参数检验效果也很显著,$R^2=0.9915$,$F=233.54$,说明整个方程检验效果显著,消除多重共线性的影响。可得到最终的回归方程如下:

$$\widetilde{Y}_t = -2\,479.67 + 4.339 X_{2t} + 3.182 X_{3t} + 13.399 X_{4t}$$
$$t = (4.15) \quad (3.05) \quad (4.71)$$
$$R^2 = 0.991\,5 \quad F = 233.54 \quad DW = 1.979$$

3.5 虚拟变量模型

许多经济变量是可以定量度量的,如商品需求量、价格、收入、产量等,但也有一些影响经济变量的因素无法定量度量,如职业、性别对收入的影响,季节对某些产品销售的影响,战争、自然灾害对 GDP 的影响。为了在模型中反映这些因素的影响,并提高模型的精度,需要将它们"量化",这种"量化"通常是通过引入虚拟变量来完成的。根据这些因素的属性类型,构造只有"0"或"1"的人工变量,通常称为虚拟变量。

例如:

$$D_1 = \begin{cases} 1, & 男性 \\ 0, & 女性 \end{cases} \quad D_1 = \begin{cases} 1, & 吸烟 \\ 0, & 不吸烟 \end{cases} \quad D_1 = \begin{cases} 1, & 本科学历 \\ 0, & 非本科学历 \end{cases}$$

3.5.1 虚拟变量引入

虚拟变量作为解释变量引入模型有三种基本方式:加法形式,乘法形式,同时以加法和乘法形式引入。

1. 加法形式

虚拟变量 D 作为回归模型中的一次项,与其他解释变量呈现相加的关系。这种方式通常用来改变回归模型的截距项。例如,一个以性别为虚拟变量来考察员工工资的模型如下:

$$Y_t = \beta_0 + \beta_1 X_t + \beta_2 D_t + \mu_t \tag{3.46}$$

式中,Y_t 为员工工资;X_t 为工龄;$D_t = 1$ 为男性,$D_t = 0$ 为女性。

2. 乘法形式

虚拟变量 D 与解释变量相乘,作为一个回归项。这种方式通常用来改变回归模型的斜率项。例如,中国农村居民的边际消费倾向会与城镇居民的边际消费倾向不同,这种消费倾向的差异可以通过在收入的系数中引入虚拟变量来考察。模型如下:

$$C_t = \beta_0 + \beta_1 X_t + \beta_2 D_t X_t + \mu_t \tag{3.47}$$

式中,C_t 为消费支出;X_t 为可支配收入;$D_t = 1$ 为城镇居民;$D_t = 0$ 为农村居民。

3. 同时以加法和乘法形式引入

同时以加法和乘法形式引入,用于同时改变线性回归方程的截距项和斜率项。如在回归方程 $Y_t = \beta_0 + (\beta_1 + \beta_2 D_{1t}) X_t + \beta_3 D_{2t} + \mu_t$ 中,虚拟变量就是同时以加法和乘法的形式加入的。

在同一个模型中,可以引入多个虚拟变量,但虚拟变量的个数必须按照以下原则确定:

每一定性变量所需的虚拟变量个数要比该定性变量的类别数少1,即如果有 N 个定性变量,只在模型中引入 $N-1$ 个虚拟变量。如若不然,我们引入 N 个虚拟变量,则会有 $D_1+D_2+\cdots+D_N=1$,解释变量之间就会存在多重共线性,使参数不能唯一确定,这就是"虚拟变量陷阱"。应该避免这种现象的发生。

虚拟变量模型在金融计量学中得到广泛的应用,它通常用在以下几个方面:①测量截距或斜率的变动;②调整季节波动;③在分段线性回归中的应用;④在对平行数据进行混合回归中的应用。

3.5.2 模型回归的结构稳定性检验

在金融模型中,各变量相互之间的关系有时会因某些外部冲击或自身性质的改变而发生结构性变化。如果忽视了这一变化,仍然同时利用变化前后的数据进行回归分析,则模型的精确度就会大大降低,利用模型所做的估计推断预测也有可能得到错误的结论。因此对回归模型进行结构稳定性检验是必要的。

1. 回归模型稳定性检验——邹式检验法

邹氏检验(Chow's test)是一种较为简单的方法,所依据的理论前提包括:在可能发生的结构变化前后,随机误差项具有相同的方差;随机误差项满足独立正态分布。在这两个假定下可按如下的步骤进行邹氏检验。

(1) 构建回归模型。将数据以可能发生结构变化的点为界分为两部分,分别利用全部数据、两分样本对模型进行回归,并获得三次回归的残差平方和。

建立多元线性回归模型:

$$y_t = \alpha_0 + \alpha_1 x_{1t} + \cdots + \alpha_k x_{kt} + \nu_t \quad (t=1,2,\cdots,T_1) \quad (3.48)$$

$$y_t = \beta_0 + \beta_1 x_{1t} + \cdots + \beta_k x_{kt} + \omega_t \quad (t=1,2,\cdots,T_2) \quad (3.49)$$

原假设 $H_0: \alpha_j = \beta_j, j=1,2,\cdots,k$。对式(3.48)和式(3.49)用 OLS 分别进行回归,得到残差。若原假设成立,则两个回归模型可合并为一个,回归模型如下:

$$y_t = b_0 + b_1 x_{1t} + \cdots + b_k x_{kt} + \eta_t \quad (t=1,2,\cdots,T_1+T_2) \quad (3.50)$$

对此模型进行 OLS 方法回归得到残差。

(2) 构建 F 统计量。此时对全部数据进行回归得到的模型是一个受约束的模型(假定模型在整段数据中不发生结构性变化,即假定系数估计值在整个样本期间是稳定的),而对两分段数据的回归则是不受约束的模型(利用两个分样本分别得到的系数估计值可以是不同的),因此对整段数据回归得到的残差平方和大于对两分样本进行回归得到的残差平方和之和,可建立如下的 F 检验:

$$F = \frac{[\text{RSS} - (\text{RSS}_1 + \text{RSS}_2)]/(k+1)}{(\text{RSS}_1 + \text{RSS}_2)/(T-2k-2)} \quad (3.51)$$

式中,RSS 为对全部数据回归的残差平方和;RSS_1、RSS_2 分别为对两分样本进行回归得到的残差平方和;$T(=T_1+T_2)$ 为样本数;$k+1$ 为所估计参数的个数(单个方程)。

该统计量服从 $F(k+1, T-2k-2)$,需要注意的是,分母的自由度之所以为 $T-2k-2$,是因为无约束方程分为两段,共总有 $2k+2$ 个参数。

(3) 判断。查表求得在一定显著性水平下的临界 F 值。如果第(2)步计算出的 F 值大于临界 F 值，则拒绝模型结构稳定的假设，说明两个样本反映的经济关系显著不同，经济结构发生了变化；如果小于临界 F 值，则不能拒绝模型结构稳定性假设，说明两个样本反映的经济结构关系比较稳定。

以上就是邹氏检验的过程，但在应用中需注意以下几点。

(1) 必须满足前提假设条件。

(2) 邹式检验仅仅告诉我们模型结构是否稳定，而不能告诉我们，如果结构不稳定，到底是截距还是斜率抑或两者都发生了变化。

(3) 邹式检验需要知道结构变化可能发生的时间点，如果不知道就要用其他方法。

2. 回归模型稳定性检验法——虚拟变量法

通过邹氏检验法只能了解模型结构是否发生了变化，但不能揭示斜率变化还是截距变化，而虚拟变量法可以解决这一问题。下面对虚拟变量法进行介绍。

将某一总样本分拆为两个子样本，设为样本 1 和样本 2，分别对两个子样本模型进行回归：

样本 1：$Y_i = \alpha_1 + \alpha_2 X_{i1} + \mu_{i1}$ $(i=1,2,\cdots,n_1)$ (3.52)

样本 2：$Y_i = \beta_1 + \beta_2 X_{i2} + \mu_{i2}$ $(i=1,2,\cdots,n_2)$ (3.53)

同时用总样本估计以下模型：

$$Y_i = \alpha_1 + (\beta_1 - \alpha_1)D_i + \alpha_2 X_i + (\beta_2 - \alpha_2)D_i X_i + \mu_i \quad (3.54)$$

得到回归结果后，利用 t 检验判断 D_i 和 $D_i X_i$ 系数的显著性，可以得到以下四种回归结果。

(1) D_i 和 $D_i X_i$ 系数显著为零，即 $\alpha_1 = \beta_1$ 且 $\alpha_2 = \beta_2$，即两个回归相同，表明回归模型结构稳定。

(2) D_i 的系数显著不为零，$D_i X_i$ 的系数显著为零，即 $\alpha_1 \neq \beta_1$ 且 $\alpha_2 = \beta_2$，表明模型结构不稳定原因在于截距项不同。

(3) D_i 的系数显著为零，$D_i X_i$ 的系数显著不为零，即 $\alpha_1 = \beta_1$ 且 $\alpha_2 \neq \beta_2$，表明模型不稳定的原因在于斜率项不同。

(4) D_i 和 $D_i X_i$ 系数显著不为零，$\alpha_1 \neq \beta_1$ 且 $\alpha_2 \neq \beta_2$，表明回归模型非常不稳定，截距和斜率都发生变化。

与邹氏检验法比较，虚拟变量法有如下优点。

(1) 与邹氏检验法的三次回归相比，虚拟变量法只进行一次回归，相对简单。

(2) 虚拟变量法能清楚表明截距或斜率变化，从而判断模型是否稳定。

(3) 由于虚拟变量法合并了两个回归，减少了虚拟变量的个数，增加了自由度，从而参数估计的准确性也有所改进。

3.5.3 案例分析（虚拟变量法和邹氏检验法）

表 3-6 给出了 2013 年中国内地城镇居民家庭人均可支配收入和人均消费支出，以及农村居民人均纯收入和人均消费支出的相关数据。可由这组数据来判断 2013 年中国内地农村居民与城镇居民边际消费倾向是否有差异。

表 3-6　2013年中国内地城镇居民家庭人均可支配收入和人均消费支出　　　元

地　区	城镇居民		农村居民	
	人均可支配收入	人均消费	人均纯收入	人均消费
北京	40 321.00	26 274.89	18 337.5	13 553.2
天津	32 293.57	21 711.86	15 841.0	10 155.0
河北	22 580.35	13 640.58	9 101.9	6 134.1
山西	22 455.63	13 166.19	7 153.5	6 457.75
内蒙古	25 496.67	19 249.06	8 595.7	7 268.3
辽宁	25 578.17	18 029.65	10 522.7	7 159.0
吉林	22 274.60	15 932.31	9 621.2	7 379.7
黑龙江	19 596.96	14 161.71	9 634.1	6 813.6
上海	43 851.36	28 155.00	19 595.0	14 234.7
江苏	32 538.00	20 371.48	13 597.8	9 909.8
浙江	37 851.00	23 257.19	16 106.0	11 760.0
安徽	23 114.22	16 285.17	8 097.9	5 724.5
福建	30 816.37	20 092.72	11 184.2	8 151.2
江西	21 872.68	13 850.51	8 781.5	5 653.6
山东	28 264.10	17 112.24	10 619.9	7 392.7
河南	22 398.03	14 821.98	8 475.3	5 627.7
湖北	22 906.42	15 749.50	8 867.0	6 279.5
湖南	23 413.99	15 887.11	8 372.1	6 609.2
广东	33 090.05	24 133.26	11 669.3	8 343.5
广西	23 305.38	15 417.62	6 790.9	5 205.6
海南	22 928.90	15 593.04	8 342.6	5 465.6
重庆	25 216.13	17 813.86	8 332.0	5 796.4
四川	22 367.63	16 343.45	7 895.3	6 308.5
贵州	20 667.07	13 702.87	5 434.0	4 740.2
云南	23 235.53	15 156.15	6 141.3	4 743.6
西藏	20 023.35	12 231.86	6 578.2	3 574.0
陕西	22 858.37	16 679.69	6 502.6	5 724.2
甘肃	18 964.78	14 020.72	5 107.8	4 849.6
青海	19 498.54	13 539.50	6 196.4	6 060.2
宁夏	21 833.33	15 321.10	6 931.0	6 489.7
新疆	19 873.77	15 206.16	7 296.5	6 119.1

1. 邹氏检验法

(1) 将 n_1 与 n_2 次观察值合并,在 EViews 中对下面模型进行回归:

$$Y_i = \alpha_0 + \alpha_1 X_i + \mu_i \tag{3.55}$$

数据调入后,选择"Quick"-"Estimate Equation",进入图 3-24 所示的菜单,在"Equation specification"中输入"y c x",在"Sample"中选择"1 62"(该处为默认值)单击"确定"按钮,出现图 3-25 所示结果。

(2) 单击"View"-"Stability Diagnostic"-"Chow Breakpoint Test",将会弹出一个窗口。

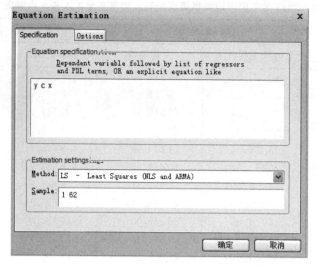

图 3-24 回归方程设定

Dependent Variable: Y
Method: Least Squares
Date: 09/07/15 Time: 15:31
Sample: 1 62
Included observations: 62

Variable	Coefficient	Std. Error	t-Statistic	Prob.
C	1914.730	907.9599	2.108826	0.0391
X	0.544349	0.045543	11.95239	0.0000

R-squared	0.704229	Mean dependent var	11460.22
Adjusted R-squared	0.699299	S.D. dependent var	6202.537
S.E. of regression	3401.234	Akaike info criterion	19.13339
Sum squared resid	6.94E+08	Schwarz criterion	19.20201
Log likelihood	-591.1351	Hannan-Quinn criter.	19.16033
F-statistic	142.8596	Durbin-Watson stat	1.131028
Prob(F-statistic)	0.000000		

图 3-25 回归结果

在弹出的窗口中输入预先选定的结构变化的转折点“31”,单击“OK”按钮,如图 3-26 所示,则出现图 3-27 所示的结果。

图 3-26 确定结构变化转折点

Equation: UNTITLED Workfile: 3.5.1::Unti...

View | Proc | Object | Print | Name | Freeze | Estimate | Forecast | Stats | Resids

Chow Breakpoint Test: 31
Null Hypothesis: No breaks at specified breakpoints
Varying regressors: All equation variables
Equation Sample: 1 62

F-statistic	5.486820	Prob. F(2,58)	0.0066
Log likelihood ratio	10.74345	Prob. Chi-Square(2)	0.0046
Wald Statistic	10.97364	Prob. Chi-Square(2)	0.0041

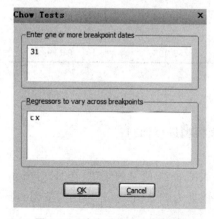

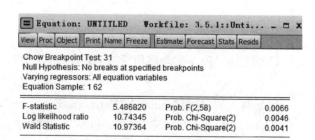

图 3-27 邹氏检验结果

EViews 已经自动算出 F 统计量的值为 5.48，大于临界值 5.14，因此拒绝模型结构稳定性的原假设，说明内地农村居民与城镇居民消费行为存在差异。

2. 虚拟变量法

以 Y 为人均消费，X 为人均可支配收入，农村和城镇消费函数可写成

城镇居民：$Y_i = \alpha_1 + \alpha_2 X_{i1} + \mu_{i1}$ （$i=1,2,\cdots,n_1$） (3.56)

农村居民：$Y_i = \beta_1 + \beta_2 X_{i2} + \mu_{i2}$ （$i=1,2,\cdots,n_2$） (3.57)

可以引入加法和乘法形式的虚拟变量来考察是否有结构变化的问题，即考察内地农村居民与城镇居民边际消费倾向是否有差异。

将 n_1 与 n_2 次观察值合并，并用以下回归模型来估计：

$$Y_i = \alpha_0 + \alpha_1 X_i + \alpha_2 D_i + \alpha_3 D_i X_i + \mu_i \tag{3.58}$$

式中，D_i 为引入的虚拟变量，农村居民取值 1，城镇居民取值 0。如果在显著性检验中，α_3 等于 0 的假设被拒绝，则说明农村居民与城镇居民边际消费倾向不同。具体检验结果如图 3-28 所示。

$$\hat{Y}_i = 1\,897.54 + 0.599 X_i - 1\,920.62 D_i + 0.093 D_i X_i \tag{3.59}$$

$\qquad\qquad$ (2.68) $\quad$ (22.2) $\quad\quad$ (-2.24) $\quad\quad$ (1.71)

$\bar{R}^2 = 0.978 \qquad F = 898.46 \qquad \text{DW} = 1.63$

Variable	Coefficient	Std. Error	t-Statistic	Prob.
C	1897.542	708.6376	2.677733	0.0096
X	0.598980	0.026959	22.21833	0.0000
D1	-1920.618	854.3824	-2.247961	0.0284
DX	0.092901	0.054019	1.719795	0.0908
R-squared	0.978935	Mean dependent var		11883.83
Adjusted R-squared	0.977845	S.D. dependent var		6303.815
S.E. of regression	938.2872	Akaike info criterion		16.58833
Sum squared resid	51062211	Schwarz criterion		16.72556
Log likelihood	-510.2382	Hannan-Quinn criter.		16.64221
F-statistic	898.4578	Durbin-Watson stat		1.633238
Prob(F-statistic)	0.000000			

图 3-28 虚拟变量法检验结果

由 α_2 和 α_3 的 t 检验值可知，在 5% 的置信水平下，α_2 显著地不等于 0，而 α_3 并非显著不等于 0，说明回归模型存在结构变化，原因在于截距项的差异。这表明 2013 年中国内地农村居民和城镇居民消费倾向不存在显著差异，而截距项存在显著差异。

3.6 预 测

3.6.1 预测的概念

在金融计量学中，所谓预测，就是根据金融经济变量的过去和现在的发展规律，借助计量模型，对其未来的发展趋势和状况进行描述与分析，形成科学的假设和判断。之所以要进行预测，是因为在金融领域中，我们现在所做的决策很多都要用到金融变量的未来值。例如我们在决定现时股票价格的理论价格时，就需要用到公司未来的收益；又如我们在购买国

债前也要对未来可能的利率做判断。由此可见,预测是十分必要的。尽管我们也可以对截面数据进行预测,但是一般而言,预测都是针对时间序列数据。

3.6.2 预测的原理

假设在 t 期,我们要对因变量 Y 的下一期(即 $t+1$ 期)值进行预测,则记为 $f_{t,1}$。在介绍预测原理之前,我们介绍一个概念:条件期望,在 t 期 Y 的 $t+1$ 期的条件期望值记为 $E(Y_{t+1}|I_t)$,它表示的是在所有已知的 t 期的信息的条件下,Y 在 $t+1$ 期的期望值。与之相对应的是我们熟悉的 Y 的无条件的期望值 $E(Y)$,注意,它不涉及时间概念。我们可以给出如下结论:在 t 期对 Y 的 $t+1$ 期的所有预测中,条件期望值 $E(Y_{t+1}|I_t)$ 是最优的(即具有最小方差),因此有

$$f_{t,1}=E(Y_{t+1}\mid I_t) \tag{3.60}$$

3.6.3 预测的类型

1. 无条件预测和有条件预测

无条件预测是指在预测模型中所有的解释变量都是已知的这一条件下进行的预测。所谓的有条件预测,就是指在预测模型中某些解释变量的值是未知的条件下进行的预测。以一阶动态分布回归滞后模型为例来说明:

$$y_t=\alpha_0+\alpha y_{t-1}+\beta_0 x_t+\beta_1 x_{t-1}+\mu_t \tag{3.61}$$

用 y_{t-1},x_t,x_{t-1} 预测 y_t 的值,称为有条件预测,其预测表达式为

$$\hat{y}_t=\hat{\alpha}_0+\hat{\alpha} y_{t-1}+\hat{\beta}_0 x_t+\hat{\beta}_1 x_{t-1} \tag{3.62}$$

对式(3.61)求期望可得

$$E(y_t)=\frac{\hat{\alpha}_0}{1-\hat{\alpha}_1}+\frac{\hat{\beta}_0+\hat{\beta}_1}{1-\hat{\alpha}_1}E(x_t) \tag{3.63}$$

用式(3.63)预测 y_t 的值称作无条件预测。

2. 样本内预测和样本外预测

所谓样本内预测(in-sample),就是指用全部观测值来估计模型,然后用估计得到的模型对其中一部分观测值进行预测。而样本外预测(out-of-sample)是指将全部的观测值分为两部分,一部分用来估计模型,然后用估计得到的模型来对另一部分数据进行预测。

3. 动态预测和静态预测

动态(dynamic)预测是除了样本内的第一个预测点在预测时,解释变量用的是实际值,以后各点预测时解释变量(自回归项)所取值都是上一期的预测值,可以进行多步向前预测。静态(static)预测是指只滚动地进行向前一步预测,即每预测一次,解释变量(自回归项)用真实值进行向前预测。相比较而言,静态预测每一期都是用实际值预测,所以静态预测比动态预测要准确,而动态预测只能预测出被解释变量的变化趋势。

4. 事后模拟和事前预测

顾名思义，事后模拟就是我们已经获得想要预测的值的实际值，进行预测是为了评价模型的好坏。而事前预测是我们在不知道因变量真实值的情况下对其进行预测。假设我们用 2020 年 1 月至 2022 年 5 月的数据估计模型，如果用这个模型预测 2022 年 6 月至 2022 年 12 月的收益率，由于我们已经知道真实值，这就属于事后模拟；如果用这个模型来预测 2024 年 1 月至 6 月的收益率，由于我们不知道真实值，这就属于事前预测。

5. 一步向前预测和多步向前预测

所谓一步向前预测，是指仅对下一期的变量值进行预测，而多步向前预测不仅是对下期进行预测，还对更下期进行预测，如在 t 期对 $t+1$ 期，$t+2$，$\cdots$，$t+r$ 期的值进行预测。当 $r \leqslant 5$ 时，我们称此时的预测为短期预测，当 $r>5$ 时，我们称此时的预测为长期预测。

3.6.4 预测的评价标准

在将模型的预测结果应用于实践前，为保持足够的信心，我们首先要对预测结果的精确性进行判断，这可以通过前面所介绍的事后模拟来实现。从此种意义上讲，事后模拟也通常被称为对模型的预测检验，如果模型是用于预测，那么假设检验是十分重要的。有的计量学家甚至认为如果模型是用于预测，即使模型不能通过其他检验，但只要预测结果足够好，它仍是一个用于预测的好模型。

1. 均方根误差和平均绝对误差

均方根误差（Root Mean Squared Error，RMSE）和平均绝对误差（Mean Absolute Error，MAE）分别定义如下：

$$\text{RMSE} = \sqrt{\frac{1}{h} \sum_{1}^{h} (\hat{y}_t - y_t)^2} \tag{3.64}$$

$$\text{MAE} = \frac{1}{h} \sum_{1}^{h} |\hat{y}_t - y_t| \tag{3.65}$$

这两个指标衡量的都是预测的绝对误差，一般误差值越小，预测准确度越高。

2. 平均绝对百分误差

平均绝对百分误差（Mean Absolute Percent Error，MAPE）定义为

$$\text{MAPE} = \frac{1}{h} \sum_{1}^{h} \left| \frac{\hat{y}_t - y_t}{y_t} \right| \tag{3.66}$$

这个指标反映了预测的相对误差，一般认为其值低于 10 时，模型预测的精度较高。

3. Theil 不相等系数

Theil 不相等系数（Theil Inequality Coefficient）介于 0 和 1 之间，数值越小表明预测值和真实值越接近，精确度越高。其定义如下：

$$U = \frac{\sqrt{\frac{1}{h}\sum_{1}^{h}(\hat{y}_t - y_t)^2}}{\sqrt{\frac{1}{h}\sum \hat{y}_t^2} + \sqrt{\frac{1}{h}\sum y_t^2}} \tag{3.67}$$

4. 偏差率、方差率和协变率

偏差率(Bias Proportion,BP)、方差率(Variance Proportion,VP)和协变率(Covariance Proportion,CP)是相互联系的指标,它们的取值范围通常都在 0 和 1 之间,并且三项之和为 1,其定义分别为

$$BP = \frac{[E(\hat{y}) - E(y)]^2}{\sum \frac{(\hat{y}_t - y_t)^2}{h}} \tag{3.68}$$

$$VP = \frac{(\sigma(\hat{y}) - \sigma(y))^2}{\sum \frac{(\hat{y}_t - y_t)^2}{h}} \tag{3.69}$$

$$CP = \frac{2(1-r)\sigma(\hat{y}_t)\sigma(y_t)}{\sum \frac{(\hat{y}_t - y_t)^2}{h}} \tag{3.70}$$

式中,$\sigma(\hat{y})$ 和 $\sigma(y)$ 分别为预测值和实际值的标准差;r 为预测值与实际值的相关系数。

当预测比较理想时,三项误差主要集中在协变率上,也就是 CP 接近于 1,其他两个指标接近于 0。

复习思考题

1. 非线性模型如何转化为线性模型?
2. 哪些因素造成模型出现异方差性、自相关性、多重共线性现象?
3. 预测的类型及评价标准有哪些?

即 测 即 练

第 4 章 一元时间序列分析方法

本章知识点
1. 深入了解时间序列的相关概念。
2. 深入探究平稳时间序列模型与非平稳时间序列模型。
3. 理解长记忆时间序列模型。

4.1 时间序列的相关概念

人们为了分析一些经济现象,常常依时间顺序做一系列的观测。将来的数据通常以某种随机方式依赖于现在得到的观测值。观测值的这种相依性使利用过去预报未来成为可能。时间序列分析处理依时间顺序所得的记录。数据的时间顺序是十分重要的。时间序列的一个重要特征就是记录的相依性。对于不同的应用背景,时间序列分析的目的也是不同的。时间序列分析方法是乔治·伯克斯(George Box)和格威利姆·詹金斯(Gwilym Jenkins)于 1970 年提出的,这种建模方法一般不考虑以经济理论为基础的解释变量的作用,而是根据变量自身的变化规律,利用外推机制描述时间序列的变化。计量经济学家的许多应用研究都是建立在对时间序列建模分析的基础之上,可见时间序列分析是现代计量经济学的重要内容。本节将介绍时间序列分析中的一些基本概念。

4.1.1 平稳性

平稳性是时间序列分析的基础。判断一个序列平稳与否非常重要,因为一个序列是否平稳会对它的行为及其性质产生重要的影响。在时间序列中的平稳性,一般包括两类平稳过程:弱平稳过程(weakly stationary process,亦称宽平稳过程)和严平稳过程(strictly stationary process)。

1. 弱平稳过程

如果一个时间序列 $\{Y_t\}$ 满足下面三个条件,则称为是弱平稳的(协方差平稳或二阶平稳)。
(1) $E(Y_t) = \mu$
(2) $\mathrm{Var}(Y_t) = \sigma^2 < \infty$
(3) $\mathrm{Cov}(Y_t, Y_{t-j}) = \gamma_j \quad \forall j$ (4.1)

注意:如果一个时间序列是弱平稳的,那么均值与方差在时间过程上保持常数,并且在任何两时期之间的协方差值仅依赖于该两时期间的距离 j,而不依赖于计算这个协方差的时刻 t。

2. 严平稳过程

如果对所有的 t，任意正整数 m 和任意 n 个正整数 $(t_1,\cdots,t_n)$，$(y_{t_1},\cdots,y_{t_n})$ 的联合分布与 $(y_{t_1+m},\cdots,y_{t_n+m})$ 的联合分布是相同的，即

$$P\{y_{t_1}\leqslant b_1,\cdots,y_{t_n}\leqslant b_n\}=P\{y_{t_{1+m}}\leqslant b_1,\cdots,y_{t_{n+m}}\leqslant b_n\} \tag{4.2}$$

则称时间序列 $\{Y_t\}$ 为严格平稳的。换句话说，严格平稳要求序列 $\{Y_t\}$ 的概率测度在时间的平移变换下保持不变。

可见，如果一个时间序列概率分布的所有阶矩都不随时间变化，那它就是严格平稳的；而如果仅仅是一阶矩和二阶矩（即均值和方差）不随时间变化，那它就是弱平稳的。

4.1.2 自协方差

对于 $j=0,1,2,3,\cdots$，$\gamma_j\equiv\mathrm{Cov}(Y_t,Y_{t-j})$ 称为时间序列 $\{Y_t\}$ 的第 j 阶自协方差（autocovariance），由于协方差平稳性，它不依赖于时刻 t，且满足

$$\gamma_j=\gamma_{-j} \tag{4.3}$$

第 0 阶的自协方差就是 $\{Y_t\}$ 的方差，即 $\gamma_0=\mathrm{Var}(Y_t)$。第 j 阶自相关系数（ACF）ρ_j 定义为

$$\rho_j=\frac{\gamma_j}{\gamma_0}=\frac{\mathrm{Cov}(Y_t,Y_{t-j})}{\mathrm{Var}(Y_t)} \quad (j=0,1,2,3,\cdots) \tag{4.4}$$

如我们期望那样，对于 $j=0$，有 $\rho_j=1$。并且一个弱平稳序列 $\{Y_t\}$ 前后不相关的充要条件是当且仅当对所有 $j>0$ 时，有 $\rho_j=0$。由一系列自相关系数可以得到自相关图，从而可以判断序列的自相关情况。

4.1.3 白噪声过程

如果时间序列 $\{Y_t\}$ 是一个有有限均值和有限方差、独立同分布的随机变量序列，则称时间序列 $\{Y_t\}$ 为白噪声。特别地，若时间序列 $\{Y_t\}$ 还服从均值为 0、方差为 σ^2 的正态分布，则这个序列称为高斯白噪声。它是其他各类型时间序列的重要组成部分，在金融市场效率理论中具有重要的意义。

可以用下面的语言来更明确地定义白噪声过程。对于所有时间 t，如果满足下列条件：

(1) $E(Y_t)=\mu$

(2) $\mathrm{Var}(Y_t)=\gamma_0=\sigma^2$

(3) $\mathrm{Cov}(Y_t,Y_{t-j})=0 (j\neq 0)$ \hfill (4.5)

则时间序列 $\{Y_t\}$ 是一个白噪声过程，我们可以看到白噪声过程是平稳过程的一种特殊形式，特别是对于 $j\neq 0$，自协方差 $\gamma_j=0$，且自相关系数 $\rho_j=0$。

所以，对于白噪声过程，总有如下等式成立：

$$\gamma_j=\begin{cases}\sigma^2 & (j=0)\\ 0 & (j\neq 0)\end{cases} \quad 以及 \quad \rho_j=\begin{cases}1 & (j=0)\\ 0 & (j\neq 0)\end{cases}$$

可见，白噪声过程中的观测值之间彼此独立，白噪声过程不能由其以前的信息来预测。如果一个白噪声过程还满足时间序列 $\{Y_t\}$ 正态分布的条件，即服从正态分布的白噪声过程，就称为高斯白噪声过程。

如果 $\mu=0$,且上述条件都成立,则这一过程就称为带有零均值的白噪声过程。这里选取上交所的南方航空 2013 年至 2014 年的日收益率数据,其收益率时间序列就表现为一个由白噪声过程产生的时间序列(图 4-1)。

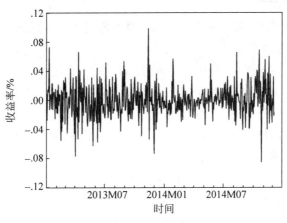

图 4-1 白噪声过程

4.1.4 Q 统计量

金融应用中,我们还可以运用 Q 统计量来检验一个时间序列是否为白噪声过程。Q 统计量检验就是对所有 p 个自相关系数是否同时为零进行联合检验。其中,Q 统计量的表达式为

$$Q = T(T+2) \sum_{j=1}^{p} \frac{\hat{\rho}_j^2}{T-j} \tag{4.6}$$

式中,$\hat{\rho}_j$ 为残差序列的 j 阶自相关系数;T 为观测值的个数;p 为设定的滞后阶数。

p 阶滞后的 Q 统计量的原假设是:序列不存在 p 阶自相关;备选假设为序列存在 p 阶自相关。如果 Q 统计量在某一滞后阶数显著不为零,则说明序列存在某种程度上的序列相关。在大样本中,它近似服从自由度为 p 的 χ^2 分布。在实际的检验中,通常会计算出不同滞后阶数的 Q 统计量、自相关系数和偏自相关系数。如果各阶 Q 统计量都没有超过由设定的显著性水平决定的临界值,就接受原假设,即不存在序列相关,并且此时,各阶的自相关和偏自相关趋近于 0;如果在某一滞后阶数 p,Q 统计量超过设定的显著性水平的临界值,就拒绝原假设,说明序列存在 p 阶自相关。由于 Q 统计量的值要根据自由度 p 来估算,因此一个较大的样本容量是保证 Q 统计量有效的重要因素。

4.2 平稳时间序列模型

在现实中很多问题,如利率波动、收益率变化及汇率变化等通常是一个平稳序列,或者通过差分等变换可以化成一个平稳序列。本节中介绍自回归模型(Autoregressive Model,AR)、移动平均模型(Moving Average Model,MA)以及自回归移动平均模型(autoregressive Moving Average Model,ARMA),可以用来研究这些经济变量的变化规律,这样的建模方式属于时间序列分析的研究范畴。经济时间序列是一个随机事件的唯一记录,如中国 2014—

2022年的进出口总额是唯一的实际发生的历史记录。从经济的角度看,这个过程是不可重复的。

4.2.1 自回归模型

自回归模型,顾名思义,就是变量对变量自身的滞后项进行回归,也称为自回归过程。如果一个线性过程可表达为

$$y_t = \phi_0 + \phi_1 y_{t-1} + \phi_2 y_{t-2} + \cdots + \phi_p y_{t-p} + \varepsilon_t \tag{4.7}$$

其中,$\phi_i, i=1,\cdots,p$ 为自回归参数;ε_t 为白噪声过程,则称 y_t 为 p 阶自回归过程,用 $\mathrm{AR}(p)$ 表示。

设 L 为滞后算子,则有 $Ly_t = y_{t-1}$,$L^p y_t = y_{t-p}$,特别地,$L^0 y_t = y_t$。如果使用滞后算子 $\mathrm{AR}(p)$ 还可以表示为

$$\phi(L) y_t = \phi_0 + \varepsilon_t \tag{4.8}$$

其中,滞后算子 $\phi(L)$ 定义为

$$\phi(L) = 1 - \phi_1 L - \phi_2 L^2 - \cdots - \phi_p L^p \tag{4.9}$$

在现实经济研究中,我们最常用到的就是一阶自回归 $\mathrm{AR}(1)$ 模型和二阶自回归 $\mathrm{AR}(2)$ 模型。下面将通过对简单的一阶自回归模型的学习来了解 AR 模型。

一阶自回归模型表现为当期的随机变量对滞后一阶项和随机扰动项的线性回归,$\mathrm{AR}(1)$ 模型可以写成

$$y_t = \phi_0 + \phi_1 y_{t-1} + \varepsilon_t \tag{4.10}$$

式中,$\{\varepsilon_t\}$ 是白噪声过程,且 $E(\varepsilon_t) = 0$,$\mathrm{Var}(\varepsilon_t) = \sigma^2$。

1. AR 过程的均值、方差、自协方差及自相关函数

在弱平稳的假定条件下对式(4.10)两边取均值得到

$$\mu = \phi_0 + \phi_1 \mu \tag{4.11}$$

由于 $E(y_t) = E(y_{t-1}) = \mu$,则 $E(y_t) = \mu = \dfrac{\phi_0}{1-\phi_1}$。

可得出两个结论:第一,若 $\phi_1 \neq 1$,则 y_t 的均值存在;第二,y_t 的均值为 0 的充要条件是当且仅当 $\phi_0 = 0$。

$\mathrm{AR}(1)$ 过程可推广到 $\mathrm{AR}(p)$ 过程,则 $\mathrm{AR}(p)$ 过程的均值为

$$E(y_t) = \mu = \frac{\phi_0}{1 - \phi_1 - \phi_2 - \cdots - \phi_p} \tag{4.12}$$

利用 $\phi_0 = \mu(1-\phi_1)$,我们可以把 $\mathrm{AR}(1)$ 模型写成如下形式:

$$y_t - \mu = \phi_1(y_{t-1} - \mu) + \varepsilon_t \tag{4.13}$$

对式(4.13)两边平方,然后取期望得到

$$\mathrm{Var}(y_t) = \phi_1^2 \mathrm{Var}(y_{t-1}) + \sigma^2 \tag{4.14}$$

在弱平稳性假定条件下,$\mathrm{Var}(y_t) = \mathrm{Var}(y_{t-1})$,则

$$\mathrm{Var}(y_t) = \frac{\sigma^2}{1 - \phi_1^2} \tag{4.15}$$

为了使方差为正,要求 $\phi_1^2<1$。由此可知,由 AR(1)弱平稳性可推出 $-1<\phi_1<1$;反之,$-1<\phi_1<1$,可以证明 y_t 的均值、方差和自协方差是有限的,从而可认为模型是弱平稳的。所以模型弱平稳的充要条件是 $|\phi_1|<1$。

因为平稳的 AR(1)过程的均值是恒定的,所以自协方差的定义为

$$\gamma_j = E[(y_t - \mu)(y_{t-j} - \mu)] \tag{4.16}$$

根据这一定义可以推导出平稳的 AR(1)过程的自协方差的一般解析式:

$$\begin{aligned}
\gamma_j &= E[(y_t - \mu)(y_{t-j} - \mu)] \\
&= E[\varepsilon_t + \phi_1 \varepsilon_{t-1} + \phi_1^2 \varepsilon_{t-2} + \cdots][\varepsilon_{t-j} + \phi_1 \varepsilon_{t-j-1} + \phi_1^2 \varepsilon_{t-j-2} + \cdots] \\
&= \phi_1^j E[\varepsilon_{t-j}^2] + \phi_1^{j+2} E[\varepsilon_{t-j-1}^2] + \phi_1^{j+4} E[\varepsilon_{t-j-2}^2] + \cdots \\
&= \phi_1^j (1 + \phi_1^2 + \phi_1^4 + \cdots) \sigma^2 \\
&= \frac{\sigma^2}{1 - \phi_1^2} \phi_1^j
\end{aligned} \tag{4.17}$$

式(4.17)过程运用了白噪声过程不同时期的观测值之间相互独立的特性。注意:这里要用到式(4.41)。

利用计算出来的方差与自协方差,可以得到平稳 AR(1)过程的自相关函数公式:

$$\rho_j = \frac{\gamma_j}{\gamma_0} = \phi_1^j \tag{4.18}$$

所以,$\rho_1 = \phi_1$,而对于 $|\phi_1|$,其取值越靠近于 1,则暗示 y_t 序列相邻观测值之间的相关性就越强。很明显,平稳的 AR(1)过程自相关函数图应该是随着滞后阶数的增大而呈现逐渐衰减的趋势。图 4-2 给出不同 ϕ_1 对应的自相关函数图。

2. AR 模型的平稳性

对于 AR(p)模型:

$$y_t = \phi_0 + \phi_1 y_{t-1} + \phi_2 y_{t-2} + \cdots + \phi_p y_{t-p} + \varepsilon_t \tag{4.19}$$

设 L 为滞后算子,则有 $L y_t = y_{t-1}$,$L^p y_t = y_{t-p}$,特别地,$L^0 y_t = y_t$,则式(4.19)可以改写为

$$(1 - \phi_1 L - \phi_2 L^2 - \cdots - \phi_p L^p) y_t = \phi_0 + \varepsilon_t \tag{4.20}$$

若设

$$\Phi(L) = 1 - \phi_1 L - \phi_2 L^2 - \cdots - \phi_p L^p \tag{4.21}$$

令

$$\Phi(z) = 1 - \phi_1 z - \phi_2 z^2 - \cdots - \phi_p z^p = 0 \tag{4.22}$$

则 $\Phi(z)$ 是一个关于 z 的 p 次多项式,AR(p)模型平稳的充要条件是特征方程 $\Phi(z)$ 的特征根全部落在单位圆之外。

例如:AR(2)模型 $y_t = 0.6 y_{t-1} - 0.1 y_{t-2} + \varepsilon_t$,即 $(1 - 0.6L + 0.1L^2) y_t = \varepsilon_t$。其特征方程是 $1 - 0.6z + 0.1z^2 = 0$,其特征根是 $z = 3+i$ 或者 $3-i$。如有虚根一定是共轭的,因两个根在单位圆外,所以该过程是平稳的。

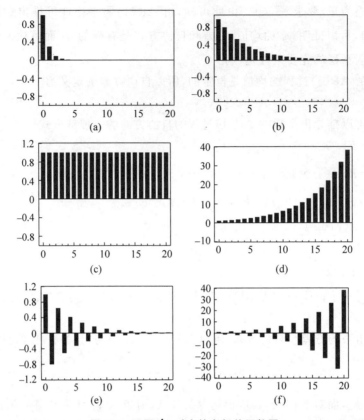

图 4-2 不同 ϕ_1 对应的自相关函数图

(a) $\phi_1=0.3$；(b) $\phi_1=0.8$；(c) $\phi_1=1$；(d) $\phi_1=1.2$；(e) $\phi_1=-0.8$；(f) $\phi_1=-1.2$

3. AR 模型的识别

在实际应用中,一个 AR 时间序列的阶 p 是不知道的,必须根据实际情况来识别。这个问题就叫作 AR 模型阶数的确定。一般可以通过以下方法确定,分别是自相关系数、偏相关系数、Q 统计量,还有信息准则,如 AIC 和 BIC 等,一些方法有关章节已经介绍过,这里着重介绍偏自相关函数(partial auto-correlation function,PACF)方法。

偏自相关函数就是 y_t 与 y_{t-l} 之间的,除去居中的 $y_{t-1},y_{t-2},\cdots,y_{t-l+1}$ 变量影响的相关关系。其相关程度可用偏自相关系数 φ_l 度量。对式(4.7)进行回归：

$$y_t = \varphi_0 + \varphi_1 y_{t-1} + \cdots + \varphi_{l-1} y_{t-l+1} + \cdots + \varphi_l y_{t-l} + \varepsilon_t \quad (t=1,2,\cdots,T) \quad (4.23)$$

因此,滞后 l 阶的偏自相关系数是当 y_t 对 $y_{t-1},\cdots,y_{t-l}$ 做回归时 y_{t-l} 的系数 φ_l。之所以成为偏相关,是因为它度量了 l 期间距的相关而不考虑 $l-1$ 期的相关。对一个 AR(p) 模型,间隔为 p 的样本偏自相关系数不应为零,而对于所有 $j>p,\hat{\varphi}_l$ 应接近零,我们利用这一性质来决定阶数 p。许多经济计量软件在给出自相关系数及 Q 统计量外,还会给出偏自相关函数,从而辅助判断自回归的阶数。

4.2.2 移动平均模型

移动平均过程是一个白噪声过程的线性组合,具体可以把时间序列过程 y_t 表示成一序

列不相关的随机变量的线性组合,MA(q)模型形式为

$$y_t = c + \varepsilon_t + \theta_1 \varepsilon_{t-1} + \cdots + \theta_q \varepsilon_{t-q} \tag{4.24}$$

式中,$\varepsilon_t, \varepsilon_{t-1}, \cdots, \varepsilon_{t-q}$ 为一组独立同分布的随机变量,$E(\varepsilon_t) = 0$,$\mathrm{Var}(\varepsilon_t) = \sigma^2$;$c$ 为常数;$\theta_1, \theta_2, \cdots, \theta_q$ 为系数。上述是一个 q 阶的移动平均模型。

将 MA(q) 表示成滞后算子的形式为

$$\begin{aligned} y_t &= c + (1 + \theta_1 L + \theta_2 L^2 + \cdots + \theta_q L^q)\varepsilon_t \\ &= c + \varphi(L)\varepsilon_t \end{aligned} \tag{4.25}$$

式中,$\varphi(L) = 1 + \theta_1 L + \theta_2 L^2 + \cdots + \theta_q L^q$;$L$ 为滞后算子。

1. MA 模型均值、方差、自协方差及自相关函数

因为 $\varepsilon_t, \varepsilon_{t-1}, \cdots, \varepsilon_{t-q}$ 是一组独立同分布的随机变量,$E(\varepsilon_t) = 0$,$\mathrm{Var}(\varepsilon_t) = \sigma^2$,所以 MA($q$) 模型的均值和方差容易求得,均与 t 无关。

$$\mu = E(y_t) = E(c + \varepsilon_t + \theta_1 \varepsilon_{t-1} + \cdots + \theta_q \varepsilon_{t-q}) = c \tag{4.26}$$

$$\begin{aligned} \gamma_0 &= \mathrm{Var}(y_t) = E(y_t - \mu)^2 = E(\varepsilon_t + \theta_1 \varepsilon_{t-1} + \cdots + \theta_q \varepsilon_{t-q})^2 \\ &= (1 + \theta_1^2 + \theta_2^2 + \cdots + \theta_q^2)\sigma^2 \end{aligned} \tag{4.27}$$

为了简单起见,这里只讨论 MA(1) 和 MA(2) 两种情况,然后可以推广到 MA(q) 的情形。MA(1) 模型表达式为

$$y_t = c + \varepsilon_t + \theta_1 \varepsilon_{t-1} \tag{4.28}$$

自协方差推导过程如下:

$$\begin{aligned} \gamma_0 &= E[y_t - E(y_t)]^2 = E(\varepsilon_t + \theta_1 \varepsilon_{t-1})^2 = (1 + \theta_1^2)\sigma^2 \\ \gamma_j &= E[(y_t - \mu)(y_{t-j} - \mu)] = E(\varepsilon_t + \theta_1 \varepsilon_{t-1})(\varepsilon_{t-j} + \theta_1 \varepsilon_{t-j-1}) \\ &= E(\varepsilon_t \varepsilon_{t-j} + \theta_1 \varepsilon_{t-1} \varepsilon_{t-j} + \theta_1 \varepsilon_t \varepsilon_{t-j-1} + \theta_1^2 \varepsilon_{t-1} \varepsilon_{t-j-1}) \end{aligned} \tag{4.29}$$

根据白噪声序列是独立的性质和 $E(\varepsilon_t) = 0$,$\mathrm{Var}(\varepsilon_t) = \sigma^2$,可以得到 MA(1) 自协方差结果。

$$\gamma_j = \begin{cases} \theta_1 \sigma^2 & (j = 1) \\ 0 & (j > 1) \end{cases} \tag{4.30}$$

从而得到 MA(1) 模型的自相关系数为

$$\rho_j = \frac{\gamma_j}{\gamma_0} = \begin{cases} \dfrac{\theta_1}{(1 + \theta_1^2)} & (j = 1) \\ 0 & (j > 1) \end{cases} \tag{4.31}$$

从 MA(1) 模型的自相关函数可以看出,MA(1) 模型是间隔为 1 的自相关函数不为 0,间隔大于 1 自相关函数为 0。所以,MA(1) 模型的自协方差在间隔为 1 以后是截尾的。

相同的方法可以推导出 MA(2) 的自协方差和自相关系数:

$$\gamma_j = \begin{cases} \theta_1(1 + \theta_2)\sigma^2 & (j = 1) \\ \theta_2 \sigma^2 & (j = 2) \\ 0 & (j > 2) \end{cases} \tag{4.32}$$

$$\rho_j = \begin{cases} \dfrac{\theta_1(1+\theta_2)}{1+\theta_1^2+\theta_2^2} & (j=1) \\ \dfrac{\theta_2}{1+\theta_1^2+\theta_2^2} & (j=2) \\ 0 & (j>2) \end{cases} \tag{4.33}$$

从 MA(2)模型的自相关函数可以看出,MA(2)模型的自协方差在间隔为 2 以后是截尾的。

图 4-3 给出了不同的 θ 值对应的 MA(1)模型的自相关函数。

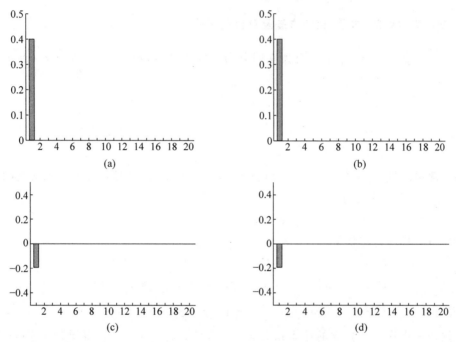

图 4-3 不同的 θ 值对应的 MA(1)模型的自相关函数

(a) $\theta_1=0.5$; (b) $\theta_1=2$; (c) $\theta_1=-0.2$; (d) $\theta_1=-5$

2. MA 模型的性质

MA(q)模型总是弱平稳的,因为它们是白噪声序列的有限线性组合,其一阶矩(均值)和二阶矩(方差)都是不随时间的改变而改变的。

上面的证明清楚地说明了不管是 MA(q)模型序列均值、方差还是自协方差都与时间无关,MA(q)过程都是平稳的时间序列过程。但是 MA(q)过程可以看成无穷阶的 AR 过程,这就是 MA(q)模型的可逆性。下面证明 MA(1)过程的可逆性。

滞后算子有一个性质,就是对于 $|\alpha|<1$,则有

$$(1-\alpha L)^{-1} = 1+\alpha L+\alpha^2 L^2+\alpha^3 L^3+\cdots \tag{4.34}$$

所以,令 $\alpha=-\theta_1$,对于 $|\theta_1|<1$,则有

$$(1+\theta_1 L)^{-1} = 1-\theta_1 L+\theta_1^2 L^2-\theta_1^3 L^3+\cdots \tag{4.35}$$

可以将 MA(1)模型的滞后算子形式 $y_t=c+(1+\theta_1 L)\varepsilon_t$ 写成

$$(1+\theta_1 L)^{-1}(y_t - c) = \varepsilon_t \tag{4.36}$$

就有

$$(1 - \theta_1 L + \theta_1^2 L^2 - \theta_1^3 L^3 + \cdots)(y_t - c) = \varepsilon_t \tag{4.37}$$

对式(4.37)进行整理,可以得到一种无穷的 AR 过程

$$\begin{aligned} y_t &= (c - \theta_1 c + \theta_1^2 c - \theta_1^3 c + \cdots) + \varepsilon_t + \theta_1 y_{t-1} - \theta_1^2 y_{t-2} + \cdots \\ &= c(1 - \theta_1 + \theta_1^2 - \theta_1^3 + \cdots) + \varepsilon_t + \theta_1 y_{t-1} - \theta_1^2 y_{t-2} + \cdots \\ &= \frac{c}{1+\theta_1} + \varepsilon_t + \theta_1 y_{t-1} - \theta_1^2 y_{t-2} + \cdots \end{aligned} \tag{4.38}$$

式(4.38)就把 MA(1) 过程写成 AR(∞) 过程,也证明了 MA(1) 过程具有可逆性,满足可逆性的条件就是要求 $|\theta_1| < 1$。

MA(2) 过程可逆的条件要求其特征方程的根全部落在单位圆外。MA(2) 过程的特征方程如下:

$$1 + \theta_1 z + \theta_2 z^2 = 0 \tag{4.39}$$

同样地,考虑 MA(q) 过程的可逆条件,要求它的特征方程满足

$$1 + \theta_1 z + \theta_2 z^2 + \cdots + \theta_q z^q = 0 \tag{4.40}$$

的所有根都落在单位圆外。

对于 AR 过程也有类似的结论。如对于式(4.10)的平稳 AR(1) 过程可以写成

$$\begin{aligned} (1 - \phi_1 L) y_t &= \phi_0 + \varepsilon_t \\ y_t &= (\phi_0 + \varepsilon_t)(1 - \phi_1 L)^{-1} \\ &= (\phi_0 + \varepsilon_t)(1 + \phi_1 L + \phi_1^2 L^2 + \phi_1^3 L^3 + \cdots) \\ &= \frac{\phi_0}{1 - \phi_1} + \varepsilon_t + \phi_1 \varepsilon_{t-1} + \phi_1^2 \varepsilon_{t-2} + \phi_1^3 \varepsilon_{t-3} + \cdots \end{aligned} \tag{4.41}$$

这说明平稳的 AR(1) 过程可以转化为 MA(∞) 过程。以上也说明了在一定条件下 AR 和 MA 可以相互转化。

3. MA 模型的识别

自相关函数是识别 MA 模型的阶的有用工具。因为 MA(q) 过程具有 q 阶以后是截尾,如果金融时间序列是 q 阶相关的,而 q 阶以后滞后阶数不相关,则它可以表示为一个 MA(q) 模型。当然,前面介绍的自相关函数、信息准则等方法也可以作为判断的依据。

4.2.3 自回归移动平均模型

在前面内容中我们分别介绍了 AR 过程和 MA 过程。本小节我们则要介绍两种过程的组合,即自回归移动平均过程,常记作 ARMA(p,q),可以写成如下形式:

$$y_t = \phi_0 + \phi_1 y_{t-1} + \cdots + \phi_p y_{t-p} + \varepsilon_t + \theta_1 \varepsilon_{t-1} + \cdots + \theta_q \varepsilon_{t-q} \tag{4.42}$$

当 $p=0$ 时,ARMA(0,q) = MA(q)。

当 $q=0$ 时,ARMA(p,0) = AR(p)。

1. ARMA(p,q)过程的均值、方差、自协方差及自相关函数

与分析 AR 模型和 MA 模型一样,我们通过对式(4.42)左右两边取期望可以得到 ARMA 过程的均值表达式:

$$\mu = \frac{\phi_0}{1-\phi_1-\phi_2-\cdots-\phi_p} \tag{4.43}$$

这个表达式与 AR(p)过程的均值表达式完全相同。这并不是巧合,而是因为 MA 部分对应的每个白噪声过程的期望都是 0,所以实际 MA 部分对 ARMA 过程的均值的贡献是 0。

均值表达式对推导 ARMA 过程的方差和自协方差非常有帮助,我们可以利用式(4.43)将常数项 ϕ_0 表示成均值 μ 和自回归系数的函数,然后代入 ARMA 模型中获得

$$\begin{aligned} y_t - \mu = & \phi_1(y_{t-1}-\mu) + \phi_2(y_{t-2}-\mu) + \cdots + \phi_p(y_{t-p}-\mu) + \\ & (\varepsilon_t + \theta_1\varepsilon_{t-1} + \theta_2\varepsilon_{t-2} + \cdots + \theta_q\varepsilon_{t-q}) \end{aligned} \tag{4.44}$$

则自协方差表达式为

$$\begin{aligned} \gamma_j = & E(y_t-\mu)(y_{t-j}-\mu) \\ = & E[\phi_1(y_{t-1}-\mu)(y_{t-j}-\mu) + \phi_2(y_{t-2}-\mu)(y_{t-j}-\mu) + \cdots + \\ & \phi_p(y_{t-p}-\mu)(y_{t-j}-\mu) + (\varepsilon_t+\theta_1\varepsilon_{t-1}+\cdots+\theta_q\varepsilon_{t-q})(y_{t-j}-\mu)] \\ = & \phi_1\gamma_{j-1} + \phi_2\gamma_{j-2} + \cdots + \phi_p\gamma_{j-p} + \\ & E[(\varepsilon_t+\theta_1\varepsilon_{t-1}+\cdots+\theta_q\varepsilon_{t-q})(y_{t-j}-\mu)] \\ = & \phi_1\gamma_{j-1} + \phi_2\gamma_{j-2} + \cdots + \phi_p\gamma_{j-p} + \\ & E(\varepsilon_t y_{t-j}) + \theta_1 E(\varepsilon_{t-1}y_{t-j}) + \theta_2 E(\varepsilon_{t-2}y_{t-j}) + \cdots + \theta_q E(\varepsilon_{t-q}y_{t-j}) \end{aligned} \tag{4.45}$$

从自协方差公式中不难看出,当 $j>p$ 时,式(4.45)最后一行都变为 0,所以此时有

$$\gamma_j = \phi_1\gamma_{j-1} + \phi_2\gamma_{j-2} + \cdots + \phi_p\gamma_{j-p} \quad (j=q+1, q+2, \cdots) \tag{4.46}$$

当 $j>p$ 时,ARMA(p,q)过程的自相关函数就是

$$\rho_j = \phi_1\rho_{j-1} + \phi_2\rho_{j-2} + \cdots + \phi_p\rho_{j-p} \quad (j=q+1, q+2, \cdots) \tag{4.47}$$

那么对于 $j \leqslant p$ 的情况,自协方差的方程不容易简化。尽管如此,对于较简单的 ARMA 过程,如 ARMA(1,1)过程,其理论自相关函数还是相对比较容易求得的。我们可以利用刚才的推导结果,直接列出如下的等式:

$$\begin{aligned} \gamma_0 &= \phi_1\gamma_1 + \sigma^2 + \theta_1(\phi_1+\theta_1)\sigma^2 \\ \gamma_1 &= \phi_1\gamma_0 + \theta_1\sigma^2 \\ \gamma_2 &= \phi_1\gamma_1 \end{aligned} \tag{4.48}$$

这样就可以得到自相关函数为

$$\rho_1 = \frac{(1+\phi_1\theta_1)(\phi_1+\theta_1)}{1+\theta_1^2+2\phi_1\theta_1} \tag{4.49}$$

而对于 $j>1$ 的情况有

$$\rho_j = \phi_1\rho_{j-1} \tag{4.50}$$

2. ARMA(p,q)过程的平稳性和可逆性

从 MA 过程的特性已经知道,MA 过程在任何条件下都是平稳过程,对于 ARMA 过程的平稳性要求就都体现在对 AR 部分的要求上。所以,对于任意一个 ARMA 过程,其平稳性条件是,$1-\phi_1 z-\phi_2 z^2-\cdots-\phi_p z^p=0$ 的单位根要落在圆外。如果其中一个或多个根落在单位圆上,则此时的 ARMA(p,q)过程称为自回归单整移动平均过程,记为 ARMA(p,d,q),其中的 p 与 q 分别表示 AR 和 MA 部分的阶数,而 d 表示单整阶数。这部分内容在 4.3 节介绍。

另外,对于 ARMA(p,q)过程而言,也存在可逆性条件。与纯 MA 过程的可逆条件类似,ARMA(p,q)过程的可逆条件是方程

$$1+\theta_1 z+\theta_2 z^2+\cdots+\theta_q z^q=0 \tag{4.51}$$

的根都落在单位圆外,与纯 MA(q)过程的可逆条件完全相同。

3. ARMA(p,q)模型阶的识别

ARMA 模型阶的决定方法之一是考虑 ACF 和 PACF 以及一些选定的 ARMA 过程,如 AR(1)、AR(2)、MA(1)、MA(2)、ARMA(1,1)相应的相关图。因为每一随机过程都有它典型的 ACF 和 PACF 式样(表 4-1),如果研究的时间序列适合其中的一个式样,我们就认为该时间序列符合这个过程。当然,我们有必要利用诊断性检验以判断所选的 ARMA 模型是否足够精确。

表 4-1　ACF 和 PACF 的理论模式

模 型 种 类	ACF 典型模式	PACF 典型模式
AR(p)	指数衰减或震荡尾部收敛	滞后 p 阶有截尾
MA(q)	滞后 q 阶有截尾	指数衰减或震荡尾部收敛
ARMA(p,q)	指数衰减	指数衰减

对于 AR(p)过程,ACF 按几何或指数规律下降(常描述为拖尾),而 PACF 则是在一定时期后忽然截断(常描述为断尾)。可见,AR(p)过程的 ACF 和 PACF 与 MA(q)过程的 ACF 和 PACF 相比,刚好是相反模式。

4. ARMA(p,q)建模过程

建立 ARMA(p,q)模型通常包括三个步骤:①模型的识别;②模型参数的估计;③模型的诊断与检验。

其具体流程如图 4-4 所示。

4.2.4　案例分析

利用 EViews 建立 ARMA 模型实例——以中国石化 600028 为例。本案例使用的数据是中国石化股票的日股价序列(图 4-5),期限为 2009 年 1 月 5 日至 2014 年 12 月 31 日,共 1 449 个样本观测值。建立该模型涉及三个步骤:识别、估计和诊断性检验。首先,通过观察自相关系数,对数据结构加以识别。

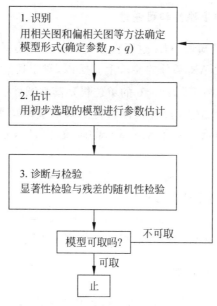

图 4-4 ARMA(p,q)建模流程

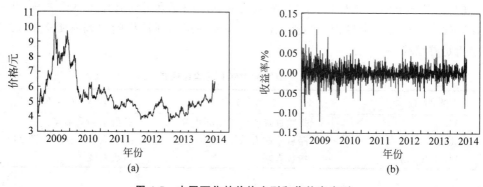

图 4-5 中国石化的价格序列和收益率序列
(a) 价格序列；(b) 收益率序列

(1) 估计自相关系数。

首先，我们对股价(price)序列进行统计量检验，图 4-6 中的第四栏和第五栏分别给出了 1 阶到 24 阶自相关系数和偏自相关系数的值，具体的滞后阶数见第三栏左边序号。图 4-6 中的第一栏表明自相关函数非常稳定，衰减缓慢，其中 24 阶的自相关系数仍为 0.738。

第六栏是 Q 检验统计量。该检验的滞后阶数等于所在行的行数(第三栏中的数值)。对于第一行，该统计量服从 $\chi^2(1)$ 分布；对于第二行，该统计量服从 $\chi^2(2)$ 分布，以此类推。最后一栏是这些统计量的 P 值。由于原始股价序列可能是非平稳序列，所以，通常用收益率序列代替原始股价序列，否则，原始序列的非平稳性可能导致该检验无效以及其他一些问题。

中国石化收益率序列的自相关和偏自相关函数如图 4-7 所示。一般而言，在置信水平为 5% 的情况下，P 值小于 0.05 时，拒绝原假设，检验结果显著。然而从图 4-7 的检验结果看到 P 值均大于 0.05，并不显著，即无法拒绝各滞后期均不存在自相关性的假设。

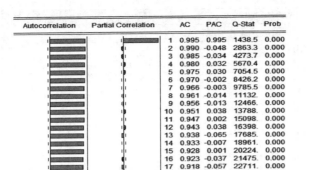

图 4-6 中国石化价格序列检验统计量

图 4-7 中国石化收益率序列的检验统计量

以上分析发现线性时间序列模型似乎无法准确反映中国石化收益率序列的结构特征。下面将结合信息准则对此问题做进一步分析。

（2）采用信息准则法判别模型阶数。在实际中，很难利用自相关函数来确定模型的合理阶数。较为简便的方法是，选定的阶数应使信息准则的值达到最小。在 Quick 按钮下选择"Estimate Equation"命令，并在弹出的窗口中键入

return c ar(1) ma(1)

选定 LS-Least Square(NLS and ARMA)为估计方法。在样本范围内选中所有样本，单击"确定"按钮，完成 ARMA(1,1)模型的设置。设置过程如图 4-8 所示，输出结果如图 4-9 所示。

图 4-9 中同时给出了 AR 和 MA 特征方程根的逆，用以检验模型代表的过程是平稳还是可逆。如果该方程的 AR、MA 分别是平稳和可逆的，它们的逆根绝对值必须小于 1。显

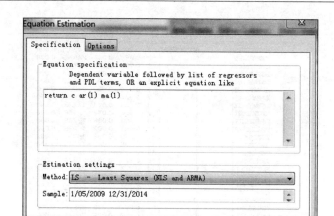

图 4-8 ARMA(1,1)设置过程

Dependent Variable: RETURN
Method: Least Squares
Date: 09/19/15 Time: 11:21
Sample (adjusted): 1/06/2009 7/23/2014
Included observations: 1447 after adjustments
Convergence not achieved after 500 iterations
MA Backcast: 1/05/2009

	Coefficient	Std. Error	t-Statistic	Prob.
C	0.000255	0.000534	0.478067	0.6327
AR(1)	-0.157354	0.334964	-0.469763	0.6386
MA(1)	0.204202	0.332596	0.613964	0.5393

R-squared	0.002829	Mean dependent var	0.000252
Adjusted R-squared	0.001448	S.D. dependent var	0.019533
S.E. of regression	0.019519	Akaike info criterion	-5.032769
Sum squared resid	0.550160	Schwarz criterion	-5.021828
Log likelihood	3644.209	Hannan-Quinn criter.	-5.028686
F-statistic	2.048562	Durbin-Watson stat	1.989916
Prob(F-statistic)	0.129295		

Inverted AR Roots	-.16
Inverted MA Roots	-.20

图 4-9 ARMA(1,1)输出结果

然这里满足此条件。

对其他 ARMA 模型重复以上步骤,就可以得到所需要的信息准则的值。以 ARMA(3,3)为例,在“Estimate Equation”的设置窗口中输入

```
return c  ar(1) ar(2) ar(3) ma(1) ma(2) ma(3)
```

求出所有信息准则的值,选择使信息准则值最小的模型。

4.3 非平稳的时间序列分析

前述的 AR(p)、MA(q)和 ARMA(p,q) 三个模型只适用于刻画一个平稳时间序列的动态过程。一个平稳时间序列的数字特征,如均值、方差和协方差等一般是不随时间的变化而变化的,时间序列在各个时间点上的随机性服从一定的概率分布。也就是说,对于一个平稳的时间序列,可以通过过去时间点上的信息,建立模型拟合过去信息,进而预测未来的信

息。然而，对于一个非平稳时间序列而言，时间序列的某些数字特征是随着时间的变化而变化的。非平稳时间序列在各个时间点上的随机规律是不同的，难以通过序列已知的信息去掌握时间序列整体上的随机性。但在实践中遇到的经济和金融数据大多是非平稳的时间序列。

1. 单整性

像前述 y_t 这种非平稳序列，可以通过差分运算，得到平稳性的序列称为单整（integration）序列，定义如下。

如果序列 y_t 通过 d 次差分成为一个平稳序列，而这个序列差分 $d-1$ 次时却不平稳，那么称序列 y_t 为 d 阶单整序列，记为 $y_t \sim I(d)$。特别地，如果序列 y_t 本身是平稳的，则为零阶单整序列，记为 $y_t \sim I(0)$。

一般而言，表示存量的数据，如以不变价格表示的资产总值、储蓄余额等存量数据经常表现为2阶单整 $I(2)$；以不变价格表示的消费额、收入等流量数据经常表现为1阶单整 $I(1)$；而像利率、收益率等变化率的数据则经常表现为0阶单整 $I(0)$。

2. 伪回归问题

为什么要如此强调数据的平稳性呢？这是因为将一个随机游走变量（即非平稳数据）对另一个随机游走变量进行回归可能会导致荒谬的结果，传统的显著性检验将告知我们变量之间的关系是不存在的。详细来说，如果对非平稳性数据进行回归，我们可能发现 R^2 极端高，t 值也极高，这些都告诉我们变量之间很好地拟合，关系密切。但我们同时还会发现DW值偏低。这时就要注意在回归过程中有可能出现伪回归现象。Granger 和 Newbold（1974）曾经提出一个良好的经验规则：当 $R^2 >$ DW 值时，所估计的回归就有谬误之嫌。

我们对伪回归可以做如下解释：有时候时间序列的高度相关仅仅是因为两者之间有共同的变化趋势，并没有真正的联系，这种情况就叫作伪回归。

4.3.1 两种类型的非平稳序列

通常，有两种类型被用于描述非平稳性，它们是带漂移项的随机游走（Random Walk Model with Drift）和带趋势项的时间序列。

1. 带漂移项的随机游走

在实际的市场数据中，很多对数收益率序列都会有很小的正均值。通常可以用带漂移项的随机游走模型来表示，模型如下：

$$y_t = \alpha + y_{t-1} + u_t \tag{4.52}$$

式中，u_t 为白噪声扰动项。

式（4.52）可以被扩展为关于 y_t 的不同的情况。其中扩展过程的一般形式为

$$y_t = \alpha + \phi y_{t-1} + u_t \tag{4.53}$$

根据 ϕ 的不同取值，会产生以下三种情况。

（1）$|\phi|<1$，表示对系统冲击逐渐衰减，这是时间序列平稳的情形。

(2) $|\phi|=1$,表示这时的冲击会在系统中持续下去并且永不衰减,并存在

$$y_t = y_0 + \sum_{t=0}^{\infty} u_t \qquad (4.54)$$

由式(4.54)可知,y_t 的值是过去无穷多个冲击的总和加上某个初始值 y_0。这种情况就被称为单位根过程,因为其特征方程的根是1。

(3) $|\phi|>1$,表示对系统的冲击不仅不会持续,而且会逐渐增大,以致一个给定的冲击对系统的影响越来越大。通常我们不使用$|\phi|>1$,而使用$|\phi|=1$的情况来刻画序列的非平稳性。因为$|\phi|>1$的情形并不能描述大多数经济金融数据数列,而$|\phi|=1$的情形则可以准确地描述许多经济金融数据数列。可以通过差分运算对带漂移项的随机时间序列进行平稳性处理,以得到具有平稳性的序列,令 $Ly_t = y_{t-1}$,考虑

$$y_t = a + Ly_t + u_t \qquad (4.55)$$

也可写成

$$\Delta y_t = (1-L)y_t = a + u_t \qquad (4.56)$$

现在,存在一个新的增量 Δy_t,它是平稳的,可以说这种平稳性是从一阶差分中导出的。同时可将 y_t 看作单位根过程(特征方程的根是1)。

2. 带趋势项的时间序列

描述非平稳经济时间序列另一种方法是,包含一个确定性时间趋势项序列。

$$y_t = a + \delta t + u_t \qquad (4.57)$$

式中,u_t 为平稳序列;$a + \delta t$ 为线性趋势函数。

这种过程也称是趋势平稳的,因为如果从式(4.57)中减去 $a + \delta t$,结果是一个平稳过程。注意:图4-10所示经济时间序列常呈指数趋势增长,但是指数趋势取对数就可以转换为线性趋势。

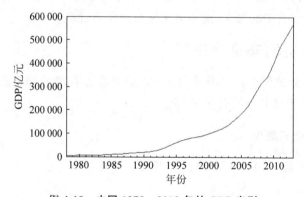

图 4-10 中国 1978—2013 年的 GDP 序列

一般时间序列可能存在一个非线性函数形式的确定性时间趋势,如可能存在多项式趋势:

$$y_t = a + \delta_1 t + \delta_2 t^2 + \cdots + \delta_n t^n + u_t \quad (t=1,2,\cdots,T) \qquad (4.58)$$

同样可以除去这种确定性趋势,然后分析和预测去势后的时间序列。对于中长期预测而言,能准确地给出确定性时间趋势的形式很重要。如果 y_t 能够通过去势方法排除确定性趋势,

转化为平稳序列,称为退势平稳过程。

4.3.2 非平稳序列的单位根检验

检查序列平稳性的标准方法是单位根检验,一般有以下几种单位根检验方法:ADF 检验、DF 检验、GLS 检验、PP 检验、KPSS 检验、ERS 检验和 NP 检验,本节将介绍 DF 检验和 ADF 检验。

ADF 检验和 PP 检验方法出现得比较早,在实际应用中较为常见,但是,由于这两种方法均需要对被检验序列做可能包含常数项和趋势变量项的假设,因此,应用起来带有一定的不便;其他几种方法克服了前两种方法带来的不便,在剔除原序列趋势的基础上,构造统计量检验序列是否存在单位根,应用起来较为方便。

1. DF 检验

为说明 DF 检验的使用,先考虑以下三种形式的回归模型:

$$y_t = \rho y_{t-1} + u \tag{4.59}$$

$$y_t = \rho y_{t-1} + a + u_t \tag{4.60}$$

$$y_t = \rho y_{t-1} + a + \delta t + u_t \tag{4.61}$$

式中,a 为常数;δt 为线性趋势函数,$u_t \sim$ i.i.d. $N(0, \sigma^2)$。

(1) 如果 $-1 < \rho < 1$,则 y_t 平稳(或趋势平稳)。

(2) 如果 $\rho = 1$,y_t 序列是非平稳序列。式(4.59)可写成

$$y_t - y_{t-1} = \Delta y_t = u_t \tag{4.62}$$

显然,y_t 的差分序列是平稳的。

(3) 如果 ρ 的绝对值大于 1,序列发散,且其差分序列是非平稳的。

$$\Delta y_t = (\rho - 1) y_{t-1} + u_t \tag{4.63}$$

因此,判断一个序列是否平稳,可以通过检验 ρ 是否严格小于 1 来实现。也就是说:

原假设 $H_0: \rho = 1$,备择假设 $H_1: \rho < 1$。

从方程两边同时减去 y_{t-1} 可得

$$\Delta y_t = \eta y_{t-1} + u_t \tag{4.64}$$

$$\Delta y_t = \eta y_{t-1} + a + u_t \tag{4.65}$$

$$\Delta y_t = \eta y_{t-1} + a + \delta t + u_t \tag{4.66}$$

式中,$\eta = \rho - 1$。

所以,原假设和备择假设可以改写为

$$\begin{cases} H_0: \eta = 0 & (y_t \text{ 为非平稳序列}) \\ H_1: \eta < 0 & (y_t \text{ 为平稳序列}) \end{cases}$$

判别规则:

DF>临界值,则接受 H_0,结论是 y_t 非平稳(存在单位根)。

DF<临界值,则拒绝 H_0,结论是 y_t 平稳(不存在单位根)。

可以通过最小二乘法得到 η 的估计值,并对其通过显著性检验的方法,构造检验显著性水平的 t 统计量。但是,Dickey-Fuller 研究了这个 t 统计量在原假设下已经不再服从 t 分

布，它依赖于回归的形式（是否引进了常数项和趋势项）和样本长度 T。Mackinnon 进行了大规模的模拟，给出了不同回归模型、不同样本数以及不同显著性水平下的临界值。这样，就可以根据需要，选择适当的显著性水平，通过 t 统计量来决定是接受或拒绝原假设。这一检验被称为 Dickey-Fuller 检验（DF 检验）。

上面描述的单位根检验只有当序列为 AR(1) 时才有效。如果序列存在高阶滞后相关，就违背了扰动项是独立同分布的假设。在这种情况下，可以使用增广的 DF 检验方法（Augmented Dickey-Fuller，ADF）来检验含有高阶序列相关的序列的单位根。

2. ADF 检验

考虑 y_t 存在 p 阶序列相关，用 p 阶自回归过程来修正：

$$y_t = a + \varphi_1 y_{t-1} + \varphi_2 y_{t-2} + \cdots + \varphi_p y_{t-p} + u_t \tag{4.67}$$

在式(4.67)两端减去 y_{t-1}，通过添项和减项的方法，可得

$$\Delta y_t = a + \eta y_{t-1} + \sum_{i=1}^{p-1} \beta_i \Delta y_{t-i} + u_t \tag{4.68}$$

其中，

$$\eta = \sum_{i=1}^{p} \varphi_i - 1 \tag{4.69}$$

$$\beta_i = -\sum_{j=i+1}^{p} \varphi_j \tag{4.70}$$

ADF 检验方法通过在回归方程右边加入因变量 y_t 的滞后差分项来控制高阶序列相关，从而得到下列三种形式：

$$\Delta y_t = \eta y_{t-1} + \sum_{i=1}^{p-1} \beta_i \Delta y_{t-i} + u_t \tag{4.71}$$

$$\Delta y_t = \eta y_{t-1} + a + \sum_{i=1}^{p-1} \beta_i \Delta y_{t-i} + u_t \tag{4.72}$$

$$\Delta y_t = \eta y_{t-1} + a + \delta t + \sum_{i=1}^{p-1} \beta_i \Delta y_{t-i} + u_t \tag{4.73}$$

原假设和备择假设分别为

$$\begin{cases} H_0: \eta = 0 \\ H_1: \eta < 0 \end{cases}$$

判别规则与 DF 是一样的。

原假设至少存在一个单位根；备择假设为序列不存在单位根。序列 y_t 可能还包含常数项和时间趋势项。判断 η 的估计值 $\hat{\eta}$ 是接受原假设或者接受备择假设，进而判断一个高阶自相关序列 AR(p) 过程是否存在单位根。

类似于 DF 检验，Mackinnon 通过模拟也得出在不同回归模型及不同样本容量下检验 $\hat{\eta}$ 不同显著性水平的 t 统计量的临界值。这使我们能够很方便地在设定的显著性水平下判断高阶自相关序列是否存在单位根。但是，在进行 ADF 检验时，必须注意以下两个实际问题。

(1) 必须为回归定义合理的滞后阶数,通常采用 AIC 等信息准则来确定给定时间序列模型的滞后阶数。在实际应用中,还需要兼顾其他因素,如系统的稳定性、模型的拟合优度等。

(2) 可以选择含有常数项和线性时间趋势项形式,选择哪种形式很重要,因为检验显著性水平的 t 统计量在原假设下的渐近分布依赖于这些项。

① 若原序列中不存在单位根,则检验回归形式选择含有常数项,意味着所检验的序列的均值不为 0;若原序列中存在单位根,则检验回归形式选择含有常数项,意味着所检验的序列具有线性趋势,一个简单易行的办法是画出检验序列的曲线图,通过图形观察原序列是否在一个偏离 0 的位置随机变动或具有一个线性趋势,进而决定是否在检验时添加常数项。

② 若原序列中不存在单位根,则检验回归形式选择含有常数项和趋势项,意味着所检验的序列具有线性趋势;若原序列中存在单位根,则检验回归形式选择含有常数项和趋势项,意味着所检验的序列具有二次趋势。同样,决定是否在检验中添加时间趋势项,也可以通过画出原序列的曲线图来观察。如果图形中大致显示了被检验序列的波动趋势呈非线性变化,那么便可以添加时间趋势项。

3. EViews 软件中单位根检验操作说明

双击序列名,打开序列窗口,选择"View"—"Unit Root Test",得到单位根检验窗口,如图 4-11 所示。

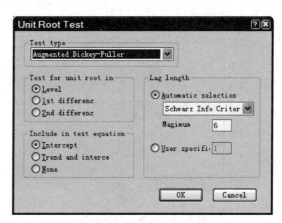

图 4-11 单位根检验窗口

进行单位根检验必须关注以下四项。

(1) 选择检验类型。在"Test type"的下拉列表中,选择检验方法。EViews 5 提供了六种单位根检验的方法:

① Augmented Dickey-Fuller(ADF) Test;

② Dickey-Fuller GLS Test;

③ Phillips-Perron(PP) Test;

④ Kwiatkowski,Phillips,Schmidt and Shin (KPSS) Test;

⑤ Elliot,Rothenberg,and Stock Point Optimal (ERS) Test;

⑥ Ng and Perron (NP) Test。

（2）选择差分形式。在"Test for unit root in"中确定序列在水平值、一阶差分、二阶差分下进行单位根检验，可以使用这个选项决定序列中单位根的个数。如果检验水平值未拒绝，而在一阶差分拒绝原假设，则序列中含有一个单位根，是一阶单整 $I(1)$；如果一阶差分后的序列仍然未拒绝原假设，则需要选择二阶差分进行判断。

（3）定义检验方程中需要包含的选项。在"Include in test equation"中定义在检验回归中是否含有常数项、常数和趋势项，或二者都不包含。这一选择很重要，因为检验统计量在原假设下的分布随这三种情况不同而变化。在什么情况下包含常数项或者趋势项，前面已经做了介绍。

（4）定义序列相关阶数。在"Lag lenth"这个选项中可以选择一些确定消除序列相关所需的滞后阶数的准则。一般而言，EViews 默认 SIC（西沃兹信息准则）。

定义上述选项后，单击 OK 按钮进行检验。EViews 显示检验统计量和估计检验回归。单位根检验后，应检查 EViews 显示的估计检验回归，尤其是如果滞后算子结构或序列自相关阶数不确定，可以选择不同的右边变量或滞后阶数来重新检验。

4．案例分析：单位根检验

本案例所选取的样本数据为通货膨胀率 CPI 月度数据，样本区间为 2010 年 5 月到 2014 年 2 月。平稳性检验可以有效防止"伪回归"的出现。我们采用 ADF 单位根检验法，在 EViews 软件中，我们用 CPI 表示通货膨胀率的时间序列，通货膨胀率趋势如图 4-12 所示，检验结果如图 4-13 和图 4-14 所示。

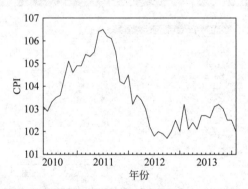

图 4-12 通货膨胀率趋势

Null Hypothesis: CPI has a unit root
Exogenous: None
Lag Length: 0 (Automatic based on SIC, MAXLAG=9)

		t-Statistic	Prob.*
Augmented Dickey-Fuller test statistic		−0.319628	0.5648
Test critical values:	1% level	−2.617364	
	5% level	−1.948313	
	10% level	−1.612229	

图 4-13 通货膨胀率序列的 ADF 检验结果

```
Null Hypothesis: D(CPI) has a unit root
Exogenous: None
Lag Length: 0 (Automatic based on SIC, MAXLAG=9)
```

		t-Statistic	Prob.*
Augmented Dickey-Fuller test statistic		−7.515374	0.0000
Test critical values:	1% level	−2.618579	
	5% level	−1.948495	
	10% level	−1.612785	

图 4-14 通货膨胀率一阶差分序列的 ADF 检验结果

图 4-13 和图 4-14 显示,计算得到的 ADF 统计量 −0.319 628 大于临界值,故不能拒绝被检验的 CPI 时间序列是非平稳的原假设。再对其一阶差分序列进行 ADF 检验,此时的统计量为 −7.515 374(图 4-14)小于相应的临界值,故拒绝 CPI 差分序列是非平稳的假设。综合上述两个检验结果,可以得出 CPI 序列为一阶单整,即 CPI 序列具有一个单位根。

4.3.3 ARIMA 模型

1. 建立 ARIMA 模型

我们已经介绍了对于单整序列能够通过 d 次差分将非平稳序列转化为平稳序列。设 y_t 是 d 阶单整序列,即 $y_t \sim I(d)$,则

$$w_t = \Delta^d y_t = (1-L)^d y_t \tag{4.74}$$

w_t 为平稳序列,即 $w_t \sim I(0)$,于是可以对 w_t 建立 ARMA(p,q)模型:

$$w_t = c + \varphi_1 w_{t-1} + \cdots + \varphi_p w_{t-p} + \varepsilon_t + \theta_1 \varepsilon_{t-1} + \cdots + \theta_q \varepsilon_{t-q} \tag{4.75}$$

用滞后算子表示,则

$$\Phi(L) w_t = c + \Theta(L) \varepsilon_t \tag{4.76}$$

其中,

$$\Phi(L) = 1 - \varphi_1 L - \varphi_2 L^2 - \cdots - \varphi_p L^p \tag{4.77}$$

$$\Theta(L) = 1 + \theta_1 L + \theta_2 L^2 + \cdots + \theta_q L^q \tag{4.78}$$

经过 d 阶差分变换后的 ARMA(p,q) 模型称为 ARIMA(p,d,q)模型(Autoregressive Integrated Moving Average),式(4.76)等价于

$$\Phi(L)(1-L)^d y_t = c + \Theta(L) \varepsilon_t \tag{4.79}$$

ARIMA(p,d,q)模型和 4.2 节中估计 ARMA(p,q)具体的步骤大致相同,唯一不同的是在估计之前要确定原序列的差分阶数 d,对 y_t 进行 d 阶差分。

因此,ARIMA(p,d,q) 模型区别于 ARMA(p,q) 之处就在于前者的自回归部分的特征多项式含有 d 个单位根。因此,对一个序列建模之前,我们应当确定该序列是否具有非平稳性,这就需要对序列的平稳性进行检验,特别是要检验其是否含有单位根及所含有的单位根的个数。例如,ARIMA(1,1,1)过程如图 4-15 所示。

应用 ARIMA(p,d,q) 模型建模的过程,Box-Jenkins 提出了具有广泛影响的建模思想,能够对实际建模起到指导作用。Box-Jenkins 的建模思想可分为如下四个步骤。

(1) 对原序列进行平稳性检验,如果序列不满足平稳性条件,可以通过差分变换(单整

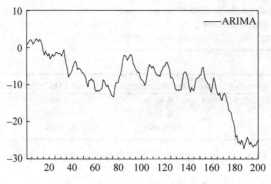

图 4-15　ARIMA(1,1,1)过程

阶数为 d，则进行 d 阶差分)或者其他变换，如对数差分变换使序列满足平稳性条件。

（2）通过计算能够描述序列特征的一些统计量(如自相关系数和偏自相关系数)来确定 ARMA 模型的阶数 p 和 q，并在初始估计中选择尽可能少的参数。

（3）估计模型的未知参数，并检验参数的显著性，以及模型本身的合理性。

（4）进行诊断分析，以证实所得模型确实与所观察到的数据特征相符。

对于 Box-Jenkins 建模思想的第(3)、(4)步，需要一些前面章节中的统计量和检验来分析第(2)步中的模型形式选择得是否合适。

2. 案例分析：在 EViews 中估计 ARIMA 模型

可以直接在估计定义式中包含差分算子 D。例如：ln GDP$\sim I(1)$，对 ln GDP 估计 ARIMA(1,1,1)模型，可以输入列表"D(lnGDP,1)　c　ar(1)　ma(1)"。

使用因变量差分因子 Dln GDP 定义模型，EViews 将提供水平变量 GDP 的预测值。

ln GDP 序列是一阶单整序列，即 ln GDP$\sim I(1)$。所以本例建立 Δln GDP 序列的 ARMA 模型。首先观察 Δln GDP 序列的自相关图(图 4-16)。

Autocorrelation	Partial Correlation		AC	PAC	Q-Stat	Prob
		1	0.687	0.687	14.694	0.000
		2	0.252	-0.418	16.744	0.000
		3	-0.003	0.090	16.744	0.001
		4	-0.258	-0.439	19.069	0.001
		5	-0.372	0.185	24.111	0.000
		6	-0.200	0.126	25.632	0.000

图 4-16　自相关图

Δln GDP 序列的自相关系数和偏自相关系数都在一阶截尾，则取模型的阶数 $p=1$ 和 $q=1$，建立 ARIMA(1,1,1)模型(时间期间：1978—2004 年，2005 年和 2006 年实际数据不参加建模，留作检验)，如图 4-17 所示，ln GDP 序列 ARIMA(1,1,1)模型残差的相关图如图 4-18 所示。

从图 4-18 的相关图中可以看出模型的残差不存在序列相关，并且模型的各项统计量也很好。

图 4-19 是这个模型的拟合和预测(静态)的结果，其中 2005 年和 2006 年为预测结果。

```
Dependent Variable: D(LOG(GDP))
Method: Least Squares
Date: 09/25/08   Time: 09:08
Sample (adjusted): 1980 2004
Included observations: 25 after adjustments
Convergence achieved after 10 iterations
Backcast: 1977

    Variable    Coefficient   Std. Error    t-Statistic    Prob.

    AR(1)         0.898512     0.100026     8.982753     0.0000
    MA(1)         0.758832     0.138130     5.493620     0.0000

R-squared            0.543281   Mean dependent var      0.146904
Adjusted R-squared   0.523424   S.D. dependent var      0.066659
S.E. of regression   0.046018   Akaike info criterion  -3.242949
Sum squared resid    0.048706   Schwarz criterion      -3.145439
Log likelihood      42.53686    Durbin-Watson stat      2.211894

Inverted AR Roots      .90
Inverted MA Roots     -.76
```

图 4-17 $p=1$、$q=1$ 的 ARMA 模型

```
Autocorrelation  Partial Correlation       AC     PAC   Q-Stat   Prob

                                     1  -0.175  -0.175  0.8660
                                     2  -0.207  -0.245  2.1231
                                     3   0.132   0.048  2.6574  0.103
                                     4  -0.133  -0.161  3.2268  0.199
                                     5  -0.249  -0.299  5.3206  0.150
                                     6   0.151  -0.043  6.1351  0.189
```

图 4-18 ln GDP 序列 ARIMA(1,1,1)模型残差的相关图

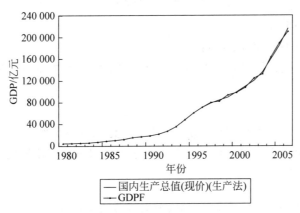

图 4-19 拟合和预测的结果

4.4 长记忆时间序列模型

4.4.1 长记忆时间序列及特点

时间序列一般可以分为平稳序列和非平稳序列两类,平稳序列是指时间序列的均值函数和方差函数是时不变的,其协方差函数是关于时间差的函数;非平稳序列是指序列的均值函数或者方差函数是时变的,或者其协方差是关于时间的函数。单整过程是一类特殊的非平稳过程,它经过差分可以达到平稳的非平稳过程。具有长记忆的时间序列一般都是非平稳序列。

时间序列有着许多重要性质,如周期性、季节性、记忆性等,其中记忆性是时间序列非常重要的统计特性。

早在20世纪50年代,统计学家在物理学、水文学、气象学等领域的数据记录中就发现了时间序列的长记忆性。Hurst(1951,1956)发表两篇文章分析了900个水文数据,第一次提出了时间序列长记忆性的问题,由此引发了人们对长记忆时间序列分析的关注。此后,Mandelbrot和Wallis等人分别在物理学、气象学、水文学的时间序列中发现了长记忆性。20世纪80年代后,人们从对保险费、通货膨胀率、失业率、GNP(国民生产总值)、汇率的研究中发现了经济与金融时间序列中普遍存在这样一种现象:远距离观测值间的相依性尽管很小,但仍不能忽略。由此引发了计量经济学界对时间序列长记忆性的研究。

1. 时间序列长记忆界定

时间序列的长记忆性是和短记忆性相对应的。从Hurst(1951)首先发现时间序列的长记忆性开始,人们就从不同的角度研究长记忆问题,并给出了多种有关长记忆的定义。

在时域中,关于时间序列长记忆性有两个具有代表性的定义。

定义1:[长记忆时间序列,Mcleaod和Hipel(1978)]

假设离散时间序列$\{x_t\}$具有自相关函数ρ_τ(τ为滞后阶数),如果其自相关函数的绝对值满足条件

$$\lim_{n\to\infty}\sum_{\tau=-n}^{\tau=n}|\rho_\tau|\to\infty \tag{4.80}$$

则称$\{x_t\}$为长记忆时间序列。

定义2:[长记忆时间序列,Brockwell(1991)]

如果平稳时间序列$\{x_t\}$的自相关函数ρ_τ依负幂指数率(双曲率)随滞后阶数τ的增大而缓慢下降,满足

$$\rho_\tau \sim c\tau^{2d-1} \quad (\tau\to\infty) \tag{4.81}$$

式中,c为常数,$\sim$为收敛速度相同。则称$\{x_t\}$为长记忆时间序列。

对比定义1和定义2可知:当式(4.81)中的d的取值范围不同时,两个定义对长记忆的概念不完全一致。

当$0<d<0.5$时,$\lim_{n\to\infty}\sum_{\tau=-n}^{\tau=n}|\rho_\tau|\to\infty$,此时称时间序列$\{x_t\}$为长记忆序列。而当$d<0$时,$\lim_{n\to\infty}\sum_{\tau=-n}^{\tau=n}|\rho_\tau|$有界,此情况下的时间序列$\{x_t\}$称为中等记忆时间序列。

以上定义是从时域角度给出的,下面介绍时间序列长记忆的频域定义。

定义3:[长记忆过程,Granger(1996)]

称时间序列$\{x_t\}$为长记忆过程,如果其谱密度$f(\omega)$具有如下性质:

(1) $f(\omega)$随频率$\omega\to 0$而趋于无穷;

(2) $f(\omega)$在除去至多有限个ω值外的所有其他ω值上有界。

这个定义是根据长记忆序列的谱密度$f(\omega)$在低频处的特性而给出的。从谱密度定义时间序列的长记忆性,可以反映时间序列的周期变化规律,具有更广泛的意义。

定义4:[依均值短期记忆和依均值长期记忆,Granger和Hallman(1991)]

设时间序列$\{x_t\}$的h步预测可以表达为
$$E(\chi_{t+h} \mid I_t) = f_{t,h} \quad (h > 0) \tag{4.82}$$
式中,$f_{t,h}$为利用信息集I_t对$\{x_t\}$的h步骤预测。

如果随着h的增大,$f_{t,h}$趋于常数μ,那么称$\{x_t\}$为依均值短期记忆的序列(short memory in mean,SMM)。如果对所有的h,$f_{t,h}$是关于I_t的函数,则$\{x_t\}$称为依均值长期记忆的序列(long memory in mean,LMM)。

前面关于时间序列记忆性的几个定义,是从不同角度给出的。定义1和定义2是针对线性时间序列而言的,从时域分析角度对时间序列记忆性的一种认识。定义3是从频率角度,考虑了长记忆时间序列的谐波特征,对时间序列进行研究的。而定义4则从更广泛的意义上对时间序列记忆性进行刻画,同时适应于线性时间序列和非线性时间序列,因为它不依赖于具体的模型形式。

2. 时间序列长记忆性检验

对单变量时间序列长记忆性的检验方法很多,这里介绍几种有代表性的长记忆性检验方法。

(1) R/S检验。长记忆的最原始的统计测度是由Hurst(1951)提出、Mandelbrot(1972,1975)应用的重标极差统计量(rescaled range statistics),即R/S统计量。对于时间序列$\{x_t; t=1,2,\cdots,T\}$,取n个序列观测值,R/S统计量被定义为
$$Q_n = R_n / S_n \tag{4.83}$$
其中,
$$R_n = \max_{1 \ll k \ll n} \sum_{j=1}^{k}(x_n - \bar{x}_n) - \min_{1 \ll k \ll n} \sum_{j=1}^{k}(x_n - \bar{x}_n)$$
$$S_n = \sqrt{\frac{1}{n}\sum_{j=1}^{n}(x_n - \bar{x}_n)}$$
式中,$\bar{x}_n = \frac{1}{n}\sum_{j=1}^{n} x_j$。可以证明
$$P\lim_{x \to \infty}(n^{-H} Q_n) = c \tag{4.84}$$
式中,c为常数;H为Hurst指数。根据式(4.84),有
$$\ln[E(Q_n)] \approx \ln c + H \ln n$$
则H的近似估计为
$$H = \ln Q_n / \ln n$$
当$H \leqslant 0.5$时,时间序列为短记忆;而当$H > 0.5$时,时间序列为长记忆。

(2) 修正R/S检验。R/S统计量在短期记忆和异方差情况缺乏稳健性,Lo(1991)对R/S统计量进行了改进,使其不必太顾忌短记忆的形式,这就是修正的R/S统计量$\widetilde{Q}_n$。它具有如下形式:
$$\widetilde{Q}_n = R_n / \sigma_n(q) \tag{4.85}$$
式中,

$$\sigma_n(q) = \sqrt{\frac{1}{n}\sum_{j=1}^{n}(x_n-\bar{x}_n) + \frac{2}{n}\sum_{j=1}^{q}\omega_j(q)\left[\sum_{i=j+1}^{n}(x_n-\bar{x}_n)(x_n-\bar{x}_n)\right]}$$

$$= \sqrt{\hat{\sigma}_x^2 + 2\sum_{j=1}^{q}\omega_j(q)\hat{\gamma}_j}$$

这里的 $\hat{\sigma}_x^2$ 和 $\hat{\gamma}_j$ 是 $\{x_t; t=1,2,\cdots,T\}$ 的样本方差和样本协方差,$\omega_j(j)$ 是 Bartlrtt 窗权重。

$$\omega_j(q) = 1 - \frac{j}{q+1}, \quad 对于 \quad q < n$$

在 $\{x_t; t=1,2,\cdots,T\}$ 是非长记忆序列的原假设下,V 统计量 $V_n(q)=\tilde{Q}_n/\sqrt{n}$ 的极限分布为

$$F(\nu) = 1 + 2\sum_{k=1}^{\infty}(1-4k^2\nu^2)\mathrm{e}^{-2(k\nu)^2} \tag{4.86}$$

式中,ν 为分位数;$F(\nu)=P(x<\nu)$。

通过式(4.86),可得任何显著性水平下检验的临界值,通过检验 $V_n(q)$ 的显著性就能反映序列是否为长记忆的时间序列。

4.4.2 长记忆时间序列模型概述

1. 分整差分噪声序列

定义：如果随机序列 $\{x_t\}$ 满足差分方程

$$(1-L)^d \chi_t = \varepsilon_t \tag{4.87}$$

式中,$|d|<1/2$(保证差分方程有唯一平稳解),$\varepsilon_t \sim$ i.i.d.$(0,\sigma_\varepsilon^2)$,则称 $\{x_t\}$ 为分整差分噪声序列(fractional differenced noise,FDN),其 Hurst 指数为 $H=d+0.5$。对于任何实数 $d>-1$,其分数差分算子

$$(1-L)^d = \sum_{j=0}^{\infty}\pi_j L^j$$

式中,$\pi_j = \dfrac{\Gamma(j-d)}{\Gamma(j+1)\Gamma(-d)} = \prod_{0\leqslant k\leqslant j}\dfrac{k-1-d}{k}(j=0,1,2,\cdots)$,$\Gamma(\cdot)$ 为 Γ 函数。

FDN 模型只考虑了时间序列的长记忆性,忽略了时间序列的短记忆性,为弥补 FDN 模型的不足,Granger 与 Joyeux(1980)、Granger(1980,1981),以及 Hosking(1981)引入一类重要的、更为灵活的离散时间过程,即 ARFIMA(p,d,q)过程。

2. ARFIMA 模型

描述长记忆时间序列主要是分整自回归移动平均模型(ARFIMA 模型)。ARFIMA(p,d,q)模型一般形式为

$$\Phi(L)(1-L)^d(\chi_t-\mu) = \Theta(L)\varepsilon_t \tag{4.88}$$

式中,d 为分数差分参数；$\Phi(L)$ 与 $\Theta(L)$ 分别为 p 阶与 q 阶平稳的自回归滞后算子和可逆的移动平均滞后算子,其所有的特征根都在单位圆外；μ 为 $\{x_t\}$ 的均值；$\{\varepsilon_t\}$ 为白噪声序列。

当 $p=q=0$ 且 $\mu=0$ 时,ARFIMA(p,d,q) 模型退化为 ARFIMA$(0,d,0)$ 模型,即为分数差分噪声过程;当 $d=0$ 且 $\mu=0$ 时,ARFIMA(p,d,q) 模型退化为 ARFIMA$(p,0,q)$,即为 ARMA 过程。

ARFIMA(p,d,q) 模型 $p+q$ 个参数描述过程的短记忆特征,以参数 d 反映过程的长记忆特征。因此,ARFIMA 模型综合考虑了过程的长、短记忆特性,它既优于单独描述短记忆的 ARFIMA 模型,又优于单独描述长记忆的 FDN 模型。

3. 分维数 d 的估计

前面提到的 Hurst 指数,是描述分数布朗运动的重要参数,它与 ARFIMA 模型的阶数 d 有确定关系:$H=d+0.5$。由此,可借助估计 Hurst 指数的方法初步估计分维数 d。目前,估计 Hurst 指数有聚合方差法、聚合序列绝对值法、周期图法等,这里只介绍周期图法。

周期图法是在谱密度函数的基础上建立的半参数估计方法,它是由 Geweke、Porter 和 Hudak 三人在 1983 年提出的,也称 GPH 方法。

对于时间序列 $\{x_t\}(t=1,2,\cdots,T)$,计算 $\{x_t\}$ 的周期图谱:

$$I(\omega_t)=\frac{1}{2\pi T}\sum_{t=1}^{T}|\chi_t e^{it\omega_i}|^2 \quad (i=1,2,\cdots,m)$$

可以证明,$I(\omega_t)$ 是对序列 $\{x_t\}$ 的谱密度 $f(\omega_t)$ 渐近无偏估计,而 $\{x_t\}$ 的谱密度为

$$f(\omega_t) \sim \omega_i^{-2d} \quad (\omega_i \to 0)$$

这样可以建立回归关系:

$$\ln\{I(\omega_i)\}=C_1+C_2\ln\omega_i+\nu_i$$

并由最小二乘法估计参数 d:

$$\hat{d}=-\frac{C_2}{2}$$

这种估计方法计算简单,对 m 选取较大的值,其 d 的估计更为准确。而 GPH 方法是以频率接近于零为基础进行估计的。

4. ARFIMA 模型建模基本步骤

ARFIMA(p,d,q) 模型建模包括以下几个步骤。

(1) 数据的预处理。清除原始序列中的趋势和波动影响。

(2) 消除短记忆因素。通过建立辅助 AR 模型来消除短记忆因素,突出长记忆因素。

(3) 分析时间序列中长记忆因素,实现分数阶差分。这一步骤通过对 d 进行初步估计来实现。通过分数阶差分得到序列 $\{x_t\}$:

$$\omega_t=(1-L)^d(\chi_t-\mu)$$

序列 $\{x_t\}$ 为零均值 ARMA(p,q) 序列。

(4) 对 ARFIMA(p,d,q) 模型进行 p,q 定阶。这是常规的 ARMA(p,q) 模型定阶问题。

(5) 对 ARFIMA(p,d,q) 模型进行估计。这一步骤是利用极大似然估计方法对 ARFIMA(p,d,q) 模型的 $p+q+1$ 个参数进行估计。

复习思考题

1. 时间序列的相关概念有哪些?
2. 哪些方法能够检查序列的平稳性?
3. 长记忆时间序列的特点是什么?

即 测 即 练

第5章 向量自回归模型

本章知识点
1. 深入了解 VAR 模型的估计方法与设定。
2. 深入理解格兰杰因果关系检验。
3. 理解脉冲响应函数与方差分解。
4. 理解结构 VAR 模型。

5.1 VAR 模型介绍

5.1.1 VAR 模型的基本概念

显而易见的是,第 4 章介绍的 AR 模型、MA 模型、ARMA 模型以及 ARIMA 模型均是单一方程的回归,且已先验地设定了变量之间解释和被解释的关系。但是,如果我们事先并不知道哪个变量为被解释变量、哪个变量为解释变量,就很难确定变量之间的关系。针对这一问题,希姆斯(Sims)于 1980 年提出了向量自回归模型。

顾名思义,向量自回归模型就是用模型中所有当期变量对所有变量的若干期滞后变量进行自回归,该模型一般用来估计联合内生变量的动态关系。在 VAR 模型中,没有内生变量和外生变量之分,而是所有的变量都被看作内生变量,初始对模型系数不施加任何约束,即每个方程都有相同的解释变量——所有被解释变量若干期的滞后值。

在一个含有 n 个方程(被解释变量)的 VAR 模型中,每个被解释变量都对自身以及其他解释变量的若干期滞后值回归,若令滞后阶数为 p,则 VAR(p) 模型的数学表达式如下:

$$\boldsymbol{Y}_t = \boldsymbol{C} + \boldsymbol{\Phi}_1 \boldsymbol{Y}_{t-1} + \boldsymbol{\Phi}_2 \boldsymbol{Y}_{t-2} + \cdots + \boldsymbol{\Phi}_p \boldsymbol{Y}_{t-p} + \boldsymbol{\varepsilon}_t \tag{5.1}$$

式中,$\boldsymbol{C}$ 为 $n \times 1$ 维的常数向量,$\boldsymbol{\Phi}_i (i=1,2,\cdots,p)$ 为 $n \times n$ 维的自回归系数矩阵;$\boldsymbol{\varepsilon}_t$ 为 $n \times 1$ 维的向量白噪声,且满足 $E(\boldsymbol{\varepsilon}_t) = \boldsymbol{0}, E(\boldsymbol{\varepsilon}_t \boldsymbol{\varepsilon}_s') = \boldsymbol{0}(s \neq t)$。

如果使用滞后算子,式(5.1)可以写成更为简约的形式,即

$$\boldsymbol{\Phi}(L) \boldsymbol{Y}_t = \boldsymbol{C} + \boldsymbol{\varepsilon}_t \tag{5.2}$$

式中,$\boldsymbol{\Phi}(L)$ 是一个 $n \times n$ 的滞后算子多项式矩阵,即

$$\boldsymbol{\Phi}(L) = \boldsymbol{I}_n - \boldsymbol{\Phi}_1 L - \boldsymbol{\Phi}_2 L^2 - \cdots - \boldsymbol{\Phi}_p L^p \tag{5.3}$$

为便于直观理解 VAR 模型,下面给出只有两个变量的 VAR(1) 模型的形式:

$$\begin{bmatrix} y_{1t} \\ y_{2t} \end{bmatrix} = \begin{bmatrix} c_1 \\ c_2 \end{bmatrix} + \begin{bmatrix} \phi_{11} & \phi_{12} \\ \phi_{21} & \phi_{22} \end{bmatrix} \begin{bmatrix} y_{1,t-1} \\ y_{2,t-1} \end{bmatrix} + \begin{bmatrix} \varepsilon_{1t} \\ \varepsilon_{2t} \end{bmatrix} = \begin{bmatrix} c_1 + \phi_{11} y_{1,t-1} + \phi_{12} y_{2,t-1} + \varepsilon_{1t} \\ c_2 + \phi_{21} y_{1,t-1} + \phi_{22} y_{2,t-1} + \varepsilon_{2t} \end{bmatrix}$$

(5.4)

对比式(5.1)和式(5.4)，容易看出：

$$\boldsymbol{C} = \begin{bmatrix} c_1 \\ c_2 \end{bmatrix}, \quad \boldsymbol{\phi} = \begin{bmatrix} \phi_{11} & \phi_{12} \\ \phi_{21} & \phi_{22} \end{bmatrix}, \quad E(\boldsymbol{\varepsilon}_t \boldsymbol{\varepsilon}_t') = \begin{bmatrix} E(\varepsilon_{1t}^2) & E(\varepsilon_{1t} \varepsilon_{2t}) \\ E(\varepsilon_{2t} \varepsilon_{1t}) & E(\varepsilon_{2t}^2) \end{bmatrix}$$

总的来说，VAR模型具有以下五个特点。

(1) VAR模型的建立不以严格的经济理论为依据，因此可以在一定程度上任意添加其他解释变量。在建模过程中只需确定两个参数，首先需要确定的是 n，即哪些变量存在相互关系，然后把有关系的变量都包括在VAR模型中；其次需要确定的是 p，即用多少期的滞后变量来解释那些内生变量，才能使模型充分反映出变量之间相互影响的绝大部分。

(2) VAR模型对参数不施加约束，即无论参数估计值有无显著性，都可以被保留到模型中。

(3) VAR模型的解释变量中不包含任何当期变量，从而可以对未来值进行预测。

(4) VAR模型需要估计较多的参数。一个包含 n 个变量的VAR(p)模型，如果每个等式都含有一个常数项，那么一共需要估计的参数个数是 $(pn^2 + n)$。

(5) VAR模型的应用之一就是预测。由于VAR模型中每个方程的右边都不包含当期变量，因此，进行预测时不必对解释变量在预测期内的取值做任何预测。

5.1.2 VAR模型的平稳性条件

从第4章的学习中我们可以知道，平稳性对于AR模型来说是一个非常重要的概念。同样地，在VAR模型中，平稳性也是一个不得不考虑的问题。

为了使VAR模型平稳，需要满足以下条件：

$$E(\boldsymbol{Y}_t) = \boldsymbol{\mu}$$
$$E(\boldsymbol{Y}_t - \boldsymbol{\mu})(\boldsymbol{Y}_t - \boldsymbol{\mu})' = \boldsymbol{\Gamma}_0$$
$$E(\boldsymbol{Y}_t - \boldsymbol{\mu})(\boldsymbol{Y}_{t-j} - \boldsymbol{\mu})' = \boldsymbol{\Gamma}_j \qquad (5.5)$$

式中，$\boldsymbol{\Gamma}_j$ 为 $\boldsymbol{Y}_t$ 在第 j 期的自协方差矩阵。

实际上，式(5.5)给出的只是一个比较笼统的平稳VAR定义。那么如果给定一个VAR(p)模型，具体该如何判断其是否平稳呢？我们知道，在AR(p)模型中，只要特征方程的根都落在单位圆外，或者对应的逆特征方程的根都落在单位圆内，那么这个AR(p)模型就是平稳的。类似地，对于一个VAR(p)模型，其平稳性条件是特征方程的根都落在单位圆外，即

$$|\boldsymbol{\Phi}(\lambda)| = |\boldsymbol{I}_n - \boldsymbol{\Phi}_1 \lambda - \boldsymbol{\Phi}_2 \lambda^2 - \cdots - \boldsymbol{\Phi}_p \lambda^p| = 0 \qquad (5.6)$$

或者逆特征方程的根都落在单位圆内，即

$$|\boldsymbol{\Phi}(\lambda)| = |\boldsymbol{I}_n \lambda^p - \boldsymbol{\Phi}_1 \lambda^{p-1} - \boldsymbol{\Phi}_2 \lambda^{p-2} - \cdots - \boldsymbol{\Phi}_p| = 0$$

例如：考察VAR(1)的平稳性条件

$$\begin{bmatrix} y_{1t} \\ y_{2t} \end{bmatrix} = \begin{bmatrix} 1 & -0.6 \\ 0.5 & -0.7 \end{bmatrix} \begin{bmatrix} y_{1t-1} \\ y_{2t-1} \end{bmatrix} + \begin{bmatrix} \varepsilon_{1t} \\ \varepsilon_{2t} \end{bmatrix}$$

则特征方程可以写成

$$|\boldsymbol{\Phi}(z)|=|\boldsymbol{I}_n-\boldsymbol{\Phi}_1(z)|=\begin{vmatrix} 1-z & 0.6z \\ -0.5z & 1+0.7z \end{vmatrix}=0$$

$$z^2+0.75z-2.5=0, \quad z=5/4, \quad -2$$

因为两个特征根都在单位圆外，所以 VAR(1) 是平稳的。

5.1.3 VAR(p) 与 VAR(1) 转化

由于在很多情况下，VAR(1) 模型更容易分析其性质、进行计算和理论推导，因此本节考虑将 VAR(p) 转化成 VAR(1)。

为了实现这样的转化，首先我们可以对式(5.1)左右两边取期望，获得如下等式：

$$\boldsymbol{\mu}=\boldsymbol{C}+\boldsymbol{\Phi}_1\boldsymbol{\mu}+\boldsymbol{\Phi}_2\boldsymbol{\mu}+\cdots+\boldsymbol{\Phi}_p\boldsymbol{\mu}$$

$$\boldsymbol{\mu}=\frac{\boldsymbol{C}}{\boldsymbol{I}_n-\boldsymbol{\Phi}_1-\boldsymbol{\Phi}_2-\cdots-\boldsymbol{\Phi}_p} \tag{5.7}$$

由此可见，一个平稳的 VAR(p) 模型具有一个恒定不变的常数项矩阵。

因此，式(5.1)可以重新写成去除均值的形式，即

$$\boldsymbol{Y}_t-\boldsymbol{\mu}=\boldsymbol{\Phi}_1(\boldsymbol{Y}_{t-1}-\boldsymbol{\mu})+\boldsymbol{\Phi}_2(\boldsymbol{Y}_{t-2}-\boldsymbol{\mu})+\cdots+\boldsymbol{\Phi}_p(\boldsymbol{Y}_{t-p}-\boldsymbol{\mu})+\boldsymbol{\varepsilon}_t \tag{5.8}$$

接着，我们定义一个 $np\times 1$ 维的矩阵 $\overline{\boldsymbol{Y}}_t$、一个 $np\times np$ 维的矩阵 $\boldsymbol{F}$ 以及一个 $np\times 1$ 维的矩阵 $\boldsymbol{V}_t$，其形式如下：

$$\overline{\boldsymbol{Y}}_t=\begin{bmatrix} \boldsymbol{Y}_t-\boldsymbol{\mu} \\ \boldsymbol{Y}_{t-1}-\boldsymbol{\mu} \\ \vdots \\ \boldsymbol{Y}_{t-(p-1)}-\boldsymbol{\mu} \end{bmatrix} \tag{5.9}$$

$$\boldsymbol{F}=\begin{bmatrix} \boldsymbol{\Phi}_1 & \boldsymbol{\Phi}_2 & \boldsymbol{\Phi}_3 & \cdots & \boldsymbol{\Phi}_{p-1} & \boldsymbol{\Phi}_p \\ \boldsymbol{I}_n & 0 & 0 & \cdots & 0 & 0 \\ 0 & \boldsymbol{I}_n & 0 & \cdots & 0 & 0 \\ 0 & 0 & \boldsymbol{I}_n & \cdots & 0 & 0 \\ \vdots & \vdots & \vdots & & \vdots & \vdots \\ 0 & 0 & 0 & \cdots & \boldsymbol{I}_n & 0 \end{bmatrix} \tag{5.10}$$

$$\boldsymbol{V}_t=\begin{bmatrix} \boldsymbol{\varepsilon}_t \\ 0 \\ \vdots \\ 0 \end{bmatrix} \tag{5.11}$$

从而 VAR(p) 模型就可以重新写成 VAR(1) 的形式，即

$$\overline{\boldsymbol{Y}}_t=\boldsymbol{F}\overline{\boldsymbol{Y}}_{t-1}+\boldsymbol{V}_t \tag{5.12}$$

其中，

$$E(\boldsymbol{V}_t\boldsymbol{V}_t')=\boldsymbol{E}$$

$$E(\boldsymbol{V}_t\boldsymbol{V}_s')=\boldsymbol{0}, \quad 对于\ t\neq s$$

并且

$$E_{np \times np} = \begin{bmatrix} \boldsymbol{\Omega} & \boldsymbol{0} & \cdots & \boldsymbol{0} \\ \boldsymbol{0} & \boldsymbol{0} & \cdots & \boldsymbol{0} \\ \vdots & \vdots & & \vdots \\ \boldsymbol{0} & \boldsymbol{0} & \cdots & \boldsymbol{0} \end{bmatrix}$$

我们在第4章学习了 ARMA 模型，发现 AR 模型与 MA 模型在一定条件下可以相互转化。事实上，这种转化思想同样也适用于 VAR 模型。向量自回归模型与向量移动平均（vector moving average，VMA）过程之间也可以相互转化。事实上式(5.1)经过适当变换，可以转化为如下的 VMA(∞)形式：

$$\begin{aligned} \boldsymbol{Y}_t &= \boldsymbol{\mu} + \boldsymbol{\varepsilon}_t + \boldsymbol{\Phi}_1 \boldsymbol{\varepsilon}_{t-1} + \boldsymbol{\Phi}_2 \boldsymbol{\varepsilon}_{t-2} + \cdots \\ &= \boldsymbol{\mu} + (\boldsymbol{I} + \boldsymbol{\Phi}_1 L + \boldsymbol{\Phi}_2 L^2 + \cdots) \boldsymbol{\varepsilon}_t \\ &= \boldsymbol{\mu} + \sum_{s=0}^{\infty} \boldsymbol{\Phi}_s \boldsymbol{\varepsilon}_{t-s} \end{aligned}$$

5.1.4 向量自协方差与自相关函数

一个平稳的 VAR(p) 模型的向量自协方差可以写成如下形式：

$$\boldsymbol{\Gamma}_j = E(\boldsymbol{Y}_t - \boldsymbol{\mu})(\boldsymbol{Y}_{t-j} - \boldsymbol{\mu})' \tag{5.13}$$

结合式(5.8)，又可以得到

$$\begin{aligned} \boldsymbol{\Gamma}_j &= E(\boldsymbol{Y}_t - \boldsymbol{\mu})(\boldsymbol{Y}_{t-j} - \boldsymbol{\mu})' \\ &= \boldsymbol{\Phi}_1 E(\boldsymbol{Y}_{t-1} - \boldsymbol{\mu})(\boldsymbol{Y}_{t-j} - \boldsymbol{\mu})' + \boldsymbol{\Phi}_2 E(\boldsymbol{Y}_{t-2} - \boldsymbol{\mu})(\boldsymbol{Y}_{t-j} - \boldsymbol{\mu})' + \cdots + \\ & \quad \boldsymbol{\Phi}_p E(\boldsymbol{Y}_{t-p} - \boldsymbol{\mu})(\boldsymbol{Y}_{t-j} - \boldsymbol{\mu})' + E[\boldsymbol{\varepsilon}_t (\boldsymbol{Y}_{t-j} - \boldsymbol{\mu})'] \\ &= \boldsymbol{\Phi}_1 \boldsymbol{\Gamma}_{j-1} + \boldsymbol{\Phi}_2 \boldsymbol{\Gamma}_{j-2} + \cdots + \boldsymbol{\Phi}_p \boldsymbol{\Gamma}_{j-p}, \quad 对于 j > 1 \end{aligned} \tag{5.14}$$

由于向量白噪声过程 $\boldsymbol{\varepsilon}_t$ 与滞后期观测值之间不相关，所以式(5.14)推导过程利用了 $E[\boldsymbol{\varepsilon}_t (\boldsymbol{Y}_{t-j} - \boldsymbol{\mu})'] = \boldsymbol{0} (j \neq 0)$。

另外，在式(5.14)中，有些下标 $j-i$ 可能为负值，所以相应地可能会出现负的滞后期的自协方差。由于我们这里处理的是向量，所以此时不能简单地套用一维模型情况下的 $\gamma_j = \gamma_{-j}$，实际上，$\boldsymbol{\Gamma}_j \neq \boldsymbol{\Gamma}_{-j}$。根据矩阵的基本定义和性质，我们可以证明：

$$\begin{aligned} \boldsymbol{\Gamma}_j' &= E[(\boldsymbol{Y}_t - \boldsymbol{\mu})(\boldsymbol{Y}_{t-j} - \boldsymbol{\mu})']' \\ &= E[(\boldsymbol{Y}_{t-j} - \boldsymbol{\mu})(\boldsymbol{Y}_t - \boldsymbol{\mu})'] \\ &= \boldsymbol{\Gamma}_{-j} \end{aligned} \tag{5.15}$$

而对于 $j = 0$ 时的协方差矩阵 $\boldsymbol{\Gamma}_0$，则有如下关系：

$$\begin{aligned} \boldsymbol{\Gamma}_0 &= E(\boldsymbol{Y}_t - \boldsymbol{\mu})(\boldsymbol{Y}_t - \boldsymbol{\mu})' \\ &= \boldsymbol{\Phi}_1 E(\boldsymbol{Y}_{t-1} - \boldsymbol{\mu})(\boldsymbol{Y}_t - \boldsymbol{\mu})' + \boldsymbol{\Phi}_2 E(\boldsymbol{Y}_{t-2} - \boldsymbol{\mu})(\boldsymbol{Y}_t - \boldsymbol{\mu})' + \cdots + \\ & \quad \boldsymbol{\Phi}_p E(\boldsymbol{Y}_{t-p} - \boldsymbol{\mu})(\boldsymbol{Y}_t - \boldsymbol{\mu})' + E[\boldsymbol{\varepsilon}_t (\boldsymbol{Y}_t - \boldsymbol{\mu})'] \\ &= \boldsymbol{\Phi}_1 \boldsymbol{\Gamma}_{-1} + \boldsymbol{\Phi}_2 \boldsymbol{\Gamma}_{-2} + \cdots + \boldsymbol{\Phi}_p \boldsymbol{\Gamma}_{-p} + E[\boldsymbol{\varepsilon}_t (\boldsymbol{Y}_t - \boldsymbol{\mu})'] \end{aligned} \tag{5.16}$$

由于

$$E[\varepsilon_t(Y_t-\mu)'] = E[\varepsilon_t(Y_{t-1}-\mu)']\Phi_1' + E[\varepsilon_t(Y_{t-2}-\mu)']\Phi_2' + \cdots +$$
$$E[\varepsilon_t(Y_{t-p}-\mu)']\Phi_p' + E(\varepsilon_t\varepsilon_t')$$
$$= 0 + 0 + \cdots + 0 + \Omega$$
$$= \Omega \tag{5.17}$$

从而得到如下关系式：

$$\Gamma_0 = \Phi_1\Gamma_{-1} + \Phi_2\Gamma_{-2} + \cdots + \Phi_p\Gamma_{-p} + \Omega$$
$$= \Phi_1\Gamma_1' + \Phi_2\Gamma_2' + \cdots + \Phi_p\Gamma_p' + \Omega \tag{5.18}$$

因此，式(5.14)～式(5.18)定义出了自协方差矩阵、Ω 以及 VAR 模型中的系数矩阵 Φ_i ($i=1,2,\cdots,p$)的一一对应关系。

通过上述向量自协方差的定义，我们可以进一步得到向量自相关函数(vector autocorrelation function, VACF)。在第 4 章的 AR 模型中，我们求解过 ACF。虽然对于一个 VAR 模型来说，VACF 的推导要比 AR 模型对应的形式更为复杂，但是，如果获得了自协方差矩阵，再使用自协方差除以方差矩阵对应的对角线元素，就可以获得向量自相关函数。

5.2 VAR 模型的估计方法与设定

5.2.1 VAR 模型的估计方法

在 5.1 节中，我们详细介绍了 VAR 模型的基本概念和相关性质。在前面的介绍中，我们假设模型中的系数 Φ_i ($i=1,2,\cdots,p$)、ϕ_i ($i=1,2,\cdots,p$)是给定的或者是已知的。然而在实际应用中，我们通常是利用样本数据估计出相关的系数。因此，这一部分我们介绍实际应用中 VAR 模型的估计方法。

与一维模型相比，虽然 VAR 模型系统看上去复杂得多，但是用来估计 VAR 的方法却并不一定很复杂困难。目前，常见的估计方法有两种：①最大似然估计(maximum likelihood estimator, MLE)；②最小二乘法估计。在特定条件下，MLE 和 OLS 估计获得的系数是完全相同的。

再者，又因为 OLS 估计方法具有简单、易行等特点，所以 OLS 回归是估计无约束 VAR 模型最常用的方法之一。下面我们以中国的 GDP 增长率(GDPR)与通货膨胀率(CPI)的季度数据组成的 VAR(2)模型为例(样本区间为 2001 年第 1 季度—2014 年第 4 季度)，利用 EViews 估计出 VAR(2)模型。统计数据均来自中国国家统计局网站，其中，CPI 的季度数据采用月度数据的平均值。图 5-1 描绘的是中国 GDP 增长率与 CPI 的季度数据。

在 EViews 软件中，创建 VAR 模型应选择 Quick→Estimate VAR 或者 Objects→new object→VAR，也可以在命令窗口直接输入 VAR。VAR 窗口的对话框如图 5-2 所示。

图 5-3 给出了利用 EViews 估计 VAR 模型的结果。表中每一列对应的是 VAR 模型中的一个回归等式，给出了等式右端每一个变量的系数的估计量、估计量的标准差(圆括号内)及 t 统计量(方括号内)。

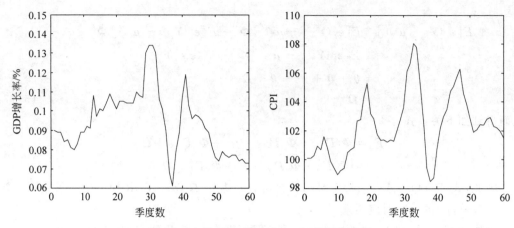

图 5-1 中国 GDP 增长率与 CPI 的季度数据

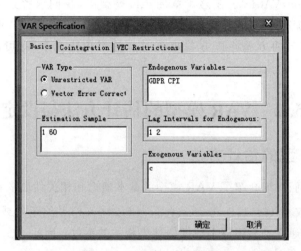

图 5-2 VAR 窗口的对话框

5.2.2 VAR 模型的设定

我们进一步讨论如何对 VAR 模型进行设定。这主要涉及以下三个方面的问题：①VAR 模型中变量的平稳性；②VAR 模型中变量的选择；③VAR 模型中滞后阶数的确定。下面我们分别对其进行详细介绍。

1. VAR 模型中变量的平稳性

虽然使用 OLS 方法估计 VAR 模型看上去很简单，但是在估计之前有几个很重要的问题需要弄清楚：首先，涉及包含在 VAR 模型中的各变量的平稳性问题。关于这个问题，一些计量经济学家，如 Sims、Stock 和 Waston(1990) 等提出，非平稳序列仍然可以放在 VAR 模型中，通过估计结果分析经济、金融的含义。他们认为，为了得到一些一阶单整[即 $I(1)$]的经济变量的平稳序列，如果先对其进行一次差分，再利用 VAR 模型分析变量间的互动关系，这样可能会隐藏许多非常有价值的原始变量之间的长期关系。因此，一部分计量经济学家推崇利用 VAR 模型进行协整(common integration, co-integration)分析。

Vector Autoregression Estimates
Date: 05/04/15　Time: 23:00
Sample (adjusted): 3 60
Included observations: 58 after adjustments
Standard errors in ( ) & t-statistics in [ ]

	GDPR	CPI
GDPR(-1)	0.942541	31.68429
	(0.14058)	(16.1588)
	[6.70448]	[1.96080]
GDPR(-2)	−0.004909	−10.84233
	(0.14597)	(16.7778)
	[−0.03363]	[−0.64623]
CPI(-1)	−0.000854	1.203305
	(0.00111)	(0.12737)
	[−0.77065]	[9.44743]
CPI(-2)	−0.001125	−0.411738
	(0.00107)	(0.12271)
	[−1.05419]	[−3.35539]
C	0.208200	19.38060
	(0.05269)	(6.05593)
	[3.95163]	[3.20027]
R-squared	0.832896	0.876934
Adj. R-squared	0.820284	0.867646
Sum sq. resids	0.002608	34.45653
S.E. equation	0.007015	0.806302
F-statistic	66.04185	94.41587
Log likelihood	207.9795	−67.19684
Akaike AIC	−6.999293	2.489546
Schwarz SC	−6.821668	2.667171
Mean dependent	0.094207	102.3868
S.D. dependent	0.016547	2.216304
Determinant resid covariance (dof adj.)		3.03E-05
Determinant resid covariance		2.53E-05
Log likelihood		142.3731
Akaike information criterion		−4.564591
Schwarz criterion		−4.209342

图 5-3　VAR(2)模型的估计结果

然而,利用 VAR 模型分析实际问题时,由于标准的统计检验和统计推断要求分析的所有序列必须都是平稳序列,因此使用非平稳序列变量会带来统计推断方面的麻烦。

那么,我们在用 VAR 模型做回归分析时,究竟应该在 VAR 系统内使用平稳序列还是非平稳序列呢？作为指导性的原则，如果要分析不同变量之间可能存在的长期均衡关系，则可以直接选用非平稳序列；而如果分析的是短期的互动关系，则选用平稳序列，即对于涉及的非平稳序列，必须先进行差分或去除趋势使其转化成对应的平稳序列，然后包含在 VAR 模型中进行进一步分析。

2. VAR 模型中变量的选择

一般来说，没有严格规定 VAR 模型中变量的选择。总的来说，变量的选择需要根据经济、金融理论，同时需要考虑手中的样本大小。

例如，如果央行研究所的研究人员希望分析货币政策与现实经济发展之间的互动关系，那么他就可以选择一个包含两个变量的 VAR 模型，即选择一个能够代表货币政策工具的变量和一个能反映经济发展状况的变量。因此，该研究人员可以选择货币供应量增长率和真实 GDP 缺口两个变量构建一个 VAR 模型来研究这一问题。此时，VAR 模型就可以写成

$$\begin{bmatrix} y_t \\ x_t \end{bmatrix} = \boldsymbol{\Phi}(L) \begin{bmatrix} y_{t-1} \\ x_{t-1} \end{bmatrix} + \begin{bmatrix} \varepsilon_{1t} \\ \varepsilon_{2t} \end{bmatrix}$$

式中，y_t 和 x_t 分别为货币供应量增长率和真实 GDP 缺口；ε_{it} 为对应于第 i 个等式的随机冲击因素。

3. VAR 模型中滞后阶数的确定

建立 VAR 模型的一个难点就是确定滞后阶数。经济、金融理论通常不会说明 VAR 模型适当的滞后阶数以及变量将在多长时期通过系统起作用。如果要确定具体的滞后阶数，就需要用到一些方法，下面我们将介绍其中的两种。

1) 似然比检验法

似然比检验（Likelihood Ratio Test）构造的统计量如下：

$$\mathrm{LR} = -2(\ln L_k - \ln L_{k+p}) \sim \chi^2_{(p)} \tag{5.19}$$

式中，$\ln L_k$ 和 $\ln L_{k+p}$ 分别为 $\mathrm{VAR}(k)$ 和 $\mathrm{VAR}(k+p)$ 模型的极大似然估计值；p 为约束条件个数。

似然比检验法就是比较不同滞后阶数对应的似然函数值，考察滞后阶数的增大是否导致 VAR 系统对应的似然函数出现显著性的增大。需要注意的是，似然比检验法只有在每个方程的误差项都服从正态分布的假设条件下，χ^2 检验才严格地渐进有效。

2) 信息准则法

在很多情况下，似然比检验法所要求的随机误差项正态分布的假设条件在金融数据中并不能得到满足，因此我们需要用其他一些方法来确定滞后阶数，经常用到的就是信息准则法。

在 EViews 软件下，依次取不同的滞后阶数来估计模型，每次会得到不同的 AIC 值或 BIC 值。最后我们选择的最优滞后阶数是使 AIC 值或 BIC 值达到最小的那个滞后阶数。一般情况下，AIC 值或 BIC 值会给出相同的最优滞后阶数，但如果给出的不同，我们可以相机选择一个（一般差别不大），因为两个信息准则不存在谁优先的问题。

5.3 格兰杰因果关系检验

从计量经济学发展的历史来看,格兰杰因果关系(Granger causality)的概念要早于 VAR 模型。但是,格兰杰因果关系实际上就是利用了 VAR 模型来进行系数显著性的检验。该检验的基本思想是:对于变量 x 和 y,如果 x 的变化引起了 y 的变化,x 的变化应当发生在 y 的变化之前,即如果说"x 是引起 y 变化的原因",则必须满足以下两个条件:① x 应该有助于预测 y,即在 x 关于 y 的过去值的回归中,添加 x 的过去值应当显著地提升回归的解释能力;② y 不应当有助于预测 x,因为如果 x 有助于预测 y,y 也有助于预测 x,则很有可能存在一个或几个其他变量,它们既是引起 x 变化的原因,也是引起 y 变化的原因。

正因为如此,格兰杰因果关系检验经常被解释为在 VAR 模型中,某个变量是否可以用来提高对其他相关变量的预测能力。所以,"格兰杰因果关系"的实质是一种"预测"关系,而并非真正汉语意义上的"因果关系"。

在一个包含两变量的 VAR(p)模型中:

$$\begin{bmatrix} y_t \\ x_t \end{bmatrix} = \begin{bmatrix} \phi_{10} \\ \phi_{20} \end{bmatrix} + \begin{bmatrix} \phi_{11}^{(1)} & \phi_{12}^{(1)} \\ \phi_{21}^{(1)} & \phi_{22}^{(1)} \end{bmatrix} \begin{bmatrix} y_{t-1} \\ x_{t-1} \end{bmatrix} + \begin{bmatrix} \phi_{11}^{(2)} & \phi_{12}^{(2)} \\ \phi_{21}^{(2)} & \phi_{22}^{(2)} \end{bmatrix} \begin{bmatrix} y_{t-2} \\ x_{t-2} \end{bmatrix} + \cdots + \begin{bmatrix} \phi_{11}^{(p)} & \phi_{12}^{(p)} \\ \phi_{21}^{(p)} & \phi_{22}^{(p)} \end{bmatrix} \begin{bmatrix} y_{t-p} \\ x_{t-p} \end{bmatrix} + \begin{bmatrix} \varepsilon_{1t} \\ \varepsilon_{2t} \end{bmatrix} \tag{5.20}$$

当且仅当式(5.20)中 x_{t-j} 的系数都为 0,则我们说 x_t 不是 y_t 的因果关系。

下面以式(5.20)中 x_t、y_t 为例来说明 x_t 是否 y_t 的格兰杰因果关系一般步骤:

$$y_t = \phi_{10} + \phi_{11}^{(1)} y_{t-1} + \phi_{11}^{(2)} y_{t-2} + \cdots + \phi_{11}^{(p)} y_{t-p} + \phi_{12}^{(1)} x_{t-1} + \phi_{12}^{(2)} x_{t-2} + \cdots + \phi_{12}^{(p)} x_{t-p} + \varepsilon_{1t} \tag{5.21}$$

(1)构建假设:原假设是 $H_0: \phi_{12}^{(1)} = \phi_{12}^{(2)} = \cdots = \phi_{12}^{(p)} = 0$

备择假设 H_1:这些系数至少有一个不为 0。

(2)构造统计量:

$$F = \frac{(\text{RSS}_0 - \text{RSS}_1)/p}{\text{RSS}_1/(T - 2p - 1)} \sim F(p, T - 2p - 1) \tag{5.22}$$

其中,RSS_1 为式(5.21)中 y_t 方程的残差平方和,$\text{RSS}_1 = \sum_{t=1}^{T} \hat{\varepsilon}_{1t}^2$,$\text{RSS}_0$ 为不含 x_t 的滞后变量的 y_t 方程的残差平方和:

$$y_t = \phi_{10} + \phi_{11}^{(1)} y_{t-1} + \phi_{11}^{(2)} y_{t-2} + \cdots + \phi_{11}^{(p)} y_{t-p} + \widetilde{\varepsilon}_{1t} \tag{5.23}$$

则有 $\text{RSS}_0 = \sum_{t=1}^{T} \hat{\widetilde{\varepsilon}}_{1t}^2$。

(3)判别:给定置信水平下,查临界值 F_α,如果 F 大于 F_α,则拒绝原假设,认为 x_t 是 y_t 的格兰杰因果关系;否则接受原假设,认为 x_t 不是 y_t 的格兰杰因果关系。

格兰杰因果关系检验得到了广泛的应用和发展,但是格兰杰因果关系检验的任何一种结果对模型中的滞后阶数 p 是非常敏感的,p 值不同,得到的结果也有可能不同。为了确保结果的正确性,一般来说,最好多试验几个不同的 p 值,以保证结果不受 p 选择的影响。

下面我们以 2001 年 1 月至 2014 年 2 月期间上证综合指数收益率(SHANGHAI)与道琼斯指数收益率(DJI)这两个变量组成的 VAR(2)模型为例,检验二者是否互相为格兰杰因果关系。

在 EViews 软件中,单击 view→Granger Causality Test…,在随后弹出的选择滞后长度(Lag Specification)界面中选定滞后长度为 2,单击 OK 按钮,得到的结果如图 5-4 所示。

```
Pairwise Granger Causality Tests
Date: 05/05/15   Time: 15:03
Sample: 1 3089
Lags: 2
```

Null Hypothesis:	Obs	F-Statistic	Prob.
DJI does not Granger Cause SHANGHAI	3087	22.6743	2.E-10
SHANGHAI does not Granger Cause DJI		0.29142	0.7472

图 5-4　格兰杰因果关系检验结果

对于每一个假设,系统都给出了相应的 F 统计量和大于此数值的概率。如果 F 值较大,P 值较小,就拒绝原假设,认为一个变量是引起另一个变量变化的原因;反之,则认为一个变量不是引起另一个变量变化的原因。

从图 5-4 可以看出,第一行的 F 值较大,P 值很小,第二行的 F 值很大,P 值很大,说明道琼斯指数收益率的变动是上证综合指数收益率变动的格兰杰原因,但上证综合指数收益率的变动不是道琼斯指数收益率变动的格兰杰原因。

5.4　脉冲响应函数与方差分解

5.4.1　VAR 模型与脉冲响应函数

1. 动态乘数

在 AR 模型中,一般假设随机扰动项 ε_t 是服从某种分布的,这种随机扰动项影响序列 y_t。在金融实践中,人们往往想知道这样的冲击因素 ε_t 对 y_t 的动态影响路径是什么样的,此时就引入动态乘数(dynamic multiplier)的概念,其定义为

$$动态乘数 = \frac{\partial y_{t+j}}{\partial \varepsilon_t} \quad (j=0,1,2,\cdots) \tag{5.24}$$

在特殊情况下,当 $j=0$ 时,动态乘数也经常称作影响乘数(impact multiplier),即

$$影响乘数 = \frac{\partial y_t}{\partial \varepsilon_t} \tag{5.25}$$

对于 $y_t = \alpha y_{t-1} + \varepsilon_t$,利用动态乘数可以写成如下形式:

$$y_{t+j} = \alpha^{j+1} y_{t-1} + \alpha^j \varepsilon_t + \alpha^{j-1} \varepsilon_{t+1} + \cdots + \alpha \varepsilon_{t+j-1} + \varepsilon_{t+j} \tag{5.26}$$

其中,$\frac{\partial y_{t+j}}{\partial \varepsilon_t} = \alpha^j$,由此看出动态乘数只与一阶滞后项系数 α 和时间跨度 j 有关,而与时间 t

没有任何联系。

2. 脉冲响应函数

由动态乘数的定义可知,每一个时间跨度 j,有一个对应的动态乘数,那么如果将不同时间跨度 j 的动态乘数按照 j 从小到大的顺序摆放在一起,形成一个路径,就成为脉冲响应函数(impulse response function,IRF)。脉冲响应函数的概念在金融时间序列分析中有着广泛的应用。例如可以使用脉冲响应函数来刻画股市受到一个正向或负向的信息冲击后形成的动态路径和持续时间情况。

与脉冲响应函数相联系的另外一个概念是累积脉冲响应函数(cumulative impulse response function),其定义为

$$\frac{\partial y_{t+j}}{\partial \varepsilon_t} + \frac{\partial y_{t+j}}{\partial \varepsilon_{t+1}} + \cdots + \frac{\partial y_{t+j}}{\partial \varepsilon_{t+j}} = \alpha^j + \alpha^{j-1} + \cdots + \alpha + 1 \tag{5.27}$$

累积脉冲响应函数用来衡量随机扰动因素出现永久性变化后,即 $\varepsilon_t,\varepsilon_{t+1},\cdots,\varepsilon_{t+j}$ 都变化一个单位,对 y_{t+j} 造成的影响和冲击情况。

从式(5.27)可知,如果 $|\alpha|<1$ 条件满足,在极限情况下,累积脉冲响应函数就等于 $\frac{1}{1-\alpha}$。无论是脉冲响应函数还是累积脉冲响应函数,其根本特性都由一阶滞后项系数 α 决定。

由图 5-5 非常清晰地看出,对于不同的 α 取值,对应的脉冲响应函数表现非常不同,归纳来说有以下两种。

(1) 在 $0<\alpha<1$ 的情况下,如图 5-5(a)、(b)所示,体现在脉冲响应函数中的动态乘数随时间跨度 j 的增加而呈现几何式递减并最终趋近于 0 的趋势。当 $-1<\alpha<0$ 时,如图 5-5(e)所示,动态乘数的取值正负号交替变化,但是这些动态乘数的绝对值是呈现逐渐递减至 0 的,这种情形经常被形象地称作"震荡式衰减"。

这样,对于 $|\alpha|<1$ 的情况,从脉冲响应函数图来看,随机扰动因素对序列 y_t 的冲击将最终消失,而对应的方程在这种情况下就是稳定系统(stable system)。

(2) 考察其他可能的情况:首先,如果 $\alpha=1$,如图 5-5(c)所示,动态乘数始终等于 1,而不管时间跨度 j 如何变化。这样,一个单位的变化将导致序列永久性地变化一个单位。其次,对于 $\alpha>1$ 的情况,图 5-5(d)描绘了对应例子的脉冲响应函数图,可以看出,动态乘数随时间跨度 j 的增加呈现几何式上升趋势。而当 $\alpha<-1$ 时,动态乘数表现出震荡式不断上升的变化。可见,在 $|\alpha|>1$ 的条件下,对应的方程为不稳定系统(instable system)。

3. VAR 模型与脉冲响应函数

在实际应用中,由于 VAR 模型是一种非理论性的模型,它无须对变量做任何先验性约束,因此在分析 VAR 模型时,往往不分析一个变量的变化对另一个变量的影响如何,而是分析当一个误差项发生变化时,或者说模型受到某种冲击时对系统的动态影响,这种分析方法称为脉冲响应函数方法。

VAR 模型中的脉冲响应函数的基本定义与一维模型中的定义还是比较类似的,都可以概括为 Y_t 序列在受到一个单位随机扰动因素的冲击后的动态变化路径。总的来说,根据

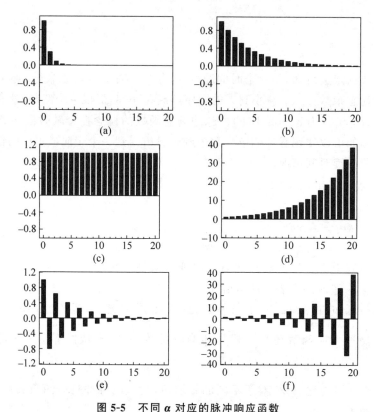

图 5-5 不同 α 对应的脉冲响应函数

(a) $\alpha=0.3$；(b) $\alpha=0.8$；(c) $\alpha=1$；(d) $\alpha=1.2$；(e) $\alpha=-0.8$；(f) $\alpha=-1.2$

对 VAR 模型中扰动项的假设不同，VAR 模型的脉冲响应可以分为简单 IRF 和正交 IRF。

考虑一个 p 阶向量自回归模型：

$$Y_t = C + \Phi_1 Y_{t-1} + \Phi_2 Y_{t-2} + \cdots + \Phi_p Y_{t-p} + \varepsilon_t \tag{5.28}$$

经过适当变换，模型(5.28)最终可以表示为

$$\begin{aligned} Y_t &= \mu + \varepsilon_t + \Phi_1 \varepsilon_{t-1} + \Phi_2 \varepsilon_{t-2} + \cdots \\ &= \mu + (I + \Phi_1 L + \Phi_2 L^2 + \cdots) \varepsilon_t \\ &= \mu + \sum_{s=0}^{\infty} \Phi_s \varepsilon_{t-s} \end{aligned} \tag{5.29}$$

系数矩阵 Φ_s 的第 i 行第 j 列因素，表示系统中变量 i 对变量 j 的一个标准误差的正交冲击的 s 期脉冲响应。由式(5.29)可以计算出系统中一个变量对另一个变量的脉冲响应函数，比较其不同滞后期的脉冲响应，可以确定一个变量对另一个变量的作用时滞。

5.4.2 VAR 模型与方差分解

前面介绍的脉冲响应函数描述的是 VAR 模型中的一个内生变量的冲击给其他内生变量所带来的影响。而方差分解(variance decomposition)是通过分析每一个结构冲击对内生变量变化(通常用方差来度量)的贡献度，进一步评价不同结构冲击的重要性。因此，通过方差分解，我们得到对 VAR 模型中的变量产生影响的每个随机扰动的相对重要性的信息。

事实上,方差分解问题可以通过求解 Y_t 的未来 h 期预测值来理解。在介绍方差分解之前,我们回顾 VAR 模型对应的 VMA 表现形式,即式(5.29)的形式。由式(5.29)可以看出,Y_t 是 ε_{t-s} 的线性函数。而对于 $s=0,1,2,\cdots$,这些扰动项都与 ε_{t+1} 不相关。因此 ε_{t+1} 就与 Y_{t-s} 也不相关。Y_{t+s} 基于 Y_{t-s} 的线性预测可以写成如下形式:

$$\hat{Y}_{t+h|t} = \mu + F_{11}^{(h)}(Y_t - \mu) + F_{12}^{(h)}(Y_{t-1} - \mu) + \cdots + F_{1p}^{(h)}(Y_{t-(p-1)} - \mu) \quad (5.30)$$

利用 VAR 模型对应的 VMA 表现形式并结合式(5.30),就可以获得未来 h 期预测所对应的均方差(Mean Squared Error,MSE):

$$\begin{aligned}\mathrm{MSE}(\hat{Y}_{t+h|t}) &= E[(Y_{t+h} - \hat{Y}_{t+h|t})(Y_{t+h} - \hat{Y}_{t+h|t})'] \\ &= \Omega + \Phi_1 \Omega \Phi_1' + \Phi_2 \Omega \Phi_2' + \cdots + \Phi_{h-1} \Omega \Phi_{h-1}'\end{aligned} \quad (5.31)$$

式中,

$$\Omega = E(\varepsilon_t \varepsilon_t') \quad (5.32)$$

另外,利用乔莱斯基分解(Cholesky decomposition)又可以得到下列关系:

$$\varepsilon_t = A\mu_t = \alpha_1 \mu_{1t} + \alpha_2 \mu_{2t} + \cdots + \alpha_n \mu_{nt} \quad (5.33)$$

式中,$\alpha_j(j=1,2,\cdots,n)$ 为下三角矩阵 A 的第 j 列元素。将式(5.32)和式(5.33)结合起来,得到

$$\Omega = E(\varepsilon_t \varepsilon_t') = \alpha_1 \alpha_1' \mathrm{Var}(\mu_{1t}) + \alpha_2 \alpha_2' \mathrm{Var}(\mu_{2t}) + \cdots + \alpha_n \alpha_n' \mathrm{Var}(\mu_{nt}) \quad (5.34)$$

式中,$\mathrm{Var}(\mu_{jt})$ 为对角矩阵 D 的对角线元素。

再将式(5.34)代入式(5.31)中,可以获得对未来 h 期预测对应的均方差的表达式:

$$\mathrm{MSE}(\hat{Y}_{t+h|t}) = \sum_{j=1}^{n}\{\mathrm{Var}(\mu_{jt})[\alpha_j \alpha_j' + \Phi_1 \alpha_j \alpha_j' \Phi_1' + \Phi_2 \alpha_j \alpha_j' \Phi_2' + \cdots + \Phi_{h-1} \alpha_j \alpha_j' \Phi_{h-1}']\}$$

(5.35)

根据定义,假设我们讨论的是平稳 VAR 模型,则有

$$h \to \infty, \quad \mathrm{MSE}(\hat{Y}_{t+h|t}) \to \mathrm{Var}(Y_t) \quad (5.36)$$

也就是说,随着预测期 h 不断增大,一直到无穷大,那么式(5.31)中的预测值 $\hat{Y}_{t+h|t}$ 就可以看成 Y_t 的"期望",从而就接近于 Y_t 均值的真实值。此时式(5.31)中定义的 $\mathrm{MSE}(\hat{Y}_{t+h|t})$ 就接近于 Y_t 方差的真实值。从而,我们就可以计算第 j 个正交冲击项对未来 h 期预测的均方差的贡献有多大,即

$$\mathrm{Var}(\mu_{jt})[\alpha_j \alpha_j' + \Phi_1 \alpha_j \alpha_j' \Phi_1' + \Phi_2 \alpha_j \alpha_j' \Phi_2' + \cdots + \Phi_{h-1} \alpha_j \alpha_j' \Phi_{h-1}'] \quad (5.37)$$

对应的方差分解,用 R_j 表示,就是由式(5.37)/式(5.35)给定的 n 个值的集合,即

$$R_j = \frac{\mathrm{Var}(\mu_{jt})[\alpha_j \alpha_j' + \Phi_1 \alpha_j \alpha_j' \Phi_1' + \Phi_2 \alpha_j \alpha_j' \Phi_2' + \cdots + \Phi_{h-1} \alpha_j \alpha_j' \Phi_{h-1}']}{\sum_{j=1}^{n}\{\mathrm{Var}(\mu_{jt})[\alpha_j \alpha_j' + \Phi_1 \alpha_j \alpha_j' \Phi_1' + \Phi_2 \alpha_j \alpha_j' \Phi_2' + \cdots + \Phi_{h-1} \alpha_j \alpha_j' \Phi_{h-1}']\}}$$

(5.38)

虽然方差分解很有用,但是在计量经济学领域,方差分解的结果有时候对 VAR 模型中变量的排序也很敏感。然而,正如 Enders(2004)指出的,无论是正交脉冲响应还是方差分解,在研究经济变量之间的互动关系时还是非常有帮助的。尤其是,当 VAR 系统中各个等式中的随机扰动项彼此之间的相关性比较小时,脉冲响应和方差分解受变量排序的影响就非常小了。

此外，在一种极端情况下，VAR 系统中的各个扰动项彼此正交，互不相关，那么矩阵 Ω 应该是对角矩阵。在这种情况下，矩阵 A 必定是一个单位矩阵，从而 $\varepsilon_t = \mu_t$。这时，式(5.37)中的第 j 个方差贡献就变成了

$$\text{Var}(\mu_{jt})[I_n + \Phi_1\Phi_1' + \Phi_2\Phi_2' + \cdots + \Phi_{h-1}\Phi_{h-1}'] \tag{5.39}$$

或者写成更简单的形式，即

$$\sigma_j^2 \sum_{k=0}^{h-1} \varphi_{ij,k}^2 \tag{5.40}$$

这样，对 y_{it} 未来 h 期的预测方差归结到 μ_{jt} 的贡献，或者说归结到 ε_{jt} 的贡献，即方差分解，可以计算为

$$R_j = \frac{\sigma_j^2 \sum_{k=0}^{h-1} \varphi_{ij,k}^2}{\sum_{j=1}^{n}\left[\sigma_j^2 \sum_{k=0}^{h-1} \varphi_{ij,k}^2\right]} \tag{5.41}$$

介绍了 VAR 模型方差分解的相关理论之后，我们给出一个具体的例子来示范方差分解的应用。

5.4.3 案例分析

期货现在成为被大众广泛接受的投资品种，投资者一方面十分关注期货等投资工具是否具有抵御通货膨胀的能力；另一方面也非常关注期货等金融资产价值变动对实体经济及个人财富的影响。随着我国期货市场逐渐规范、完善及市场经济的发展，期货市场与通货膨胀状况的联动关系日益加强，同时两者的相互影响作用逐渐凸显。本例把期货价格和通货膨胀率这两个要素作为金融计量模型中的变量。选取的数据为 2010 年 5 月至 2014 年 2 月期间的沪深 300 股指期货月度收益率以及 CPI 月度指数增长率，总共有 46 个数据。其中，在 EViews 中用 IF300 代表沪深 300 股指期货的月收益率，CPI 表示月度通货膨胀率增长率。

1. 建立两变量的 VAR 模型

为了创建一个 VAR 对象，选择"Quick"-"Estimate VAR"或者在命令窗口输入 var，便会显示图 5-6 所示的对话框。可以在对话框内填入相应的信息。

（1）选择模型类型（VAR Type）：无约束向量自回归（Unrestricted VAR）或者向量修正（Vector Error Correction）。无约束 VAR 模型是指 VAR 模型的简化模式。

（2）在 Estimation Sample 编辑框中设置样本区间。

（3）在 Endogenous Variables 和 Exogenous Variables 输入相应的内生变量和外生变量，系统通常会自动给出常数 c 作为外生变量。

（4）在 Lag Intervals for Endogenous 编辑框中输入滞后信息，这一信息应该成对输入：每一对数字描述一个滞后区间。例如，滞后对"1 2"表示用系统中所有内生变量的 1 阶到 2 阶滞后变量作为等式右边的变量。

VAR 对象设定框填写结束后，单击"确定"按钮，EViews 会显示出估计结果，如图 5-7 所示。表中每一列对应 VAR 模型中一个内生变量的方程。圆括号中表示估计系数的标准差，方括号中表示 t 统计量。

图 5-6 VAR 模型设定框

	IF300	CPI
IF300(-1)	-0.201737 (0.15540) [-1.29822]	0.004233 (0.01322) [0.32028]
IF300(-2)	-0.242942 (0.14531) [-1.67186]	0.012037 (0.01236) [0.97396]
CPI(-1)	4.317755 (1.90207) [2.27003]	-0.150355 (0.16177) [-0.92943]
CPI(-2)	-0.293428 (1.99416) [-0.14714]	0.109336 (0.16960) [0.64466]
C	-0.002023 (0.00955) [-0.21185]	-5.42E-05 (0.00081) [-0.06673]

R-squared	0.189140	0.066553
Adj. R-squared	0.103787	-0.031705
Sum sq. resids	0.148422	0.001074
S.E. equation	0.062497	0.005315
F-statistic	2.215960	0.677327
Log likelihood	60.86692	166.8411
Akaike AIC	-2.598461	-7.527493
Schwarz SC	-2.393671	-7.322702
Mean dependent	-0.001423	-7.72E-05
S.D. dependent	0.066016	0.005233

Determinant resid covariance (dof adj.)	1.03E-07
Determinant resid covariance	8.08E-08
Log likelihood	229.0897
Akaike information criterion	-10.19022
Schwarz criterion	-9.780635

图 5-7 VAR(2)估计结果

可以得到 VAR 模型为

$\text{IF300}_t = -0.002 - 0.202\text{IF300}_{t-1} - 0.243\text{IF300}_{t-2} + 4.318\text{CPI}_{t-1} - 0.293\text{CPI}_{t-2}$

$\text{CPI}_t = -5.42 \times 10^{-5} + 0.004\text{IF300}_{t-1} + 0.012\text{IF300}_{t-2} - 0.15\text{CPI}_{t-1} + 0.109\text{CPI}_{t-2}$

2. 脉冲响应

在 VAR 对象的工具栏中选择"Views"-"Impulse Response",得到图 5-8 所示的对话框,其中有两个菜单 Display 和 Impulse Definition,在 Display 菜单设置期数 Periods:20,接着在

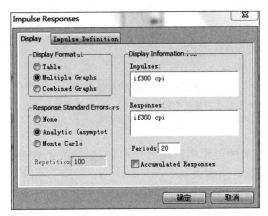

图 5-8 脉冲响应函数设定(一)

Impulse Definition 下的菜单里选择广义脉冲（Generalized Impulses），如图 5-9 所示，单击"确定"按钮就能得到脉冲响应函数图（图 5-10）和方差分解图（图 5-11）。

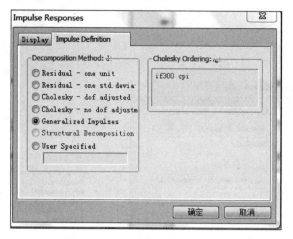

图 5-9　脉冲响应函数设定（二）

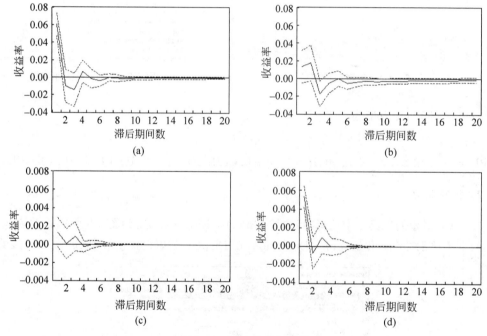

图 5-10　脉冲响应函数图

(a) IF300 收益率冲击引起 IF300 收益率的脉冲响应函数；(b) CPI 增长率冲击引起 IF300 收益率的脉冲响应函数；(c) IF300 收益率冲击引起 CPI 增长率的脉冲响应函数；(d) CPI 增长率冲击引起 CPI 增长率的脉冲响应函数

在图 5-10 中，横轴表示冲击作用的滞后期间数，纵轴表示收益率，实线表示脉冲响应函数，虚线表示正负两倍标准差偏离带。

从图 5-10(a)中可以看出，沪深 300 股指期货收益率受到自身冲击的影响比较大，有一个明显的正向影响，并且有较长的持续效应。从图 5-10(b)中可以看出，通货膨胀率增长率冲击也会对沪深 300 股指期货的收益率有一个小幅正向的影响，从第 7 期开始趋于 0。这

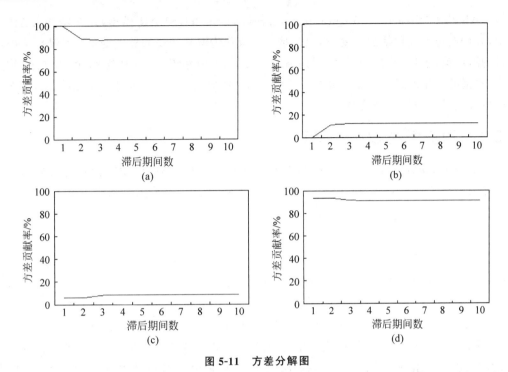

图 5-11 方差分解图

(a) IF300 收益率冲击对 IF300 收益率的贡献度；(b) CPI 增长率冲击引起 IF300 收益率的贡献度；(c) IF300 收益率冲击引起 CPI 增长率的贡献度；(d) CPI 增长率冲击引起 CPI 增长率的贡献度

与经济理论是相吻合的，高通货膨胀会带来期货价格上升，从而使期货收益率增加。

从图 5-10(c)中可以看出，沪深 300 股指期货收益率的冲击给 CPI 增长率带来一个小幅的正向影响，相比通货膨胀增长率冲击给沪深 300 股指期货的收益率带来的影响来说持续时间较短，从第 5 期开始趋于 0。从图 5-10(d)中可以看出，CPI 增长率的冲击给自身带来影响较大，持续时间较长。总的来看，宏观经济变量的冲击对期货收益率的影响程度更大，且持续时间更长。

接下来，我们可以对上述得到的 VAR 模型进行方差分解。从 VAR 对象的工具栏里选择"View"—"Variance decomposition"，得到图 5-11。图中横轴表示滞后期间数，纵轴表示方差贡献率。从图 5-11(a)、(b)中可以看出沪深 300 股指期货的收益率自身的贡献率为 80% 左右，CPI 增长率的冲击对沪深 300 股指期货的收益率的贡献率为 20% 左右。从图 5-11(c)、(d)中可以看出 CPI 增长率自身的贡献率为 90% 左右，沪深 300 股指期货的收益率的冲击对 CPI 增长率的贡献率为 10% 左右。总的来看，宏观经济变量的冲击对期货价格收益率的贡献率会更高些。

5.5 结构 VAR 模型

实际上，VAR 模型存在一个缺点，就是缺乏经济理论支撑。由于没有经济理论为依据，因此就很难说模型得出的结果在政策分析上有多大的意义。同时，一些学者认为某些变量之间可能存在单向的因果关系，因此一些计量学家将结构模型与 VAR 模型结合起来，构成结构 VAR 模型(Structural Vector Autoregressive Model,SVAR 模型)。在结构 VAR 模型中,方程右边不仅包括内生变量,也包括一些仅作为解释变量的外生变量;不仅包括内生变量的滞后值,也包括内生变量的当期值。事实上,前面介绍的 VAR 模型,即式(5.1)称为 VAR 模型的简化形式。而本节要介绍的结构 VAR 模型,是指 VAR 模型的结构式,即在模型中包含变量之间的当期关系。

5.5.1 两变量的 SVAR 模型

为了确定变量间的当期关系,我们先来分析两变量的 VAR 模型结构式与简化式之间的转化关系。含有两个变量($n=2$)、滞后一阶($p=1$)的 VAR 模型结构式可以表示为

$$x_t = \gamma_{10} + c_{12} z_t + \gamma_{11} x_{t-1} + \gamma_{12} z_{t-1} + \mu_{xt}$$
$$z_t = \gamma_{20} + c_{21} x_t + \gamma_{21} x_{t-1} + \gamma_{22} z_{t-1} + \mu_{zt} \quad (t=1,2,\cdots,T) \tag{5.42}$$

且满足以下三个假设条件:①变量过程 x_t 和 z_t 均是平稳随机过程;②随机误差 μ_{xt} 和 μ_{zt} 是白噪声序列,不失一般性,假设方差 $\sigma_x^2 = \sigma_z^2 = 1$;③随机误差 μ_{xt} 和 μ_{zt} 之间不相关,即 $\text{Cov}(\mu_{xt}, \mu_{zt}) = 0$。

式(5.42)引入变量之间的作用与反馈作用,称为一阶结构向量自回归模型[SVAR(1)]。其中,系数 c_{12} 表示变量 z_t 的单位变化对变量 x_t 的即时作用,γ_{21} 表示 x_{t-1} 的单位变化对 z_t 的滞后影响。虽然 μ_{xt} 和 μ_{zt} 是单纯出现在 x_t 和 z_t 中的随机冲击,但如果 $c_{21} \neq 0$,则作用在 x_t 上的随机冲击 μ_{xt} 通过对 x_t 的影响,能够即时传到变量 z_t 上,这是一种间接的即时影响;同样地,如果 $c_{12} \neq 0$,则作用在 z_t 上的随机冲击 μ_{zt} 也可以对 x_t 产生间接的即时影响。冲击的交互影响体现了变量作用的双向和反馈关系。

为了导出 VAR 模型的简化式方程,将上述模型表示为矩阵形式:

$$\begin{bmatrix} 1 & -c_{12} \\ -c_{21} & 1 \end{bmatrix} \begin{bmatrix} x_t \\ z_t \end{bmatrix} = \begin{bmatrix} \gamma_{10} \\ \gamma_{20} \end{bmatrix} + \begin{bmatrix} \gamma_{11} & \gamma_{12} \\ \gamma_{21} & \gamma_{22} \end{bmatrix} \begin{bmatrix} x_{t-1} \\ z_{t-1} \end{bmatrix} + \begin{bmatrix} \mu_{xt} \\ \mu_{zt} \end{bmatrix}$$

该模型可以简单地表示为

$$\boldsymbol{C}_0 \boldsymbol{y}_t = \boldsymbol{\Gamma}_0 + \boldsymbol{\Gamma}_1 \boldsymbol{y}_{t-1} + \boldsymbol{\mu}_t \quad (t=1,2,\cdots,T) \tag{5.43}$$

其中,

$$\boldsymbol{y}_t = \begin{bmatrix} x_t \\ z_t \end{bmatrix}, \quad \boldsymbol{\mu}_t = \begin{bmatrix} \mu_{xt} \\ \mu_{zt} \end{bmatrix}, \quad \boldsymbol{C}_0 = \begin{bmatrix} 1 & -c_{12} \\ -c_{21} & 1 \end{bmatrix}, \quad \boldsymbol{\Gamma}_0 = \begin{bmatrix} \gamma_{10} \\ \gamma_{20} \end{bmatrix}, \quad \boldsymbol{\Gamma}_1 = \begin{bmatrix} \gamma_{11} & \gamma_{12} \\ \gamma_{21} & \gamma_{22} \end{bmatrix}$$

假设 $\boldsymbol{C}_0$ 可逆,可导出简化式方程为

$$\begin{aligned} \boldsymbol{y}_t &= \boldsymbol{C}_0^{-1} \boldsymbol{\Gamma}_0 + \boldsymbol{C}_0^{-1} \boldsymbol{\Gamma}_1 \boldsymbol{y}_{t-1} + \boldsymbol{C}_0^{-1} \boldsymbol{\mu}_t \\ &= \boldsymbol{\Phi}_0 + \boldsymbol{\Phi}_1 \boldsymbol{y}_{t-1} + \boldsymbol{\varepsilon}_t \end{aligned} \tag{5.44}$$

其中,

$$\boldsymbol{\Phi}_0 = \boldsymbol{C}_0^{-1} \boldsymbol{\Gamma}_0 = \begin{bmatrix} \phi_{10} \\ \phi_{20} \end{bmatrix}, \quad \boldsymbol{\Phi}_1 = \boldsymbol{C}_0^{-1} \boldsymbol{\Gamma}_1 = \begin{bmatrix} \phi_{11} & \phi_{12} \\ \phi_{21} & \phi_{22} \end{bmatrix}, \quad \boldsymbol{\varepsilon}_t = \boldsymbol{C}_0^{-1} \boldsymbol{\mu}_t = \begin{bmatrix} \varepsilon_{1t} \\ \varepsilon_{2t} \end{bmatrix}$$

由此可见,简化式扰动项 $\boldsymbol{\varepsilon}_t$ 是结构式扰动项 $\boldsymbol{\mu}_t$ 的线性组合,因此代表一种复合冲击。由于 μ_{xt} 和 μ_{zt} 是不相关的白噪声序列,我们可以断定上述 ε_{1t} 和 ε_{2t} 也是白噪声序列,且均值和方差为

$$E(\varepsilon_{1t})=0, \quad E(\varepsilon_{1s}\varepsilon_{1t})=0, \quad s\neq t, \quad \text{Var}(\varepsilon_{1t})=\frac{\sigma_x^2+c_{12}^2\sigma_z^2}{(1-c_{12}c_{21})^2}=\frac{1+c_{12}^2}{(1-c_{12}c_{21})^2}$$

$$E(\varepsilon_{2t})=0, \quad E(\varepsilon_{2s}\varepsilon_{2t})=0, \quad s\neq t, \quad \text{Var}(\varepsilon_{2t})=\frac{\sigma_z^2+c_{21}^2\sigma_x^2}{(1-c_{12}c_{21})^2}=\frac{1+c_{21}^2}{(1-c_{12}c_{21})^2}$$

同期的 ε_{1t} 和 ε_{2t} 之间的协方差为

$$\text{Cov}(\varepsilon_{1t},\varepsilon_{2t})=E(\varepsilon_{1t}\varepsilon_{2t})=\frac{c_{21}\sigma_x^2+c_{12}\sigma_z^2}{(1-c_{12}c_{21})^2}=\frac{c_{21}+c_{12}}{(1-c_{12}c_{21})^2} \tag{5.45}$$

由式(5.45)可以看出,当 $c_{12}=c_{21}=0$ 时,即变量之间没有即时影响,上述协方差为 0,相当于对 C_0 矩阵施加约束;当 $c_{12}\neq 0$ 或者 $c_{21}\neq 0$ 时,VAR 模型简化式中的扰动项不再像结构式中那样不相关。

5.5.2 多变量的 SVAR 模型

考虑 n 个变量的情形,p 阶结构向量自回归模型 SVAR(p)的形式如下:

$$\boldsymbol{C}_0\boldsymbol{y}_t=\boldsymbol{\Gamma}_1\boldsymbol{y}_{t-1}+\boldsymbol{\Gamma}_2\boldsymbol{y}_{t-2}+\cdots+\boldsymbol{\Gamma}_p\boldsymbol{y}_{t-p}+\boldsymbol{\mu}_t \quad (t=1,2,\cdots,T) \tag{5.46}$$

其中,

$$\boldsymbol{C}_0=\begin{bmatrix} 1 & -c_{12} & \cdots & -c_{1n} \\ -c_{21} & 1 & \cdots & -c_{2n} \\ \vdots & \vdots & & \vdots \\ -c_{n1} & -c_{n2} & \cdots & 1 \end{bmatrix}, \quad \boldsymbol{\Gamma}_i=\begin{bmatrix} \gamma_{11}^{(i)} & \gamma_{12}^{(i)} & \cdots & \gamma_{1n}^{(i)} \\ \gamma_{21}^{(i)} & \gamma_{22}^{(i)} & \cdots & \gamma_{2n}^{(i)} \\ \vdots & \vdots & & \vdots \\ \gamma_{n1}^{(i)} & \gamma_{n2}^{(i)} & \cdots & \gamma_{nn}^{(i)} \end{bmatrix} \quad (i=1,2,\cdots,p)$$

$$\boldsymbol{\mu}_t=\begin{bmatrix} \mu_{1t} \\ \mu_{2t} \\ \vdots \\ \mu_{nt} \end{bmatrix}$$

可以将式(5.46)写成滞后算子形式:

$$\boldsymbol{C}(L)\boldsymbol{y}_t=\boldsymbol{\mu}_t, \quad E(\boldsymbol{\mu}_t\boldsymbol{\mu}_t')=\boldsymbol{I}_n \tag{5.47}$$

式中,$\boldsymbol{C}(L)=\boldsymbol{C}_0-\boldsymbol{\Gamma}_1 L-\boldsymbol{\Gamma}_2 L^2-\cdots-\boldsymbol{\Gamma}_p L^p$,$\boldsymbol{C}(L)$ 为滞后算子 L 的 $n\times n$ 参数矩阵,$\boldsymbol{C}_0\neq \boldsymbol{I}_n$。需要注意的是,本书讨论的 SVAR 模型、$\boldsymbol{C}_0$ 矩阵均是主对角线元素为 1 的矩阵。

为了不失一般性,在式(5.47)中假定结构式误差项 $\boldsymbol{\mu}_t$ 的方差-协方差矩阵为单位矩阵 $\boldsymbol{I}_n$。同样地,如果矩阵多项式 $\boldsymbol{C}(L)$ 可逆,可以表示出 SVAR 的无穷阶的 VMA 形式:

$$\boldsymbol{y}_t=\boldsymbol{D}(L)\boldsymbol{\mu}_t \tag{5.48}$$

式中,$\boldsymbol{D}(L)=\boldsymbol{C}(L)^{-1}$,$\boldsymbol{D}(L)=\boldsymbol{D}_0+\boldsymbol{D}_1 L+\boldsymbol{D}_2 L^2+\cdots$,$\boldsymbol{D}_0=\boldsymbol{C}_0^{-1}$。

由于式(5.48)所有内生变量都表示为 $\boldsymbol{\mu}_t$ 的分布滞后形式,因此通常被称为经济模型的最终表达式。而且结构冲击 $\boldsymbol{\mu}_t$ 不可直接观测得到,需要通过 $\boldsymbol{y}_t$ 各元素的响应才可观测到。可以通过估计式(5.48),转变简化式的误差项得到结构冲击 $\boldsymbol{\mu}_t$。从式(5.29)和式(5.48)可以得到

$$\boldsymbol{\Theta}(L)\boldsymbol{\varepsilon}_t=\boldsymbol{D}(L)\boldsymbol{\mu}_t \tag{5.49}$$

式(5.49)对任意的 t 都是成立的,称为典型的 SVAR 模型。

复习思考题

1. VAR 模型的平稳性条件是什么？
2. VAR 模型与脉冲响应函数是什么关系？
3. 格兰杰因果关系检验的基本思想是什么？
4. 结构 VAR 模型与 VAR 模型有什么区别？

即 测 即 练

协整和误差修正模型

本章知识点
1. 深入了解协整的概念与协整检验方法。
2. 深入理解误差修正模型。
3. 深入理解Johansen协整检验方法。
4. 了解向量误差修正模型。

6.1 协整与协整检验

在前文的ARMA模型介绍中,回归估计所涉及的变量为平稳的时间序列变量,然而实际经济中的大多数时间序列都是非平稳的,在这种情况下,我们通常采用差分方法来消除时间序列中的非平稳趋势,从而将非平稳序列转化成平稳序列,然后再建立模型进行分析。但是,变换后的序列有时由于不具有直接的经济意义,从而使转换为平稳序列后所建立的时间序列模型没有足够的解释能力。因此,究竟是使用平稳时间序列还是使用非平稳时间序列,要依据所分析的问题的具体性质和内容而定。

1987年,Engle和Granger提出了协整理论及其方法,为非平稳时间序列的建模提供了另一种研究途径。目前,协整方法在分析变量之间的长期均衡关系中得到广泛应用。

6.1.1 协整的概念

在实际的经济环境中,有时一组(两个或两个以上)时间序列变量(如货币供应量和股票指数)都是随机游走的,但它们的某个线性组合却可能是平稳的,在这种情况下,我们称这两个变量是协整的,即存在协整关系。其基本思想是:如果两个(或两个以上)时间序列变量是非平稳的,但它们的某种线性组合却表现出平稳性,则这些变量之间存在长期均衡关系,即协整关系。

用数学语言来描述协整的定义,可以这样阐释:假定两个时间序列变量分别为x_t和y_t,而且这两个变量都是一阶单整过程,即$I(1)$过程。如果x_t和y_t的一个线性组合,如$z_t = x_t - \alpha y_t$,构成一个平稳的时间序列,那么我们说x_t和y_t具有协整关系,其中α称为协整参数(cointegrating parameter)。

协整的一般性定义如下:

K维向量时间序列$\mathbf{y}_t$,$\mathbf{y}_t = (y_{1t}, y_{2t}, \cdots, y_{kt})'(t=1,2,\cdots,T)$分量序列间被称为$d,b$阶协整,记为$\mathbf{y}_t \sim CI(d,b)$,如果满足:

(1) $y_t \sim (d)$,要求 y_t 的每一个分量都是 d 阶单整的;

(2) 存在非零向量 $\boldsymbol{\beta}$,使得 $\boldsymbol{\beta}' y_t \sim I(d-b)$,$0 < b \leq d$。

则称 y_t 是协整的,向量 $\boldsymbol{\beta}$ 又称为协整向量。

需要注意的是:第一,作为非平稳变量之间的描述,协整向量不是唯一的;第二,协整变量必须有相同的单整阶数;第三,最多可能存在 $K-1$ 个线性无关的协整向量;第四,协整变量之间具有共同的趋势成分,在数量上存在比例关系。

协整关系具有丰富的经济含义,它刻画了经济变量之间的长期均衡关系。协整关系在经济学和金融学当中有着广泛的应用,如相对购买力平价理论、货币数量论等,都可以利用协整关系来建模分析。

为什么会有协整关系存在呢?这是因为许多经济金融的时间序列数据都是非平稳的,但它们可能受到某些共同因素的影响,从而在时间上表现出共同的趋势,即变量之间存在稳定的关系,它们的变化受到这种关系的制约,因此它们的某种线性组合可能是平稳的,即存在协整关系。假定有序列 x_t 和 y_t,一般存在以下性质。

(1) 如果 $x_t \sim I(0)$,即 x_t 是平稳序列,则 $a + bx_t$ 也是 $I(0)$。

(2) 如果 $x_t \sim I(1)$,那么 $a + bx_t$ 也是 $I(1)$。

(3) 如果 x_t 和 y_t 都是 $I(0)$,则 $ax_t + by_t$ 是 $I(0)$。

(4) 如果 $x_t \sim I(0)$,$y_t \sim I(1)$,则 $ax_t + by_t$ 是 $I(1)$,即 $I(1)$ 具有占优势的性质。

(5) 如果 x_t 和 y_t 都是 $I(1)$,则 $ax_t + by_t$ 一般情况下是 $I(1)$,但不保证一定就是 $I(1)$。如果 $ax_t + by_t \sim I(0)$,那么 x_t 和 y_t 就是协整的,a 和 b 为协整参数。

不同变量之间存在着协整关系,从计量学的角度看,是指变量都是不平稳的时间序列,但两者的线性组合是平稳的,从经济学和金融学的角度看,是指变量之间存在长期的动态均衡关系。为了确定变量之间是否存在协整关系,下面介绍协整的检验方法。

6.1.2 协整的检验方法

协整检验是用来检验非平稳变量之间是否存在长期均衡关系的方法,如果非平稳变量之间存在协整关系,则它们之间的误差是平稳的。检验时间序列变量之间的长期均衡关系,最常用的是 Engle-Granger(E-G)两步法和 Johansen 基于 VAR 的协整方法。通常情况下,E-G 两步法用于检验两变量之间的协整关系,而 Johansen 检验则用于多变量之间的协整关系检验。需要注意的是,用这两种检验方法进行协整关系检验时,需要满足两个基本前提:①解释变量和被解释变量之间有内在的经济关系;②解释变量和被解释变量都是同阶单整的。

1. E-G 两步法

利用 E-G 两步法进行协整检验,具体可以分为以下两个步骤。

第一步:建立回归模型并用最小二乘法进行方程的参数估计:

$$y_t = c + \beta x_t + e_t \tag{6.1}$$

这一模型称为协整回归,β 称为协整参数,并得到相应的残差序列:

$$\hat{e}_t = y_t - \hat{c} - \hat{\beta} x_t \tag{6.2}$$

第二步:检验残差序列 $\hat{e}_t$ 的平稳性。原假设 H_0 为序列 $\hat{e}_t$ 非平稳,即至少为 $I(1)$,说

明 x_t 和 y_t 间不存在协整关系，备择假设 H_1 为序列 $\hat{e}_t$ 平稳，说明 x_t 和 y_t 间存在协整关系。

平稳性检验可以采用单位根检验或者 DW 检验。

(1) 单位根检验。运用前文所介绍的单位根检验方法来检验残差序列 $\hat{e}_t$ 的平稳性。如果 $\hat{e}_t$ 序列非平稳，至少为 $I(1)$，说明 x_t 和 y_t 不存在协整关系；若 $\hat{e}_t$ 序列平稳，则说明 x_t 和 y_t 存在协整关系。若用 DF 检验，此时称为 E-G 检验；若用 ADF 检验，此时称为 AEG 检验。

需要注意的是，由于 E-G 两步法是采用协整回归的残差 $\hat{e}_t$ 的最小二乘法估计值 $\hat{e}_t$ 来检验平稳性的，此时的检验临界值不能再用传统的(A)DF 检验的临界值，而是要采用 Engle 和 Granger 提供的临界值（表 6-1），因此这种协整检验方法又称为扩展的 Engle 和 Granger 检验，简称 AEG 检验。

表 6-1 Engle-Granger 协整检验残差序列单位根检验临界值

n	T	1%	5%	10%
2	50	−4.123	−3.461	−3.130
	100	−4.008	−3.398	−3.087
	200	−3.954	−3.368	−3.067
	500	−3.921	−3.350	−3.054
	∞	−3.900	−3.340	−3.040
3	50	−4.592	−3.915	−3.578
	100	−4.441	−3.828	−3.514
	200	−4.368	−3.785	−3.483
	500	−4.326	−3.760	−3.464
	∞	−4.290	−3.740	−3.450
4	50	−5.017	−4.324	−3.979
	100	−4.827	−4.210	−3.895
n	T	1%	5%	10%
	200	−4.737	−4.154	−3.853
	500	−4.684	−4.122	−3.828
	∞	−4.640	−4.100	−3.810
5	50	−5.416	−4.700	−4.348
	100	−5.184	−4.557	−4.240
	200	−5.070	−4.487	−4.186
	500	−5.003	−4.446	−4.154
	∞	−4.960	−4.420	−4.130

注：n 表示 E-G 协整模型中的变量个数；T 表示样本容量大小。

(2) DW 检验。利用协整回归的 DW 统计检验进行平稳性检验，DW 检验构造的统计量表示为

$$\mathrm{DW} = \frac{\sum(e_t - e_{t-1})^2}{\sum(e_t)^2} \qquad (6.3)$$

其对应的原假设是 H_0：DW=0。若 e_t 是随机游走的，则 $E(e_t - e_{t-1}) = 0$，所以 DW

统计量应接近于零,即不能拒绝原假设;如果拒绝原假设,就可以认为变量间存在协整关系。

上述两种方法都可以用来进行平稳性检验,但相应也存在一定的缺陷:就 E-G 两步法而言,E-G 检验大多仅适用于两个变量间的协整检验。仿真模拟结果表明,即使在样本长度为 100 时,协整向量的 OLS 估计也仍然是有偏差的,这将会导致犯第二类错误的可能性提高,因此在小样本的情况下,E-G 检验的结论是不可靠的。而 DW 检验对于带常数项或时间趋势项的随机游走是不适用的,因此这一检验方法一般仅作为大致判断是否存在协整关系的标准。

2. 案例分析

1) 协整关系检验

下面我们利用 EViews 软件来分析上证指数(SZZS)和深证成指(SZCZ)之间的关系。选取的时间是 2007 年 1 月 1 日至 2014 年 12 月 31 日。图 6-1 给出了两种指数的时间序列走势,从中可以看出,上证指数和深证成指之间存在一定的共同变化趋势。粗略观察数据并不平稳,因此我们对数据取对数(取对数的好处在于既可以将间距很大的数据转换为间距较小的数据,也可以消除时间序列中存在的异方差),再对新的时间序列进行平稳性检验。

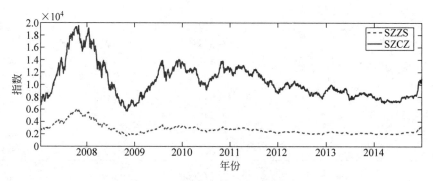

图 6-1 两种指数的时间序列走势

接下来,我们按照协整检验步骤来对上证指数和深证成指之间的关系进行检验。

首先,确定变量的单整阶数。根据协整的定义,协整关系要求变量之间具有相同的单整阶数。通过 ADF 检验来检验每个变量的单位根数目。如果两个变量都是平稳的,则没有必要再进行差分处理。通过 ADF 检验,两个指数的对数序列都是非平稳的,经过一阶差分后的时间序列是平稳的(图 6-2 和图 6-3),这表明指数序列均为 $I(1)$ 过程。具体的操作方法是:"View"—"Unit Root Test"或者单击菜单中的"Quick"—"Series Statistic"—"Unit Root Test"。

其次,建立协整回归方程。上述的单位根检验结果表明两个变量序列均为 $I(1)$,可以进行协整检验。

建立含常数项的回归方程:

$$\log SZCZ = C + \beta \log SZZS + e \tag{6.4}$$

单击菜单中的"Quick"—"Estimation Equation",输入"logSZCZ C logSZZS",选择 Least Squares 方法,得到的回归结果如图 6-4 所示。

第 6 章 协整和误差修正模型

```
Null Hypothesis: D(LOGSZZS) has a unit root
Exogenous: Constant
Lag Length: 0 (Automatic - based on SIC, maxlag=25)
```

	t-Statistic	Prob.*
Augmented Dickey-Fuller test statistic	-44.11795	0.0001
Test critical values: 1% level	-3.433517	
5% level	-2.862826	
10% level	-2.567501	

*MacKinnon (1996) one-sided p-values.

Augmented Dickey-Fuller Test Equation
Dependent Variable: D(LOGSZZS,2)
Method: Least Squares
Date: 06/07/15   Time: 10:32
Sample (adjusted): 1/08/2007 12/31/2014
Included observations: 1942 after adjustments

Variable	Coefficient	Std. Error	t-Statistic	Prob.
D(LOGSZZS(-1))	-1.001375	0.022698	-44.11795	0.0000
C	0.000104	0.000395	0.264485	0.7914

R-squared	0.500823	Mean dependent var	2.54E-05
Adjusted R-squared	0.500565	S.D. dependent var	0.024628
S.E. of regression	0.017405	Akaike info criterion	-5.263146
Sum squared resid	0.587659	Schwarz criterion	-5.257408
Log likelihood	5112.514	Hannan-Quinn criter.	-5.261036
F-statistic	1946.394	Durbin-Watson stat	1.995907
Prob(F-statistic)	0.000000		

图 6-2   log SZZS 的 ADF 检验结果

```
Null Hypothesis: D(LOGSZCZ) has a unit root
Exogenous: Constant
Lag Length: 0 (Automatic - based on SIC, maxlag=25)
```

	t-Statistic	Prob.*
Augmented Dickey-Fuller test statistic	-42.42549	0.0000
Test critical values: 1% level	-3.433517	
5% level	-2.862826	
10% level	-2.567501	

*MacKinnon (1996) one-sided p-values.

Augmented Dickey-Fuller Test Equation
Dependent Variable: D(LOGSZCZ,2)
Method: Least Squares
Date: 06/07/15   Time: 10:33
Sample (adjusted): 1/08/2007 12/31/2014
Included observations: 1942 after adjustments

Variable	Coefficient	Std. Error	t-Statistic	Prob.
D(LOGSZCZ(-1))	-0.963014	0.022699	-42.42549	0.0000
C	0.000247	0.000448	0.549942	0.5824

R-squared	0.481273	Mean dependent var	1.38E-05
Adjusted R-squared	0.481005	S.D. dependent var	0.027423
S.E. of regression	0.019756	Akaike info criterion	-5.009679
Sum squared resid	0.757189	Schwarz criterion	-5.003941
Log likelihood	4866.398	Hannan-Quinn criter.	-5.007569
F-statistic	1799.922	Durbin-Watson stat	1.995977
Prob(F-statistic)	0.000000		

图 6-3   log SZCZ 的 ADF 检验结果

最后,求出残差序列并对其进行 ADF 检验。在上述回归方程弹出的窗口中,单击 "Proc"—"Make Residual Series"得到残差序列,然后对残差序列进行 ADF 检验(同上),得到结果如图 6-5 所示。

```
Dependent Variable: LOGSZCZ
Method: Least Squares
Date: 06/07/15   Time: 10:37
Sample: 1/04/2007 12/31/2014
Included observations: 1944
```

Variable	Coefficient	Std. Error	t-Statistic	Prob.
C	2.319939	0.075250	30.82978	0.0000
LOGSZZS	0.875428	0.009531	91.85077	0.0000

R-squared	0.812884	Mean dependent var		9.228001
Adjusted R-squared	0.812787	S.D. dependent var		0.250901
S.E. of regression	0.108560	Akaike info criterion		-1.602001
Sum squared resid	22.88695	Schwarz criterion		-1.596268
Log likelihood	1559.145	Hannan-Quinn criter.		-1.599893
F-statistic	8436.563	Durbin-Watson stat		0.005001
Prob(F-statistic)	0.000000			

图 6-4   协整检验的回归结果

	t-Statistic	Prob.*
Augmented Dickey-Fuller test statistic	-3.659619	0.0048
Test critical values: 1% level	-3.433517	
5% level	-2.862826	
10% level	-2.567501	

*MacKinnon (1996) one-sided p-values.

图 6-5   残差的 ADF 检验结果

从图 6-5 的检验结果可以看出拒绝接受原假设,即残差序列是平稳的,这也就说明 2007 年 1 月 1 日至 2014 年 12 月 31 日 log SZCZ 和 log SZZS 存在协整关系。

2) 协整套利分析

股指期货的两个不同期货合约因为对应同一个股票指数,所以存在长期协整关系的基础。依据配对交易思想,基于协整的股指期货套利的核心在于准确发现价差交易出现的时机和概率,而本书可应用协整方法来构建不同到期月份合约价格序列的长期均衡关系,估计价差序列的分布,从而制定恰当的价差交易策略。

一般来说,基于相同标的股票指数的股指期货在市场上会有不同交割月份的合约同时交易。而股指期货的跨期套利,就是指利用基于同一股票指数的两个不同交割月份的股指期货合约之间的价差进行的套利交易。严格来讲,跨期套利不是无风险套利,它实际上属于价差套利交易,所以其操作重点在于判断不同交割月份合约的价差将来是扩大还是缩小。依据对不同交割月份合约价差未来走势的判断,可将跨期套利的策略划分为以下三种。

(1) 牛市(多头)跨期套利:判断远期合约相对近期合约被低估,价差将扩大,我们可以买入远期合约的同时卖出近期合约。

(2) 熊市(空头)跨期套利:判断近期合约相对远期合约被低估,价差将缩小,我们可以买入近期合约的同时卖出远期合约。

(3) 蝶式跨期套利:上述多头策略和空头策略的组合,即两个方向相反、共享中间交割月份的跨期套利的组合。

在此案例中,仅讨论多头策略与空头策略,而上述策略的准确进行则需要跨期套利模型来提供精确的标准。

基于协整的跨期套利,其基本思路如下。

假设现有一段时间内的两期货合约序列分别为近期合约 F_1 和远期合约 F_2,先将这段时间分成两段(前一段时间较长),然后以第一段数据建立模型,第二段数据以第一段数据建好的模型为依据来进行交易。

在第一段数据中,先对两合约序列取对数为 $\ln F_1$, $\ln F_2$,则这两对数序列的协整关系处理可分为两步:首先,检验 $\ln F_1$, $\ln F_2$ 是否存在单位根;其次,若这两对数序列都存在单位根,那么就检验它们是否存在协整关系,即对它们建立回归方程:

$$\ln F_2 = C + U\ln F_1 + \varepsilon_1$$

若 ε_1 不含单位根为平稳序列,则两对数序列存在协整关系。接着将这一协整模型结果代入第二段数据中,并设:

$$\varepsilon_2 = \ln F_2 - U\ln F_1 - C$$

而第一段数据中建立的协整模型的残差为 ε_1,其样本方差为 $\mathrm{Var}(\varepsilon_1)$,则再设:

$$\varepsilon_3 = \varepsilon_2 / \sqrt{\mathrm{Var}(\varepsilon_1)}$$

可以认为在第一段时间内建立的模型在第二段时间内依然成立,所以 ε_1 和 ε_2 有相同的分布,且都是均值为 0 的白噪声。由此可知,ε_2 时刻存在着向均值 0 回归的内在要求。当 ε_2 的绝对值超过一个样本标准差时,可以认为是一个较好的套利机会,但当 ε_2 的绝对值超过两个样本标准差这样的小概率事件发生时,则往往意味着这两对数序列的协整关系已经不再成立。

综上所述,此处可将开仓、平仓的标准设定如下:当 ε_3 的绝对值超过 1 且再回落到 1 时则开仓(主要是防止当 ε_3 不再回落到 1 时,两对数序列可能不再延续上一模型的协整关系,而当它再回落到 1 时则可认为协整关系仍然成立);开仓后当 ε_3 回落到 0 值时平仓;开仓后当 ε_3 的绝对值超过 2 时认亏平仓,并且这一时间段内不再交易。这样的开仓、平仓标准可以确保两对数序列的价差在可控的范围内,开仓后价差不在可控范围内,可能会向不利方向发展过大,从而导致爆仓。

上述阐述为研究思路,在接下来实证分析中,选取的数据为 IF0806 与 IT0807 两个合约在时间段 2008 年 5 月 19 日到 2008 年 5 月 21 日内的 1 分钟的高频数据(共 816 对数据)。因 IT0807 合约刚开始时交易不活跃,所以以第 101~700 分钟的数据建立模型,当存在协整模型时,接下来的第 701~800 分钟以这一协整模型的结果为依据来进行跨期套利交易。首先对 $\ln F_1$, $\ln F_2$ 在第 101~700 分钟内进行单位根检验,见表 6-2。

表 6-2 $\ln F_1$ 和 $\ln F_2$ 单位根检验

序列	ADF	P	临界值(1%)	临界值(5%)
$\ln F_1$	1.868 564	0.998 2	−3.441 019	−2.866 139
$\ln F_2$	0.381 076	0.982 1	−3.441 019	−2.866 139

由表 6-2 知两对数序列都含有单位根,即都是非平稳序列,则再对它们的差分进行单位根检验,见表 6-3。

表 6-3 $D(\ln F_1)$ 和 $D(\ln F_2)$ 单位根检验

序列	ADF	P	临界值(1%)	临界值(5%)
$D(\ln F_1)$	−20.162	0.001 7	−3.441 019	−2.866 139
$D(\ln F_2)$	−20.712	0.000 2	−3.441 019	−2.866 139

由表 6-3 可得两对数序列的差分不含单位根,即它们的差分是平稳序列,说明它们在这个时间段内都是一阶单整序列 $I(1)$。

下面再对 $\ln F_1$、$\ln F_2$ 在第 101～700 分钟内建立回归方程得
$$\ln F_2 = 1.33 + 0.849\ln F_1 + \varepsilon_1$$

再对模型的残差 ε_1 进行单位根检验。由表 6-4 知,ε_1 不含单位根,是平稳序列,则可以认为 $\ln F_1$、$\ln F_2$ 两对数序列是符合协整关系的。

表 6-4 残差单位根检验

序列	ADF	P	临界值(1%)	临界值(5%)
ε_1	−4.662 133	0.000 0	−3.441 019	−2.866 139

下面将这一协整模型的结果代入第 701～800 分钟中,得
$$\varepsilon_2 = \ln F_2 - 0.849\ln F_1 - 1.33$$
而第 101～700 分钟内建立的协整模型中的残差为 ε_1,其样本方差为 $\text{Var}(\varepsilon_1)$,再设
$$\varepsilon_3 = \varepsilon_2 / \sqrt{\text{Var}(\varepsilon_1)}$$
下面来看交易的结果,在第 701～800 分钟的 ε_3 的图形如图 6-6 所示。

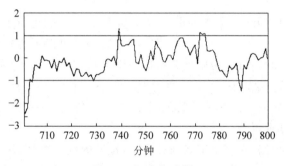

图 6-6 标准化残差

从上文所述的开仓、平仓的标准和 ε_3 的结果来看,本次过程一共有 5 次套利的交易机会,而且成功率为 100%,并且开仓后的风险可控。但这里存在一个问题:上述模型中的 U 并不为一整数,而在现实交易中只能做整数个合约的交易,可以将多余的非整数部分用 ETF(交易所交易基金)或成分股的组合来对冲。

6.2 误差修正模型

6.2.1 误差修正模型内涵

不同的经济变量之间经常存在着长期均衡关系,但从短期来看可能是失衡的。借助误差修正机制,一个期间的失衡部分可以在下一个期间得到纠正。误差修正机制就是要调解长期行为和短期行为趋势不一致问题,因为误差修正模型(Error Correction Model,ECM)的实用性,近年来越来越多地被应用于各种实证研究中。

误差修正模型是协整分析的一部分。以两个 $I(1)$ 变量 x_t 和 y_t 为例,如果 x_t 和 y_t 具有协整关系,那么可以表示如下:

$$y_t = c + \beta x_t + e_t \tag{6.5}$$

进行 OLS 回归后，$\hat{e}_t$ 若为平稳序列，我们就可以说 x_t 和 y_t 存在一个长期的动态均衡关系，从而使得误差项 e_t 不会发散。所以，从长期来看，e_t 的期望值为 0。也就是说，在长期均衡状态下，$E(y_t - c - \beta x_t) = 0$。

如果在短期内出现非均衡状态，即 $e_{t-1} \neq 0$，那么 x_t 和 y_t 必须进行动态修正和调整，使得非均衡状态尽量恢复到均衡状态，确保 $E(e_t) = 0$。

Engle 和 Granger(1987)提出的误差修正模型就是用于解决两个经济变量的短期失衡问题。ECM 的基本思想是：若变量之间存在协整关系，则表明变量之间存在长期的动态均衡关系，而这种长期的均衡关系是在短期的波动过程中不断调整实现的。大多数经济、金融变量，其时间序列的一阶差分是平稳的，由于受长期均衡关系的支配，这些变量的某种线性组合也是平稳的，即变量中的长期分量相互抵消，产生一个平稳的时间序列。之所以会这样，究其原因是误差修正机制在起作用，防止长期均衡关系出现大的偏差，任何一组相互调整的时间序列变量都存在误差修正机制，通过短期的调整，使变量之间的关系达到长期均衡。

6.2.2 误差修正模型构建

先考虑一阶自回归分布滞后模型，记为 ADL(1,1)：

$$y_t = \alpha + \beta_0 x_t + \beta_1 x_{t-1} + \beta_2 y_{t-1} + \varepsilon_t$$

在模型两端同时减去 y_{t-1}，并在模型右端 $\pm \beta_0 x_{t-1}$，得

$$\begin{aligned}\Delta y_t &= \alpha + \beta_0 \Delta x_t + (\beta_0 + \beta_1) x_{t-1} + (\beta_2 - 1) y_{t-1} + \varepsilon_t \\ &= \beta_0 \Delta x_t + (\beta_2 - 1)\left[y_{t-1} - \frac{\alpha}{1-\beta_2} - \frac{\beta_0 + \beta_1}{1-\beta_2} x_{t-1}\right] + \varepsilon_t \\ &= \beta_0 \Delta x_t + \gamma(y_{t-1} - \alpha_0 - \alpha_1 x_{t-1}) + \varepsilon_t\end{aligned}$$

其中，$\gamma = \beta_2 - 1$；$\alpha_0 = \alpha/(1-\beta_2)$；$\alpha_1 = (\beta_0 + \beta_1)/(1-\beta_2)$。

记为

$$\text{ecm}_{t-1} = y_{t-1} - \alpha_0 - \alpha_1 x_{t-1} \tag{6.6}$$

则

$$\Delta y_t = \beta_0 \Delta x_t + \gamma \text{ecm}_{t-1} + \varepsilon_t \tag{6.7}$$

称式(6.7)为误差修正模型，式(6.6)为误差修正项，其系数为 γ，通常称为调整系数。

另外，如果考虑变量滞后项对当期的影响，式(6.7)对应的更一般的 ECM 形式是

$$\Delta y_t = c + \gamma \text{ecm}_{t-1} + \phi(L) \Delta x_t + \varphi(L) \Delta y_{t-1} + \varepsilon_t \tag{6.8}$$

其中，滞后算子定义为

$$\phi(L) = \phi_0 + \phi_1 L + \phi_2 L^2 + \cdots + \phi_P L^{P-1}$$
$$\varphi(L) = \varphi_0 + \varphi_1 L + \varphi_2 L^2 + \cdots + \varphi_P L^{q-1}$$

6.2.3 误差修正模型估计

格兰杰表示定理(1987)指出，如果非平稳变量间存在协整关系，则必然可以建立误差协整模型；如果用非平稳变量可以建立误差修正模型，则变量间一定存在协整关系。该定理

的意义在于从理论上证明了协整与误差修正模型的必然对应关系。

最常用的 ECM 的估计方法是 Engle 和 Granger 提出的两步法,其基本思想如下。

第一步,建立回归模型:

$$y_t = c + \beta x_t + e_t \quad (t=1,2,\cdots,T) \tag{6.9}$$

进行 OLS 回归后,得到 $\hat{c}$、$\hat{\beta}$ 和残差序列 $\hat{e}_t$,并且用 AEG 方法检验 $\hat{e}_t$ 是否平稳。

$$\hat{e}_t = y_t - \hat{c} - \hat{\beta} x_t \quad (t=1,2,\cdots,T) \tag{6.10}$$

第二步,若 $\hat{e}_t$ 是平稳的,则对各变量的一阶差分形式重新建立回归模型,并引入残差序列作为一个解释变量,即

$$\Delta y_t = c_0 + \gamma \hat{e}_{t-1} + \beta_1 \Delta x_t + \varepsilon_t \tag{6.11}$$

说明:

(1) 在建立回归模型(6.9)之前,要检验 x_t 和 y_t 之间经济联系或者关系。

(2) 在建立回归模型(6.9)之前,要检验 x_t 和 y_t 是否具有同阶单整性。

根据式(6.11),y_t 的当前变化取决于 x_t 的变化以及前期的非均衡程度。也就是说,前期的误差对当期的 y_t 进行调整,所以式(6.11)就是一阶误差修正模型,也是最简单的形式。其中,$\gamma \hat{e}_{t-1}$ 为误差修正项,反映了 y_t 关于 x_t 在 t 时点的短期偏离;γ 为修正系数,表示 y_t 对误差的调整速度。

误差修正模型提供了一种变量之间长期关系和短期的调整,模型当中包含长期调节和短期调节的过程,这也是其优点所在。

为避免 OLS 方法带来的自相关,通过系数 γ 来说明 Δy 和 Δx 的关系。如果系数 γ 是显著的并且为负数,则说明 x 和 y 之间存在长期的稳定关系制约着 x 和 y 的变化,促使它们走向均衡。但是如果该系数为正,说明若 Δx 有变动,则 Δy 会产生更为剧烈的变动,这样在短期内很难达到均衡,经过长期的积累后就更加不可能实现长期均衡,因此这并不符合金融经济理论。

6.2.4 案例分析

6.1 节中检验了上证指数和深证成指之间的协整关系,为了考察上证指数和深证成指之间的动态关系,现通过 ECM 来加以分析。

首先,建立 2007 年 1 月 1 日至 2014 年 12 月 31 日期间上证指数和深证成指的长期均衡方程:

$$\log SZCZ_t = C + \beta \log SZZS_t + e_t \tag{6.12}$$

然后,令 $\text{ecm}_t = \hat{e}_t$,即将残差序列 $\hat{e}_t$ 作为误差修正项,建立下面的误差修正模型:

$$\Delta \log SZCZ_t = C_0 + \gamma \text{ecm}_{t-1} + \beta_1 \Delta \log SZZS_t + \varepsilon_t \tag{6.13}$$

具体的操作步骤是:首先提取式(6.12)中的残差,接着单击"Quick"—"Estimation Equation",在弹出的窗口中输入"d(logSZCZ) c d(logSZZS) resid01(−1)",resid01 表示提取出的残差,resid(−1)中的"(−1)"表示滞后一阶,结果如图 6-7 所示。

误差修正项 ecm_t 的系数大小反映了对偏离长期均衡的调整力度。从系数估计值(−0.004 991)来看,当短期波动偏离长期均衡时,将以(−0.004 991)的调整力度将非均衡状态拉回到均衡状态。

```
Dependent Variable: D(LOGSZCZ)
Method: Least Squares
Date: 06/07/15   Time: 23:33
Sample (adjusted): 1/05/2007 12/31/2014
Included observations: 1943 after adjustments

Variable        Coefficient    Std. Error    t-Statistic    Prob.
C               0.000160       0.000157      1.018555       0.3085
D(LOGSZZS)      1.061171       0.009045      117.3157       0.0000
RESID01(-1)    -0.004991       0.001451     -3.440825       0.0006

R-squared            0.877087    Mean dependent var      0.000255
Adjusted R-squared   0.876961    S.D. dependent var      0.019759
S.E. of regression   0.006931    Akaike info criterion  -7.104080
Sum squared resid    0.093195    Schwarz criterion      -7.095477
Log likelihood       6904.614    Hannan-Quinn criter.   -7.100917
F-statistic          6921.793    Durbin-Watson stat      1.770743
Prob(F-statistic)    0.000000
```

图 6-7　误差修正模型估计结果

6.3　Johansen 协整检验方法

6.3.1　Johansen 协整检验的基本思路

前述两节介绍的协整检验和误差修正模型主要是针对单方程而言的，本节扩展到 VAR 模型。由于 E-G 检验方法仅适用于包含两个变量的系统，对于包含多个变量、可能存在多个协整关系的系统，就要用到 Johansen 协整检验。Johansen 协整检验是 Johansen 在 1988 年及 1990 年与 Juselius 一起提出的以 VAR 模型为基础的检验回归系数的方法，是一种进行多变量协整检验的较好的方法。其理论非常复杂，但其基本思想是基于 VAR 模型将一个求极大似然函数的问题转化为一个求特征根和对应的特征向量的问题。下面我们介绍 Johansen 协整检验的基本思想和内容。

对于如下的包含 g 个变量，k 阶滞后项的 VAR 模型：

$$\boldsymbol{y}_t = \boldsymbol{\beta}_1 \boldsymbol{y}_{t-1} + \boldsymbol{\beta}_2 \boldsymbol{y}_{t-2} + \cdots + \boldsymbol{\beta}_k \boldsymbol{y}_{t-k} + \boldsymbol{e}_t \tag{6.14}$$

假定所有的 g 个变量都是 $I(1)$。对式(6.14)进行适当的变换，可以得到如下以 VECM 形式表示的模型：

$$\Delta \boldsymbol{y}_t = \boldsymbol{\Pi} \boldsymbol{y}_{t-1} + \boldsymbol{\Gamma}_1 \Delta \boldsymbol{y}_{t-1} + \boldsymbol{\Gamma}_2 \Delta \boldsymbol{y}_{t-2} + \cdots + \boldsymbol{\Gamma}_{k-1} \Delta \boldsymbol{y}_{t-(k-1)} + \boldsymbol{e}_t$$

$$\Delta \boldsymbol{y}_t = \boldsymbol{\Pi} \boldsymbol{y}_{t-1} + \sum_{i=1}^{k-1} \boldsymbol{\Gamma}_i \Delta \boldsymbol{y}_{t-i} + \boldsymbol{e}_t \tag{6.15}$$

式中，$\boldsymbol{\Pi} = (\sum_{j=1}^{k} \boldsymbol{\beta}_i) - \boldsymbol{I}_g$；$\boldsymbol{I}_g$ 为 g 阶单位矩阵；$\boldsymbol{\Gamma}_i = -\left[(\sum_{j=1}^{i} \boldsymbol{\beta}_j) - \boldsymbol{I}_g\right]$。

由于 $I(1)$ 过程经过差分变换将变成 $I(0)$，即式(6.15)中的 $\Delta \boldsymbol{y}_t$，$\Delta \boldsymbol{y}_{t-i}(i=1,2,\cdots,k-1)$ 都变成 $I(0)$ 变量构成的向量，那么只要 $\boldsymbol{\Pi} \boldsymbol{y}_{t-1}$ 是 $I(0)$ 的向量，即 $\boldsymbol{y}_{t-1}$ 的各分量之间具有协整关系，就能保证 $\Delta \boldsymbol{y}_t$ 是平稳过程。$\boldsymbol{y}_{t-1}$ 的各分量之间是否具有协整关系，主要依赖于矩阵 $\boldsymbol{\Pi}$ 的秩，设 $\boldsymbol{\Pi}$ 的秩为 r，则存在三种情况：$r=k, r=0, 0<r<k$。

(1) 当 $r=k$ 时，如果 $\boldsymbol{\Pi} \boldsymbol{y}_{t-1}$ 是 $I(0)$ 的向量，唯一可能结果 $\boldsymbol{y}_t$ 所包含的全部变量都是平稳的，这与已知矛盾。

(2) 当 $r=0$ 时，意味着 $\boldsymbol{\Pi}=0$，式(6.15)仅是个差分方程，各项都是 $I(0)$ 变量，无须讨论

协整关系。

(3) 当 $0<r<k$ 时,如 y_t 是非平稳的,则 Πy_{t-1} 意味着 y_t 中的变量一定存在协整关系,则 Π 可以分解为两个 $k \times r$ 阶矩阵的乘积:

$$\Pi = \alpha \beta' \tag{6.16}$$

将式(6.16)代入式(6.15),得到

$$\Delta y_t = \alpha \beta' y_{t-1} + \sum_{i=1}^{k-1} \Gamma_i \Delta y_{t-i} + e_t \tag{6.17}$$

式(6.17)要求 $\beta' y_{t-1}$ 为一个 $I(0)$ 向量,其每一行都是 $I(0)$ 组合变量,即 β 的每一列所表示的 y_{t-1} 的各分量线性组合都是一种协整形式,矩阵 β 决定了 y_{t-1} 的各分量之间协整向量的个数和形式。因此,β 称为协整向量矩阵,r 为协整向量的个数。其中,秩(α) = r,秩(β) = r,矩阵 α 为调整参数矩阵,它的每一行 α_i 是出现在第 i 方程中的 r 个协整组合的一组权重,与前面介绍的误差修正模型的修正系数含义一致。

为检测变量之间的协整关系,需要通过计算 Π 系数矩阵的秩及特征值来判断。将 Π 系数矩阵的特征值按照从大到小的顺序排列,即 $\lambda_1 \geqslant \lambda_2 \geqslant \cdots \geqslant \lambda_g$。如果变量之间不存在协整关系,则 Π 的秩为零。如果变量间有 $r(r<g)$ 个协整关系,则 Π 的秩为 r,由于特征值是从大到小顺序排列的,因此 $\lambda_1, \lambda_2, \cdots, \lambda_r$ 显著地不为零,而 $\lambda_{r+1}, \lambda_{r+2}, \cdots, \lambda_g$ 的值则为零。Johansen 协整检验方法中有两个检验统计量。

(1) 特征根迹检验(trace 检验)。由 r 个最大特征根可得到 r 个协整向量,而对于其余 $g-r$ 个非协整组合来说,$\lambda_{r+1}, \lambda_{r+2}, \cdots, \lambda_g$ 应该为零,于是可得到原假设和备择假设为

$$H_{r0}: \lambda_{r+1}=0, \quad H_{r1}: \lambda_{r+1}>0$$

相应的检验统计量为

$$\lambda_{\text{tracs}}(r) = -T \sum_{i=r+1}^{k} \ln(1-\lambda_i) \tag{6.18}$$

特征根迹检验实际上是一个联合检验:$\lambda_{r+1}=\lambda_{r+2}=\cdots=\lambda_g=0$,因为当 $\lambda_i=0$ 时,$\ln(1-\lambda_i)$ 也为 0,当 $0<\lambda_i<1$ 时,λ_i 越大,$\ln(1-\lambda_i)$ 越小,λ_{tracs} 越大。

① 当 $\lambda_{\text{tracs}}(0)$ 不显著时[即 $\lambda_{\text{tracs}}(0)$ 值小于某一显著性水平下的 Johansen 分布临界值],接受 $H_{00}(r=0)$,表明有 k 个单位根、0 个协整向量(即不存在协整关系)。$\lambda_{\text{tracs}}(0)$ 显著时[即 $\lambda_{\text{tracs}}(0)$ 值大于某一显著性水平下的 Johansen 分布临界值],拒绝 H_{00},表明至少有一个协整向量,必须接着检验 $\lambda_{\text{tracs}}(1)$ 的显著性。

② 当 $\lambda_{\text{tracs}}(1)$ 不显著时,接受 H_{10},表明只有 1 个协整向量,依次进行下去,直到接受 H_{r0},说明存在 r 个协整向量,这 r 个协整向量就是对应最大的 r 个特征根的经过标准化的特征向量。根据右边假设检验,大于临界值拒绝原假设。继续检验的过程可归结为如下的序贯过程。

$\lambda_{\text{tracs}}(1)$ < 临界值,接受 H_{10},表明只有 1 个协整向量;

$\lambda_{\text{tracs}}(1)$ > 临界值,拒绝 H_{10},表明至少 2 个协整向量;

⋮

$\lambda_{\text{tracs}}(1)$ < 临界值,接受 H_{r0},表明只有 r 个协整向量。

(2) 最大特征值检验。原假设和备择假设为

$$H_{r0}: \lambda_{r+1}=0, \quad H_{r1}: \lambda_{r+1}>0$$

检验统计量是基于最大特征值的,其形式为

$$\lambda_{\max}(r,r+1) = -T\ln(1-\lambda_{r+1}) \qquad (6.19)$$

检验从下往上进行,首先检验 $\lambda_{\max}(0,1)$,如果:

$\lambda_{\max}(0,1)<$临界值,接受 H_{00},无协整向量;

$\lambda_{\max}(0,1)>$临界值,拒绝 H_{00},至少有 1 个协整向量。

接受 $H_{00}(r=0)$,表明最大特征根为 0,无协整向量,否则接受 H_{01},至少有 1 个协整向量;如果 $\lambda_{\max}(1,2)$ 显著,拒绝 H_{10},接受至少有 2 个协整向量的备择假设 H_{11};依次进行下去,直到接受 H_{r0},共有 r 个协整向量。

6.3.2 Johansen 协整检验的案例分析

下面我们利用 EViews 软件来分析上证指数、深证成指和沪深 300 指数之间的关系。选取的时间是 2007 年 1 月 1 日至 2014 年 12 月 31 日。如前文所述,我们同样先对指数序列进行对数处理。首先进行变量的单位根检验,ADF 检验结果表明三个指数序列均为 $I(1)$ 过程。

在 EViews 软件中,把三个变量创建 Group 组,接着单击 "View"—"Cointegration Test"—"Johansen System Cointegration Test",便弹出图 6-8 所示的对话窗口。

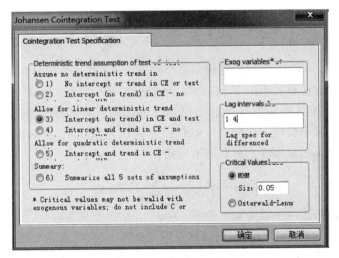

图 6-8 Johansen 协整检验窗口

在"Deterministic trend assumption of test"项中,主要是确定待检验序列组的趋势问题,如果存在明显的趋势,则应选择第 4)项;如果没有明显的趋势,则一般选择第 3)项。

"Exog variables"项主要是输入在 VAR 模型中除了常数项、趋势项和滞后项外,可能包含的解释变量的名称。

"Lag intervals"项主要是输入选择的 VAR 模型的滞后差分项的阶数,如输入"1 4"表示 VAR 模型包含滞后 4 期的差分项。

"Critical Values"项是临界值,如输入 0.05 或 0.01,表示 5% 或者 1% 的显著性水平。

根据 Johansen 协整检验步骤对上证指数(log SZZS)、深证成指(log SZCZ)和沪深 300 指数(log HS300)进行检验。检验结果见图 6-9。

```
Unrestricted Cointegration Rank Test (Trace)

Hypothesized              Trace         0.05
No. of CE(s)   Eigenvalue  Statistic    Critical Value   Prob.**

None *         0.017942    40.29086     29.79707         0.0022
At most 1      0.002241    5.184606     15.49471         0.7889
At most 2      0.000431    0.834965     3.841466         0.3608

Trace test indicates 1 cointegrating eqn(s) at the 0.05 level
* denotes rejection of the hypothesis at the 0.05 level
**MacKinnon-Haug-Michelis (1999) p-values

Unrestricted Cointegration Rank Test (Maximum Eigenvalue)

Hypothesized              Max-Eigen     0.05
No. of CE(s)   Eigenvalue  Statistic    Critical Value   Prob.**

None *         0.017942    35.10625     21.13162         0.0003
At most 1      0.002241    4.349641     14.26460         0.8207
At most 2      0.000431    0.834965     3.841466         0.3608

Max-eigenvalue test indicates 1 cointegrating eqn(s) at the 0.05 level
* denotes rejection of the hypothesis at the 0.05 level
**MacKinnon-Haug-Michelis (1999) p-values
```

图 6-9　Johansen 协整检验结果

从图 6-9 中可以看出，两个检验统计量 λ_{tracs} 和 $\lambda_{\max}$ 的检验结果均拒绝不存在协整关系的原假设，接受存在至多一个协整关系的原假设，即变量之间存在一个协整关系。

6.4　向量误差修正模型

Engle 和 Granger 将协整与误差修正模型结合起来，建立了向量误差修正模型。向量误差修正模型是含有协整约束的 VAR 模型，多应用于具有协整关系的非平稳时间序列。

如果式(6.14)中的 y_t 所包含的 g 个 $I(1)$ 序列之间存在协整关系，则式(6.17)中每个方程的误差项都具有平稳性。式(6.17)中 $\boldsymbol{\beta}'y_{t-1}$ 是误差修正项，令 $ecm_{t-1}=\boldsymbol{\beta}'y_{t-1}$，一个协整体系用误差修正模型来表示具有以下形式：

$$\Delta y_t = \boldsymbol{\alpha} \cdot ecm_{t-1} + \sum_{i=1}^{k-1} \boldsymbol{\Gamma}_i \Delta y_{t-i} + e_t \qquad (6.20)$$

式中的每一个方程都是一个误差修正模型。ecm_{t-1} 是误差修正向量，反映变量之间的长期均衡关系，系数矩阵 $\boldsymbol{\alpha}$ 反映了变量之间偏离长期均衡状态时，将其调整到均衡状态的调整速度。所有作为解释变量的差分项的系数反映各变量的短期波动对作为被解释变量的短期变化的影响，可以剔除其中统计上不显著的滞后差分项。

以一个两变量(y_1,y_2)的包含误差修正项但没有滞后差分项的向量误差修正模型为例，误差修正项是

$$ecm_t = y_{2t} - by_{1t} \qquad (6.21)$$

则向量误差修正模型表示为

$$\Delta y_t = \boldsymbol{\alpha}\, ecm_{t-1} + e_t \qquad (6.22)$$

式中 $\alpha=(\alpha_1,\alpha_2)'$，写成单个方程的形式为

$$\Delta y_{1t} = \alpha_1(y_{2t-1} - by_{1t-1}) + e_{1t} \qquad (6.23)$$

$$\Delta y_{2t} = \alpha_2(y_{2t-1} - by_{1t-1}) + e_{2t} \qquad (6.24)$$

式中，系数 α_1,α_2 为调整速度。

在这个模型当中,等式右端仅有误差修正项。在长期均衡中,这一项为零。然而,如果 y_1,y_2 在上一期偏离了长期均衡,则误差修正项非零,α_1 和 α_2 会将其拉回到均衡状态。

由于序列 y_{1t} 和 y_{2t} 可以有不同的特征,模型还可以表示成以下不同的形式。

(1) 如果变量 y_{1t} 和 y_{2t} 不含趋势项,并且协整方程有截距 c,则向量误差修正模型有如下形式:

$$\Delta y_{1t} = \alpha_1(y_{2t-1} - c - by_{1t-1}) + e_{1t} \tag{6.25}$$

$$\Delta y_{2t} = \alpha_2(y_{2t-1} - c - by_{1t-1}) + e_{2t} \tag{6.26}$$

(2) 如果在序列中有线性趋势 δ,则向量误差修正模型有如下形式:

$$\Delta y_{1t} = \delta_1 + \alpha_1(y_{2t-1} - c - by_{1t-1}) + e_{1t} \tag{6.27}$$

$$\Delta y_{2t} = \delta_2 + \alpha_2(y_{2t-1} - c - by_{1t-1}) + e_{2t} \tag{6.28}$$

(3) 如果协整方程中可能含有趋势项 ρt,则向量误差修正模型有如下形式:

$$\Delta y_{1t} = \delta_1 + \alpha_1(y_{2t-1} - c - \rho t - by_{1t-1}) + e_{1t} \tag{6.29}$$

$$\Delta y_{2t} = \delta_2 + \alpha_2(y_{2t-1} - c - \rho t - by_{1t-1}) + e_{2t} \tag{6.30}$$

(4) 如果序列中隐含的二次趋势项 ζt,等价于向量误差修正模型的括号外也存在线性趋势项,则向量误差修正模型有如下形式:

$$\Delta y_{1t} = \delta_1 + \zeta t + \alpha_1(y_{2t-1} - c - \rho t - by_{1t-1}) + e_{1t} \tag{6.31}$$

$$\Delta y_{2t} = \delta_2 + \zeta t + \alpha_2(y_{2t-1} - c - \rho t - by_{1t-1}) + e_{2t} \tag{6.32}$$

上述仅讨论了简单的向量误差修正模型,与 VAR 模型类似,我们可以构造结构向量误差修正模型,同样也可以考虑向量误差修正模型的 Granger 因果检验、脉冲响应函数和方差分解。关于 VAR 模型和向量误差修正模型的更多讨论,可以参考汉密尔顿(1999)的详细讨论。

下面以简单的两个变量 VAR(1) 模型演示其对应的 VECM 表达式,即

$$\begin{bmatrix} y_{1t} \\ y_{2t} \end{bmatrix} = \begin{bmatrix} 0.4 & 1.5 \\ -0.2 & 1.5 \end{bmatrix} \begin{bmatrix} y_{1,t-1} \\ y_{2,t-1} \end{bmatrix} + \begin{bmatrix} \varepsilon_{1t} \\ \varepsilon_{2t} \end{bmatrix} \tag{6.33}$$

根据特征方程判断,其变量都是 $I(1)$ 过程,并根据协整检验其存在着一个协整关系。进一步可以将式(6.33)改写成下列形式,即

$$\begin{bmatrix} \Delta y_{1t} \\ \Delta y_{2t} \end{bmatrix} = \begin{bmatrix} -0.6 & 1.5 \\ -0.2 & 0.5 \end{bmatrix} \begin{bmatrix} y_{1,t-1} \\ y_{2,t-1} \end{bmatrix} + \begin{bmatrix} \varepsilon_{1t} \\ \varepsilon_{2t} \end{bmatrix} \tag{6.34}$$

从而得到

$$\boldsymbol{\Pi} = \begin{bmatrix} -0.6 & 1.5 \\ -0.2 & 0.5 \end{bmatrix} \tag{6.35}$$

由于存在协整关系,这个协整关系由矩阵 $\boldsymbol{\Pi}$ 的任一行给定。为了使协整向量唯一,可以对矩阵 $\boldsymbol{\Pi}$ 的任一行元素进行同等变换,如 $Z = y_{1t} - 2.5 y_{2t}$,则协整向量是

$$\boldsymbol{\beta}' = \begin{bmatrix} 1 & -2.5 \end{bmatrix} \tag{6.36}$$

根据 $\boldsymbol{\Pi} = \boldsymbol{\alpha}\boldsymbol{\beta}'$,容易获得

$$\boldsymbol{\alpha} = \begin{bmatrix} -0.6 \\ -0.2 \end{bmatrix} \tag{6.37}$$

由此可以得到 VAR 对应的 VECM 表达形式:

$$\begin{bmatrix} \Delta y_{1t} \\ \Delta y_{2t} \end{bmatrix} = \begin{bmatrix} -0.6 \\ -0.2 \end{bmatrix} \begin{bmatrix} 1 & -2.5 \end{bmatrix} \begin{bmatrix} y_{1,t-1} \\ y_{2,t-1} \end{bmatrix} + \begin{bmatrix} \varepsilon_{1t} \\ \varepsilon_{2t} \end{bmatrix}$$

$$= \begin{bmatrix} -0.6 \\ -0.2 \end{bmatrix} \begin{bmatrix} y_{1,t-1} - 2.5 y_{2,t-1} \end{bmatrix} + \begin{bmatrix} \varepsilon_{1t} \\ \varepsilon_{2t} \end{bmatrix} \tag{6.38}$$

或者写成下列形式：

$$\Delta y_{1t} = -0.6(y_{1,t-1} - 2.5 y_{2,t-1}) + \varepsilon_{1t}$$
$$\Delta y_{2t} = -0.2(y_{1,t-1} - 2.5 y_{2,t-1}) + \varepsilon_{2t} \tag{6.39}$$

对于多个变量的情况，有兴趣的读者可以参考上面的讨论，做类似的分析。

复习思考题

1. 协整检验方法需要满足哪些基本前提？
2. 协整关系在实际投资中可以有哪些应用？
3. 如何构建误差修正模型？
4. Johansen 协整检验与 E-G 两步法有什么区别？

即 测 即 练

GARCH 模型分析与应用

本章知识点

1. 了解金融时间序列异方差特征。
2. 熟悉 ARCH 模型与 GARCH 模型。
3. 了解 GARCH 类模型的扩展与应用。
4. 了解向量 GARCH 模型与随机波动模型。

7.1 金融时间序列异方差特征

许多金融时间序列中都存在时而平稳、时而非平稳,也就是波动集群出现的现象,波动是时变的,这种现象给许多估计方法带来了不便。这种集群的现象从侧面反映时间序列具有较高的异方差性。因为波动一般用模型的残差序列的方差来估计,波动又直接与资产的风险相联系,所以,如何对时变波动进行建模是资产定价、风险管理等方面重点关注的问题。

研究者往往对序列方差的预测产生巨大的兴趣,除了因为方差与度量资产风险相关联,一些金融衍生物如期权的价值也取决于标的资产的方差,由方差预测还可得到资产收益的预测区间,便于投资者根据实际情况决定是否买卖资产。所以研究波动率(volatility)具有重要的意义,一般使用方差来刻画波动率。

虽然波动率不可直接观测,但是它的一些特征在资产收益率序列中能看出,为了分析波动率的特征,这里选取上证指数 2005 年 8 月 1 日到 2015 年 7 月 31 日的日收益率序列和美元/人民币汇率 2011 年 4 月 1 日到 2015 年 7 月 31 日的日收益率序列做分析,收益率是收盘价的对数收益率(表 7-1、图 7-1 和图 7-2)。

表 7-1 上证指数和美元/人民币汇率日收益率序列的统计性描述

项目	均值	方差	峰度	偏度	JB	样本个数
上证指数	4.94E−04	0.017 45	6.610 6	−0.525 3	1 433	2 432
美元/人民币汇率	−5.46E−05	0.000 99	7.706 5	0.158 3	1 089	1 175

从图 7-1 中可看出波动率存在波动集聚性(clustering),波动在一个时间段比较剧烈,在另一个时间段比较平稳。实证研究表明,金融变量收益序列往往呈现出"尖峰厚尾"的分布特性,真实分布比标准正态分布具有更高的概率分布密度函数值;具有杠杆效应(leverage

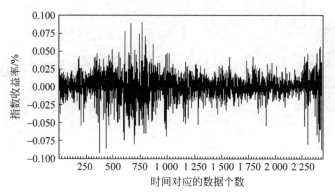

图 7-1　上证指数日收益率时间序列

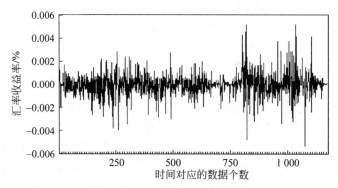

图 7-2　美元/人民币汇率日收益率时间序列

effects),波动率对价格大幅度上升和价格大幅度下降的反应不同,这种现象首先被 Black(1976)发现。另外也有实证研究发现,波动率具有时变性,波动率以连续方式随时间变化,即波动率跳跃是很少见的。

从图 7-3～图 7-6 上证指数收益率序列和美元/人民币汇率收益率序列的自相关性检验看出,根据 Q 统计量对应的 P 值可以判断,收益率序列基本不存在相关性(图 7-3 中部分内容不满足此结论),但是收益率序列的残差平方却有显著的相关性,这从另一个方面证明了收益率序列的异方差性。

```
Date: 08/14/15   Time: 10:08
Sample: 1 2432
Included observations: 2432

Autocorrelation    Partial Correlation        AC      PAC    Q-Stat   Prob

                                          1   0.020   0.020   0.9440  0.331
                                          2  -0.037  -0.038   4.3392  0.114
                                          3   0.036   0.037   7.4454  0.059
                                          4   0.088   0.085  26.205   0.000
                                          5   0.013   0.013  26.637   0.000
                                          6  -0.068  -0.064  37.939   0.000
                                          7   0.030   0.028  40.193   0.000
                                          8   0.015   0.001  40.715   0.000
                                          9   0.003   0.007  40.741   0.000
                                         10   0.009   0.018  40.927   0.000
                                         11   0.022   0.019  42.127   0.000
                                         12   0.030   0.024  44.374   0.000
```

图 7-3　上证指数收益率序列自相关及偏相关检验

```
Date: 08/14/15   Time: 10:08
Sample: 1 2432
Included observations: 2432

Autocorrelation  Partial Correlation      AC      PAC    Q-Stat   Prob
                                      1   0.158   0.158   60.981  0.000
                                      2   0.133   0.111   104.36  0.000
                                      3   0.170   0.139   174.60  0.000
                                      4   0.161   0.112   237.72  0.000
                                      5   0.135   0.074   282.10  0.000
                                      6   0.145   0.079   333.18  0.000
                                      7   0.153   0.081   390.15  0.000
                                      8   0.135   0.057   434.76  0.000
                                      9   0.096   0.012   457.37  0.000
                                     10   0.165   0.090   523.56  0.000
                                     11   0.102   0.011   548.84  0.000
                                     12   0.099   0.018   572.58  0.000
```

图 7-4　上证指数收益率残差平方序列自相关及偏相关检验

```
Date: 08/14/15   Time: 10:16
Sample: 1 1175
Included observations: 1175

Autocorrelation  Partial Correlation      AC      PAC    Q-Stat   Prob
                                      1   0.002   0.002   0.0047  0.946
                                      2  -0.024  -0.024   0.7110  0.701
                                      3   0.042   0.042   2.7718  0.428
                                      4  -0.003  -0.003   2.7799  0.595
                                      5   0.056   0.058   6.5020  0.260
                                      6   0.006   0.004   6.5493  0.365
                                      7  -0.018  -0.015   6.9290  0.436
                                      8  -0.012  -0.017   7.1127  0.525
                                      9   0.039   0.038   8.8996  0.447
                                     10   0.040   0.037   10.754  0.377
                                     11   0.035   0.037   12.186  0.350
                                     12  -0.014  -0.014   12.435  0.411
```

图 7-5　美元/人民币汇率收益率序列自相关及偏相关检验

```
Date: 08/14/15   Time: 10:16
Sample: 1 1175
Included observations: 1175

Autocorrelation  Partial Correlation      AC      PAC    Q-Stat   Prob
                                      1   0.162   0.162   31.030  0.000
                                      2   0.148   0.125   56.907  0.000
                                      3   0.105   0.066   69.870  0.000
                                      4   0.088   0.048   78.953  0.000
                                      5   0.140   0.106   102.26  0.000
                                      6   0.043  -0.011   104.48  0.000
                                      7   0.042  -0.001   106.53  0.000
                                      8   0.098   0.073   117.92  0.000
                                      9  -0.012  -0.056   118.08  0.000
                                     10   0.039   0.012   119.92  0.000
                                     11   0.071   0.063   125.97  0.000
                                     12   0.076   0.049   132.81  0.000
```

图 7-6　美元/人民币汇率收益率残差平方序列自相关及偏相关检验

7.2　ARCH 模型

7.2.1　ARCH 模型构造

由 7.1 节对金融时间序列数据的分析，可初步了解金融时间序列数据的异方差特征，表明时间序列数据存在一种异方差，其中预测误差的方差取决于前期扰动项平方的大小。这种变化很可能是金融市场的波动性易受谣言、政局变动、政府货币政策与财政政策变化等的影响导致,从而有理由相信误差项的条件方差不是某个自变量的函数,而是随时间变化并且与过去误差的大小有关。对此,Engle(1982)提出 ARCH(autoregressive conditional heteroskedasticity)模型,用于刻画时变的波动。

ARCH 模型的基本思想是:收益率序列的随机误差项 u_t(扰动项)是不相关,但也不是独立的;扰动项的不独立性表现在,扰动项的方差依赖于它前期扰动项的大小。ARCH 模型的建立过程中涉及两个核心的模型:一个是条件均值回归模型,一个是条件异方差回归模型。这里先介绍 ARCH(1)模型,即 t 时刻的扰动项 u_t 的条件方差 σ_t^2 只依赖于前一期 $t-1$ 时刻的扰动项平方 u_{t-1}^2 的大小。

$$y_t = x'_t \phi + u_t, u_t \sim N(0, \sigma_t^2) \tag{7.1}$$

$$\sigma_t^2 = \text{Var}(y_t \mid I_{t-1}) = \alpha_0 + \alpha_1 u_{t-1}^2 \tag{7.2}$$

式中,y_t 和 x'_t 分别为被解释变量和解释变量;u_t 为无序列相关性的扰动项;σ_t^2 为在 $t-1$ 时刻已知信息集 I_{t-1} 条件下的 t 时刻的扰动项的方差;α_0 为常数项。

这里通常假设扰动项 u_t 服从正态分布,也有假设扰动项服从 t 分布、偏 t 分布和广义误差分布(GED)等。

式(7.1)为原始回归模型,也称均值方程。式(7.2)为 u_t 的条件方差 σ_t^2,也称波动方程,其由两部分组成:一个常数项和前一时刻关于波动的信息,即对 u_t^2 的回归,表示的是 ARCH 项,或者称残差滞后项。为了保证 u_t 的无条件方差是有限的,要求 $\alpha_0 > 0, \alpha_1 \geq 0$。从模型的结构上看,大的过去扰动项 u_{t-1}^2 会导致信息 u_t 大的条件方差 σ_t^2,所以 u_t 有取绝对值较大的倾向,这与波动率的集聚性是一致的。

将 ARCH(1)模型扩展到 ARCH(p)模型,即扰动项 u_t 的条件方差 σ_t^2 依赖于前面 p 期扰动项平方的大小,可以写成

$$y_t = x'_t \phi + u_t, u_t \sim N(0, \sigma_t^2) \tag{7.3}$$

$$\sigma_t^2 = \text{Var}(y_t \mid I_{t-1}) = \alpha_0 + \alpha_1 u_{t-1}^2 + \alpha_2 u_{t-2}^2 + \cdots + \alpha_p u_{t-p}^2 \tag{7.4}$$

这里要求 $\alpha_0 > 0, \alpha_j \geq 0 (j=1, \cdots, p)$。需要注意的是,在 ARCH($p$)模型中,仍然假设扰动项不存在序列相关性,还假设扰动项的无条件期望和条件期望都为 0,下面证明 ARCH 模型的性质会用到。

7.2.2 ARCH 模型性质

1. u_t 的无条件方差分析

$$\text{Var}(u_t) = E(u_t^2) = \alpha_0 + \sum_{i=1}^{p} \alpha_i E(u_{t-i}^2) \tag{7.5}$$

u_t 是平稳的过程,$E(u_t) = 0, \text{Var}(u_t) = \text{Var}(u_i) = E(u_i^2)(i \neq t)$,所以

$$\text{Var}(u_t) = \frac{\alpha_0}{1 - \sum_{i=1}^{p} \alpha_i} \tag{7.6}$$

因为 $\mathrm{Var}(u_t) \geqslant 0$，所以模型必须满足 $1 - \sum_{i=1}^{p} \alpha_i > 0$，有

$$\sum_{i=1}^{p} \alpha_i < 1 \tag{7.7}$$

对于 ARCH 模型的方差等式(7.5)来说，需要限制 $\alpha_i \geqslant 0$，再加上 $\alpha_0 > 0$ 可以保证无条件方差有定义。

2. u_t 的峰度分析

$$K = \frac{E(u_t^4)}{[\mathrm{Var}(u_t)]^2} = \frac{3\alpha_0^2 (1 + \sum_{i=1}^{p} \alpha_i)}{(1 - \sum_{i=1}^{p} \alpha_i)(1 - 3\alpha_1^2)} \times \frac{(1 - \sum_{i=1}^{p} \alpha_i)^2}{\alpha_0^2} = 3 \frac{1 - (\sum_{i=1}^{p} \alpha_i)^2}{1 - 3(\sum_{i=1}^{p} \alpha_i)^2} > 3 \tag{7.8}$$

K 值大于 3，说明 u_t 的分布比正态分布陡峭，比正态分布的尾部厚。u_t 比标准正态分布更容易出现异常值，符合实验结果，体现波动率尖峰厚尾的特点。

ARCH 模型的提出，很好地刻画了波动率尖峰厚尾和波动率群集性等性质，为波动率的研究开辟了新纪元。ARCH 模型也存在一些不足：ARCH 模型是对称的，不能体现波动率正负波动对波动率产生不同的影响，因为研究发现，坏消息会引起波动率变大，好消息引起的波动率相对较小；ARCH 模型只是提供一个回归的机械方法，不能从中得到影响波动率变化的因素；ARCH 模型对参数的要求很高，参数之和小于 1，而且随着滞后的阶数提高，参数的限制条件更为复杂，很难检验是否符合条件；ARCH 模型在实际应用中为得到较好的拟合效果常需要很高的阶数 p，这不仅增大了计算量，也带来了诸如解释变量多重共线等其他问题。之后学者们对 ARCH 模型进行改进，以满足实际金融市场需要。

7.3 GARCH 模型

7.3.1 GARCH 模型构造

Bollerslev 于 1986 年提出 GARCH 模型。该模型是一个长记忆过程，可用一个较简单的 GARCH 模型代表一个高阶 ARCH 模型，这样待估的参数个数大大减少，从而解决了 ARCH 模型中参数估计难的问题，即使是低阶 GARCH(1,1) 的情形，仍然有较好的拟合效果，从而得到了广泛的应用。

GARCH 模型的基本思想是，在 ARCH 模型的基础上，为避免 u_t^2 滞后项过多，可采用加入 σ_t^2 的滞后项的方法，从而达到减少参数个数的目的。标准的 GARCH(p,q) 模型为

$$y_t = x_t' \phi + u_t, \quad u_t \sim N(0, \sigma_t^2)$$

$$\sigma_t^2 = \mathrm{Var}(y_t \mid I_{t-1}) = \alpha_0 + \sum_{i=1}^{p} \alpha_i u_{t-i}^2 + \sum_{j=1}^{q} \beta_j \sigma_{t-j}^2 \tag{7.9}$$

式中，u_{t-i}^2 为 ARCH 项，也称残差滞后项；σ_{t-j}^2 为 GARCH 项，也称条件方差滞后项；p 为

ARCH 项的阶数；q 为 GARCH 项的阶数；$\alpha_0 > 0, \alpha_i \geqslant 0, \beta_j \geqslant 0, \left(\sum_{i=1}^{p}\alpha_i + \sum_{j=1}^{q}\beta_j\right) < 1$，以保证方差为正，且保证扰动项的无条件方差是有限的。

7.3.2 GARCH 模型性质

1. GARCH 模型的 ARMA 形式

为了弄清 GARCH 模型的性质，令 $v_t = u_t^2 - \sigma_t^2$，则 $\sigma_t^2 = u_t^2 - v_t$，把 $\sigma_{t-i}^2 = u_{t-i}^2 - v_{t-i}$ ($i = 1, 2, \cdots, t$) 代入 GARCH 条件方差方程，就有

$$u_t^2 = \alpha_0 + \sum_{i=1}^{\max(p,q)}(\alpha_i + \beta_i)u_{t-i}^2 + v_t - \sum_{j=1}^{q}\beta_j v_{t-j} \tag{7.10}$$

这里对 $i > p, \alpha_i = 0$，对 $i > q, \beta_i = 0$，可以得到

$$u_t^2 = \alpha_0 + [\alpha(L) + \beta(L)]u_t^2 + [1 - \beta(L)]v_t \tag{7.11}$$

式 (7.11) 就是 u_t^2 的 ARMA(m, q) 模型，$m = \max(p, q)$，因此 GARCH 模型是 ARMA 的思想对平方序列 u_t^2 的一个应用。利用 ARMA 模型的无条件均值得到

$$E(u_t^2) = \alpha_0 \Big/ \left[1 - \sum_{i=1}^{\max(p,q)}(\alpha_i + \beta_i)\right] \tag{7.12}$$

所以要使模型具有有限的方差，必须满足

$$\sum_{i=1}^{p}\alpha_i + \sum_{j=1}^{q}\beta_j < 1 \tag{7.13}$$

2. GARCH(1,1) 的峰度

通过对 GARCH(1,1) 模型峰度的分析，研究 GARCH(p, q) 的性质，GARCH(1,1) 模型为

$$\sigma_t^2 = \alpha_0 + \alpha_1 u_{t-1}^2 + \beta_1 \sigma_{t-1}^2 \tag{7.14}$$
$$0 \leqslant \alpha_1, \beta_1 \leqslant 1, \alpha_1 + \beta_1 < 1$$

此时，大的 u_{t-1}^2 或 σ_{t-1}^2 会引起大的 σ_t^2，这样更能体现金融时间序列中的波动集聚现象，另外它的峰度为

$$K = \frac{E(u_t^4)}{[\text{Var}(u_t)]^2} = \frac{3[1 - (\alpha_1 + \beta_1)]}{1 - (\alpha_1 + \beta_1)^2 - 2\alpha_1^2} > 3 \tag{7.15}$$

K 值大于 3，可以说明 GARCH 也能体现波动率尖峰厚尾的特点。

GARCH 模型可以很好地刻画波动尖峰厚尾和波动集群性等性质，可以用较少的参数来反映方差波动的持续性这个特点，但是 GARCH(p, q) 模型并没有考虑到波动率具有的非对称性。

7.3.3 GARCH 模型检验与估计

检验一个模型是否存在 ARCH 效应，常用的有两种方法：ARCH-LM 检验和残差平方相关图检验。

1. ARCH-LM 检验

ARCH-LM 检验是检验残差序列中是否存在 ARCH 效应的拉格朗日乘数检验。这是一个辅助检验回归计算,具体步骤如下。

(1) 进行最小二乘法回归:

$$y_t = x'_t \phi + u_t \tag{7.16}$$

获得残差序列 u_t 估计值。

(2) 进行辅助回归:

$$\hat{u}_t^2 = \alpha_0 + \left(\sum_{s=1}^{p} \alpha_s \hat{u}_{t-s}^2\right) + \varepsilon_t \tag{7.17}$$

式中,ε_t 满足标准正态分布。

(3) 假设检验:

$H_0: \alpha_j = 0 (i=1,2,\cdots,p)$(残差序列直到 p 阶都不存在 ARCH 效应)

$H_1:$ 至少有一个 $\alpha_j \neq 0 (i=1,2,\cdots,p)$

构造的统计量为

$$\text{LM} = T \times R^2 \sim \chi^2(p) \tag{7.18}$$

式中,T 为样本的容量;R^2 为回归方程(7.17)的可决系数。

在给定的显著性水平 α 下,$\text{LM} < \chi_\alpha^2(p)$,接受原假设,$\text{LM} \geq \chi_\alpha^2(p)$,拒绝原假设。或者可以用 p 值来判断,$p < \alpha$ 则拒绝原假设,否则接受原假设。统计量 LM 是渐近的卡方分布,当样本较大时,可以采用它来检验是否有 ARCH 效应;当样本较小时,选用 F 统计量来检验。

$$F = \frac{(\text{SSE}_r - \text{SSE}_u)/p}{\text{SSE}_u/(T-p-1)} \sim F(p, T-p-1) \tag{7.19}$$

式中,SSE_r、SSE_u 分别为由式(7.16)和式(7.17)得到的残差平方和。

若 $F < F_\alpha(p, T-p-1)$,则接受原假设(不存在 ARCH 效应);若 $F \geq F_\alpha(p, T-p-1)$,则拒绝原假设(存在 ARCH 效应)。或者 $p < \alpha$ 则拒绝原假设,否则接受原假设。

2. 残差平方相关图检验

残差平方相关图显示的是残差平方 u_t^2 序列指定的滞后阶数的自相关系数(AC)和偏自相关系数(PAC),图 7-4 和图 7-6 显示的就是滞后阶数是 12 的残差平方相关图,并且计算出了相应阶数的 Q 统计量,Q 统计量的表达式为

$$Q = T(T+2) \sum_{j=1}^{p} \frac{\hat{\rho}_j^2}{T-j} \tag{7.20}$$

式中,$\hat{\rho}_j$ 为残差项的第 j 阶自相关系数;T 为样本容量;p 为设定的滞后阶数。

Q 统计量的原假设是:序列不存在 p 阶自相关;备择假设:序列存在 p 阶自相关。检验中会计算出各阶 Q 统计量、自相关系数和偏自相关系数。如果各阶 Q 统计量都没有超过设定的显著水平的临界值,则接受原假设,说明不存在 ARCH 效应。相反,超过临界值,就说明序列存在自相关,存在 ARCH 效应。

3. GARCH 模型的估计

GARCH 模型的参数估计通常用的是极大似然函数估计，同时需要设计条件均值等式和条件方差等式，以 GARCH(1,1)模型为例：

$$y_t = x'_t \phi + u_t$$
$$\sigma_t^2 = \alpha_0 + \alpha_1 u_{t-1}^2 + \beta_1 \sigma_{t-1}^2 \tag{7.21}$$

当 u_t 服从正态分布时，GARCH(1,1)模型的对数似然函数为

$$L_n = -\frac{T}{2}\ln(2\pi) - \frac{1}{2}\sum_{t=1}^{T}\left[\ln(\sigma_t^2) + \frac{u_t^2}{\sigma_t^2}\right] \tag{7.22}$$

当 u_t 服从自由度为 $k(k>2)$ 的 t 分布时，GARCH(1,1)模型的对数似然函数为

$$L_t = T\ln\left\{\frac{\Gamma[(k+1)/2]}{\pi^{1/2}\Gamma(k/2)}(k-2)^{-1/2}\right\} - \frac{1}{2}\sum_{t=1}^{T}\ln(\sigma_t^2) - \frac{k+1}{2}\sum_{t=1}^{T}\ln\left[1 + \frac{u_t^2}{\sigma_t^2(k-2)}\right] \tag{7.23}$$

式中，$\Gamma(x) = \int_0^\infty y^{x-1}\mathrm{e}^{-y}\mathrm{d}y$ 为伽马函数。

当 u_t 服从广义误差分布时，GARCH(1,1)模型的对数似然函数为

$$L_{\mathrm{GED}} = -\frac{T}{2}\ln\frac{\Gamma(1/r)^3}{\Gamma(3/r)(r/2)^2} - \frac{1}{2}\sum_{t=1}^{T}\ln(\sigma_t^2) - \sum_{t=1}^{T}\left[\frac{\Gamma(3/r)u_t^2}{\sigma_t^2\Gamma(1/r)}\right]^{\frac{r}{2}} \tag{7.24}$$

EViews 软件提供了便捷的 GARCH 模型参数估计，只要指定 ARCH 项的滞后阶数和 GARCH 项的滞后阶数，以及指定 u_t 的分布，就可以马上估计出方程参数，后面将对 GARCH 模型应用做具体分析。

7.4 GARCH 类模型的扩展

7.4.1 IGARCH 模型

IGARCH 模型也称求和 GARCH(单整 GARCH)模型，限定 GARCH 模型异方差方程中除了 α_0 外，其他参数和等于 1，即

$$\sigma_t^2 = \alpha_0 + \sum_{i=1}^{p}\alpha_i u_{t-i}^2 + \sum_{j=1}^{q}\beta_j \sigma_{t-j}^2 \tag{7.25}$$

$$\sum_{i=1}^{p}\alpha_i + \sum_{j=1}^{q}\beta_j = 1 \tag{7.26}$$

在研究 IGARCH(1,1)模型时，$\alpha_0 = 0$，正是风险度量系统 Risk Metrics 所用的波动模型，这个系统用于计算风险价值。

7.4.2 GARCH-M 模型

CAPM 表明资产收益率依赖于资产的风险，一般风险更高的资产对应更高的平均收益。上面介绍的模型都不能体现收益与风险的正相关关系，Engle 等在 1987 年首次提出了

GARCH-M(GARCH in the mean)模型，表达式为

$$y_t = x'_t \phi + \rho \sigma_t^2 + u_t, \quad u_t \sim N(0, \sigma_t^2)$$
$$\sigma_t^2 = \alpha_0 + \sum_{i=1}^p \alpha_i u_{t-i}^2 + \sum_{j=1}^q \beta_j \sigma_{t-j}^2 \tag{7.27}$$

式中，ρ 为风险溢价参数，表示可观测到的预测风险波动对 y_t 的影响，若 ρ 为正值，意味着收益率与它的波动率呈正相关，也有一些文献出现具体风险溢价的形式，如 $y_t = x'_t \phi + \rho \sigma_t + u_t$，$y_t = x'_t \phi + \rho \ln \sigma_t^2 + u_t$。

因为 GARCH-M 模型可以解释风险溢价，所以常用于预测资产的收益率等与风险密切相关的金融领域，如预测一些股票或债券、指数等金融资产的收益率。预测收益率的模型常常写成

$$r_t = \bar{r}_t + \rho \sigma_t^2 + u_t, u_t \sim N(0, \sigma_t^2)$$
$$\sigma_t^2 = \alpha_0 + \sum_{i=1}^p \alpha_i u_{t-i}^2 + \sum_{j=1}^q \beta_j \sigma_{t-j}^2 \tag{7.28}$$

式中，$\bar{r}_t$ 为常数，表示预测的股票或债券收益率均值。

7.4.3 TGARCH 模型

在资本市场中经常发现，负的冲击比正的冲击更容易增加波动，即好消息和坏消息表现出非对称效应。这种非对称性是十分有用的，因为它允许波动率对市场下跌的反应比对市场上升的反应更加迅速，较低的股价减少了股东的权益，股价的大幅下降增加了公司的杠杆作用，从而提高了持有股票的风险。非对称冲击的模型主要有 TGARCH 模型、EGARCH 模型、GJR-GARCH 模型、APGARCH 模型等，下面将详细介绍。

TGARCH 模型又称作门限 ARCH 模型，是由 Zakaran(1990)和 Glosten 等(1994)提出的，这个模型通过一个虚拟变量协助刻画波动率的非对称性，TGARCH(1,1)模型表达式为

$$y_t = x'_t \phi + u_t, \quad u_t \sim N(0, \sigma_t^2)$$
$$\sigma_t^2 = \alpha_0 + \alpha_1 u_{t-1}^2 + \gamma u_{t-1}^2 d_{t-1} + \beta_1 \sigma_{t-1}^2$$
$$d_{t-1} = \begin{cases} 1 & (u_{t-1} < 0) \\ 0 & (u_{t-1} \geq 0) \end{cases} \tag{7.29}$$

d_{t-1} 是一个虚拟变量，当 $u_{t-1} < 0$ 时，$d_{t-1} = 1$；否则 $d_{t-1} = 0$。只要 $\gamma \neq 0$，就存在非对称效应。从方差的设定可以看出，好消息($u_{t-1} > 0$)和坏消息($u_{t-1} < 0$)对条件方差有不同的影响，好消息有一个 α_1 倍的冲击，即 $u_{t-1} \geq 0$，$d_{t-1} = 0$，非对称项 $\gamma u_{t-1}^2 d_{t-1}$ 不存在，好消息只有一个 α_1 倍的冲击；而坏消息则有一个 $(\alpha_1 + \gamma)$ 倍的冲击，因为当 $u_{t-1} < 0$ 时，$d_{t-1} = 1$，非对称项 $\gamma u_{t-1}^2 d_{t-1}$ 出现，会多带来 γ 倍的冲击。如果 $\gamma > 0$，说明存在杠杆效应，坏消息对条件波动率的冲击大，好消息对条件波动率的冲击小；如果 $\gamma < 0$，好消息对条件波动率比坏消息的冲击大(此种情况下，亦有学者称为反杠杆效应)。

将 TGARCH(1,1)方差方程进一步整理成如下形式：

$$\sigma_t^2 = \alpha_0 + (\alpha_1 + \gamma d_{t-1}) u_{t-1}^2 + \beta_1 \sigma_{t-1}^2$$

称之为 GJR-GARCH(1,1)模型或者 GJR(1,1)模型。

高阶 TGARCH 模型可表示为

$$y_t = x'_t \phi + u_t, u_t \sim N(0, \sigma_t^2)$$
$$\sigma_t^2 = \omega + \sum_{i=1}^{p} \alpha_i u_{t-i}^2 + \sum_{j=1}^{q} \beta_j \sigma_{t-j}^2 + \sum_{k=1}^{r} \gamma_k u_{t-k}^2 d_{t-k} \qquad (7.30)$$
$$d_{t-k} = \begin{cases} 1 & (u_{t-k} < 0) \\ 0 & (u_{t-k} \geqslant 0) \end{cases}$$

式中，k 为门限的个数；d_{t-k} 为一个虚拟变量。

7.4.4 EGARCH 模型

EGARCH(exponential GARCH)模型是由 Nelson(1991)提出的，又称为指数 EGARCH 模型，它通过一个 γ 参数来刻画波动率的非对称性，而且 EGARCH 模型可以保证方差为正，EGARCH(1,1)模型中的条件方差的方程为

$$\ln(\sigma_t^2) = \alpha_0 + \beta_1 \ln \sigma_{t-1}^2 + \alpha_1 \frac{|u_{t-1}|}{\sigma_{t-1}} + \gamma \frac{u_{t-1}}{\sigma_{t-1}} \qquad (7.31)$$

等式左边是条件方差的对数，条件方差的预测值一定是非负的。相比 ARCH 模型和 GARCH 模型，EGARCH 模型降低了对参数的限制，所以 EGARCH 模型更具有灵活性。杠杆效应是通过 $\gamma \dfrac{u_{t-1}}{\sigma_{t-1}}$ 和 $\alpha_1 \dfrac{|u_{t-1}|}{\sigma_{t-1}}$ 来体现的。可以看出这两项实际上是标准化了的随机扰动项，如果 $u_t \sim N(0, \sigma_t^2)$，那么 $\dfrac{u_{t-1}}{\sigma_{t-1}} \sim N(0,1)$。从式(7.31)可以看出 EGARCH 模型的非对称性表现为

$$\begin{cases} \ln(\sigma_t^2) = \alpha_0 + \beta_1 \ln \sigma_{t-1}^2 + (\alpha_1 + \gamma) \dfrac{|u_{t-1}|}{\sigma_{t-1}} & (u_{t-1} > 0) \\ \ln(\sigma_t^2) = \alpha_0 + \beta_1 \ln \sigma_{t-1}^2 + (\alpha_1 - \gamma) \dfrac{|u_{t-1}|}{\sigma_{t-1}} & (u_{t-1} < 0) \end{cases} \qquad (7.32)$$

当 $\gamma = 0$ 时，波动的影响不存在非对称性，只要 $\gamma \neq 0$，波动的影响就存在非对称性。当 $\gamma < 0$ 时，利空的消息对波动率的冲击大于利好消息对波动率的冲击。当 $\gamma > 0$ 时，则反过来。EGARCH 模型的主要优点之一是，式(7.31)描述了 σ_t^2 的对数，方差本身就是正的，而不论方程右端的系数是否为正，无须对它施加任何限制。

将 EGARCH(1,1)模型扩展到 EGARCH(p,q)模型为

$$y_t = x'_t \phi + u_t, u_t \sim N(0, \sigma_t^2)$$
$$\ln(\sigma_t^2) = \alpha_0 + \sum_{j=1}^{q} \beta_j \ln \sigma_{t-j}^2 + \sum_{i=1}^{p} \alpha_i \frac{|u_{t-i}|}{\sigma_{t-i}} + \sum_{k=1}^{r} \gamma_k \frac{u_{t-k}}{\sigma_{t-k}} \qquad (7.33)$$

7.4.5 APGARCH 模型

Taylor(1986)，Schwert(1989)及 Ding、Granger 和 Engle(1993)研究发现 APGARCH(asymmetric PGARCH)模型作出了较大的贡献，因为该模型可以很好地刻画波动率的非对称性。其实该模型属于 GARCH 模型族，其包含一系列的 GARCH 模型。APGARCH

(p,q) 模型的表达式为

$$y_t = x'_t\phi + u_t, u_t \sim N(0,\sigma_t^2)$$
$$\sigma_t^\delta = \alpha_0 + \sum_{i=1}^p \alpha_i(|u_{t-i}| - \gamma_i u_{t-i})^\delta + \sum_{j=1}^q \beta_j \sigma_{t-j}^\delta \quad (7.34)$$

其中,$\delta > 0$,当 $i=1,2,\cdots,r$ 时,$|\gamma_i| \leq 1$;当 $i>r$ 时,$\gamma_i = 0, r \leq p$。在 APGARCH 模型中标准差的幂参数 δ 是估计得到的,用来评价冲击对条件方差的影响幅度;γ 为捕捉直到 r 阶的非对称效应参数。

当 $\gamma > 0$ 时,坏消息对波动率的冲击会比好消息对波动率的冲击大,当 $\gamma < 0$ 时,则相反。APGARCH 模型涵盖了以下七个模型,是对多个模型的综合展示。

(1) 当 $\delta = 2, \gamma_i = 0, \beta_j = 0$ 时,为 Engle 提出的 ARCH 模型;
(2) 当 $\delta = 2, \gamma_i = 0$ 时,为 Bollerslev 提出的 GARCH 模型;
(3) 当 $\delta = 2$ 时,为 Glosten 等提出的 GJR-GARCH 模型;
(4) 当 $\delta = 1, \gamma_i = 0$ 时,为 Taylor-Schwert 提出的 GARCH 模型;
(5) 当 $\delta = 1$ 时,为 Zakoian 提出的 TARCH 模型;
(6) 当 $\gamma_i = 0, \beta_j = 0$ 时,为 Higgins-Bera 提出的 NARCH 模型;
(7) 当 $\delta \to 0$ 时,为 Geweke-Pantula 提出的 log-ARCH 模型。

7.4.6 CGARCH 模型

CGARCH 模型是成分 GARCH(component GARCH)模型,传统的 GARCH 模型都是假设条件方差的长期均值是常数,如果这个条件不满足,就用成分 GARCH 模型来预测波动率,它是由 Ding 和 Ghanda(1996)与 Engle 和 Lee(1999)等提出的,下面列出 CGARCH(1,1)模型的三个回归模型:

$$y_t = x'_t\phi + u_t, u_t \sim N(0,\sigma_t^2)$$
$$Q_t = \bar{Q} + \rho(Q_{t-1} - \bar{Q}) + \varphi(u_{t-1}^2 - \sigma_{t-1}^2) \quad (7.35)$$
$$\sigma_t^2 = Q_t + \alpha_1(u_{t-1}^2 - \bar{Q}_{t-1}) + \beta_1(\sigma_{t-1}^2 - \bar{Q}_{t-1})$$

式中,$\bar{Q}$ 为方差的期望所收敛到的均值水平;Q_t 为条件方差的期望,反映的是条件方差的长期波动部分;$\sigma_t^2 - Q_t$ 反映的是条件方差的短期波动部分,GARCH 模型中的扰动项的条件方差就是这两者的和。

7.4.7 FIGARCH 模型

FIGARCH(fractionally integrated generalized autoregressive conditional heteroscedasticity)模型是由 Baillie(1996)提出的。该模型以一个缓慢的双曲线衰减速率来刻画条件方差的滞后性质,进而表现波动率的长记忆性,也可以区分长期记忆和短期记忆。FIGARCH 也是由 GARCH 推导而来的,此处不予证明,如要了解详情,参考相关文献。

FIGARCH$(1,d,1)$ 模型的基本形式为

$$y_t = x'_t\phi + u_t, u_t \sim N(0,\sigma_t^2)$$
$$\sigma_t^2 = \alpha_0 + \beta\sigma_{t-1}^2 + [1 - (1-\beta L^{-1})(1-\lambda L)(1-L)^d]u_t^2$$

$$(1-L)^d = \sum_{j=0}^{\infty} \frac{\Gamma(j-d)}{\Gamma(j+1)\Gamma(-d)} L^j \qquad (7.36)$$

式中，L 为滞后算子，$\omega>0$，$\lambda<1$，$\beta<1$，长记忆特征源于分数差分 $(1-L)^d$；参数 d 为分数差分的阶数，反映条件方差长记忆性的程度，而且满足 $0 \leqslant d \leqslant 1$。当 $0<d<1$ 时，该模型刻画长记忆性以一个缓慢的双曲线衰减速率递减；当 $d=0$ 时，模型退化为有短期记忆的 GARCH(1,1) 模型；当 $d=1$ 时，模型就退化为具有长记忆的 IGARCH(1,1) 模型。

7.5 GARCH 类模型应用

美元对人民币汇率建模研究

数据：通达信软件下载的 2011 年 4 月 1 日到 2015 年 7 月 31 日美元/人民币汇率，计算对数收益 $r_t = \ln P_t - \ln P_{t-1}$，得到 1 175 个观测值。

对数据进行单位根检验（ADF 检验），单击 View，选择 Unit Root Test，在 Test Type 窗口选择 Augmented Dickey-Fuller，得到 ADF 检验的结果，如图 7-7 所示，t 统计量的值 $-34.190\,50$ 远远小于显著性水平 1% 的临界值，故收益率时间序列平稳。

	t-Statistic	Prob.*
Augmented Dickey-Fuller test statistic	-34.19050	0.0000
Test critical values: 1% level	-3.435705	
5% level	-2.863793	
10% level	-2.568020	

图 7-7 美元/人民币汇率日收益率单位根检验

在视图中单击 View，选择 Correlogram，在 Lags to include 框中键入 12，然后单击 OK 按钮，就得到对数收益率的自相关函数，如图 7-5 所示。从图中可以看出，序列的自相关和偏自相关系数均落在两倍的估计标准差内，且 Q 统计量的相伴概率均大于置信度 0.05，故序列在 5% 的显著性水平上不存在显著的相关性。从自相关图和偏自相关图中可以观察到在滞后 5 阶处，AC 和 PAC 都比较显著不为零。在其余时滞处，PAC 和 AC 绝对值都比在滞后第五阶时小很多。

由 ARMA 模型的定阶法则，从第 5 阶开始，偏自相关系数就很小。这里我们取阶数为 5。考虑到 ARMA(5,5) 模型，在上述的基础上，我们建立了多个 ARMA 模型，如 ARMA(5,5)－[AR(5)，MA(5)]，对模型进行比较。

估计均值方程具体操作如下，单击 Quick，选择 Estimate Equation，得到图 7-8 所示的对话框，在框中输入相比较模型的参数，如"my_rmb_r AR(5)"，"my_rmb_r"是前面导入的美元对人民币汇率收益率序列，单击"确定"按钮，即可得到该模型的参数估计和检验结果，如图 7-9 所示。

在 ARMA 模型参数估计和检验结果图中，第一行，"Coefficient"为相应项参数的估计值，"Std. Error"是标准误差，"t-Statistic"是检验模型参数估计是否显著的 t 统计量，"Prob."是 t 统计量的相伴概率（值越小，说明参数越显著）。图中第二行即为模型中存在的 AR 项或 MA 项及其相应的参数值。图中第三行是模型的一系列检验，我们主要看 Akaike

第7章　GARCH模型分析与应用

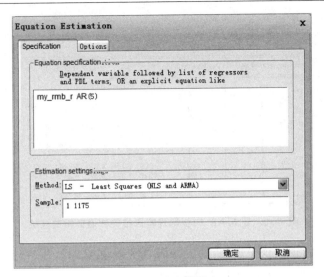

图 7-8　均值方程估计窗口

```
Dependent Variable: MY_RMB_R
Method: Least Squares
Date: 08/15/15   Time: 11:44
Sample (adjusted): 6 1175
Included observations: 1170 after adjustments
Convergence achieved after 2 iterations

   Variable       Coefficient   Std. Error   t-Statistic   Prob.

   AR(5)           0.059043     0.029125     2.027266     0.0429

R-squared            0.000390    Mean dependent var      -5.48E-05
Adjusted R-squared   0.000390    S.D. dependent var       0.000981
S.E. of regression   0.000981    Akaike info criterion   -11.01520
Sum squared resid    0.001125    Schwarz criterion       -11.01087
Log likelihood       6444.890    Hannan-Quinn criter.    -11.01356
Durbin-Watson stat   1.995184

Inverted AR Roots    .57       .18+.54i    .18-.54i    -.46-.33i
                    -.46+.33i
```

图 7-9　均值方程参数估计结果

info criterion(AIC),与同类模型相比,AIC值越小,则模型越理想。图中第四行是 AR 部分的单位根检验,若所有单位根的模都小于 1,则说明模型稳定。

从多个模型估计的结果看,AR(5)时,AIC 值最小,所得到的均值方程为

$$r_t = 0.059\,043 r_{t-5} + u_t \tag{7.37}$$

得到模型后,我们对模型的残差进行有关的残差检验来验证模型是否合理。如果残差已经没有相关性,且残差已经没有 ARCH 效应(异方差性),则说明线性模型已足够刻画对数收益率序列。否则,我们考虑建立 GARCH 类模型。

在模型估计结果输出窗口单击"View",选择"Residual Diagnostics",再选择"Correlogram-Q-statistics",在"Lags to include"框中键入 12,然后单击 OK 按钮,就得到残差序列的相关图和自相关图,如图 7-10 所示。观察模型的残差相关检验图可知,我们所建立的 AR(5)模型残差的 PAC 和 AC 均落入随机区间,说明残差不显著相关。

在模型估计结果输出窗口单击"View",选择"Residual Diagnostics",再选择"Correlogram Squared Residual",在"Lags to include"框中键入 12,然后单击 OK 按钮,就得到模型残差平方相关检验图,见图 7-11,残差平方序列在滞后阶数为 1、2、3、4、5、8、11、12 处 AC 和 PAC

```
Date: 08/15/15   Time: 15:27
Sample: 1 1175
Included observations: 1170
Q-statistic probabilities adjusted for 1 ARMA term
```

Autocorrelation	Partial Correlation		AC	PAC	Q-Stat	Prob
		1	-0.001	-0.001	0.0017	
		2	-0.029	-0.029	1.0055	0.316
		3	0.043	0.043	3.2076	0.201
		4	-0.002	-0.002	3.2103	0.360
		5	-0.002	0.001	3.2146	0.523
		6	0.007	0.005	3.2725	0.658
		7	-0.014	-0.014	3.5009	0.744
		8	-0.015	-0.015	3.7843	0.804
		9	0.036	0.034	5.2841	0.727
		10	0.036	0.037	6.8515	0.653
		11	0.036	0.040	8.4189	0.588
		12	-0.017	-0.018	8.7443	0.645

图 7-10 建立 AR(5) 模型残差自相关和偏自相关检验

均明显较大，说明最可能出现 ARCH 效应的滞后阶数为 1、2、3、4、5、8、11、12，因此我们对这几个滞后阶数进行残差 ARCH-LM 检验。

```
Date: 08/15/15   Time: 15:33
Sample: 1 1175
Included observations: 1170
```

Autocorrelation	Partial Correlation		AC	PAC	Q-Stat	Prob
		1	0.157	0.157	28.897	0.000
		2	0.157	0.136	57.878	0.000
		3	0.098	0.058	69.187	0.000
		4	0.087	0.048	78.168	0.000
		5	0.126	0.092	96.769	0.000
		6	0.038	-0.013	98.431	0.000
		7	0.044	0.005	100.73	0.000
		8	0.091	0.069	110.48	0.000
		9	-0.011	-0.052	110.61	0.000
		10	0.037	0.012	112.24	0.000
		11	0.069	0.063	117.81	0.000
		12	0.080	0.054	125.48	0.000

图 7-11 建立 AR(5) 模型残差平方自相关和偏自相关检验

在模型估计结果输出窗口单击"View"，选择"Residual Diagnostics"，再选择"Heteroskedasticity Test"，在"Test type"窗口中选择"ARCH"，"Number of lags"框中分别输入 1、2、3、4、5、8、11、12 进行检验，这里只给出滞后 12 阶的 ARCH 效应检验图，如图 7-12 所示。另外 7 个 F 统计量和 Obs*R-squared 统计量的相伴概率均小于 0.05，LM 统计量显著。因此，残差序列存在 ARCH 效应。

Heteroskedasticity Test: ARCH			
F-statistic	7.137685	Prob. F(12,1145)	0.0000
Obs*R-squared	80.59569	Prob. Chi-Square(12)	0.0000

图 7-12 滞后 12 阶的 F 统计量和 LM 统计量检验

接下来就是建立 ARCH 模型，可见残差序列具有滞后很多阶的自相关，先建立 ARCH(8) 模型。单击主菜单"Quick"，选择"Estimate Equation"框中输入"my_rmb_r AR(5)"，"Method"选择"ARCH"，单击"确定"按钮，得到图 7-13 所示的对话框。在"Mean equation"框中即输"my_rmb_r ar(5)"，在"ARCH specification"下定义残差序列建立 ARCH 模型的阶数，即在 ARCH 后输入 ARCH(p) 模型的阶数 p，并将 GARCH 后的 1 改为 0。单击"确定"按钮，完成 ARCH(p) 的建模。输出结果如图 7-14 所示。

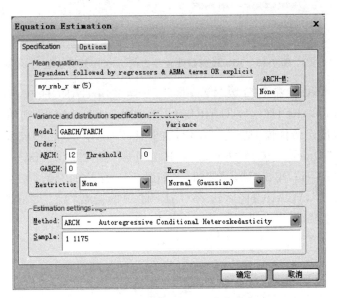

图 7-13 ARCH 模型估计命令窗口

GARCH = C(2) + C(3)*RESID(-1)^2 + C(4)*RESID(-2)^2 + C(5)*RESID(-3)^2 + C(6)*RESID(-4)^2 + C(7)*RESID(-5)^2 + C(8)*RESID(-6)^2 + C(9)*RESID(-7)^2 + C(10)*RESID(-8)^2

Variable	Coefficient	Std. Error	z-Statistic	Prob.
AR(5)	0.082222	0.029004	2.834849	0.0046
Variance Equation				
C	3.18E-07	2.12E-08	14.98589	0.0000
RESID(-1)^2	0.288505	0.037208	7.753805	0.0000
RESID(-2)^2	0.094353	0.026857	3.513151	0.0004
RESID(-3)^2	0.057972	0.019475	2.976695	0.0029
RESID(-4)^2	0.093524	0.026789	3.491130	0.0005
RESID(-5)^2	0.050833	0.019701	2.580187	0.0099
RESID(-6)^2	0.004953	0.013279	0.372995	0.7092
RESID(-7)^2	0.108476	0.017600	6.163404	0.0000
RESID(-8)^2	0.046833	0.015258	3.069430	0.0021

R-squared	-0.000151	Mean dependent var	-5.48E-05
Adjusted R-squared	-0.000151	S.D. dependent var	0.000981
S.E. of regression	0.000981	Akaike info criterion	-11.17794
Sum squared resid	0.001126	Schwarz criterion	-11.13465
Log likelihood	6549.096	Hannan-Quinn criter.	-11.16162
Durbin-Watson stat	1.995642		

Inverted AR Roots	.61	.19-.58i	.19+.58i	-.49+.36i
	-.49-.36i			

图 7-14 ARCH 模型输出的结果

尝试的结果应该建立 ARCH(8)模型。从建立的 ARCH(8)模型结果来看，只有滞后 6 阶的回归系数不显著，其他滞后阶数系数都显著，可以输出结果方程为

$$r_t = 0.082\,222 r_{t-5} + u_t$$

$$\sigma_t^2 = 3.18\text{E-}07 + 0.288\,5u_{t-1}^2 + 0.094\,4u_{t-2}^2 + 0.058\,0u_{t-3}^2 + 0.093\,5u_{t-4}^2 + 0.050\,8u_{t-5}^2 + 0.108\,5u_{t-7}^2 + 0.046\,8u_{t-8}^2 \tag{7.38}$$

同样的方法，对 ARCH(8)模型的残差平方做 ARCH 效应检验，如图 7-15 所示，滞后阶数为 12 时，F 统计量和 Obs* R-squared 统计量的相伴概率均大于 0.05，LM 统计量不显著。因此残差序列不存在 ARCH 效应，即 ARCH(8)模型消除了原模型的残差方差的条件异方差性。

```
Heteroskedasticity Test: ARCH
F-statistic          1.303227   Prob. F(12,1145)     0.2102
Obs*R-squared       15.60317    Prob. Chi-Square(12) 0.2101
```

图 7-15 ARCH 模型残差平方的 ARCH 效应检验

可见上述的 ARCH 滞后阶数过高,接下来尝试用 GARCH 模型来建模。常用的 GARCH 模型包括 GARCH(1,1)、GARCH(1,2)、GARCH(2,1),分别用多个模型建模,通过比较 AIC,可以确定最优模型。为了简便,这里只做 GARCH(1,1)模型的具体操作。

单击主菜单"Quick",选择"Estimate Equation"框中输入"my_rmb_r AR(5)","Method"选择"ARCH",单击"确定"按钮,得到图 7-16 所示的对话框。在"ARCH"后输入 ARCH 项的阶数"1","GARCH"后输入 GARCH 项的阶数"1"。单击"确定"按钮,完成 GARCH(1,1)的建模,得出结果如图 7-17 所示。结果如下:

$$r_t = 0.075\,685 r_{t-5} + u_t$$
$$\sigma_t^2 = 1.75\text{E-}08 + 0.117\,7 u_{t-1}^2 + 0.874\,1 \sigma_{t-1}^2 \tag{7.39}$$

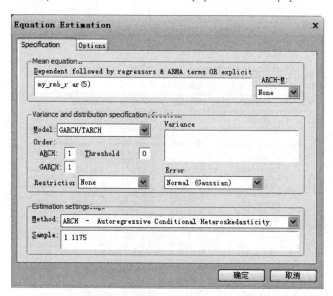

图 7-16 GARCH(1,1)模型估计命令窗口

下面通过建立 TGARCH 模型和 EGARCH 模型来研究美元对人民币汇率收益率是否存在非对称性,先建立 TGARCH(1,1)模型,具体操作如下。

单击主菜单"Quick",选择"Estimate Equation"框中输入"my_rmb_r AR(5)","Method"选择"ARCH",单击"确定"按钮。在"ARCH"后输入 ARCH 项的阶数"1","GARCH"后输入 GARCH 项的阶数"1",在"Threshold"后面输入"1",如图 7-18 所示,单击"确定"按钮,完成 TGARCH(1,1)的建模,结果如图 7-19 所示。结果如下:

$$r_t = 0.073\,194 r_{t-5} + u_t$$
$$\sigma_t^2 = 1.80\text{E-}08 + 0.145\,9 u_{t-1}^2 - 0.051\,9 u_{t-1}^2 d_{t-1} + 0.874\,2 \sigma_{t-1}^2$$
$$d_{t-1} = \begin{cases} 1 & (u_{t-1} < 0) \\ 0 & (u_{t-1} \geqslant 0) \end{cases} \tag{7.40}$$

```
Dependent Variable: MY_RMB_R
Method: ML - ARCH (Marquardt) - Normal distribution
Date: 08/15/15   Time: 16:31
Sample (adjusted): 6 1175
Included observations: 1170 after adjustments
Convergence achieved after 21 iterations
Presample variance: backcast (parameter = 0.7)
GARCH = C(2) + C(3)*RESID(-1)^2 + C(4)*GARCH(-1)
```

Variable	Coefficient	Std. Error	z-Statistic	Prob.
AR(5)	0.075685	0.034808	2.174367	0.0297
Variance Equation				
C	1.75E-08	2.89E-09	6.038401	0.0000
RESID(-1)^2	0.117666	0.009854	11.94074	0.0000
GARCH(-1)	0.874059	0.008900	98.21019	0.0000
R-squared	0.000111	Mean dependent var		-5.48E-05
Adjusted R-squared	0.000111	S.D. dependent var		0.000981
S.E. of regression	0.000981	Akaike info criterion		-11.19471
Sum squared resid	0.001125	Schwarz criterion		-11.17740
Log likelihood	6552.906	Hannan-Quinn criter.		-11.18818
Durbin-Watson stat	1.995514			
Inverted AR Roots	.60	.18-.57i	.18+.57i	-.48+.35i
	-.48-.35i			

图 7-17　GARCH(1,1)模型估计结果

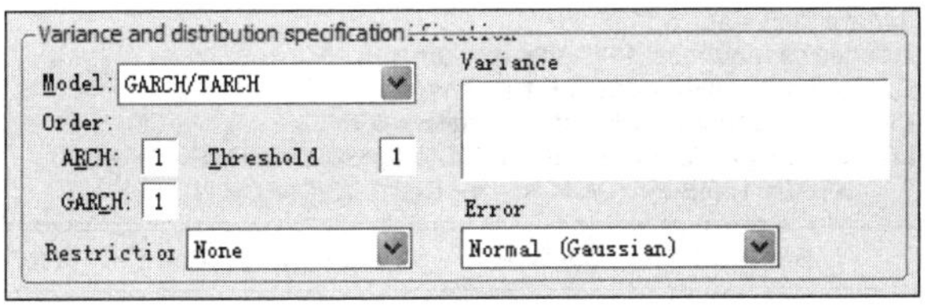

图 7-18　TGARCH(1,1)模型估计命令窗口

```
Dependent Variable: MY_RMB_R
Method: ML - ARCH (Marquardt) - Normal distribution
Date: 08/15/15   Time: 16:52
Sample (adjusted): 6 1175
Included observations: 1170 after adjustments
Convergence achieved after 24 iterations
Presample variance: backcast (parameter = 0.7)
GARCH = C(2) + C(3)*RESID(-1)^2 + C(4)*RESID(-1)^2*(RESID(-1)<0) +
        C(5)*GARCH(-1)
```

Variable	Coefficient	Std. Error	z-Statistic	Prob.
AR(5)	0.073194	0.034928	2.095604	0.0361
Variance Equation				
C	1.80E-08	2.99E-09	6.030916	0.0000
RESID(-1)^2	0.145905	0.016330	8.934975	0.0000
RESID(-1)^2*(RESID(-1)<0)	-0.051950	0.017118	-3.034748	0.0024
GARCH(-1)	0.874201	0.009479	92.22207	0.0000
R-squared	0.000189	Mean dependent var		-5.48E-05
Adjusted R-squared	0.000189	S.D. dependent var		0.000981
S.E. of regression	0.000981	Akaike info criterion		-11.19681
Sum squared resid	0.001125	Schwarz criterion		-11.17517
Log likelihood	6555.137	Hannan-Quinn criter.		-11.18865
Durbin-Watson stat	1.995465			
Inverted AR Roots	.59	.18+.56i	.18-.56i	-.48-.35i
	-.48+.35i			

图 7-19　TGARCH(1,1)模型估计结果

估计的方程 $u_{t-1}^2 d_{t-1}$ 项系数显著，所以 GARCH 模型中存在信息冲击的非对称性。因为系数为 -0.0519，是负数，所以好消息对波动的冲击比坏消息对波动的冲击大。

下面具体介绍 EGARCH(1,1)模型的操作过程，单击主菜单"Quick"，选择"Estimate Equation"框中输入"my_rmb_r AR(5)"，"Method"选择"ARCH"，单击"确定"按钮。在"Model"框中选择"EGARCH"，然后在"ARCH"后输入 ARCH 项的阶数"1"，"GARCH"后输入 GARCH 项的阶数"1"，在"Asymmetric"后面输入"1"，如图 7-20 所示，单击"确定"按钮，完成 EGARCH(1,1)的建模，结果如图 7-21 所示。

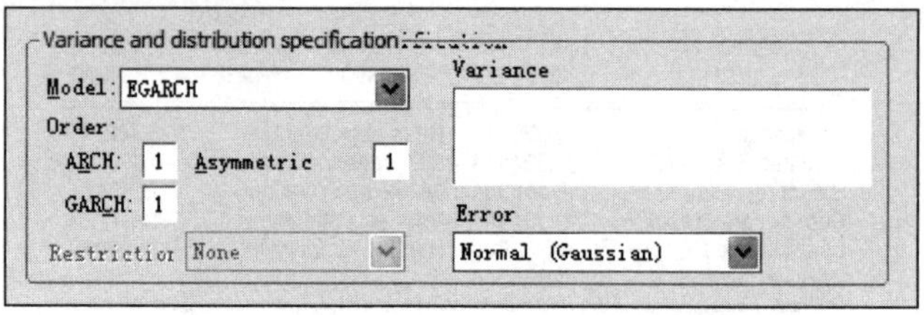

图 7-20　EGARCH(1,1)模型估计命令窗口

图 7-21　EGARCH(1,1)模型估计结果

对应的方程为

$$r_t = 0.071406 r_{t-5} + u_t$$

$$\ln(\sigma_t^2) = -0.9175 + 0.2526 \frac{|u_{t-1}|}{\sigma_{t-1}} + 0.0457 \frac{u_{t-1}}{\sigma_{t-1}} + 0.9470 \ln \sigma_{t-1}^2 \quad (7.41)$$

估计的方程 $\frac{|u_{t-1}|}{\sigma_{t-1}}$ 项系数显著，而且为正，同样验证了 GARCH 模型中存在信息冲击的非对称性，好消息对波动的冲击比坏消息对波动的冲击大。

接下来介绍 APGARCH(1,1)模型的操作过程，前面步骤和上面的类似，单击主菜单“Quick”，选择“Estimate Equation”框中输入“my_rmb_r AR(5)”，“Method”选择“ARCH”，单击“确定”按钮。在“Model”框中选择“PARCH”，然后在“ARCH”后输入 ARCH 项的阶数“1”，“GARCH”后输入 GARCH 项的阶数“1”，在“Asymmetric”后面输入“1”，如图 7-22 所示。单击“确定”按钮，完成 APGARCH(1,1)的建模，结果如图 7-23 所示。

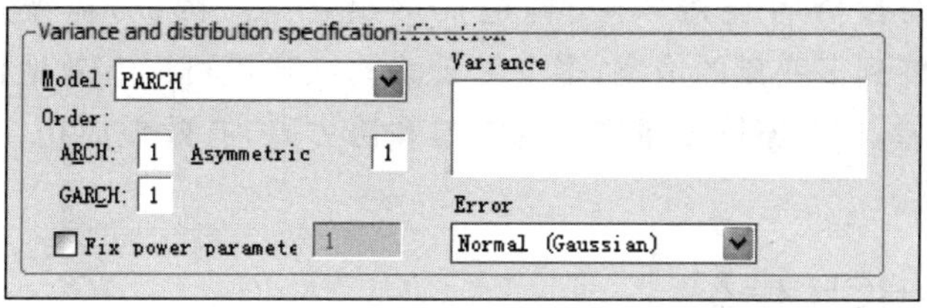

图 7-22　APGARCH(1,1)模型估计命令窗口

Dependent Variable: MY_RMB_R
Method: ML - ARCH (Marquardt) - Normal distribution
Date: 08/15/15 Time: 17:05
Sample (adjusted): 6 1175
Included observations: 1170 after adjustments
Convergence achieved after 36 iterations
Presample variance: backcast (parameter = 0.7)
@SQRT(GARCH)^C(6) = C(2) + C(3)*(ABS(RESID(-1)) - C(4)*RESID(-1))^C(6) + C(5)*@SQRT(GARCH(-1))^C(6)

Variable	Coefficient	Std. Error	z-Statistic	Prob.
AR(5)	0.069551	0.034344	2.025152	0.0429
Variance Equation				
C(2)	9.53E-07	8.57E-07	1.111795	0.2662
C(3)	0.127938	0.010607	12.06129	0.0000
C(4)	-0.154665	0.040903	-3.781235	0.0002
C(5)	0.877745	0.009380	93.57319	0.0000
C(6)	1.470762	0.118965	12.36298	0.0000

R-squared	0.000279	Mean dependent var	-5.48E-05
Adjusted R-squared	0.000279	S.D. dependent var	0.000981
S.E. of regression	0.000981	Akaike info criterion	-11.19952
Sum squared resid	0.001125	Schwarz criterion	-11.17354
Log likelihood	6557.716	Hannan-Quinn criter.	-11.18972
Durbin-Watson stat	1.995393		

Inverted AR Roots	.59	.18+.56i	.18-.56i	-.47-.34i
	-.47+.34i			

图 7-23　APGARCH(1,1)模型估计结果

对应的方程为

$$r_t = 0.069\,551 r_{t-5} + \mu_t$$

$$\sigma_t^{1.47} = 9.53\text{E-}07 + 0.127\,938(|\mu_{t-1}| + 0.154\,665\mu_{t-1})^{1.47} + 0.877\,745\sigma_{t-1}^{1.47} \tag{7.42}$$

从以上作出的 ARCH(8)、GARCH(1,1)、TGARCH(1,1)、EGARCH(1,1)、APGARCH(1,1)模型可以看出，美元对人民币外汇收益率波动率存在信息冲击的非对称性，好消息的冲击比坏消息的冲击大，因为 GARCH(1,1)模型是 ARCH(8)模型的无限阶，所以相比 GARCH(1,1)模型模拟的效果更好。比较这 5 个模型的 AIC 值，可看出 APGARCH(1,1)模型最小，它可以体现波动率的聚集性、非对称性等，估计的效果较好。

7.6 几种向量 GARCH 模型

在金融市场中,不同的市场(如汇率市场、股票市场、期货市场等)、不同的资产之间可能存在相互影响,它们的波动也可能存在相关性。研究它们之间的关系在风险管理中具有重要的意义,可以帮助投资者规避风险、构造资产组合等。因此,需要把单变量 ARCH、GARCH 类模型扩展到多变量的情况,多个变量波动性建模可以有效地估计均值方程中误差项的方差和协方差,以及不同变量之间的方差和协方差,有效地应用在波动溢出、风险转移、投资组合等主题。

7.6.1 向量 ARCH 模型

向量 ARCH 模型的均值方程用矩阵形式表示为

$$Y_t = M_t + u_t \tag{7.43}$$

式中,$Y_t = (y_1, y_2, \cdots, y_N)'$ 为 $N \times 1$ 维向量时间序列;M_t 为时间序列均值向量;$\{u_t\}$ 为一个 $N \times 1$ 维向量随机序列,且 $u_t | I_{t-1} \sim N(0, H_t)$,$I_{t-1}$ 为 $t-1$ 时刻的已知信息集;H_t 为 $N \times N$ 维条件方差和协方差矩阵,关于 I_{t-1} 可测。定义 $h_t = \text{Vech}(H_t)$,这里的 $\text{Vech}(\cdot)$ 为向量半算子,$\text{Vech}(H_t)$ 为把矩阵 H_t 的下三角阵按列依次堆积而成的 $\frac{N(N+1)}{2} \times 1$ 维列向量。向量 ARCH 类模型主要是研究 H_t 的不同动态特性。

向量 ARCH 模型最早是由 Kraft, Engle(1983)提出的,只是一个多变量线性 ARCH(q)模型,在模型中 H_t 被表示为残差同期交叉乘积的线性函数,即

$$\text{Vech}(H_t) = W + \sum_{i=1}^{q} A_i \text{Vech}(u_{t-i} u'_{t-i}) = W + A(L) \text{Vech}(u_t u'_t) \tag{7.44}$$

式中,W 为 $\frac{N(N+1)}{2} \times 1$ 维系数向量;L 为滞后算子;$A(L)$ 为 q 阶滞后算子矩阵多项式;$A_i (i=1,2,\cdots,q)$ 均为 $\frac{N(N+1)}{2}$ 维方阵,且 A_i 使得 H_t 正定。

7.6.2 向量 GARCH 模型

Bollerslev、Engle、Wooldridge(1988)提出了多元 GARCH 模型,方差方程表达式如下:

$$\begin{aligned} \text{Vech}(H_t) &= W + \sum_{i=1}^{q} A_i \text{Vech}(u_{t-i} u'_{t-i}) + \sum_{j=1}^{p} B_j \text{Vech}(H_{t-j}) \\ &= W + A(L) \text{Vech}(u_t u'_t) + B(L) \text{Vech}(H_t) \end{aligned} \tag{7.45}$$

式中,W 为 $\frac{N(N+1)}{2} \times 1$ 维系数向量;L 为滞后算子;$A(L)$ 和 $B(L)$ 分别为 q、p 阶滞后算子矩阵多项式;$A_i (i=1,2,\cdots,q)$,$B_j (j=1,2,\cdots,p)$ 均为 $\frac{N(N+1)}{2}$ 维方阵,且 A_i,B_j 使得 H_t 正定。

向量 GARCH 模型可以研究多个市场之间的波动溢出效应,模型中的参数矩阵 A_i 和

B_j 中的对角线元素反映了方差、协方差序列自身的相关关系,而非对角线元素则反映不同不变量的方差、协方差序列之间的相互影响。虽然模型具有很好的经济意义,但是由于模型中设置的参数较多,而且不能保证总有一个半正定的协方差矩阵,因此在实际应用中总是会受到一些限制。也有为了简化参数的估计,将向量 GARCH 模型扩展为对角向量 GARCH 模型、BEKK 模型等,约束模型中的参数,达到简化的目的。

7.6.3 对角向量 GARCH 模型

为了减少参数的个数,Bollerslev、Engle、Wooldridge(1988)发展一种受约束的向量 GARCH 模型,假定 $A_i(i=1,2,\cdots,q)$,$B_j(j=1,2,\cdots,p)$ 是对角矩阵,模型被称为对角向量 GARCH 模型,当 A_i,B_j 是对角矩阵,它保证 H_t 在任意时刻都是正定的。这时,$\text{Vech}(H_t)$ 可以表示为

$$\text{Vech}(H_t) = W + \sum_{i=1}^{q} \text{diag}(a_{i,1},\cdots,a_{i,N(N+1)/2}) \text{Vech}(u_{t-i} u'_{t-i}) + \\ \sum_{j=1}^{p} \text{diag}(b_{j,1},\cdots,b_{j,N(N+1)/2}) \text{Vech}(H_{t-j}) \quad (7.46)$$

由于对角向量 GARCH 模型简化了多个变量之间的相关关系,因而对波动的刻画不完全,无法通过对角向量 GARCH 模型来研究多个市场之间的相关关系和溢出效应。

7.6.4 BEKK 模型

BEKK 模型即 BEKK-GARCH 模型,它是由 Engle、Kroner(1995)综合整理向量 GARCH 模型,以确保 H_t 矩阵总是正定的这一难题提出的。当 $p=q=1$ 时,BEKK 模型的表达式为

$$H_t = W'W + A'(u_{t-1} u'_{t-1})A + B'H_t B \quad (7.47)$$

式中,W、A 和 B 均为 $N \times N$ 维的参数矩阵。

由于等式右边项是二次型的性质,它能确保 H_t 矩阵总是正定的。而且相对向量 GARCH 模型,BEKK 模型的参数较少,但是,模型中参数的经济含义不如向量 GARCH 模型中那么明确。通过证明向量随机过程具有 BEKK 表达式时,它与一般的向量 GARCH 表达式是等价的,其参数就具有明确的经济意义。

7.6.5 CCC-GARCH 模型

常相关向量 GARCH(Constant Conditional Correlation GARCH,CCC-GARCH)模型是向量 GARCH 模型的另一类简化形式。

令向量 Y_i 具有时变条件协方差矩阵 H_t,而 h_{ijt} 是 H_t 的第 (i,j) 个元素。y_{it},u_{it} 分别为 Y_i 和 u_i 的第 i 个分量,则 y_{it} 和 y_{jt} 之间在 t 时刻的相关系数为

$$\rho_{ijt} = \frac{h_{ijt}}{\sqrt{h_{iit} h_{jjt}}} (-1 \leqslant \rho_{ijt} \leqslant 1) \quad (7.48)$$

式中,h_{ijt} 为矩阵 H_t 的第 (i,j) 个元素,表示 y_{it} 和 y_{jt} 是基于 $t-1$ 时刻信息集的条件协方差,而 h_{iit} 和 h_{jjt} 分别为矩阵 H_t 对角线的第 i 个和第 j 个元素,分别表示 y_{it} 和 y_{jt} 之间在 t 时刻的条件方差。在一般的向量 GARCH 模型中,ρ_{ijt} 是时变的,现有文献提出了常相关

系数的假设，即假定 ρ_{ijt} 为常数 ρ_{ij}。这样

$$h_{ijt} = \rho_{ijt}(h_{iit}h_{jjt})^{1/2} \quad (j=1,2,\cdots,N; i=j+1,j+2,\cdots,N)$$

令每一个 h_{iit} 可以表示为

$$h_{iit} = \omega_i \sigma_{it}^2$$

这里的 ω_i 是一个正的时不变标量。则条件协方差矩阵 $\boldsymbol{H}_t$ 可以表示为

$$\boldsymbol{H}_t = \boldsymbol{D}_t \boldsymbol{\Gamma} \boldsymbol{D}_t$$

式中，$\boldsymbol{D}_t$ 为 $N \times N$ 维对角矩阵，$\boldsymbol{D}_t = \mathrm{diag}(\sigma_{1t}, \sigma_{2t}, \cdots, \sigma_{Nt})$，并且 $\boldsymbol{\Gamma}$ 是一个 $N \times N$ 维时不变矩阵，其中第 (i,j) 个元素为 $\rho_{ij}\sqrt{\omega_i \omega_j}$。

由于常相关多元 GARCH 模型在参数估计上的优点，因此它受到人们的重视，Bollerslev(1990)将其用于汇率时间序列的分析，得到比较满意的结果，也说明了该模型结构形式具有一定的合理性。但该模型应用时的一个重要问题是常相关性的检验，Bollerslev(2000)提出了拉格朗日乘子检验，并通过蒙特卡罗模型说明 LM 检验要优于 IM(information matrix)检验，而 IM 检验是 Bera 和 Kim(1996)针对二元 GARCH 模型所提出的检验常相关性的方法。

7.6.6　DCC-GARCH 模型

为了解决不同变量之间的动态相关性问题，Engle(2002)提出动态条件相关广义自回归条件异方差(Dynamic Conditional Correlation GARCH，DCC-GARCH)模型，该模型在金融市场上已经得到广泛的应用。DCC-GARCH 表达式为

$$\begin{aligned}
&\boldsymbol{Y}_t = \boldsymbol{\mu}_t + \boldsymbol{\eta}_t, \quad \boldsymbol{\eta}_t \mid F_{t-1} \sim N(\boldsymbol{0}, \boldsymbol{H}_t) \\
&\boldsymbol{H}_t = \boldsymbol{D}_t \boldsymbol{R}_t \boldsymbol{D}_t, \quad \boldsymbol{D}_t^2 = \mathrm{diag}\{\boldsymbol{H}_t\} \\
&H_{i,t} = \omega_i + \alpha_i \eta_{i,t-1}^2 + \beta_i H_{i,t-1}, \quad \boldsymbol{\varepsilon}_t = \boldsymbol{D}_t^{-1} \boldsymbol{\eta}_t \\
&\boldsymbol{R}_t = \mathrm{diag}\{\boldsymbol{Q}_t\}^{-1/2} \boldsymbol{Q}_t \mathrm{diag}\{\boldsymbol{Q}_t\}^{-1/2} \\
&\boldsymbol{Q}_t = \boldsymbol{\Omega} + \alpha \boldsymbol{\varepsilon}_{t-1} \boldsymbol{\varepsilon}_{t-1}' + \beta \boldsymbol{Q}_{t-1}, \quad \boldsymbol{\Omega} = \bar{\boldsymbol{R}}(1-\alpha-\beta)
\end{aligned} \quad (7.49)$$

其中，$\bar{\boldsymbol{R}} = \frac{1}{T}\sum_{i=1}^{T}\boldsymbol{\varepsilon}_t \boldsymbol{\varepsilon}_t'$，这里仍然要求 $\boldsymbol{H}_t$ 满足正定性，α,β 均大于 0，$\alpha+\beta<1$。方程用极大似然估计方法即可估计出模型的参数。

7.6.7　K 因子向量 ARCH 模型

Engle(1987)提出了一个多因子向量 ARCH 模型，其表达式为

$$\mathrm{Vech}(\boldsymbol{H}_t) = \boldsymbol{W} + \sum_{k=1}^{K} \mathrm{Vech}(f_k f_k') h_{kt} \quad (7.50)$$

式中，f_k 为 $N \times 1$ 维影响因子，$k=(1,2,\cdots,K)$，K 为影响因子的个数；h_{kt} 为第 k 个因子在 t 时刻的条件方差，且 h_{kt} 可以用 GARCH(p,q) 模型表示。

多因子向量 ARCHA 模型的一个重要前提假设是，所选择的各个因子之间互不相关。Engle、Ng 和 Rothschild(1990)讨论了具有较少滞后阶数的低阶因子 ARCH 模型的参数估计问题。

7.6.8 向量 FIGARCH 模型

向量 GARCH 模型可以扩展到长记忆的情况,其中最重要的是 Brunetti 和 Gilbert (2000)提出的向量 FIGARCH 模型,类似一维的情形,N 维 FIGARCH 模型表示如下:

$$\boldsymbol{\Phi}(L)\boldsymbol{\Delta}^d(L)\boldsymbol{u}_t^2 = \boldsymbol{\omega}_{N\times 1} + [\boldsymbol{I}_{N\times N} - \boldsymbol{B}(L)]\boldsymbol{v}_t \tag{7.51}$$

式中,$\boldsymbol{u}_t^2 = (u_{1,t}^2, u_{2,t}^2, \cdots, u_{N,t}^2)^{\mathrm{T}}$ 为残差平方向量过程,$\boldsymbol{v}_t = \boldsymbol{u}_t^2 - \boldsymbol{\sigma}_t^2 = (u_{1,t}^2 - \sigma_{1,t}^2, u_{2,t}^2 - \sigma_{2,t}^2, \cdots, u_{N,t}^2 - \sigma_{N,t}^2)^{\mathrm{T}}$ 为向量新息过程,每个分量具有零均值和无序列相关,且分量之间也不相关。$\boldsymbol{d} = [d_1, d_2, \cdots, d_N]^{\mathrm{T}}$。

$$\boldsymbol{\Phi}(L) = \boldsymbol{\Phi}_0 - \sum_{j=1}^p \boldsymbol{\Phi}_j L^j, \quad \boldsymbol{B}(L) = \sum_{j=1}^q \boldsymbol{B}_j L^j$$

$\boldsymbol{B}_j L^j$ 为滞后算子 L 的 $N\times N$ 维多项式矩阵。差分算子矩阵

$$\boldsymbol{\Delta}^d(L) = \begin{bmatrix} (1-L)^{d_1} & 0 & \cdots & 0 \\ 0 & (1-L)^{d_2} & \cdots & 0 \\ \vdots & \vdots & \vdots & \vdots \\ 0 & 0 & \cdots & (1-L)^{d_N} \end{bmatrix}$$

存在逆矩阵

$$[\boldsymbol{\Delta}^d(L)]^{-1} = \begin{bmatrix} (1-L)^{-d_1} & 0 & \cdots & 0 \\ 0 & (1-L)^{-d_2} & \cdots & \cdots \\ \vdots & \vdots & \vdots & \vdots \\ 0 & 0 & \cdots & (1-L)^{-d_N} \end{bmatrix}$$

$$= \boldsymbol{I}_N + \sum_{j=1}^{\infty} \boldsymbol{\Psi}_j^{(d)} L^j = \boldsymbol{\Psi}^{(d)}(L)$$

其中,$(1-L)^{-d_i} = \sum_{j=1}^{\infty} \psi_j^{(d)} L^i$,$\boldsymbol{\Psi}_j^{(d)} = \mathrm{diag}[\psi_j^{(d_1)}, \psi_j^{(d_2)}, \cdots, \psi_j^{(d_N)}]$,而

$$\psi_j^{(d_i)} = \frac{\Gamma(d_i+j)}{\Gamma(j+1)\Gamma(d_i)} \quad (i=1,2,\cdots,N)$$

且 $\psi_0^{(0)} = 1, 0 \leqslant d_i \leqslant 1 (i=1,2,\cdots,N)$。

在向量 FIGARCH 模型中,存在以下几种情况。

当 $\boldsymbol{d} = \boldsymbol{0}$ 时为向量 GARCH 模型:

$$\boldsymbol{\Phi}(L)\boldsymbol{u}_t^2 = \boldsymbol{\omega} + [\boldsymbol{I} - \boldsymbol{B}(L)]\boldsymbol{v}_t$$

当 $\boldsymbol{d} = \boldsymbol{I}$ 时为向量 IGARCH 模型:

$$\boldsymbol{\Phi}(L)(1-L)\boldsymbol{u}_t^2 = \boldsymbol{\omega} + [\boldsymbol{I} - \boldsymbol{B}(L)]\boldsymbol{v}_t$$

最简单的向量 FIGARCH 模型为二元对角 FIGARCH 模型,它为

$$\boldsymbol{\Phi}(L)\begin{bmatrix} (1-L)^{d_1} & 0 \\ 0 & (1-L)^{d_2} \end{bmatrix}\boldsymbol{u}_t^2 = \boldsymbol{\omega} + [\boldsymbol{I} - \boldsymbol{B}(L)]\boldsymbol{v}_t$$

7.6.9 几种向量 GARCH 模型比较

前面对目前几种主要的向量 GARCH 类模型做了介绍,这些模型各自的特点可以通过表 7-2 说明。

表 7-2 向量 GARCH 类模型特点比较

模 型	优 点	缺 点
向量 GARCH 模型	全面、准确刻画波动的相关特性,可以研究波动溢出效应,经济意义明确	参数多、估计困难
对角向量 GARCH 模型	模型形式简化,参数较少	对波动的刻画不够全面、准确,无法研究市场之间的相关关系和波动溢出效应
BEKK 模型	可以保证的正定性,具有较少的参数个数	参数经济意义不够明确
CCC-GARCH 模型	模型形式简化,参数较少,具有一定的经济意义	常相关约束可能不成立
DCC-GARCH 模型	模型所需的参数更少,在一定程度上降低了模型的复杂程度,使模型估计更加简便。在拟合模型时能够考虑不同资产收益率序列波动率之间的关系,更加灵活	模型具有 $N(N+1)/2+2$ 个参数,当 N 很大时,所有相关过程被限制具有相同的动态结构
因子向量 ARCH 模型	模型具有一定的经济含义,模型较为简化	因子的选择比较困难
向量 FIGARCH 模型	模型描述长、短记忆过程	需要对分整阶数进行检验和估计

由表 7-2 可知,向量 FIGARCH 模型能全面地刻画过程波动特性,但它也是参数较多、结构复杂的模型,同时需要对分整阶数进行检验和估计,其他模型都可以看作对向量 FIGARCH 模型在某些方面的简化。

7.6.10 二元 BEKK-GARCH 模型实证分析

这里选取 2013 年至 2014 年沪深 300 股票指数和以其为标的物的股指期货(简称 IF1401)5 分钟实时价格数据,考虑到股指期货比股票市场早开盘 15 分钟、晚收盘 15 分钟,为了数据保持一致,剔除股指期货与股票市场不对应的数据,总共得到 1 296 组数据,按照交割日前后时间,将数据分成交割月前 648 组和交割月后组数据,这里只分析交割月后沪深 300 股票指数及其对应的期货之间的溢出效应。

这里应用沪深 300 股票指数的对数收益率及股指期货的对数收益率进行实证分析。在建立二元 GARCH 模型时也需要对构造的均值方程的残差进行检验,判断是否具有波动聚类性,只有检验出存在 ARCH 效应,才可以继续构造 BEKK-GARCH 模型。所以本小节的建模步骤如下。

(1) 对时间序列采用 ADF 进行平稳性检验,因为这里考察的是变量间短期关系,所以需要确认两时间序列是平稳的后才能继续构建 VAR 模型。

(2) 建立适当的 VAR 模型,根据 LR、FPE、AIC、SC 和 HQ 五种准则给出的最优滞后阶数确定 VAR 模型的最优滞后阶数。

(3) ARCH 效应检验。利用 ARCH LM 检验对 VAR 模型的每一个回归方程的残差序列做 ARCH 效应检验,判断残差是否存在 ARCH 效应,如果存在可以继续建立 BEKK-GARCH 模型。

选取各组沪深 300 股票指数和股指期货的收益率序列,各组数据都拒绝 ADF 检验的原假设,检验出收益率序列都是平稳的。

模型的均值方程选择了可以分析变量之间动态联系的向量自回归模型,VAR 系数可以反映均值水平的市场间互相作用,表示市场间的均值溢出效应,而 GARCH 系数反映的是波动水平的市场间相互作用,表示波动水平的溢出效应,所以建立以 VAR 模型为均值方程的 BEKK-GARCH 模型,可以分析不受均值溢出效应影响的波动溢出效应,因为方差方程是对已建立的 VAR 模型的残差再建模。根据 FPE 准则和 AIC 给出的最优滞后阶数都是五阶,所以选择建立滞后五阶的向量自回归模型,然后再进行 ARCH 效应检验,结果显示残差序列具有 ARCH 效应,可以建立多元的 GARCH 模型,这里选择建立 BEKK-GARCH 模型。

BEKK-GARCH 模型的均值方程如下:

$$\mathrm{RF}_t = \sum_{i=1}^{m} \alpha_{1i} \mathrm{RF}_{t-i} + \sum_{j=1}^{n} \beta_{1j} \mathrm{RS}_{t-j} + u_1$$

$$\mathrm{RS}_t = \sum_{i=1}^{m} \alpha_{2i} \mathrm{RF}_{t-i} + \sum_{j=1}^{n} \beta_{2j} \mathrm{RS}_{t-j} + u_2$$

式中,RF_t 为 t 时刻股指期货的对数收益率;RS_t 为 t 时刻沪深 300 股票指数对数收益率。

方差方程为

$$\boldsymbol{H}_t = \boldsymbol{W}'\boldsymbol{W} + \boldsymbol{A}'(\boldsymbol{u}_{t-1}\boldsymbol{u}'_{t-1})\boldsymbol{A} + \boldsymbol{B}'\boldsymbol{H}_t\boldsymbol{B}$$

GARCH 项和 ARCH 项都滞后一阶的 BEKK-GARCH 形式如下:

$$h_{11,t} = \omega_{11}^2 + a_{11}^2 \varepsilon_{1,t-1}^2 + 2a_{11}a_{21}\varepsilon_{1,t-1}\varepsilon_{2,t-1} + a_{21}^2 \varepsilon_{2,t-1}^2 + b_{11}^2 h_{11,t-1} +$$
$$2b_{11}b_{21}h_{12,t-1} + b_{21}^2 h_{22,t-1}$$

$$h_{12,t} = \omega_{11}\omega_{21} + a_{11}a_{12}\varepsilon_{1,t-1}^2 + (a_{21}a_{12} + a_{11}a_{22})\varepsilon_{1,t-1}\varepsilon_{2,t-1} + a_{21}a_{22}\varepsilon_{2,t-1}^2 +$$
$$b_{11}b_{21}h_{11,t-1} + (b_{21}b_{12} + b_{11}b_{22})h_{12,t-1} + b_{21}b_{22}h_{22,t-1}$$

$$h_{22,t} = \omega_{21}^2 + \omega_{22}^2 + a_{12}^2 \varepsilon_{1,t-1}^2 + 2a_{12}a_{22}\varepsilon_{1,t-1}\varepsilon_{2,t-1} + a_{22}^2 \varepsilon_{2,t-1}^2 + b_{12}^2 h_{11,t-1} +$$
$$2b_{12}b_{22}h_{12,t-1} + b_{22}^2 h_{22,t-1}$$

式中,$\boldsymbol{H}_t = \begin{bmatrix} h_{11t} & h_{12t} \\ h_{21t} & h_{22t} \end{bmatrix}$, $\boldsymbol{W} = \begin{bmatrix} \omega_{11} & 0 \\ \omega_{21} & \omega_{22} \end{bmatrix}$, $\boldsymbol{A} = \begin{bmatrix} a_{11} & a_{12} \\ a_{21} & a_{22} \end{bmatrix}$, $\boldsymbol{B} = \begin{bmatrix} b_{11} & b_{12} \\ b_{21} & b_{22} \end{bmatrix}$。

$h_{11,t}$ 为沪深 300 股指期货收益率的条件方差,$h_{22,t}$ 为沪深 300 指数收益率的条件方差,$h_{12,t}$ 为两个市场之间的条件协方差。$\boldsymbol{A}$ 矩阵反映的是 ARCH 效应,代表了收益率序列的随机扰动项的过去值对现在条件方差的影响程度,$\boldsymbol{B}$ 矩阵反映的是 GARCH 效应,代表了收益率序列的预测条件方差过去值对现在条件方差的影响程度,其中,a_{11}、a_{22} 衡量的是一个市场前一时刻的冲击对当前波动性的影响;a_{12} 反映股票市场前一时刻的冲击对当期股指期货收益率波动性的影响;a_{21} 反映的是股指期货市场前一时刻的冲击对当期股票市场收益率波动性的影响;b_{11}、b_{22} 衡量的是一个市场前一时刻的波动性对当前波动性的影响;b_{12} 代表的是股票市场前一时刻收益率的波动对股指期货市场当期收益率波动性的影响;b_{21}反映的是股指期货市场前一时刻收益率的波动对股票市场当期收益率波动性的影响。期货交割月后的沪深300指数与股指期货溢出效应参数估计结果见表7-3。

表7-3 期货交割月后与其对应现货收益率的BEKK-GARCH估计结果

参　　数	系　　数	标　准　差	Z统计量	P值
u_1	0.024 741	0.003 294	7.510 338	0.000 000
u_2	0.031 564	0.002 110	14.959 820	0.000 000
ω_{11}	0.061 529	0.004 946	12.441 090	0.000 000
b_{11}	0.943 264	0.004 363	216.189 500	0.000 000
b_{21}	−0.036 836	0.008 562	−4.302 204	0.000 000
a_{11}	0.256 350	0.004 745	54.028 460	0.000 000
a_{21}	0.005 159	0.001 429	3.611 347	0.000 300
ω_{22}	0.068 613	0.001 578	43.487 230	0.000 000
ω_{21}	0.058 193	0.007 982	7.290 301	0.000 000
b_{12}	0.003 302	0.005 237	0.630 508	0.528 400
b_{22}	0.862 712	0.009 827	87.793 650	0.000 000
a_{12}	−0.007 348	0.001 976	−3.718 189	0.000 200
a_{22}	0.320 841	0.005 919	54.202 360	0.000 000

a_{11}、a_{22}都在1%的显著性水平下显著,表明市场间存在ARCH效应。b_{11}、b_{22}也都在1%的显著性水平下显著,这意味着两个市场间存在强GARCH效应。a_{12}、a_{21}的P值均值在1%显著性水平下显著,表明期货市场在进入交割月以后与现货是存在相互的冲击溢出效应的,股票市场对股指期货市场的冲击溢出效应为$|a_{12}|=0.007\ 348$,股指期货市场对现货市场的冲击溢出效应大小为$|a_{21}|=0.005\ 159$。b_{21}在1%的显著性水平下显著,说明股指期货市场对股票市场存在波动溢出效应,大小为$|b_{21}|=0.036\ 836$,b_{12}即使是在10%的显著性水平下也仍不显著,继续对b_{12}进行Wald检验,原假设为:$b_{12}=0$,检验结果见表7-3。

图7-24中显示的Wald检验的P值为0.528 4,因此不能拒绝原假设,即不能拒绝$b_{12}=0$的假设。两市场间存在且仅存在股指期货市场向股票市场的波动溢出效应。

Test Statistic	Value	df	Probability
Chi-square	0.397540	1	0.5284

图7-24 系数的Wald检验

7.7 随机波动模型

7.7.1 SV模型概述

SV模型是研究金融时间序列波动性的另一类模型,称为随机波动(stochastic volatility,SV)模型,该模型把收益率的扰动项假设为不可测的,是一个服从随机过程的变量,是一个动态波动特征的模型。Taylor(1986)提出了离散时间SV模型来刻画金融市场中有关波动问题。随机波动模型与 EGARCH 模型类似,为了保证条件方差为正的,SV 模型用 $\ln\sigma_t^2$ 进行回归。基本的离散 SV 模型为

$$y_t = \sigma_t \varepsilon_t \quad (t=1,2,\cdots,T)$$
$$\ln \sigma_t^2 = \alpha + \beta \ln \sigma_{t-1}^2 + \eta_t \tag{7.52}$$

式中,y_t 为消去均值后第 t 期的收益;$\{\varepsilon_t\}$ 独立同分布且服从 $N(0,1)$,$\{\eta_t\}$ 独立同分布且服从 $N(0,\sigma_\eta^2)$,$\{\varepsilon_t\}$ 和 $\{\eta_t\}$ 是相互独立的,扰动项 ε_t 和 η_t 可以是同期相关,且 σ_η^2 未知;α,β 为常数,β 为持续性常数,反映了当前波动对未来波动的影响,$|\beta|<1$。

如果取 $h_t = \ln \sigma_t^2$,则式(7.52)可以写成

$$y_t = \varepsilon_t \mathrm{e}^{\frac{h_t}{2}}$$
$$h_t = \alpha + \beta h_{t-1} + \eta_t \tag{7.53}$$

这里的 h_t 也可以扩展为一个 ARMA 过程。

由于引进了信息 η_t,很大程度提高了模型的灵活性,但也增加了参数估计的困难,为了估计 SV 模型,需要通过卡尔曼(Kalman)滤波或者蒙特卡罗(Monte Carlo)方法来应用伪似然(quasi-likelihood)方法。

根据不同的金融波动问题的研究,学者将 SV 扩展为很多形式,主要有厚尾 SV 模型、含有外生因素的 SV 模型、含有前期观测影响的 SV 模型、考虑预期收益的 SV 模型、马尔可夫转换 SV 模型、长记忆 SV 模型等。

7.7.2 向量 SV 模型

将单变量的 SV 模型扩展到多变量的 SV 模型,就是多元 SV 模型,也称为向量 SV 模型。向量 SV 模型的研究有助于对于多个金融市场的风险持续性及其规避问题的探讨,备受学者们的关注。目前,有关向量 SV 模型的研究是金融计量研究的一大热点。下面介绍向量 SV 模型的定义。

设有 N 维随机过程 $\{\boldsymbol{Y}_t\}$,$\boldsymbol{Y}_t = (y_{1t}, y_{2t}, \cdots, y_{Nt})'$,其分量

$$y_{it} = \boldsymbol{\varepsilon}_{it} \mathrm{e}^{\frac{h_{it}}{2}} \quad (i=1,2,\cdots,T) \tag{7.54}$$

式中,y_{it} 为观测序列 i 在时刻 t 的值;随机向量 $\boldsymbol{\varepsilon}_{it} = (\varepsilon_{1t},\varepsilon_{2t},\cdots,\varepsilon_{Nt})'$ 服从 N 维正态过程,且均值为零,协方差矩阵 $\boldsymbol{\Sigma}_\varepsilon$ 中对角线元素为 1,非对角线元素为 ρ_{ij},且 $\rho_{ij} = \rho_{ji}$,$\boldsymbol{\Sigma}_\varepsilon$ 为对称阵。

h_{it} 有两种情况:

一种情况,h_{it} 表示为

$$h_{it} = \alpha_i + \beta h_{i,t-1} + \eta_{it}, \eta_{it} \sim i.i.N(0,1) \tag{7.55}$$

取 $\boldsymbol{\eta}_t = (\eta_{1t},\eta_{2t},\cdots,\eta_{Nt})'$,这里 $\boldsymbol{\eta}_t \sim N(0,\boldsymbol{\Sigma}_\eta)$,$\boldsymbol{\Sigma}_\eta$ 是正定矩阵。

另外一种常用情况,h_{it} 表示为

$$h_{it} = \beta h_{i,t-1} + \eta_{it}, \eta_{it} \sim i.i.N(0,1) \tag{7.56}$$

如取 $v_{it} = \exp\left(\dfrac{h_{it}}{2}\right)$,令 $\boldsymbol{W}_t = (\ln v_{1t}, \ln v_{2t}, \cdots, \ln v_{Nt})'$,$\boldsymbol{W}_t$ 可以表示为一个一阶自回归的形式如下:

$$W_t = \Phi W_{t-1} + \eta_t \tag{7.57}$$

或

$$h_t = \Phi h_{t-1} + \eta_t^* \tag{7.58}$$

式中，$\eta_t^* = 2\eta_t$，Φ 为一个 $N \times N$ 维系数矩阵，且 $h_t = (h_{1t}, h_{2t}, \cdots, h_{Nt})'$。

下面介绍向量 SV 模型更为一般的形式。

设有 N 维随机过程 $\{Y_t\}$，$Y_t = (y_{1t}, y_{2t}, \cdots, y_{Nt})'$，其分量可表示为

$$y_{it} = \mu_i + u_{it} v_{it} \quad (i = 1, \cdots, N) \tag{7.59}$$

用矩阵形式可表示为

$$Y_t = \mu + \text{diag}(U_t V_t') \tag{7.60}$$

其中，$U_{it} \sim N(0, \sigma_i^2)$ $(i=1,2,\cdots,N)$，$\mu = (\mu_1, \mu_2, \cdots, \mu_N)'$ 为 Y_t 的无条件均值，$U_t = (U_{1t}, U_{2t}, \cdots, U_{Nt})'$ 为 N 维白噪声，并与 $V_t = (V_{1t}, V_{2t}, \cdots, V_{Nt})'$ 相独立，V_t 中各分量取正值。

令 $W_t = (\ln v_{1t}, \ln v_{2t}, \cdots, \ln v_{Nt})'$，并设 $W_t \sim \text{VAR}(1)$

$$W_t = \Phi W_{t-1} + \eta_t \tag{7.61}$$

式中，η_t 为独立同分布的 N 维白噪声，$\eta_t \sim N(0, \Sigma_\eta)$。

设 Γ 表示 W_t 的协方差矩阵，即 $\Gamma = E[W_t W_t']$，则有

$$\text{Vec}(\Gamma) = (I - \Phi \otimes \Phi)^{-1} \text{Vec}(\Sigma_\eta) \tag{7.62}$$

如果 $W_{it} = \ln v_{it}$ 的方差为 σ_{ih}^2（σ_{ih}^2 为 Γ 对角线上的第 i 个元素），则 y_{it} 的方差为

$$\sigma_{it}^2 = \sigma_i^2 \exp(2\sigma_{ih}^2) \tag{7.63}$$

上述模型可以进一步推广至长记忆的情况，这里不详细介绍。

7.7.3 一元 SV 模型实证分析

这里应用一元的 SV 模型和 GARCH(1,1) 研究上海股市金融时间序列的波动性，选取样本区间为 1992 年 5 月 21 日至 2000 年 12 月 31 日，由飞天系统得到所选区间的综合指数日收盘数据，计算对数收益率，公式如下：

$$R_t = \ln P_{t+1} - \ln P_t$$

建立的 SV 模型如下：

$$y_t = \sigma_t \varepsilon_t \quad (t = 1, 2, \cdots, T)$$

$$\ln \sigma_t^2 = \alpha + \beta \ln \sigma_{t-1}^2 + \eta_t$$

式中，y_t 为消去均值后第 t 期的收益；$\{\varepsilon_t\}$ 独立同分布且服从 $N(0,1)$，$\{\eta_t\}$ 独立同分布且服从 $N(0, \sigma_\eta^2)$，$\{\varepsilon_t\}$ 和 $\{\eta_t\}$ 是相互独立的，扰动项 ε_t 和 η_t 可以是同期相关，且 σ_η^2 未知；α, β 是常数，β 为持续性常数，反映了当前波动对未来波动的影响，$|\beta| < 1$。

在 SV 模型中，波动是一个潜在的变量，因此很难得到其精确的似然函数。常用的 SV 模型的参数估计方法基本分为两大类：一类是试图得到完全似然函数，如 MCMC（马尔可夫蒙特卡罗方法）等；另一类是依靠某些准则得到似然函数，如 QML（伪极大似然估计）、GMM（广义矩估计）等。两类方法各有优劣，第二类方法容易实施，但其有限样本特性较差，只有在大样本的情况下有效；第一类方法在小样本下同样有效，但其缺点是花费时间太多，且实施起来有较大的困难。

由于实证采用的是大样本，观测值有 2 131 个，因而用 QML 估计模型的参数是有效的。

在 QML 方法中,首先把模型转换为线性状态空间形式,然后实施标准卡尔曼滤波,由此得到模型伪似然函数,对伪似然函数最大化就可以得到模型参数的估计。SV 和 GARCH(1,1)估计结果见表 7-4。SV 模型和 GARCH 的参数估计都具有很高的显著性。

表 7-4　SV 模型与 GARCH 模型的估计结果

模　　型		参数估计	标准误差	t 统计量	概　　率	总 体 性 质
SV	α	−0.217 372	0.000 500	−434.717 800	0.000 000	$\ln L$ −4 890.995
	β	0.972 861	0.000 058	1 663.261 000	0.000 000	SSE 3.879 408
	σ_η	0.286 370	0.000 558	512.796 900	0.000 000	
GARCH						$\ln L$ −4 931.195
	w	0.000 007	0.000 001	5.262 598	0.000 000	SSE 4.494 013
	α	0.157 044	0.007 103	22.108 870	0.000 000	AIC −6.995 968
	β	0.868 167	0.004 775	181.807 000	0.000 000	BIC −6.987 993
						DW 1.942 924

在 GARCH 模型中,w 表示的是常数项,α 表示的是 ARCH(1)的系数,β 表示 GARCH(1)的系数。对 SV 模型来说,第四栏是相应参数的渐近标准误差,第五栏是渐近 t 统计量,第六栏的概率为接受原假设 H_0:参数为零的概率,最后一栏的 $\ln L$ 是对数似然函数,SSE 是残差平方和。

由表 7-4 可知,SV 模型的持续性参数高达 0.972 861;在 GARCH 模型中,α 与 β 估计值之和为 1.025 201,两个模型的波动过程都呈现出近似单位根现象,这说明上海股市的收益序列波动具有很高的持续性。波动持续性其实就是风险的持续性,波动持续性高就意味着当前的风险对未来风险有着相当长远的影响,因此,投资者在对上海股市进行长期投资时,必须考虑市场风险的持续性。同时,这也向理论界提出这样的问题:能否借用证券组合或协整的思想来消除或至少是减弱波动的持续性?此外,SV 模型波动扰动项标准差的估计为 0.281 939,波动扰动属于中等水平(大量实证发现波动扰动项标准差的范围为 0~0.5),从长期来看,上海股市市场风险的变动维持在一个比较温和的水平。

从对数似然函数值和残差平方和来看,SV 模型对数据的拟合要好于 GARCH 模型。需要指出的是,SV 模型是 Ornstein-Uhlenbeck 过程的离散近似,而后者在衍生资产定价、利率动力学等方面被广泛地使用着,因而 SV 模型比 GARCH 模型更适用于对金融问题的研究。

7.7.4　向量 SV 模型实证分析

随着全球金融一体化的加速,发展中国家的金融市场取得了飞速发展,市场规模逐步扩大,信息传导机制不断完善,发展中国家与发达国家的贸易往来促使金融市场之间的联系日益紧密。运用随机波动模型对不同地域、不同类型金融市场的波动溢出效应进行研究具有重要意义。这里应用向量随机波动模型的扩展形式,即二元的 GC-MSV(Granger Causality-MSV)模型研究我国汇改后汇市与股市间的波动溢出效应。该模型中包含重要的模型参数矩阵 Φ,它涵盖了实证研究最重要的经济变量,可以用来解释两个金融市场收益率序列自身波动的持续性和波动溢出效应,同时,该模型可以分别度量多个变量的领先滞后关系,当 $\phi_{12}=0$ 或 $\phi_{21}=0$,则表明两者的关系是单向的。GC-MSV 模型形式如下:

$$y_t = \boldsymbol{\Omega}_t \varepsilon_t, \varepsilon_t \sim N(0, \boldsymbol{\Sigma}_\varepsilon)$$

$$h_{t+1} = \mu + \boldsymbol{\Phi}(h_t - \mu) + \eta_t, \eta_t \sim N[0, \mathrm{diag}(\sigma_{\eta_1}^2, \sigma_{\eta_1}^2)]$$

式中,$y_t = (y_{1t}, y_{2t})'$为t时刻样本数据的收益率;$\boldsymbol{\Omega}_t = \mathrm{diag}[\exp(h_t/2)]$为由二元标准差构成的对角矩阵,有$h_t = (h_{1t}, h_{2t})'$,$h_0 = \mu$,一般取$h_t = \ln \sigma_t^2$($\sigma_t$用来测度序列的波动);$\varepsilon_t = (\varepsilon_{1t}, \varepsilon_{2t})'$为扰动过程,服从均值为0、方差为$\boldsymbol{\Sigma}_\varepsilon$的正态分布,$\boldsymbol{\Sigma}_\varepsilon = \begin{bmatrix} 1 & \rho_\varepsilon \\ \rho_\varepsilon & 1 \end{bmatrix}$为相关系数矩阵;$\boldsymbol{\Phi} = \begin{bmatrix} \phi_{11} & \phi_{12} \\ \phi_{21} & \phi_{22} \end{bmatrix}$,矩阵中的$\phi_{12}$、$\phi_{21}$分别表示股市对汇市、汇市对股市的波动溢出效应;$\eta_t = (\eta_{1t}, \eta_{2t})'$为服从正态分布的白噪声。

汇率的数据采用以直接标价法表示的人民币对美元名义汇率(记作P_{ER}),即汇率下降意味着人民币升值,数据来源于国家外汇管理局网站。股票数据采用上证综指的每日收盘价(记作P_{SH}),数据来源于中国雅虎财经网站。

首先,对样本数据取自然对数以消除时间序列的异方差现象,然后,采用差分的计算形式得到市场的收益率序列,计算公式为

$$R_{i,t} = 100 \times (\ln P_{i,t} - \ln P_{i,t-1}) \quad (i = \mathrm{ER}, \mathrm{SH})$$

式中,R_{ER}为汇率市场的对数收益率;R_{SH}为股票市场的对数收益率。

自2005年7月21日人民币汇率形成机制改革以后,人民币汇率主要呈现持续升值的态势,但是在不同时期,汇率的走势还是存在一定的差别,这里存在两个具有不同特征的时间段:①2005年7月21日—2008年7月16日:人民币持续升值阶段;②2008年7月17日—2010年4月30日:人民币升值趋势明显减缓,即人民币持续震荡阶段。根据人民币对美元汇率的变化趋势,将整个时间序列以汇率走势为依据划分为两个阶段,即分别讨论不同时间段内汇市与股市间的溢出效应,以反映出在汇率变动的不同阶段汇市与股市的溢出效应在不同时期的区别。

对两个阶段的R_{ER}和R_{SH}时间序列进行ADF单位根检验,检验得出序列都是平稳的。可以直接对汇市收益率序列和股市收益率序列进行参数估计。

(1) 人民币持续升值阶段的波动溢出效应。首先要检验模型参数的收敛性,通过WinBUGS软件给出了Gelman-Rubin统计量,简称GR统计量,在软件中输入多组初始值,可形成多条迭代链,当模型参数实现收敛时,迭代图形的结果是趋于重合的,判定标准为GR统计量是否随着迭代次数的增加而趋近于1。通过观察GC-MSV模型未知参数的GR统计量随着迭代次数的增加趋近于1,表明抽样达到收敛,保证了参数估计的准确性。

在确定模型参数达到收敛后,便可以利用模型参数估计结果进行解释。表7-5给出了人民币持续升值阶段GC-MSV模型参数($\mu_1, \mu_2, \phi_{11}, \phi_{22}, \phi_{12}, \phi_{21}, \rho_\varepsilon, \sigma_{\eta^1}, \sigma_{\eta^2}$)均值、标准差、MC误差、2.5%分位数、中位数和97.5%分位数的估计结果。

从表7-5可以看出,各个参数的标准差和MC误差都比较小,MC误差远小于标准差,再次验证了抽样结果的收敛性。参数ϕ_{11}, ϕ_{22}的估计结果分别为0.9976和0.9773,即汇市、股市波动具有持久性。参数ϕ_{12}和ϕ_{21}是表示股市对汇市、汇市对股市波动溢出效应的

变量,其值分别为 0.120 7 和 0.214 3,参数值通过收敛性检验,显著异于零,即汇市和股市收益率序列在二阶矩上存在紧密联系,表明市场间存在波动溢出效应。其中,参数 ϕ_{12} 的估计值小于参数 ϕ_{21} 的估计值,说明汇市波动对股市的影响要大于股市波动对汇市的影响。这可能由两方面的原因所引起:一方面,自汇改后,人民币持续升值,升值预期吸引投机资金大规模流入,加之我国对进出口贸易的依赖,导致股市对汇市波动的敏感性增强;另一方面,当前我国实行有管理的浮动汇率制度,并对资本账户进行严格管制,这都在一定程度上限制了股市信息向汇市的有效传导,导致股市对汇市的波动溢出效应不明显。

表 7-5 GC-MSV 模型参数的估计结果(一)

参 数	μ_1	μ_2	ϕ_{11}	ϕ_{22}	$\sigma_{\eta 1}$	$\sigma_{\eta 2}$	ρ_ε	ϕ_{12}	ϕ_{21}
均值	−6.953 0	0.959 4	0.997 6	0.977 3	0.166 3	0.151 9	−1.101 5	0.120 7	0.214 3
标准差	0.450 0	0.212 7	0.001 4	0.009 0	0.022 9	0.024 9	0.030 1	0.018 9	0.019 0
MC 误差	0.019 7	0.007 6	0.000 1	0.000 3	0.001 2	0.001 4	0.000 4	0.000 1	0.000 1
2.5%分位数	−7.827 0	0.524 9	0.994 1	0.956 8	0.127 1	0.112 6	−0.160 4	0.084 5	0.185 5
中位数	−6.958 0	0.963 9	0.997 9	0.978 4	0.164 3	0.149 6	−0.101 4	0.119 6	0.201 7
97.5%分位数	−6.064 0	1.376 0	0.998 3	0.991 6	0.214 4	0.205 1	−0.042 8	0.158 3	0.267 4

(2) 人民币持续震荡阶段的波动溢出效应。在对数据进行单位根检验的基础上,采用 GC-MSV 模型对人民币持续震荡阶段汇市与股市间波动溢出效应进行实证研究。这里同样要检验模型参数的收敛性。确保数据收敛性后,便可以利用模型参数估计结果进行解释,参数结果见表 7-6。

表 7-6 GC-MSV 模型参数的估计结果(二)

参 数	μ_1	μ_2	ϕ_{11}	ϕ_{22}	$\sigma_{\eta 1}$	$\sigma_{\eta 2}$	ρ_ε	φ_{12}	ϕ_{21}
均值	−6.176 0	0.521 8	0.982 4	0.941 9	0.164 4	0.177 8	−0.127 9	0.064 3	0.114 3
标准差	0.414 8	0.281 3	0.012 3	0.028 0	0.033 3	0.048 1	0.042 9	0.018 9	0.018 9
MC 误差	0.019 4	0.012 6	0.000 1	0.001 3	0.001 8	0.002 7	0.000 1	0.000 1	0.000 1
2.5%分位数	−7.008 0	−0.049 0	0.951 9	0.874 4	0.116 5	0.104 6	−0.210 8	0.034 5	0.084 5
中位数	−6.169 0	0.531 4	0.985 0	0.976 5	0.158 0	0.170 2	−0.128 2	0.061 6	0.111 6
97.5%分位数	−5.396 0	1.062 0	0.998 2	0.982 7	0.251 0	0.286 9	−0.042 7	0.108 3	0.158 3

从表 7-6 可以看出,各个参数的标准差和 MC 误差都比较小,再次验证了抽样结果的收敛性。参数 ϕ_{11},ϕ_{22} 的估计结果分别为 0.982 4 和 0.941 9,再次证明了汇市、股市波动具有持久性。参数 ϕ_{12} 和 ϕ_{21} 是表示股市对汇市、汇市对股市波动溢出效应的变量,其值分别为 0.064 3 和 0.114 3,参数值通过收敛性检验,显著异于零,即汇市和股市收益率序列在二阶矩上存在紧密联系,表明市场间存在波动溢出效应。参数 ϕ_{12} 的估计值小于参数 ϕ_{21} 的估计值,说明汇市波动对股市的影响要大于股市波动对汇市的影响。总体上和人民币持续升值阶段的溢出效应保持一致,但是,无论是汇市波动对股市的影响,还是股市波动对汇市的影响,其溢出效应都较人民币持续升值阶段有所减弱。

复习思考题

1. ARCH 模型与 GARCH 模型的基本思想分别是什么？
2. GARCH 类的扩展模型有哪些？
3. 向量 GARCH 模型适用于什么情形？
4. 简要介绍随机波动模型。

即 测 即 练

风险度量方法及应用

本章知识点
1. 熟悉风险的基本概念和类别。
2. 了解风险管理的意义。
3. 熟悉金融风险度量方法与应用。

8.1 金融市场风险概述

自从布雷顿森林体系崩溃以来,世界金融市场的利率、汇率和股票价格就开始了持续的波动性,不确定性开始充斥金融市场。这主要是金融活动开始充分发展的表现,也表明全球金融市场的相关性越来越大。

而金融市场是实现全社会资本资源流动和配置的场所,金融市场上一些标准化的金融工具最基本的特性就是流动性、收益性和风险性,因此金融市场与风险是密切相关的。

20 世纪 70 年代之后,随着经济全球一体化和金融市场的全球化发展,金融产品的创新和信息科学技术的飞速发展又使金融市场变得更加敏感,由金融市场风险因素所引发的损失使得那些即使是实力雄厚的单个机构也难以承受。如何科学、准确地识别金融市场的风险,如何准确、合理地测算金融风险的大小,并对其实施有效的控制是一个全球性的问题,无论是从理论的角度还是从实践的角度,都具有重要的意义。

8.1.1 金融风险的分类

风险是指未来结果的不确定性,如未来收益、资产或是债务价值的波动性。通常金融风险是指从事金融服务的机构由于市场环境变化、竞争加剧、决策失误或受到政策限制而遭受损失的可能性。但是从现阶段金融行业的实际发展来看,这个定义显得过于狭隘了。金融市场包括固定收益债券、权益债券和衍生金融工具的交易,个人投资者、机构和政府作为资金的提供者和使用者都可以参与进来。银行以及其他金融机构在这个体系中不仅可以作为中介的角色为资金的流动起到引导作用,也可以扮演买方和卖方这两种交易角色。金融环境由此变得愈加复杂,任何一方参与者都有可能成为金融风险的来源。

因此,我们认为金融交易的参与者在交易过程中由于面临市场波动、竞争环境变化或决策失误等原因而导致损失乃至破产的可能性都属于金融风险的范畴。具体而言,金融环境中的风险包括市场风险、信用风险、流动性风险、操作风险和法律风险等几大类。

1. 市场风险

市场风险是指由于资产的市场价格达到了一定水平或是发生波动而产生的风险。市场风险可以分为两类：直接风险和间接风险。前者是指由于股票价格、利率、汇率或商品价格的直接波动所带来的风险暴露；后者通常是和对冲头寸以及波动率相联系的风险。

2. 信用风险

信用风险是指由于交易对手不愿意或没有能力履行合约义务而产生的风险，更一般地说，它还包括信用评级的降低而导致债权人持有的债务市场价格下降的风险。故交易对手履约能力发生变化时，信用风险增大。

3. 流动性风险

流动性风险包含两大类：资产的流动性风险和现金流的流动性风险。资产的流动性风险也叫作市场流动风险，一般是由于交易的数量过大，超过了市场平均的容量太多，因此出售价格下降、出清天数变长；现金流的流动性风险是指当现金不足无法满足支付需求时，交易的一方被迫在到期前低于市场价格出售资产以换取现金进行支付所导致的损失。

4. 操作风险

操作风险往往产生于人为失误或技术事故，如未授权交易、后台控制失误、金融机构信息系统失灵等，都属于操作风险的范畴。

5. 法律风险

法律风险是指金融交易中签订的合约由于不符合法律或金融监管部门的规定而不可执行，从而给交易方带来损失的风险。

8.1.2　金融风险管理程序

金融风险管理的过程一般包括金融风险识别、金融风险度量、金融风险管理决策与实施以及金融风险管理反馈与调整四个主要环节。

1. 金融风险识别

金融风险识别是指经济主体对面临的各种潜在的或者存在的金融风险进行认识、鉴别和分析。风险识别所要解决的主要问题是确定哪些风险须予以考虑，以及分析引起金融风险的原因、类型、性质及其后果。

风险管理者首先要分析经济主体的风险暴露（exposure）。金融风险的暴露是指金融活动中存在金融风险的部位以及受金融风险影响的程度。风险管理者可以针对具体的资产负债项目进行分析，还要对经济主体的资产负债进行整体上的考察。风险管理者不仅要考察表内业务的风险暴露，还要关注表外业务的风险暴露，如承诺、保证等业务以及金融衍生品的风险暴露。通过对风险暴露的判断与分析，风险管理者可以确定风险管理的重点。

风险管理者还要进一步分析金融风险的成因和特征。不同的金融风险具有不同的特征,有的可以通过投资分散降低或者消除风险,有的则无法消除。风险管理者对风险的性质进行分析,这为制定风险管理策略提供理论基础。

2. 金融风险度量

金融风险度量主要是衡量各种金融风险导致损失的可能性的大小以及损失发生的范围和程度,风险度量是风险识别的延续。准确地评估金融风险的大小对最大限度地减少风险和获得利润都十分重要。金融风险度量是金融风险管理的核心部分。

3. 金融风险管理决策与实施

在风险识别和风险度量基础上,风险管理者需要采取措施以减少金融风险暴露、将金融风险水平控制在可承受的范围内。

首先,风险管理者应当确立风险管理策略。对于不同的金融风险,可以根据各自的性质、特征和风险水平采取不同的管理策略。其次,风险管理者需要制订具体的行动方案,包括使用何种风险管理工具以及如何使用这些工具、如何调整资产负债结构等。风险管理者需要从中选出最为合理的方案。最后,风险管理者组织方案的实施,各部门配合执行。

4. 金融风险管理反馈与调整

在金融风险管理决策与实施基础上,对风险实施管理策略后进行检查、反馈与调整。风险管理者要督促相关部门严格执行风险管理的有关规章制度,确保风险管理方案落实和实施。因此,管理者需要定期或者不定期地对各业务部门进行全面或者专项检查,发现隐患后迅速加以纠正或者补救。同时,管理者还要对风险管理方案的效果进行评估,测定实际效果与预期效果之间的差异,并根据内部条件与外部环境的变化,对金融风险管理方案进行动态的调整。

8.1.3 风险管理的意义

20世纪80年代以来,随着经济全球化和金融一体化、现代金融理论的提出、金融创新和现代信息技术的日益成熟,全球金融市场进入一个高速发展的时期,同时金融市场也呈现出前所未有的波动性。金融市场的难以捉摸和巨大破坏性不仅严重威胁了金融企业的经营活动甚至生存,并且对参与金融交易的地方政府、国家财政甚至全球区域性的经济圈的金融及经济稳定发展都产生了极大的影响。金融风险往往是其他类型风险发生的根源,如何界定和识别,采用什么手段测量,怎样对其进行管理,是政府、金融监管机构和学术界关注的焦点。风险管理客观上讲能够减小金融市场价格的波动性,促使金融资产价格回归均值,缩小金融产品价差,提高金融市场的运行效率。

对于在经济系统中作为融通媒介的金融机构来说,风险管理具有更为特殊和重要的意义,主要体现在维持投资者信心、提高核心竞争力和满足监管要求三个方面。鉴于风险管理在金融实践中占有重要的地位,大量的实证研究结果表明:金融市场风险是其他类型风险的基础,对市场风险的管理和测量也应该成为风险管理工作的核心。因此,VaR方法作为一种较为精确的风险度量方法,以及由此衍生出的CVaR(Conditional Value at Risk)和ES(Expected Shortfall)方法,成为金融市场风险测量的主流。它帮助投资者理性地认识风险,有利于他们管理和转移风险,降低在投资过程中面对市场波动产生的盲目性。

8.2 金融风险度量方法

8.2.1 VaR 方法

1. VaR 的定义

VaR 是指在某一特定的时间长度和给定的概率水平下,在正常市场环境下,某一金融资产或投资组合在未来一段时间内的最大可能损失。

在数学上,给定风险 X 的累积分布函数 F_X 和置信水平 $\alpha \in (0,1)$,即

$$\text{VaR}_\alpha(X) = F_x^{-1}(\alpha) = \inf\{x \in \mathbf{R}, F_x(X) \geqslant \alpha\}$$

或者
$$\text{prob}(\Delta p > \text{VaR}) = 1 - \alpha \tag{8.1}$$

Δp 为金融资产或者组合在持有期内的损失,通常 α 的取值为 0.95、0.99 或 0.999。巴塞尔协议 Ⅱ 决定采用 VaR 来计算资本金,协议规定持有期为 10 天,置信水平为 99%。VaR 示意图如图 8-1 所示。

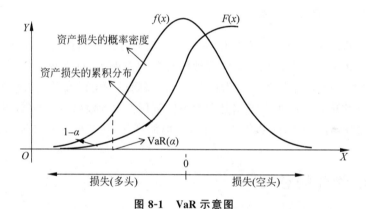

图 8-1 VaR 示意图

例如,某一投资组合 99% 的 VaR 值为 50 万元,这表明在正常市场环境下,在持有期内投资者至少有 99% 的可能性来确保该投资组合的损失不会超过 50 万元。

2. VaR 计算方法

VaR 的基本计算原理:对于一个投资组合,假定其初始价值为 P_0,持有期内投资回报率为 R,则在持有期末,投资组合的价值可表示为 $P = P_0(1+R)$。假定回报率的期望回报和波动性分别为 μ 和 σ,如果在某一置信水平 α 下,投资组合的最低价值为 $P^* = P_0(1+R^*)$,则根据 VaR 的定义,相对 VaR(VaR_R)与绝对 VaR(VaR_A)为

$$\text{VaR}_R = E(P) - P^* = -P_0(R^* - \mu) \tag{8.2}$$

$$\text{VaR}_A = P_0 - P^* = -P_0 R^* \tag{8.3}$$

相对 VaR 和绝对 VaR 如图 8-2 所示。

这里的负号只表示损失,在后面计算中负号都去掉了。在上述不同定义下,找到最低价

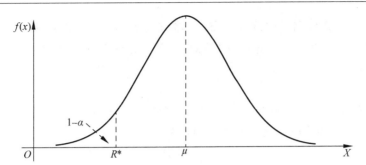

图 8-2　相对 VaR 和绝对 VaR

值为 P^* 或者找到最低投资回报率 R^* 就可以计算出 VaR。实践中一般使用相对 VaR，它与经济资本分配和 RAROC(风险资本回报率)计算一致。根据上述定义，计算 VaR 就相当于计算投资组合的最小价值或最小的回报率。考虑到投资组合未来回报行为的随机过程，假定其未来回报率的概率密度函数为 $f(r)$，则对于某一置信度 α 下的投资组合最小值和最小的回报率为

$$\alpha = \int_{R^*}^{\infty} f(r)\mathrm{d}r \quad \text{或} \quad 1-\alpha = \int_{-\infty}^{R^*} f(r)\mathrm{d}r \tag{8.4}$$

无论投资组合回报分布是离散的还是连续的，是厚尾的还是瘦尾的，这种表示方式对于任何分布都是有效的。

综上所述，制约 VaR 的基本要素有置信水平、投资期、数据长度以及损益分布。其中，前三个要素的选取往往带有一定的主观性，第四个要素则会受到第三个要素的制约。

(1) 置信水平的选取。通常地，不同的金融主题具有不同的风险偏好程度，所选取的置信水平则与其风险厌恶程度密切相关，风险厌恶程度越高，其选取的置信度越大。较高的置信水平意味着较高的 VaR。因此，在选取置信水平时，投资者往往会考虑自身的实际需求。此外，监管部门的规定也是制约置信水平的一个关键因素。

(2) 投资期(或称持有期)的选择。投资期(持有期)的选择要考虑资产的流动性和波动性。通常情况下，资产持有期越长，资产波动性越大，对应的 VaR 越大。同样地，资产流动性越高，投资者就越能根据市场的波动情况来及时地调整资产头寸，这时跨度较小的投资期便可以适应，但是若资产流动性较低，投资者要花费很长时间来寻找匹配对象，这时就要选择较长的投资期。

(3) 数据长度的选取。一般情况下为了准确计算 VaR，数据选取的时间跨度越大越好，但是随着时间的延长，这些数据越难反映现实情况。

(4) 损益分布的确定。计算 VaR 时，通常会假定资产收益服从状态分布，但是实际情况是金融资产的收益往往出现"尖峰厚尾"现象，违背正态分布的假设。所以，准确地确定资产损益分布对 VaR 计算起着至关重要的作用。

在计算投资组合 VaR 时，根据是否已知或假设资产回报的概率分布，可以将 VaR 的计算方法分为参数方法、非参数方法和半参数方法。由于投资者有多头和空头之分，所以风险也分为多头风险和空头风险，有时也称上尾风险和下尾风险，这里风险度量都是从多头角度考虑的。当然有了多头的风险度量，也很容易给出空头的风险度量。

1) 参数方法

参数方法，也称方差-协方差方法，它假设收益率服从一定分布，利用证券组合与市场因

子之间的近似关系、市场因子的统计分布(方差-协方差矩阵)简化 VaR 计算。根据证券组合价值函数形式和市场因子的模型的不同,参数方法可以分为两大类:Delta-类模型和 Gamma-类模型。

(1) Delta-类模型。

① Delta-正态模型。Delta 定义为交易组合价值变化随标的市场变量价格变化的比率。ΔP 为交易组合一天的价值变化,ΔS 为股票价格一天的价格变化;δ 定义为

$$\delta = \frac{\Delta P}{\Delta S} \tag{8.5}$$

Delta-正态模型假设证券组合价值函数均取一阶近似,且市场因子服从多元正态分布。在此假设基础上,证券组合的回报服从一元正态分布 $N(\mu, \sigma^2)$。设 α 为给定的置信水平,则根据正态分布和标准正态分布之间的转换关系,最小投资回报率 R^* 可由式(8.6)确定:

$$\text{Prob}(R \leqslant R^*) = \int_{-\infty}^{R^*} f(r) \mathrm{d}r = \text{Prob}\left(Z \leqslant \frac{R^* - \mu}{\sigma}\right) = 1 - \alpha \tag{8.6}$$

分位数记为 $Z_\alpha[=\Phi^{-1}(\alpha)]$,则 $R^* = \mu + Z_\alpha \sigma$,根据 VaR 定义(假定初始资产为 1),可以得出相对 VaR_R 为

$$\text{VaR}_R = Z_\alpha \sigma = \sigma \Phi^{-1}(\alpha) \tag{8.7}$$

绝对 VaR_A 为

$$\text{VaR} = \mu + Z_\alpha \sigma = \mu + \sigma \Phi^{-1}(\alpha) \tag{8.8}$$

式中,$\Phi^{-1}(\cdot)$ 为标准正态分布的分布函数的反函数。

② Delta-加权正态模型。由于 Delta-正态模型假定回报是独立同分布的,即它们可以被认为服从单一分布(无条件分布),均值和方差不随时间的变化而改变。实证表明,金融资产回报往往存在方差的时变性,而移动平均法是金融预测中估计时变方差最为常用的一种技术。

移动平均法的基本原理是:首先选取一定长度的历史数据窗口,计算其算术平均值,然后保持数据长度不变,更新历史数据窗口,再计算其算术平均值。RiskMetrics 模型便是基于这类移动平均法——指数加权滑动平均(Exponentially Weighted Moving Average, EWMA)模型来拟合回报在正态分布下的方差。

在 J. P. Morgan 的 RiskMetrics 模型中,t 时刻回报的方差可以表示为

$$\sigma_t^2 = (1-\lambda) \sum_{i=1}^{t} \lambda^{i-1} (r_i - \bar{r})^2 \tag{8.9}$$

若假定历史数据为无限,记 $\sigma_{t+1|t}^2$ 为在已知 t 时刻的有关信息下对 $t+1$ 时刻方差的估计,设 $\varepsilon_t = r_t - \bar{r}$。则由指数加权滑动平均模型有

$$\sigma_{t+1|t}^2 = (1-\lambda) \sum_{i=0}^{\infty} \lambda^i \varepsilon_{t-i}^2 = (1-\lambda) \varepsilon_t^2 + (1-\lambda) \sum_{i=1}^{\infty} \lambda^i \varepsilon_{t-i}^2$$

$$= (1-\lambda) \varepsilon_t^2 + \lambda \left[(1-\lambda) \sum_{i=0}^{\infty} \lambda^i \varepsilon_{t-i+1}^2\right]$$

$$= (1-\lambda) \varepsilon_t^2 + \lambda \sigma_t^2 \tag{8.10}$$

式(8.10)可以简记为 $\sigma_{t+1}^2 = (1-\lambda) \varepsilon_t^2 + \lambda \sigma_t^2$。

因此，某一置信水平 α 下，在 $t+1$ 时刻 VaR 的表达式为

$$\text{VaR}_{t+1} = \mu + \sigma_{t+1}\Phi^{-1}(\alpha) \tag{8.11}$$

式中，$\Phi^{-1}(\cdot)$ 为标准正态分布的分布函数的反函数。

③ Delta-GARCH 模型。大量的研究表明，GARCH 模型特别适用于对金融时间序列数据的波动性进行建模、估计或预测波动性。这里我们只讨论最简单也最常用的 GARCH(1,1)模型，它只有 1 个平方扰动项和 1 个条件方差滞后项：

$$r_t = \mu + \varepsilon_t \tag{8.12}$$

$$\sigma_t^2 = \omega + \alpha\varepsilon_{t-1}^2 + \beta\sigma_{t-1}^2 \quad (\omega > 0; \alpha, \beta \geqslant 0) \tag{8.13}$$

计算 VaR 时，用 GARCH(1,1)模型描述回报率 r_t，如式(8.14)：

$$\begin{cases} r_t = \mu + \varepsilon_t \\ \sigma_t^2 = \omega + \alpha\varepsilon_{t-1}^2 + \beta\sigma_{t-1}^2 \\ \varepsilon_t = z_t\sigma_t, z_t \sim \text{i.i.d.} N., E(z_t) = 0, \quad \text{Var}(z_t) = 1 \end{cases} \tag{8.14}$$

可见，ε_t 之间不相关且均值为 0，其条件方差等于 σ_t^2。因此，在置信水平 α 下，第 t 时刻 VaR 的表达式为

$$\text{VaR} = \mu + \sigma_t\Phi^{-1}(\alpha) \tag{8.15}$$

式中，$\Phi^{-1}(\cdot)$ 为标准正态分布的分布函数的反函数。

(2) Gamma-类模型。Delta-类模型采用线性形式，简化了 VaR 的计算。但它的缺点在于无法识别非线性风险。为此，人们引入能识别凸性或 Gamma 风险的 VaR 计算方法——Gamma-类模型。Gamma-类模型是在 Delta-类模型基础上发展起来的，通常被称为 Delta-Gamma 类模型。在该模型中，证券组合的价值函数均取二阶近似，它使用二阶泰勒展开式近似估计组合的非线性风险，也就是在 VaR 计算中考虑 Gamma 因素的影响。

Delta-Gamma 正态模型是 Gamma-类模型中最基本的模型，它与 Delta-正态模型类似，都假定市场因子的变化服从正态分布，不同之处在于，Gamma 近似使用二阶泰勒展开式近似描述组合的价值函数，可以更好地捕捉组合价格变化的非线性特征。其形式如下：

$$\Delta p = \theta\Delta t + \delta'\Delta x + \Delta x'\gamma\Delta x/2 + o(3) \tag{8.16}$$

式中，Δp 为组合的价值变化量；Δx 为市场因子的价值变化量；$\theta = \partial p(x)/\partial t$ 为组合对时间的一阶导数(Theta)；$\delta = \partial p(x)/\partial x$ 为组合对市场因素的一阶导数(灵敏度，Delta)；$\gamma_{ij} = \partial^2 p(x)/(\partial x_i \cdot \partial x_j)$ 为二阶海赛矩阵；$o(3)$ 为高阶无穷小。

Delta-Gamma 正态模型假定市场因子的变化 Δx 服从正态分布，并假定 $(\Delta x)^2$ 也服从正态分布，且 Δx 和 $(\Delta x)^2$ 是独立的，所以组合的价值变化 Δp 也服从正态分布。这样，可以将组合价值的变化 Δp 简化为两个市场因子的表达形式：

$$\Delta p \approx \delta'\Delta x + \gamma/2(\Delta x)^2 \tag{8.17}$$

则组合的 VaR 为

$$\text{VaR} = z_\alpha\sigma_P = z_\alpha\sqrt{\delta^2\sigma^2 + \gamma^2\sigma^4/2}$$
$$= z_\alpha\sigma\sqrt{\delta^2 + \gamma^2\sigma^2/2} \tag{8.18}$$

式中，z_α 为置信度 α 下对应的标准正态分布的分位数；σ 为因子 x 的波动性。

Delta-Gamma 正态模型本质上将 $(\Delta x)^2$ 视为一个独立的风险因子，近似估计组合的非

线性风险,其优点是简化了计算。但 Δx 和 $(\Delta x)^2$ 不可能同时服从正态分布,这使得该模型在计算 VaR 时产生较大的偏差。

2) 非参数方法

对 VaR 值采用参数方法是通过假定金融资产收益率服从一定的分布特征,然而参数模型对实际分布所做的假设通常难以与真实数据相一致。因此,人们提出了另一种不依赖于收益率分布假定的方法,即非参数方法。历史模拟法和蒙特卡罗模拟方法由于其理论与方法的简单成为最常用的两种非参数方法。

(1) 历史模拟法。历史模拟法是利用收益率的历史值作为其将来的可能取值,其基本思想是认为"历史在未来会重演"。该模型的好处在于不需要对收益率的分布做任何假定,不必讨论是否独立同分布以及是否有"尖峰厚尾"等现象。由于无须估计波动性、相关性等参数,因而没有参数估计的风险,不易导致模型风险。该模型的主要假定是整个样本取值区间和预测区间内,投资组合收益率的分布不变。

历史模拟法的基本步骤如下。

① 确定影响组合价值变动的 n 个风险因子以及组合与风险因子之间的关系。

② 选定历史观察期,并记录在每个观察期内各风险因子的变动情况。

③ 根据风险因子当前值及第②步的结果来模拟各种历史情形下风险因子未来一期的值。

④ 根据每种历史情形下风险因子的模拟值计算出对应情形下组合的价值。

⑤ 根据第④步的结果,对组合价值变化的 N 个模拟结果按亏损由高到低进行排序,然后根据给定的置信水平找到对应的分位数就得到了组合的 VaR。

(2) 蒙特卡罗模拟方法。蒙特卡罗模拟方法综合了分析方法和历史模拟法的优点。首先假定资产回报服从一定的分布形式(既可以是正态分布,也可以是其他任何形式的分布),通过伪随机数发生器产生 N 个模拟市场因子值,然后采用与历史模拟法类似的方法求出资产或组合未来回报的分布,测得投资组合的 VaR 值。

蒙特卡罗模拟方法的具体计算过程可以分为以下四个步骤。

① 与历史模拟法一样分辨出投资组合的基本市场风险因子,并确定由市场因子表示的投资组合盯市价值的表达式。

② 选定市场风险因子所服从的特征分布,估计分布参数。这一步是蒙特卡罗模拟方法区别于前两种方法的主要特征。描述市场因子可能变化的统计分布,既可以是正态分布、对数正态分布,也可以是 t 分布等,而方差、相关系数等参数的估计可以从历史数据或期权数据中获得。

③ 根据已选定的分布,利用伪随机数发生器产生 N 个模拟市场因子值,然后根据每一组市场风险值对组合进行估价,确定组合的相应价值。

④ 与历史模拟法相同,即对盯市组合价值进行排序、分组,得到投资组合回报的概率分布,测定组合的 VaR 值。

3) 半参数方法

VaR 分析是针对下偏风险的,即损失部分,因此极端收益的情景的准确预测对 VaR 的计算有着极其重要的作用。历史模拟法或参数法虽然对概率分布函数的中间部位即正常的、温和的波动有着较好的预测能力,但对极端收益情景提供的信息极为有限。而极值理论恰好弥补了这一缺陷。极值理论研究的重点就是极端情况下收益波动的特征及分布形态,对极端情景有很好的预测能力。因而半参数方法主要是运用极值理论方法来测量极端市场情况下的风险损失。

无论是半参数方法还是完全参数方法,计算的都是概率较大的分位数,这对应于回报分布的上尾部,但 VaR 值是在回报分布的下尾部,因此需要对样本数据做一个变换。

假定 S_t 为某资产在第 t 天的价格,r_t 为其对数回报,为了计算回报分布的下尾部的分位数,对样本数据取负号,即 $x_t = -r_t$。于是,通过 x_t 计算得到的上尾部的分位数再取负号就是所求的 VaR 值,即

$$\text{VaR}_p = -x_p \tag{8.19}$$

(1) 基于无条件极值分布的 VaR 估计。如果假定样本数据是独立同分布的,可以直接引用极值理论计算分布尾部的分位数,从而估计 VaR,这种方法被称为基于无条件极值分布的 VaR 估计方法,也称为基于统计极值分布的 VaR 估计方法。

(2) 基于条件极值分布的 VaR 估计。在无条件极值分布的 VaR 估计方法中存在的一个主要缺点是,没有考虑当前的预期和波动性,即没有考虑回报的动态性。为此,研究者提出了基于条件极值分布的 VaR 估计方法。

设某金融资产的对数收益率的日观测值 $(r_t, t \in Z)$ 是一个宽平稳过程。令 $X_t = -r_t$,假设 X 的动态性可以由如下模型刻画:

$$X_t = \mu_t + \sigma_t Z_t \tag{8.20}$$

式中,Z_t 为一个白噪声过程(即独立同分布的)。

收益率在时刻 t 的一步预测分位数用 x_q^t 表示,由 X_{t+1} 的条件分布可知:

$$\begin{aligned} F_{x_{t+1}|g_y(x)} &= P\{x_{t+1} \leqslant x \mid g_t\} \\ &= P\{\mu_{t+1} + \sigma_{t+1} Z_{t+1} \leqslant x \mid g_t\} \\ &= F_Z[(x - \mu_{t+1})/\sigma_{t+1}] \end{aligned} \tag{8.21}$$

所以,$X_{t+1} = \mu_{t+1} + \sigma_{t+1} Z_q$。其中,$Z_q$ 为扰动项 Z_t 的上尾部的 x_q^t 分位数。为了估计 x_q^t,需要选择一个特定的模型描述收益率的条件期望和条件波动性。

基于条件极值分布的 VaR 估计方法可以通过两步来实现:第一步,用 ARMA-GARCH 模型拟合负对数收益率,即 X_t,并且对于扰动项的分布形式不做任何假定,模型参数的估计用伪极大似然法得到,然后通过拟合的模型估计条件期望 μ_{t+1} 和条件波动性 σ_{t+1},由 $Z_t = (x_t - \hat{\mu}_{t+1})/\hat{\sigma}_{t+1}$ 计算模型的残差。第二步,将残差看作扰动项的一个样本实现,它是独立同分布的,用广义帕累托分布估计其分布的尾部和 Z_q,再计算得到 VaR 的估计。

3. VaR 回测检验

回测检验是用来检测实际损失与预期损失是否一致的有效的统计方法。关于 VaR 的回测检验方法主要有以下三种。

1) Kupiec 检验

Kupiec 检验是一种基于失败率(failure rate)的检验方法。VaR 是建立在特定置信水平上的,那么一种最直观的联想就是,在某些情形下,数值会落到图形之外。因此,比较 VaR 模型的一种最简便的方法就是考察失败率,失败率是在给定样本中 VaR 被超越的次

数。如果给定一个 T 天的 VaR 图形,定义 N 为例外情况的数目,则 N/T 为失败率;那么对于给定的置信水平 p,失败率应为 p 的无偏测量,即随着样本容量的增大,N/T 逐渐趋向 p,而且例外的个数应服从经典的伯努利试验,也即例外个数服从 $B(T,p)$ 的二项分布。但其中的关键问题是,在有限样本下,N/T 相对于 p 的偏离大小到达什么程度时,才可以认为是由模型失效造成的,而不是偶然因素引致的。基于这种思路,最经典的检验方法是由 Kupiec(1995)提出的似然比检验。对于 $B(T,p)$ 而言,原假设为 $p=N/T$,而检验的目的是考察 N/T 是否显著不等于 p。为此,Kupiec(1995)构造了似然统计量:

$$\mathrm{LR}_{uc} = -2\ln[(1-p)^{T-N} p^N] + 2\ln\{[1-(N/T)]^{T-N}(N/T)^N\} \quad (8.22)$$

当原假设成立时,它近似服从自由度为 1 的卡方分布。因此,给定置信水平后,我们就能根据 LR_{uc} 的值判断是否拒绝原假设。

2) 有条件覆盖模型检验

Christoffersen(1998)在 Kupiec 的基础进一步考虑了时间易变性(即有条件的覆盖)。当考虑到依赖于时间的异方差性,条件精度就变得更加重要。忽略方差动态性的区间预测,可能在无条件下是正确的,但是在任意给定的时段,将可能产生不精确的条件覆盖。一个正确的模型应该保证例外值在样本期间的出现是相互独立的,而不应具有时间易变性;也就是说,对于检验样本的任意一个子样本,都必须满足它的失败率显著等于 p,而不像 Kupiec 那样只简单考虑整个样本期内的例外值个数。Christoffersen 提出的检验方法的思路:假定每天损失没有超过 VaR 值时偏差指数为 0,超过时偏差指数为 1。将 T_{ij} 定义为发生状态 i 的后一天就发生状态 j 的天数,π_i 定义为前一天发生状态 i 条件下观察到 1 次异常事件的概率($i,j=0$ 或者 1)。相应的统计量为

$$\mathrm{LR}_{ind} = -2\ln\left[(1-\pi)^{(T_{00}+T_{10})} \pi^{(T_{01}+T_{11})}\right] + 2\ln\left[(1-\pi_0)^{T_{00}} \pi_0^{T_{01}} (1-\pi_1)^{T_{10}} \pi_1^{T_{11}}\right] \quad (8.23)$$

将其与 Kupiec 的无条件似然比检验联立,即为条件覆盖的检验统计量:

$$\mathrm{LR}_{cc} = \mathrm{LR}_{ind} + \mathrm{LR}_{uc} \quad (8.24)$$

式(8.24)近似地服从自由度为 2 的卡方分布。

构建异常值个数与异常值个数的期望值见表 8-1。

表 8-1 构建异常值个数与异常值个数的期望值

当前日	前一天(有条件的)		无条件
	没有异常	有异常	
没有异常	$T_{00}=T_0(1-\pi_0)$	$T_{10}=T_1(1-\pi_1)$	$T(1-\pi)$
有异常	$T_{01}=T_0(\pi_0)$	$T_{11}=T_1(\pi_1)$	$T(\pi)$
总异常值个数	T_0	T_1	$T=T_0+T_1$

3) 动态分位数回归检验

在检验 VaR 的精度时,除了上述两种方法外,Engle 等(2004)还提出了动态分位数回归检验方法。如果 VaR 失败的观察值之间具有明显的相关性,则有可能发生连续超过 VaR 的损失。为了在进行失败率检验的同时进行 VaR 相关性检验,首先构造一个新的碰撞序列:

$$\text{Hit}_t = I[r_t < \text{VaR}_t(\alpha)] - \alpha \tag{8.25}$$

构造回归方程：

$$\text{Hit}_t = \delta_0 + \delta_1 \text{Hit}_{t-1} + \cdots + \delta_k \text{Hit}_{t-k} + \delta_{k+1} \text{VaR}_t + \mu_t$$
$$= X\boldsymbol{\delta} + \mu_t$$

原假设 $H_0: \boldsymbol{\delta} = \boldsymbol{0}$，备择假设 $H_1: \boldsymbol{\delta} \neq \boldsymbol{0}$，最小二乘估计为

$$\hat{\boldsymbol{\delta}} = (X'X)^{-1}X'\text{Hit} \sim N[\boldsymbol{0}, \alpha(1-\alpha)(X'X)^{-1}]$$

在原假设成立的条件下，动态分位数(dynamic quantile，DQ)检验的统计量有如下形式：

$$\text{DQ} = \frac{\hat{\boldsymbol{\delta}}'X'X\hat{\boldsymbol{\delta}}'}{\alpha(1-\alpha)} \sim \chi^2(k+1) \tag{8.26}$$

根据 DQ 统计量，可以判断原假设是否成立，若原假设成立，则表明模型的设定合理。

4. VaR 算例

这里以宝钢股份为例，计算单一资产的 VaR 值，数据选取 2006 年 1 月 4 日到 2008 年 6 月 30 日宝钢股份交易的每日收盘价，持有资产假定为 1 000 万元。

（1）正态法求解。首先利用移动平均法估计出收益率日波动率 $\sigma = 3.108\ 4\%$，然后运用公式分别计算在 90%、95% 和 99% 置信度下的单日 VaR(万元)。

90% 置信度下：$\text{VaR} = 1\ 000 \times 3.108\ 4\% \times \Phi(0.90) = 39.836$

95% 置信度下：$\text{VaR} = 1\ 000 \times 3.108\ 4\% \times \Phi(0.95) = 51.129$

99% 置信度下：$\text{VaR} = 1\ 000 \times 3.108\ 4\% \times \Phi(0.99) = 72.312$

这说明，持有宝钢股份 1 000 万元资产，一天之后的最大损失分别在 90%、95% 和 99% 的置信水平下是 39.836 万元、51.129 万元和 72.312 万元。

（2）历史模拟法求解。本例中，数据样本量为 600 个，因此通过对历史收益率进行排序，获得最差第 6 个、第 30 个和第 60 个数据，即可分别获得对未来一天 99%、95% 和 90% 置信水平下的 VaR 值(万元)。

90% 置信度下：$\text{VaR} = 1\ 000 \times 3.642\ 4\% = 36.424$

95% 置信度下：$\text{VaR} = 1\ 000 \times 5.357\ 6\% = 53.576$

99% 置信度下：$\text{VaR} = 1\ 000 \times 8.530\ 4\% = 85.304$

这说明，持有宝钢股份 1 000 万元资产，一天之后的最大损失分别在 90%、95% 和 99% 的置信水平下是 36.424 万元、53.576 万元和 85.304 万元。可以看出在历史模型法下，90% 置信度的 VaR 小于正态法的结果，而在 95% 和 99% 置信水平下的结果均大于正态法的结果，说明收益率真实分布的确存在"厚尾"的特征，正态法并不能刻画这一分布的特征，因而在较高的置信度下就明显低估了风险。

（3）Monte Carlo 模型法求解。假设资产价格服从几何布朗运动：

$$dS_t = \mu S_t + \sigma S_t dz$$

式中，dz 为均值为 0、标准差为 $\sqrt{t}$ 的正态分布；μ 和 σ 分别为资产收益率的瞬时均值和标准差。为了模拟方便，通常进行离散化：

$$\Delta S_t = S_{t-1}(\mu \Delta t + \sigma \varepsilon \sqrt{\Delta t})$$

可以据此运行 Monte Carlo 模拟，通过将一天划分为足够的小区间，在每一个时间区间上模

拟正态分布 ε，可以获得股票价格的样本路径。通过大量的模拟，获得相应的一天后的股票价格的实现值。通过模拟出的分布，分别选出股价最低的 1％、5％ 和 10％ 的临界值，也就是 Monte Carlo 模拟的 VaR 值。

为了对比，分别利用计算机模拟 100 次、1 000 次和 10 000 次来构造股票价格的分布，表 8-2 为 Monte Carlo 模拟后 VaR 值。

表 8-2　Monte Carlo 模拟的 VaR 值

模拟次数	90％置信度	95％置信度	99％置信度
100	1 000×3.890％=38.90	1 000×4.922％=49.22	1 000×7.068％=70.68
1 000	1 000×3.764％=37.64	1 000×5.211％=52.11	1 000×5.710％=57.10
10 000	1 000×3.900％=39.00	1 000×5.157％=51.57	1 000×7.247％=72.47

可见，当模拟次数从 100 次逐渐增加到 10 000 次时，模拟的结果逐渐接近正态分布假设下的结果。

5. VaR 方法的局限性

1）一致性风险测度

随着 VaR 的应用和推广，学术界和实业界日益关注 VaR 度量风险的准确性，并对风险度量技术应该满足哪些基本的要求展开了进一步的研究。Artzner(1999)提出了著名的一致性公理(Coherent Axiom)，从理论上全面阐述了风险度量方法的一致性要求，并指出不满足一致性要求的风险度量函数有可能颠倒风险之间的相对关系，从而隐藏真实的风险水平。

用向量 X、Y 表示两个投资组合以货币形式表达的最终净值，$\rho(\cdot)$ 表示风险度量函数，则满足以下一致性公理的四个条件才称为该风险度量是一致性风险度量(coherent risk measures)。

(1) 次可加性(subadditivity)：$\rho(X+Y) \leqslant \rho(X)+\rho(Y)$。这个性质反映了投资组合具有分散风险的特点。因此，任一投资组合的总风险应当不超过该组合中每个构成部分风险之和。

(2) 正齐次性(positive homogeneity)：对于所有的 $\lambda \geqslant 0$，均有 $\rho(\lambda X)=\lambda\rho(X)$。这说明了风险度量不受风险计量单位的影响。

(3) 单调性(monotonicity)：若在任意情况下都有 $X \leqslant Y$，则有 $\rho(X) \leqslant \rho(Y)$。该式表明在所有可能情况下，如果一个资产组合占优于另一个资产组合，即前者随机收益的各个分量大于或者等于后者随机收益率所对应的分量，则前者的风险至少不大于后者。

(4) 传递性(translation in variance)：又称平移不变性，指的是对于任意确定收益的资产 α，$\alpha \geqslant 0$，都有 $\rho(X+\alpha.r)=\rho(X)-\alpha$。其中，$r$ 为无风险利率计算的终值系数。该性质表明若增加无风险头寸到投资组合中，则组合的风险因子因无风险资产头寸的增加而减少。

2）一致性风险测度经济含义

一致性风险测度标准反映了金融风险理论的基本常识，可以用来检验风险测度方法。Artzner 等甚至认为，一种风险测度指标，只有符合一致性的上述四条性质，才可用来管理投资组合，以下分析揭示了具有一致性的风险测度所蕴含的经济理念。

次可加性反映了现代投资组合理论的风险分散化原理，意味着投资者进行组合投资所面临的潜在风险要比单独投资小。次可加性公理是一致性风险测度标准中最重要的一条。

正齐次性反映了资产组合的风险与组合的头寸正相关,暗含了流动性风险的影响,意味着增持原有组合资产的头寸并没有分散风险的效应。

单调性反映了资产组合的收益与风险之间的关系,意味着,如果组合 X 占优于组合 Y,则组合 X 的风险不大于组合 Y 的风险。

传递性意味着投资组合的风险将随着无风险资产头寸的增加而降低。根据该公理,倘若向某风险资产 X 注入与其风险测度数值等量的无风险资产,那么 $\rho[X+\rho(X)]=\rho(X)-\rho(X)=0$,即资产持有者所面临的潜在风险就恰好可以被抵消了。由此可见,为了抵御信用风险和破产风险,监管机构往往会强制金融部门持有某种比例的资本,这种做法是极具现实意义的。

在一致性公理的四大条件中,次可加性是最重要的。若无法满足次可加性,就不是凸性的风险度量,我们也就不能通过优化来求得最小投资组合。而且,当风险度量函数不满足次可加性,投资组合的风险度量值会大于投资组合中各项资产的风险度量值之和,这将产生一个错误的风险规避策略:一个包含多部门的金融机构只要将资产划分给其下的各个部门,由各个部门分别计算风险度量值再求和,就能降低这个金融机构的风险。显然,违背次可加性将有可能给金融监管系统带来系统漏洞。

现有研究表明,当且仅当投资组合的收益呈现正态分布时,VaR 才满足次可加性,进而满足一致性要求。但是经过众多学者的理论探索和实证分析,无论国外的还是国内的金融市场,投资组合的收益率分布都是尖峰、厚尾和有偏的,即无法满足正态分布。这也意味着用 VaR 来衡量投资组合风险是不满足次可加性的,即不符合一致性公理的要求。

3)VaR 方法的局限性

尽管 VaR 方法提供了防御金融风险的第一道防线,但是它并不是一种万能药,它也有其局限性。VaR 方法衡量的主要是市场风险,如单纯依靠 VaR 方法就会忽略其他种类的风险,如信用风险。所以在金融风险管理中,VaR 方法并不能覆盖一切,仍需综合使用各种其他定性、定量分析方法。一系列金融危机,如次债危机、欧债危机,提醒金融风险管理者,VaR 方法并不能准确预测到投资组合的损失程度,也不能捕捉到市场风险与其他风险的关系。

具体来说,VaR 方法主要有以下几方面的局限性。

第一,VaR 方法存在异常值过度的风险。VaR 方法最为明显的限制是它无法提供一种绝对值最"大"的损失值。VaR 仅仅提供了一种在某一置信水平下的损失估计。因而,一定会有某些情况存在,即 VaR 的值会被超出。置信水平越低,VaR 度量的值就会越低,但是我们观察到异常值可能性就会越高。

第二,VaR 方法存在头寸改变的风险。VaR 方法假定头寸在预测时间段上是固定的。这也说明了为什么一般我们可以进行 VaR 的时段调整,仅仅是采用时间的平方根将一日值调整到多日值的方法。但是,这种调整是忽略了交易头寸在预测时间段上会因市场条件的变化而发生改变的可能性。

第三,VaR 方法存在事件风险和稳定性风险。VaR 方法的另一个缺陷是它是基于历史数据的方法,典型的如 J.P.Morgan 的风险矩阵,即假定刚刚过去的是对未来不确定的一个很好的预测。然而,我们应该知道基于历史数据以及检验事实,并不能说明未来不会发生一个从未经历过的巨大市场动荡,从而导致极端情形发生,让金融机构遭受重大损失。

第四,VaR 方法存在缺乏数据的风险。对于某些证券,尤其是那些交易不频繁的新兴市场的股票,有意义市场出清的价格并不存在。无充分的价格信息,风险就不能通过历史数据来评估,这样这些头寸所造成的潜在损失就可能无法进行量化。

第五,VaR 方法存在模型风险。模型风险定义为使用不恰当的模型估价证券,从而导致损失的风险。

正是因为 VaR 方法存在诸多的局限性,CVaR 和 ES 等满足一致性风险度量的方法才相继被提出。

8.2.2 CVaR 方法和 ES 方法

1. CVaR 方法

1) CVaR 的定义

针对 VaR 在理论和实践上的局限性,一个可行的替代是使用 CVaR 的风险度量。CVaR 最早由 Rockafellar 和 Uryasev(2000)正式提出,被认为是一种比 VaR 风险度量更为合理、有效的现代风险管理方法。

CVaR 代表在投资期内,当资产或资产组合所承受的潜在跌幅(或者涨幅)高于给定置信水平下的 VaR 时的平均损失,用数学符号表示为

$$\mathrm{CVaR} = E[f(w,r) \mid f(w,r) > \mathrm{VaR}_\alpha]$$
$$= \mathrm{VaR}_\alpha + E[f(w,r) - \mathrm{VaR}_\alpha \mid f(w,r) > \mathrm{VaR}_\alpha]$$

这里由 n 种金融资产的收益率组成的随机向量为 $r = (r_1, r_2, \cdots, r_n)^\mathrm{T}$,投资组合中各种资产的权重组成的向量为 $w = (w_1, w_2, \cdots, w_n)^\mathrm{T}$,资产组合的损失函数为 $f(w,r)$,在置信水平 α 和持有期 Δt 之下,金融资产或组合损失超过 VaR_α 时的期望损失为 CVaR_α。

用实例来描述 CVaR 的含义。例如,某一金融资产投资组合 2022 年 12 月 20 日的 99% 的 VaR 和 CVaR 分别为 50 万元和 75 万元,这表明投资者至少有 99% 的概率保障,这天该组合在市场的正常波动下,其损失不会高于 50 万元,同时,即使市场发生了小概率状况,该组合损失也不会高于 75 万元。

依照上述分析,考察 CVaR 的基础指标有置信水平、持有期以及 VaR。

2) CVaR 方法的计算

由上述计算可知,CVaR 可以粗略地分为连续型 CVaR 和离散型 CVaR 两大类,本节分析这两类 CVaR 的计算。

(1) 连续型 CVaR 的计算。假定随机收益率向量 r 的概率密度为 $p(r)$,对任意 $\tau \in \mathbf{R}$,记损失函数 $f(w,r)$ 的分布函数为 $\phi(w,\tau) = \int_{f(w,r) \leqslant \tau} p(r)\mathrm{d}r$,则 $\phi(w,r)$ 关于 τ 是非降且右连续的函数。因此,对于给定的置信水平 α,定义资产组合的 VaR 如下:

$$\mathrm{VaR}_\alpha(w) = \min\{\tau \in \mathbf{R} \mid \phi(w,\tau) \geqslant \alpha\}$$

于是,连续型 CVaR 的表达式为

$$\mathrm{CVaR}_\alpha = E[f(w,r) \mid f(w,r) > \mathrm{VaR}_\alpha]$$
$$= \mathrm{VaR}_\alpha + E[f(w,r) - \mathrm{VaR}_\alpha \mid f(w,r) > \mathrm{VaR}_\alpha]$$

$$= \text{VaR}_\alpha + \int_{f(w,r)>\text{VaR}_\alpha} [f(w,r) - \text{VaR}_\alpha] \frac{p(r)}{p\{f(w,r)>\text{VaR}_\alpha\}} dr$$

$$= \text{VaR}_\alpha + (1-\alpha)^{-1} \int_{f(w,r)>\text{VaR}_\alpha} [f(w,r) - \text{VaR}_\alpha] p(r) dr$$

$$= \text{VaR}_\alpha + (1-\alpha)^{-1} \int_{r \in R^n} \max\{f(w,r) - \text{VaR}_\alpha, 0\} p(r) dr \tag{8.27}$$

因此，从理论上来说，给定密度函数 $p(r)$ 和损失函数 $f(w,r)$，就可以得到 VaR，继而可以得到 CVaR。

(2) 离散型 CVaR 的计算。假设每种金融资产的收益率存在 m 种情形，并且每种情形出现的概率是相等的且都为 $\frac{1}{m}$。对任意 $\tau \in \mathbf{R}$，令 $\pi(w,\tau) = \frac{1}{m}\sum_{j=1}^{m} I\{f(w,r_j) \leqslant \tau\}$，其中示性函数 $I\{f(w,r_k) \leqslant \tau\} = \begin{cases} 0, & f(w,r_k) > \tau \\ 1, & f(w,r_k) < \tau \end{cases}$，则对给定的置信水平 α，定义资产组合的 VaR 如下：

$$\text{VaR}_\alpha = \min\{\tau \in \mathbf{R} \mid \pi(w,\tau) \geqslant \alpha\}$$

则离散型 CVaR 的表达式为

$$\text{CVaR}_\alpha = E[f(w,r) \mid f(w,r) > \text{VaR}_\alpha]$$

$$= \text{VaR}_\alpha + E[f(w,r) - \text{VaR}_\alpha \mid f(w,r) > \text{VaR}_\alpha]$$

$$= \text{VaR}_\alpha + \sum_{j=1}^{m} \max\{f(w,r_j) - \text{VaR}_\alpha, 0\} \frac{p(r=r_j)}{p\{f(w,r) > \text{VaR}_\alpha\}}$$

$$= \text{VaR}_\alpha + \frac{1}{m(1-\alpha)} \sum_{j=1}^{m} \max\{f(w,r_j) - \text{VaR}_\alpha, 0\} \tag{8.28}$$

(3) CVaR 计算的一般方法。记 $[f(w,r) - \text{VaR}_\alpha]^+ = \max\{f(w,r) - \text{VaR}_\alpha, 0\}$，则综合式(8.27)和式(8.28)可知，CVaR 的一般表达式为

$$\text{CVaR}_\alpha = \text{VaR}_\alpha + \frac{E\{[f(w,r) - \text{VaR}_\alpha]^+\}}{1-\alpha}$$

这意味着计算 CVaR，首先要求得 VaR，而求解 VaR 的值本身就是十分困难的事情，因此需要对问题进行转化。Rockafellar 和 Uryasev 的思想是创建一个辅助函数，使它符合凸性，将解决 CVaR 的问题转化为对这个辅助函数求最值问题，具体做法见相关文献，这里不做进一步探讨。

2. ES 方法

在大多数文献中，CVaR 方法和 ES 方法是一样的，都是尾部极端风险的均值。ES 风险测度也是以 VaR 为基础描述损失超过 VaR 的风险值。Artzner 等(1999)证实了 ES 与 CVaR 等价。我国学者在实际应用中发现 ES 与 CVaR 并不完全等价，其实在连续状态下是等价的，但是在离散情形下，CVaR(此时不保持风险一致性测度性质)和 ES 有较大差别。下面我们介绍 ES 方法。

1) ES 的定义

X 表示资产组合的收益或损失，α 为置信水平且 $\alpha \in (0,1)$，1_A 是示性函数：

$$1_A = \begin{cases} 1 & (\alpha \in A) \\ 0 & (\alpha \notin A) \end{cases}$$

$$x_{(\alpha)} = q_\alpha(x) = \inf\{x \in \mathbf{R} \mid P[X \leqslant x] \geqslant \alpha\} \text{ 是 } X \text{ 的下 } \alpha \text{ 分位点}$$

$$x^{(\alpha)} = q^\alpha(x) = \inf\{x \in \mathbf{R} \mid P[X \leqslant x] < \alpha\} \text{ 是 } X \text{ 的上 } \alpha \text{ 分位点}$$

(8.29)

假设 $E[X] < \infty$, 那么 X 的 α 尾部均值为

$$\bar{x}_{(\alpha)} = \mathrm{TM}_\alpha(X) = \alpha^{-1}\{E[X \mid X < x^{(\alpha)}] + x^{(\alpha)}[\alpha - P(X < x^{(\alpha)})]\} \quad (8.30)$$

$$\mathrm{ES}_\alpha = \mathrm{ES}_\alpha(X) = -\bar{x}_{(\alpha)} \quad (8.31)$$

2) ES 的计算方法

和 VaR 的计算方法一样,ES 的计算方法可以分为参数方法、非参数方法和半参数方法。

(1) 参数方法。假设组合的收益为 1,且是正态分布的情况下,那么

$$\mathrm{ES} = \frac{1}{1-\alpha} \int_{-\infty}^{-\mathrm{VaR}_\alpha} x \frac{1}{\sqrt{2\pi\sigma^2}} \exp\left(-\frac{x^2}{2\sigma^2}\right) \mathrm{d}x \quad (8.32)$$

$$\phi(x) = \frac{1}{\sqrt{2\pi}} \exp\left(-\frac{x^2}{2}\right) \quad (8.33)$$

由于式(8.33)中的下限为 0,且

$$\mathrm{ES} = -\frac{\sigma\phi(-\mathrm{VaR}_\alpha)}{1-\alpha} \quad (8.34)$$

因此可得对于组合价值为 θ,有

$$\mathrm{ES} = -\theta \frac{\sigma\phi(-\mathrm{VaR}_\alpha)}{1-\alpha} \quad (8.35)$$

(2) 非参数方法。和 VaR 计算的非参数方法一样,ES 也可以通过历史模拟法和蒙特卡罗模拟方法计算出来,在计算出 VaR 的基础上根据 ES 的定义计算大于 VaR 的观测值的均值即可得到 ES 的值。原理与 VaR 的历史模拟法和蒙特卡罗模拟方法完全相同,具体参照上文所述。

(3) 半参数方法。ES 计算的半参数方法主要是基于极值理论。极值理论是测量极端市场条件下风险损失的一种常用方法,它具有超越样本数据的估计能力,并可以准确地描述分布尾部的分位数,这些对于精确计算 VaR 和 ES 都是非常有帮助的。POT 模型是极值理论中最有用的模型之一,它对样本数据中超过某一充分大的阈值的所有样本数据进行建模,即只考虑对尾部的近似表达,而不是对整个分布进行建模。极值理论对分布尾部的估计方法主要有两种:半参数方法和全参数方法。在此我们采用全参数方法,即对于充分大的阈值 u,样本中超过阈值的数据(超额数据)的分布函数可以用广义帕累托分布(GPD)近似。我们可以据此估计出相应的分位数,以计算 VaR 和 ES。

首先我们给出广义帕累托分布函数为

$$G_{\xi,\sigma} = \begin{cases} 1 - \left(1 + \xi \dfrac{x}{\sigma}\right)^{\frac{1}{\xi}} & (\xi \neq 0) \\ 1 - \exp\left(-\dfrac{x}{\sigma}\right) & (\xi = 0) \end{cases} \quad (8.36)$$

其中，$\xi \in \mathbf{R}, \sigma > 0$，且当 $\xi \geq 0$ 时 $x \geq 0$，$\xi < 0$ 时 $0 \leq x \leq -\dfrac{\sigma}{\xi}$。$\xi$ 为分布的形状参数，σ 为尺度参数。当 $\xi > 0$ 时，对应于厚尾的普通帕累托分布，相应地，超额数据的分布函数表示为

$$F(X) = 1 - F(t) G_{\xi,\sigma}(X-t) + F(t) \quad (X > t) \tag{8.37}$$

我们要根据此式构造出 $f(X)$ 的一个尾部估计，并反求出分位数的形式。

首先要估计和确定各个参数。

其次我们探讨阈值的确定和参数估计。阈值 u 的确定非常关键，它是正确估计参数 σ 和 ξ，进而精确度量 VaR 和 ES 的前提。过高的 u 值会导致超额数据太少，从而估计参数的方差会偏高。而太小的 u 值则会产生有偏的估计量。通常有两种方法来确定阈值 u：其一是根据超额均值函数 $e(X)$ 的性质，即选取充分大的 u 值，使得 $X \geq t$ 时，$e_t(X)$ 是近似线性的。其二是根据 Hill 图。令 $X_{(1)} > X_{(2)} > \cdots > X_{(n)}$ 表示独立同分布的有序数据。尾部指数的 Hill 统计量定义为

$$H_{k,n} = \frac{1}{k} \sum_{i=1}^{k} \ln\left(\frac{X_{(i)}}{X_{(k)}}\right) \tag{8.38}$$

Hill 图定义为点 $\{[k, H_{(k,n)}^{-1}], 1 \leq k \leq n-1\}$ 的集合。阈值 u 选择图形中尾部指数的稳定区域的起始点的横坐标 k 所对应的数据 X_k。可以把两种方法相比较以更准确地确定阈值。参数 σ 和 ξ 的估计值可以用极大似然估计法求得。

最后我们可得出 VaR 和 ES 模型。

令 n 表示样本数据的总数，N_u 代表所有大于阈值 u 的样本数据个数。对应给定的置信水平 p，我们应该以完全参数方法求出 VaR_p 为

$$\mathrm{VaR}_p = u + \frac{\sigma}{\xi} \left[\left(\frac{n}{N_u} p\right)^{-\xi} - 1 \right] \tag{8.39}$$

根据公式 $\mathrm{ES}_p = E[X | X > \mathrm{VaR}_p]$

$$\mathrm{ES}_p = \mathrm{VaR}_p + E[X - \mathrm{VaR}_p | X > \mathrm{VaR}_p] \tag{8.40}$$

那么，

$$\begin{aligned} \mathrm{ES}_p &= \mathrm{VaR}_p + \frac{\sigma + \xi(\mathrm{VaR}_p - u)}{1 - \xi} \\ &= \frac{\mathrm{VaR}_p}{1 - \xi} + \frac{\sigma - \xi u}{1 - \xi} \end{aligned} \tag{8.41}$$

式中，σ、ξ、u 为广义帕累托分布对应的参数；ξ 为形状参数或尾指数；σ 为尺度参数，u 为阈值。

3. ES 回测检验

如前文所述，CVaR 和 ES 是一致的，因此本小节只针对 ES 的回测检验进行 D 值检验方法介绍。

Embrechts 等(2005)提出 D 值统计量用以检验 ES 度量的有效性和准确性，该统计量定义如下：

$$D(\alpha) = (|D_1(\alpha)| + |D_2(\alpha)|)/2 \tag{8.42}$$

$$D_1(\alpha) = \frac{1}{x(\alpha)} \sum_{t \in k(\alpha)} \delta_t(\alpha) \tag{8.43}$$

$$D_2(\alpha) = \frac{1}{y(\alpha)} \sum_{t \in \tau(\alpha)} \delta_t(\alpha) \tag{8.44}$$

其中,$\delta_t(\alpha) = r_t - ES_t(\alpha)$; $x(\alpha)$ 为 $r_t < VaR_t(\alpha)$ 发生的次数; $k(\alpha)$ 为 $r_t < VaR_t(\alpha)$ 发生的时间集; $y(\alpha)$ 为 $\delta_t(\alpha)$ 小于其 α 分位数的次数; $\tau(\alpha)$ 为 $\delta_t(\alpha)$ 小于其 α 分位数的时间集。

$D_1(\alpha)$ 是 ES 标准的回测检验方法,缺点是严重依赖于 VaR 的估计值,不能反映出 VaR 值的准确与否,因此引入 $D_2(\alpha)$ 作为惩罚函数,$D(\alpha)$ 值越小,表明 ES 度量越准确。

8.2.3 CoVaR 方法

1. CoVaR 的定义

2007 年美国次贷危机爆发以后,风险和损失迅速地在各金融机构与金融市场传导及扩散,从而形成系统性风险,严重影响到金融体系的稳定。传统的 VaR 方法和 ES 方法不能反映金融危机存在的风险溢出效应,这会严重低估风险和损失。为了有效分析金融危机所带来的风险和损失,Adrian 和 Brunnermeier(2008)在 VaR 方法的基础上提出了 CoVaR(Conditional Value at Risk)方法。假设 i 和 j 分别是两个不同的金融市场或者金融机构,则 j 关于 i 的条件风险价值可以用 $CoVaR^{j|i}$ 表示,它所表示的是当金融市场或者金融机构 i 面临大小为 VaR 的风险时,金融市场或者金融机构 j 面临的风险大小,用数学公式可以表示为

$$P(X^j \leqslant CoVaR_q^{j|i} \mid X^i = VaR_q^i) = q \tag{8.45}$$

式中,q 为显著性水平。

由上述定义可知,$CoVaR_q^{j|i}$ 本质上也是 VaR,只不过 $CoVaR_q^{j|i}$ 是条件 VaR,$CoVaR_q^{j|i}$ 表示的是 j 的总风险价值,可以看作无条件风险价值和溢出风险价值之和,为了更明确地描述 i 对 j 的风险溢出水平,在此用 $\Delta CoVaR_q^{j|i}$ 来表示,相应的表达式如下:

$$\Delta CoVaR_q^{j|i} = CoVaR_q^{j|i} - VaR_q^j \tag{8.46}$$

式中,VaR_q^j 为无条件风险价值,表示 j 在不考虑风险溢出情况下的风险价值; $\Delta CoVaR_q^{j|i}$ 为 i 对 j 的风险溢出值。但是,不同金融市场或者金融机构的无条件风险价值相差比较大,这样就使得 $\Delta CoVaR$ 不具有可比性,因此对 $\Delta CoVaR_q^{j|i}$ 进行如下的标准化处理:

$$\%CoVaR_q^{j|i} = (\Delta CoVaR_q^{j|i} / VaR_q^j) \times 100\% \tag{8.47}$$

$\%CoVaR_q^{j|i}$ 剔除了量纲的影响,能够更为准确地反映出金融市场或者金融机构 i 发生极端情况时对另一金融市场或者金融机构 j 的风险溢出程度。

2. CoVaR 的计算过程

为了便于分析和讨论,用 X^i 和 X^j 表示两个收益率序列,$f(x^i, x^j)$、$f_i(x^i)$、$f_j(x^j)$ 分别表示 X^i 和 X^j 的联合分布密度函数以及相对应的边缘分布密度函数,那么 X^j 在 X^i 条件下的条件分布密度函数为

$$f_{j|i}(x^j \mid x^i) = \frac{f(x^i, x^j)}{f_i(x^i)} \tag{8.48}$$

结合 Copula 相依结构函数,可以推出:

$$f_{j|i}(x^j \mid x^i) = c[F_i(x^i), F_j(x^j)] f_j(x^j) \tag{8.49}$$

因此,收益率序列 X^j 在 X^i 条件下的条件分布函数为

$$F_{j|i}(x^j \mid x^i) = \int_{-\infty}^{x^j} c[F_i(x^i), F_j(x^j)] f_j(x^j) \mathrm{d}x^j \tag{8.50}$$

式中,$F_i(x^i)$、$F_j(x^j)$ 分别为 Copula 函数的边缘分布;$c[F_i(x^i), F_j(x^j)]$ 为 Copula 函数的密度函数。根据 $\mathrm{CoVaR}_q^{j|i}$ 的定义,$\mathrm{CoVaR}_q^{j|i}$ 为 $X^i = \mathrm{VaR}_q^i$ 条件下 X^j 的风险价值:

$$\mathrm{CoVaR}_q^{j|i} = F_{j|i}^{-1}(q \mid \mathrm{VaR}_q^i) \tag{8.51}$$

式中,$F_{j|i}^{-1}$ 为 $F_{j|i}$ 的反函数,在实际求解操作过程中,通常求解方程(8.52)的解即为所求的 $\mathrm{CoVaR}_q^{j|i}$。

$$\int_{-\infty}^{x^j} c[F_i(\mathrm{VaR}_q^i), F_j(x^j)] f_j(x^j) \mathrm{d}x^j = q \tag{8.52}$$

当然,CoVaR 还有其他计算方法,有兴趣的读者可以参考其他相关文献。

8.2.4 案例分析

下面我们以上证指数为研究对象,选取 2011 年 1 月 4 日到 2015 年 2 月 16 日的 1 分钟高频数据和日交易数据,采用 ES 方法来研究单资产的风险度量,并运用 D 值检验进行风险度量的回测检验,分析评判 ES 的风险度量效果。

采用参数方法进行 ES 的计算,由于 ES 的估计依赖于 VaR 的值,本书采用方差-协方差方法来估计 VaR 值,以多头头寸为例:

$$\mathrm{VaR}_t = \hat{\mu}_t + \hat{\sigma}_t * z_\alpha \tag{8.53}$$

式中,$\hat{\mu}_t$ 为收益率条件均值估计值;z_α 为收益率服从特定分布下的 α 分位点;$\hat{\sigma}_t$ 为条件波动率。

如上文介绍的参数方法,可以采用 GARCH 类模型来同时估计收益率和条件波动率,由于 GARCH 类模型基于低频数据建模,大大降低了波动率的预测精度。因此,我们考虑用不同的方程来分别刻画收益率和波动率,采用基于高频数据的 HAR-RRV 类模型来预测波动率,根据 Watanabe(2012)的做法,收益率的均值方程表示如下:

$$r_t = E(r_t \mid I_{t-1}) + \sigma_t z_t \tag{8.54}$$

式中,$E(r_t|I_{t-1})$ 为收益率条件均值;σ_t 为波动率;$z_t \sim$ i.i.d.$(0,1)$。

结合式(8.53)和式(8.54),$\hat{\mu}_t$ 用 $\hat{E}(r_t \mid I_{t-1})$ 来估计,$\hat{\sigma}_t$ 由 HAR-RRV 类模型的样本外预测得到的波动率表示。对于分位数 z_α,收益率服从不同的分布可以得到不同的 z_α 值,我们考虑收益率服从两种不同分布的情况,即标准正态分布和偏 t 分布。

由此,我们可以采用以下方法来得到 ES 的估计值。

(1) 对区间 $(0,\alpha)$ 进行 M 等分,从而得到 M 个长度为 α/M 的小区间和包括 α 在内的 M 个分位数 $(\alpha/M, 2\alpha/M, \cdots, \alpha)$。

(2) 求出 M 个分位数水平下的 VaR 序列 $(\mathrm{VaR}_t^{\alpha/M}, \mathrm{VaR}_t^{2\alpha/M}, \cdots, \mathrm{VaR}_t^\alpha)$。

(3) 求出上述 M 个不同分位数水平下 VaR 值的算术平均值,即可得到 α 分位数下的 ES 风险测度值,表示如下:

$$\mathrm{ES}_t^\alpha = \left(\sum_{i=\frac{\alpha}{M}}^{\alpha} \mathrm{VaR}_t^i\right) \bigg/ M \tag{8.55}$$

根据 HAR-RRV 类模型的样本外预测波动率进行 ES 风险测度的计算,首先进行收益率条件均值的估计,对选取的收益率序列进行零均值和自相关性检验(表 8-3),结果都接受原假设,所以 $\hat{\mu}_t = \hat{E}(r_t | I_{t-1}) = 0$。对于分位数 z_α,假定上证指数收益率分别服从标准正态分布和偏 t 分布,在 $\alpha = 1\%$、2.5%、5% 的显著性水平下求出相对应 z_α 值,进而求出 ES 值,并进行 ES 回测检验。

表 8-3 收益率零均值和自相关性检验

参数	均值	$Q(1)$	$Q(5)$	$Q(10)$
r_t	0.000 14	0.038 7	0.863 2	11.783
	(0.712 1)	(0.844)	(0.973)	(0.300)

注:括号中的数值为相对应的 P 值。

表 8-4 给出了三个模型在 1%、2.5% 和 5% 的显著性水平下以及标准化收益率服从标准正态分布和偏 t 分布假设下的 ES 预测值的回测检验。分析 $D(\alpha)$ 值的大小可得:①从纵向比较看,在不同的显著性水平下,除极少数个别情况外,LHAR-RRV-CJ 模型的 $D(\alpha)$ 值最小,HAR-RRV-CJ 模型的 $D(\alpha)$ 值次之,HAR-RRV 模型的 $D(\alpha)$ 值最大。这一方面说明了考虑跳跃和杠杆效应有助于提高 ES 风险度量的准确性,另一方面也说明了选取能够准确刻画波动率特征的模型对于提高风险度量效果具有重要作用。②从横向比较看,收益率服从偏 t 分布的 ES 风险度量效果好于收益率服从标准正态分布的情况,这主要是因为收益率经常表现为尖峰厚尾和有偏的特征,标准正态分布并不能很好地刻画收益率的分布特征,因而会严重影响到风险度量的准确性。相比之下,偏 t 分布能够刻画尖峰厚尾和有偏的分布特征,因而在一定程度上提高了风险度量效果。总体而言,偏 t 分布更适合用来刻画中国股市收益率的分布特征。因此金融风险管理部门在实际的风险管理实践当中,应选取能够准确刻画波动率特征的模型,同时注重收益率的分布特征,以提高中国股市风险度量的准确性。

表 8-4 ES 回测检验结果

$1-\alpha$	模型	h	正态分布			偏 t 分布		
			$D_1(\alpha)$	$D_2(\alpha)$	$D(\alpha)$	$D_1(\alpha)$	$D_2(\alpha)$	$D(\alpha)$
95%	I	1	−0.010 9	−0.063 2	0.037 1	−0.009 9	−0.064 0	0.037 0
		5	−0.009 3	−0.060 1	0.034 7	−0.008 7	−0.060 1	0.034 4
		22	−0.008 4	−0.063 1	0.035 8	−0.007 3	−0.063 7	0.035 6
	II	1	−0.010 7	−0.062 4	0.036 7	−0.009 8	−0.063 3	0.036 6
		5	−0.008 4	−0.058 7	0.033 6	−0.007 8	−0.058 6	0.033 2
		22	−0.008 0	−0.062 3	0.035 2	−0.007 2	−0.062 9	0.035 1
	III	1	−0.010 1	−0.062 7	0.036 4	−0.009 4	−0.063 2	0.036 3
		5	−0.007 5	−0.057 6	0.032 6	−0.007 6	−0.056 7	0.032 2
		22	−0.007 8	−0.061 2	0.034 5	−0.007 8	−0.060 9	0.034 4

续表

$1-\alpha$	模型	h	正态分布			偏 t 分布		
			$D_1(\alpha)$	$D_2(\alpha)$	$D(\alpha)$	$D_1(\alpha)$	$D_2(\alpha)$	$D(\alpha)$
97.5%	Ⅰ	1	-0.011 8	-0.060 6	0.036 2	-0.010 4	-0.060 4	0.035 4
		5	-0.010 5	-0.057 1	0.033 8	-0.009 4	-0.056 9	0.033 2
		22	-0.009 9	-0.060 6	0.035 3	-0.008 8	-0.060 3	0.034 6
	Ⅱ	1	-0.011 9	-0.060 1	0.036 0	-0.011 7	-0.059 9	0.035 8
		5	-0.009 3	-0.055 5	0.032 4	-0.009 2	-0.055 4	0.032 3
		22	-0.010 1	-0.059 7	0.034 9	-0.008 3	-0.059 5	0.033 9
	Ⅲ	1	-0.011 6	-0.059 8	0.035 7	-0.010 2	-0.059 5	0.034 9
		5	-0.010 4	-0.054 2	0.032 3	-0.010 2	-0.054 2	0.032 2
		22	-0.008 0	-0.058 4	0.033 2	-0.007 8	-0.058 0	0.032 9
99%	Ⅰ	1	-0.013 6	-0.057 6	0.035 6	-0.011 4	-0.055 0	0.033 2
		5	-0.011 7	-0.053 6	0.032 7	-0.013 6	-0.051 0	0.032 3
		22	-0.012 2	-0.057 6	0.034 9	-0.010 3	-0.055 3	0.032 8
	Ⅱ	1	-0.012 1	-0.057 1	0.034 6	-0.011 4	-0.054 3	0.032 9
		5	-0.012 1	-0.051 7	0.031 9	-0.010 5	-0.049 3	0.029 9
		22	-0.011 0	-0.056 5	0.033 8	-0.009 3	-0.054 3	0.031 8
	Ⅲ	1	-0.011 7	-0.056 7	0.034 2	-0.010 9	-0.053 9	0.032 4
		5	-0.012 6	-0.050 3	0.031 5	-0.011 0	-0.047 8	0.029 4
		22	-0.010 1	-0.055 1	0.032 6	-0.008 2	-0.052 7	0.030 5

注：模型Ⅰ表示 HAR-RRV 模型，模型Ⅱ表示 HAR-RRV-CJ 模型，模型Ⅲ表示 LHAR-RRV-CJ 模型，下同。

复习思考题

1. 金融风险具体包括哪几类？
2. 简要概述风险管理的意义。
3. VaR 方法具有哪些局限性？
4. 简述 CVaR 方法和 ES 方法。
5. 简要概括 CoVaR 的计算过程。

即 测 即 练

第9章 金融高频数据分析及应用

本章知识点
1. 熟悉金融高频数据的基本概念与特征。
2. 理解不同波动率建模方法与应用。

9.1 金融高频数据特征分析

9.1.1 金融高频数据的概念

近年来,计算机技术的快速发展,极大地降低了数据记录和存储的成本,使对大规模的数据进行分析成为可能。所以,许多科学领域的数据都开始以越来越精细的时间刻度来收集,这类数据被称为高频数据(high frequency data)。金融市场中,高频数据主要有分时数据和分笔数据两种。分时数据是以单位时间间隔为抽样间隔而取得的交易数据,如按小时、分钟和秒等时间间隔进行抽样而得到的交易数据;分笔数据是交易过程中实时采集的数据,即根据市场事件(如价格或者交易量变化超过一个给定的值)到达的时间逐笔记录下来的数据,国际上也称这种数据 tick-by-tick data,一般指的是交易价格、询价与报价、交易量和交易的时间间隔。

9.1.2 金融高频数据的主要特征

与传统的低频率观测数据(如周数据、月度数据等)相比,按照更短时间间隔所取得的金融高频数据呈现出一些独有的特征,正是这些特征,诱发了人们对金融高频数据分析的日益浓厚的兴趣。以 NYSE(纽约交易所)的交易数据为例,金融高频数据主要有以下四个特征。

(1) 数据的记录间隔不相等,因为市场上某只股票的交易并不一定以相同的时间间隔发生,这样所观测到的交易价格等变量的时间间隔就不相等。

(2) 所记录的价格数据是离散变量,如在 NYSE 中,某项资产的价格变动只以计量单位 tick size 的若干倍而发生,这样所记录的逐项交易价格就变成了一个离散取值的变量。

(3) 数据存在日内周期模式,在正常交易条件下,NYSE 的交易量往往在每一天的开盘时间和收盘时间附近较大,而在中午时间左右较小,这样就形成了一个偏"U"形的模式,也有研究称为偏"L"形的模式,随之而来的,是交易与交易的时间间隔在一天内也呈现出了循环模式的特征。

(4) 多笔交易同时(甚至是以不同的价格)发生,这种现象部分归因于在每天交易量较大的时候,以秒来计量时间都成为一个太长的时间刻度了。

9.2 波动率建模

9.2.1 波动率度量方法

Andersen 和 Bollerslev 于 1998 年首次提出基于高频数据的波动率度量方法——已实现波动(realized volatility,RV)。RV 具有计算简便、无模型、波动率估计更准确等优点,因此一经提出便得到了广泛应用。

通常假设资产对数价格 $p(t)$ 是半鞅过程,跳跃扩散过程可以写成如下的形式:

$$p_t = p_0 + \int_0^t \mu_u du + \int_0^t \sigma_u dW_u + \sum_{i=1}^{N_t} J_i \quad (9.1)$$

式中,$\mu = (\mu_t)_{t \geqslant 0}$ 为局部有界的漂移函数;$\sigma = (\sigma_t)_{t \geqslant 0}$ 为严格正的左极限右连续的随机波动过程;$W = (W_t)_{t \geqslant 0}$ 为标准的布朗运动;$N = (N_t)_{t \geqslant 0}$ 为有限活动的计数过程;$J = \{J_i\}_{i=1,2,\cdots,N_t}$ 为一系列非零的随机变量。

定义每个交易日的区间为$[0,1]$,划分为 n 个小区间,每个区间上的收益率定义为

$$r_{i\Delta,\Delta} = p_{i/n} - p_{(i-1)/n} \quad (i=1,2,\cdots,n) \quad (9.2)$$

当 $n \to \infty$ 时,RV 具有如下的形式:

$$\text{RV} = \sum_{i=1}^n r_{i\Delta,\Delta}^2 \xrightarrow{p} \int_0^1 \sigma_u^2 du + \sum_{i=1}^{N_t} J_i^2 \quad (9.3)$$

式中,$\int_0^1 \sigma_u^2 du$ 为积分波动(integrated volatility,IV),表示总的收益变差中的连续部分;$\sum_{i=1}^{N_t} J_i^2$ 为总的收益变差中的跳跃部分。

然而在较高的抽样频率下,RV 会受到微观结构噪声的影响而不再是二次变差的一致估计量,且 RV 的计算只用到特定时间间隔的首、尾两个价格信息,忽视了间隔内的大量信息,这在很大程度上影响了估计量本身的准确度。

Christensen 和 Podolskij(2007),Martin Martens 和 Dick van Dijk(2007)分别提出了基于日内极差的已实现极差波动(realized range volatility,RRV)。RRV 的计算考虑了所有的时间点价格信息,并且同样具有计算简便、无模型、波动率估计更准确等优点,理论上也证明 RRV 的波动估计效率是 RV 的 5 倍。

同样定义每个交易日的区间为$[0,1]$,划分为 n 个小区间,每一小区间有 m 个观测值,总共有 $N=mn$ 个收益率数据。在等间隔的区间$[(i-1)/n,i/n]$上极差的定义为

$$s_{p_{i\Delta,\Delta,m}} = \max_{0 \leqslant s,t \leqslant m} \left(p_{\frac{i-1}{n}+\frac{t}{N}} - p_{\frac{i}{n}+\frac{s}{N}} \right) \quad (i=1,2,\cdots,n) \quad (9.4)$$

那么,在有限活动的跳跃过程下,已实现极差波动(RRV)可以表示如下:

$$\text{RRV} = \frac{1}{\lambda_{2,m}} \sum_{i=1}^n S_{p_{i\Delta,\Delta,m}}^2 \quad (9.5)$$

式中,$S_{p_{i\Delta,\Delta,m}} = \max_{0 \leqslant s,t \leqslant m}\{p_{(i-1)/n+t/N} - p_{(i-1)/n+s/N}\}$ 为价格极差;$\lambda_{r,m} = E(S_{W,m}^r)$ 为

标准布朗运动极差的 r 阶矩;$S_{W,m}=\max_{s,t=0,1,\cdots,m}(W_{t/m}-W_{s/m})$ 为标准布朗运动极差。当 $n\to\infty$ 时,有

$$\text{RRV} \xrightarrow{p} \int_0^1 \sigma_u^2 du + \frac{1}{\lambda_{2,m}} \sum_{i=1}^{N_i} J_i^2 \tag{9.6}$$

式中,$\int_0^1 \sigma_u^2 du$ 为积分波动,表示总的收益变差中的连续部分;$\frac{1}{\lambda_{2,m}} \sum_{i=1}^{N_i} J_i^2$ 为总的收益变差中的跳跃部分。

由 RV 和 RRV 的定义可知,二次变差可以分解为积分波动和跳跃方差。为了把二次变差分解为积分波动部分和跳跃部分,仅仅知道积分波动估计量还不够,还需要通过跳跃检验来识别出跳跃成分,因此下面介绍几类常用的跳跃检验方法。

现有研究把跳跃分为有限跳跃和无限跳跃,而目前基于高频数据,利用已实现测量非参数方法来研究资产价格跳跃行为,其国内外主流研究都是在有限跳跃的框架下进行的,因此本章也只对有限跳跃进行分析。利用高频数据获取跳跃方差,下述分析方法已成为一般性的经典框架:先得到积分波动的估计值,再从总方差 RV 中减去积分波动得到跳跃部分的估计值,然后再用跳跃统计量检验是否为真实的跳跃。

$$J_t = I[\cdot] \times [\text{RV}_t(\Delta) - \text{IV}_t] \tag{9.7}$$

式中,$I[\cdot]$ 为示性函数,通过跳跃检验方法检验到有跳跃时为 1、无跳跃时为 0。

9.2.2 跳跃检验方法

在金融市场中,资产价格普遍存在跳跃行为,这是资产价格跳跃检验的基础。准确地检测出资产价格跳跃发生的时间和幅度,对于投资组合选择、衍生产品定价和风险度量具有重要的意义。近几年来,基于高频数据的非参数跳跃检验方法得到快速发展,极大地丰富了资产价格的跳跃检验内容,为资产价格的跳跃检验带来了极大的便利。

1. BN-S 检验

在无套利条件下,一般可以假设对数价格过程 p_t 服从如下跳跃扩散过程:

$$dp_t = \alpha_t dt + \sigma_t dW_t + dJ_t \tag{9.8}$$

式中,α_t 为漂移项;σ_t 为扩散系数;W_t 为 t 时刻的布朗运动;J_t 为 t 时刻的跳跃过程,且 $J_t = \sum_{j=1}^{N_t} c_{t_j}$,$c_{t_j}$ 为 t 时刻的跳跃大小,N_t 为一个计数过程,表示 t 时刻之前发生的跳跃次数。

对数价格过程 t 时刻的二次变差定义为

$$\text{QV}_t = \int_0^t \sigma_s^2 ds + \sum_{j=1}^{N_t} c_{t_j} \tag{9.9}$$

式中,$\int_0^t \sigma_s^2 ds$ 为积分波动 IV。

二次变差由连续波动部分和跳跃部分两部分组成。可以利用已实现波动 RV_t 来估计二次变差 QV_t:

$$\text{RV}_t = \sum_{i=1}^n r_{i\Delta,\Delta}^2 \xrightarrow{p} \text{QV}_t \tag{9.10}$$

为了估计积分波动，Barndorff-Nielsen 和 Shephard 构造了二幂次变差 BV_t 来作为积分波动的估计量，那么已实现波动 RV_t 与二幂次变差 BV_t 之差满足如下关系：

$$\mathrm{RV}_t - \mathrm{BV}_t \to \sum_{j=1}^{N_t} c_{t_j} \tag{9.11}$$

在资产价格不存在跳跃的原假设下，当检验统计量 H_t 大于某个临界值时，就可以推断出第 t 个交易日发生了跳跃：

$$H_t = \frac{1 - \dfrac{\mathrm{BV}_t}{\mathrm{RV}_t}}{\sqrt{(\mu_1^{-4} + 2\mu_1^{-2} - 5)\max\left(1, \dfrac{\mathrm{TQ}_t}{\mathrm{BV}_t^2}\right)}} \to N(0,1) \tag{9.12}$$

式中，$\mathrm{TQ}_t = N\mu_{4/3}^{-3}\left(\dfrac{n}{n-2}\right)\sum_{j=3}^{n}|r_{j-2}|^{4/3}|r_{j-1}|^{4/3}|r_j|^{4/3}$，$\mu_{4/3} = E(|U|)^{4/3}$，$U$ 为一个服从标准正态分布的变量。

BN-S 检验的思想简单、估计方便，只需要估计已实现波动和二幂次变差，通过比较其差异就可以判断是否发生跳跃。但 BN-S 检验只能检验出某天是否发生了跳跃，不能检验出跳跃发生的具体时间和次数。

2. ABD 检验

为了克服 BN-S 检验的上述缺陷，Andersen、Bollerslev 和 Dobrev(2007)通过标准化日内收益，构造了能够检验日内跳跃的检验统计量。在没有跳跃和杠杆效应的条件下，第 t 个交易日收益率序列服从如下分布：

$$r(t) \mid \sigma\{[\sigma(\tau)]_{0 \leqslant \tau < t}\} \sim N\left(0, \int_0^t \sigma^2(s)\mathrm{d}s\right) \tag{9.13}$$

式中，$\sigma\{[\sigma(\tau)]_{0 \leqslant \tau < t}\}$ 为 σ 信息流。

第 t 个交易日收益率序列的方差表示如下：

$$V(t) = E\left[\int_0^t \sigma^2(s)\mathrm{d}s \mid F_{t-1}\right] \tag{9.14}$$

所以标准化后的日收益率序列服从标准正态分布：

$$r(t) \cdot \left[\int_0^t \sigma^2(s)\mathrm{d}s\right]^{-1/2} \sim N(0,1) \tag{9.15}$$

任意选取日内收益率数据：

$$r_{t+\xi \cdot \Delta, \Delta} = \sum_{j=1}^{1/\Delta} r_{t+\xi \cdot \Delta, \Delta} I\{\xi = j\} \tag{9.16}$$

式中，$r_{t+\xi \cdot \Delta, \Delta}$ 为第 t 个交易日内第 j 个时间间隔内的收益率；Δ 为最小时间间隔；ξ 在 $\{0, 1, \cdots, 1/\Delta\}$ 间任意取值。

当抽样间隔 $\Delta \to 0$ 时，日内收益率 $r_{t+\xi \cdot \Delta, \Delta}$ 满足如下分布：

$$\Delta^{-1/2} r_{t+\xi \cdot \Delta, \Delta} \sim N(0, \mathrm{IV}_{t+1}) \tag{9.17}$$

在知道日内收益率序列的渐进分布后，日内跳跃的检验方法如下：选择一个显著性水平 α，定义 $\beta = 1 - (1-\alpha)^\Delta$，在 $1-\beta$ 的置信水平下，可以推断出渐进服从正态分布$[0, \Delta \cdot$

$BV_{t+1}(\Delta)$]的日内收益率序列是否发生了跳跃。判断准则表示如下：

$$\kappa_s(\Delta) = r_{t+\xi\cdot\Delta,\Delta} \cdot I\{|r_{t+\xi\cdot\Delta,\Delta}| > \Phi_{1-\beta/2} \cdot \sqrt{\Delta \cdot BV_{t+1}(\Delta)}\} \quad (\xi = 1, 2, \cdots, 1/\Delta)$$
(9.18)

式中，$I[\cdot]$为示性函数；$\Phi_{1-\beta/2}$为标准正态分布对应的临界值。

3. LM 检验

Lee 和 Mykland(2008)同样通过标准化日内收益率，构造出非参数的日内跳跃检验统计量，判断日内收益率序列是否发生跳跃，以及跳跃发生的具体时间、跳跃幅度和跳跃方向。LM 检验与 ABD 检验的主要区别在于日内收益率序列的标准化和临界值的选取。同样标准化日内收益率序列：

$$z_{t,j} = \frac{|r_{t,j}|}{\sqrt{LV_{t,j}}}$$
(9.19)

式中，$r_{t,j}$为第t个交易日第j个时间间隔内的收益率；$LV_{t,j}$为局部波动率，是经过窗口调整后的二幂次变差：

$$LV_{t,j} = \frac{BV_{t,j}}{K-2} = \frac{1}{K-2}\sum_{j=i-K+2}^{i-1}|r_{t_j}||r_{t_{j-1}}|$$
(9.20)

式中，K为窗口长度。

如果t_{i-1}与t_i之间的收益率相对于t_i之前的某一个时间段内的已实现波动率来说是异常大的，那么就可以认为在t_i时刻出现了跳跃。

标准化日内收益率序列以后，依照 ABD 检验的思想，就可以检测出日内收益率是否发生跳跃，以及跳跃发生的具体时间、跳跃幅度和跳跃方向。但 Lee 和 Mykland(2008)的研究表明，在有限样本情况下，采用正态分布的分位数作为临界值会过度拒绝原假设。针对这个问题，Lee 和 Mykland(2008)利用标准化收益率序列的最大值的极限分布的临界值做假设检验：

$$\frac{\max(z_{t,j}) - C_n}{S_n} \to \xi$$
(9.21)

式中，ξ满足累积分布函数：$P(\xi \leqslant x) = \exp(-e^{-x})$；$C = \sqrt{2}/\sqrt{\pi} \approx 0.79788$，$C_n = (2\log n)^{1/2}/C - [\log\pi + \log(\log(n))]/2C(2\log n)^{1/2}$；$S_n = 1/C(2\log n)^{1/2}$。

判断日内收益率是否发生跳跃的准则如下：给定一个显著性水平a，临界值$\beta^* = -\log[-\log(1-\alpha)]$，如果$[\max(z_{t,j}) - C_n]/S_n > \beta^*$，则在$t_i$时刻拒绝接受原假设，即存在跳跃。

4. AJ 检验

不管是参数方法还是非参数方法，在构造跳跃检验统计量时都需要满足一个基本要求——在存在跳跃和不存在跳跃这两种情况下，跳跃检验统计量必须显示出必要的差异，这样才能进行统计推断。Ait-Sahalia 和 Jacod(2008)在构造非参数跳跃检验统计量时，很好地遵循了这一基本原则。

对对数收益率过程和跳跃过程进行简单的假设后，可以构造已实现幂次变差（realized

power variation):

$$B(p,\delta)_t = \sum_{j=1}^{[t/\delta]} |r_j|^p \quad (9.22)$$

式中，$p>0$ 为幂级数；r_j 为第 t 个交易日第 j 时间区间的收益率序列。

与 BN-S 检验、ABD 检验和 LM 检验类似，可以将 p 次幂级数的连续变差部分和跳变差部分分别定义为

$$\begin{aligned} A(p)_t &= \int_0^t |\sigma_s|^2 \mathrm{d}s \\ B(p)_t &= \sum_{s \leqslant t} |\Delta X_s|^p \end{aligned} \quad (9.23)$$

式中，ΔX_s 为跳跃部分。

已实现 p 幂次变差具有如下性质。

当资产价格过程存在跳跃时，有

$$\begin{cases} p > 2 \Rightarrow B(p,\delta)_t \xrightarrow{p} B(p)_t \\ p = 2 \Rightarrow B(p,\delta)_t \xrightarrow{p} A(2)_t + B(2)_t \\ p < 2 \Rightarrow \dfrac{\delta^{1-p/2}}{m_p} B(p,\delta)_t \xrightarrow{p} A(p)_t \end{cases} \quad (9.24)$$

当资产价格过程不存在跳跃时，有

$$\frac{\delta^{1-p/2}}{m_p} B(p,\delta)_t \xrightarrow{p} A(p)_t \quad (9.25)$$

由上面的结论可以得出以下结论：假定资产价格过程存在跳跃成分，当幂级数 $p>2$ 时，已实现 p 幂次变差依概率收敛到跳变差 $B(p)_t$，且与时间区间的长短（样本抽样频率）无关；当幂级数 $p=2$ 时，已实现 p 幂次变差依概率收敛到连续变差 $A(p)_t$ 和跳变差 $B(p)_t$ 之和，也与时间区间的长短无关；当幂级数 $p<2$ 时，已实现 p 幂次变差依概率收敛到连续变差 $A(p)_t$，与时间区间的长短有关。当资产价格过程不存在跳跃成分时，已实现 p 幂次变差依概率收敛到连续变差 $A(p)_t$，与时间区间的长短有关。

由以上的结论可以推断，当幂级数 $p>2$ 时，抽样频率不会影响已实现 p 幂次变差的收敛性质。依次可以构造跳跃检验统计量：

$$S(p,k,\delta)_t = \frac{B(p,k,\delta)_t}{B(p,\delta)_t} \to k^{p/2-1} \quad (9.26)$$

其中，$p \geqslant 2, k \geqslant 2$。不妨简单地假定 $p=2, k=2$，那么当资产价格过程存在跳跃时，$S(p,k,\delta)_t = 1$，当资产价格过程不存在跳跃时，$S(p,k,\delta)_t = 2$。在不存在跳跃的原假设下，跳跃检验统计量满足如下关系：

$$\frac{S(p,k,\delta)_t - k^{m/2-1}}{\sqrt{V_t}} \to N(0,1) \quad (9.27)$$

式中，V_t 为跳跃检验统计量的方差。

进而可以依据式(9.27)推断出资产价格中是否存在跳跃成分。

AJ 检验和 BN-S 检验似乎没有多大差异，两者都是检验资产价格过程是否存在跳跃，且无法检验跳跃发生的时间和次数，但 Ait-Sahalia 和 Jacod 对资产价格过程与跳跃过程做

了更一般的假定,所以 AJ 检验比 BN-S 检验更具有一般性。

5. AJL 检验

以上非参数跳跃检验统计量的构造思想多种多样,但基本都存在一个同样的问题——在检验资产价格跳跃成分的同时,并没有剔除微结构噪声的影响。如何找到一种既能有效检验资产价格中的跳跃成分,又能考虑到微结构噪声的影响(虽然前面介绍的检验方法有一些在有限样本情况下考虑了微结构噪声的影响,但在理论上它们都忽略微结构噪声的重要性),这在理论上是有很大难度的。Ait-Sahalia、Jacod 和 Li(2012)提出的 AJL 检验既对资产价格跳跃稳健,又对微结构噪声稳健,为后续研究提供了一种新的思路。

首先定义:

$$B(p,\delta) = \sum_{i=1}^{t/\delta} |r_i|^p \tag{9.28}$$

式中,$p>0$,r_i 为对数收益率序列。

依照 AJ 检验的思想,可以得到跳跃检验统计量:

$$S(p,k,\delta)_t = \frac{B(p,k,\delta)_t}{B(p,\delta)_t} \tag{9.29}$$

当 $p>2$ 时,

$$S(p,k,\delta)_t \xrightarrow{p} \begin{cases} 1 & (\text{on the set } \Omega^j) \\ k^{p/2-1} & (\text{on the set } \Omega^c) \end{cases} \tag{9.30}$$

式中,Ω^j 和 Ω^c 分别为资产价格存在跳跃和不存在跳跃的集合。

在资产价格中不存在微结构噪声的假定下,AJ 检验是一个非常有效的跳跃检验统计量。但这种假定与现实并不太符合,我们需要在进一步考虑市场微结构噪声的情况下,通过"除噪"方法来修正 AJ 检验,使其成为既对资产价格跳跃稳健也对市场微结构噪声稳健的检验统计量。Ait-Sahalia、Jacod 和 Li(2012)采用预平均(pre-averaging)方法来剔除资产价格中的市场微结构噪声。在定义预平均窗口(pre-averaging window)之前,选择一列整数 K_m,使其满足如下关系式:

$$k_n\sqrt{\delta} = \theta + o(\delta^{1/4}) \quad (\theta > 0) \tag{9.31}$$

为了给预平均窗口期内的观察值一个恰当的权重,选择具有如下性质的加权函数 g。

(1) g 是一个一阶连续可微的函数。

(2) $s \notin (0,1) \Rightarrow g(s) = 0$,$\int g(s)^2 ds > 0$

定义:

$$\begin{cases} g_i^n = g(i/k_n), & g_i'^n = g_i^n - g_{i-1}^n \\ \bar{g}(p) = \int |g(s)|^p ds, & \bar{g}'(p) = \int |g'(s)|^p ds \end{cases} \tag{9.32}$$

其中,$p \in (0,\infty)$,$i \in Z$。进一步定义随机变量 $\bar{r}(g)_i^n$ 和 $\hat{r}(g)_i^n$:

$$\bar{r}(g)_i^n = \sum_{j=1}^{k_n-1} g_j^n r_{i+j,n} \tag{9.33}$$

$$\hat{r}(g)_i^n = \sum_{j=1}^{k_n} (g_j^{'n} r_{i+j,n})^2 \qquad (9.34)$$

显然,对收益率序列和噪声序列取加权平均可得到随机变量 $\bar{r}(g)_i^n$,随机变量 $\bar{r}(g)_i^n$ 已经平均掉了微观结构噪声。随机变量 $\hat{r}(g)_i^n$ 是一个包含噪声影响的局部波动估计量(假定资产价格过程中存在市场微观结构噪声)。

由式(9.33)和式(9.34)可以构造一个新的统计量:

$$V(g,q,k)_t^n = \sum_{i=0}^{t/\delta - k_n} |\bar{r}(g)_i^n|^q |\hat{r}(g)_i^n|^k \qquad (9.35)$$

不难发现,当 $k=0$ 时,统计量 $V(g,q,k)_t^n$ 已经提出市场微观结构噪声的影响。因此可以构造一个对市场微观结构噪声稳健的 p 幂次变差统计量:

$$\bar{V}(g,p)_t^n = \sum_{l=0}^{p/2} \rho(p)_l V(g, p-2l, l)_t^n \qquad (9.36)$$

式中,p 为一个调整函数。

可以构造跳跃检验统计量:

$$S_{\mathrm{RJ}}(g,h,p)_n = \frac{\bar{V}(g,p)_t^n}{\gamma' \bar{V}(h,p)_t^n} \qquad (9.37)$$

式中,h 为一个加权函数;γ' 为一个调整因子。

跳跃检验统计量 $S_{\mathrm{RJ}}(g,h,p)_n$ 具有如下大样本性质:

$$S_{\mathrm{RJ}}(g,h,p)_n \xrightarrow{p} \begin{cases} 1 & (\text{on the set } \Omega^j) \\ \gamma'' & (\text{on the set } \Omega^c) \end{cases} \qquad (9.38)$$

所以,当跳跃检验统计量 $S_{\mathrm{RJ}}(g,h,p)_n$ 值较小时,即

$$S_{\mathrm{RJ}}(g,h,p)_n < \gamma'' - z_a \delta^{1/4} \sqrt{\sum_{\mathrm{RJ},n}^c} \qquad (9.39)$$

由上可以推断出,不管市场微观结构噪声是否存在,资产价格中都不存在跳跃成分。
当统计量 $S_{\mathrm{RJ}}(g,h,p)_n$ 值较大时,即

$$S_{\mathrm{RJ}}(g,h,p)_n > 1 + z_a \delta^{1/4} \sqrt{\sum_{\mathrm{RJ},n}^j} \qquad (9.40)$$

那么,不管市场微观结构噪声是否存在,资产价格中均存在跳跃成分。

9.2.3 波动率模型

波动率建模和预测作为金融风险管理的核心内容而得到广泛的研究,合理的波动率模型能够提高波动预测的精度,从而也更好地运用于金融实践当中。传统的 GARCH 族模型和 SV 族模型在波动率建模领域一直占据主导地位,因为这类模型能够刻画金融资产波动率的集聚性、杠杆效应以及长记忆性等特征。稍显不足的是这类模型是基于低频数据建模,从信息利用的角度看,降低了模型的预测精度。

随着高频数据的易获取性和广泛应用,Corsi(2009)根据市场异质假说提出了异质自回归(Heterogeneous Autoregressive,HAR)模型,并结合已实现波动构造 HAR-RV 模型,该

模型同样能够复制波动率的长记忆性等诸多金融数据的典型特征。随着研究的深入，越来越多的因素结合到该模型当中，如杠杆效应、收益率跳跃、波动率跳跃以及隔夜效应等，使之能够更好地解释波动率变化的内在联系，同时也提高了波动率的预测精度。与之相类似地，Ghysels 等(2006)提出了混合数据抽样回归(Mixed Data Sampling, MIDAS)模型，该模型的独特之处在于，允许回归方程的变量采用不同的抽样频率。Hansen 等(2012)提出了已实现 GARCH 模型(realized GARCH)，该模型是结合高低频数据进行建模，在刻画波动率方面比 GARCH 模型更具优势。

1. HAR-RV 模型

根据波动率所具有的长记忆性，Corsi(2009)提出同样能够复制波动率长记忆性的异质自回归模型 HAR，并结合 RV 进行波动率建模。

定义多期的 RV 为单期 RV 和的均值，即

$$\mathrm{RV}_{t-h,t} = h^{-1}(\mathrm{RV}_{t-1} + \mathrm{RV}_{t-2} + \cdots + \mathrm{RV}_{t-h}) \tag{9.41}$$

式中，当 $h=1$、$h=5$ 和 $h=22$ 时，分别表示日已实现波动、周已实现波动和月已实现波动。在 Corsi(2009)的 HAR 模型中，主要的市场波动成分分为短期波动、中期波动和长期波动。根据此方法，本书同样把日、周和月已实现波动定义为短期波动、中期波动和长期波动。因此标准的 HAR-RV 模型表示如下：

$$\mathrm{RV}_{t,t+h} = c + \alpha_\mathrm{D}\mathrm{RV}_t + \alpha_\mathrm{W}\mathrm{RV}_{t-5,t} + \alpha_\mathrm{M}\mathrm{RV}_{t-22,t} + \varepsilon_{t+h} \tag{9.42}$$

在波动率的建模和预测过程中，已有的研究一致认为对数形式的波动模型预测效果最好，因此本章只考虑对数形式的模型，对数形式的 HAR-RV 模型具有如下形式：

$$\ln(\mathrm{RV}_{t,t+h}) = c + \alpha_\mathrm{D}\ln(\mathrm{RV}_t) + \alpha_\mathrm{W}\ln(\mathrm{RV}_{t-5,t}) + \alpha_\mathrm{M}\ln(\mathrm{RV}_{t-22,t}) + \varepsilon_{t+h} \tag{9.43}$$

式中，α_D，α_W，α_M 分别用来衡量过去日已实现波动、周已实现波动和月已实现波动对未来波动率的影响；$h=1,5,22$ 分别为对波动率做短期、中期和长期的预测。

2. 扩展的 HAR 模型

1) HAR-RV-CJ 模型

Andersen 等(2007)根据 HAR-RV 模型，把 RV 分解成连续样本路径方差(CV)和跳跃方差(JV)，实证结果表明把波动率分解成连续部分和跳跃部分具有更好的模型解释能力，同时也提高了波动率的预测精度。对数形式的 HAR-RV-CJ 模型表示如下：

$$\begin{aligned}\ln(\mathrm{RV}_{t,t+h}) = & c + \alpha_\mathrm{D}\ln(\mathrm{CV}_t) + \alpha_\mathrm{W}\ln(\mathrm{CV}_{t-5,t}) + \alpha_\mathrm{M}\ln(\mathrm{CV}_{t-22,t}) + \beta_\mathrm{D}\ln(\mathrm{JV}_t+1) + \\ & \beta_\mathrm{W}\ln(\mathrm{JV}_{t-5,t}+1) + \beta_\mathrm{M}\ln(\mathrm{JV}_{t-22,t}+1) + \varepsilon_{t+h}\end{aligned} \tag{9.44}$$

式中，$\mathrm{CV}_{t-h,t} = h^{-1}(\mathrm{CV}_{t-1} + \mathrm{CV}_{t-2} + \cdots + \mathrm{CV}_{t-h})$；$\mathrm{JV}_{t-h,t} = h^{-1}(\mathrm{JV}_{t-1} + \mathrm{JV}_{t-2} + \cdots + \mathrm{JV}_{t-h})$；$\alpha_\mathrm{D}$，$\alpha_\mathrm{W}$，$\alpha_\mathrm{M}$ 分别用来衡量过去短期、中期和长期连续波动部分对未来波动率的影响；β_D，β_W，β_M 分别为过去短期、中期和长期跳跃波动部分对未来波动率的影响。为了避免 JV_t 项出现等于零的情况，本书对 JV_t 项进行加 1 处理。

2) LHAR-RV-CJ 模型

金融资产的波动率常常表现出不对称性，即价格上涨和下跌引起的波动变化不一致，这种现象称为杠杆效应。为了反映利空消息和利好消息对波动率的不同影响，Corsi 和 Reno(2012)把 HAR-RV-CJ 模型扩展成包含杠杆效应的模型，即 LHAR-RV-CJ 模型。考虑负

向收益率对波动率的影响,日收益率 $r_t = p_t - p_{t-1}$,其中 p_t 为第 t 日的对数价格,过去 h 日的平均负向收益率为

$$r^-_{t-h,t} = h^{-1}(r_{t-1} + r_{t-2} + \cdots + r_{t-h}) I[r_{t-1} + r_{t-2} + \cdots + r_{t-h} < 0] \quad (9.45)$$

式中,$I[\cdot]$ 为示性函数,当 $r_{t-1} + r_{t-2} + \cdots + r_{t-h} < 0$ 时,$I[\cdot]$ 取值为 1,否则为 0。当 $h = 1, 5, 22$ 时,便可以得到负向日收益率、负向周收益率和负向月收益率。因此,对数形式的 LHAR-RV-CJ 模型表示如下:

$$\begin{aligned}\ln(\mathrm{RV}_{t,t+h}) = {} & c + \alpha_\mathrm{D} \ln(\mathrm{CV}_t) + \alpha_\mathrm{W} \ln(\mathrm{CV}_{t-5,t}) + \alpha_\mathrm{M} \ln(\mathrm{CV}_{t-22,t}) + \beta_\mathrm{D} \ln(\mathrm{JV}_t + 1) + \\ & \beta_\mathrm{W} \ln(\mathrm{JV}_{t-5,t} + 1) + \beta_\mathrm{M} \ln(\mathrm{JV}_{t-22,t} + 1) + \gamma_\mathrm{D} r^-_t + \gamma_\mathrm{W} r^-_{t-5,t} + \\ & \gamma_\mathrm{M} r^-_{t-22,t} + \varepsilon_{t+h}\end{aligned} \quad (9.46)$$

式中,$\gamma_\mathrm{D}, \gamma_\mathrm{W}, \gamma_\mathrm{M}$ 分别为过去的负向日、周和月收益率对未来波动率的影响。若系数显著小于零,则说明存在杠杆效应。

值得注意的是,这里介绍的是以 HAR 为代表的高频数据波动模型,当然还有超高频数据模型,这里就不再介绍了,有兴趣的读者可以参考相关文献。

3. MIDAS 模型

Ghysels 等(2006)提出的混合数据抽样回归模型是一类简约而又不失灵活的模型。该模型允许回归方程的变量采用不同的抽样频率。

基本的 MIDAS 模型的形式如下:

$$V_{t+H} = \alpha_0 + \alpha_1 \sum_{k=0}^{K-1} B(k, \boldsymbol{\theta}) X^{(m)}_{t-k} + \varepsilon_t \quad (9.47)$$

式中,V_{t+h} 为持有期为 H 的波动率,如 $H = 1, 5$ 分别代表未来 1 天和 1 周的波动率预测;α_t 为波动率持续性参数;多项式权重函数 $B(k, \boldsymbol{\theta})$ 依赖于过去的时间 k 和参数向量 $\boldsymbol{\theta}$;$X^{(m)}_{t-k}$ 为回归项,属于高频数据,如日数据($m = 1$)、5 分钟数据($m = 48$)。

值得注意的是,式中多项式权重函数 $B(k, \boldsymbol{\theta})$ 是 MIDAS 模型最核心的组成部分,可以有效解决参数增多和模型中阶数 k 的选择等问题。在 MIDAS 模型中,利用高频数据虽然增加了解释变量的滞后阶数,但估计的参数个数非常少,在估计和预测具有长记忆性的波动率方面具有明显的优势。

目前,对于权重函数的选择主要有以下两种。

1) Beta 多项式

Beta 多项式的形式如下:

$$B(k, \boldsymbol{\theta}) = \frac{f(k/K, \theta_1, \theta_2)}{\sum_{k=1}^{K} f(k/K, \theta_1, \theta_2)} \quad (9.48)$$

$$f(k/K, \theta_1, \theta_2) = \frac{(k/K)^{\theta_1 - 1}(1 - k/K)^{\theta_2 - 1} \Gamma(\theta_1 + \theta_2)}{\Gamma(\theta_1) \Gamma(\theta_2)} \quad (9.49)$$

式中,$\Gamma(\theta_i) = \int_0^\infty e^{-x} x^{\theta_i} \mathrm{d}x \ (i = 1, 2)$。

由于 Beta 多项式是基于 Beta 函数,从而保证权重为正。在不同的 θ_1 和 θ_2 值下,Beta

多项式可以形成不同的形状,特别地,当 $\theta_1=1$ 且 $\theta_2>0$ 时,权重呈衰减态势,且随着 θ_2 的递增,权重衰减的速率更快,而权重衰减速率决定了 MIDAS 模型中的滞后阶数 K。在实证研究中大都采用 Beta 多项式。

2) 指数 Almon 多项式

含有两个参数的指数 Almon 多项式的形式如下:

$$B(k;\theta) = \frac{e^{\theta_1 k + \theta_2 k^2}}{\sum_{k=1}^{K} e^{\theta_1 k + \theta_2 k^2}} \tag{9.50}$$

与 Beta 多项式类似,指数 Almon 多项式的形状也与 θ_1 和 θ_2 值密切相关,在 $\theta_2<0$ 的情况下,该多项式的权重呈递减趋势。

总的来说,以上两个多项式具有两个重要的特征:①权重为正,这在估计波动率时显得至关重要;②权重之和为 1,从而波动率持续性参数 α_t 直接反映了历史波动率 $X_{t-k}^{(m)}$ 对未来波动率 V_{t+h} 的持续性影响。因此,凭借权重函数 $B(k,\theta)$ 的优势,MIDAS 模型可以利用高频数据(如 5 分钟、10 分钟等)包含的丰富信息来预测低频数据(如 1 天、1 周等)。

4. 扩展的 MIDAS 模型

1) AR-MIDAS 模型

由于经济变量具有惯性作用,它的前一期和后一期间通常都存在自相关关系,所以 Ghysels 等(2006)在基础 MIDAS 模型中加入被解释变量的自回归项作为解释变量,提出自回归 MIDAS 模型(AR-MIDAS 模型):

$$y_t = \beta_0 + \lambda y_{t-1} + \beta_1 B(L^{1/M};\theta) x_t^{(m)} + \varepsilon_t^{(m)} \tag{9.51}$$

2) GARCH-MIDAS 模型

Ghysels 等(2006)将 GARCH 模型拓展为 GARCH-MIDAS 模型:

$$r_{it} = \mu_i + \sqrt{m_{i\tau} g_{it}} \varepsilon_{it}, \varepsilon_{it} \sim \text{i.i.d.}(0,1) \tag{9.52}$$

式中,r_{it} 为第 i 个市场第 t 日的收益率;$h_{it} = m_{i\tau} g_{it}$ 为第 i 个市场第 t 日的条件方差,条件方差分解为短期波动率 $g_{it}(t=1,2,\cdots,T)$ 和长期波动率 $m_{i\tau}(\tau=1,2,\cdots,[T/N])$(其中 N 是指每个月的天数);ε_{it} 服从均值为零、方差为 1 的独立同分布。假设短期波动率 g_{it} 服从均值回复的 GARCH(1,1) 过程,则

$$g_{it} = (1-\alpha_i-\beta_i) + \alpha_i \frac{(r_{it-1}-\mu_i)^2}{m_{i\tau}} + \beta_i g_{i,t-1} \tag{9.53}$$

式中,$0<\alpha_i,\beta_i<1$ 且 $\alpha_i+\beta_i<1$。

长期波动率 $m_{i\tau}$ 可以用月内已实现波动率滞后项 RV_{t-k} 或者宏观经济变量滞后项 X_{t-k} 来刻画,即

$$m_{i\tau} = \bar{m}_i + \lambda_i \sum_{k=1}^{K_v} \varphi_k(\omega_i) RV_{t-k}$$

或者

$$m_{i\tau} = \bar{m}_i + \lambda_i \sum_{k=1}^{K_v} \varphi_k(\omega_i) X_{t-k} \tag{9.54}$$

式中，$\varphi_k(\omega_i)$ 为权重函数；K_v 为滞后阶数。

式(9.52)、式(9.53)和式(9.54)共同构成了基于月内已实现波动率或者宏观经济波动率的 GARCH-MIDAS 模型。

3) DCC-MIDAS 模型

Colacito 等(2011)将 Engle(2002a)的 DCC 模型拓展为 DCC-MIDAS 模型，把相关系数的动态过程分解为短期变动和长期趋势两部分：

$$q_{i,j,t} = \bar{\rho}_{i,j,t}(1-a-b) + a\xi_{i,t-1}\xi_{j,t-1} + bq_{i,j,t-1} \tag{9.55}$$

$$\bar{\rho}_{i,j,t} = \sum_{k=1}^{K}\varphi_k(\omega_1,\omega_2)\mathrm{RC}_{i,j,t-1} \tag{9.56}$$

$$\mathrm{RC}_{i,j,t} = \frac{\sum_{k=t-N}^{t}\xi_{i,k}\xi_{j,k}}{\sqrt{\sum_{k=t-N}^{t}\xi_{i,k}^2}\sqrt{\sum_{k=t-N}^{t}\xi_{j,k}^2}} \tag{9.57}$$

式中，$q_{i,j,t}$ 为 t 时刻 i,j 市场间的短期相关系数；$\bar{\rho}_{i,j,t}$ 为 t 时刻 i,j 市场间的长期相关系数；$\xi_{i,t}$ 和 $\xi_{j,t}$ 分别为 t 时刻 i,j 市场间的标准化残差；$\varphi_k(\omega_1,\omega_2)$ 为权重函数；RC 为已实现相关系数，可以由式(9.57)计算得到。

5. 已实现 GARCH 模型

Hansen 等(2012)提出的已实现 GARCH 模型是 GARCH 类模型与高频数据相结合的典型代表，该模型在刻画波动率方面比传统 GARCH 模型更具优势，且该模型在估计方法上更简便，仅使用伪极大似然法(QMLE)估计即可。

已实现 GARCH 模型在设定形式上有线性和对数线性之分，由于对数线性的形式模型被误设的概率更低，因此我们只介绍对数线性的已实现 GARCH 模型，具体的形式如下：

$$\begin{aligned} R_t &= E(R_t \mid I_{t-1}) + \varepsilon_t, \varepsilon_t = \sqrt{h_t}z_t \\ \log h_t &= \omega + \sum_{i=1}^{p}\beta_i \log h_{t-i} + \sum_{j=1}^{q}\gamma_j \log x_{t-j} \\ \log x_t &= \mu + \varphi \log h_t + \tau(z_t) + u_t \end{aligned} \tag{9.58}$$

其中，$z_t = r_t/\sqrt{h_t}$ 服从 i.i.d.$(0,1)$，u_t 服从 i.i.d.$(0,\sigma_u^2)$，二者相互独立，$\tau(z)$ 为杠杆函数，取为 Hermite 二次多项式 $\tau(z) = \tau_1 z + \tau_2(z^2-1)$，此时 $E\tau(z)=0$。若 $\tau_1<0$，当 $z_t<0$ 时，$\log x_t$ 会比 $z_t>0$ 时更大，此时若 γ_i 也>0，则 $\log h_t$ 趋于更大。就是说，利空消息相较于利好消息会导致更大的波动，这就是所谓的"杠杆效应"；若 $\tau_1>0$，当 $z_t>0$ 时，$\log x_t$ 会比 $z_t<0$ 时更大，此时若 $\gamma_i>0$，则 $\log h_t$ 趋于更大。这意味着利好消息相较于利空消息会导致更大的波动，这就是所谓的"负杠杆效应"。x_t 是已实现测量，可以是 RV 或 RRV 等，如果所用的已实现测量是一个无偏估计量，那么 μ、φ 分别为 0、1。这里并不要求它是一个无偏估计量。把度量方程代入 GARCH 方程可得

$$\log h_t = \omega + \sum_{i=1}^{p}\beta_i \log h_{t-i} + \sum_{j=1}^{q}\gamma_j[\mu + \varphi \log h_{t-j} + \tau(z_{t-j}) + u_{t-j}]$$

$$= \omega + \mu \sum_{j=1}^{q} \gamma_j + \sum_{i=1}^{p \vee q} (\beta_i + \gamma_i \varphi) \log h_{t-i} + \sum_{j=1}^{q} \gamma_j [\tau(z_{t-j}) + u_{t-j}]$$

$$= \omega + \mu \sum_{j=1}^{q} \gamma_j + \sum_{i=1}^{p \vee q} \pi_i \log h_{t-i} + \sum_{j=1}^{q} \gamma_j (w_{t-j}) \quad (9.59)$$

式中,$w_{t-j} = \tau(z_{t-j}) + u_{t-j}$;$\pi_i = \sum_{i=1}^{p \vee q}(\beta_i + \gamma_i \varphi)$ 为波动持续参数,代表过去的波动对未来波动的影响程度。

已实现 GARCH 模型的参数估计可以通过最大化收益率和已实现测量的联合似然函数得出,其联合对数似然函数为

$$\log L(\{r_t, x_t\}_{t=1}^n; \theta) = \sum_{t=1}^{n} \log f(r_t, x_t \mid I_{t-1})$$

$$= \sum_{t=1}^{n} \log[f(r_t \mid I_{t-1}) f(x_t \mid r_t, I_{t-1})]$$

$$= \sum_{t=1}^{n} \log[f(r_t \mid I_{t-1})] + \sum_{t=1}^{n} \log[f(x_t \mid r_t, I_{t-1})] \quad (9.60)$$

通过式(9.60)可以看出,既可以联合估计所有的参数直接得到已实现 GARCH 模型的似然函数值,也可以分别估计均值方程和度量方程的参数得到各自的似然函数值,然后加总两部分的似然函数值得到总的似然函数值。

以上这些模型或者是利用高频数据,或者是高频、低频结合而建立的模型,相比传统的低频数据模型,这些模型最大的优势在于参数估计相对容易,因而这些模型现今备受青睐。

当然,除了前文介绍的 GARCH 族模型、SV 族模型和本章介绍的波动模型外,其实在金融计量建模中还有非线性模型,最常见的非线性模型有马尔可夫区制转移(Markov switching,MS)模型、门限自回归(Threshold autoregressive,TAR)模型和平滑自回归(Smooth transition autoregressive,STAR)模型。MS 模型一般用来捕捉多个结构转换的情况,若结构转换只可能发生一次,此时常用 TAR 或 STAR 来分析问题。

(1) 一般情况下,MS 可以写成如下形式:

$$\begin{cases} Y_t = X_t' \beta_0 + \varepsilon_{t0}, & \varepsilon_{t0} \sim \text{i.i.d.}(0, \sigma_0^2) \quad (s_t = 0) \\ Y_t = X_t' \beta_1 + \varepsilon_{t1}, & \varepsilon_{t1} \sim \text{i.i.d.}(0, \sigma_1^2) \quad (s_t = 1) \end{cases} \quad (9.61)$$

式中,Y_t、X_t' 和 β 分别为因变量、自变量矩阵和系数矩阵。

(2) TAR 可以写成如下形式:

$$y_t = c_{s_t} + \phi_{s_t,1} y_{t-1} + \cdots + \phi_{s_t,p} y_{t-p} + \varepsilon_t \quad (s_t = 0, 1) \quad (9.62)$$

TAR 模型和 MS 模型设立不同,TAR 模型不涉及转移概率矩阵,而是利用一个门限值来区分不同的状态。

(3) STAR 模型是 TAR 模型的一种扩展,TAR 模型中,系数的变化经常被假定是突然的,而在 STAR 模型中区制转移的过程是缓慢的、平滑的,其基本形式可以写成如下形式:

$$y_t = c_0 + \phi_{01} y_{t-1} + \cdots + \phi_{0P} y_{t-p} + F(y_{t-d})(c_2 + \phi_{21} y_{t-1} + \cdots + \phi_{2P} y_{t-p}) + \varepsilon_t \quad (9.63)$$

式中,$F(y_{t-d})$ 为一个连续函数,满足 $0 \leqslant F(y_{t-d}) \leqslant 1$,通常假定扰动项满足白噪声过程。

从理论上说，$F(y_{t-d})$ 可以是任意形式的连续函数，但是实际中经常使用 logistic 函数和 exponential 函数，形式分别如下：

logistic 函数的形式为

$$F(y_{t-d}) = \frac{1}{1+\exp[-\gamma(y_{t-d}-\delta)]} \quad (\gamma > 0) \tag{9.64}$$

exponential 函数的形式为

$$F(y_{t-d}) = 1 - \exp[-\gamma(y_{t-d}-\delta)^2] \quad (\gamma > 0) \tag{9.65}$$

上述非线性模型不再详细介绍，有兴趣的读者可参考相关文献。

由此看出，目前代表性波动模型主要有三大类：①以 GARCH 族和 SV 族为代表的传统低频数据模型。②以 HAR 族为代表的高频数据模型。③以 MIDAS 族为代表的混频数据模型。

9.2.4 溢出指数构建

近年来，风险溢出、传染等方面是金融市场新的话题，前文介绍的 CoVaR 是一种重要的测度工具。本节将介绍近年来衡量溢出效应的另一种比较新颖的方法。利用波动率构建溢出指数（Spillover Index），不仅能度量股市间风险溢出方向，还能测度风险溢出的强度，对研究股票市场的风险溢出效应具有重要价值。

1. 基于 Cholesky 分解的溢出指数构建

Diebold 和 Yilmaz（2009）基于 VAR 模型的预测误差方差分解技术构造出了溢出指数。考虑 N 变量的协方差稳健的 $\text{VAR}(p)$ 模型的数学表达式是

$$\boldsymbol{y}_t = \boldsymbol{\Phi}_1 \boldsymbol{y}_{t-1} + \boldsymbol{\Phi}_2 \boldsymbol{y}_{t-2} + \cdots + \boldsymbol{\Phi}_p \boldsymbol{y}_{t-p} + \boldsymbol{\varepsilon}_t \quad (t = 1, 2, \cdots, T) \tag{9.66}$$

式中，$\boldsymbol{y}_t$ 为 n 维内生变量列向量；p 为滞后阶数；$\boldsymbol{\Phi}_i$ 为 $N \times N$ 阶的待估系数矩阵；$\boldsymbol{\varepsilon}_t$ 为服从 $(0, \boldsymbol{\Sigma})$ 的独立同分布的 n 维扰动列向量；$\boldsymbol{\Sigma}$ 为 $\boldsymbol{\varepsilon}_t$ 协方差矩阵。那么，$\text{VAR}(p)$ 模型的移动平均（moving average）模式 $\text{VMA}(\infty)$ 可表示为 $\boldsymbol{y}_t = \sum_{i=0}^{\infty} \boldsymbol{A}_i \boldsymbol{\varepsilon}_{t-i}$。其中 $\boldsymbol{A}_i$ 是相应 $N \times N$ 维的待估计参数矩阵，可以通过 $\boldsymbol{A}_i = \boldsymbol{\Phi}_1 \boldsymbol{A}_{i-1} + \boldsymbol{\Phi}_2 \boldsymbol{A}_{i-2} + \cdots + \boldsymbol{\Phi}_p \boldsymbol{A}_{i-p}$ 迭代计算得到。特别地，$\boldsymbol{A}_0 = \boldsymbol{I}_N$ 是一个 N 维的单位矩阵；且当 $i < 0$ 时，$\boldsymbol{A}_i = \boldsymbol{0}$。移动平均模型的系数矩阵（如脉冲响应因子和方差分解）是理解整个系统动态性的关键。依赖于方差分解，并允许我们利用预测误差方差分解去计算每一个变量受到冲击时，会对系统变量冲击产生多大的贡献度。

由于经济变量之间通常存在着相互关联，不同变量受到的外生变量的冲击，往往不独立。统计意义上讲，就是随机扰动项的协方差矩阵不是对角矩阵。为了解决这个问题，Sims（1980）提出基于 Cholesky 分解，令 $\boldsymbol{\Sigma} = \boldsymbol{PP}'$，其中 $\boldsymbol{P}$ 为 $N \times N$ 的下三角矩阵，可以将滑动平均改写为 $\boldsymbol{y}_t = \sum_{i=0}^{\infty} \boldsymbol{A}_i \boldsymbol{P}(\boldsymbol{P}^{-1} \boldsymbol{\varepsilon}_{t-i}) = \sum_{i=0}^{\infty} \boldsymbol{\Theta}_i \boldsymbol{\xi}_{t-i}$，其中，$\boldsymbol{\Theta}_i = \boldsymbol{A}_i \boldsymbol{P}$，$\boldsymbol{\xi}_{t-i} = \boldsymbol{P}^{-1} \boldsymbol{\varepsilon}_{t-i}$。这里 $E[\boldsymbol{\xi}_t \boldsymbol{\xi}_t'] = \boldsymbol{I}_N$，也就是说 $\boldsymbol{\xi}_t$ 是正交向量。

我们可以把预测误差方差分解矩阵 $\boldsymbol{\Omega}_0 (\theta_{ij}^H)$ 表示为

$$\theta_{ij}^H = \frac{\sum_{h=0}^{H-1}(e_i'\boldsymbol{\Theta}_h e_j)^2}{\sum_{h=0}^{H-1}(e_i'\boldsymbol{\Theta}_h \boldsymbol{\Theta}_h' e_i)^2} = \frac{\sum_{h=0}^{H-1}(e_i'\boldsymbol{A}_h e_j)^2}{\sum_{h=0}^{H-1}(e_i'\boldsymbol{A}_h \boldsymbol{\Sigma} \boldsymbol{A}_h' e_i)^2} \tag{9.67}$$

其中,$\boldsymbol{\Sigma}$为误差项向量的协方差矩阵,e_i为第i个元素为1、其余元素为0的选择向量。θ_{ij}^H能够揭示i变量的向前H步预测误差方法在多大程度上受j变量的冲击影响,且$\sum_{j=1}^{N}\theta_{ij}^H = 1$。在此基础上,Diebold 和 Yilmaz(2009)将溢出指数定义为

$$S^H = 100 \times \frac{\sum_{\substack{i,j=1 \\ i \neq j}}^{N} \theta_{ij}^H}{\sum_{i,j=1}^{N} \theta_{ij}^H} = 100 \times \frac{1}{N} \sum_{\substack{i,j=1 \\ i \neq j}}^{N} \theta_{ij}^H \tag{9.68}$$

溢出指数揭示了系统中非自身变量预测误差冲击所导致的部分占全部误差方差的比例,因而能够衡量系统内的整体溢出水平。

2. 基于广义预测误差分解的溢出指数构建

由 Diebold、Yilmaz(2009)通过 Cholesky 分解将残差项正交化,并对方差进行分解,具体是假设第一个变量受到的冲击会对其余变量同时产生冲击,但是第二个变量受到的冲击就只能对其余的(不包括第一个变量)变量产生影响,其余依次类推。因而这种方差分解的方法得到的结果与变量的排列顺序紧密相关,这与实际情况不符。金融资产间的风险和信息的传递不会因为这些金融资产的研究顺序不同而发生改变。另外,Diebold 和 Yilmaz(2009)的文章中只是给出了总溢出指数的概念的计算方法。事实上,投资者对于方向性的波动溢出,以及在整个系统中,某个金融资产在波动溢出中扮演净溢出的角色还是净接受者的角色也是十分感兴趣的。因此,考虑到这几个问题,Diebold 和 Yilmaz(2012)采用广义 VAR 模型改进了之前提出的溢出指数计算方法和概念。该方法提供了不依赖于变量次序的广义预测误差方差分解方法构建的溢出指数。在这种方法下,允许相关的冲击存在而不需要对每个变量的冲击进行正交化,因此就会导致预测误差的方差贡献总和不等于1。

对于$H=1,2,\cdots$,该方法的H步向前的广义预测误差方差分解矩阵$\boldsymbol{\Omega}_g(\theta_{ij}^H)$具体形式如下:

$$\theta_{ij}^H = \frac{\sigma_{jj}^{-1}\sum_{h=0}^{H-1}(e_i'\boldsymbol{A}_h \boldsymbol{\Sigma}_\varepsilon e_j)^2}{\sum_{h=0}^{H-1}(e_i'\boldsymbol{A}_h \boldsymbol{\Sigma}_\varepsilon \boldsymbol{A}_h' e_i)^2} \tag{9.69}$$

式中,$\boldsymbol{\Sigma}_\varepsilon$为误差向量$\boldsymbol{\varepsilon}_t$的方差协方差矩阵;$\sigma_{jj}$为第$j$个误差项的标准差;$e_i'$为第$i$个元素为1、其余元素为0的选择向量。

其中,Diebold 和 Yilmaz(2012)还定义了:①当$i=j$时,θ_{ij}^H称为自身方差份额(own variance shares),表示资产i的H步预测误差方差有多少是由自身冲击影响的;②当$i \neq j$时,θ_{ij}^H称为交叉方差份额(cross variance shares),表示资产i的H步预测误差方差有多少是由资产j冲击影响的。前面也提到过,由于广义预测误差方差分解不要求冲击之间是正

交化的,因此会导致方差分解矩阵 $\boldsymbol{\Omega}(\theta_{ij}^H)$ 的行元素之和不会等于 1,即 $\sum_{j=1}^{N}\theta_{ij}^H \neq 1$,需要对每个元素 θ_{ij}^H 进行标准化。

$$\tilde{\theta}_{ij}^H = \frac{\theta_{ij}^H}{\sum_{j=1}^{N}\theta_{ij}^H} \tag{9.70}$$

标准化后,显然就会有 $\sum_{j=1}^{N}\tilde{\theta}_{ij}^H = 1, \sum_{i,j=1}^{N}\tilde{\theta}_{ij}^H = N$。

1)总波动溢出指数

利用方差分解出的波动率贡献度,就可以构建如下波动率总溢出指数:

$$S^H = 100 \times \frac{\sum_{\substack{i,j=1 \\ i \neq j}}^{N}\tilde{\theta}_{ij}^H}{\sum_{i,j=1}^{N}\tilde{\theta}_{ij}^H} = 100 \times \frac{1}{N}\sum_{\substack{i,j=1 \\ i \neq j}}^{N}\tilde{\theta}_{ij}^H \tag{9.71}$$

2)定向波动溢出指数

尽管总溢出指数对分析系统内所有资产之间的波动溢出总量十分有意义,但是广义的 VAR 方法可以让我们了解跨资产的定向波动溢出。

$$S_{i \leftarrow \cdot}^H = 100 \times \frac{\sum_{\substack{j=1 \\ j \neq i}}^{N}\tilde{\theta}_{ij}^H}{\sum_{i,j=1}^{N}\tilde{\theta}_{ij}^H} = 100 \times \frac{1}{N} \times \sum_{\substack{j=1 \\ j \neq i}}^{N}\tilde{\theta}_{ij}^H \tag{9.72}$$

$$S_{i \rightarrow \cdot}^H = 100 \times \frac{\sum_{\substack{j=1 \\ j \neq i}}^{N}\tilde{\theta}_{ji}^H}{\sum_{i,j=1}^{N}\tilde{\theta}_{ij}^H} = 100 \times \frac{1}{N} \times \sum_{\substack{j=1 \\ j \neq i}}^{N}\tilde{\theta}_{ji}^H \tag{9.73}$$

3)净溢出指数和成对净溢出指数

$$S_i^H = S_{i \rightarrow \cdot}^H - S_{i \leftarrow \cdot}^H \tag{9.74}$$

$$S_{ij}^H = 100 \times \frac{1}{N} \times (\tilde{\theta}_{ji}^H - \tilde{\theta}_{ij}^H) \tag{9.75}$$

净溢出指数可以告诉我们,在一个系统中,每个资产在多大程度上可以对其他资产产生冲击,而资产 i 和资产 j 之间的成对波动净溢出指数可以简单定义为资产 i 传染给资产 j 的波动溢出与资产 j 传染给资产 i 的波动溢出之间的差额。

9.2.5 模型评价

一个模型不仅要体现模型的拟合能力,更主要的是体现模型对未来的预测能力。本书第 3 章提到的预测评价指标可以作为模型评价常用指标,但是这些指标太过于简单,有时所得结论未必可靠。因此,本节再介绍一些其他评价方法,以增加模型评价的可靠性。

1. M-Z 回归方法

Mincer 和 Zarnowitz(1969)提出的 M-Z 回归方法(Mincer-Zarnowitz regression),其回归方程形式如下:

$$\sigma_{t+1}^2 = \alpha + \beta \hat{\sigma}_{t+1}^2 + u_{t+1} \tag{9.76}$$

式中,$\hat{\sigma}_{t+1}^2$ 为波动率预测值;σ_{t+1}^2 为波动率真实值的代理变量。

可通过观察回归方程系数及调整 R^2 等指标来判断模型预测效果的好坏,α 越接近 0,β 值越接近 1;调整 R^2 越大,则模型的预测能力越好。

2. 损失函数评价法

由于目前对模型预测评价的标准并没有一致性结论,为此,根据 Hansen 和 Lunde(2006)的建议,选取多种评价指标,从而提高模型优劣综合评定的准确性,此处选取的损失函数评价指标如下:

(1) $\text{MSE} = n^{-1} \sum_{t=1}^{n} (\sigma_t^2 - \tilde{\sigma}_{m,t}^2)^2$ 　　(2) $\text{MSE1} = n^{-1} \sum_{t=1}^{n} (\sigma_t - \tilde{\sigma}_{m,t})^2$

(3) $\text{HMSE} = n^{-1} \sum_{t=1}^{n} (1 - \tilde{\sigma}_{m,t}^2/\sigma_t^2)^2$ 　　(4) $\text{MAE} = n^{-1} \sum_{t=1}^{n} |\sigma_t^2 - \tilde{\sigma}_{m,t}^2|$

(5) $\text{MAE1} = n^{-1} \sum_{t=1}^{n} |\sigma_t - \tilde{\sigma}_{m,t}|$ 　　(6) $\text{HMAE} = n^{-1} \sum_{t=1}^{n} |1 - \tilde{\sigma}_{m,t}^2/\sigma_t^2|$

(7) $\text{QLIKE} = n^{-1} \sum_{t=1}^{n} [\log(\sigma_t^2) + \tilde{\sigma}_{m,t}^2/\sigma_t^2]$ 　　(8) $R^2 \text{LOG} = n^{-1} \sum_{t=1}^{n} [\log(\tilde{\sigma}_{m,t}^2/\sigma_t^2)]^2$

式中,σ_t^2 为真实波动率,由于其不可观测性,在实际应用中取代理量;$\tilde{\sigma}_{m,t}^2$ 为各个模型的预测值。一般来说,各损失函数的值越小,模型预测越准确。

不同于 MAE、MPE、RMSE 等常用损失函数,Patton(2011)提出了对含噪声的波动率代理量稳健的损失函数族,其形式如下:

$$L(\sigma_t^2, \hat{\sigma}_t^2; b) = \begin{cases} \frac{1}{(b+1)(b+2)}(\sigma_t^{2b+4} - \hat{\sigma}_t^{2b+4}) - \frac{1}{b+1}\hat{\sigma}_t^{2b+2}(\sigma_t^2 - \hat{\sigma}_t^2), & b \notin \{-1, -2\} \\ \hat{\sigma}_t^2 - \sigma_t^2 + \sigma_t^2 \log\left(\frac{\sigma_t^2}{\hat{\sigma}_t^2}\right), & b = -1 \\ \frac{\sigma_t^2}{\hat{\sigma}_t^2} - \log\left(\frac{\sigma_t^2}{\hat{\sigma}_t^2}\right) - 1, & b = -2 \end{cases}$$

式中,σ_t^2 为真实波动率代理量;$\hat{\sigma}_t^2$ 为未来 1 天的波动率预测;b 为尺度参数,当 $b<0$ 时,损失函数对于波动率低估给予了附加的惩罚,而 $b>0$ 时,损失函数对于波动率高估给予了附加的惩罚,特别地,$b=0$ 对应的是 MSE 损失函数,$b=-2$ 对应的是 QLIKE 损失函数。

Patton 证明了虽然真实波动率的条件无偏估计量 r_t^2(r_t 为金融资产收益率)含有噪声,但该损失函数族对噪声稳健,因此实证分析常用 r_t^2 作为真实波动率代理量,同时为了保证结论的可靠性,也通常分别计算了各模型在 $b=1,0,-1,-2,-5$ 五种损失函数标准下的损失函数值。

3. 高级预测能力评价法

Hansen 和 Lunde(2005)还提出了一种更为正式的检验方法,即"高级预测能力"(superior prediction ability,SPA)检验法。他们指出,与损失函数法相比,SPA 检验法对模型的判别能力更强,得出的结论更具有稳健性。

SPA 检验的过程如下。

首先,假设有 $J+1$ 种不同的波动模型,并记为 $M_j(j=0,1,\cdots,J)$,波动模型 M_j 的样本外预测值记为 $\hat{\sigma}_{j,m}^2$,其中,$m=H+1,H+2,\cdots,H+M$。对于每个预测值,我们都可以计算出五种稳健损失函数值,记为 $L_{i,j,m}$,其中 $i=1,2,3,4,5$。若 M_0 表示 SPA 检验的基准模型,则对于其他 $j=1,\cdots,J$ 种波动模型,我们可以计算其相对于基准模型 M_0 的损失函数值,记为 $X_{j,m}=L_{i,0,m}-L_{i,j,m}$。

那么,我们想要知道的是,在 $J+1$ 种不同的波动模型中,基准模型 M_0 的预测能力是不是最好的呢?为了解决这一问题,我们可以定义这样的原假设 H_0:与其他模型 $M_j(j=1,2,\cdots,J)$ 相比,基准模型 M_0 的预测能力最好。这一假设检验的统计量可以表示为如下形式:

$$U = \max \frac{\sqrt{M}\,\overline{X}_j}{\hat{\omega}_{jj}} \quad (j=1,2,\cdots,J) \tag{9.77}$$

式中,$\overline{X}_j = M^{-1}\sum_{m=H+1}^{H+M} X_{j,m}$;$\hat{\omega}_{jj} = \mathrm{Var}(\sqrt{M}\overline{X}_j)$。

为了得到检验统计量的分布状况及其显著性 P 值,我们可以采用自举法(bootstrap)。首先,为了取得一个长度为 M 的 $X_{j,m}$ 新样本,我们可以从 $\{X_{j,m}\}$ 的集合中随机抽取一个新的子样本,子样本的长度为 M。重复该过程 B 次,得到 B 个长度为 M 的 $X_{j,m}$,记为 $X_{j,m}^i(i=1,2,\cdots,B)$。每一个样本的均值表示为

$$\overline{X}_j^i = M^{-1}\sum_{m=1}^{M} X_{j,m}^i \quad (i=1,2,\cdots,B) \tag{9.78}$$

并且 B 个样本均值的方差可以表示为

$$\hat{\omega}_{jj} = B^{-1}\sum_{i=1}^{B}(\overline{X}_j^i - \overline{\overline{X}}_j) \tag{9.79}$$

式中,$\overline{\overline{X}}_j = B^{-1}\sum_{i=1}^{B}\overline{X}_j^i$。

接着,我们可以定义:

$$\overline{Z}_j^i = (\overline{X}_j^i - \overline{\overline{X}}_j) \times I\{\overline{\overline{X}}_j > -A_j\} \tag{9.80}$$

式中,$A_j = \frac{1}{4}M^{-4}\hat{\omega}_{jj}$。

最后可以得到如下统计量:

$$U^i = \max \frac{\sqrt{M}\,\overline{Z}_j^i}{\hat{\omega}_{jj}} \quad (i=1,2,\cdots,B) \tag{9.81}$$

Hansen 和 Lunde(2005)证明了在原假设条件下,式(9.81)所定义的统计量收敛于式(9.77)所定义的统计量 U,并且统计量 U 的显著性检验 P 值为

$$p = B^{-1}\sum_{i=1}^{B} I\{U^i > U\} \tag{9.82}$$

SPA 检验的 P 值越大(越接近于 1),则表明越不能拒绝原假设,即与其他模型 $M_j(j=1,2,\cdots,J)$ 相比,基准模型 M_0 的预测能力最好。

4. 模型可信集评价法

Hansen 和 Lunde 提出了"高级预测能力检验法",该方法因为采用了自举法,具有更加优异的判别能力,结论更加可靠,然而 SPA 检验需要事先选定基准模型,以判断其他模型是否优于基准模型,这样会造成与对照组多重比较的问题。针对这一问题,Hansen 和 Lunde(2011)又提出了"模型可信集"(Model Confidence Set, MCS)的模型比较方法。与 SPA 方法相比,MCS 检验方法具备明显优势:MCS 方法不需要事先选定一个基准模型,并且允许数据中存在异常值、允许存在多个最优模型等。因此本书将采用 MCS 方法比较波动率预测模型的预测精度,MCS 检验过程如下。

首先,已知有 m_0 个波动率预测模型,这些模型都包含在 M_0 集合中,即 $M_0=\{1,2,\cdots,m_0\}$,每个模型、每个预测值、每个损失函数都有其对应的损失函数值,记 $L_{i,m,t}$ 为模型 m 第 t 天损失函数 L_i 的损失函数值,因此对于 M_0 中,任意两个波动率预测模型 A、B 都可以计算出相对损失函数,记作 $d_{i,AB,t}$,定义如下:

$$d_{i,AB,t}=L_{i,A,t}-L_{i,B,t} \tag{9.83}$$

接着,定义"高级对象集合"(set of superior objects)M^*,M^* 的表达式为

$$M^* \equiv \{A \in M_0 : E(d_{i,AB,t}) \leqslant 0 \text{ for all } B \in M_0\}$$

MCS 检验过程是在集合 M_0 中进行一系列的显著性检验,进而舍去 M_0 中预测效果不好的模型,因此在每一次检验中,原假设都是两个模型具有相同的预测精度,即

$$H_{0,M} : E(d_{i,AB,t})=0 \text{ for all } A,B \in M \in M_0$$

MCS 方法根据等价检验(equivalence test)δ_M 和剔除准则(elimination rule)e_M 进行检验。其中,对于任何 $M \in M_0$,等价检验 δ_M 都是用来检验原假设,剔除准则 e_M 用来剔除拒绝原假设的模型。MCS 算法步骤为:第一步,设定 $M=M_0$;第二步,在显著性水平 α 下,运用等价检验 e_T 检验原假设 $H_{0,M}$;第三步,如果接受原假设,则定义 $M^*_{1-\alpha}=M$,否则利用剔除准则 e_M 将拒绝原假设的模型从 M 中剔除;第四步,重复前三步,直到不再出现拒绝原假设的情况,最后剩余在集合 $M^*_{1-\alpha}$ 中的模型即为 $1-\alpha$ 的置信水平的最优预测模型。

MCS 检验统计量较为复杂,需运用 Hansen 和 Lunde 提出的以下两个统计量:

$$T_{i,R,M} = \max_{A,B \in M} \left| \frac{\bar{d}_{i,AB}}{\sqrt{\widehat{\mathrm{Var}}(\bar{d}_{i,AB})}} \right| \tag{9.84}$$

$$T_{i,\max,M} = \max_{A \in M} \frac{\bar{d}_{i,A\cdot}}{\sqrt{\widehat{\mathrm{Var}}(\bar{d}_{i,A\cdot})}} \tag{9.85}$$

式中,$\bar{d}_{i,AB}=T^{-1}\sum_{t=0}^{T-1}d_{i,AB,t}$;$\bar{d}_{i,A\cdot}=m^{-1}\sum_{B \in M}\bar{d}_{i,AB}$。

如果统计量 $T_{i,R,M}$、$T_{i,\max,M}$ 大于给定的临界值,则拒绝原假设。由于统计量 $T_{i,R,M}$、$T_{i,\max,M}$ 的渐近分布依赖于"厌恶参数"(nuisance parameters),因此它们的真实分布非常复杂,但是统计量 $T_{i,R,M}$、$T_{i,\max,M}$ 对应的 P 值可以采用自举法得到。对于模型 $m(m \in M)$,该

模型属于 $M_{1-\alpha}^*$ 的条件是 P 值大于显著水平 α。

9.3 案例分析

9.3.1 案例分析1：上证综合指数波动建模

1. 数据选取及回归结果分析

选取上证综合指数 2011 年 1 月 4 日到 2015 年 2 月 16 日的 1 分钟高频数据，每天有 240 个交易数据，样本区间有 1 000 天，总共 240 000 个交易数据。选取 RRV 作为波动率的度量方法，结合 HAR 构造 HAR-RRV、HAR-RRV-CJ、LHAR-RRV-CJ 模型，模型的估计结果如表 9-1 所示。

从 HAR-RRV 模型来看，日已实现极差波动、周已实现极差波动和月已实现极差波动的系数在 5% 的显著性水平下为正，说明过去的短期波动、中期波动和长期波动对未来股市波动率的变化均有正向的解释作用。从回归系数的大小来看，短期波动、中期波动和长期波动的系数依次递增，说明波动率的变化主要来自长期波动的影响。随着预测周期的增长，短期波动的系数逐渐递减，长期波动的系数逐渐递增，说明短期波动对短期波动预测具有较好的解释作用，而在长期波动预测中主要依赖于长期波动的影响，这与 Andersen 等 (2007) 的研究结果相符合。从 $\bar{R}^2$ 的数值来看，较小的 $\bar{R}^2$ 值说明模型的解释能力有限。

从 HAR-RRV-CJ 模型来看，连续样本路径方差的系数显著异于零，说明连续性波动能够很好地解释未来股市波动率的变化，在不同的波动预测周期中，过去的连续性波动部分对未来股市波动率的变化均有正向的解释作用，其中，中期连续性波动对未来股市波动率变化的影响最大。考虑跳跃对中国股市波动的影响，跳跃方差的系数在 5% 的显著性水平下基本为正，说明跳跃对未来股市波动率的变化同样具有显著的正向影响，这与 Corsi、Pirino 和 Reno(2009) 的研究结论一致。从 $\bar{R}^2$ 的数值来看，考虑进跳跃成分在一定程度上提高了模型的拟合优度。

从 LHAR-RRV-CJ 模型来看，连续部分和跳跃部分对股市未来波动率变化的影响与上文的分析相比，在系数显著性和相对大小方面并没有发生太大的变化。考虑杠杆效应对中国股市波动的影响，在股市的短期波动预测和中期波动预测中，过去的日负向收益率和周负向收益率的系数显著小于零，月负向收益率的系数在 5% 的显著性水平下不显著，说明中国股市存在着短期杠杆效应，利空消息会加大市场波动率的变化程度。在股市的长期波动预测中，仅有周负向收益率的系数显著小于零，说明中国股市不存在明显的长期杠杆效应。另外，从拟合度的角度看，引入杠杆效应的模型拟合度有了相应提高，说明考虑杠杆效应的影响有助于提高波动预测的准确性，这也印证了 Corsi 和 Reno(2012) 的研究结论。

综合来看，考虑了跳跃和杠杆效应的 LHAR-RRV-CJ 模型的 $\bar{R}^2$ 在不同的波动预测周期中均最高，模型的预测效果最好。因此，在实际的波动预测中可考虑选用 LHAR-RRV-CJ 模型。从模型的预测周期看，中期的波动预测效果最好，长期的波动预测效果次之，短期的波动预测效果最差，这个结果与 Corsi 和 Reno(2012) 的研究结论一致，即模型具有较好的中长期预测效果。这也为投资者进行中长期的风险预测和风险管理提供了行之有效的方法。

表 9-1 模型估计结果

$$\ln(\mathrm{RRV}_{t,t+h}) = c + \alpha_D \ln(\mathrm{RRV}_t) + \alpha_W \ln(\mathrm{RRV}_{t-5,t}) + \alpha_M \ln(\mathrm{RRV}_{t-22,t}) + \epsilon_{t+h}$$

$$\ln(\mathrm{RRV}_{t,t+h}) = c + \alpha_D \ln(\mathrm{CV}_t) + \alpha_W \ln(\mathrm{CV}_{t-5,t}) + \alpha_M \ln(\mathrm{CV}_{t-22,t}) + \beta_D \ln(\mathrm{JV}_t+1) + \beta_W \ln(\mathrm{JV}_{t-5,t}+1) + \beta_M \ln(\mathrm{JV}_{t-22,t}+1) + \epsilon_{t+h}$$

$$\ln(\mathrm{RRV}_{t,t+h}) = c + \alpha_D \ln(\mathrm{CV}_t) + \alpha_W \ln(\mathrm{CV}_{t-5,t}) + \alpha_M \ln(\mathrm{CV}_{t-22,t}) + \beta_D \ln(\mathrm{JV}_t+1) + \beta_W \ln(\mathrm{JV}_{t-5,t}+1) + \beta_M \ln(\mathrm{JV}_{t-22,t}+1) + \gamma_D r_t^- + \gamma_W r_{t-5,t}^- + \gamma_M r_{t-22,t}^- + \epsilon_{t+h}$$

	h	c	α_D	α_W	α_M	β_D	β_W	β_M	γ_D	γ_W	γ_M	$\bar{R}^2$
模型 I	1	−2.877 5	0.163 5	0.239 2	0.319 8							0.304 8
		(0.000 0)	(0.000 0)	(0.000 0)	(0.000 0)							
	5	−2.333 3	0.089 36	0.290 1	0.386 8							0.452 5
		(0.000 0)	(0.002 3)	(0.000 0)	(0.000 0)							
	22	−2.587 7	0.088 1	0.250 0	0.395 5							0.409 2
		(0.000 0)	(0.002 0)	(0.000 0)	(0.000 0)							
模型 II	1	−2.036 0	0.206 9	0.420 3	0.159 5	594.880	268.752	2 340.164				0.318 2
		(0.000 5)	(0.000 2)	(0.000 0)	(0.003 2)	(0.001 7)	(0.002 4)	(0.000 7)				
	5	−1.976 3	0.077 2	0.596 6	0.110 3	243.864	926.182	4 751.245				0.478 5
		(0.000 0)	(0.001 6)	(0.000 0)	(0.000 5)	(0.044 3)	(0.022 4)	(0.000 0)				
	22	−3.601 8	0.072 6	0.365 7	0.186 3	−297.806	65.653 8	6 969.771				0.411 0
		(0.000 0)	(0.043 0)	(0.000 0)	(0.012 1)	(0.004 4)	(0.008 3)	(0.000 0)				
模型 III	1	−1.945 7	0.158 6	0.353 9	0.291 4	364.208	151.009	1 407.933	−7.012 6	−19.266 4	−34.426 2	0.341 1
		(0.000 8)	(0.003 9)	(0.000 3)	(0.003 9)	(0.007 0)	(0.014 5)	(0.005 8)	(0.014 8)	(0.010 0)	(0.076 4)	
	5	−1.855 0	0.036 5	0.563 8	0.201 4	98.872 3	889.886	4 062.364	−3.498 9	−25.497 1	−5.081 5	0.494 2
		(0.000 0)	(0.031 0)	(0.000 0)	(0.009 7)	(0.047 9)	(0.026 5)	(0.000 0)	(0.013 8)	(0.000 0)	(0.645 5)	
	22	−3.638 5	0.047 3	0.411 2	0.164 8	−227.229	266.978	7 876.499	−4.172 7	−21.613 7	47.178 5	0.424 2
		(0.000 0)	(0.057 8)	(0.000 0)	(0.030 2)	(0.031 9)	(0.027 4)	(0.000 0)	(0.054 5)	(0.000 2)		

注：$\bar{R}^2$ 表示调整的 R^2，括号内的数值为相对应的 P 值，基于 Newey-West 异方差自相关一致协方差标准误准则，对 $h=1,5,22$ 进行回归分析时，滞后期分别取 5,10 和 44。

2. 模型预测能力比较

1) 样本内预测

为了进一步分析比较三种模型的预测能力,首先考察模型的样本内预测表现。由于需要构建月波动率,所以在短期、中期和长期的波动预测中,模型的拟合样本分别只有 978 个、974 个和 957 个。为了统一起见,本书选取最后 200 天作为模型预测的对比区间,预测评判指标如表 9-2 所示。

表 9-2 样本内预测评判指标

h	HAR-RRV			HAR-RRV-CJ			LHAR-RRV-CJ		
	1	5	22	1	5	22	1	5	22
RMSE	0.606 6	0.521 1	0.542 2	0.596 7	0.483 9	0.534 7	0.592 2	0.480 3	0.529 6
MAE	0.432 2	0.350 6	0.413 5	0.423 6	0.339 1	0.401 4	0.418 5	0.333 2	0.393 1
MAPE	4.574 2	3.793 3	4.416 7	4.466 3	3.572 9	4.254 3	4.434 3	3.566 6	4.155 1
Theil	0.029 8	0.025 9	0.026 9	0.029 8	0.024 5	0.026 5	0.029 0	0.023 8	0.026 3
BP	0.000 0	0.001 6	0.022 9	0.000 1	0.002 0	0.013 3	0.003 6	0.006 3	0.009 1
VP	0.265 0	0.275 6	0.567 0	0.215 3	0.228 0	0.417 3	0.208 0	0.211 5	0.376 7
CP	0.735 0	0.722 8	0.410 1	0.784 6	0.770 0	0.569 4	0.788 4	0.782 5	0.614 2

注:RMSE 为均方根误差,MAE 为平均绝对误差,MAPE 为平均相对误差,Theil 为 Theil 不等系数,BP 为偏差比,VP 为方差比,CP 为协方差比。其中除 CP 指标外,其他指标越小,表示效果越好。

从表 9-2 可以看出:①总体看来,LHAR-RRV-CJ 模型的样本内预测效果最好,HAR-RRV-CJ 模型次之,HAR-RRV 模型最差,这与前文的模型拟合度相一致。②从波动的预测周期看,模型在中期预测的表现最好,长期次之,短期效果最差。总的来说,本书认为考虑进跳跃和杠杆效应的 LHAR-RRV-CJ 模型样本内预测效果最好,在波动预测中考虑跳跃和杠杆效应也更加符合实际。

2) 样本外预测

为了提高结论的稳健性,我们进一步分析了模型的样本外预测能力。在样本外预测时,将样本分成两部分,2011 年 1 月 4 日至 2014 年 3 月 31 日的数据作为估计区间,预测区间为 2014 年 4 月 1 日到 2015 年 2 月 16 日。对每个模型通过滚动时间窗预测,每次估计的时间窗口长度保持不变,预测样本外第 1、5、22 天的表现。样本估计区间为 782 天,样本外预测区间分别为 196、192、175 天,预测评判指标如表 9-3 所示。预测评判标准选择 Corsi(2009) 采用的 RMSE、MAE、Mincer 和 Zarnowitz(1969) 提出的 M-Z 回归方法。M-Z 回归方程式表示如下:

$$\sigma_t^2 = \alpha + \beta \hat{\sigma}_t^2 + \mu_t \tag{9.86}$$

式中,σ_t^2 为 RRV;$\hat{\sigma}_t^2$ 为预测波动率,可以通过观察回归模型的 R^2 来判断模型的预测效果。

从表 9-3 可以看出:①从三个预测指标的结果来看,样本外预测的表现同样是 LHAR-RRV-CJ 模型最好,HAR-RRV-CJ 模型次之,HAR-RRV 模型最差。②与样本内预测相同,各个模型的中长期样本外预测能力优于短期样本外预测能力,中期的样本外预测能力同样是最好的。LHAR-RRV-CJ 模型样本外预测能力最优也进一步支持了在波动预测中考虑跳跃和杠杆效应更符合实际的观点。

表 9-3 样本外预测评判指标

	HAR-RRV			HAR-RRV-CJ			LHAR-RRV-CJ		
h	1	5	22	1	5	22	1	5	22
RMSE	0.647 9	0.597 9	0.635 6	0.634 7	0.577 3	0.601 4	0.630 1	0.574 6	0.600 9
MAE	0.471 0	0.435 0	0.459 4	0.462 5	0.416 1	0.457 3	0.452 1	0.407 9	0.451 6
R^2	0.573 6	0.697 3	0.606 5	0.588 4	0.705 3	0.615 5	0.594 1	0.707 6	0.623 3

9.3.2 案例分析 2：A+H 股指波动建模

本节采用 AHA 指数、AHH 指数从 2012 年 8 月 1 日至 2015 年 7 月 20 日，共 714 个共同交易日的日内 5 分钟高频数据进行分析，依旧采用置信水平为 1% 的 LM 检验方法检验跳跃。

我们将采用滚动时间窗口（rolling time windows）进行波动率样本外预测，每次滚动样本估计的各类模型的参数估计值是时变的，而不是固定的。首先将数据样本总体（1,2,…,714）划分为估计样本和预测样本，其中，估计样本包含 514 个交易日数据，用来估计最后 200 天（即预测样本）的波动率，估计窗口固定为 514，利用观察值 $[1+t:514+t]|_{t=0}^{199}$ 重新估计模型，并进一步得到 200 个样本外预测值。如用第 1 天到第 514 天的估计样本来预测该样本区间次日（即第 515 天）的已实现波动率，用第 2 天到第 515 天的估计样本来预测第 516 天的已实现波动率，以此类推。我们将运用日内收益率计算出来的已实现波动率作为真实市场波动率的代理变量，各模型估计出来的结果为波动率预测值。

1. M-Z 回归分析

在 M-Z 回归中，R^2 普遍较低，一般认为，R^2 能够达到 30%～40%，预测效果较好，详细讨论见 Andersen 和 Bollerslev 的文献。从表 9-4 来看，各模型的调整 R^2 为 35% 左右，可见各模型的预测效果都较好，从 α 系数来看，HAR-RV-CJ 模型、LHAR-RV-CJ 模型及 LHAR-RV-CJ-I 模型三者相当，只有 HAR-RV 模型 α 系数在 5% 的显著性水平下不显著；从 β 系数来看，HAR-RV-CJ 模型和 LHAR-RV-CJ-I 模型 β 系数更接近 1，从调整 R^2 来看，LHAR-RV-CJ-I 模型拟合优度最高，HAR-RV-CJ 模型最低，综合看来，LHAR-RV-CJ-I 模型预测能力更胜一筹。

表 9-4 AHA 指数 M-Z 回归结果

参数	HAR-RV	HAR-RV-CJ	LHAR-RV-CJ	LHAR-RV-CJ-I
α	0.000 113	0.000 191	0.000 213	0.000 200
	(0.167 7)	(0.015 0)	(0.005 0)	(0.008 3)
β	1.164 034	0.948 280	0.870 173	0.935 809
	(0.000 0)	(0.000 0)	(0.000 0)	(0.000 0)
adj_R^2	0.352 696	0.343 089	0.359 441	0.367 626

表 9-5 为 AHH 指数 M-Z 回归结果，从 β 系数和调整 R^2 来看，HAR-RV 模型、HAR-RV-CJ 模型与 LHAR-RV-CJ-I 模型三者相差无几，LHAR-RV-CJ 模型表现最差，但是

HAR-RV 模型 α 系数在 5% 的显著性水平下不显著。综合看来，HAR-RV-CJ 模型与 LHAR-RV-CJ-I 模型表现较好。对比表 9-4 和表 9-5 可知，AHH 指数各模型的调整 R^2 均不及 AHA 指数，β 系数偏离 1 的程度更深，可见各模型更适用于 A 股市场。

表 9-5　AHH 指数 M-Z 回归结果

参　数	HAR-RV	HAR-RV-CJ	LHAR-RV-CJ	LHAR-RV-CJ-I
α	0.000 008	0.000 166	0.000 228	0.000 180
	(0.183 6)	(0.002 0)	(0.000 0)	(0.000 5)
β	1.175 152	0.763 821	0.527 394	0.721 784
	(0.000 0)	(0.000 0)	(0.000 0)	(0.000 0)
adj_R^2	0.222 767	0.214 817	0.171 689	0.228 409

注：LHAR-RV-CJ-I 表示含有跳跃强度模型，下同。

2. MCS 分析

可以计算出 MSE、MAE、HMSE、HMAE、QLIKE 和 R^2LOG 六种损失函数值，一般说来，损失函数值越小，模型的预测精度越高。

表 9-6 提供了 AHA 指数各项损失函数的均值，可以发现并没有一个模型在所有损失函数的表现中都是最优的，综合看来，HAR-RV 模型、HAR-RV-CJ 模型和 LHAR-RV-CJ-I 模型预测精度好于 LHAR-RV-CJ 模型。

表 9-6　AHA 指数各项损失函数的均值

模型名称	MSE	MAE	HMSE	HMAE	QLIKE	R^2LOG
HAR-RV	3.075E-07	0.000 208	**0.326 071**	**0.455 036**	−7.371 536	0.452 965
HAR-RV-CJ	2.998E-07	**0.000 205**	0.349 495	0.468 617	**−7.382 228**	**0.444 708**
LHAR-RV-CJ	3.015E-07	0.000 209	0.366 026	0.479 108	−7.340 385	0.478 046
LHAR-RV-CJ-I	**2.996E-07**	**0.000 205**	0.328 731	0.461 336	−7.335 748	0.473 582

注：表中加粗的数字表示该损失函数下最小的损失函数值，下同。

表 9-7 给出了 AHH 指数各项损失函数的均值，整体来看，LHAR-RV-CJ-I 模型表现相对较好，LHAR-RV-CJ 模型表现最差。

表 9-7　AHH 指数各项损失函数的均值

模型名称	MSE	MAE	HMSE	HMAE	QLIKE	R^2LOG
HAR-RV	9.216E-08	0.000 122	0.337 338	0.456 286	−7.593 677	**0.435 485**
HAR-RV-CJ	9.293E-08	0.000 125	0.407 988	0.479 766	**−7.603 646**	0.444 476
LHAR-RV-CJ	9.800E-08	0.000 128	0.398 750	0.481 113	−7.546 527	0.488 118
LHAR-RV-CJ-I	**9.183E-08**	**0.000 118**	**0.274 019**	**0.415 911**	−7.533 172	0.471 340

为了得到 MCS 检验中的各统计量以及 P 值，我们选取 $d=3$（block length）和模拟次数 $B=10\,000$ 作为自举法过程的控制参数。参照 Hansen 和 Lunde 的做法，选取 MCS 检验的显著性水平 α 为 0.1，则 P 值小于 0.1 的波动率预测模型将在 MCS 检验过程中被剔除，P 值大于 0.1 的波动率预测模型保留在 $M_{1-\alpha}^*$，最终在 MCS 检验中幸存下来的模型则为预测

能力较好的模型。

表 9-8 为 AHA 指数 MCS 检验结果,表中数值 1 表示该模型在该损失函数下的 P 值大于显著性水平 0.1,在 MCS 检验中幸存下来了,包含在最优模型集合中。从 MCS 检验结果来看,没有一个模型占有绝对优势,不同的统计量、不同的损失函数下,最优模型不固定,但从整体来看,HAR-RV-CJ 模型、LHAR-RV-CJ-I 模型表现较好,LHAR-RV-CJ 模型表现最差。可见,并非模型越复杂,模型的预测精度就越高,预测能力就越强。

表 9-8 AHA 指数 MCS 检验结果

模型名称	MSE		MAE		HMSE		HMAE		QLIKE		R^2LOG	
	$T_{i,R,M}$	$T_{i,\max,M}$	$T_{i,R,M}$	$T_{i,\max,M}$	$T_{i,R,M}$	$T_{i,\max,M}$	$T_{i,R,M}$	$T_{i,\max,M}$	$T_{i,R,M}$	$T_{i,\max,M}$	$T_{i,R,M}$	$T_{i,\max,M}$
HAR-RV					1	1	1	1	1		1	1
HAR-RV-CJ	1	1	1	1					1	1	1	1
LHAR-RV-CJ											1	1
LHAR-RV-CJ-I	1	1		1	1	1			1		1	1

注:1 表示该模型的 P 值大于显著水平 α,即该模型包含在最优模型集合中,未标识的表示该模型已被剔除,不在最优模型集合中。下同。

表 9-9 为 AHH 指数 MCS 检验结果,可以发现没有一个模型占有绝对优势,但从整体来看,LHAR-RV-CJ-I 模型表现较好,LHAR-RV-CJ 模型表现最差,可见考虑跳跃强度有利于提高预测精度及预测能力。对比表 9-8 可知,在不同的市场,模型优劣表现存在一定差异,因此在模型选择时需要结合市场的特征,具体问题具体分析。

表 9-9 AHH 指数 MCS 检验结果

模型名称	MSE		MAE		HMSE		HMAE		QLIKE		R^2LOG	
	$T_{i,R,M}$	$T_{i,\max,M}$	$T_{i,R,M}$	$T_{i,\max,M}$	$T_{i,R,M}$	$T_{i,\max,M}$	$T_{i,R,M}$	$T_{i,\max,M}$	$T_{i,R,M}$	$T_{i,\max,M}$	$T_{i,R,M}$	$T_{i,\max,M}$
HAR-RV	1	1	1		1		1		1		1	1
HAR-RV-CJ					1		1		1	1		
LHAR-RV-CJ			1		1		1					
LHAR-RV-CJ-I	1	1	1	1	1	1	1	1	1			

9.3.3 案例分析 3:东北亚四国股市风险联动性分析

研究思路:

第一步,采用 GARCH-MIDAS 模型将东北亚四国股市的波动率分解为长、短期成分。

第二步,根据上述模型得出的残差项对 DCC-MIDAS 模型进行估计,分析东北亚四国的长、短期动态相关关系。

第三步,将第一步所得的长、短期波动率与溢出指数方法相结合,进行溢出效应的研究,依此分析东北亚四国股市间的长、短期以及静、动态联动关系。

1. 数据选取与描述性统计

此处选取东北亚区域为研究主体,中国(不含港、澳、台,本例下同)、日本、韩国、俄罗斯四国的股票指数为研究对象,以中国上证综合指数、日本日经225指数、韩国KOSPI指数和俄罗斯RTS指数的对数收益率为代表性数据进行实证分析,样本时间段为2002年2月1日至2018年3月20日(剔除四国不相匹配的交易日),共3 486个数据。数据均来源于Wind数据库。

图9-1分别描绘出了中国、日本、韩国和俄罗斯四国的股市对数收益率序列走势。根据该图可发现,四国的收益率序列均存在波动聚集现象,且其波幅和波动时间具有相似性。

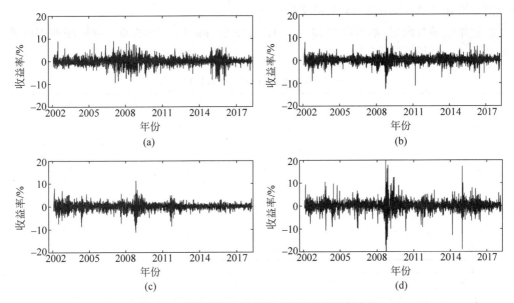

图9-1 四国股票市场的日对数收益率序列走势

(a)中国上证综指;(b)日本日经225指数;(c)韩国KOSPI指数;(d)俄罗斯RTS指数

表9-10给出了四国股市日对数收益率序列的描述性统计。从表9-10中可知:四国股票市场均具有尖峰厚尾特征,结合JB统计量所对应P值均小于1%,可认为四国的收益率序列均不服从正态分布;其收益率序列ADF检验和ARCH-LM检验结果表明四国股市收益率序列是平稳的且存在显著ARCH效应,适合使用GARCH族模型进行实证研究。

表9-10 四国股市日对数收益率序列的描述性统计

参　　数	中　国	日　本	韩　国	俄 罗 斯
均值	0.023	0.022	0.034	0.042
标准差	1.710	1.583	1.428	2.334
偏度	−0.329	−0.602	−0.474	−1.403
峰度	7.679	9.881	9.839	35.473
JB统计值 P 值	0.000	0.000	0.000	0.000
ADF检验 P 值	0.000 1	0.000 1	0.000 1	0.000 1
ARCH-LM检验 P 值	0.000 0	0.000 0	0.000 0	0.000 0

2. 股市波动率分解

利用GARCH-MIDAS模型进行波动分解。虽然Asgharian等(2013)在该模型的基础上进行了拓展,直接将宏观经济变量考虑至回归方程中,但本书经过实证发现,只含已实现波动的单变量 GARCH-MIADS 模型参数估计更为显著,且 AIC 值更优,因此本书使用该模型进行波动率的分解。

本书根据参数估计显著性与 AIC 值大小,最终选取 $K=24$,即滞后 24 期,$N_t=22$,即已实现波动的频率为月度。对于权重函数的设置,本书遵循 Engle(2013)的规范,将 ω_1 设置为 1,以保证权重为单调递减函数,ω_2 则让模型自行估计其最优值,关于函数权重滞后数选取的细节详见 Asgharian(2016)的文献。

经过相关参数设定,本书使用 Matlab R2016a 软件对以上四国的收益率序列进行模型参数估计,并将所得结果整理为表 9-11。

表 9-11 GARCH-MIDAS 参数估计结果

参数	中国	日本	韩国	俄罗斯
μ	0.026 25	0.078 32***	0.058 88***	0.122 06***
α	0.073 04***	0.126 03***	0.088 34***	0.116 02***
β	0.872 22***	0.822 50***	0.873 77***	0.820 94***
θ	0.038 74***	0.027 55***	0.028 97***	0.021 25***
ω	8.085***	3.155***	3.224***	6.007***
m	0.467 32***	1.073 30***	0.443 62***	2.218 00***
AIC	12 483.8	12 154.2	10 944.4	14 284.6

注:*、**、*** 分别表示在 10%、5%、1%显著性水平下显著,下同。

由表 9-11 的模型参数估计结果可知:①四国股市均具有长期正向收益效应,且除中国外,其余三国均显著。各国股市短期波动成分 GARCH(1,1)的参数 α 和 β 均在 1%的水平下显著,且有 $\alpha+\beta<1$,表明各国股市波动在长期是趋于收敛的,估计出的 GARCH 模型是平稳的。②模型中 θ 值表示月度已实现波动滞后 K 期对长期波动成分的加总效应,表 9-11 中各国股市 RV 滞后 24 期的影响效应均在 1%的水平下显著,表明各国股市已实现波动率对长期波动的影响具有显著性。③四国股市 ω 值均大于 1,意味着权重函数随着 k 的增加,呈现递减的趋势,该现象符合经济规律,距离越远的信息对股市当期波动影响越弱。

模型参数确定后,可进一步将股市波动率的长、短期成分提取出来。由于波动短期成分的波幅极大,将其展示在图中将影响长期成分的特征观察,因此图 9-2 中只描述了各国股市波动率长期成分 m_{it} 和条件波动率 $m_{it}g_{it}$(总波动)。

从图 9-2 中可以看出,波动率的长期成分 m_{it} 既反映了股市的波动情况,又平滑了高频数据中存在的噪声。从波动率的特征分析,一方面,四国股市波动存在一定共性:2008—2010 年的条件波动率最大,其长期波动成分也在该期间明显增大,原因可能是该时期处于全球金融危机期间,各国股市的风险均增大。另一方面,由于各国国情的不同,其波动也存在一定异质性:①中国在 2015 年下半年出现股市暴跌,致使市场恐慌情绪加剧,其股市的条件波动出现大幅波动,峰值甚至超过了金融危机期间。②日本在 2011 年 3 月发生强震并引发海啸和核泄漏事件,使金融市场一度陷入恐慌,东京股市大幅下挫,短期波动明显增大;2013 年日本政府推出了一系列扩张性经济政策,使得股市随之火爆;2016 年日本政府宣布采取负利率政策,又一次对市场造成重大冲击,从而引发股市的波动大增。③韩国股市

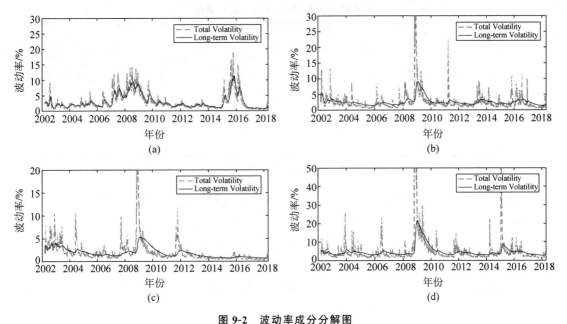

图 9-2 波动率成分分解图

(a) 中国股市；(b) 日本股市；(c) 韩国股市；(d) 俄罗斯股市

2011 年末时，条件波动及其长期成分明显增大，原因可能为朝鲜最高领导人金正日逝世，朝韩关系不确定性增大，政治事件对于当时的股市产生了较大影响。④俄罗斯受欧债危机的影响，其股市在 2011 年出现明显波动加剧，而后在 2014 年和 2015 年期间，货币卢布大幅贬值和石油价格的多次暴跌，对市场造成了较大的短期冲击，使股市的条件波动率及其长期成分快速上升。

综上可知，各国股市条件波动率易受国内外经济、政治乃至自然灾害等重大事件的影响，其短期成分在受到冲击后出现大幅波动，但其长期成分则表现得较为平稳。

3. 长、短期动态相关性分析

此处从相关性角度出发，使用 DCC-MIDAS 模型将各国股市成对相关性分解为长期相关与短期相关，分析东北亚股市间的长、短期联动性特征。

在进行模型参数估计前，我们依照前文的方法选取 $K=24, N_t=22$，表 9-12 为模型参数估计结果，由表 9-12 可知，估计结果在统计意义上均十分显著，表明 DCC-MIDAS 模型的拟合效果较好。根据 Farrukh 和 Nader(2017) 的定义，b 为成对相关的持续系数，a 为调整系数，$a+b$ 为相关性短期成分的系数，$1-a-b$ 则为相关性长期成分的系数，分别表示了成对相关系数短、长期成分的持续性。从估计结果可得：①除中国与韩国的 b 值相对较小外，其余均较大，说明中韩的动态相关持续性相对较弱，而其他成对国家相关系数的稳定性较强。②各国的相关系数动态调整系数 a 均为显著的正值，表明各国成对相关系数还存在一定的变数，仍会出现一定程度的起伏。③中国与韩国的相关性长期成分的持续系数 $1-a-b$ 最大，说明中韩间相关性的长期效应最为明显，而中国与俄罗斯的长期相关效应最弱。

表 9-12　DCC-MIDAS 模型估计结果

成对国家	a	b	$1-a-b$	w	AIC
中国-日本	0.008 4***	0.986 9***	0.004 72***	2.003 2	19 578.6
中国-韩国	0.027 7***	0.876 3***	0.095 95***	5.817 3***	19 508.4
中国-俄罗斯	0.009 0***	0.986 9***	0.004 05***	1.731 1	19 623.5
日本-韩国	0.034 7***	0.950 0***	0.015 28***	1.452 2**	18 099.0
日本-俄罗斯	0.025 7***	0.926 0***	0.048 3***	1.895 5***	19 439.1
韩国-俄罗斯	0.016 0***	0.963 1***	0.020 96***	3.380 2**	19 313.1

注：*、** 和 *** 分别表示在 10%、5% 和 1% 置信水平下显著。

图 9-3 描绘出了使用 DCC-MIDAS 模型而得到的成对动态相关系数及其长期成分，从图中可知：①相关性的长期成分较为平滑，这是由于混频方法对噪声进行了一定过滤，能够反映出市场间的长期相关性特征。②各成对相关性具有时变性，2008 年金融危机后至 2013 年左右，各国间的相关性均有较为明显的上升，即金融危机后，各国股市间的联动性显著增强。③不同国家间的相关性具有一定差异，日本与韩国间的动态相关性最高，虽在部分时期内出现过较大波动，但其长期成分始终稳定在 0.6 左右，因此投资者在进行资产风险分散过程中应注意规避该组合；中俄股市间的成对相关性整体较小，故可作为东北亚股市投资风险分散化的有效组合。

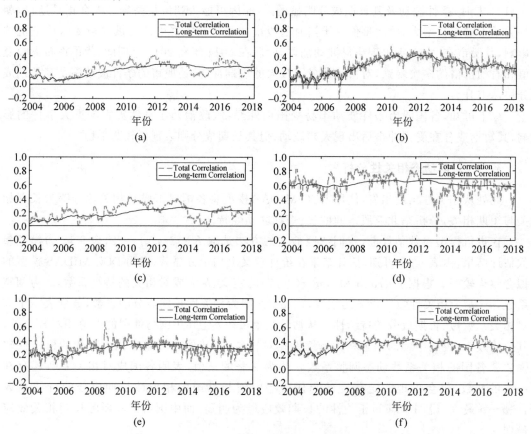

图 9-3　动态相关性成分分解图

(a) 中国-日本；(b) 中国-韩国；(c) 中国-俄罗斯；(d) 日本-韩国；(e) 日本-俄罗斯；(f) 韩国-俄罗斯

从联动效应的内在机理上看：①中国与日本、韩国、俄罗斯间的联动性由于受到不同经济模式和贸易关联度的影响，表现出不同的水平。中俄股市间的联动性较弱，主要原因可能在于两国截然不同的经济模式，俄罗斯主张私有制为主体的市场经济，而中国则坚持发展以公有制为主体的市场经济，在计划经济向市场经济的转型过程中，俄罗斯采用了激进式的"休克疗法"，而中国则采用渐进式的经济体制改革，因此两国所采取的经济政策存在较大差异，宏观基本面也截然不同，无法满足"经济基础说"的假设条件；其次，中俄间贸易往来虽频繁，但双边进出口贸易总额相比于中日和中韩还有一定差距，且中俄间的贸易主要集中在农产品、石油等大宗商品上，种类较为单一，因此股市可能无法体现出该类贸易的影响，故呈现出联动性相对较低的现象。中日与中韩间虽然在经济体制上也有着较大差别，但其贸易额较大，资本通过两国间的进出口贸易进而影响股市，使其有着相对较高的联动性水平，且从图9-4中也可知，2008年金融危机后，中日与中韩的进出口贸易额出现较大幅上升，其股市间相关性也随之增强，这符合"资本流动说"的原理。②其余三国间的关系中，日韩股市间的联动性较强，其原因可能在于二者具有相似的政府主导型经济模式，在该模式下，政府以强有力的计划和政策对资源配置施加影响，以达到短期和长期经济增长的目标，因此日韩两国的宏观经济政策相对较为接近，符合"经济基础说"的原理；此外，日韩两国间的双边进出口贸易量也较大，在"资本流动说"的支持下，其股市联动性强的现象也可以得到解释，这说明两国股市联动性较强是由多种因素的叠加。日俄与韩俄间的经济结构则不同，且进出口双边贸易额多年来均稳定在较低水平，因此这两对国家间股市相关性水平始终处于相对较弱的状态。

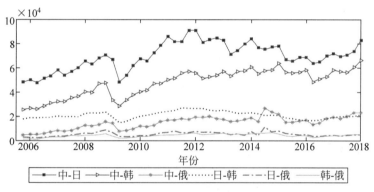

图 9-4 东北亚四国进出口双边贸易额

资料来源：中国商务部。

4. 长短期波动溢出强度分析

波动溢出效应反映了信息在市场间的传递模式及风险在市场间的传染方向，因此此处将从波动溢出效应角度来刻画东北亚各国股市间的联动性。使用溢出指数分别从静态与动态两个角度对各国股市波动长、短期成分进行实证，研究股市间关系的复杂性和市场间波动率溢出的大小，以及各个市场在东北亚股市体系内扮演的溢出角色。

1）静态总溢出指数

表9-13是四国股市间静态溢出指数结果，表中的(i,j)项即为来自第j个市场的波动

冲击对于第 i 个市场的预测误差方差的影响程度。观察表 9-13 可得出以下结论：①平均溢出指数上，波动的短期成分与长期成分的值均达 20% 以上，说明四国金融市场间的相互影响力较强，金融风险容易通过股市渠道进行传导，且波动长期成分的整体溢出较短期成分的强。②股市间溢出上，市场内溢出均高于市场间溢出，表明四国的预测误差方差的绝大部分受自身的信息冲击所致。日本股市与韩国股市间的相互溢出较强，即日韩两国间股市风险传导现象较明显。③净溢出指数上，日本股市在整个样本系统中始终担任波动净溢出者的角色，韩国则为波动的净接受者，中国和俄罗斯在波动的不同成分中有着不同的影响作用。这表明日本股票市场在东北亚的股市系统中处于信息先导地位，是系统性风险的来源之一，体现了日本股票市场较高的开放水平和信息效率。

表 9-13　波动率静态溢出指数

影响因素	溢出到 i 市场	从 j 市场接受的溢出指数				从其他市场接受的溢出指数
		中国	日本	韩国	俄罗斯	
波动短期成分	中国	99.536 2	0.520 1	0.240 0	0.910 6	1.670 7
	日本	0.146 3	49.703 9	23.129 2	11.790 7	35.066 2
	韩国	0.186 6	29.684 5	67.830 8	5.431 9	35.303 0
	俄罗斯	0.130 9	20.091 5	8.800 0	81.866 8	29.022 4
	溢出到其他市场的溢出指数	0.463 8	50.296 1	32.169 2	18.133 2	平均溢出指数
	净溢出指数	−1.207 0	15.229 9	−3.133 8	−10.889 1	**25.265 6**
波动长期成分	中国	96.969 0	0.136 0	0.067 1	0.479 8	0.683 0
	日本	2.726 1	62.680 2	18.151 3	10.175 8	31.053 2
	韩国	0.082 9	24.174 8	61.994 9	23.301 5	47.559 1
	俄罗斯	0.222 1	13.009 0	19.786 7	66.042 8	33.017 8
	溢出到其他市场的溢出指数	3.031 0	37.319 8	38.005 1	33.957 2	平均溢出指数
	净溢出指数	2.348 0	6.266 6	−9.554 0	0.939 3	**28.078 3**

2) 动态总溢出指数

静态溢出指数只能体现东北亚四国间的平均溢出水平，而动态溢出能够有效刻画溢出的时变性，根据波动溢出指数计算方法，使用 300 天样本容量滚动窗口，向前滚动步长为 10，滞后阶数为 3 阶(根据 AIC 和 SC 选择最优滞后阶数)的 VAR 模型，计算出动态波动率溢出指数如图 9-5 所示。

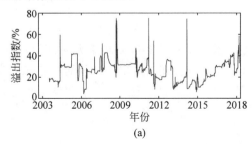
(a)

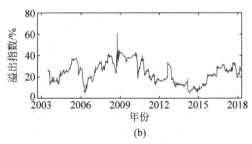
(b)

图 9-5　波动总溢出指数

(a)波动短期成分的总溢出指数；(b)波动长期成分的总溢出指数

从图 9-5 可知,在样本期间内,系统内的波动长、短期的溢出指数具有相似性,整体在 20% 以上,部分期间甚至高达 70% 以上,说明东北亚股市间存在着明显的风险联动性。但该溢出指数也存在一定的波动性和不确定性,受危机等极端事件冲击的影响较大。在图中的研究样本初期,波动溢出指数在 20% 左右的低位,随后出现了几次较明显的阶段性上升情形:① 2006 年初至 2008 年末期间,中国开始实施 QDII(合格境内机构投资者)制度,使中国境内外双向资金流动的数量更大、频率更高,各国(地区)金融联系显著增强。② 2008 年末,受 2008 年全球金融危机影响,东北亚四国间长短期波动溢出突增至近 80%,且其长期成分的溢出值在半年内维持在 40% 左右的水平。③ 2010 年初,欧债危机爆发导致东北亚四国的整体经济出现不同程度的震荡,股市短期波动溢出水平突增至 70% 以上水平,长期波动的溢出水平也相应出现明显上升。此外,2012 年欧债危机持续蔓延,其间受欧美经济不景气和美元流动性泛滥的影响,各国货币均出现了走强态势,给防止货币升值带来不利影响,政府均采取了干预外汇走势的政策,加之中日之间的钓鱼岛事件爆发,政治关系紧张,使得股市间风险也增大,故其股市联动性在该期间也出现较大幅度的上升。④ 2015 年至今,中国"沪港通"的实施、"一带一路"倡议的推行,也从一定程度上加深了四国间的股市交易联系,加强了波动的溢出效应。

综上可知,国内外重大事件的发生会影响各国间股票市场的波动溢出,使之出现不同程度的协同效应,增强股市间的联动性。在总体上看,东北亚四国间的长、短期波动溢出效应较为明显。

3) 动态净溢出指数

鉴于股市系统的复杂性和各国股市的异质性,有必要对各国股市的净溢出水平做更进一步的分析,了解其在东北亚股市系统内到底是扮演波动率的净溢出者还是扮演净接受者的角色。使用溢出指数公式计算出每个市场的净溢出指数。结果如图 9-6 和图 9-7 所示,图中净溢出指数大于 0 部分表示该市场存在对外净溢出,而小于 0 部分则表示存在净接受。

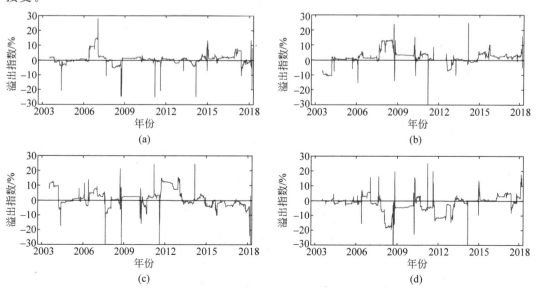

图 9-6 波动短期成分的净溢出指数
(a) 中国股市;(b) 日本股市;(c) 韩国股市;(d) 俄罗斯股市

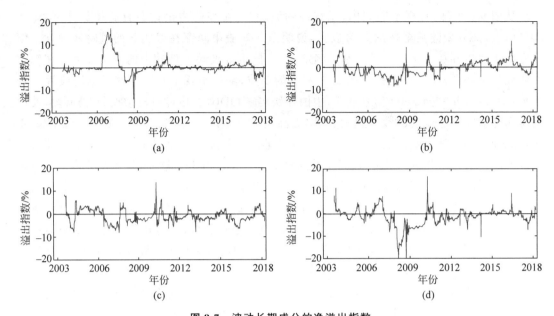

图 9-7 波动长期成分的净溢出指数
(a) 中国股市；(b) 日本股市；(c) 韩国股市；(d) 俄罗斯股市

由图 9-6 和图 9-7 可知，各国的净波动溢出存在不对称性：①中国股市在不同时期所扮演的波动溢出角色不同，其波动短期成分的净溢出在 2009 年前正负交错，而后逐渐变化为正值，即为波动溢出者，这表明中国在东北亚四国间的影响力在逐渐增强；其波动的长期成分在 2010 年之前呈现出较大的差异性，而后则大体围绕 0 上下波动，总体上正值居多，也即中国在系统内扮演波动净溢出者的角色更为显著，是系统风险的来源之一。中国近年来的主要经济指标呈现持续稳中向好的态势，进出口贸易额逐年上升，在经济由高速增长转变为中高速增长的过程中，经济的质量优化、新产业、新动能的形成推动着中国经济的新增长，中国股市在整体基本面良好的影响下，也呈现出稳步成熟的趋势，对国外股市的影响力日渐增强。②日本股市波动短期成分的净溢出指数基本为正，其波动长期成分从 2013 年起也以正值为主，意味着其主要承担一个波动溢出者的身份，即在金融风险传染中，日本股市是风险传染源。尽管近几年的日本经济出现衰退，但从日本的经济规模、国际收支、民间储蓄、外汇储备、对外债权以及制造业技术水平等方面来看，其经济发展水平依然处在较高水平，日本股市在东北亚四国股市间的国际化程度也依然是最高的，因此实证结果表明其为波动溢出者亦是合理的。③韩国股市的波动长、短期成分的净溢出指数由 2013 年之前的正负不一变为如今的负数状态，表明韩国现阶段已成为波动接受者，其波动长期成分的净溢出指数基本为负，也体现了此时韩国是一个较为纯粹的信息溢出接受者身份。这与韩国的经济现状相吻合，韩国当前出口不景气导致其经济失去最大的引擎，加之经济结构调整、内需不足等问题，其经济增长已接近停滞状态，政府目前刺激经济、扩大内需的政策效果有限，国家基本面的经济现状反映在股市中，呈现出对外信息溢出由强变弱的趋势。④俄罗斯股市波动的短期成分溢出指数大体为负，尤其是在 2008 年金融危机期间，说明俄罗斯股市在东北亚股票市场中主要扮演着波动溢出接受者的角色。俄罗斯经济长期受累于高通胀、高度膨胀的养老体系以及对高油价的过度依赖，随着西方实施最新制裁措施、美国原油价格暴跌以及欧债危机等事件影响,俄罗斯经济状况逐步恶化,在股市上呈现出影响力逐步降低的趋势。

综上可知,各国在净溢出水平大小上存在波动性与不确定性,在不同时期内呈现出不同的波动溢出结果,且与国内的经济发展状况密切相关;各国在波动不同成分上的溢出角色也不同,但日本始终是东北亚股市系统内的风险传染源之一,密切关注日本的经济动态有助于我国采取及时的措施来减少对方带来的危害或增加机遇。

4) 成对定向净溢出指数

根据定向净溢出指数公式可得东北亚四个市场中具体两两市场之间的波动率溢出方向和溢出强度,图 9-8 和图 9-9 中的首个市场为 i 市场,余下的即为 j 市场。

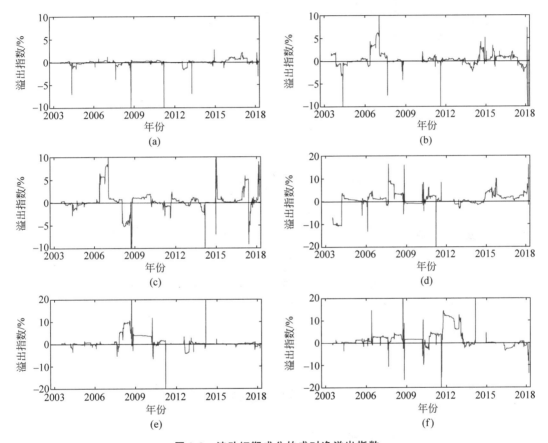

图 9-8　波动短期成分的成对净溢出指数

(a) 中国-日本；(b) 中国-韩国；(c) 中国-俄罗斯；(d) 日本-韩国；(e) 日本-俄罗斯；(f) 韩国-俄罗斯

从图 9-8 与图 9-9 可知,在样本期的大部分时间内,日本股市整体上对东北亚其他三国股市均具有净溢出效应;中国股市对日本股市的净溢出指数从 2013 年逐渐变为正数,对韩国股市的净溢出从 2011 年也开始加强,对俄罗斯股市的波动长短期净溢出则分别从 2015 年和 2009 年开始由负转正,说明中国股市逐渐成熟,与国际股市间的关联性变强,对外的溢出影响力也在逐步增强;韩国与俄罗斯之间的溢出关系则主要由韩国主导。

波动的长、短期成分溢出特点也有所不同,波动短期成分的溢出在大部分时期内接近于 0,只有出现相关重大事件时,才在短时间内出现明显的溢出;而波动长期成分的溢出则表现得更为频繁与明显,说明各国之间的股市联动性影响因素在较大程度上取决于波动长期成

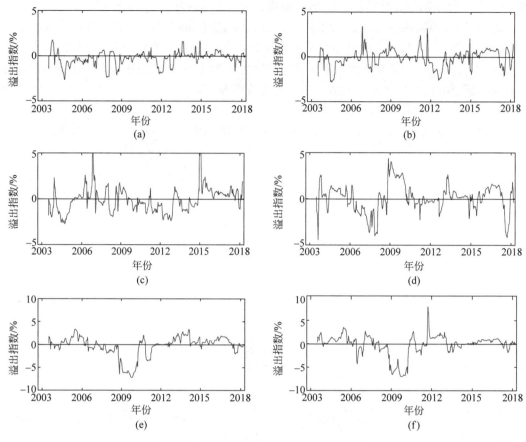

图 9-9　波动长期成分的成对净溢出指数

(a) 中国-日本；(b) 中国-韩国；(c) 中国-俄罗斯；(d) 日本-韩国；(e) 日本-俄罗斯；(f) 韩国-俄罗斯

分的溢出。其原因可能在于长期波动成分受到宏观经济的影响较大，而宏观基本面的变化对于股市的影响在时间上具有长久性，由此导致波动长期成分的溢出也呈现出一定的持续性。

复习思考题

1. 简述金融高频数据概念和主要特征。
2. 简要概述不同波动率模型。
3. 简要概述溢出指数构建方法。
4. 如何对一个模型的优劣进行评价？

即 测 即 练

Copula 分析方法及应用

本章知识点

1. 了解 Copula 函数理论。
2. 熟悉 Copula 相关性测度。
3. 了解 Copula 函数与藤 Copula 函数。
4. 了解 Copula 函数的参数估计过程。
5. 理解混频 Copula 模型。

Copula 函数实际上是一种将联合分布与它们各自的边缘分布连接在一起的函数,因此也有学者将它称为连接函数。Copula 理论就是研究如何对变量边缘分布以及它们的联合分布灵活建模的理论。实际应用中,很多问题都涉及变量的联合分布,但是,目前解决变量的联合分布问题,在通常情况下只假设变量服从相同的边缘分布、正态分布或 t 分布,从而变量的联合分布是多元正态分布或多元 t 分布,这显然与实际金融市场情况不符,使建立的模型不能精确反映实际情况。应用 Copula 理论,可以将变量的边缘分布与其联合分布分开来研究,并且不要求联合分布中各个变量的边缘分布服从同一分布类型,可以更加灵活地解决问题。实际中,金融市场之间及其市场内部各个子系统之间存在着错综复杂的关系,这种复杂的相关关系对金融市场的发展和稳定起着十分重要的作用。如一个市场的变化会导致另一个市场的变化,并且存在传播、放大进而导致大范围金融危机的可能。同时,金融市场间的关系更是变得日趋复杂,呈现出非线性和非对称的特性,由于应用的局限性,原有的基于线性相关的多变量金融模型已不能满足发展的需要。Copula 理论的出现和应用可以为风险分析与多变量时间序列分析提供一个新的契机。

10.1 Copula 函数理论

10.1.1 Copula 函数的定义和 Sklar 定理

1. Copula 函数的定义

Nelsen 给出了 N 元 Copula 函数的严格数学定义。

定义:N 元 Copula 函数是指具有以下性质的函数 C。

(1) $C=I^N=[0,1]^N$,即函数 C 的定义域为 $I^N=[0,1]^N$;

(2) C 对它的每一个变量都是单调递增的;

(3) C 的边缘分布 $C_n(u_n)$ 满足 $C_n(u_n)=C(1,\cdots,1,u_n,1,\cdots,1)=u_n$，其中，$u\in[0,1]$, $n\in[1,N]$。

显然，若 $F_1(\cdot),\cdots,F_N(\cdot)$ 是一元分布函数，令 $u_n=F_n(x_n)$ 是一随机变量，则 $C[F_1(x_1),\cdots,F_n(x_n),\cdots,F_N(x_N)]$ 是一个具有边缘分布函数 $F_1(\cdot),\cdots,F_N(\cdot)$ 的多元分布函数。特别地，二元 Copula 函数 $C(\cdot,\cdot)$ 满足以下条件：

(1) $C(u,v)$ 的定义域为 $I^2=[0,1]\times[0,1]$；

(2) $C(\cdot,\cdot)$ 有零基面，并且是二维递增的；

(3) 对任意变量 $u,v\in[0,1]$，满足 $C(u,1)=u$ 和 $C(1,v)=v$。

假设 $F(x)$、$G(y)$ 是一元分布函数，并且是连续的，令 $u=F(x),v=G(y)$，则 u,v 都服从 $[0,1]$ 区间上的均匀分布，换句话说，$C(u,v)$ 是一个边际分布服从 $[0,1]$ 区间上的均匀分布的二元分布函数，并且对于定义域内的任何一点 (u,v)，都有 $0\leqslant C(u,v)\leqslant 1$ 成立。

Copula 函数的存在性和唯一性由 Sklar 定理保证。

2. Sklar 定理

Sklar 定理 令 F 为具有边缘分布 $F_1(\cdot),\cdots,F_N(\cdot)$ 的联合分布函数，那么，存在一个 Copula 函数 C，满足

$$F(x_1,\cdots,x_n,\cdots,x_N)=C[F_1(x_1),\cdots,F_n(x_n),\cdots,F_N(x_N)] \qquad (10.1)$$

若 $F_1(\cdot),\cdots,F_N(\cdot)$ 连续，则 C 唯一确定；相反，若 $F_1(\cdot),\cdots,F_N(\cdot)$ 为一元分布，那么由式 (10.1) 定义的函数 F 是边缘分布 $F_1(\cdot),\cdots,F_N(\cdot)$ 的联合分布函数。

通过 Copula 函数 C 的密度函数 c 和边缘分布 $F_1(\cdot),\cdots,F_N(\cdot)$，可以方便地求出 N 元分布函数 $F(x_1,\cdots,x_n,\cdots,x_N)$ 的密度函数：

$$f(x_1,\cdots,x_n,\cdots,x_N)=c[F_1(x_1),\cdots,F_n(x_n),\cdots,F_N(x_N)]\prod_{n=1}^{N}f_n(x_n) \qquad (10.2)$$

式中，$c(u_1,\cdots,u_n,\cdots,u_N)=\dfrac{\partial C(u_1,\cdots,u_n,\cdots,u_N)}{\partial u_1\cdots\partial u_n\cdots\partial u_N}$；$f(\cdot)$ 为边缘分布 $F_n(\cdot)$ 的密度函数。

式 (10.2) 中，如果变量间的关系是独立不相关的，则 Copula 函数也是独立的，联合密度函数就是各边际密度函数的连乘积。如果变量间的关系是非独立不相关的，则这里的 Copula 函数表示的就是变量间的相关结构。

由此可见，Copula 函数为求取联合分布函数提供了一条便捷的通道，通过分布函数的逆函数和联合分布函数，可以推导出 Copula 函数，而通过 Copula 函数，能将边际分布和变量间的相关结构分开研究，减小多变量概率模型的分析难度，同时使分析过程更清晰。

10.1.2 Copula 函数的基本性质

Copula 函数具有优良的性质，它可以构造灵活的多元分布，由 Copula 函数导出的一致性和相关性测度对于严格单调递增变换都不改变，在运用 Copula 理论构建金融模型时可以将随机变量的边际分布和它们之间的相关结构分开来研究等。

根据 Copula 函数的定义，可以得到二元 Copula 函数的一些基本性质。

(1) 对于变量 u 和 v，$C(u,v)$ 都是递增的，即若保持一个边缘分布不变，则联合分布将

随着另一个边缘分布的增大而增大。

(2) $C(0,v)=C(u,0)=0,C(1,v)=v,C(u,1)=u$，即只要有一个边缘分布的发生概率为 0，相应的联合分布的发生概率就为 0；若有一个边缘分布的发生概率为 1，则联合分布由另一个边缘分布给出。

(3) $\forall u_1,u_2,v_1,v_2 \in [0,1]$，如果 $u_1<u_2,v_1<v_2$，那么
$$C(u_2,v_2)-C(u_2,v_1)-C(u_1,v_2)+C(u_1,v_1) \geqslant 0$$
即若边缘分布 u、v 的值同时增大，则相应的联合分布的值也增大。

(4) 对任意的 $u_1,u_2,v_1,v_2 \in [0,1]$，有
$$|C(u_2,v_2)-C(u_1,v_1)| < |u_2-u_1|+|v_2-v_1|$$

(5) 若 u、v 独立，则 $C(u,v)=uv$。

其中，性质(1)~(3)可以扩展到三维甚至更高维的情况，但性质(4)、(5)只在二维情况下才成立。

N 元 Copula 函数 $C(\cdot,\cdot,\cdots,\cdot)$（简记为 C）的一些基本性质如下。

(1) 对于任意变量 $u_n \in [0,1](n=1,2,\cdots,N)$，$C(u_1,u_2,\cdots,u_n)$ 都是非减的。

(2) $C_n(u_n)=C(u_1,u_2,\cdots,0,\cdots,u_N)=0,C_n(u_n)=C(1,\cdots,1,u_n,1,\cdots,1)=u_n$。

(3) 对任意的变量 $u_n,v_n \in [0,1](n=1,2,\cdots,N)$，均有
$$|C(u_1,u_2,\cdots,u_n)-C(v_1,v_2,\cdots,v_n)| \leqslant \sum_{n=1}^{N}|u_n-v_n|$$

(4) $C^- \leqslant C \leqslant C^+$。

(5) 若变量 $u_n=[0,1](n=1,2,\cdots,N)$ 相互独立，且用 $C^\perp$ 表示独立变量的 Copula 函数，则 $C^\perp = C(u_1,u_2,\cdots,u_N) = \prod_{n=1}^{N} u_n$。

10.2 Copula 相关性测度

在概率论中是以相关系数来度量变量间的相关程度的，但我们知道，相关系数 ρ 刻画的相关关系只局限于描述线性相关和独立的情形，而对于非线性关系则无能为力。如 $X \sim N(0,1), Y=X^2$，显然 X 和 Y 有明显的函数关系，但相关系数 $\rho=0$。而由 Copula 函数导出的相依性结构和一致性相关测度则能突破线性相关关系的局限，可以有条件地推广到度量非线性相关的范围。下面介绍几种重要的一致性相关测度。

10.2.1 Kendall 秩相关系数 τ

设 $\{(x_1,y_1),(x_2,y_2),\cdots,(x_n,y_n)\}$ 是来自连续随机向量 (X,Y) 的 n 个样本，要考察随机向量 (X,Y) 的相关关系及其度量问题，首先想到的是它们的变化趋势是否一致。$(x_i-x_j)(y_i-y_j)(i \neq j, i,j=1,2,\cdots,n)$ 的符号反映了 X 和 Y 变化是否一致，如果变化一致的观测点多于不一致的观测点，就认为变化为正方向一致相关；反之，就是负方向一致相关。一致的点数与不一致的点数差别越大，相关性越强；反之，则越弱。Kendall 秩相关系数 τ 定义为
$$\tau = P\{(X_1-X_2)(Y_1-Y_2)>0\} - P\{(X_1-X_2)(Y_1-Y_2)<0\} \tag{10.3}$$

其中，(X_1,Y_1) 和 (X_2,Y_2) 是独立同分布的随机向量，其联合分布设为 H。可推知 $-1 \leqslant \tau \leqslant 1$，容易证明：$\tau = 2P\{(X_1-X_2)(Y_1-Y_2) > 0\} - 1$。

因此，Kendall 秩相关系数 τ 可以用来反映随机向量变化一致性的程度。特别地，当 $\tau=1$、$\tau=-1$ 和 $\tau=0$ 时，分别表示 X 和 Y 变化完全一致正相关、完全一致负相关和不能确定是否相关。

如果向量 (X,Y) 的 Copula 函数为 C，则有 $H(x,y)=C[F(x),G(y)]$。令 $u=F(x)$，$v=G(y)$，可以证明 Kendall 秩相关系数 τ 与函数 C 有如下关系：

$$\tau = 4\int_0^1\int_0^1 C(u,v)\mathrm{d}C(u,v) - 1 \tag{10.4}$$

由定义本身和 Copula 函数在严格增变换下的不变性，可推得一致性测度 Kendall 秩相关系数 τ 也是不变的。因此，对随机变量做单调增变换时，不会改变随机变量间的一致性测度，而反映随机变量间相依结构的 Copula 函数也不改变，这就显示了 Copula 函数在分析随机变量间相关关系时的优越性。

10.2.2 Spearman 秩相关系数 ρ

设三个相互独立的随机向量 (X_1,Y_1)、(X_2,Y_2) 和 (X_3,Y_3) 具有共同的联合分布 H 与 Copula 函数 C，其边缘分布分别是 F 和 G。Spearman 秩相关系数 ρ 是两随机向量 (X_1,Y_1) 和 (X_2,Y_3) 的变化一致的概率减去变化不一致的概率差的 3 倍，即两随机向量的边缘分布相同，而其中 (X_1,Y_1) 的联合分布为 H，(X_2,Y_3) 的边缘之间相互独立，其联合分布是 $F(x)G(y)$。

$$\rho = \rho_{X,Y} = 3\{P[(X_1-X_2)(Y_1-Y_3) > 0] - P[(X_1-X_2)(Y_1-Y_3) < 0]\} \tag{10.5}$$

Spearman 秩相关系数 ρ 可以表示成 Copula 函数 C 的形式：

$$\begin{aligned}\rho &= 12\int_0^1\int_0^1 uv\mathrm{d}C(u,v) - 3 \\ &= 12\int_0^1\int_0^1 (C(u,v) - uv)\mathrm{d}u\mathrm{d}v\end{aligned} \tag{10.6}$$

令 $U=F(X)$，$V=G(Y)$，可证得 Spearman 秩相关系数 ρ 等于随机变量 U 和 V 的相关系数，即也是 $F(X)$ 和 $G(Y)$ 的相关系数。

10.2.3 Gini 相关系数 γ

设两个随机变量 X 和 Y 的样本容量为 n，p_i 是 x_i 在 X 中的秩，q_i 是 y_i 在 Y 中的秩。如果随机变量 X 和 Y 的变化一致，则 $|p_i-q_i|$ 就应该很小，其和 $\sum_{i=1}^{n}|p_i-q_i|$ 就反映了随机向量 (X,Y) 不一致的程度；如果变化方向相反，则 x_i 和 y_i 应处在序列的两端，即如果 x_i 处在第 p_i 个位置，则 y_i 应处在倒数第 p_i 个位置，这时就有 $p_i-1=n-q_i$，那么其差值 $|p_i+q_i-n-1|$ 就度量了 x_i 和 y_i 反方向不一致的程度，其和 $\sum_{i=1}^{n}|p_i+q_i-n-1|$ 度量了随机变量 (X,Y) 反方向变化的不一致程度。科拉多·基尼（Corrado Gini）定义了这两种不

一致程度差值的平均值 $\dfrac{1}{\dfrac{n^2}{2}}\Big(\sum\limits_{i=1}^{n}|p_i+q_i-n-1|-\sum\limits_{i=1}^{n}|p_i-q_i|\Big)$，即为 Gini 相关系数 γ。

如果随机向量 (X,Y) 的联合分布 H 和 Copula 函数 C，其边缘分布分别是 F 和 G，令 $U=F(X),V=G(Y)$，可以得到 Gini 相关系数 γ 与 Copula 函数 C 的关系：

$$\gamma = 2\int_0^1\int_0^1(|u+v-1|-|u-v|)dC(u,v) \tag{10.7}$$

等价于

$$\gamma = 4\left[\int_0^1 C(u,1-u)du - \int_0^1[u-C(u,u)]du\right] \tag{10.8}$$

$$\gamma = 2\iint_{I^2}(u+v-|u-v|)dC(u,v) + 2\iint_{I^2}|u+v-1|dC(u,v) - 2 \tag{10.9}$$

10.2.4 Kendall 秩相关系数 τ 与 Spearman 秩相关系数 ρ 的关系

下面给出几个有关 Kendall 的 τ 与 Spearman 的 ρ 的关系。

(1) 设 X 和 Y 是连续的随机变量，τ 和 ρ 分别由式(10.3)和式(10.5)定义，则有

$$-1 \leqslant 3\tau - 2\rho \leqslant 1 \tag{10.10}$$

(2) 假设同(1)，那么有

$$\dfrac{1+\rho}{2} \geqslant \left(\dfrac{1+\tau}{2}\right)^2 \quad \text{和} \quad \dfrac{1-\rho}{2} \geqslant \left(\dfrac{1-\tau}{2}\right)^2 \tag{10.11}$$

(3) 假设同(1)，那么有

$$\dfrac{3\tau-1}{2} \leqslant \rho \leqslant \dfrac{1+2\tau-\tau^2}{2} \quad (\tau \geqslant 0)$$

$$\dfrac{\tau^2+2\tau-1}{2} \leqslant \rho \leqslant \dfrac{1+3\tau}{2} \quad (\tau \geqslant 0) \tag{10.12}$$

10.2.5 尾部相关系数

由于金融资产时间序列具有尖峰厚尾的特点，尾部相关性的研究在金融时间序列分析中有着重要的意义。对金融资产尾部分布特征的了解，可以帮助我们管理和测度风险，监测极端事件的发生。应用尾部的相关关系可以对单个资产和组合资产进行估价，计算它们的风险价值。

在金融领域中，条件概率 $P\{X_2>x_2|X_1>x_1\}$ 从经济学的角度解释为在资产 $X_1>x_1$ 的条件下，资产 $X_2>x_2$ 的概率；类似的有 $P\{X_2\leqslant x_2|X_1\leqslant x_1\}$、$P\{X_2\leqslant x_2|X_1>x_1\}$、$P\{X_2>x_2|X_1\leqslant x_1\}$。这里的 X_1 和 X_2 既可以是两个不同的资产，也可以是同一个资产在不同时刻的价格。因此，条件概率也度量了两个资产之间或单个资产不同时间之间的相关关系，而当 x_1 和 x_2 的值比较大时，这些条件概率的相关关系就是联合分布的尾部相关情况。由于 Copula 函数优良的性质，我们联系条件概率和 Copula 函数来讨论变量之间的尾部相关关系。

设具有连续边缘分布 F 和 G 的随机变量 X_1 与 X_2 的联合分布为 H，Copula 函数为 C。如果随机变量 X_1 和 X_2 不相互独立，那么有

$$P\{X_1 \leqslant x_1, X_2 \leqslant x_2\} \geqslant P\{X_1 \leqslant x_1\}P\{X_2 \leqslant x_2\} \quad (10.13)$$

和
$$P\{X_1 > x_1, X_2 > x_2\} \geqslant P\{X_1 > x_1\}P\{X_2 > x_2\} \quad (10.14)$$

式(10.13)等价于
$$H(x_1, x_2) \geqslant F(x_1)G(x_2), \quad x_1, x_2 \in R^2 \quad (10.15)$$

和
$$C(u,v) \geqslant uv, \quad u,v \in I^2 \quad (10.16)$$

式(10.14)等价于
$$1 - F(x_1) - G(x_2) + H(x_1, x_2) \geqslant (1 - F(x_1))(1 - G(x_2)) \quad (10.17)$$

和
$$1 - u - v + C(u,v) \geqslant (1-u)(1-v) \quad (10.18)$$

令 $\bar{C}(u,v) = 1 - u - v + C(u,v)$，Copula 函数 $\hat{C}(u,v) = u + v - 1 + C(1-u, 1-v)$ 与 $\bar{C}(u,v)$ 的关系为：$\bar{C}(u,v) = \hat{C}(1-u, 1-v) = P\{X_1 > F^{-1}(u), X_2 > G^{-1}(v)\}$。下面考察两个条件分布的极限情形：

$$\lambda_U = \lim_{u \to 1^-} P\{X_2 > G^{-1}(u) \mid X_1 > F^{-1}(u)\} = \lim_{u \to 1^-} \frac{\hat{C}(1-u, 1-u)}{1-u} \quad (10.19)$$

$$\lambda_L = \lim_{u \to 0} P\{X_2 < G^{-1}(u) \mid X_1 < F^{-1}(u)\} = \lim_{u \to 0} \frac{C(u,u)}{u} \quad (10.20)$$

如果上面的极限存在，则称 λ_U 为随机变量 X_1 和 X_2 的上尾相关系数，称 λ_L 为下尾相关系数。显然 λ_U、λ_L 的取值区间为 $[0,1]$，当 λ_U（或 λ_L）等于零时，称随机变量 X_1 和 X_2 的上尾（或下尾）独立。

尾部相关性反映的单个变量或几个变量尾部的特征，对应于金融市场时间序列，就是金融资产价格波动的暴涨和暴跌的极端事件。如对单个资产来说，就是资产价格在前一天暴涨或暴跌的条件下，会导致后一天资产价格暴涨或暴跌的概率；而对资产组合而言，则是一个资产价格在暴涨或暴跌的条件下会导致另一资产价格也暴涨或暴跌的概率。因此，尾部相关关系的研究对控制风险、指导投资有重要的意义。

10.3 常用 Copula 函数介绍

金融相关性分析中常用的 Copula 主要有两大类：椭球 Copula 类和阿基米德 Copula 类。椭球 Copula 类可以由椭球分布得到，很容易从二元情形推广到多元情形。二元阿基米德 Copula 类包含许多参数族，各个阿基米德 Copula 族可以由相应的生成元函数得到，并且当生成函数满足一定条件时，可以得到多元阿基米德 Copula 函数。

10.3.1 N 元正态 Copula 函数

N 元正态 Copula 分布函数和概率密度函数可分别表示为

$$C(u_1, u_2, \cdots, u_N; \boldsymbol{\rho}) = \Phi_\rho(\Phi^{-1}(u_1), \Phi^{-1}(u_2), \cdots, \Phi^{-1}(u_N)) \quad (10.21)$$

$$C(u_1, u_2, \cdots, u_N; \boldsymbol{\rho}) = |\boldsymbol{\rho}|^{-\frac{1}{2}} \exp\left[-\frac{1}{2}\zeta^{-1}(\boldsymbol{\rho} - \boldsymbol{I})\zeta\right] \quad (10.22)$$

式中，$\boldsymbol{\rho}$ 为对角线元素为 1 的对称的正定矩阵，而 $|\boldsymbol{\rho}|$ 则是与矩阵 $\boldsymbol{\rho}$ 对应的行列式值；$\Phi_{\rho}(\cdot,\cdot,\cdots,\cdot)$ 为相关系数矩阵为 $\boldsymbol{\rho}$ 的标准 N 元正态分布函数，$\Phi^{-1}(\cdot)$ 则是标准 N 元正态分布函数的逆函数；$\zeta=(\zeta_1,\zeta_2,\cdots,\zeta_N)'$，$\zeta_n=\Phi^{-1}(u_n)(n=1,2,\cdots,N)$；$\boldsymbol{I}$ 为单位矩阵。

10.3.2 N 元 t-Copula 函数

N 元 t-Copula 分布函数和概率密度函数可分别表示为

$$C(u_1,u_2,\cdots,u_N;\boldsymbol{\rho},v)=T_{\rho,v}[T_v^{-1}(u_1),T_v^{-1}(u_2),\cdots,T_v^{-1}(u_N)]$$

$$\int_{-\infty}^{T_v^{-1}(u_1)}\int_{-\infty}^{T_v^{-1}(u_2)}\cdots\int_{-\infty}^{T_v^{-1}(u_N)}\frac{\Gamma\left(\dfrac{v+N}{2}\right)|\boldsymbol{\rho}|^{-\frac{1}{2}}}{\Gamma\left(\dfrac{v}{2}\right)(v\pi)^{\frac{N}{2}}}\left(1+\frac{1}{v}x'\boldsymbol{\rho}^{-1}x\right)^{\frac{v+N}{2}}\mathrm{d}x_1\mathrm{d}x_2\cdots\mathrm{d}x_N$$

(10.23)

$$c(u_1,u_2,\cdots,u_N;\boldsymbol{\rho},v)=|\boldsymbol{\rho}|^{-\frac{1}{2}}\frac{\Gamma\left(\dfrac{v+N}{2}\right)\left[\Gamma\left(\dfrac{v}{2}\right)\right]^{N-1}\left(1+\dfrac{1}{v}\zeta'\boldsymbol{\rho}^{-1}\zeta\right)^{-\frac{v+N}{2}}}{\left[\Gamma\left(\dfrac{v+1}{2}\right)\right]^N\prod_{n=1}^{N}\left(1+\dfrac{\zeta_n^2}{v}\right)^{-\frac{v+1}{2}}}$$

(10.24)

式中，$\boldsymbol{\rho}$ 为对角线元素为 1 的对称的正定矩阵，而 $|\boldsymbol{\rho}|$ 则是与矩阵 $\boldsymbol{\rho}$ 对应的行列式值；$T_{\rho,v}(\cdot,\cdot,\cdots,\cdot)$ 为相关系数矩阵为 $\boldsymbol{\rho}$、自由度为 v 的标准 N 元 t 分布函数，$T_v^{-1}(\cdot)$ 则是自由度为 v 的一元 t 分布函数 $T_v(\cdot)$ 的逆函数；$x=(x_1,x_2,\cdots,x_N)'$；$\zeta=(\zeta_1,\zeta_2,\cdots,\zeta_N)'$，$\zeta_n=\Phi^{-1}(u_n)(n=1,2,\cdots,N)$。

10.3.3 阿基米德 Copula 函数

阿基米德 Copula 分布函数的具体表达式为

$$C(u_1,u_2,\cdots,u_N)=\varphi^{-1}[\varphi(u_1)+\varphi(u_2)+\cdots+\varphi(u_N)] \tag{10.25}$$

式中，$\varphi(\cdot)$ 为生成元，它满足 $\sum_{n=1}^{N}\varphi(u_n)\leqslant\varphi(0)$，且 $\varphi(1)=0$，对于任意的 $0\leqslant t\leqslant 1$，都有 $\varphi'(t)<0$，$\varphi''(t)>0$，也就是说，$\varphi(\cdot)$ 是一个凸函数，并且是减函数。$\varphi^{-1}(\cdot)$ 是 $\varphi(\cdot)$ 的逆，且在 $[0,\infty)$ 区间上是单调的。

此外，对无参数的生成元 $\varphi_0(\cdot)$ 进行组合，还可以构造出双参数二元阿基米德 Copula 函数。一个常用的双参数二元阿基米德 Copula 函数生成元 $\varphi_2(\cdot,\cdot,\cdot)$ 的组合式为

$$\varphi_2(t;\alpha,\beta)=[\varphi_0(t^\alpha)]^\beta \tag{10.26}$$

式中，$\alpha>0$，$\beta\geqslant 1$；$\varphi_0(t)$ 二阶可微且 $t\varphi_0'(t)$ 在 $(0,1)$ 区间非减。

例如，$\varphi_0(t)=\dfrac{1}{t}-1$ 为 Copula 函数 $C(u,v)=\dfrac{uv}{u+v-uv}$ 的生成元，运用式(10.26)，可以得到 $\varphi_2(t;\alpha,\beta)=(t^{-\alpha}-1)^\beta$，其中，$\alpha>0$，$\beta\geqslant 1$，根据式(10.25)给出的阿基米德 Copula 函数的表达式，通过生成元 $\varphi_2(t;\alpha,\beta)$ 和其逆函数 $\varphi_2^{-1}(t;\alpha,\beta)$，可以方便地构造出一个双参数二元阿基米德 Copula 函数：

$$C(u,v;\alpha,\beta) = \varphi_2^{-1}[\varphi_2(u;\alpha,\beta) + \varphi_2(v;\alpha,\beta);\alpha,\beta]$$
$$= \{[(u^{-\alpha}-1)^\beta + (v^{-\alpha}-1)^\beta]^{\frac{1}{\beta}} + 1\}^{-\frac{1}{\alpha}} \tag{10.27}$$

另外，根据式(10.25)给出的阿基米德 Copula 函数的表达式，还可以方便地构造出 N 元的阿基米德 Copula，例如，很容易将式(10.27)扩展为一个两个参数的阿基米德 Copula：

$$C(u,v;\alpha,\beta) = \{[(u_1^{-\alpha}-1)^\beta + (u_2^{-\alpha}-1)^\beta + \cdots + (u_N^{-\alpha}-1)^\beta]^{\frac{1}{\beta}} + 1\}^{-\frac{1}{\alpha}}$$

在 Copula 函数的应用中，二元的 Gumbel Copula、Clayton Copula 以及 Frank Copula 是三类常用的阿基米德 Copula 函数，这三类函数也很容易扩展到 N 元的情形，可将 N 元的三类 Copula 函数定义如下。

(1) N 元 Gumbel Copula 函数的表达式为

$$C(u_1,u_2,\cdots,u_N;\alpha) = \exp\left\{-\left[\sum_{n=1}^{N}(-\ln u_n)^{\frac{1}{\alpha}}\right]^\alpha\right\}, \quad \alpha \in (0,1] \tag{10.28}$$

(2) N 元 Clayton Copula 函数的表达式为

$$C(u_1,u_2,\cdots,u_N;\theta) = \left(\sum_{n=1}^{N} u_n^{-\theta} - N + 1\right)^{-\frac{1}{\theta}}, \quad \theta \in (0,\infty) \tag{10.29}$$

(3) N 元 Frank Copula 函数的表达式为

$$C(u_1,u_2,\cdots,u_N;\lambda) = -\frac{1}{\lambda}\ln\left[1 + \frac{\prod_{n=1}^{N}(e^{-\lambda u_n}-1)}{(e^{-\lambda}-1)^{N-1}}\right],$$
$$\lambda \neq 0, N \geqslant 3, \lambda \in (0,\infty) \tag{10.30}$$

对于阿基米德 Copula 函数，容易证明

$$C(u_1,u_2,u_3) = C[C(u_1,u_2),u_3]$$
$$C(u_1,u_2,u_3,u_4) = C[C(u_1,u_2,u_3),u_4]$$
$$C(u_1,u_2,\cdots,u_{N-1},u_N) = C[C(u_1,u_2,\cdots,u_{N-1}),u_N]$$

10.4 藤 Copula 函数介绍

目前对于函数的研究主要集中在对二元函数组的选择集参数估计及拟合优度检验上，但是对于三个或三个以上变量之间相关关系的研究却较少涉及。然而金融市场之间的相关关系绝不仅仅局限于两个对象之间，而是同时考虑多个对象间的相关关系。现有的多变量研究方法在对多变量金融时间序列之间的相关性问题进行模型构建时往往会出现较大的误差，或者会出现大量的待估参数，这往往会给实证分析带来很大困难。因此为了更加精确地描述多变量之间的相关关系，本节对藤 Copula 函数进行介绍。

10.4.1 Pair-Copula 模型分解

Sklar(1959)证明对于每一个多元累积概率分布函数 F，其中边缘分布用 $F_1, F_2, \cdots, F_n$ 表示，则存在一个 Copula 函数满足式(10.31)：

$$F(x_1,x_2,\cdots,x_n) = C[F_1(x_1),F_2(x_2),\cdots,F_n(x_n)] \tag{10.31}$$

若 $F_1,F_2,\cdots,F_n$ 连续，则 $C[F_1(x_1),F_2(x_2),\cdots,F_n(x_n)]$ 唯一确定；相反，若 $F_1,F_2,\cdots,F_n$ 为一元分布，$C[F_1(x_1),F_2(x_2),\cdots,F_n(x_n)]$ 为相应的 Copula 函数，由式(10.31)定义的函数 $F(x_1,x_2,\cdots,x_n)$ 是具有边缘分布 $F_1,F_2,\cdots,F_n$ 的联合分布函数。

令 N 维分布函数的密度函数为 f，则

$$f(x_1,x_2,\cdots,x_n) = \frac{\partial F(x_1,x_2,\cdots,x_n)}{\partial x_1 \cdot \partial x_2 \cdots \partial x_n} \tag{10.32}$$

Copula 函数 C 的密度函数为 c，则

$$c(u_1,u_2,\cdots,u_n) = \frac{\partial C(u_1,u_2,\cdots,u_n)}{\partial u_1 \cdot \partial u_2 \cdots \partial u_n} \tag{10.33}$$

令边缘分布 F 的密度函数为 f，则由以上可以推导出联合分布函数 F 的联合概率密度函数：

$$f(x_1,\cdots,x_n) = c_{1,2,\cdots,n}[F_1(x_1),\cdots,F_n(x_n)] \cdot f_1(x_1)\cdots f_n(x_n) \tag{10.34}$$

由以上推导可以看出关于联合分布的建模步骤可以分为：①确定每个变量的边缘分布。②找到合适的二元 Copula 函数，以便能很好地描述出随机变量之间的相关结构，并以此为基础计算相应参数。

为简便起见，以一个三维随机向量组 $\boldsymbol{X}=(X_1,X_2,X_3)$ 为例说明：

其密度函数可以表示为

$$f(x_1,x_2,x_3) = f(x_3) \cdot f(x_2 \mid x_3) \cdot f(x_1 \mid x_2,x_3) \tag{10.35}$$

可以得到

$$f(x_2 \mid x_3) = c_{23}[F_2(x_2),F_3(x_3)] \cdot f_2(x_2) \tag{10.36}$$

同样地，给定条件 X_2 和 X_3 下的 X_1 的条件密度函数为

$$f(x_1 \mid x_2,x_3) = c_{13\mid 2}[F_{1\mid 2}(x_1 \mid x_2),F_{3\mid 2}(x_3 \mid x_2)] \cdot f(x_1 \mid x_2)$$

$$f(x_1 \mid x_2,x_3) = c_{13\mid 2}[F_{1\mid 2}(x_1 \mid x_2),F_{3\mid 2}(x_3 \mid x_2)] \cdot c_{12}[F_1(x_1),F_2(x_2)] \cdot f_1(x_1) \tag{10.37}$$

由式(10.35)~式(10.37)推得联合密度函数为

$$f(x_1,x_2,x_3) = f_1(x_1) \cdot f_2(x_2) \cdot f_3(x_3) \cdot c_{12}[F_1(x_1),F_2(x_2)] \cdot$$
$$c_{23}[F_2(x_2),F_3(x_3)] \cdot c_{13\mid 2}[F_{1\mid 2}(x_1 \mid x_2),F_{3\mid 2}(x_3 \mid x_2)] \tag{10.38}$$

根据以上结论可以推导出任意一个维数为 p 的多元密度函数都可以被分解为它的边缘密度和一组二元条件 Copula 函数：

$$f(x \mid v) = c_{xv_j \mid v_{-j}}[F(x \mid v_{-j}),F(v_j \mid v_{-j})] \cdot f(x \mid v_{-j}) \tag{10.39}$$

式中，v_j 为 p 维向量 v 中的一个分量；v_{-j} 为向量 v 中除去 v_j 后的 $n-1$ 维向量。

每个多元密度函数的 Pair-Copula 分解包含了边缘条件分布函数 $F(x\mid v)$ 的计算，利用 Joe 在 1996 年发现的计算方法求得

$$F(x \mid v) = \frac{\partial C_{x,v_j \mid v_{-j}}[F(x \mid v_{-j}),F(v_j \mid v_{-j})]}{\partial F(v_j \mid v_{-j})} \tag{10.40}$$

式中，$C_{x,v_j \mid v_{-j}}$ 为一个二元 Copula 分布函数，假设式(10.40)中的 v 是单变量，那么有

$$F(x \mid v) = \frac{\partial C_{xv}[F_x(x),F_v(v)]}{\partial F_v(v)} \tag{10.41}$$

10.4.2 藤结构

根据 Pair-Copula 模型的分解过程：一个 n 维随机变量的联合分布密度函数 $f(x_1, x_2, \cdots, x_n)$ 将会有 $n!/2$ 种 Pair-Copula 构造方法。Bedford 等（2001，2002）提出了基于一系列嵌套树的规则藤建模方法。Aas 等（2009）构建了更一般的藤 Copula 模型，系统研究了 C 藤和 D 藤 Copula 模型的参数估计、统计推断和数值模拟等问题，直接促进了它们在不同领域的应用。

具体而言，一个 n 维的藤结构可以由 $(n-1)$ 层树（T）表示，其中第 j 层树 T_j 具有 $(n+1-j)$ 个节点和 $(n-j)$ 条边，每一条边对应一组 Copula 密度函数。树 T_j 中的边在树 T_{j+1} 中变为节点，如果对应的边在树 T_j 中共享一个节点，则在树 T_{j+1} 中的两个节点由一条边联系起来。因此，n 维的藤结构可以分解为 $n(n-1)/2$ 条边。

通过以上分析，一个藤 Copula 模型可以从不同的角度进行分解，最终会得到不同的藤结构。目前，主要有 Aas 等（2009）提出的 C 藤和 D 藤 Copula 模型和 Bedford 等（2001，2002）提出的 R 藤 Copula 模型。对于 C 藤 Copula 相依结构模型，每层树具有一个中心节点，其余各节点通过一条边与该中心节点相连，而 D 藤 Copula 相依结构模型的每层树为线型。与 C 藤和 D 藤 Copula 模型不同，R 藤 Copula 相依结构模型并没有统一规定树结构的形状，而是根据随机变量间的实际情况来确定其最优的相依结构，因而不同变量间的 R 藤 Copula 模型会表现出不同形状的树结构。C 藤、D 藤和 R 藤 Copula 模型的密度函数分别为

$$f(x) = \prod_{i=1}^{n} f_i(x_i) \prod_{j=1}^{n-1} \prod_{h=1}^{n-j} c_{j,j+h|1:j-1}[F(x_j | x_{1:j-1}), F(x_{j+h} | x_{1:j-1})] \quad (10.42)$$

$$f(x) = \prod_{i=1}^{n} f_i(x_i) \prod_{j=1}^{n-1} \prod_{h=1}^{n-j} c_{h,h+j|h+1:h+j-1}[F(x_h | x_{h+1:h+j-1}), F(x_{h+j} | x_{h+1:h+j-1})] \quad (10.43)$$

式中，$x = (x_1, x_2, \cdots, x_n)$；$x_{1:j-1} = (x_1, x_2, \cdots, x_{j-1})$；$j$ 为树的层次；h 为每层树的边。

$$f(x) = \prod_{i=1}^{n} f_i(x_i) \prod_{i=1}^{n-1} \prod_{\Psi \in E_i} c_{C_{\Psi,a}, C_{\Psi,b} | D_\Psi}[F_{C_{\Psi,a} | D_\Psi}(x_{C_{\Psi,a}} | x_{D_\Psi}), F_{C_{\Psi,b} | D_\Psi}(x_{C_{\Psi,b}} | x_{D_\Psi})] \quad (10.44)$$

式中，$x = (x_1, x_2, \cdots, x_n)$；$\Psi$ 为 R 藤 Copula 模型中节点 a 与节点 b 的边，$\Psi = \{a, b\}$；D_Ψ 为边 Ψ 中所包含的变量集合；$(C_{\Psi,a}, C_{\Psi,b} | D_\Psi)$ 为刻画边 $\{a, b\}$ 的二元配对 Copula 函数；x_{D_Ψ} 为 D_Ψ 中的变量，$x_{D_\Psi} = \{x_i | i \in x_{D_\Psi}\}$；$f_i(x_i)$ 为 $F_i(x_i)$ 的密度函数。

以上三种不同的藤 Copula 模型是目前对多变量进行分解的最主要方法。以五元变量为例的树结构如图 10-1 所示，由上至下依次为第一层至第四层树结构。

图 10-1 中的连线表示变量间的相关关系，1,4|2,3 表示变量 1 和变量 4 在变量 2 和变量 3 条件下的条件相关关系，其他以此类推。"|"后的变量是"|"前两个变量的条件变量。从图中可以直观看出，C 藤 Copula 模型每层树中都有一个中心节点，D 藤 Copula 模型每层树都是呈两两相连的线型，而 R 藤 Copula 模型则没有固定的规律，从较高的树层次中可以看出不同的藤 Copula 模型对条件变量的选取互不相同。

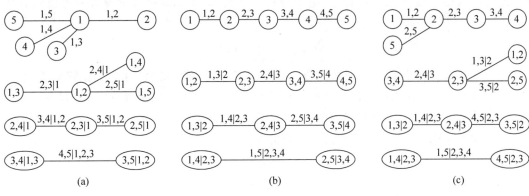

图 10-1 不同藤 Copula 模型的树结构
(a) C 藤 Copula 模型；(b) D 藤 Copula 模型；(c) R 藤 Copula 模型

10.5 Copula 函数参数估计

对于 Copula 函数的参数估计，主要有参数估计法和非参数估计法，其中参数估计法又包含完全参数估计法和半参数估计法。下面对应用于 Copula 函数的几种主要参数统计推断理论进行介绍。

10.5.1 完全参数估计法

完全参数估计法包括最大似然估计法和两阶段估计(2SMLE)法。

假设随机变量 $X=\{x_1,x_2,\cdots,x_n\}$ 的联合分布概率密度函数为 f，累积联合分布函数 F 为

$$F(x_1,x_2,\cdots,x_n)=c[F_1(x_1),F_2(x_2),\cdots,F_n(x_n)]\cdot \prod_{i=1}^{n} f_i(x_i) \quad (10.45)$$

式中，f_i 为边缘分布概率密度函数；F_i 为边缘分布函数；c 为 Copula 函数的密度函数，可以写成函数 C 的 n 阶混合偏导数：

$$c[F_1(x_1),F_2(x_2),\cdots,F_n(x_n)]=\frac{\partial^n \{C[F_1(x_1),F_2(x_2),\cdots,F_n(x_n)]\}}{\partial F_1(x_1)\partial F_2(x_2)\cdots\partial F_n(x_n)}$$

$$(10.46)$$

设 N 元随机变量的 T 个观测值为 $X=\{x_{1t},x_{2t},\cdots,x_{nt}\}_{t=1}^{T}$，则最大似然函数可以表示为

$$l(\theta)=\sum_{t=1}^{T}\ln c[F_1(x_{1t},\theta_1),F_2(x_{2t},\theta_2),\cdots,F_n(x_{nt},\theta_n);\alpha]+\sum_{t=1}^{T}\sum_{j=1}^{n}\ln f_j(x_{jt};\theta_j)$$

$$(10.47)$$

式中，θ 为边缘分布和 Copula 函数的所有待估参数集，$\theta=(\theta_1,\theta_2,\cdots,\theta_n;\alpha)$；$\theta_j$ 为边缘分布函数 F_j 的参数；α 为 Copula 函数的参数。

当给定一组边缘分布和一个 Copula 函数，就可以写出上述似然函数。使似然函数最大

化,我们可以得到最大似然估计量,边缘分布的参数和 Copula 函数的参数便可以同时估计出:

$$\hat{\theta}_{\mathrm{MLE}} = \max_{\theta \in \Theta} l(\theta) \tag{10.48}$$

可以看出,MLE 法需要同时估计边缘分布和 Copula 结构参数,计算上比较复杂,尤其是对多元 Copula 参数估计的计算量大。鉴于 MLE 法估计的似然函数由两个正项构成,Joe 和 Xu 提出了 2SMLE 法,将似然函数的参数估计分为两步进行。

(1) 利用 MLE 法估计单变量边缘分布的参数 θ_j:

$$\hat{\theta}_j = \arg\max_{\theta_j} \sum_{t=1}^{T} \sum_{j=1}^{n} \ln f_j(x_{jt}; \theta_j) \tag{10.49}$$

(2) 给定 $\hat{\theta}_j$,估计 Copula 函数的参数 α:

$$\hat{\alpha} = \arg\max_{\alpha} \sum_{t=1}^{T} \ln c[F_1(x_{1t}), F_2(x_{2t}), \cdots, F_n(x_{nt}); \alpha, \hat{\theta}_j] \tag{10.50}$$

2SMLE 估计值被定义为

$$\hat{\theta}_{\mathrm{2SMLE}} = (\hat{\theta}_j, \hat{\alpha})' \tag{10.51}$$

我们定义 l 为整体似然函数,l_j 为第 j 个边缘分布的似然函数,l_C 为 Copula 的似然函数,那么 2SMLE 估计值是以下方程的结果:

$$\left(\frac{\partial l_1}{\partial \theta_{11}}, \frac{\partial l_2}{\partial \theta_{12}}, \cdots, \frac{\partial l_n}{\partial \theta_{1n}}, \frac{\partial l_C}{\partial \alpha}\right) = 0'$$

而 MLE 法则是整体似然函数方程求偏分的结果:

$$\left(\frac{\partial l}{\partial \theta_{11}}, \frac{\partial l}{\partial \theta_{12}}, \cdots, \frac{\partial l}{\partial \theta_{1n}}, \frac{\partial l}{\partial \alpha}\right) = 0'$$

可以看出,这两种估计法是不等价的。

因为需要求出边缘分布和 Copula 函数两部分的参数,MLE 法和 2SMLE 法被统称为完全参数估计法。

10.5.2 半参数估计法

半参数估计法主要是指伪最大似然估计(pseudo maximum likelihood,PML)法。不同于完全参数估计法,半参数估计法是基于经验分布的最大似然估计,它不事先对边缘分布具体形式作出假设,而是直接利用经验分布将样本数据 $\{x_{1t}, x_{2t}, \cdots, x_{nt}\}_{t=1}^{T}$ 转换为统一均匀变量 $\{u_{1t}, u_{2t}, \cdots, u_{nt}\}_{t=1}^{T}$,然后再估计出 Copula 参数。这种方法可以有效减少因边缘分布假设所带来的估计误差。PML 法操作如下。

首先,利用经验分布估计边缘分布(不假定每个边缘分布的参数形式),即

$$(x_{it}) = \frac{T}{T+1} \sum_{t=1}^{T} 1\{x_{it} \leqslant x_t\} \quad (i = 1, 2, \cdots, n) \tag{10.52}$$

式中,$1\{\cdot\}$ 为示性函数。

其次,通过 MLE 法估计 Copula 函数的参数:

$$\hat{\alpha} = \arg\max_{\alpha} \sum_{t=1}^{T} \ln c[\hat{F}_1(x_{1t}), \hat{F}_2(x_{2t}), \cdots, \hat{F}_n(x_{nt}); \alpha] \tag{10.53}$$

综上所述,可以看出参数估计法的估计效果依赖于变量的边缘分布函数的拟合效果。研究表明,边缘分布拟合效果对完全参数估计法的影响更加明显。相比半参数估计法,完全参数估计法的稳定性较差,而半参数估计法对 Copula 函数的估计则相对保守一些。如果边缘分布函数拟合准确,则 MLE 法和 2SMLE 法的估计结果相差不大,与半参数估计的结果也基本一致。但 MLE 法在计算上相对复杂,且同时估计边缘分布和 Copula 两部分的参数,二者间相互作用,对结果有一定影响。由于半参数估计法比完全参数估计法更容易操作和理解,因此被更广泛地应用于实际中。

10.5.3 非参数估计法

常用的非参数估计法有经验 Copula 估计法和非参数核密度估计法(nonparametric kernel density estimation-ML method,MLK)。

1. 经验 Copula 估计法

Deheuvels 首次介绍了基于经验分布估计 Copula 函数的非参数方法。X_{jt} 为连续随机变量,$F_j(j=1,2,\cdots,n)$ 为边缘分布函数。令 $\{x_1^{(t)},\cdots,x_n^{(t)}\}$ 为样本数据的顺序统计量,$\{r_1^{(t)},\cdots,r_n^{(t)}\}$ 为其秩统计量,有 $x_n^{(r_n^t)}=x_{nt}(t=1,2,\cdots,T)$,则 Deheuvels 经验 Copula 定义为

$$\hat{C}\left(\frac{t_1}{T},\frac{t_2}{T},\cdots,\frac{t_n}{T}\right)=\frac{1}{T}\sum_{t=1}^{T}\prod_{j=1}^{n}1\{r_j^t \leqslant t_j\} \tag{10.54}$$

其中,$1\{\cdot\}$ 为示性函数,表示当参数条件满足时,其值等于 1。

Deheuvels 证明所估计出的经验 Copula 函数和一般多元经验分布函数十分类似,具有非连续性。但其相应的密度函数无法求出,也无法利用图形检测法对经验 Copula 和真实 Copula 进行比较来选择最优 Copula 形式。

2. 非参数核密度估计法

在统计上,很多非参数估计方法基于一种核(kernel)结构。核为一种函数形式,因为它的光滑属性,经常被用作结构单元来获得待估计量。Scaillet 提出将核方法应用于 Copula。它的优势在于能够对 Copula 函数进行光滑可微估计,而不需要对边缘分布间的相关结构进行先验参数假定。这种方法在满足强混合条件的多元稳定过程领域得到广泛应用和发展。Fermanian 和 Scaillet 在时间序列中使用核函数对 Copula 函数进行非参数估计。下面我们讨论基于核函数的核密度非参数估计。

核密度函数 $k_{ij}(x)$ 在 R 上是有界、对称函数,且满足 $\int_R k_{ij}(x)\mathrm{d}x=1(i=1,2,\cdots,m;j=1,2,\cdots,n)$。其原函数为

$$K_i(x,\boldsymbol{h})=\prod_{j=1}^{n}k_{ij}\left(\frac{x_j}{h_j}\right) \quad (i=1,2,\cdots,m)$$

其中,步长或光滑参数 $\boldsymbol{h}$ 是以 $\{h_j\}_{j=1,2,\cdots,n}$ 为元素的对角矩阵,行列式为 $|h|$;h_j 是 T 的正函数,满足:当 $T\to\infty$ 时,$|h|+\dfrac{1}{T|h|}\to 0$。则 Y_{jt} 在点 y_j 的边缘概率密度函数 $f_j(y_j)$

的估计式为 $\hat{f}_j(y_j) = \frac{1}{Th_j}\sum_{t=1}^{T} k_j\left(\frac{y_j - Y_{jt}}{h_j}\right)$，而 Y_t 在点 $y=(y_1, y_2, \cdots, y_n)'$ 处的联合概率密度函数估计式为

$$\hat{f}(y) = \frac{1}{T|h|}\sum_{t=1}^{T} K(y - Y_t; h) = \frac{1}{T|h|}\sum_{t=1}^{T}\prod_{j=1}^{n} k_j\left(\frac{y_j - Y_{jt}}{h_j}\right) \quad (10.55)$$

那么，Y_{jt} 在不同点 y_{ij} 的边缘累积分布函数的估计式为

$$\hat{F}_j(y_{ij}) = \int_{-\infty}^{y_{ij}} \hat{f}_j(x)\mathrm{d}x \quad (10.56)$$

而 Y_t 在 $y=(y_1, y_2, \cdots, y_n)'$ 的联合累积分布函数的估计式为

$$\hat{F}(y) = \int_{-\infty}^{y_1}\int_{-\infty}^{y_2}\cdots\int_{-\infty}^{y_n} \hat{f}(x)\mathrm{d}x \quad (10.57)$$

如果给定一个单一正态核函数：

$$k_{ij}(x) = \varphi(x) = \frac{1}{\sqrt{2\pi}}\exp\left(-\frac{x^2}{2}\right)$$

我们可以得到

$$\hat{F}_j(y_j) = \frac{1}{T}\sum_{t=1}^{T}\Phi\left(\frac{y_j - Y_{jt}}{h_j}\right), \quad \hat{F}(y) = \frac{1}{T}\sum_{t=1}^{T}\prod_{j=1}^{n}\Phi\left(\frac{y_j - Y_{jt}}{h_j}\right)$$

式中，$\varphi(\cdot)$ 和 $\Phi(\cdot)$ 分别为服从标准正态分布的随机变量的概率密度函数和累积分布函数。

Copula 函数的估计是通过在 n 个不同点的累积分布函数的估计值，$C(u_1, u_2, \cdots, u_n) = F[F_1^{-1}(u_1), F_2^{-1}(u_2), \cdots, F_n^{-1}(u_n)]$，因此，在点 $u_i (i=1, 2, \cdots, m)$，Copula 函数的估计可以用插入法，即在联合累积分布函数的估计式 $\hat{F}(\xi_i)$ 中插入边缘累积分布函数的逆函数的估计式 $\hat{F}_j^{-1}(u_{ij})$，即 $\hat{C}(u_i) = \hat{F}(\hat{\xi}_i), \hat{\xi}_i = \hat{F}_j^{-1}(u_{ij})$。则 $\hat{C}(u_i) = \hat{F}(\hat{F}_j^{-1}(u_{ij}))$。对于正态核函数，我们可以得到 Copula 的估计式为

$$\hat{C}(u_i) = \frac{1}{T|h|}\sum_{t=1}^{T}\prod_{j=1}^{n}\Phi\left(\frac{\hat{F}^{-1}(u_{ij}) - Y_{jt}}{h_j}\right) \quad (10.58)$$

可以看出，非参数核密度估计的原理简单来说就是用非参数核密度估计的分布函数来代替参数估计中的各边缘经验分布函数。

核密度估计的优劣主要由核函数 k 核窗宽 h 决定。一般情况下，可以先确定核函数，然后再寻找窗宽。在样本量足够大的情况下，核函数的选取对估计结果影响不大，往往选取光滑性较好的正态核函数。选取合适的核函数之后，应对窗口进行优化选取，窗宽的选择对边际分布拟合样本的好坏影响甚大，窗宽取值过大则难以反映样本的某些特征，如高峰性、厚尾性等；窗宽取值过小则又会使分布的尾部估计出现较大偏差。因此，核函数和窗宽的选择恰当与否是样本拟合好坏的关键。

10.6 混频 Copula

考虑到不同金融资产或金融市场间的相依结构往往是非线性的，而且会受到不同频率数据的影响，把 GARCH-MIDAS 模型和 Copula 函数结合起来构建混频 Copula 模型，不仅

解决了数据频率不同的问题,充分利用了样本数据,而且能刻画更复杂的非线性相依结构。

10.6.1 混频 Copula 模型

以二元为例,基于 GARCH-MIDAS 模型构建二元混频 Copula 模型如下:

$$r_{it} = \mu_i + \sqrt{m_{i\tau} g_{it}} \varepsilon_{it}, \quad \varepsilon_{it} \sim \text{i.i.d.}(0,1) \tag{10.59}$$

$$g_{it} = (1 - \alpha_i - \beta_i) + \alpha_i \frac{(r_{it-1} - \mu_i)^2}{m_{i\tau}} + \beta_i g_{i,t-1} \tag{10.60}$$

$$m_{i\tau} = \bar{m}_i + \lambda_i \sum_{k=1}^{K_v} \varphi_k(\omega_i) \text{RV}_{t-k} \tag{10.61}$$

或者

$$m_{i\tau} = \bar{m}_i + \lambda_i \sum_{k=1}^{K_v} \varphi_k(\omega_i) X_{t-k} \tag{10.61}$$

$$(u_{1t}, u_{2t}) \sim C(u_{1t}, u_{2t}; \theta_c) \tag{10.62}$$

其中,式(10.59)~式(10.61)构成了二元 GARCH-MIDAS 模型,r_{it} 表示第 $i(i=1,2)$ 个市场第 t 日的收益率,$h_{it} = m_{i\tau} g_{it}$ 为第 i 个市场第 t 日的条件方差,短期波动率 $g_{it}(t=1, 2, \cdots, T)$ 服从均值回复的 GARCH(1,1)过程,长期波动率 $m_{i\tau}(\tau=1,2,\cdots,[T/N]$,其中 N 是指每个月的天数)可以用月内已实现波动滞后项 RV_{t-k} 或宏观经济变量滞后项 X_{t-k} 来刻画。式(10.62)中 (u_{1t}, u_{2t}) 表示二元变量的累积分布函数,它们间的相依结构可以用任意二元 Copula 函数 $C(u_{1t}, u_{2t}; \theta_c)$ 来表示,θ_c 是二元 Copula 函数 $C(u_{1t}, u_{2t}; \theta_c)$ 的参数。根据 Copula 函数的基本性质单调递增变换不变性,Copula 函数 $C(u_{1t}, u_{2t}; \theta_c)$ 不仅描述了 u_{1t} 和 u_{2t} 间的相依结构,同时也描述了二元变量 r_{1t} 和 r_{2t} 间的相依结构。

10.6.2 混频 Copula 模型参数估计

此处采用两阶段极大似然估计方法来估计混频 Copula 模型的参数,令 $F_1(x_{1t}; \theta_1)$ 和 $F_2(x_{2t}; \theta_2)$ 分别为两个金融时间序列 X_{1t} 和 X_{2t} 的边缘分布,二元 Copula 函数为 $C[F_1(x_{1t}; \theta_1), F_2(x_{2t}; \theta_2); \theta_c]$,其中,$\theta_1$、$\theta_2$ 和 θ_c 分别为边缘分布以及二元 Copula 函数的参数。根据前文可以知道两阶段极大似然估计方法的实质是将极大似然函数中的边缘分布函数中的参数 θ_1、θ_2 和 Copula 函数中的参数 θ_c 分开进行参数估计的方法,即首先估计出每个边缘分布函数的参数 $\hat{\theta}_1$、$\hat{\theta}_2$,再将从边缘分布中计算出来的累积分布函数(记为 $\hat{u}_{it}$)代入 Copula 函数中,通过极大似然法得到 Copula 函数参数,具体步骤如下。

第一步,分别利用极大似然估计求出各边缘分布函数的参数估计值,即

$$\hat{\theta}_1 = \arg\max \sum_{t=1}^{T} \ln f_1(x_{1t}; \theta_1) \tag{10.63}$$

$$\hat{\theta}_2 = \arg\max \sum_{t=1}^{T} \ln f_2(x_{2t}; \theta_2) \tag{10.64}$$

在得出边缘分布的极大似然估计之后,就可以通过式(10.59)计算出标准化残差 $\hat{\varepsilon}_{it} =$

$\dfrac{r_{it}-\mu_i}{\sqrt{\hat{m}_{it}\hat{g}_{it}}}$ 以及相对应的累积分布函数 $\hat{u}_{1t}$ 和 $\hat{u}_{2t}$。

第二步,将第一步得到的累积分布函数 $\hat{u}_{1t}$ 和 $\hat{u}_{2t}$ 代入 Copula 函数,再次使用极大似然估计 Copula 函数中的未知参数 θ_c:

$$\hat{\theta}_c = \arg\max \sum_{t=1}^{T} \ln c(\hat{u}_{1t},\hat{u}_{2t};\theta_c) \tag{10.65}$$

10.7 案例分析

10.7.1 案例分析 1:股市联动性分析

随着经济一体化和金融全球化进程的不断加快,世界各国股市间的联动效应越发显著。本节利用 GARCH(1,1)-skewt 模型作为边缘分布,基于 Copula 刻画五个亚洲主要股市间的相依结构,构建了描述股市联动的 Copula-GARCH-skewt 模型。研究结论对于市场监管政策制定、风险管理、资产配置等一系列金融实践活动具有理论参考价值和现实意义。

1. 数据基本分析

在研究亚洲主要股市联动性时,选取了中国沪深 300 指数(HS300)、中国香港恒生指数(HSI)、中国台湾加权指数(TWII)、日经 225 指数(N225)和韩国综合指数(KSI)五个股票市场指数。由于不同股市交易时间不同,需剔除非共同交易日。样本数据包括 2005 年 4 月 8 日至 2017 年 6 月 23 日五个股票市场共同交易日的对数收益率,共计 2 640 个数据。

$$r_{i,t} = \ln P_{i,t} - \ln P_{i,t-1} \tag{10.66}$$

本节数据来源于通达信客户端,主要使用 R 软件、Matlab R2015b、EViews 8 对数据进行相关处理。

收益率描述性统计如表 10-1 所示。仅中国香港恒生指数收益率偏度为正,其他股指收益率偏度为负。从正态性检验可以看出五个股指收益率均不服从正态分布,说明股指收益率呈现出偏峰厚尾的形态。从 ADF 单位根检验来看,五个股指收益率均为平稳序列。从自相关检验来看,中国沪深 300 指数、中国香港恒生指数和中国台湾加权指数收益率存在明显自相关性,日经 225 指数和韩国综合指数收益率不存在自相关性。从 ARCH 效应检验可以发现五个股指收益率均存在明显的 ARCH 效应,适合使用 GARCH 模型来刻画它们的波动。

表 10-1 收益率描述性统计

参数	HS300	HSI	TWII	N225	KSI
均值	0.000 5	0.000 3	0.000 2	0.000 2	0.000 3
标准差	0.019 5	0.016 3	0.012 9	0.016 4	0.013 6
偏度	−0.435 7	0.021 1	−0.502 3	−0.839 2	−0.713 3
峰度	6.217 1	12.500 8	8.941 5	10.602 5	11.896 2
JB 值	1 222.451 7***	9 933.079 1***	3 995.643 2***	6 670.244 0***	8 932.877 4***
	(0.000 0)	(0.000 0)	(0.000 0)	(0.000 0)	(0.000 0)

续表

参　数	HS300	HSI	TWII	N225	KSI
ADF	−49.740 8***	−51.853 0***	−48.250 6***	−51.533 5***	−50.086 1***
	(0.000 1)	(0.000 1)	(0.000 1)	(0.000 1)	(0.000 1)
$Q(10)$	32.790 0***	23.757 1***	52.651 3***	13.892 3	12.489 1
	(0.000 0)	(0.000 8)	(0.000 0)	(0.178 1)	(0.254 2)
ARCH 效应	80.063 7***	437.190 3***	71.056 1***	335.709 5***	148.191 9***
	(0.000 0)	(0.000 0)	(0.000 0)	(0.000 0)	(0.000 0)

注：圆括号内数值为统计量对应的 P 值。三种 ADF 单位根检验结果一致，这里只给出"无截距项、无趋势项"结果。$Q(10)$ 是 Ljung-Box Q 检验，原假设是滞后 10 阶的系数均为 0。*，**，*** 分别表示在 10％、5％、1％的水平下显著。

2. 边缘分布建模

考虑如下 GARCH(1,1) 模型：

$$r_{i,t} = \mu_{i,t} + \varepsilon_{i,t} \tag{10.67}$$

$$\varepsilon_{i,t} = \sqrt{h_{i,t}} z_{i,t}, z_{i,t} \sim \text{i.i.d. skewt}(\nu_i, \xi_i) \tag{10.68}$$

$$h_{i,t} = c_i + \alpha_i \varepsilon_{i,t-1}^2 + \beta_i h_{i,t-1} \tag{10.69}$$

式中，$r_{i,t}$ 为收益率序列；$\mu_{i,t}$ 为 $r_{i,t}$ 的均值项，通过选取均值或者 ARMA 模型来确定 $\mu_{i,t}$ 的形式；$\varepsilon_{i,t}$ 为收益率残差，$z_{i,t}$ 为标准残差，由于股指收益率呈现偏峰厚尾的态势，本节选择 skewt 分布对标准残差序列进行拟合；$h_{i,t}$ 为条件方差。

1) GARCH(1,1) 模型参数估计

由于中国沪深 300 指数、中国香港恒生指数和中国台湾加权指数收益率具有明显自相关性，日经 225 指数和韩国综合指数收益率不存在自相关，为获得无自相关、扣除均值的残差序列，用 ARMA(1,1) 为中国沪深 300 指数、中国香港恒生指数、中国台湾加权指数收益建模，而日经 225 指数、韩国综合指数收益仅简单扣除均值即可。表 10-2 为 GARCH(1,1) 模型参数估计结果，所有待估参数的估计结果均在 1％显著水平下统计显著。

表 10-2　GARCH(1,1) 模型参数估计结果

参　数	HS300	HSI	TWII	N225	KSI
μ_i	—	—	—	0.000 7***	0.000 5***
				(0.000 2)	(0.000 2)
ar(1)	−0.696 4***	−0.798 1***	−0.757 0***	—	—
	(0.158 3)	(0.153 0)	(0.085 6)		
ma(1)	0.727 2***	0.822 1***	0.809 4***	—	—
	(0.151 8)	(0.143 3)	(0.075 4)		
c_i	1.16E−06***	2.12E−06***	9.92E−07***	7.78E−06***	1.64E−06***
	(3.60E−07)	(3.86E−07)	(2.76E−07)	(1.12E−06)	(2.88E−07)
α_i	0.054 8***	0.067 5***	0.062 1***	0.137 0***	0.069 2***
	(0.004 5)	(0.006 0)	(0.005 4)	(0.010 9)	(0.006 7)
β_i	0.943 9***	0.923 4***	0.932 7***	0.838 2***	0.919 9***
	(0.004 2)	(0.006 7)	(0.006 2)	(0.011 7)	(0.007 5)

续表

参　数	HS300	HSI	TWII	N225	KSI
AIC	−5.326 1	−5.826 1	−6.179 1	−5.664 9	−6.174 6
LL	7 035.386 2	7 695.496 3	8 161.415 1	7 484.457 4	8 157.902 1

注：圆括号内数值为参数估计值的标准误差。AIC 为赤池信息准则。LL 表示对数似然值。*、**、*** 分别表示在 10%、5%、1% 的水平下显著。

2）标准残差序列拟合

标准残差序列偏 t 分布拟合结果如表 10-3 所示。ν_i 为标准残差序列服从偏 t 分布的自由度参数，自由度参数越小，边缘分布的尾部越厚。从表 10-3 中可以看出五个股票指数的自由度参数不尽相同，中国沪深 300 指数的自由度参数最小，说明中国沪深 300 指数与其他四个股票指数相比，具有更厚的尾部，这在一定程度上说明中国沪深 300 指数出现极端值的概率更大，这与我国金融市场发展不完善以及金融监管不健全的事实相符。

表 10-3　标准残差序列偏 t 分布拟合结果

分　布	参　数	HS300	HSI	TWII	N225	KSI
偏 t 分布	ν_i	5.064 2	5.745 6	5.858 3	6.712 1	5.842 5
	ξ_i	−0.058 8	−0.088 8	−0.131 6	−0.086 9	−0.118 0

3）偏 t 分布概率积分变换及检验

判断边缘分布是否可行，先要对标准残差序列进行相应分布的概率积分变换，然后对变换后的序列进行 Ljung-Box Q 检验和 Kolmogorov-Smirnov(K-S)检验。Ljung-Box Q 是检验序列是否存在非自相关，K-S 检验是判断序列是否服从 $[0,1]$ 均匀分布。检验结果如表 10-4 所示。本节先对五个股票指数收益率的标准残差序列进行偏 t 分布的概率积分变换，随后对变换后的序列进行 Ljung-Box Q 检验和 K-S 检验，发现五个变换后的序列均不存在自相关，且都服从 $[0,1]$ 均匀分布，这说明通过偏 t 分布概率积分变换后的序列适用于后文的 Copula 建模，GARCH-skewt 模型作为边缘分布是可行的。

表 10-4　概率积分变换后的检验结果

积分变换	参　数	HS300	HSI	TWII	N225	KSI
偏 t 分布概率积分变换	$Q(22)$	18.275 0	20.940 0	23.861 0	18.748 0	22.894 0
		(0.690 0)	(0.524 0)	(0.355 0)	(0.661 0)	(0.408 0)
	K-S	0.029 0	0.049 5	0.052 2	0.043 1	0.033 1
		(0.792 9)	(0.174 9)	(0.132 3)	(0.311 9)	(0.642 2)

注：圆括号内数值为统计量对应的 P 值。$Q(22)$ 是 Ljung-Box Q 检验，原假设是滞后 22 阶的系数均为 0。K-S 为 Kolmogorov-Smirnov 检验，原假设是时间序列服从 $[0,1]$ 均匀分布。*、**、*** 分别表示在 10%、5%、1% 的水平下显著。

3. 二元 Copula 联合分布建模及联动性分析

1）二元 Copula 参数估计

对二元 Copula 联合分布采用极大似然估计。由于本节选取五个亚洲主要股指收益率，故共有 10 组相关关系需要估计。在研究秩相关时，本小节采用 AIC、BIC 和 LL（对数似然值)确定最优的二元 Copula 函数;在研究尾部相关时,由于不同二元 Copula 函数对尾部相关的敏感程度不同,为了使研究结论具有可比性,本小节将固定使用 Gumbel Copula 函数研究上尾相关性,固定使用 Clayton Copula 函数研究下尾相关性。参数估计结果见表 10-5。

表 10-5 二元 Copula 参数估计结果

相关关系	最优二元 Copula			Gumbel 参数	Clayton 参数
	Copula	参数 1	参数 2		
HS300-HSI	SBB1	0.21	1.31	1.40	0.69
HS300-TWII	BB7	1.14	0.32	1.21	0.37
HS300-N225	BB1	0.21	1.06	1.15	0.29
HS300-KSI	SBB1	0.07	1.18	1.19	0.37
HSI-TWII	BB1	0.54	1.32	1.60	1.04
HSI-N225	SBB1	0.17	1.47	1.53	0.91
HSI-KSI	SBB1	0.20	1.58	1.65	1.12
TWII-N225	t	0.54	5.92	1.51	0.85
TWII-KSI	t	0.66	6.12	1.74	1.19
N225-KSI	t	0.61	5.21	1.65	1.04

注:采用 AIC、BIC、LL 确定最优二元 Copula 函数。

2) 二元 Copula 相依结构模型联动性分析

表 10-6 为二元 Copula 秩相关系数和尾部相关系数:①五个亚洲主要股指收益率具有较强的秩相关性和尾部相关性,相关系数均在 0.15 以上,其中,中国台湾加权指数和韩国综合指数收益率之间秩相关性最强,达到 0.46。②尾部相关性均大于秩相关性,说明股市在上升阶段和下降阶段,即发生暴涨和暴跌时联动性明显增强。③绝大多数下尾相关性大于上尾相关性,说明股市受到负面冲击时引起的波动大于受到正面冲击时引起的波动,即危机期间尾部相关明显增强,发生极端下跌行情的概率要大于同时发生上涨行情的概率,这符合市场传染假说的观点。

表 10-6 二元 Copula 秩相关系数和尾部相关系数

相关关系	秩相关		尾部相关	
	Copula	τ	λ^U	λ^L
HS300-HSI	SBB1	0.31	0.36	0.37
HS300-TWII	BB7	0.19	0.23	0.25
HS300-N225	BB1	0.15	0.17	0.16
HS300-KSI	SBB1	0.18	0.21	0.23
HSI-TWII	BB1	0.40	0.46	0.51
HSI-N225	SBB1	0.37	0.43	0.47
HSI-KSI	SBB1	0.42	0.48	0.54
TWII-N225	t	0.36	0.42	0.44
TWII-KSI	t	0.46	0.51	0.56
N225-KSI	t	0.42	0.48	0.51

注:为了使尾部相关具有可比性,固定使用 Gumbel Copula 计算上尾相关性,固定使用 Clayton Copula 计算下尾相关性。τ 为秩相关系数,λ^U 为上尾相关系数,λ^L 为下尾相关系数。

4. 藤 Copula 联合分布建模及联动性分析

1) 藤 Copula 参数估计

藤 Copula 相依结构参数估计也是采用极大似然估计法。为了方便记叙，在下文中分别以 1～5 代表五个股票指数，1 为中国沪深 300 指数，2 为中国香港恒生指数，3 为中国台湾加权指数，4 为日经 225 指数，5 为韩国综合指数。同时将按照 Czado 等（2012）的方法对 C 藤和 D 藤树结构进行分解，按照 DiBmann 等（2013）的方法对 R 藤树结构进行分解。C 藤、D 藤、R 藤和 Copula 相依结构与参数估计结果见表 10-7。C 藤、D 藤和 R 藤 Copula 模型的树结构分解有所差异，这导致了各层树结构中所考虑的具体条件市场不同。由于五个股指收益率两两相异的相依结构，配对 Copula 不尽相同，即使某些变量之间的配对 Copula 类型相同，其参数值也不相等，在相依结构上也呈现出差异性。

表 10-7 C 藤、D 藤、R 藤 Copula 相依结构与参数估计结果

藤 Copula	树层次	树结构	配对 Copula	参数 1	参数 2
C 藤	第 1 层	2,1	SBB1	0.21	1.31
		2,4	SBB1	0.17	1.47
		2,3	BB1	0.54	1.32
		2,5	SBB1	0.20	1.58
	第 2 层	5,1|2	t	−0.01	19.04
		5,4|2	t	0.40	8.51
		5,3|2	Frank	3.14	—
	第 3 层	3,1|5,2	Joe	1.04	—
		3,4|5,2	t	0.15	12.64
	第 4 层	4,1|3,5,2	Frank	−0.28	—
D 藤	第 1 层	4,1	SBB8	1.69	0.83
		2,4	SBB1	0.17	1.47
		5,2	SBB1	0.20	1.58
		3,5	t	0.66	6.12
	第 2 层	2,1|4	t	0.42	11.47
		5,4|2	t	0.40	8.51
		3,2|5	t	0.31	10.14
	第 3 层	5,1|2,4	t	0.00	19.89
		3,4|5,2	t	0.15	11.74
	第 4 层	3,1|5,2,4	Joe	1.04	—
R 藤	第 1 层	2,1	SBB1	0.21	1.31
		5,3	t	0.66	6.12
		5,2	SBB1	0.20	1.58
		5,4	t	0.61	5.21
	第 2 层	5,1|2	t	−0.01	19.04
		2,3|5	t	0.31	10.18
		4,2|5	t	0.29	28.32
	第 3 层	4,1|5,2	Frank	−0.25	—
		4,3|2,5	t	0.15	10.56
	第 4 层	3,1|4,5,2	Joe	1.03	—

2) 拟合优度检验

表 10-8 为藤 Copula 相依结构模型的拟合优度检验结果。如表 10-8 所示,R 藤 Copula 相依结构模型具有最小的 AIC、BIC 和最大的 LL,说明从拟合优度角度来说,R 藤 Copula 模型对五个亚洲主要股市相依结构的刻画是最贴切的。

表 10-8 拟合优度检验结果

模 型 名 称	AIC	BIC	LL
C 藤 Copula 模型	−5 570.42	−5 470.49	2 802.21
D 藤 Copula 模型	−5 538.15	−5 426.46	2 788.07
R 藤 Copula 模型	−5 578.77(♯1)	−5 472.95(♯2)	2 802.38(♯3)

注:AIC 为赤池信息准则,BIC 为贝叶斯信息准则,LL 表示对数似然值。♯1 表示 AIC 值最小,♯2 表示 BIC 值最小,♯3 表示 LL 最大。

3) 组合收益风险测度及返回检验

以 R 藤 Copula 为例做如下步骤说明,C 藤和 D 藤 Copula 的思路与 R 藤 Copula 一致。

第一步:利用全样本数据进行 GARCH(1,1)-skewt 建模,"滤出"标准残差序列,并进行偏 t 分布概率积分变换。

第二步:用变换后的序列进行 R 藤 Copula 建模,估计 R 藤 Copula 的参数,并以之作为样本期间投资组合各资产间的相依结构。随后根据 Aas 等(2009)对藤 Copula 模型的蒙特卡罗模拟方法,模拟出服从 R 藤 Copula 相依结构的 100 000 个五维随机数组 (u_1,u_2,u_3,u_4,u_5)。

第三步:通过边缘分布函数的逆函数,即偏 t 分布概率积分变换的逆函数将模拟数据转换为各资产收益的标准残差 $z_i=F_i^{-1}(u_i)(i=1,2,3,4,5)$。并利用式(10.61)获得资产 i 的模拟残差 $\varepsilon_{i,t}(i=1,2,3,4,5)$,加回扣除的均值项得到 $r_{i,t}(i=1,2,3,4,5)$。

第四步:计算投资组合收益率 $r_t=\sum_{i=1}^{5}w_i r_{i,t}$,此处采用等权重投资组合,即 $w_i=0.2$。分别计算 VaR^α 和 $CVaR^\alpha$。重复上述步骤 100 次,取平均即为样本期间的 VaR^α 和 $CVaR^\alpha$。

第五步:计算真实的每日投资组合收益率,与前一步骤的 VaR^α 和 $CVaR^\alpha$ 比较。通过非条件覆盖率(UC)(Kupiec,1995)和条件覆盖率(CC)(Christoffersen,1998)对 VaR^α 进行返回检验,通过 D 指标(Embrechts et al.,2005)对 $CVaR^\alpha$ 进行返回检验,进而比较 3 种藤 Copula-GARCH(1,1)-skewt 模型在投资组合风险测度上的优劣。

表 10-9 为 C 藤、D 藤、R 藤 Copula 模型风险度量结果。其中,在三个置信水平下,R 藤 Copula 相依结构模型均具有最大的 VaR 和 CVaR,说明 R 藤 Copula 相依结构模型刻画的投资组合风险最小;D 藤 Copula 相依结构模型刻画的投资组合风险稍大;C 藤 Copula 相依结构模型刻画的投资组合风险最大。

表 10-9 C 藤、D 藤、R 藤 Copula 模型风险度量结果

Copula	风险度量	90%	95%	99%
C 藤 Copula	VaR	−0.008 223	−0.011 437	−0.019 344
	CVaR	−0.013 112	−0.016 691	−0.024 753

续表

Copula	风险度量	90%	95%	99%
D 藤 Copula	VaR	−0.008 219	−0.011 410	−0.018 987
	CVaR	−0.012 970	−0.016 154	−0.023 618
R 藤 Copula	VaR	−0.008 213(♯1)	−0.011 294(♯2)	−0.018 195(♯3)
	CVaR	−0.012 752(♯4)	−0.015 936(♯5)	−0.023 415(♯6)

注：♯1、♯2、♯3、♯4、♯5、♯6 分别表示在相同置信水平中最大。

由表 10-10 可见，在 90%、95% 和 99% 三个置信水平下的 VaR 全部通过了覆盖率检验，失败率稍低于显著水平，VaR 测度稍显保守。此外，3 种藤 Copula 相依结构模型在三个置信水平下的失败率和覆盖率统计值完全一致，说明 3 种藤 Copula 相依结构模型对 VaR 的测度表现不分伯仲，所以从 VaR 的角度来说，表 10-10 展示了无差异结果，据此还不足以评判 3 种藤 Copula 相依结构模型在风险度量上的优劣。

表 10-10 C 藤、D 藤、R 藤 Copula 模型 VaR 度量表现

风险测度	90%			95%			99%		
VaR	失败率	UC	CC	失败率	UC	CC	失败率	UC	CC
C 藤	0.081 5	0.631 8	2.131 7	0.042 5	0.453 6	2.834 5	0.006 7	0.391 5	3.297 2
		(0.426 7)	(0.344 4)		(0.500 6)	(0.242 4)		(0.531 5)	(0.192 3)
D 藤	0.081 5	0.631 8	2.131 7	0.042 5	0.453 6	2.834 5	0.006 7	0.391 5	3.297 2
		(0.426 7)	(0.344 4)		(0.500 6)	(0.242 4)		(0.531 5)	(0.192 3)
R 藤	0.081 5	0.631 8	2.131 7	0.042 5	0.453 6	2.834 5	0.006 7	0.391 5	3.297 2
		(0.426 7)	(0.344 4)		(0.500 6)	(0.242 4)		(0.531 5)	(0.192 3)

注：圆括号内数值为统计量对应的 P 值。

由表 10-11 可见，在 90%、95% 和 99% 三个置信水平下 R 藤 Copula 相依结构模型均具有最小的 D 值，说明相比其他两种藤结构，R 藤 Copula 相依结构模型在极端尾部风险 CVaR 测度方面具有最好的表现。

表 10-11 C 藤、D 藤、R 藤 Copula 模型 CVaR 度量表现

风险测度	90%		95%		99%	
CVaR	失败率	D 值	失败率	D 值	失败率	D 值
C 藤	0.081 5	0.003 520	0.042 5	0.002 336	0.006 7	0.001 314
D 藤	0.081 5	0.003 187	0.042 5	0.002 138	0.006 7	0.001 142
R 藤	0.081 5	0.002 941(♯1)	0.042 5	0.001 923(♯2)	0.006 7	0.000 894(♯3)

注：♯1、♯2、♯3 分别表示在 90%、95%、99% 置信水平下 D 值最小，即 CVaR 测度效果最好。

4）R 藤 Copula 相依结构模型联动性分析

前文展示了 R 藤 Copula 相依结构模型在拟合优度和投资组合风险测度这两个方面的优越性，故后文优选取 R 藤 Copula 相依结构模型进行联动性分析。

图 10-2 为 R 藤 Copula 相依结构模型树结构。从第 1 层树结构中可以发现，在样本期

内,五个股市相依结构呈现区域聚集特征。韩国股市(5)成为亚洲主要股市的中心节点,连接了中国香港股市(2)、中国台湾股市(3)和日本股市(4);中国香港股市(2)进一步连接了中国内地股市(1),从而完成了中国股市与日韩股市的连接。中国内地股市(1)处于相依结构的边缘,主要原因是中国内地资本市场发展还不够完善,对外开放程度不够高,金融监管也不够健全。

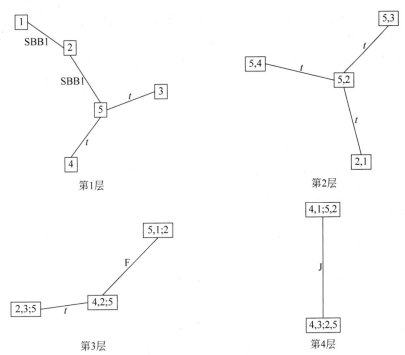

图 10-2　R 藤 Copula 相依结构模型树结构

(1) 秩相关系数。从表 10-12 秩相关系数 τ 来看,非条件相关系数明显高于条件相关系数,随着条件市场的增多,两变量之间的条件相关性逐渐降低,甚至有些是负相关的。

表 10-12　R 藤 Copula 模型秩相关系数和尾部相关系数

树 层 次	树 结 构	配对 Copula	τ	λ^U	λ^L
第1层	2,1	SBB1	0.31	0.01	0.35
	5,3	t	0.46	0.26	0.26
	5,2	SBB1	0.42	0.00	0.45
	5,4	t	0.42	0.26	0.26
第2层	5,1|2	t	−0.01	0.01	0.01
	2,3|5	t	0.20	0.03	0.03
	4,2|5	t	0.19	0.04	0.04
第3层	4,1|5,2	Frank	−0.03	—	—
	4,3|2,5	t	0.01	0.02	0.02
第4层	3,1|4,5,2	Joe	0.02	0.04	—

注:τ 为秩相关系数,λ^U 为上尾相关系数,λ^L 为下尾相关系数。

在第 1 层树结构中,股票指数之间的非条件相关系数都很大,韩国综合指数与中国台湾加权指数的非条件相关系数高达 0.46,说明这两个股票市场存在很强、相似的波动性。韩国综合指数与中国香港恒生指数、日经 225 指数的非条件相关系数也高达 0.42,这主要是因为发达资本市场具有经济结构高度趋同的特点,股市开放程度和股市一体化进程非常相似,容易形成齐涨共跌的股市波动趋势,这符合经济基础假说。中国香港恒生指数与中国沪深 300 指数的非条件相关系数也处于 0.31 的较高水平,这是因为中国香港市场和中国内地市场在政治、经济、文化上交流密切,贸易往来和相互投资频繁,中国内地对中国香港的发展具有较强的控制力和影响力,中国香港股市繁荣同中国内地的经济周期和政策周期息息相关,2014 年 11 月开始的沪港通和 2016 年 8 月获批的深港通都在很大程度上加强了两地股票市场的联动性。

在第 2 层树结构中,加入一个条件市场后,条件相关系数明显降低。韩国综合指数与中国沪深 300 指数的条件相关系数为 −0.01,出现了微弱的负相关,这主要是因为中国内地经济在产业结构和消费结构与韩国更多地体现为互补性,依据经济基础假说,中国内地和韩国两个市场不满足经济周期同步性,所以股市间的联动性就很弱。中国香港恒生指数与中国台湾加权指数、日经 225 指数的条件相关系数在 0.2 左右,具有较高的条件相关性,原因是三个市场同属于发达经济体,经济结构较为相似,股市开放程度高,并且地缘经济带来的频繁贸易往来也在一定程度上提升了股市之间的联动性。

在第 3 层和第 4 层树结构中,分别加入了两个和三个条件市场,股市间的条件相关性变得非常微弱。可以发现,加入条件市场后,条件相关系数下降较为明显,说明起到了分散风险的作用,投资者在进行投资组合选择时可作为参考。

(2) 尾部相关系数。从表 10-12 尾部相关系数来看,上、下尾相关性表现出非对称性,下尾相关系数基本都大于等于上尾相关系数,说明股市受到负面冲击时引起的波动大于受到正面冲击时引起的波动,发生极端下跌行情的概率要大于同时发生上涨行情的概率,这符合市场传染假说的观点。

在上尾方面,韩国综合指数与中国台湾加权指数、日经 225 指数的上尾相关系数高达 0.26,说明在一个股市上涨时,另一个股市表现出上涨的可能性较大。其他股票指数之间的上尾相关系数很小或是上尾渐进独立,一方面反映出这些股市在上涨行情时反映出的共同信息很少,另一方面反映出 SBB1 Copula 和 Frank Copula 对上尾相关性不够敏感。

需要注意的是,依据市场传染假说,金融风险的传染更容易表现在金融危机时期,即表现在下尾相关性方面,主要是由于投资者的非理性行为导致负面冲击传染到其他国家股市。在第 1 层树结构中,四个非条件相依结构的下尾相关系数都很高,处于 0.26~0.45 的水平,说明它们同时发生极端下跌行情的概率很大,这时候如果投资于这些二元投资组合风险将是极大的。在第 2~4 层树结构中,随着条件市场的加入,分散了投资组合的风险,条件相依结构的下尾相关系数明显降低(都在 0.05 以下)或是在下尾渐进独立。可见,在熊市时,非条件下尾相关性较大,投资者须避免同时在这些股票市场投资,而应该考虑加入条件市场,构造多元投资组合,从而达到规避风险的目的。

10.7.2 案例分析 2：混频 Copula 建模

此处选取 2011 年 1 月 4 日到 2017 年 12 月 29 日中国股票市场、金融期货市场、大宗商品期货市场、债券市场以及外汇市场为研究样本，研究金融市场间的相依结构以及市场间的风险溢出效应。使用两阶段极大似然估计方法来估计混频 Copula 模型，首先使用 GARCH-MIDAS 模型拟合收益率序列的边缘分布，然后运用 Gaussian Copula 函数、t-Copula 函数、Clayton Copula 函数、Gumbel Copula 函数和 Frank Copula 函数来对金融市场的相依结构进行建模，根据对数似然值、赤池信息准则和贝叶斯信息准则选取最优的 Copula 函数用以描述金融市场间的相依结构。

混频 Copula 构建过程包含以下几个步骤。

(1) 选取中国沪深 300 指数、中国沪深 300 股指期货(HS300GZQH)、WIND 煤焦钢矿指数(MJGK)、上证国债(SZGZ)以及美元兑人民币(USDCNY)五个市场日度收益率数据，宏观经济变量选取了月度数据的居民消费价格指数(CPI)、工业增加值(INDUS)以及宏观经济景气先行指数(LI)，选取数据的时间为 2011 年 1 月 4 日到 2017 年 12 月 29 日。

(2) 选用 GARCH-MIDAS 模型来拟合收益率序列的边缘分布，得到标准化残差序列。

(3) 选用 Gaussian Copula 函数、t-Copula 函数、Clayton Copula 函数、Gumbel Copula 函数和 Frank Copula 函数，运用极大似然估计得到金融市场间的相依结构。

1. 数据选取及处理

此处选取 2011 年 1 月 4 日到 2017 年 12 月 29 日中国股票市场(HS300)、金融期货市场(HS300GZQH)、大宗商品期货市场(MJGK)、债券市场(SZGZ)以及外汇市场(USDCNY)五个市场的日度收益率数据，借鉴已有文献，宏观经济变量选取了月度数据的居民消费价格指数、工业增加值以及宏观经济景气先行指数。剔除掉非共同交易日的数据之后，最终得到的样本长度为 1 700。本书选取的收益率数据均采用对数收益率数据，即 $R_t = \ln P_t - \ln P_{t-1}$，其中 P_t 为某市场第 t 个交易日收盘价数据。所有数据都是来自 Wind 数据库。

从图 10-3 来看，五个市场的收益率趋势图的波动呈现出时变性和"集群"的特点，所谓的"集群"现象，是指大的波动紧跟着大的波动，小的波动紧跟着小的波动，利用波动率模型能够较好地刻画波动的时变和"集群"特性。

图 10-4 所示为宏观经济变量收益率趋势。居民消费价格指数、工业增加值以及宏观经济景气先行指数同样采用对数收益率形式。

2. 数据的描述性统计

表 10-13 列出了五个市场收益率序列的描述性统计量。从表 10-13 可以看出，在样本期内，五个市场收益率序列的均值都为正，MJGK 均值最大，相应的其标准差也最大，SZGZ、HS300GZQH、HS300 依序次之，最小的是 USDCNY，其标准差也最小；HS300、HS300GZQH 的偏度都小于 0，说明它们的收益率分布呈现出左偏的趋势，MJGK、SZGZ、USDCNY 的偏度都大于 0 且依次变大，说明它们的收益率分布呈现出右偏的趋势；五个市场的峰度都大

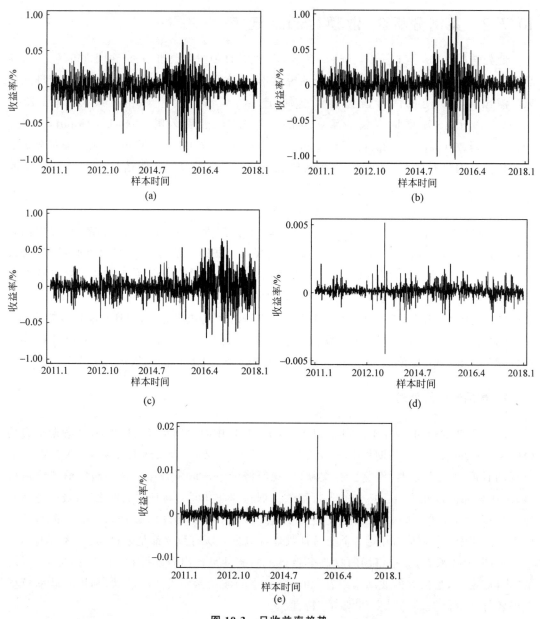

图 10-3 日收益率趋势

(a) HS300 日收益率趋势；(b) HS300GZQH 日收益率趋势；(c) MJGK 日收益率趋势；
(d) SZGZ 日收益率趋势；(e) USDCNY 日收益率趋势

于 3，同时，JB 值和对应的 P 值也表明各股票指数收益率在 1% 显著水平下拒绝服从正态分布的原假设，说明五个市场收益率序列均不服从正态分布，呈现出"尖峰肥尾"的特性；Ljung-Box Q 统计值表明，在样本期内均拒绝五个市场的收益率序列不具有自相关性的原假设。因为 Copula 建模需要无自相关的标准残差序列，所以本例后续将对五个市场的收益率序列分别进行 ARMA 建模以消除收益率序列的自相关性。

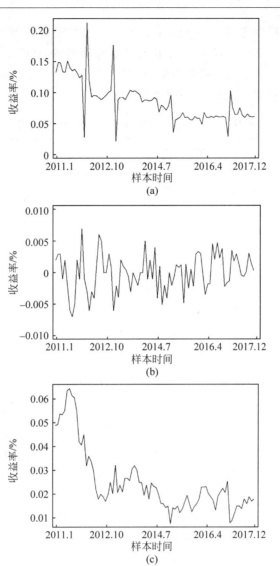

图 10-4 宏观经济变量收益率趋势

(a) CPI 收益率趋势;(b) INDUS 收益率趋势;(c) LI 收益率趋势

表 10-13 日收益率描述性统计

参　　数	HS300	HS300GZQH	MJGK	SZGZ	USDCNY
均值	1.38e-04	1.39e-04	2.74e-04	1.42e-04	8.68e-06
标准差	0.014 9	0.016 8	0.024 5	0.014 7	0.001 5
偏度	−0.778 1	−0.355 8	0.060 1	0.147 3	0.808 6
峰度	8.766 5	10.892 9	6.756 5	28.724 0	22.332 5
JB 值	2 525.387 3***	4 446.046 9***	9 99.998 4***	46 850.838 6***	26 643.356 8***
	(0.000 0)	(0.000 0)	(0.000 0)	(0.000 0)	(0.000 0)
LBQ(10)	47.954 6***	49.444 3***	23.709 2***	41.866 5***	28.087 3***
	(0.000 0)	(0.000 0)	(0.000 0)	(0.000 0)	(0.000 0)

注:圆括号内数值为统计量对应的 P 值。JB 值为正态性检验的雅克-贝拉统计量,原假设为"该收益率服从正态分布"。LBQ(10)是 Ljung-Box Q 检验,原假设是滞后 10 阶的系数均为 0。*、**、*** 分别表示在 10%、5%、1%的水平下显著。

在进行边缘分布拟合之前,有必要对数据进行平稳性检验。表 10-14 为五个市场日收益率的单位根检验结果。可以看到,五个市场收益率序列的 ADF 值均小于 1% 临界值,且 P 值均为 0.000 0,说明五个市场指数在 1% 的显著水平下拒绝原假设,表明不存在单位根,即五个市场收益率序列在 1% 显著水平下是平稳的。

表 10-14　五个市场日收益率的单位根检验结果

参　　数	HS300	HS300GZQH	MJGK	SZGZ	USDCNY
ADF 值	−39.787 1***	−31.378 4***	−41.083 5***	−7.307 7***	−38.204 3***
1%临界值	−2.566 7	−2.566 7	−2.566 7	−2.566 7	−2.566 7
5%临界值	−1.941 1	−1.941 1	−1.941 1	−1.941 1	−1.941 1
10%临界值	−1.616 5	−1.616 5	−1.616 5	−1.616 5	−1.616 5
P 值	0.000 0	0.000 0	0.000 0	0.000 0	0.000 0
结论	平稳	平稳	平稳	平稳	平稳

注:*、**、*** 分别表示在 10%、5%、1%的水平下显著。

3. 边缘分布模型的选取及估计结果

本节要进行的工作如下:对边缘分布采用极大似然估计,得出边缘分布模型参数的极大似然估计后,就可以根据相应公式计算出标准化残差,然后对标准残差序列进行相对应分布的概率积分变换,最后对其进行 K-S 检验和 Ljung-Box Q 检验,通过 K-S 检验说明概率积分变换后的序列可认为服从区间[0,1]上的均匀分布;通过 Ljung-Box Q 检验说明概率积分变换后的序列不存在自相关,是相互独立的,从而说明五个市场的边缘分布适用于后续的 Copula 建模工作。

1) 边缘分布模型

根据表 10-13 中五个市场的描述性统计特征,经过反复试错,边缘分布的均值方程设为 ARMA(1,1)过程,并令随机扰动项服从常见的正态分布、学生 t 分布或者偏 t 分布。同时,方差方程设为广义自回归条件异方差-混频数据抽样(GARCH-MIDAS)模型,该模型能够同时分析日度数据的市场收益率和月度数据的宏观经济变量,不仅能够刻画收益的波动集群性,同时能够充分利用不同频率的样本信息,用宏观经济变量刻画资产的长期波动部分,克服数据频率不一致的问题。借鉴已有文献,本例以月内已实现波动率以及三种宏观经济变量作为宏观经济波动的代理变量,建立的 GARCH-MIDAS 模型如下:

$$r_{it} = \mu_i + \phi_i r_{it-1} + \gamma_i \varepsilon_{it-1} + \sqrt{m_{i\tau} g_{it}}\, \varepsilon_{it}, \quad \varepsilon_{it} \sim \text{i.i.d.}(0,1) \tag{10.70}$$

$$g_{it} = (1 - \alpha_i - \beta_i) + \alpha_i \frac{(r_{it-1} - \mu_i - \phi r_{it-1} - \gamma r_{it-1})^2}{m_{i\tau}} + \beta_i g_{i,t-1} \tag{10.71}$$

$$m_{i\tau} = \bar{m}_i + \lambda_i \sum_{k=1}^{K_v} \varphi_k(\omega_i) \text{RV}_{t-k}$$

或者

$$m_{i\tau} = \bar{m}_i + \lambda_i \sum_{k=1}^{K_v} \varphi_k(\omega_i) X_{t-k} \tag{10.72}$$

$$\varphi_k(\omega_i) = \frac{(1-k/K_v)^{\omega_i-1}}{\sum_{l=1}^{K_v}(1-l/K_v)^{\omega_i-1}} \quad (k=1,2,\cdots,K_v) \tag{10.73}$$

其中,式(10.70)中,r_{it} 为第 $i(i=1,2)$ 个市场第 t 日的收益率;$h_{it}=m_{i\tau}g_{it}$ 为第 i 个市场第 t 日的条件方差,条件方差分解为短期波动率 $g_{it}(t=1,2,\cdots,T)$ 和长期波动率 $m_{i\tau}[\tau=1,2,\cdots,(T/N)]$,其中 N 是指每个月的天数;ε_{it} 服从均值为零、方差为1的独立同分布,分别用常见的正态分布、t 分布和偏 t 分布对标准残差序列 ε_{it} 进行拟合再择优。式(10.71)中,短期波动率 g_{it} 服从均值回复的 GARCH(1,1) 过程,其中 $0<\alpha_i,\beta_i<1$ 且 $\alpha_i+\beta_i<1$。式(10.72)中,长期波动率 $m_{i\tau}$ 不仅与均值 $\bar{m}_i$ 有关,还与月内已实现波动的滞后项 RV_{t-k} 或者宏观经济变量 X_{t-k} 有关,其对应参数为 λ_i,权重函数 $\varphi_k(\omega_i)$ 表达式如式(10.73)所示。K_v 为滞后阶数,经过反复试错,统一采用 $K_v=6$。式(10.73)中,选取的权重函数 $\varphi_k(\omega_i)$ 为 Beta 权重函数,对由近至远的月内已实现波动的滞后项 RV_{t-k} 或者宏观经济变量 X_{t-k} 赋予由大到小的权重。一般 $\omega_i>1$,权重单调递减,衰减的速度取决于 ω_i 的大小,ω_i 越大,其衰减速度越快。容易看出 $\varphi_k(\omega_i)$ 非负且和为1。

2) 边缘分布模型参数估计

表 10-15～表 10-18 分别给出了五个市场以月内已实现波动率和三种宏观经济变量作为宏观经济波动的代理变量所对应的 GARCH-MIDAS-RV 模型、GARCH-MIDAS-CPI 模型、GARCH-MIDAS-INDUS 模型、GARCH-MIDAS-LI 模型的参数估计结果。

表 10-15　GARCH-MIDAS-RV 模型估计结果

参数	HS300	HS300GZQH	MJGK	SZGZ	USDCNY
μ_i	0.000 8	0.000 9*	−0.000 5	2.51e-05	−6.47e-05
	(0.113 3)	(0.090 6)	(0.385 0)	(0.258 7)	(0.332 6)
α_i	0.068 9***	0.087 8***	0.120 5***	0.169 8***	0.133 9***
	(0.000 0)	(0.000 0)	(0.000 3)	(0.000 0)	(0.000 0)
β_i	0.897 0***	0.867 5***	0.737 6***	0.749 1***	0.319 8***
	(0.000 0)	(0.000 0)	(0.000 0)	(0.000 0)	(0.000 0)
$\bar{m}_i$	0.009 1***	0.011 1***	0.007 3***	0.001 2***	0.000 8***
	(0.000 0)	(0.000 0)	(0.000 0)	(0.000 0)	(0.000 0)
λ_i	0.177 9***	0.165 6***	0.201 7***	0.170 7***	0.192 6***
	(0.000 0)	(0.000 0)	(0.000 0)	(0.000 0)	(0.000 0)
ω_i	11.084 3*	10.577 6**	34.223 5*	14.563 3**	10.001 8***
	(0.062 6)	(0.048 5)	(0.052 1)	(0.029 0)	(0.000 0)
AIC	−5 037.49	−4 867.30	−4 703.92	−4 525.86	−4 776.66
BIC	−5 006.22	−4 835.76	−4 672.65	−4 510.22	−4 762.98
LL	2 524.57	2 439.52	2 357.96	2 365.93	2 390.94

注:圆括号内数值为统计量对应的 P 值。AIC 为赤池信息准则。BIC 为贝叶斯信息准则。LL 表示对数似然值。*、**、*** 分别表示在 10%、5%、1%的水平下显著。

表 10-16　GARCH-MIDAS-CPI 模型估计结果

参数	HS300	HS300GZQH	MJGK	SZGZ	USDCNY
μ_i	0.000 7	0.000 8	−0.000 3	−2.55e−0.5	−4.78e−05
	(0.146 0)	(0.115 1)	(0.585 6)	(0.504 1)	(0.402 1)
α_i	0.060 5***	0.076 2***	0.076 9***	0.226 6***	0.098 7***
	(0.000 0)	(0.000 0)	(0.000 0)	(0.000 0)	(0.000 0)
β_i	0.931 6***	0.905 4***	0.893 3***	0.773 2***	0.901 3***
	(0.000 0)	(0.000 0)	(0.000 0)	(0.000 0)	(0.000 0)
$\bar{m}_i$	0.000 7**	0.001 0***	0.001 6***	−0.001 4*	−0.001 3***
	(0.034 2)	(0.000 6)	(0.000 0)	(0.063 0)	(0.000 0)
λ_i	−0.020 2	−0.028 8***	−0.054 8***	0.102 6*	−0.096 5***
	(0.132 4)	(0.007 9)	(0.000 0)	(0.063 1)	(0.000 0)
ω_i	5.474 5	4.719 9***	3.129 6***	5.339 6***	4.799 7***
	(0.110 5)	(0.000 2)	(0.000 0)	(0.000 0)	(0.000 0)
AIC	−5 039.32	−4 868.45	−4 711.72	−4 585.89	−4 692.41
BIC	−5 007.06	−4 836.18	−4 680.46	−4 561.11	−4 651.43
LL	2 525.66	2 440.22	2 361.86	2 363.07	2 360.96

注：圆括号内数值为统计量对应的 P 值。AIC 为赤池信息准则。BIC 为贝叶斯信息准则。LL 表示对数似然值。*、**、*** 分别表示在 10%、5%、1% 的水平下显著。

表 10-17　GARCH-MIDAS-INDUS 模型估计结果

参数	HS300	HS300GZQH	MJGK	SZGZ	USDCNY
μ_i	0.000 5	0.000 6	−0.000 5	1.04e−0.5	−1.66e−05
	(0.205 0)	(0.171 5)	(0.351 5)	(0.363 1)	(0.446 3)
α_i	0.062 0***	0.075 9***	0.100 4***	0.280 4***	0.074 9***
	(0.000 0)	(0.000 0)	(0.000 0)	(0.000 0)	(0.000 2)
β_i	0.937 4***	0.907 9***	0.862 0***	0.719 5***	0.562 8***
	(0.000 0)	(0.000 0)	(0.000 0)	(0.000 0)	(0.000 0)
$\bar{m}_i$	0.003 7	0.000 8***	0.008 9***	−0.006 8*	5.73e−06***
	(0.191 3)	(0.000 6)	(0.001 8)	(0.052 6)	(0.000 0)
λ_i	−0.028 1	−0.005 4**	0.198 9***	0.123 1*	−4.36e−05***
	(0.172 9)	(0.012 7)	(0.000 0)	(0.053 0)	(0.000 0)
ω_i	3.089 5	3.107 2	1.693 7*	6.003 1**	1.003 4***
	(0.160 0)	(0.208 5)	(0.096 0)	(0.017 8)	(0.000 0)
AIC	−5 038.28	−4 870.60	−4 706.59	−4 527.94	−4 720.40
BIC	−5 010.91	−4 840.18	−4 675.32	−4 511.92	−4 685.83
LL	2 526.10	2 441.75	2 359.29	2 401.65	2 360.57

注：圆括号内数值为统计量对应的 P 值。AIC 为赤池信息准则。BIC 为贝叶斯信息准则。LL 表示对数似然值。*、**、*** 分别表示在 10%、5%、1% 的水平下显著。

表 10-18 GARCH-MIDAS-LI 模型估计结果

参数	HS300	HS300GZQH	MJGK	SZGZ	USDCNY
μ_i	0.000 6	0.000 8	−0.000 5	1.92e-0.5***	−1.54e-05
	(0.157 0)	(0.128 6)	(0.351 5)	(0.002 5)	(0.309 0)
α_i	0.057 8***	0.069 5***	0.100 4***	0.152 6***	0.185 8***
	(0.000 0)	(0.000 0)	(0.000 0)	(0.000 0)	(0.000 0)
β_i	0.933 1***	0.912 7***	0.862 0***	0.813 0***	0.402 4***
	(0.000 0)	(0.000 0)	(0.000 0)	(0.000 0)	(0.000 0)
$\bar{m}_i$	0.000 2***	0.000 2***	0.008 9***	4.06e-06***	1.06e-06***
	(0.000 0)	(0.000 0)	(0.001 8)	(0.000 0)	(0.000 0)
λ_i	−0.239 4***	−0.280 1***	−0.198 9***	−0.000 8***	−0.002 5***
	(0.004 7)	(0.001 1)	(0.000 0)	(0.005 1)	(0.000 0)
ω_i	8.345 7*	7.654 7**	1.693 7*	8.197 4*	8.004 2***
	(0.058 1)	(0.040 9)	(0.096 0)	(0.064 6)	(0.000 0)
AIC	−5 043.63	−4 872.46	−4 716.86	−4 633.13	−4 799.27
BIC	−5 012.36	−4 841.19	−4 689.91	−4 620.86	−4 774.92
LL	2 527.81	2 442.23	2 363.61	2 476.56	2 395.86

注：圆括号内数值为统计量对应的 P 值。AIC 为赤池信息准则。BIC 为贝叶斯信息准则。LL 表示对数似然值。*、**、*** 分别表示在 10%、5%、1% 的水平下显著。

其中，①均值方程中，常数项 μ_i 只有 GARCH-MIDAS-RV 模型的 HS300GZQH 指数在 10% 显著水平下显著和 GARCH-MIDAS-LI 模型的 SZGZ 指数在 1% 显著水平下显著，其余的都不显著。②短期波动率方面，四个模型所有的 α_i 和 β_i 都在 1% 显著水平下显著，而且满足 $0<\alpha_i,\beta_i<1$ 且 $\alpha_i+\beta_i<1$，也就是说短期波动率服从均值回复的 GARCH(1,1) 过程。③长期波动率方面，GARCH-MIDAS-RV 模型和 GARCH-MIDAS-LI 模型中常数项 $\bar{m}_i$ 以及 λ_i 均在 1% 显著水平下显著，GARCH-MIDAS-CPI 模型和 GARCH-MIDAS-INDUS 模型中常数项 $\bar{m}_i$ 以及 λ_i 大部分也在 1% 显著水平下显著，而且大部分 λ_i 符号为负，说明五个市场的长期波动率与本书所选的三个宏观经济变量表现出一定的逆周期性，也就是说宏观经济变量的增加反而会导致波动率减少，这与很多文献结论一致。四个模型中的参数 ω_i 大部分也是显著的，且大于1，说明权重的赋予呈现出单调递减的形式。

对比四个模型的 LL、AIC 以及 BIC，可以发现，GARCH-MIDAS-LI 模型、GARCH-MIDAS-CPI 模型以及 GARCH-MIDAS-INDUS 模型均优于 GARCH-MIDAS-RV 模型，说明用宏观经济变量作为宏观经济波动的代理变量优于月内已实现波动率。而宏观经济景气先行指数在 LL、AIC 以及 BIC 中均是最优的。故本书将采用 GARCH-MIDAS-LI 模型作为边缘分布模型进行后续的工作,在此给出五个市场的 GARCH-MIDAS-LI 边缘分布模型 ($r_{it}, i = 1 \sim 5$ 分别代表 HS300、HS300GZQH、MJGK、SZGZ 以及 USDCNY 指数收益率序列):

$$\begin{cases} r_{1t} = 0.0006 - 0.8345 r_{1t-1} + 0.8596 \varepsilon_{1t-1} + \sqrt{m_{1\tau} g_{1t}} \varepsilon_{1t} \\ \varepsilon_{1t} \sim \text{i.i.d.}(0,1) \\ g_{1t} = 0.0091 + 0.0578 \dfrac{(r_{1t-1} - 0.0006 + 0.8345 r_{1t-1} - 0.8596 \varepsilon_{1t-1})^2}{m_{1\tau}} + 0.9331 g_{1t-1} \\ m_{1\tau} = 0.0002 - 0.2394 \sum_{k=1}^{6} \varphi_k (8.3457) \text{LI}_{t-k} \end{cases}$$

(10.74)

$$\begin{cases} r_{2t} = 0.0008 + 0.0775 r_{2t-1} - 0.0591 \varepsilon_{2t-1} + \sqrt{m_{2\tau} g_{2t}} \varepsilon_{2t} \\ \varepsilon_{2t} \sim \text{i.i.d.}(0,1) \\ g_{2t} = 0.0178 + 0.0695 \dfrac{(r_{2t-1} - 0.0008 - 0.0775 r_{2t-1} + 0.0591 \varepsilon_{2t-1})^2}{m_{2\tau}} + 0.9127 g_{2t-1} \\ m_{2\tau} = 0.0002 - 0.2801 \sum_{k=1}^{6} \varphi_k (7.6547) \text{LI}_{t-k} \end{cases}$$

(10.75)

$$\begin{cases} r_{3t} = -0.0005 - 0.7921 r_{3t-1} + 0.7362 \varepsilon_{3t-1} + \sqrt{m_{3\tau} g_{3t}} \varepsilon_{3t} \\ \varepsilon_{3t} \sim \text{i.i.d.}(0,1) \\ g_{3t} = 0.0376 + 0.1004 \dfrac{(r_{3t-1} + 0.0005 + 0.7921 r_{3t-1} - 0.7362 \varepsilon_{3t-1})^2}{m_{3\tau}} + 0.8620 g_{3t-1} \\ m_{3\tau} = 0.0089 - 0.1989 \sum_{k=1}^{6} \varphi_k (1.6937) \text{LI}_{t-k} \end{cases}$$

(10.76)

$$\begin{cases} r_{4t} = 0.000019 + 0.4455 r_{4t-1} - 0.3467 \varepsilon_{4t-1} + \sqrt{m_{4\tau} g_{4t}} \varepsilon_{4t} \\ \varepsilon_{4t} \sim \text{i.i.d.}(0,1) \\ g_{4t} = 0.0344 + 0.1526 \dfrac{(r_{4t-1} - 0.000019 - 0.4455 r_{4t-1} + 0.3467 \varepsilon_{4t-1})^2}{m_{4\tau}} + 0.8130 g_{4t-1} \\ m_{4\tau} = 0.000004 - 0.0008 \sum_{k=1}^{6} \varphi_k (8.1974) \text{LI}_{t-k} \end{cases}$$

(10.77)

$$\begin{cases} r_{5t} = -0.000\,015 - 0.528\,1 r_{5t-1} + 0.625\,5\varepsilon_{5t-1} + \sqrt{m_{5\tau}g_{5t}}\varepsilon_{5t} \\ \varepsilon_{5t} \sim \text{i.i.d.}(0,1) \\ g_{5t} = 0.441\,8 + 0.185\,8\,\dfrac{(r_{5t-1} + 0.000\,015 + 0.528\,1 r_{5t-1} - 0.625\,5\varepsilon_{5t-1})^2}{m_{5\tau}} + 0.402\,4 g_{5t-1} \\ m_{5\tau} = 0.000\,001 - 0.002\,5\sum_{k=1}^{6}\varphi_k(8.004\,2)\text{LI}_{t-k} \end{cases}$$

(10.78)

得到边缘分布模型参数的极大似然估计后,需要检验边缘分布模型是否适用于 Copula 建模,根据式(10.63)计算出标准化残差,首先对标准残差序列进行正态分布、t 分布和偏 t 分布的概率积分变换,然后对概率积分变换后的序列进行 Ljung-Box Q 检验和 K-S 检验。表 10-19 给出了概率积分变换的拟合结果。t 分布和偏 t 分布的自由度参数 ν_i 以及非对称参数 ξ_i 均显著,都表明了五个标准化残差序列均不服从正态分布。

表 10-19 标准残差序列的拟合结果

分布名称		HS300	HS300GZQH	MJGK	SZGZ	USDCNY
正态分布		—	—	—	—	—
t 分布	ν_i	3.479 3*	3.142 0*	8.106 6**	4.141 2**	2.354 8*
偏 t 分布	ν_i	4.841 0**	4.054 4**	5.798 1**	4.398 4**	2.897 4**
	ξ_i	−0.003 2***	0.057 4**	−0.030 1***	0.017 3*	0.015 0*

注:标准残差序列总体服从均值为零、方差为 1 的独立同分布,故正态分布无其他参数估计。*、**、*** 分别表示在 10%、5%、1% 的水平下显著。

表 10-20 给出了标准残差序列拟合后,即概率积分变换后的 Ljung-Box Q 检验和 K-S 检验的结果。Ljung-Box Q 检验是判断概率积分变换后的序列是否非自相关;K-S 检验是判断概率积分变换后的序列是否服从 [0,1] 均匀分布。同时通过了 Ljung-Box Q 检验和 K-S 检验,才适用于后续的 Copula 建模。

表 10-20 标准残差序列进行概率积分变换后的检验结果

参数	正态分布概率积分变换		t 分布概率积分变换		偏 t 分布概率积分变换	
	LBQ(21)	K-S	LBQ(21)	K-S	LBQ(21)	K-S
HS300	24.976 0	0.046 8**	25.009 0	0.047 7**	29.070 0	0.033 1
	(0.248 0)	(0.029 1)	(0.247 0)	(0.030 3)	(0.112 0)	(0.266 0)
HS300GZQH	27.790 0	0.052 8***	27.823 0	0.055 4***	28.177 0	0.044 3
	(0.146 0)	(0.009 1)	(0.145 0)	(0.007 0)	(0.135 0)	(0.153 9)
MJGK	20.287 0	0.037 4	25.265 0	0.041 3*	19.876 0	0.029 8
	(0.503 0)	(0.134 2)	(0.505 0)	(0.086 5)	(0.529 0)	(0.389 8)
SZGZ	24.735 0	0.049 6**	24.895 0	0.031 6	23.536 0	0.033 6
	(0.259 0)	(0.017 3)	(0.252 0)	(0.318 0)	(0.316 0)	(0.250 1)

续表

参数	正态分布概率积分变换		t 分布概率积分变换		偏 t 分布概率积分变换	
	LBQ(21)	K-S	LBQ(21)	K-S	LBQ(21)	K-S
USDCNY	23.754 0	0.044 2*	23.882 0	0.058 9***	22.687 0	0.036 8
	(0.253 0)	(0.054 8)	(0.248 0)	(0.003 4)	(0.304 0)	(0.165 2)

注：圆括号内数值为统计量对应的 P 值。LBQ(21) 是 Ljung-Box Q 检验，原假设是滞后 21 阶的系数均为 0。K-S 为 Kolmogorov-Smirnov 检验，原假设是时间序列服从 [0,1] 均匀分布。

从表 10-20 可以看出：①Ljung-Box Q 检验结果显示所有的 P 值都大于 0.1，说明五个市场的标准残差序列在进行正态分布、t 分布和偏 t 分布三种分布的概率积分变换后，都不存在自相关性。②K-S 检验结果表明，HS300、HS300GZQH、SZGZ 和 USDCNY 指数的标准残差序列在进行正态分布的概率积分变换后均无法通过 K-S 检验；HS300、HS300GZQH、MJGK 和 USDCNY 指数的标准残差序列在进行 t 分布的概率积分变换后均无法通过 K-S 检验；五个市场指数的标准残差序列在进行偏 t 分布的概率积分变换后，K-S 检验的 P 值都大于 0.1，说明五个市场指数经过偏 t 分布概率积分变换后的序列都服从 [0,1] 均匀分布，通过了 K-S 检验。所以选取偏 t 分布对标准残差序列进行拟合，建立的 GARCH-MIDAS-LI-偏 t 模型可以很好地对五个市场收益率序列进行拟合，该边缘分布模型适用于后续的 Copula 建模。

4. 混频 Copula 参数估计

当边缘分布模型确定了以后，得到标准残差序列经过偏 t 分布拟合后的累积分布函数 CDF，将其代入合适的 Copula 函数，使其能够很好地描述金融市场间的相依结构。根据前文，仅考虑二元变量的情况有

$$(u_{1t}, u_{2t}) \sim C(u_{1t}, u_{2t}; \theta_c) \tag{10.79}$$

其中，(u_{1t}, u_{2t}) 为二元变量的累积分布函数，它们间的相依结构可以用任意二元 Copula 函数 $C(u_{1t}, u_{2t}; \theta_c)$ 来表示；θ_c 为二元 Copula 函数 $C(u_{1t}, u_{2t}; \theta_c)$ 的参数。本书选取 Gaussian Copula 函数、t-Copula 函数、Clayton Copula 函数、Gumbel Copula 函数和 Frank Copula 函数，运用极大似然估计得到市场间的相依结构。为了便于分析和讨论，把 HS300、HS300GZQH、MJGK、SZGZ 和 USDCNY 指数依次记作 1~5。表 10-21 给出了五个市场指数两两间的 Copula 参数估计结果。因为 Clayton Copula 函数和 Gumbel Copula 函数只能用于描述变量间的非负相关关系，所以当市场间呈负相关关系时，Clayton Copula 函数和 Gumbel Copula 函数并不适用，表中记为"—"，下文不再赘述。

从表 10-21 可以明显看出两点：①1(HS300)-2(HS300GZQH)、1(HS300)-3(MJGK)、2(HS300GZQH)-3(MJGK) 以及 4(SZGZ)-5(USDCNY) 市场间呈现出正相关关系，剩下的市场间呈现出负相关关系。②对比表中 Gaussian Copula 函数、t-Copula 函数、Clayton Copula 函数、Gumbel Copula 函数和 Frank Copula 函数，t-Copula 函数的 LL 是最大的；AIC 值及 BIC 值，t-Copula 函数也是最小的，所以从 LL、AIC 以及 BIC 来看，t-Copula 函数的拟合效果是最佳的。

表 10-21 混频 Copula 参数估计结果

项目		1-2	1-3	1-4	1-5	2-3	2-4	2-5	3-4	3-5	4-5
Gaussian Copula	参数	0.932 2	0.310 6	−0.096 9	−0.112 8	0.327 6	−0.121 7	−0.095 7	−0.140 3	−0.133 1	0.017 9
	LL	68.115 6	69.883 2	64.158 3	61.306 2	75.345 3	68.238 3	65.712 2	61.493 2	73.101 4	66.321 4
	AIC	−132.138 3	−137.754 7	−126.227 4	−122.412 7	−146.683 6	−136.076 6	−131.424 7	−118.481 2	−144.218 4	−128.384 3
	BIC	−130.872 1	−132.558 5	−122.796 3	−120.291 3	−143.470 0	−130.934 5	−129.093 6	−113.359 6	−139.004 9	−123.113 6
t-Copula	参数	0.930 1	0.308 8	−0.092 4	−0.125 3	0.328 2	−0.112 1	−0.093 3	−0.135 5	−0.127 9	0.014 6
	LL	4.195 4	4.334 5	6.943 4	5.893 6	4.180 1	7.994 2	5.507 6	4.943 4	5.697 9	8.392 5
	AIC	70.533 7	73.465 2	84.239 9	78.375 0	81.850 2	79.564 7	75.036 1	76.635 4	77.928 8	76.962 5
	BIC	−142.855 4	−142.936 3	−162.066 6	−156.550 3	−159.707 9	−157.129 3	−149.961 9	−149.383 9	−151.834 2	−150.821 6
		−136.335 9	−132.514 2	−148.744 6	−144.329 4	−153.294 2	−151.836 1	−141.081 4	−142.165 8	−144.415 8	−143.238 9
Clayton Copula	参数	3.987 9	0.475 8	—	—	0.474 8	—	—	—	—	0.189 1
	LL	55.205 2	49.334 9	—	—	55.886 9	—	—	—	—	55.745 8
	AIC	−108.305 3	−96.663 7	—	—	−109.751 1	—	—	—	—	−109.665 2
	BIC	−107.045 4	−91.458 5	—	—	−104.549 7	—	—	—	—	−103.635 3
Gumbel Copula	参数	3.988 3	1.157 6	—	—	1.163 7	—	—	—	—	1.005 2
	LL	67.911 4	68.719 5	—	—	73.414 1	—	—	—	—	72.161 4
	AIC	−135.786 8	−135.423 7	—	—	−144.831 2	—	—	—	—	−143.364 5
	BIC	−131.455 9	−130.218 6	—	—	−139.627 5	—	—	—	—	−138.559 9
Frank Copula	参数	14.065 3	1.966 4	−0.565 6	−0.572 7	2.083 3	−0.618 7	−0.557 6	−0.684 5	−0.615 5	0.126 2
	LL	60.395 4	66.845 1	53.714 4	61.913 9	74.854 9	69.156 4	62.049 3	63.359 6	70.483 2	67.517 6
	AIC	−121.686 7	−131.693 8	−105.117 3	−123.727 5	−147.726 8	−137.912 2	−122.998 6	−123.514 8	−138.163 9	−133.927 6
	BIC	−117.425 3	−126.456 3	−99.797 8	−121.606 4	−142.492 5	−135.777 2	−120.667 5	−117.104 6	−130.866 6	−126.978 6

复习思考题

1. 简述 Copula 函数的基本定义。
2. 简要介绍 Copula 的相关性测度。
3. Copula 函数与藤 Copula 函数的区别是什么?
4. 混频 Copula 模型与传统 Copula 模型的区别是什么?

即 测 即 练

小波分析方法及应用

本章知识点
1. 了解小波函数。
2. 了解小波变换方法。
3. 理解小波分析方法的应用。

11.1 小波函数

11.1.1 小波分析与应用领域

小波分析是建立在泛函分析、傅里叶分析、样条分析及调和分析基础上的一种新兴的信号处理方法。1985 年,Grossman 利用平稳和伸缩不变性构建了小波变换的理论体系,优化了小波变换方法。它继承和发展了短时傅里叶变换局部化的思想,同时又克服了窗口大小不随频率变化等缺点,是进行信号时频分析和处理的理想工具。它的主要特点是通过变换能够充分突出问题某些方面的特征。表 11-1～表 11-3 展示了傅里叶变换、短时傅里叶变换、小波变换的联系和区别。

表 11-1 傅里叶变换

分解种类	频率
分析函数	正、余弦
变量	频率
信息	组成信号的频率
适应场合	平稳信号
算法复杂度	FFT(快速傅里叶变换)的计算复杂度为 $O(N \lg N)$,N 为信号的大小

表 11-2 短时傅里叶变换

分解种类	时间-频率
分析函数	由三角震荡函数复合而成的时间有限的波,波的大小即为窗口尺寸,该尺寸对每个分析是固定的,但窗口内的频率是变化的
变量	频率、窗口的位置
信息	窗口越小,时间局部化越好,其结果是滤掉低频成分;窗口越大,频率局部化越好,此时时间局部化较差
适应场合	次稳定信号
算法复杂度	

表 11-3　小波变换

分解种类	时间-尺度或时间-频率
分析函数	具有固定震荡次数的时间有限的波。小波函数的伸缩改变其窗口大小。由于小波震荡的次数不变,故小波的频率随着尺度的改变而变化
变量	尺度、小波的位置
信息	窄的小波提供好的时间局部化及差的频率局部化,宽的小波提供好的频率局部化及差的时间局部化
适应场合	非平稳信号
算法复杂度	

小波分析方法清楚地描述了信号频率和时间变化的关系,在时域和频域同时具有良好的局部化特性,被誉为信号分析的"数学显微镜",它是一个范围可变的窗口,能通过伸缩和平移等运算功能改变时频分析窗的大小,用短窗口捕捉高频信息,即信号细节特征,用长窗口捕捉低频信息,即信号平滑特征,而且不要求数据事先服从特定的统计特性,或者对信号进行多尺度细化分析,使信号所包含的重要信息能显现出来。另外,小波分析对具有尖峰厚尾、不连续、非平稳、自相似等特征的数据处理具有稳健性,具有其他分析方法无可比拟的优势。

小波分析的理论和方法在信号处理、图像处理、模式识别、语音识别、量子物理、地震勘探、流体力学、电磁场、CT(电子计算机断层扫描)成像、机器视觉、机械故障诊断、分形、数值计算等领域得到广泛应用。近年来,随着小波理论的不断完善和发展,其在金融研究中越来越得到广泛的应用。在本章中,我们仅仅关注小波(wavelet)在金融时间序列分析方面的应用。

11.1.2　小波函数概述

小波是小区域的波,是一种特殊的长度有限、平均值为 0 的波形。

函数 $\psi(t) \in L^2(R), L^2(R)$ 为平方可积空间:

$$\int_{-\infty}^{\infty} \psi(t)^2 \mathrm{d}t < \infty \tag{11.1}$$

或者其傅里叶变换 $\Psi(f)$:

$$\Psi(f) = \int_{-\infty}^{+\infty} \psi(t) \mathrm{e}^{-i2\pi ft} \mathrm{d}t \tag{11.2}$$

满足容许性条件:

$$C_\psi = \int_{-\infty}^{+\infty} \frac{|\Psi(f)|^2}{f} \mathrm{d}f < \infty \tag{11.3}$$

则函数 $\psi(\cdot)$ 称为一个基本小波或母小波函数,将母小波函数进行伸缩、平移的转换就得到小波函数:

$$\psi_{\tau,s}(t) = \frac{1}{\sqrt{s}} \psi\left(\frac{t-\tau}{s}\right) \tag{11.4}$$

式中,s 为一个尺度或者区间因子,控制小波函数的宽度,当 $s>1$ 时,相当于拉伸小波函数,当 $s<1$ 时,相当于压缩小波函数;τ 为平移因子,控制小波函数的位置,即小波函数的时点。$\psi(\tau-3,s)$ 意味着小波函数向右移动 3 个单位。

离散的情况是对时点 τ 与尺度 s 进行离散化,采取二进制离散化小波变换,令 $\tau=2^j k$,$s=2^j$,小波函数为

$$\psi_{j,k}(t) = 2^{-\frac{j}{2}} \psi\left(\frac{t - 2^j k}{2^j}\right) \tag{11.5}$$

式中，$j \in \mathbf{Z} = \{0, \pm 1, \pm 2, \cdots\}$ 称为尺度函数；$k \in \mathbf{Z}$ 为平移系数。

小波函数 $\{\psi_{j,k}\}_{j,k \in \mathbf{Z}}$ 是平方可积函数空间 $L^2(R)$ 的完全正交基，所以对于任一 $x(t) \in L^2(R)$ 展开为

$$x(t) = \sum_{j \in \mathbf{Z}} \sum_{k \in \mathbf{Z}} \omega_{j,k} \psi_{j,k}(t) \tag{11.6}$$

其中，

$$\omega_{j,k} = \int x(t) \psi_{j,k}(t) \mathrm{d}t \tag{11.7}$$

为小波系数，它是 $x(t)$ 和 $\psi_{j,k}(t)$ 的卷积。

满足上述小波函数的性质，有多种不同类型的小波函数，如哈尔(Haar)小波、Mexican Hat(mexh)小波、Morlet 小波、Daubechies(dbN)小波、Symlet(sym N)小波等，每个小波都有各自特殊的特征以及不同的适用范围，对金融时间序列数据进行不同的处理和分析时所要求的特性也会不同。下面详细介绍这几种小波函数。

1. 哈尔小波

哈尔小波是最简单的小波函数，也是小波分析中最早用到的一个具有紧支撑的正交小波函数，是支撑在 $t \in [0,1]$ 范围内的单个矩形波，定义如下：

$$\psi(t) = \begin{cases} 1 & (0 \leqslant t \leqslant 1/2) \\ -1 & (1/2 < t < 1) \\ 0 & (\text{其他}) \end{cases} \tag{13.8}$$

哈尔小波在时域上是不连续的，所以作为基本小波性能不是特别好，同时是对称的小波。哈尔小波形状如图 11-1 所示。

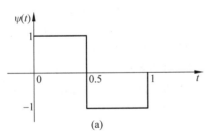
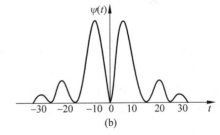

图 11-1 哈尔小波形状

2. Mexican Hat(mexh)小波

Mexican Hat 函数，即墨西哥帽函数，是高斯函数的二阶导数：

$$\psi(t) = \frac{2}{\sqrt{3}} \pi^{-1/4} (1 - t^2) \mathrm{e}^{-t^2/2} \tag{11.9}$$

这个小波的名字来源与其小波函数图像相似，Mexican Hat 函数在时间域与频率域都有很好的局部化，但是它不存在尺度函数，不具有正交性。Mexican Hat 函数小波形状如图 11-2 所示。

3. Morlet 小波

Morlet 小波是高斯包络下的单频率正弦函数,没有尺度函数,是非正交分解,定义为

$$\psi^M(t) = c e^{i\omega_0 t} e^{-t^2/2} \tag{11.10}$$

式中,c 和 ω_0 为常数,ω_0 表示的是小波中心频率。

Morlet 小波不是紧支撑、对称小波。连续小波变换(continuous wavelet transform,CWT)在金融上的应用设置 $c=1/\pi^{1/4}$、$\omega_0=6$ 时,Morlet 小波函数在时域和频域的中心点是 $(0,\omega_0/2\pi)$,当 $\omega_0=6$ 时,频率中心 $\omega_0/2\pi \approx 1$,频率 f 与尺度 s 的关系近似为

$$f = \frac{\omega_0/2\pi}{s} \approx \frac{1}{s} \tag{11.11}$$

式(11.11)体现了小波的尺度和相应的傅里叶的周期几乎是等同的(Maraun and Kurths,2004),极大简化了实证的分析。Morlet 函数小波形状如图 11-3 所示。

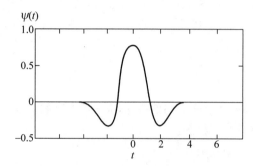

图 11-2　Mexican Hat 函数小波形状

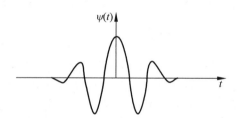

图 11-3　Morlet 函数小波形状

4. Daubechies(dbN)小波

Daubechies 小波为正交小波,一般写成 dbN 小波,N 表示小波的阶数,取 2~10;除 $N=1$ 外,dbN 小波不具有对称性,非线性相位,即在对信号进行分析和重构时会产生一定的相位失真。dbN 没有明确的表达式。当 $N=1$ 时,db1 即哈尔小波。小波函数和尺度函数中的支撑区为 $2N-1$,具有较好的正则性,即该小波作为稀疏基所引入的光滑误差不容易被察觉,使得信号重构过程比较光滑。dbN 小波的特点是阶次(序列 N)越大,消失矩(vanishing moments)阶数越大,其中消失矩越大光滑性越好,频域的局部化能力就越强,频带的划分效果越好,但是会使时域紧支撑性减弱,同时计算量大大增加,实时性变差。dbN 小波形状如图 11-4 所示。

5. Symlet(sym N)小波

Symlet 小波是 Daubechies 在 Daubechies 小波基础上提出的近似对称的小波函数,它是对 db 函数的一种改进。Symlet 小波一般写成 sym$N$,国外也有简称 LA(N)小波,其中 N 取 2~8,是有限紧支撑正交小波,sym$N$ 小波的支撑范围为 $2N-1$,消失矩为 N。其具有正交性和较好的降噪性,可以使有限长度的时间序列进行正交小波分解和重构,是分析时间序列良好的工具。该小波与 dbN 小波相比,在连续性、支撑长度、滤波器长度等方面一致,但 sym$N$ 小波具有更好的对称性,即一定程度上能够减少对信号进行分析和重构时的相位失真。sym$N$ 小波形状如图 11-5 所示。

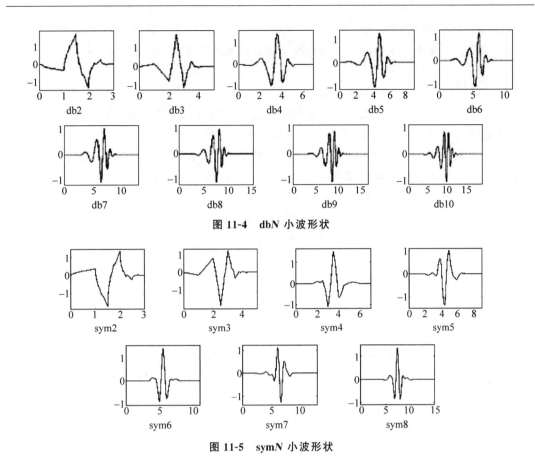

图 11-4　dbN 小波形状

图 11-5　symN 小波形状

11.1.3　小波函数选择标准

在小波分析中,小波函数具有多样性,而且可供选择的小波函数和尺度函数并不是唯一的,选择不同的小波函数,就会得到不同的结果。小波函数的选择通常根据以下标准:支撑长度、对称性、消失矩的阶数、正则性。

1. 支撑长度

支撑长度指的是对应小波函数和尺度函数的支撑区间,表示当时间或频率趋向于无穷大时,小波函数和尺度函数从一个有限值收敛到 0 的长度。支撑长度越长,一般需要耗费越多的计算时间,且产生更多高幅值的小波系数。大部分应用选择支撑长度为 5~9 的小波,因为支撑长度太长会产生边界问题,支撑长度太短,消失矩太低,不利于信号能量的集中。

2. 对称性

具有对称性的小波,在图像处理中可以很有效地避免移相,因为该小波对应的滤波器具有线性相位的特点。

3. 消失矩的阶数

消失矩指的是使尽量多的小波系数等于零或者产生尽量少的非零小波系数,这对数据压缩和消除噪声非常有用。消失矩越大,就可以使越多的小波系数等于零。但在一般情况下,消失矩越大,支撑长度也越长。所以在支撑长度和消失矩上,必须折中处理。

4. 正则性

正则性好的小波在信号或图像的重构中可以获得较好的平滑效果,减少量化或舍入误差的视觉影响。因为人眼对"不规则"(irregular)误差比"平滑"误差更加敏感,进行信号或者图像的重构时,需要量化或者舍入小波系数,就会产生重构误差,对人眼有影响,所以必须尽量增大小波的光滑性或者连续可微性。在一般情况下,正则性好,支撑长度就长,计算时间也就越长。因此在正则性和支撑长度上,也要有所权衡。

消失矩和正则性之间有很大关系,对很多重要的小波(如 Daubechies 小波)来说,随着消失矩的增加,小波的正则性变大,但是,并不能说随着小波消失矩的增加,小波的正则性一定增大,有的反而变小。

小波函数对应的特性见表 11-4。

表 11-4 小波函数对应的特性

小 波 函 数	Haar	Mexican Hat	Morlet	Daubechies	Symlet
小波缩写名	haar	mexh	morl	db	sym
表示形式	haar	mexh	morl	db$N$	sym$N$
正交性	有	无	无	有	有
双正交性	有	无	无	有	有
紧支撑性	有	无	无	有	有
连续小波变换	可以	可以	可以	可以	可以
离散小波变换	可以	不可以	不可以	可以	可以
支撑长度	1	有限长度	有限长度	$2N-1$	$2N-1$
滤波器长度	2	$[-5,5]$	$[-4,4]$	$2N$	$2N$
对称性	对称	对称	对称	近似对称	近似对称
小波函数消失矩阶数	1	—	—	N	N

11.2 小 波 变 换

小波变换的方法分为连续小波变换和离散小波变换(discrete wavelet transform,DWT)两种,连续小波变换主要应用在提取数据特征,而离散小波变换广泛地应用在数据的降噪和数据压缩。近几年,离散小波变换的多分辨分析在研究金融时间序列特性上取得重要突破,基本思路是将金融时间序列分解在不同的尺度(频域)上,分析尺度序列的特征和相关性,从而实现从时域和频域维度对金融时间序列进行分析。其中,低频尺度的多分辨率分析表示时间序列总体特征,高频尺度多分辨率分析表示时间序列的细节特征,可以将时间序列不能观察出的细节部分分解出来,描述时间序列细节特征。

11.2.1 连续小波变换

给定一个时间序列 $x(t)$,$x(t)$ 的连续小波变换 $W_x(\tau,s)$ 定义为

$$W_x(\tau,s) = \int x(t) \frac{1}{\sqrt{s}} \bar{\psi}\left(\frac{t-\tau}{s}\right) dt \tag{11.12}$$

式中,$\bar{\psi}\left(\frac{t-\tau}{s}\right)$ 为 $\psi\left(\frac{t-\tau}{s}\right)$ 的共轭复数。

下面介绍几个连续小波变换相关的概念,这些概念在金融时间序列分析中具有重要意义。

将连续小波变换的平方 $|W_x(\tau,s)|^2$ 定义为小波功率谱(wavelet power spectrum),表示在时点 τ 尺度为 s 的时间序列 $x(t)$ 的方差。从而可以得到同尺度和不同时间金融时间序列的波动情况,从时域-频域两维度分析金融时间序列的波动情况。

两个时间序列 $x(t)$ 和 $y(t)$ 对应的连续小波变换为 $W_x(\tau,s)$ 和 $W_y(\tau,s)$,它们的交叉小波谱(cross wavelet spectrum) $W_{xy}(\tau,s)$ 定义为

$$W_{xy}(\tau,s) = W_x(\tau,s)\overline{W}_y(\tau,s) \tag{11.13}$$

式中,τ 为时点;s 为尺度,函数上面一杠表示共轭复数,进一步将 $|W_{xy}(\tau,s)|$ 定义为交叉小波功率(cross wavelet power)。交叉小波功率表示在指定的时间和尺度下时间序列的局部协方差,可以发现时间序列共同功率(common power)。

为了刻画两个时间序列在时域和频域上的联动性的大小,后来学者提出了平方小波相干(squared wavelet coherence),定义为

$$R^2(\tau,s) = \frac{|S[s^{-1}W_{xy}(\tau,s)]|^2}{S[s^{-1}|W_x(\tau,s)|^2]S[s^{-1}|W_y(\tau,s)|^2]} \tag{11.14}$$

其中,S 为平滑算子(smoothing operator),如果没有进行平滑处理,平方小波相干都会等于1。详细介绍参见 Torrence 和 Compo(1998),Grinsted A et al.(2004)的文献。

平方小波相干系数与传统的相关系数相似,用小波相干系数可以表示两个时间序列特定的时域和频域上的相关性,其范围为 $0 \leq R^2(\tau,s) \leq 1$,当小波相干接近于 0 时,意味着弱相关性,当小波相干系数接近于 1 时,说明有着很强的相关性,对于分析股票市场的联动是一个很有用的工具。

小波平方相干的相位差(phase differences)可以体现两个时间序列振动(循环)的延迟,进而可以用于研究两个时间序列的领先滞后关系。根据 Torrence 和 Webster(1999)的文献,小波平方相干的相位差定义为

$$\phi_{xy}(\tau,s) = \tan^{-1}\left(\frac{\Im\{S[s^{-1}W_{xy}(\tau,s)]\}}{\Re\{S[s^{-1}W_{xy}(\tau,s)]\}}\right) \tag{11.15}$$

其中,$\Im$ 和 $\Re$ 分别为平滑功率谱的虚部和实部。两个时间序列每部分的领先滞后信息取决于 $\phi_{xy} \in [-\pi,\pi]$ 的取值,当 $\phi_{xy} \in (0,\pi/2)$ 时,两个时间序列同相位运动,时间序列 x 领先于 y,当 $\phi_{xy} \in (-\pi/2,0)$ 时,y 领先于 x;当 $\phi_{xy} \in (\pi/2,\pi)$ 时,两个时间序列反相位运动,y 领先于 x,当 $\phi_{xy} \in (-\pi,-\pi/2)$ 时,x 领先于 y。相位差为 0 时,表示两个时间序列在特定的频率下共同运动;相位差为 π 或者 $-\pi$ 时,表示两个时间序列反相位的关系。在小波平方相干图中,用箭头与 x 轴正方向的夹角表示相位差。

11.2.2 离散小波变换

应用连续小波变换分析长时间尺度的数据结构变化特征时,对应 s 的取值较大,同时需

要很大的数据量，计算复杂，而且包含巨大的冗余信息。另外，实际的金融时间序列往往表现为离散数据，所以许多文献也是采用离散小波变换对时间序列数据进行处理的。离散小波变换基于母小波 $\psi(t)$ 和父小波 $\varphi(t)$，母小波函数 $\psi(t)$，其积分等于 0，主要通过小波的不同频率来刻画信号的细节变化和高频部分。父小波函数 $\varphi(t)$，积分等于 1，是信号的低频部分用于刻画变量的平滑和趋势。采取二进制离散化小波变换，给定一个时间序列 $x(t)$，标准正交离散小波的基函数为

$$\psi_{j,k}(t) = 2^{-\frac{j}{2}} \psi\left(\frac{t-2^j k}{2^j}\right) \quad (j=1,2,\cdots,J) \tag{11.16}$$

$$\varphi_{J,k}(t) = 2^{-\frac{J}{2}} \varphi\left(\frac{t-2^J k}{2^J}\right) \tag{11.17}$$

式中，J 为分解层数，J 越大意味着分量越多，对应频率越低，信号变换越粗糙；k 为一个整数，表示给定频率时小波变换的次数。对应的离散小波变换可以计算小波系数 $\omega_{j,k}$ 与尺度系数 $\upsilon_{J,k}$，即

$$\omega_{j,k} = \sum_k x(t) \psi_{j,k}(t) \quad (j=1,2,\cdots,J) \tag{11.18}$$

$$\upsilon_{J,k} = \sum_k x(t) \varphi_{J,k}(t) \tag{11.19}$$

尺度系数 $\upsilon_{J,k}$ 表示时间序列的平滑和趋势，小波系数 $\omega_{j,k}$ 表示偏离平滑过程的大小。离散小波变换要求样本容量 N 是 2^J 的倍数，其中各频率系数如下。

(1) $j=1$，最高频率 2^1：有 $N/2^1$ 个系数 $\omega_{1,k}$。

(2) $j=2$，频率 2^2：有 $N/2^2$ 个系数 $\omega_{2,k}$，以此类推。

(3) $j=J$，最高频率 2^J：有 $N/2^J$ 个系数 $\omega_{J,k}$。

11.2.3 塔式算法

1988 年，Mallat 提出塔式算法，极大地简化了小波变换的计算，塔式算法的原理和计算如下。

根据金字塔算法，离散小波变换基于两个离散小波滤波器：①母小波 $\{h_l: l=0,1,\cdots,L-1\}$，表示高通滤波器，也称为小波滤波器，通过小波的不同频率来刻画信号的细节变化和高频部分。②父小波 $\{g_l: l=0,1,\cdots,L-1\}$，表示低通滤波器，也称为尺度滤波器，它重构信号的平滑和低频部分。L 表示的是滤波器的宽度，母小波满足以下三个条件。

(1) 求和等于 0：

$$\sum_{l=0}^{L-1} \tilde{h}_l = 0 \tag{11.20}$$

(2) 具有单位能量：

$$\sum_{l=0}^{L-1} \tilde{h}_l^2 = \frac{1}{2} \tag{11.21}$$

(3) 与自身的偶数平移正交：

$$\sum_{l=0}^{L-1} \tilde{h}_l \tilde{h}_{l+2n} = 0 \tag{11.22}$$

尺度滤波器 g_l 与小波滤波器 h_l 具有正交镜像（quadrature mirror）关系，所以 $g_l = (-1)^{l+1} h_{L-1-l} (l=0,1,\cdots,L-1)$。

根据 pyramid algorithm（Mallat,1989）金字塔算法进行离散小波变换，计算出离散小波变换第 j 层的小波系数 $\omega_{j,t}$ 与尺度系数 $v_{j,t}$：

$$\omega_{j,t} = \sum_{l=0}^{L-1} h_{j,l} x_{t-l \bmod N} \tag{11.23}$$

$$v_{j,t} = \sum_{l=0}^{L-1} g_{j,l} x_{t-l \bmod N} \tag{11.24}$$

11.2.4 极大重叠离散小波变换

极大重叠离散小波变换（Maximal Overlap Discrete Wavelet Transform，MODWT）是离散小波变换的改进方法，虽然不满足正交性，但是有很多优势：①适合任何样本容量，而 DWT 只适合样本容量是 2 的指数倍；②小波方差估计量是渐进一致估计量，相对 DWT 估计的小波方差，更加有效；③平移不变性，时间序列的循环平移不改变小波系数的值；④能够增加多分辨分解低频部分的信息量。

与离散小波变换相同，经式(11.16)和式(11.17)处理之后，便可得到 MODWT 的小波系数和尺度系数，不同的是，所有小波系数和尺度系数的个数与样本容量 N 是相等的。

极大重叠离散小波变换是离散小波变换和连续小波变换的折中。MODWT 的小波滤波器 $\{\tilde{h}_l\}$ 定义为 $\tilde{h}_l = h_l/\sqrt{2}$ 和尺度滤波器 $\{\tilde{g}_l\}$ 为 $\tilde{g}_l = g_l/\sqrt{2}$。对应的极大重叠离散小波变换第 j 层的小波系数 $\tilde{\omega}_{j,t}$ 和尺度系数 $\tilde{v}_{j,t}$ 如下：

$$\tilde{\omega}_{j,t} = \frac{1}{2^{j/2}} \sum_{l=0}^{L-1} \tilde{h}_{j,l} x_{t-l \bmod N} \tag{11.25}$$

$$\tilde{v}_{j,t} = \frac{1}{2^{j/2}} \sum_{l=0}^{L-1} \tilde{g}_{j,l} x_{t-l \bmod N} \tag{11.26}$$

MODWT 小波相关系数 $\rho_{xy}(\lambda_j)$ 用于衡量两个时间序列 $x(t)$ 和 $y(t)$ 之间的相关性，定义为两个时间序列的小波协方差 $\gamma_{xy}(\lambda_j)$ 除以两个时间序列方差的平方根 $\sigma_x(\lambda_j)$ 和 $\sigma_y(\lambda_j)$ 后开平方根，时间序列 $x(t)$ 在第 j 级分解水平上，尺度 $\lambda_j = 2^{j-1}$ 时 MODWT 的方差为

$$\sigma_x^2(\lambda_j) = \frac{1}{N_j} \sum_{t=L_j-1}^{N-1} \tilde{\omega}_{j,t,x}^2 \tag{11.27}$$

其中，$\tilde{\omega}_{j,t,x}$ 为 $x(t)$ 在时间 t 分解水平为 j 的小波系数，小波系数用 pyramid algorithm（Mallat,1989）金字塔算法计算出来，详细计算方法可查阅相关文献。$N_j = N - L_j + 1$ 表示第 j 级分解水平不受边界影响的小波系数的个数，$L_j = (2^j - 1)(L-1) + 1$ 为第 j 级分解水平滤波器的宽度，L 为滤波器的宽度。$y(t)$ 在尺度 $\lambda_j = 2^{j-1}$ 时 MODWT 有类似求法，尺度 $\lambda_j = 2^{j-1}$ 小波协方差为

$$\gamma_{xy}(\lambda_j) = \frac{1}{N_j} \sum_{t=L_j}^{N-1} \tilde{\omega}_{j,t,x} \tilde{\omega}_{j,t,y} \tag{11.28}$$

尺度 $\lambda_j = 2^{j-1}$ 的小波相关系数为

$$\rho_{xy}(\lambda_j) = \frac{\gamma_{xy}(\lambda_j)}{\sigma_x(\lambda_j)\sigma_y(\lambda_j)} \tag{11.29}$$

11.2.5 多分辨分析

小波多分辨分析这一概念是 1987 年法国科学家 Mallat 在构造正交小波基时提出的，也称为多尺度分析，其主要原理是将一个复杂信号分解到不同尺度子空间中，形成若干不同分辨率的分量及简单信号，从而能够较为细致地刻画时间序列在不同空间中的特性，便于对时间序列本质特征的把握。

金融市场是强噪声市场，特别是我国的证券市场，运用传统分析方法容易使某些信息被噪声所覆盖，这就使研究结果有较大的局限性和非稳健性。而多分辨分析可以将证券市场数据中的偶然因素造成的涨跌消除，具有突出主要因素的特点。应用多分辨分析在研究股票市场噪声数据上具有重要意义。

任何的函数 $x(t) \in L^2(R)$，都可以展开为小波函数的线性组合：

$$x(t) = \sum_k v_{J,k}\varphi_{J,k}(t) + \sum_k \omega_{J,k}\psi_{J,k}(t) + \sum_k \omega_{J-1,k}\psi_{J-1,k}(t) + \cdots + \sum_k \omega_{1,k}\psi_{1,k}(t) \tag{11.30}$$

所以离散小波多分辨分析表示为

$$x(t) = s_J + d_J + \cdots + d_1 \tag{11.31}$$

其中，

$$s_J = \sum_k v_{J,k}\varphi_{J,k}(t) \tag{11.32}$$

表示的是近似系数。

$$d_j = \sum_k \omega_{j,k}\psi_{j,k}(t) \tag{11.33}$$

表示第 j 级分解尺度的细节系数。

由此可以计算不同的分解尺度下，每层细节部分和逼近部分的占比，定义每层细节部分的能量谱为

$$E_j = \sum_{n=1}^{N} |d_{j-1,k}(n)|^2 \quad (j=1,2,\cdots,J; j,k \in \mathbf{Z}) \tag{11.34}$$

式中，$d_{j-1,k}(n)$ 为第 j 层细节部分系数；N 为第 j 层细节部分的系数个数。

根据式(11.34)计算分解 J 层后，第 J 层逼近部分的能量为

$$E_c = \sum_{n=1}^{N} |C_{j-J,k}(n)|^2 \tag{11.35}$$

式中，$C_{j-J,k}(n)$ 为第 J 层逼近部分的系数，$j,k \in \mathbf{Z}, J \in \mathbf{Z}$ 为分解层数。

经多分辨分析后，信号的总能量为

$$E = \sum_{j=1}^{J} E_j + E_c \tag{11.36}$$

由此，得到每层细节部分所占的能量谱比率：

$$\rho_j = \frac{E_j}{E} \times 100\% \tag{11.37}$$

同理,得到第 J 层逼近部分所占能量谱比率为

$$\rho_c = \frac{E_c}{E} \times 100\% \qquad (11.38)$$

11.2.6 多分辨分析分解层数选择标准

已有的文献对小波分解层数的选择大都是比较随意或者基于主观的经济研究目的,本书根据最小化信息熵准则(Minimization Shannon Entropy-related Criterion)来选择最优的小波分解层数,该标准是基于样本的长度、小波函数的类型以及边界处理方法的基础估计的。每一层的信息熵都是采用逐步估计的,并与前一层的信息熵做对比,如果信息熵下降,那么新的分解就有意义,不会有冗余信息,分解继续下去(Coifman and Wickerhauser, 1992)。最优的分解层数取决于最小的信息熵标准。$\{x_t, t=0,1,\cdots,N-1\}$ 为一个信号, $c_{i,j}$ 表示小波分解层数为 j 时 $(j=1,2,\cdots J)$,该信号在正交基上的投影系数,即小波多分辨分析中第 j 层的小波逼近系数与第 1 层至第 j 层所有细节系数构成,总共有 $(j+1) \times N$ 个数,所以 $i=1,2,\cdots,(j+1) \times N$。信息熵函数 E 是一个递增的函数且 $E(0)=0$,所以分解层数 j 时,整个信号的信息熵定义为

$$E(x_t) = \sum_{i=1}^{(j+1) \times N} c_{i,j}^2 \log(c_{i,j}^2) \qquad (11.39)$$

另外定义 $0 \cdot \log(0) = 0$。

11.3 案 例 分 析

11.3.1 连续小波变换案例分析

连续小波变换计算的小波功率谱可以衡量时域和频域上股市的波动情况,小波平方相干可以衡量两个股市之间的相关性,相位差可以衡量两个股市之间的领先滞后关系,这一节主要应用连续小波相关指标刻画股市之间的重要特性。

本书选取了中国的沪深 300 指数(HS300)和美国的标普 500 指数(BPZS)2005 年 1 月 4 日至 2016 年 3 月 3 日收盘价数据,剔除两个指数不匹配的数据,即剔除两个市场没有交易的天数后,计算当天收盘价的对数值与前一天收盘价的对数值的差,记为当天的对数收益率,如式(11.40)所示,总共得到 2 617 个收益率样本。

$$r_{it} = \ln P_{it} - \ln P_{it-1} \qquad (11.40)$$

式中,r_{it} 为股票指数 i 在 t 时刻的对数收益率,这里 $i=1$ 表示的是沪深 300 指数收益率,$i=2$ 表示的是标普 500 指数收益率;P_{it} 为股指 i 在 t 时刻的价格。

1. 小波功率谱图

连续小波变换将时间序列扩展到时域-频域的空间,以一个高度直观的方式展现收益率序列的震荡情况。根据式(11.12)将沪深 300 与标普 500 收益率序列进行连续小波变换,并计算连续小波的功率谱 $|W(\tau,s)|^2$,基于 Matlab 2015b 软件(下文同),先分别画出沪深 300 指数和标普 500 指数收益率的小波功率谱图,如图 11-6 和图 11-7 所示。

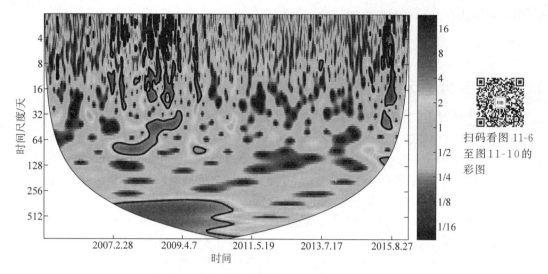

图 11-6　沪深 300 收益率小波功率谱

扫码看图 11-6 至图 11-10 的彩图

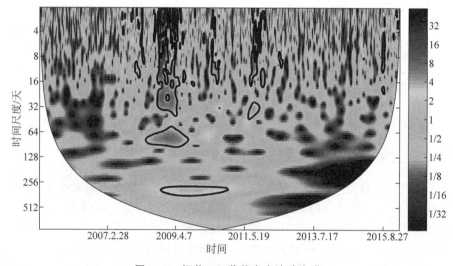

图 11-7　标普 500 收益率小波功率谱

图中黑色细线代表影响漏斗边界(cone of influence, COI),该边界外部的区域受边界的影响,不具有统计显著性,故在此只分析影响漏斗边界内部的结果。影响漏斗边界内部的黑色等高粗线代表所围区域的小波功率谱在 95% 的置信度下显著变化,即表示所围的区域股市的波动率显著变大,图中的颜色代表小波功率谱的大小,取值范围从蓝色(波动小)到红色(波动大)。横坐标表示时间,纵坐标表示周期,也就是时间尺度。

分析沪深 300 收益率的小波功率谱图,从时域视角可知,在 2007—2009 年中国(不含港、澳、台,本例下同)股市小波功率谱显著变大,主要受此期间爆发的次贷危机的影响,导致中国股市出现较大的波动;2015 年下半年,中国股市的小波功率谱也显著变大,2015 年中国股市先是经历一波牛市,于 2015 年 6 月 12 日沪深 300 指数创年内最高点 5 335.122 点,而后在 2015 年 7 月 8 日调整至新的低点 3 663.042 点,引发 2015 年 6 月中国的"股灾",导致中国股市波动加剧。从频域视角可知,2007—2009 年,在时间尺度小于 128 天和大于 256

天时,小波功率谱都是显著变大,可见这期间中国股市在短期、中期、长期的波动都较大;2015年下半年,在时间尺度小于64天时,中国股市只在中短期出现较大的波动。

分析标普500指数收益率功率谱图,从时域视角可知,在2008年到2009年上半年,以及在2010年5月前后和2012年5月前后,美国股市小波功率谱显著变大,股市波动较大。从频域视角可知,次贷危机期间,在时间尺度小于128天和256天左右,美国股市的波动都是显著的,可见次贷危机股市波动是长期的;另外在2010年5月前后与2012年5月出现中短期的波动,据统计,2012年5月美股出现大跌,标普500指数下跌6.3%,道琼斯股指在5月份下跌约6.2%,出现两年来最大的全月跌幅,有研究者认为这是程序化交易增加了金融市场的不稳定性,导致美国股市中短期的波动。

2. 小波互量图

根据式(11.13)和式(11.15)计算中美股市收益率的交叉小波功率和相位差,图11-8展示了沪深300和标普500收益率交叉小波功率,交叉小波功率体现的是两个股市之间的局部协方差,相位差用图中的箭头与横坐标轴正方向的夹角表示,图中的颜色表示的是两个股市收益率协方差的大小,颜色越暖的区域,表示的是两股市收益率同时波动比越大的区域。

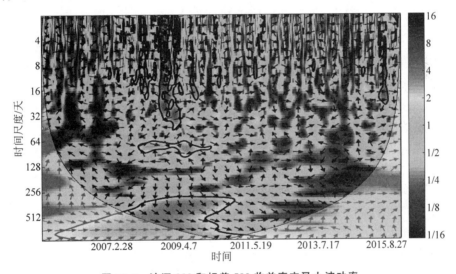

图11-8 沪深300和标普500收益率交叉小波功率

由图11-8可以看出,在次贷危机期间(2008年9月—2009年上半年),中美股市收益率都在各个尺度(除了128~256天外)出现较大的波动,箭头的方向在低尺度的区域较乱,有美国股市领先于中国股市,也有中国股市领先于美国股市,在256天以上的尺度箭头方向大都是朝右下角方向,体现的是美国股市领先于中国股市。2015年6月、7月在短尺度下两个股市局部协方差显著,但是持续的时间不长,箭头多是朝右上角,体现中国股市领先于美国股市。

3. 小波平方相干图

根据式(11.14)和式(11.15)计算两股市收益率小波平方相干和相位差,小波平方相干刻画股市之间的联动性,结果在图 11-9 中体现。黑色粗线代表所围区域的平方小波相干在 95% 的置信度下显著,其所围区域色彩越暖,表示对应区域的平方小波相干取值越大。

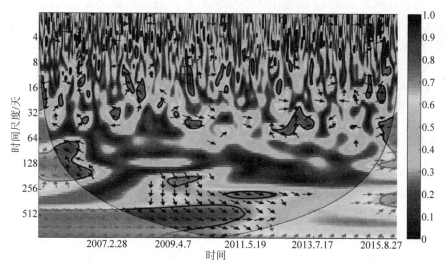

图 11-9　沪深 300 和标普 500 收益率平方小波相干图

分析图 11-9 可知:①在 4~16 天的短期尺度范围内,大部分时间里中美股市收益率的联动效应较弱,在整个时间轴上分布杂乱无序,这说明短期尺度范围内,中美两国表现出较低的联动效应水平,彼此影响较弱,两国市场更多地受到自身信息和其他国家市场的冲击。但是 2008—2009 年的联动效应与其他时间段不同,中美股市联动效应显著变强,主要由于在此期间爆发的次贷危机引起了全球金融风暴,导致中美股市产生较大的波动,进而导致联动效应的加强。②在 16~64 天的时间尺度范围内,中美股市联动效应较为显著,并且存在阶段性特征,这与中美之间的政策息息相关。并且,从相位差看出,在此时间尺度范围内大部分时间美国都处于领先地位。③在 64~256 天的较长期尺度范围内,2007 年前中美股市表现出较强的联动效应,并且美国始终处于领先地位,但是此后联动效应却减弱。④在 256 天以上的长时间尺度范围内,中美股市联动效应明显增强,美国始终处于领先地位,并且中美市场运动方向相同。

综合以上分析,可以发现,从短期角度来看,中美两国股市联动效应较弱,两市的相关程度较低,这与我国在金融领域对外开放水平较低、管制较为严格有关。但是从中长期角度看,中美股市之间存在一定的内在联动机理和规律,尤其是在次贷危机后,联动效应明显加强,两市保持了长期的联动关系,彼此相互影响、密不可分,并且美国占据了领先地位。这反映了中美之间密不可分的经贸合作关系。

图 11-10 描述的是沪深 300 指数价格和标普 500 指数价格平方小波相干图,在 4~64 天尺度,价格的联动性与收益率的联动性基本是一致的,在 64~256 天的尺度,两股市的价格联动性较弱,而在 256 天以上,价格在 2007 年至 2014 年表现出较强的联动效应,持续时间较收益率联动效应的时间长,同样是美国股市领先于中国股市。

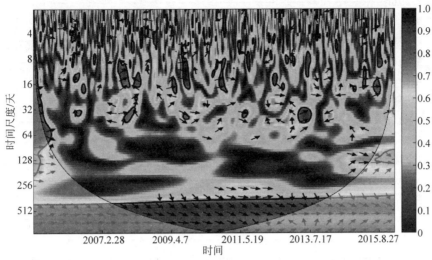

图 11-10　沪深 300 和标普 500 价格平方小波相干图

11.3.2　离散小波变换案例分析

1. 极大重叠离散小波变换的多分辨分析

同样采用沪深 300 和标普 500 收益率数据，这里应用离散小波变换研究股市收益率序列的特性。采用极大重叠离散小波变换的多分辨分析，先将沪深 300 指数收益率序列和标普 500 指数收益率序列分解成 5 个尺度序列，分解出的 d1、d2、d3、d4、d5 序列表示高频部分反映短期的信息；a5 序列表示低频部分（平滑的部分）反映长期的趋势。沪深 300 和标普 500 收益率序列各层分解情况如图 11-11 和图 11-12 所示。

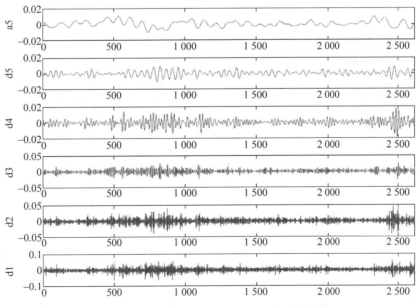

图 11-11　沪深 300 收益率 MODWT 多分辨分解

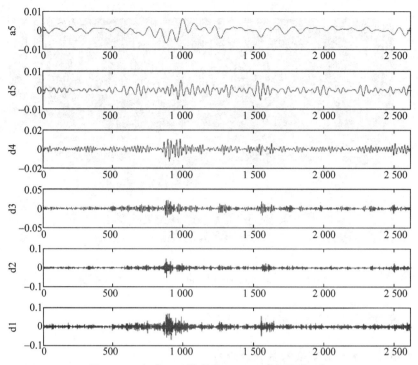

图 11-12　标普 500 收益率 MODWT 多分辨分解

从图 11-11 中可以看出，沪深 300 指数在 d1 和 d2 分解尺度上的波动较大，d3、d4、d5 次之。从图 11-12 中可以看出，标普 500 指数在 d1 分解尺度下波动最为剧烈，d2、d3、d4、d5 次之。

将小波分解尺度转化为时间视角，其中，d1 尺度对应的时间周期是 2～4 天，d2 尺度对应的时间周期是 4～8 天，d3 尺度对应的时间周期是 8～16 天，d4 尺度对应的时间周期是 16～32 天，d5 尺度对应的时间周期是 32～64 天，a5 对应的时间周期是 64 天以上，反映 64 天以上时间序列的趋势。更详细的小波分解尺度与时间对应关系如表 11-5 所示。一周按 5 个交易日计算，一个月按 20 个交易日计算。

表 11-5　小波尺度转化为时间视角

小波分解尺度	时间视角		
	天	周	月
d1	2～4		
d2	4～8	0.8～1.6	
d3	8～16	1.6～3.2	
d4	16～32	3.2～6.4	0.8～1.6
d5	32～64	6.4～12.8	1.6～3.2
a5	64 天以上	12.8 周以上	3.2 个月以上

从表 11-6 可知，分解后的序列跟原始收益率序列的特征很相近，由 JB 值看出所有序列均拒绝正态分布的原假设，ADF 检验所有序列都是平稳序列，Ljung-Box Q 统计量看出，所有序列都存在自相关性和异方差性。

表 11-6　沪深 300 和标普 500 收益率分解的序列描述性统计

沪深 300	d1	d2	d3	d4	d5	a5
均值	6.11E−11	7.64E−12	7.64E−12	1.53E−11	1.03E−10	4.34E−04
中值	8.72E−05	−8.15E−05	−2.16E−05	−2.19E−05	−4.12E−05	6.72E−05
最大值	5.92E−02	4.37E−02	2.63E−02	1.67E−02	9.38E−03	1.11E−02
最小值	−6.14E−02	−3.94E−02	−2.58E−02	−1.78E−02	−1.02E−02	−9.43E−03
标准差	1.27E−02	7.79E−03	5.95E−03	3.89E−03	2.95E−03	3.97E−03
偏度	−1.06E−01	1.78E−02	−2.58E−02	1.02E−02	−1.56E−02	1.85E−01
峰度	5.61E+00	5.96E+00	4.38E+00	4.94E+00	3.47E+00	3.05E+00
JB 值	745.95***	955.95***	208.69***	409.84***	24.36***	15.27***
样本数	2 617	2 617	2 617	2 617	2 617	2 617
ADF	−48.10***	−47.98***	−20.37***	−25.79***	−14.04***	−44.05***
$Q(5)$	1 237.02***	3 099.34***	5 017.71***	5 385.50***	10 263.22***	12 777.65***
$Q(10)$	1 253.52***	3 339.15***	7 881.43***	10 937.11***	12 440.12***	24 028.11***
$Q(20)$	1 256.51***	3 363.63***	9 335.13***	16 812.21***	22 649.61***	38 798.87***
$Q^2(5)$	959.74***	2 062.24***	3 492.62***	4 240.50***	8 687.21***	12 439.26***
$Q^2(10)$	1 120.7***	2 379.23***	5 116.52***	9 035.12***	9 588.36***	22 015.45***
$Q^2(20)$	1 463.1***	3 026.02***	5 683.64***	13 182.63***	15 775.43***	30 164.22***
标普 500	d1	d2	d3	d4	d5	a5
均值	1.91E−11	1.91E−11	−4.59E−11	3.06E−11	−1.15E−10	1.41E−04
中值	−1.60E−05	−2.52E−05	2.63E−05	1.40E−06	2.04E−05	4.01E−04
最大值	6.71E−02	4.76E−02	2.08E−02	1.04E−02	5.34E−03	6.15E−03
最小值	−6.69E−02	−5.03E−02	−2.22E−02	−1.25E−02	−5.09E−03	−6.58E−03
标准差	9.14E−03	5.25E−03	3.62E−03	2.24E−03	1.34E−03	1.64E−03
偏度	2.53E−01	1.59E−02	1.25E−02	2.07E−02	−7.99E−03	−8.54E−01
峰度	1.25E+01	1.39E+01	7.92E+00	6.66E+00	4.23E+00	5.85E+00
JB 值	9 861.53***	12 855.63***	2 638.40***	1 464.05***	165.38***	1 206.09***
样本数	2 617	2 617	2 617	2 617	2 617	2 617
ADF	−48.33***	−44.63***	−19.77***	22.06***	−94.36***	−58.53***
$Q(5)$	1 341.50***	3 414.21***	5 177.00***	5 597.17***	10 074.44***	12 593.34***
$Q(10)$	1 403.42***	3 950.61***	7 948.34***	10 584.11***	11 963.21***	22 965.52***
$Q(20)$	1 479.07***	4 077.94***	8 980.63***	16 586.23***	21 348.62***	33 656.07***
$Q^2(5)$	2 194.08***	2 781.46***	4 457.93***	5 122.71***	8 589.28***	12 244.48***
$Q^2(10)$	3 520.91***	3 572.82***	6 952.30***	8 230.02***	9 530.49***	20 931.65***
$Q^2(20)$	5 814.83***	4 384.03***	9 381.01***	13 318.01***	15 077.10***	26 874.18***

注：***，** 分别表示在 1%，5% 的显著水平下拒绝原假设；$Q(5)$、$Q(10)$、$Q(20)$ 表示序列滞后期 5 阶、10 阶、20 阶自相关系数联合为零的 Ljung-Box Q 统计量；$Q^2(5)$、$Q^2(10)$、$Q^2(20)$ 表示序列平方滞后期 5 阶、10 阶、20 阶自相关系数联合为零的 Ljung-Box Q 统计量。

根据式(11.37)和式(11.38)计算中美股市收益率 $j=1,2,3,4,5$ 每层的细节部分和 $J=5$ 逼近部分所占的能量谱比率，如表 11-7 所示，中美股市 d1 的能量谱占比最大，反映了短期波动对原始序列波动的贡献较大，但是造成该现象的原因却不同：中国股市以散户交易者为主，这些交易者容易受短期信息影响，频繁交易，故短期波动对整体的贡献较大。而美国股市以机构投资者为主,这些机构进行的高频交易已经占据了整个股市交易量的70%以上,这些错综复杂的高频交易系统对于股市的灵敏度较高,通过频繁的交易来追求超额收益,造成短期波动对整体的贡献较大。

表11-7 沪深300指数和标普500指数收益率序列小波分解能量谱比率

信号序列	d1能量比	d2能量比	d3能量比	d4能量比	d5能量比	a5
HS300收益率	0.496 4	0.312 3	0.103 5	0.031 7	0.018	0.038 1
BPZS收益率	0.573 6	0.216 8	0.114 3	0.048 6	0.019 4	0.027 3

随着分解尺度的增加,能量谱占比不断下降,这说明两个市场长周期交易者的策略,受短期消息冲击影响小,交易频率较低。在中国市场上,大型公募基金往往看重的是公司长期成长价值,并不在乎短期内的波动,而美国市场上养老金401K计划和共同基金也是如此,因此长时间尺度对原始序列能量贡献较小。可见股市波动主要受短期交易者的影响,长期交易者对市场的波动影响较小。本书的结论与Silvo等(2012)和隋新等(2015)的结论一致。

2. 小波相关系数分析

以往大部分文献都是基于静态角度研究各个尺度的小波相关系数的,考虑到本例样本数据跨度较大,为了更加准确、全面地研究中美股市联动效应,采用滚动窗口技术,分别计算中美股市五个时间尺度的小波相关系数,小波相关系数的计算公式为式(11.29)。参照François Benhmad(2013)和Aviral Kumar Tiwari等(2016)的文献,选择的滚动窗口长度为250天(约为一年的交易日)。François Benhmad(2013)认为滚动窗口选择为250天来计算滚动的小波相关系数较为合适,因为如果选择的时间较短,没有足够的数据长度研究长期尺度的相关性,时间选择太短,不能有效地隔离不同的事件发生。动态小波相关系数如图11-13所示,分析如下。

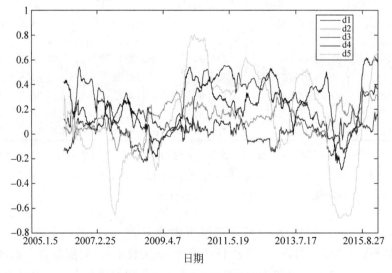

图11-13 动态小波相关系数

由图 11-13 可知，各个尺度的相关系数随着时间推移呈现出明显的阶段性波动趋势，从时域角度分析：①在 2007 年 9 月前，各个尺度的相关系数呈现递减趋势，这主要是由于中国股市相对封闭，在国际金融市场中长期保持"信息孤岛"的状态，与外界几乎隔离，因此联动性也较弱。②2007 年 9 月到 2011 年 8 月，各个尺度上中美联动效应明显增强，其主要原因一方面是次贷危机引发了中美之间的市场传染，提高了两市的交互相关程度。另一方面是随着中国股市制度不断健全和国际化程度的加深，QDII 和 QFII 制度的不断完善，我国股市对外开放水平明显提高。③2011 年 8 月美股发生暴跌，但是随着 QE3 的预期兑现，美股快速摆脱低迷状态，创造了新一轮的强劲上涨。而与此相对，中国股市跟跌却未能跟涨，在一轮下跌之后，长期处于低迷状态。故在 2011 年 8 月到 2014 年 10 月中美股市各个尺度上的联动效应均处于下降趋势。④2014 年 10 月后，一方面在"沪港通"、国企改革等题材的刺激下，中国股市终于迎来了一轮大牛市，与美国股市趋势一致。另一方面，在人民币国际化进程的加快以及 A 股纳入 MSCI 指数预期等因素影响下，中国股市国际化程度明显上升，故在此期间，各个尺度上中美股市的联动效应明显强化。

从频域角度分析：①在大部分时间里，随着分解层次的增加，小波相关系数也提升，即中美股市中长期联动效应明显强于短期。这主要是由于中美之间长期的经贸合作，两国股市存在天然的内在联动机制和动力学运行规律。但是，中国对股市严格的管理以及资本项目账户尚未放开的背景使短期市场联动程度关系逊于中长期。②随着分解尺度的增加，小波系数的波动也加剧。短期尺度相关系数的波动较小，而中长期尤其是 d5 尺度的波动更为剧烈。这表明以长期经贸合作关系为基础的市场联动效应变化更容易在长期尺度上表现出来，而在短期尺度上则表现较弱。鉴于此，对于市场监管者而言，更应该从长周期角度管理市场，减少来源于美股的冲击和影响，控制系统性风险。对于投资者而言，在构建囊括中美股市的资产配置方案时，应区分中美股市短期和长期的关系，减少组合的风险。

3. 次贷危机前后小波相关系数变化情况

基于小波方法研究股市联动效应的优势在于，可以将小波不同时间尺度下的联动效应与股市联动内在机制相联系，解释股市联动的成因。应用传统的金融计量技术很难区别来自其他市场的冲击是纯传染（pure contagion）还是基于经济基础的传染（fundamental-based contagion），因为宏观经济基础的影响因子太多了，很难找到一个具有代表性的变量代替宏观经济基础影响因子。小波方法可以将金融时间序列分解到不同交易周期（时间尺度）上，分析不同时间尺度下时间序列之间的联动效应，将短期时间尺度联动效应变大与纯传染对应，长期时间尺度联动效应变大与基于经济基础传染的对应，将联动机制与相关的时间尺度联系起来。

在金融危机的背景下，Dewandaru 等（2016）将股市之间的传染效应分为基于经济基础的传染和纯传染，基于经济基础的传染定义为股市之间的冲击或者一个国家经济危机是通过金融市场的一体化、贸易联系和实体经济之间的联系传导的，这种传染效应不管在金融危机期间还是不在金融危机期间都是存在的，基于经济基础的传染也称为互相依赖（interdependence）。危机传染与可观测到的宏观经济或其他基本面无关，而仅仅是由于投资者或其他金融经纪人的行为结果。它常被认为是"非理性"的结果，如金融恐慌、羊群行为、信心丧失及风险厌恶的增加。

参照 Mikko Ranta(2013)的文献，为了避免样本重叠，选取两个指数 2008 年 9 月 15 日往前 250 天的收益率作为危机前样本，2008 年 9 月 15 日往后 250 天的收益率作为危机后样本，应用 MODWT 的小波多分辨分析，将收益率分解成五个尺度，并计算不同微观尺度的危机前和危机后的小波相关系数，然后将危机前后小波相关系数采用费雪 z-转换（Fisher Z-transformation）。

$$z = \frac{1}{2}\ln\left[\frac{1+\rho_{xy}(\lambda_j)}{1-\rho_{xy}(\lambda_j)}\right] \tag{11.41}$$

其中，$\rho_{xy}(\lambda_j)$ 为收益率分解尺度为 λ_j 时小波相关系数，对应构造 t 统计量如下：

$$t = \frac{z_1 - z_2}{\sqrt{\dfrac{1}{n_1-3} + \dfrac{1}{n_2-3}}} \tag{11.42}$$

其中，z_1 为危机前小波系数对应的费雪 Z-转换；z_2 为危机后小波系数对应的费雪 Z-转换。

对应的原假设和备择假设为

$$H_0: \tilde{\rho}_{xy}^{\text{I}}(\lambda_j) \geqslant \tilde{\rho}_{xy}^{\text{II}}(\lambda_j)$$
$$H_1: \tilde{\rho}_{xy}^{\text{I}}(\lambda_j) < \tilde{\rho}_{xy}^{\text{II}}(\lambda_j) \tag{11.43}$$

其中，$\tilde{\rho}_{xy}^{\text{I}}(\lambda_j)$ 和 $\tilde{\rho}_{xy}^{\text{II}}(\lambda_j)$ 分别为危机前和危机后收益率分解尺度为 λ_j 时小波相关系数。不同尺度对应的 t 统计量结果以及显著性检验的结果如表 11-8 所示，在尺度为 d1（2～4 天）和 d2（4～8 天）上，危机后小波相关系数显著性变大，而尺度为 d3 和 d4、d5 小波相关系数并没有显著性变大。这表明在次贷危机期间，中美股市之间联动效应的基础是纯传染，此次传染无法用宏观基本面进行解释。

表 11-8　次贷危机前后小波相关系数变化情况

小波相关系数	d1	d2	d3	d4	d5
小波相关系数（前）	−0.204 6	−0.117 8	0.186 5	0.168 9	0.799 1
小波相关系数（后）	0.068 7	0.303 3	0.085 1	0.109 5	0.656 8
t 统计量	3.026 9***	4.587 1***	−1.028 8	−0.510 2	−1.197 2

注：***、**、* 分别表示在 1%、5%、10% 的显著水平下拒绝原假设。

纯传染的主要原因是我国对于资本项目的严格管制使得境外大规模资金流入沪深股市的可能性较低，外界市场的实际冲击较弱，市场更多的是受到投资者非理性的因素如羊群行为、信心丧失及风险厌恶的增加等的影响。同时，此次市场传染仅体现在短期尺度上，而在长期尺度（d3、d4、d5）上却并不显著。这主要是由于在危机前，各国经历了较长时间的繁荣，突然而来的危机虽然导致国际金融市场大恐慌，投资者风险偏好极端变化，但是本轮次贷危机主要涉及私人机构尤其是银行的债务危机，各国采取救助银行体系和扩大政府投资等措施积极应对危机，投资者的恐慌情绪逐步消除，市场也渐渐回归理性状态。因此，只有在短期尺度上表现出市场之间的传染效应，而在长期尺度上却并没有显著表现。

复习思考题

1. 简要概述小波函数。
2. 小波变换方法有哪些？

即 测 即 练

分形分析方法及应用

本章知识点

1. 了解单分形相关理论方法。
2. 了解多重分形相关理论方法。
3. 理解分形分析方法应用。

早在1963年，Mandelbrot在对美国棉花价格进行研究时，就发现短期波动性和长期趋势性之间存在一种秩序——标度不变性，从而导致了自相似性的发现。1967年，Mandelbrot在 Science 上发表论文，他为了表征复杂图形和复杂过程创造性地提出了分形的概念。自从分形理论在许多领域得到了迅猛发展和广泛的应用，如今分形概念早已从最初所指的形态上具有自相似性的几何对象这种狭义分形，扩展到了结构、功能等具有自相似性的广义分形。

现如今，作为挑战传统学术界的新兴前沿课题，以分形理论为代表的复杂非线性科学越来越受到主流学界的关注，并已成为当今国内外学术界最为活跃的研究领域之一。消除趋势波动分析（Detrended Fluctuation Analysis，DFA）方法、多重分形消除趋势波动分析（Multifractal Detrended Fluctuation Analysis，MF-DFA）方法、消除趋势交叉相关分析（Detrended Cross-Correlation Analysis，DCCA）方法、多重分形消除趋势交叉相关分析法（Multifractal Detrended Cross-Correlation Analysis，MF-DCCA）方法、消除趋势交叉相关性系数法（Detrended Cross-Correlation Analysis Cross-Correlation Coefficient，DCCA系数法）等分形理论研究方法相继被提出，并被广泛地运用。分形理论研究方法分为单分形理论（Mono-fractal Theory）研究方法和多重分形理论（Multi-fractal Theory）研究方法，两类分形研究方法具有各自的优势和特色，在此章将会对单分形和多重分形理论研究方法一一进行详细阐述，并依据分形研究方法进行实际案例分析。

12.1 单分形相关理论方法

12.1.1 DFA方法

Peng等（1994）提出的消除趋势波动分析方法提供了一种研究单一时间序列复杂性问题的方法，具体步骤如下。

第一步：假设原始序列为 $u(i)(i=1,2,\cdots,N,N$ 表示整个时间序列的长度)，$\bar{u}$ 表示整个序列的均值。计算原始序列 $u(i)$ 对应的累积离差序列 y_j，计算过程如下：

$$y_j = \sum_{i=1}^{j} [u(i) - \bar{u}] \quad (j=1,2,\cdots,N) \tag{12.1}$$

第二步,将序列 y_j 分割成标度为 s 的 $N_s = \text{int}(N/s)$(int 表示取整数)个不重叠的子区间。为了充分运用整个序列的全部数据信息,从尾部折回到头部重复该过程,得到 $2N_s$ 个分割区间。本书选择的标度 s 的范围为 $5\sim N/6$(全章同),其中 N 为序列的长度。

第三步,使用普通最小二乘法拟合每一个子区间 $v(v=1,2,\cdots,2N_s)$ 的局部趋势,其中,$p_v(i)$ 是第 v 个子区间的局部多项式拟合结果,消除每个子区间的局部趋势后得到残差序列:

$$Y_v(i) = y_v(i) - p_v(i) \quad (i=1,2,\cdots,s) \tag{12.2}$$

第四步,分别计算 $2N_s$ 个消除趋势子区间残差序列的平方均值:

$$f^2(s) = \frac{1}{s} \sum_{i=1}^{s} [Y_v(i)]^2 \tag{12.3}$$

第五步,计算整个样本区间的整体波动函数:

$$F(s) = \left\{ \frac{1}{2N_s} \sum_{v=1}^{2N_s} f_v^2(s) \right\}^{1/2} \tag{12.4}$$

第六步,如果幂律相关性存在,那么幂律关系应该满足如下条件:

$$F(s) \sim s^{\text{Hurst}} \tag{12.5}$$

当 Hurst=0.5 时,序列不相关,服从随机游走过程,市场处于有效状态;当 Hurst>0.5 时,序列具有持久性,表现为长记忆性过程,下一阶段序列将会大概率延续当前的趋势;当 0<Hurst<0.5 时,序列呈现反持久性,表现为均值回复的过程,下一个阶段序列当前的趋势大概率会发生反转。

12.1.2 DCCA 方法

消除趋势交叉相关分析方法主要用于研究两个时间序列的交叉相关性,设两个时间序列分别为 $\{x_k\}$ 和 $\{y_k\}$($k=1,2,\cdots,N$,N 为序列的长度),步骤如下。

第一步,计算两个原始序列的累积离差序列:

$$xx(t) = \sum_{k=1}^{t} [x_k - \bar{x}], \quad yy(t) = \sum_{k=1}^{t} [y_k - \bar{y}] \quad (t=1,2,\cdots,N) \tag{12.6}$$

式中,$\bar{x}$、$\bar{y}$ 分别为原始序列 $\{x_k\}$ 和 $\{y_k\}$ 的均值。

第二步,将序列 $\{xx(t)\}$ 和 $\{yy(t)\}$ 分割成标度为 s 的 $N_s = \text{int}(N/s)$(int 表示取整数)个互不重叠的子区间。为了充分运用整个序列的全部数据信息,从尾到头再重复该过程,得到 $2N_s$ 个分割区间。

第三步,对每个子区间 $v(v=1,2,\cdots,2N_s)$ 使用最小二乘法进行拟合,拟合趋势表示为 $\widetilde{XX}(i)$ 和 $\widetilde{YY}(i)$($i=1,2,\cdots,s$)。对每一个区间进行消除趋势处理,最终消除每个子区间的局部趋势,得到残差序列:

$$f_v^2(s) = \frac{1}{s} \sum_{i=1}^{s} |xx_v(i) - \widetilde{XX}_v(i)| \cdot |yy_v(i) - \widetilde{YY}_v(i)| \tag{12.7}$$

第四步,计算总体的协方差函数:

$$F_{xy}^2(s) = \frac{1}{2N_s} \sum_{v=1}^{2N_s} f_v^2(s) \tag{12.8}$$

第五步,如果幂律相关性存在,那么幂律关系应该满足如下条件:

$$F_{xy}(s) \sim s^{\text{Hurst}_{xy}} \tag{12.9}$$

Hurst_{xy} 又被称为交互相关尺度指数,当 $\text{Hurst}_{xy}=0.5$ 时,两个序列不相关,服从随机游走过程;当 $\text{Hurst}_{xy}>0.5$ 时,两个序列具有持久性,表现为长记忆性过程;当 $0<\text{Hurst}_{xy}<0.5$ 时,两个序列呈现反持久性,表现为均值回复的过程。

12.1.3 DCCA 系数法

Zebende(2011)提出了 DCCA 系数法,是一种研究变量间非线性关系的方法,其主要用于测度在不同时间尺度下两个非稳定时间序列的交叉相关性水平。设两个时间序列分别为 $\{x_k\}$ 和 $\{y_k\}$($k=1,2,\cdots,N$,N 为序列的长度),步骤如下。

第一步,计算两个原始序列的累积离差序列:

$$xx(t) = \sum_{k=1}^{t} [x_k - \bar{x}], \quad yy(t) = \sum_{k=1}^{t} [y_k - \bar{y}] \quad (t=1,2,\cdots,N) \tag{12.10}$$

式中,$\bar{x}$、$\bar{y}$ 分别为原始序列 $\{x_k\}$ 和 $\{y_k\}$ 的均值。

第二步,将序列 $\{xx(t)\}$ 和 $\{yy(t)\}$ 分割成标度为 s 的 $N_s = \text{int}(N/s)$(int 表示取整数)个互不重叠的子区间。为了充分运用整个序列的全部数据信息,从尾到头再重复该过程,得到 $2N_s$ 个分割区间。

第三步,对于每个子区间 $v(v=1,2,\cdots,2N_s)$ 使用最小二乘法进行拟合,拟合趋势表示为 $X\tilde{X}(i)$ 和 $Y\tilde{Y}(i)$($i=1,2,\cdots,s$)。对每一个区间进行消除趋势处理,最终消除每个子区间的局部趋势,得到残差序列:

$$f_v^2(s) = \frac{1}{s} \sum_{i=1}^{s} |xx_v(i) - X\tilde{X}_v(i)| \cdot |yy_v(i) - Y\tilde{Y}_v(i)| \tag{12.11}$$

第四步,计算总体的协方差函数:

$$F_{xy}^2(s) = \frac{1}{2N_s} \sum_{v=1}^{2N_s} f_v^2(s) \tag{12.12}$$

第五步,计算 $\rho_{\text{DCCA}}(s)$:

$$\rho_{\text{DCCA}}(s) = \frac{F_{x,y;\text{DCCA}}^2(s)}{F_{x;\text{DFA}}(s) \cdot F_{y;\text{DFA}}(s)} \tag{12.13}$$

其中,$F_{x,y;\text{DCCA}}^2(s)$ 由式(12.8)计算可得,$F_{x;\text{DFA}}(s)$ 和 $F_{y;\text{DFA}}(s)$ 由式(12.4)计算可得。DCCA 系数法的取值范围为 $-1 \leqslant \rho_{\text{DCCA}}(s) \leqslant 1$。$\rho_{\text{DCCA}}(s)=1$ 和 $\rho_{\text{DCCA}}(s)=-1$ 分别表示完全正相关和负相关,当 $\rho_{\text{DCCA}}(s)=0$ 时,则表示两个时间序列不存在交叉相关性。

12.1.4 基于时间延迟的 DCCA 方法

传统的 Granger 因果关系检验方法仅适用于检验变量间线性的因果关系,不能适应非线性变量间相依结构。非线性 Granger 因果关系检验方法虽然解决了其只能度量线性关系的弊端,但是依然只能够判断两个序列是否为 Granger 因果关系,无法将一个变量对另一个变量的具体影响程度量化出来。而 Lin 等（2012）提出的基于时间延迟的 DCCA 方法(Detrended Cross-Correlation Analysis based on Time-Delay)不仅可以度量两个变量间的非线性因果关系，也可以将影响程度具体量化，克服了以往因果关系研究方法的缺陷，具体步骤如下。

第一步，假设存在两个时间序列分别为 $\{x(t)\}$ 和 $\{y(t)\}$，令 $\{y(t)\}$ 滞后 ΔT 变为 $\{y(t+\Delta T)\}$，从而构建全新的时间序列：

$$x(m) = \sum_{t=1}^{m}(x(t)-\bar{x}) \quad (m=1,2,\cdots,N-\Delta T) \tag{12.14}$$

$$y(m) = \sum_{t=1}^{m}(y(t+\Delta T)-\bar{y}) \quad (m=1,2,\cdots,N-\Delta T) \tag{12.15}$$

其中，$\bar{x} = \dfrac{1}{N-\Delta T}\sum_{t=1}^{N-\Delta T}x(t)$，$\bar{y} = \dfrac{1}{N-\Delta T}\sum_{t=1}^{N-\Delta T}y(t+\Delta T)$。

第二步，将序列 $\{x(m)\}$ 和 $\{y(m)\}$ 分割成标度为 s 的 $N_s = \text{int}(N/s)$（int 表示取整数）个互不重叠的子区间。为了充分运用整个序列的全部数据信息，从尾部到头部再重复该过程，得到 $2N_s$ 个分割区间。

第三步，对于每个子区间 $v(v=1,2,\cdots,2N_s)$ 使用最小二乘法拟合，拟合趋势表示为 $\widetilde{X}(k)$ 和 $\widetilde{Y}(k)(k=1,2,\cdots,s)$。对每一个区间进行消除趋势处理，最终消除每个子区间的局部趋势，得到残差序列：

$$f_v^2(s) = \frac{1}{s}\sum_{k=1}^{s}|x_v(k)-\widetilde{X}_v(k)|\cdot|y_v(k)-\widetilde{Y}_v(k)| \tag{12.16}$$

第四步，计算总体的协方差函数：

$$F_{xy}^2(s) = \frac{1}{2N_s}\sum_{v=1}^{2N_s}f_v^2(s) \tag{12.17}$$

第五步，如果以上两个时间序列 $\{x(t)\}$ 和 $\{y(t+\Delta T)\}$ 之间存在幂律相关性，则满足如下的关系：

$$F_{xy}(s) \sim s^{\text{Hurst}_{xy}} \tag{12.18}$$

Hurst_{xy} 指数可以检验金融时间序列之间的幂律关系，当现货（期货）滞后时，Hurst_{xy} 指数测度的是期货（现货）对其不同滞后期的影响。为了刻画哪个市场的影响力更强，定义 $\Delta H_{\Delta T}^{\text{S-F}}$ 如下：

$$\Delta H_{\Delta T}^{\text{S-F}} = \text{Hurst}_{S\Delta T} - \text{Hurst}_{F\Delta T} \tag{12.19}$$

其中，$S\Delta T$ 为现货滞后了 ΔT 期；$F\Delta T$ 为期货滞后了 ΔT 期。若在滞后 ΔT 期时，$\Delta H_{\Delta T}^{\text{S-F}}>0$，则显示期货对现货的影响更大，期货居于领先地位，为两者关系的领导者；若 $\Delta H_{\Delta T}^{\text{S-F}}<0$，则现货对期货的影响更大，现货居于领先地位，为两者关系的领导者。

12.2 多重分形相关理论方法

单分形理论研究方法具有其独特优势，如能够测度变量间在不同时间标度上交叉相关性水平和不同滞后时间标度上的传导方向，这些都是传统计量模型和多重分形模型无法做到的。但是单分形研究方法对价格波动的刻画并不全面，只能对波动形态的宏观概貌进行描述，而无法对局部（大幅波动和小幅波动）进行全面、精确的分析和刻画。而采用多重分形理论可以得到复杂系统在不同时间标度上的局部详细信息，多重分形理论也被认为是迄今为止最为全面描述金融资产价格波动特征的模型。以下将对主要的多重分形理论研究方法进行详细阐述。

12.2.1 MF-DFA 方法

Kantelhardt 等（2002）提出的多重分形消除趋势波动分析方法，可以在避免误判长记忆性的前提下，研究单一时间序列中复杂相关问题，该方法已经被诸多国内外学者广泛应用。其具体步骤如下：

第一步：假设原始序列为 $u(i)(i=1,2,\cdots,N,N$ 表示整个时间序列的长度)，$\bar{u}$ 表示整个序列的均值。计算原始序列 $u(i)$ 对应的累积离差序列 y_j，计算过程如下：

$$y_j = \sum_{i=1}^{j}[u(i)-\bar{u}] \quad (j=1,2,\cdots,N) \tag{12.20}$$

第二步，将序列 y_j 分割成标度为 s 的 $N_s = \text{int}(N/s)$（int 表示取整数）个不重叠的子区间。为了使整个序列的全部数据信息得到充分的运用，从尾部到头部再重复该过程，得到 $2N_s$ 个分割区间。

第三步，使用普通最小二乘法拟合每一个子区间 $v(v=1,2,\cdots,2N_s)$ 的局部趋势，其中 $p_v(i)$ 是第 v 个子区间的局部多项式拟合结果，消除每个子区间的局部趋势后得到残差序列：

$$Y_v(i) = y_v(i) - p_v(i) \quad (i=1,2,\cdots,s) \tag{12.21}$$

第四步，分别计算 $2N_s$ 个消除趋势子区间残差序列的平方均值：

$$f^2(s) = \frac{1}{s}\sum_{i=1}^{s}[Y_v(i)]^2 \tag{12.22}$$

第五步，计算序列的 q 阶波动函数：

$$F_q(s) = \exp\left\{\frac{1}{4N_s}\sum_{v=1}^{2N_s}\ln[F^2(s,v)]\right\} \quad (q=0)$$

$$F_q(s) = \left\{\frac{1}{2N_s}\sum_{v=1}^{2N_s}[F^2(s,v)]^{q/2}\right\}^{1/q} \quad (q \neq 0) \tag{12.23}$$

第六步，如果幂律相关性存在，那么幂律关系应该满足如下条件：

$$F_q(s) \sim s^{h(q)} \tag{12.24}$$

$h(q)$ 又称为广义 Hurst 指数，当 $q<0$ 时，$h(q)$ 描述的是标度行为的小幅波动特征；当 $q>0$ 时，$h(q)$ 描述的是标度行为的大幅波动特征。其中，$h(2)$ 即为经典的 Hurst 指数，能够研究序列整体的长记性等复杂性问题。当 $h(q)$ 独立于 q 阶为常数时，序列为单分形；当 $h(q)$ 依赖 q 阶时，序列为多重分形。当 $h(q)=0.5$ 时，序列不相关；当 $h(q)>0.5$ 时，序列具有持久性，表现为长记忆性过程；当 $0<h(q)<0.5$ 时，序列呈现反持久性，表现为均值回复的过程。

为了量化交叉相关性的多重分形程度，Δh 定义如下：

$$\Delta h = h_{\max}(q) - h_{\min}(q) \tag{12.25}$$

Δh 既可以测度多重分形强度,也可以测度市场的风险,在风险度量领域已经被广泛地应用。Δh 越大,意味着多重分形强度越大,对应的市场风险也越大。

Rizvi 和 Arshad(2016)认为 MF-DFA 方法是检验市场有效性最好的方法之一。设 q 阶步长为 t,基于 MF-DFA 方法的有效性度量模型如下:

$$\mathrm{DME} = \frac{1}{[(q_{\max}-q_{\min})/t]+1} \sum_{q=q_{\min}}^{q_{\max}} |h(q)-0.5| \qquad (12.26)$$

该模型由 Wang 等(2010)提出,综合考虑了不同幅度波动的情况,全面反映了市场的效率水平。DME 越接近于 0,则有效性即市场效率水平越高;DME 越大,则有效性即市场效率越低。一个高效率的市场更能吸引投资者的加入,优化资源配置和加速资本流动,对经济的发展和稳定起重要的作用。

12.2.2 MF-DCCA 方法

Zhou(2008)提出的多重分形消除趋势交叉相关分析方法主要用于研究两个时间序列的交叉相关性及多重分形特征。设两个时间序列分别为 $\{x_k\}$ 和 $\{y_k\}$($k=1,2,\cdots,N$,N 为序列的长度)。其步骤如下。

第一步,计算两个原始序列的累积离差序列:

$$xx(t) = \sum_{k=1}^{t} [x_k - \bar{x}], \quad yy(t) = \sum_{k=1}^{t} [y_k - \bar{y}] \quad (t=1,2,\cdots,N) \qquad (12.27)$$

式中,$\bar{x}$、$\bar{y}$ 分别为原始序列 $\{x_k\}$ 和 $\{y_k\}$ 的均值。

第二步,将序列 $\{xx(t)\}$ 和 $\{yy(t)\}$ 分割成标度为 s 的 $N_s = \mathrm{int}(N/s)$(int 表示取整数)个互不重叠的子区间。为了充分运用整个金融时间序列的全部数据信息,从尾部到头部再重复该过程,得到 $2N_s$ 个分割区间。

第三步,对于每个子区间 $v(v=1,2,\cdots,2N_s)$ 而言,用最小二乘法对局部趋势进行拟合,拟合趋势表示为 $\widetilde{XX}(i)$ 和 $\widetilde{YY}(i)$($i=1,2,\cdots,s$)。对每一个区间进行消除趋势处理,最终消除每个子区间的局部趋势,得到残差序列:

$$f_v^2(s) = \frac{1}{s}\sum_{i=1}^{s} |xx_v(i) - \widetilde{XX}_v(i)| \cdot |yy_v(i) - \widetilde{YY}_v(i)| \qquad (12.28)$$

第四步,计算 q 阶波动函数:

$$F_{xy}(q,s) = \exp\left\{\frac{1}{4N_s}\sum_{v=1}^{2N_s} \ln[f_v^2(s)]\right\} \quad (q=0)$$

$$F_{xy}(q,s) = \left\{\frac{1}{2N_s}\sum_{v=1}^{2N_s} [f_v^2(s)]^{q/2}\right\}^{1/q} \quad (q \neq 0) \qquad (12.29)$$

第五步,如果幂律相关性存在,则标度关系满足如下条件:

$$F_{xy}(q,s) \sim s^{h_{xy}(q)} \qquad (12.30)$$

当 $q<0$ 时,$h_{xy}(q)$ 描述的是某一时间标度下的小幅波动特征;当 $q>0$ 时,$h_{xy}(q)$ 描述的是某一时间标度下的大幅波动特征。当 $q=2$ 时,MF-DCCA 方法转变为 DCCA 方法,$h_{xy}(2)$ 即经典的 Hurst 指数。若 $h_{xy}(q)=0.5$,则两个序列的交叉相关性不存在长记忆性;当 $h_{xy}(q)>0.5$ 时,则两个序列存在长程交叉相关性,这表明两个时间序列之间的关系具有显著的长记忆性；当 $0 < h_{xy}(q) < 0.5$ 时，则两个序列存在反持续交叉相关性（antipersistent cross-correlation），意味着两个时间序列之间具有显著的反持续性，两者之间的关系服从均值回复的过程。同时，当 $h_{xy}(q)$ 独立于 q 阶为常数时，则序列为单分形；当 $h_{xy}(q)$ 依赖 q 阶时，则序列为多重分形，具有多重分形特征。

为了量化交叉相关性的多重分形程度，定义 Δh 如下：

$$\Delta h = h_{\max}(q) - h_{\min}(q) \tag{12.31}$$

Δh 可以定量表征市场间的波动强度和行为，不仅能够衡量两个序列相关性的多重分形程度，也可以度量两个时间序列之间的交叉市场风险。若 Δh 越大，则意味着多重分形强度越大，交叉市场风险也就越强，并且风险在市场间的传染强度也在不断加剧中。

设 q 阶步长为 t，基于 MF-DCCA 方法的有效性度量模型如下：

$$\text{DME} = \frac{1}{[(q_{\max} - q_{\min})/t] + 1} \sum_{q=q_{\min}}^{q_{\max}} |h(q) - 0.5| \tag{12.32}$$

DME 越接近 0，两个市场之间的效率越强，有效性水平越高；DME 越大，两个市场之间的效率越弱，有效性水平越低。

12.2.3 AMF-DCCA 方法

MF-DCCA 方法不能探究变量间的非对称特征，而非对称特征却广泛地存在于金融市场。非对称性多重分形消除趋势交叉相关性分析（Asymmetrical Multifractal Detrended Cross-Correlation Analysis，AMF-DCCA）方法弥补了相关空白，能够检验两个时间序列的非对称多重分形特征。设两个时间序列分别为 $\{x_k\}$ 和 $\{y_k\}$（$k = 1, 2, \cdots, N$，N 为序列的长度），步骤如下。

第一步，计算两个原始序列的累积离差序列：

$$xx(t) = \sum_{k=1}^{t} [x_k - \bar{x}], \quad yy(t) = \sum_{k=1}^{t} [y_k - \bar{y}] \quad (t = 1, 2, \cdots, N) \tag{12.33}$$

式中，$\bar{x}$、$\bar{y}$ 分别为原始序列 $\{x_k\}$ 和 $\{y_k\}$ 的均值。

第二步，将序列 $\{xx(t)\}$ 和 $\{yy(t)\}$ 分割成标度为 s 的 $N_s = \text{int}(N/s)$（int 表示取整数）个互不重叠的子区间。为了使整个序列的全部数据信息得到充分的运用，从尾部到头部再重复该过程，得到 $2N_s$ 个分割区间。

第三步，使用普通最小二乘法拟合每一个子区间 $v(v = 1, 2, \cdots, 2N_s)$ 的局部趋势。各个子区间对应的最小二乘法拟合表达式为 $p_{x,v}(i) = a_{x,v} + b_{x,v} i$，$p_{y,v}(i) = a_{y,v} + b_{y,v} i$（$i = 1, 2, \cdots, s$）。以序列 $\{x_k\}$ 为例（对于序列 $\{y_k\}$ 一样适用），通过斜率 $b_{x,v}$ 判断 v 区间是上涨区间还是下跌区间。如果斜率 $b_{x,v} > 0$，则说明 $\{x_k\}$ 在该区间具有上涨趋势；如果斜率 $b_{x,v} < 0$，则说明 $\{x_k\}$ 在该区间具有下跌趋势，同理，对于序列 $\{y_k\}$ 而言也一样。消除每个子区间的局部趋势得到残差序列：

$$f_v^2(s) = \frac{1}{s} \sum_{i=1}^{s} |xx_v(i) - p_{x,v}(i)| \cdot |yy_v(i) - p_{y,v}(i)| \tag{12.34}$$

第四步，计算得到 q 阶波动函数：

$$F_{xy}^+(q, s) = \left\{ \frac{1}{M^+} \sum_{v=1}^{2N_s} \frac{\text{sign}(b_{x,v}) + 1}{2} [f_v^2(s)]^{q/2} \right\}^{1/q} \tag{12.35}$$

$$F_{xy}^-(q,s) = \left\{ \frac{1}{M^-} \sum_{v=1}^{2N_s} \frac{-[\text{sign}(b_{x,v})-1]}{2} [f_v^2(s)]^{q/2} \right\}^{1/q} \quad (12.36)$$

其中,$M^+ = \sum_{v=1}^{2N_s} \frac{\text{sign}(b_{x,v})+1}{2}$ 为具有上涨趋势的子区间个数,$M^- = \sum_{v=1}^{2N_s} \frac{-[\text{sign}(b_{x,v})-1]}{2}$ 为具有下跌趋势的子区间个数。如果对于 $v=1,2,\cdots,2N_s$, $b_v \neq 0$ 而言,那么就有 $M^+ + M^- = 2N_s$。

第五步,如果存在幂律相关性,那么应该满足如下关系:

$$F_q^+(s) \sim s^{h_{xy}^+(q)}, \quad F_q^-(s) \sim s^{h_{xy}^-(q)} \quad (12.37)$$

其中,$h_{xy}^+(q)$, $h_{xy}^-(q)$ 分别描述的是序列 $\{x_k\}$ 为上涨趋势、下跌趋势时与序列 $\{y_k\}$ 之间在不同波动幅度上的标度行为。

使用 ΔH_{xy} 来测量非对称性程度,定义如下:

$$\Delta H_{xy} = h_{xy}^+(q) - h_{xy}^-(q) \quad (12.38)$$

如果 $\Delta H_{xy} = 0$,则序列是对称多重分形;如果 $\Delta H_{xy} \neq 0$,则序列是非对称多重分形,具有非对称性特征。ΔH_{xy} 也能够衡量序列交叉相关性的非对称性水平,$|\Delta H_{xy}|$ 越大,说明非对称性越强;反之,越弱。考虑到本书使用 AMF-DCCA 方法研究相关非对称问题,基于此,使用 Δh^+、DME^+ 分别表示上涨趋势时的市场风险、有效性水平;使用 Δh^-、DME^- 分别表示下跌趋势时的市场风险、有效性水平。设 q 阶步长为 t,对其定义如下:

$$\Delta h^+ = h_{xy;\max}^+(q) - h_{xy;\min}^+(q) \quad (12.39)$$

$$\Delta h^- = h_{xy;\max}^-(q) - h_{xy;\min}^-(q) \quad (12.40)$$

$$\text{DME}^+ = \frac{1}{[(q_{\max}-q_{\min})/t]+1} \sum_{q=q_{\min}}^{q_{\max}} |h^+(q)-0.5| \quad (12.41)$$

$$\text{DME}^- = \frac{1}{[(q_{\max}-q_{\min})/t]+1} \sum_{q=q_{\min}}^{q_{\max}} |h^-(q)-0.5| \quad (12.42)$$

同时,为方便理解,如果研究的是 $\{x_k\}$ 序列为上涨趋势、下跌趋势时与 $\{y_k\}$ 序列的交叉相关性,则称为研究 $\{x_k\}$ 趋势变动时的非对称性交叉相关性;反之,则称为 $\{y_k\}$ 趋势变动时的非对称性交叉相关性。

12.3 优化方案

以上介绍的分形理论研究方法(包含单分形和多重分形)已经被广泛地运用在研究金融市场间交叉相关性领域,但是以上方法存在严重的缺陷:对整个时间序列不重叠的分割方法将会导致相邻区间的拟合多项式可能不存在连续性,很可能引入新的伪波动造成存着偏误的结果。郑辉和王斌会(2009)认为引入新的分割区间方法,可以有效地缓解伪波动带来的偏误。因此,本书基于郑辉和王斌会(2009)优化思想,采用重叠平滑窗(overlapped sliding window)技术优化以上的分形研究方法。

以上分形研究方法的第二步均将序列分割成标度为 s 的 $N_s = \text{int}(N/s)$(int 表示取整数)个互不重叠的子区间。而本书在此参照郑辉和王斌会(2009)优化思想,改进原来的分形研究方法，将序列分割成标度为 s 的 $N_s=[(N-s)/(s-l)]$（[ ]表示取整数）个区间，重叠长度为 l，考虑到标度的取值范围，取 $l=\dfrac{s}{3}$。此步骤是本书使用重叠平滑窗优化后的方法和传统方法的唯一区别，郑辉和王斌会（2009）认为通过这一步，可以有效地缓解伪波动带来的偏误。本书所使用的分形研究方法均采用此优化方案进行处理，实证部分提到的分形方法默认已使用重叠平滑窗技术进行有效优化，后文不再赘述，在此说明。

12.4　案例分析

12.4.1　数据选取和处理

目前在我国股指期货市场上同时交易着三个期货品种，考虑到沪深 300 股指期货合约上市最早、交易量最大、成熟度最高，故选择沪深 300 股指期货合约作为我国股指期货市场的代表。考虑到同一交易日会存在着多份不同交割期的沪深 300 股指期货合约，参考以往文献的做法，选择最近期月份的合约作为当月合约，当该合约交割后，选择下一个最近期合约作为当月合约，如此滚动生成连续沪深 300 股指期货当月合约时间序列（以下简称沪深 300 股指期货当月连续合约为期货）。

从图 12-1 可以看出，在经历了长达 10 个月暴涨式的大牛市之后，市场行情瞬息万变，市场由"牛"转"熊"。股市和期市快速进入熊市，经过熊市中三轮"股灾"的洗礼，市场成交量极度萎缩，投资者参与热情迅速下降，市场再次进入平衡状态（波动平缓，成交量较少，投资者市场参与度较低），熊市结束。

图 12-1　沪深 300 股指期货和现货 5 分钟收盘价走势

为了深入探究期现货市场在 2014—2016 年牛熊周期的交叉相关性，根据相关文献对于牛熊周期的定义，本书选取 2014 年 8 月 20 日到 2016 年 3 月 1 日为牛熊周期样本区间范围，考虑到高频数据具有丰富的日内信息，在此选择 5 分钟收盘价作为样本数据。2016 年 1 月 1 日前，沪深 300 股指期货合约非交割日交易时间为 9：15—11：30，13：00—15：15，一天总共交易 270 分钟，则在忽略当日开盘价的前提下，每个交易日有 54 个收盘价数据（与非交割日不同，股指期货合约交割日的交易时间上午不变，但是下午交易时间改为 13：00—15：00，故有 51 个高频收盘价数据）。2016 年 1 月 1 日后，股指期货交易时间为 9：30—11：30，13：00—15：00，则每个交易日有 48 个收盘价数据，交割日的交易时间亦同平日。而现货市场在样本区间内交易时间均为 9:30—11:30,13:00—15:00,则每个交易日有 48 个收盘价数据。剔除期货与现货非共同交易时间部分,期货和现货分别有 17 712 个样本数据。本书数据来源于 Wind 数据库。

Gunay(2014)认为牛市和熊市应该以样本区间内波峰为界限,左侧波谷到波峰区间为牛市,右侧波峰到波谷区间为熊市。从图 12-1 可以看出,期货波峰出现在 2015 年 6 月 8 日,而现货波峰出现在 2015 年 6 月 9 日,考虑到沪深 300 股指期货具有较强的价格发现功能,对市场风向更加敏感,因此,以期货为基准确定牛市和熊市分界线,选取 2014 年 8 月 20 日到 2015 年 6 月 8 日作为牛市样本区间,期货和现货样本数量各为 9 312 个;2015 年 6 月 9 日到 2016 年 3 月 1 日作为熊市样本区间,期货和现货样本数量各为 8 400 个。根据公式 $R_t = \ln p_t - \ln p_{t-1}$,对牛市和熊市区间内期货和现货数据进行对数差分处理,得到对数收益率序列,结果如图 12-2、图 12-3 和表 12-1 所示。

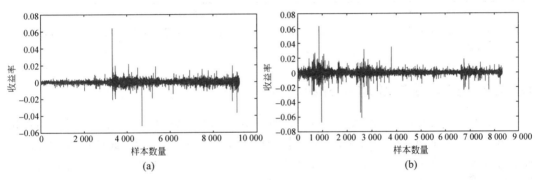

图 12-2　期货收益率序列
(a) 牛市;(b) 熊市

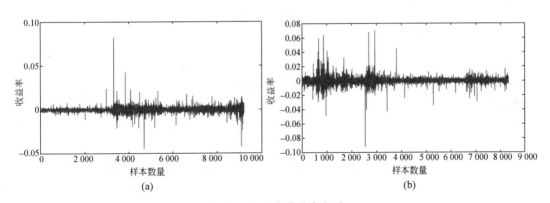

图 12-3　现货收益率序列
(a) 牛市;(b) 熊市

图 12-2、图 12-3 显示,无论是身处牛市还是身处熊市,期货和现货收益率序列均波动剧烈,存在波动集聚效应。表 12-1 显示,无论牛市还是熊市,期货和现货收益率序列的偏度、峰度都不符合正态分布的条件,具有"尖峰肥尾"的特征。各个序列的 JB 统计量在 1% 的显著性水平下拒绝服从正态分布的原假设。同时,各个序列在滞后 20 阶数范围内,自相关性表现显著。ADF 单位根检验结果表明各个序列都是平稳的。

表 12-1 期货和现货收益率序列统计

参 数	牛 市		熊 市	
	期 货	现 货	期 货	现 货
均值	0.000 088 2	0.000 088 6	−0.000 074 9	−0.000 072 5
最小值	−0.045 166	−0.051 818	−0.091 936	−0.067 348
最大值	0.082 084	0.064 080	0.070 832	0.063 203
标准差	0.002 821	0.002 684	0.004 826	0.000 392 8
偏度	2.084 742	0.201 725	0.384 149	−1.474 80
峰度	105.403 0	63.023 8	45.123 7	40.458 3
JB 统计量	4 030 382***	1 382 512***	616 515***	489 182***
$Q(20)$	31.09*	89.09***	54.76***	63.69***
ADF	−97.71***	−72.68***	−95.43***	−96.65***

注：*、**、*** 分别代表在 10%、5%、1% 水平下显著。JB 统计量的原假设是样本序列服从正态分布。$Q(n)$ 为滞后阶数 n 的 Ljung-Box Q 统计量。ADF 三种检验结论一致，此处只给出包含常数项和趋势项的检验结果，是以最小 AIC 确定最优检验阶数后得到的。

12.4.2 交叉相关性水平分析

以上方法只能定性地说明期现货市场之间存在交叉相关性，但是却无法将其具体量化表示出来。为了全面测度期现货市场在不同时间标度下的非线性关系，此处使用 DCCA 系数法进行研究。本书选择标度 s 的范围为 $5\sim N/6$（全章同），根据式（12.13），计算得到牛熊周期不同时间标度下两个市场的交叉相关性水平，如图 12-4 所示。

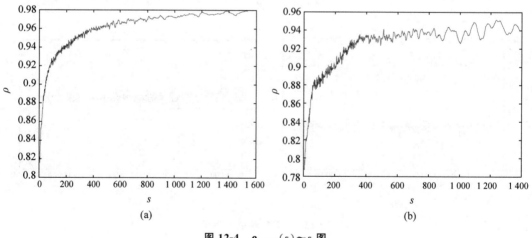

图 12-4 $\rho_{\text{DCCA}}(s)\sim s$ 图
(a) 牛市；(b) 熊市

从图 12-4 可知，无论是牛市还是熊市，随着时间标度 s 的变化，期现货市场之间的交叉相关性水平不断变化，此结果说明我国沪深 300 期现货市场之间存在着多时间标度的非线性关系。同时，无论是牛市还是熊市，在短期时间标度上两个市场的交叉相关性水平处于相对低位，但是随着时间标度的不断增加，两者的交叉相关性水平迅速上升。在 $s=400$ 之后，交叉相关性水平变动趋于平缓，波动减弱，说明在长期时间标度上两者的关系较为稳定，具有较高的交叉相关性水平,此结论与 Cao 等(2017)一致。

为了进一步研究交叉相关性水平在不同时间标度上的差异,对 $\rho_{\mathrm{DCCA}}(s)$ 序列进行统计描述,见表 12-2。由表可知,牛市的 $\rho_{\mathrm{DCCA}}(s)$ 均值大于熊市,因此牛市的交叉相关性程度普遍高于熊市。牛市 $\rho_{\mathrm{DCCA}}(s)$ 序列的标准差小于熊市,因此,牛市状态下的交叉相关性水平更加稳定,变动更为平缓。在牛市中,更容易在期现货市场上开展套期保值、套利以及市场监管等金融活动。并且,牛市和熊市的偏度均呈现出左偏,峰度大于3,具有"尖峰肥尾"的特征。与此同时,$\rho_{\mathrm{DCCA}}(s)$ 统计量在1%的显著性水平下均拒绝服从正态分布的原假设,因此,牛市和熊市的 $\rho_{\mathrm{DCCA}}(s)$ 序列均不服从正态分布。

表 12-2　$\rho_{\mathrm{DCCA}}(s)$ 序列描述性统计

市场状态	均　值	最小值	最大值	标准差	偏　度	峰　度	JB统计量
牛市	0.961 84	0.816 01	0.979 42	0.021 86	−2.793 032	12.982 33	8 341.753***
熊市	0.926 32	0.787 32	0.951 63	0.024 52	−2.524 711	10.564 34	4 773.393***

注:JB统计量的原假设是样本序列服从正态分布,*、**、*** 分别代表在10%、5%、1%显著性水平下显著。

12.4.3　传导方向分析

以上对两者在牛市和熊市中的交叉相关性水平进行了比较与分析,但是在本轮牛熊周期中,何者居于主导地位的问题一直是学界和实业界关注的焦点。"股灾"期间,股指期货市场甚至一度成为众矢之的,被认为是现货市场"股灾"的罪魁祸首,在社会上,严格管制甚至关闭股指期货市场的声音不绝于耳。那么,事实是否正如社会舆论那般,股指期货市场是"股灾"的来源呢?本书在此利用基于时间延迟的 DCCA 方法研究期现货市场在牛市和熊市中的交叉相关性传导方向,探究以上问题。

以往采用高频数据进行传导方向的相关研究,ΔT 的取值范围仅仅为 1~48,该滞后范围只能考虑到短期时间标度滞后情况下(1个交易日含有48个数据,ΔT 取值范围为 1~48,实际仅仅研究了滞后一天的传导方向)两个市场的传导方向,却忽视了长期时间标度滞后时两个市场的传导方向。因此,本节将从短期和长期两个角度开展相关研究:短期的 ΔT 取值范围依然设置为 1~48;长期的 ΔT 取值范围设置为 48~1 096,步长为 48(排除休息日,每个自然月交易日为22天,每天含有48个数据,步长为48,则可以最多研究滞后22天的市场间传导方向问题)。

根据式(12.18)和式(12.19),得到图 12-5~图 12-10(图 12-5~图 12-7 表明的是短期时滞的结果,图 12-8~图 12-10 表明的是长期时滞的结果)。

从短期角度来看,分析如下。

(1) 由图 12-5 和图 12-6 可知,牛市和熊市的 Hurst 指数均大于 0.5,这说明无论是现货滞后还是期货滞后,市场间的交叉相关性均表现为长记忆性。随着滞后期数的不断递增,$\mathrm{Hurst}_{S\Delta T}$、$\mathrm{Hurst}_{F\Delta T}$ 先增后减,变化逐趋平缓。这主要是由于当两个市场之间的时滞变长后,投资者有更多的时间理性思考和判断两个市场的差异,从而更小可能会采取极端非理性行为,反过来间接影响了两个市场之间关系。以上结果亦说明,当现货(期货)滞后时,期货(现货)将会对其有所影响,因此,两个市场之间的传导方向是双向的。

(2) 由图 12-7 可知,$\Delta T < 10$ 时,无论是牛市还是熊市,$\Delta H_{\Delta T}^{S-F}$ 均为负数,说明在相同

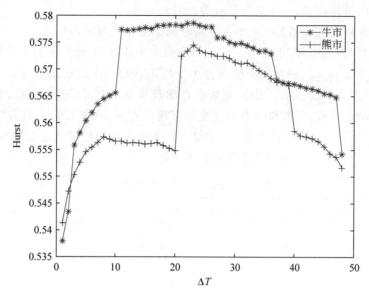

图 12-5　现货市场滞后（短期）

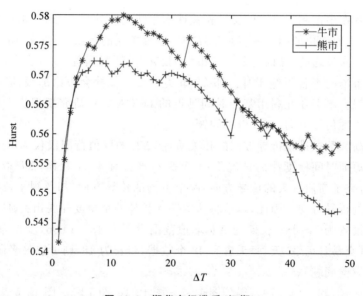

图 12-6　期货市场滞后（短期）

时间滞后的情况下，期货市场更多的是受到现货市场的影响。但是，随着 ΔT 的增大，$\Delta H_{\Delta T}^{S-F}$ 变为正数，表明在较大滞后时间标度上，期货市场对现货市场影响更多，主导了期现货市场之间的关系。同时，较熊市而言，期货市场在牛市中对现货市场的影响更强。

从长期角度来看，分析如下。

(1) 由图 12-8 和图 12-9 可知，牛市和熊市的 Hurst 指数均大于 0.5，这说明无论是现货滞后还是期货滞后，两者之间都表现为长记忆性特征。随着滞后阶数的增加，$\text{Hurst}_{S\Delta T}$、$\text{Hurst}_{F\Delta T}$ 均有所变动，因此两个市场的传导方向依然是双向的，两者互相影响。但相比较短期时滞而言，长期时滞 $\text{Hurst}_{S\Delta T}$、$\text{Hurst}_{F\Delta T}$ 变动相对平缓，这说明市场上短期信息对投

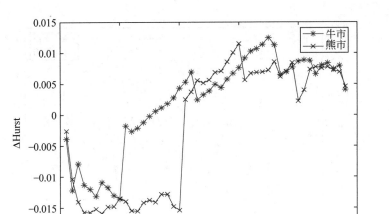

图 12-7 不同时滞 $\Delta H_{\Delta T}^{S-F}$（短期）

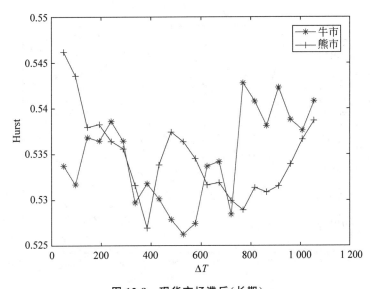

图 12-8 现货市场滞后（长期）

资者影响更大。

(2) 由图 12-10 可知，$\Delta T \leqslant 720$（滞后 1 天到 15 天）时，牛市的 $\Delta H_{\Delta T}^{S-F}$ 均为负数，说明现货市场对期货市场影响更大，但是 $720 < \Delta T \leqslant 1\,056$（15 天到 22 天）范围内，$\Delta H_{\Delta T}^{S-F}$ 为正数，此时，期货市场居于领导地位，主导了期现货市场之间的关系。而熊市则恰恰相反，$48 \leqslant \Delta T \leqslant 288$（1 天到 6 天）范围内，$\Delta H_{\Delta T}^{S-F}$ 为正数，此时期货对现货的影响更大，而在 $336 \leqslant \Delta T \leqslant 1\,056$（7 天到 22 天）范围内，$\Delta H_{\Delta T}^{S-F}$ 转为负数，此时现货对期货的影响更大。在牛市中，由于期货自身特点，期货市场对于市场风向变化更具有敏感性。因此，随着时间滞后期数的增加，期货逐步居于领先地位。而本轮熊市却较为特殊，三次"股灾"引起了整个金融体系甚至社会的惊恐，当局救市主要在现货市场，一系列的积极措施在一定程度上提振了市场

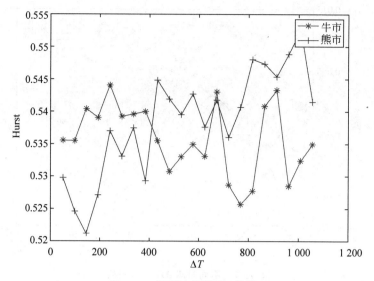

图 12-9　期货市场滞后(长期)

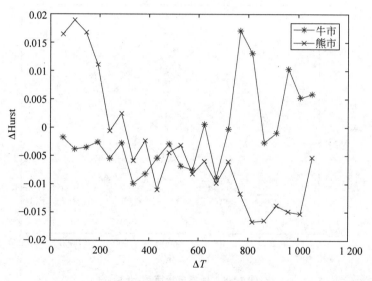

图 12-10　不同时滞 $\Delta H_{\Delta T}^{S-F}$（长期）

信心，稳定了市场投资者情绪，进而传递到股指期货市场上。所以在熊市中，随着时滞变长，现货逐步趋于领先地位。以上结果亦说明在熊市中，期货市场更多的是作为次者，而并不是主导者，受到现货市场的影响更多。

12.4.4　交叉相关性多重分形特征分析

多重分形理论能够准确捕捉和刻画一定时间标度范围内复杂系统的局部特性，获取单分形方法所忽略的细节信息，为投资者提供更加全面、综合的视角研究金融市场的复杂性相关问题。

1. 多重分析特征检验

本节在此基于传统范式维度,利用优化后的 MF-DFA 方法和 MF-DCCA 方法研究期货与现货市场之间以及自身的多重分形特征,q 阶取值范围为 $-10\sim 10$,步长为 2,选择标度 s 的范围为 $5\sim N/6$(下文同)。根据式(12.24)和式(12.30),得到图 12-11 和图 12-12。

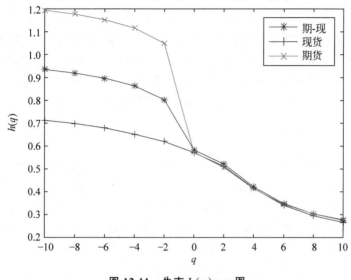

图 12-11　牛市 $h(q)\sim q$ 图

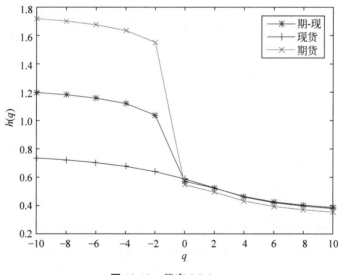

图 12-12　熊市 $h(q)\sim q$

图 12-11 和图 12-12 表明,无论是牛市还是熊市,随着 q 阶的递增,$h_{xy}(q)$、$h_x(q)$、$h_y(q)$(x 代表期货,y 代表现货,xy 代表期货和现货市场之间)在整体上呈现出了递减状态,和 q 阶保持着非线性的依赖关系。因此,在牛、熊市中,期货和现货市场之间以及自身均具有多重分形特征。

从图 12-11 和图 12-12 也可以发现,牛市中的期货市场、熊市中的期货和交叉市场(cross market,即期现货市场之间)存在着"跳跃现象":当 $q \leqslant -2$ 时,序列的 $h(q) > 1$,意味着小幅波动是具有持久性的非平稳过程。当 $q \geqslant 0$ 之后,$h(q)$ 再次跳入 $0 \sim 1$ 范围内,则在 $-2 \leqslant q \leqslant 0$ 范围内出现了较大幅度的跳跃。如果出现这种现象,剧烈的极端波动将会主导市场,并且具有持久性。换言之,跳跃幅度越大,市场波动越剧烈,极端风险则相对越强。期货市场无论是牛市还是熊市 $h(q)$ 都存在着"跳跃现象",这也说明了我国股指期货市场由于自身的高杠杆性和高度的市场敏锐度,变化剧烈,极端事件出现的概率更高,风险更大。如果投资者单独在期货市场上进行操作,即开展单市场的投机活动,那么就将面临巨大的风险。而熊市中交叉市场出现了"跳跃现象",说明较牛市而言,两个市场的关系在熊市中发生了极端的变动,市场间的相依结构非常不稳定,难以准确把握两者之间的关系。与以上相比,无论是牛市还是熊市,现货市场并没有出现"跳跃现象",波动相对平缓。

2. 市场间长记忆性分析

市场的长记忆性即一个市场当前的趋势,在下一个阶段能够保持的概率较大,而市场间的长记忆性即市场间存在着长程交叉相关性,两个市场当前的关系在下个阶段大概率能够保持下去。长记忆性的研究一直是现代金融理论关注的焦点之一,也是理解金融市场异常现象的关键。因此,本节将对市场自身以及交叉市场的长记忆性进行检验和分析,根据式(12.24)和式(12.30),得到各 q 阶对应的 $h(q)$ 值,见表 12-3。

表 12-3 牛熊周期的交叉市场、期货市场、现货市场的 $h(q)$ 值

q	牛 市			熊 市		
	期货市场	现货市场	交叉市场	期货市场	现货市场	交叉市场
-10	1.194 0	0.712 2	0.934 7	1.720 3	0.735 6	1.197 9
-8	1.176 8	0.698 2	0.918 8	1.701 3	0.721 0	1.180 9
-6	1.152 5	0.678 9	0.896 6	1.674 7	0.702 0	1.157 1
-4	1.115 9	0.651 3	0.863 4	1.634 7	0.676 5	1.119 9
-2	1.050 2	0.619 9	0.803 2	1.552 4	0.639 9	1.038 2
0	0.573 5	0.571 7	0.583 8	0.547 8	0.588 4	0.572 8
2	0.506 2	0.511 4	0.520 8	0.503 1	0.524 5	0.523 5
4	0.413 7	0.412 9	0.422 5	0.433 2	0.461 3	0.464 3
6	0.344 7	0.340 4	0.347 5	0.394 4	0.421 5	0.426 6
8	0.303 6	0.294 8	0.303 2	0.371 0	0.397 1	0.403 5
10	0.277 9	0.265 9	0.275 6	0.355 5	0.380 8	0.388 0

由表 12-3 可知(以下分析中 x 代表期货,y 代表现货,xy 代表期货和现货市场之间,简称为交叉市场):

(1) 当 $q<0$ 即小幅波动时,在牛市和熊市中,$0.5 < h_y(q) < h_{xy}(q) < h_x(q)$,即两个市场自身以及交叉市场都具有长记忆性,过去的市场趋势对当前的趋势有着正向的影响,市场的走势具有持久性,行情较难被反转。

(2) 当 $q>0$ 即大幅波动时,则情况与小幅波动差异明显:当 $q=2$ 时,在牛市中,$0.5 < h_x(q) < h_y(q) < h_{xy}(q)$,在熊市中,$0.5 < h_x(q) < h_{xy}(q) < h_y(q)$,期货市场的长记忆性

明显弱于交叉市场和现货市场,投资者难以把握期货市场的运行规律,凭借历史信息而单独在期货市场上进行单向投机行为不仅难以为投资者带来超额收益,而且有可能给投资者带来巨额的损失。在牛市中,当 $4 \leqslant q \leqslant 6$ 时,$h_y(q) < h_x(q) < h_{xy}(q) < 0.5$,当 $8 \leqslant q \leqslant 10$,$h_y(q) < h_{xy}(q) < h_x(q) < 0.5$。在熊市中,当 $q > 2$ 时,$h_x(q) < h_y(q) < h_{xy}(q) < 0.5$。这说明在大幅波动上,无论在牛市还是在熊市,市场自身以及交叉市场均表现为反持续性,呈现出均值回复的过程。大幅度波动趋势容易反转的特性,将为期现市场投资者开展相关的套利活动提供理论依据。

Akerlof 和 Shiller(2005)认为投资者在市场高涨时倾向于买入,在市场疲软时倾向于卖出。他们对过去价格变化的反应可能会反馈到同方向更大的价格变动上,称为"从价格到价格反馈",且该反馈将会持续一定时间。由以上分析可知,在小幅波动上,无论是期货还是现货,抑或者是交叉市场,均具有长记忆性特征,持续能力较强,此现象恰恰是"从价格到价格反馈"机制作用的结果;但是支持牛市般上涨趋势和熊市般下跌趋势的只有人们对于价格上涨或者下跌的预期,而这样的预期不会永远持续下去。在大幅波动上,无论是期货,还是现货,抑或是交叉市场,长记忆性均逐步衰减,最后变成反持续性特征,遵循均值回复的过程,此现象正是投资者的预期并不会永远持续下去作用的结果。

3. 市场间风险分析

市场的风险越大,意味着市场波动越剧烈,极端事件越容易发生,不利于金融市场健康持续发展。而市场间(交叉市场)的风险越大,则意味着市场间波动越极端,市场间的风险传染也正在不断加剧中。因此,本节将对市场自身以及交叉市场(市场之间)的风险进行检验和分析,根据式(12.25)和式(12.31),得到表 12-4。

表 12-4　牛熊周期的市场风险 Δh

风险测度	期货		现货		交叉市场	
	牛市	熊市	牛市	熊市	牛市	熊市
Δh	0.916 1	1.364 8	0.446 3	0.354 7	0.659 1	0.809 9

由表 12-4 可知:

期货和交叉市场在熊市中的 Δh 明显高于牛市,这说明期货和交叉市场在熊市中具有更大的市场风险,期现货市场之间的风险传染在熊市中加剧了,原因如下:2015 年 6 月之前的大牛市繁荣现象创造了一种淘金热般的投机气氛,使很多期现货市场上的投资者作出扭曲的冒进决策,并且这种决策实际上具有延续性,从牛市一直延续到了熊市,期现货市场上投机行为依然严重。熊市期间市场暴跌暴涨现象屡见不鲜,因此不仅对于期货市场多头账户,而且对于空头账户而言,都面临着被强制平仓的可能性,而现货市场上的配资投资者也面临着相同的问题,引发了期现货市场投资者的恐慌,造成了市场的崩溃和极端波动。

现货市场在熊市的 Δh 却低于牛市,此反常现象主要是由两方面原因导致:①在牛市中,存在着高杠杆的配资助推作用,在一定程度上加速了市场的波动。而在熊市中中国证监会对于配资的大规模清理,明显降低了市场的杠杆效应。②熊市中当局积极进入现货市场,将其作为本次救市的主战场,采取了及时并且有效的相关措施,得到了市场普遍的认可,政策的效果在现货市场上表现也最为明显,在一定程度上有效地抑制了市场的波动,降低了极端事件出现的概率,加快了熊市的结束。

4. 市场间有效性分析

对于有效性的研究一直也是国内外学术界和实业界关注的重要问题。因此,本节将对市场自身以及交叉市场(市场之间)的有效性水平进行检验和分析,由式(12.26)和式(12.32)计算得到牛熊周期 DME 值,结果见表 12-5。

表 12-5 牛熊周期的有效性 DME 值

有效性测度	现货		期货		交叉市场	
	牛市	熊市	牛市	熊市	牛市	熊市
DME 值	0.129 7	0.147 9	0.357 2	0.571 1	0.242 9	0.327 9

注:DME 值越小,说明市场越有效率,有效性水平越高。

从表 12-5 可知,两个市场以及市场之间在牛市中的 DME 值均低于熊市,这说明牛市的有效性水平高于熊市,牛市中市场效率更高,从而吸引更多的社会资金进入市场进行投资活动,熊市则表现较差。投资者的从众行为主要是由于信息层重叠而产生的,在如此快速的牛熊转换过程中,投资者一方面承担着巨大的亏损,另一方面大量的负面信息扑面而来,对其信心造成巨大的冲击,从而导致熊市市场效率较低、有效性水平较弱。一个高效率的市场更能吸引投资者的加入,优化资源配置和加速资本流动,对经济的发展和稳定起重要的作用,而一个低效率的市场则难以吸引投资者,熊市中市场交易量极度萎缩,投资者参与热情显著降低,也验证了以上结果的正确性。

但是同时也可以发现,牛市期货、现货以及交叉市场的效率虽然高于熊市,但是差距并不明显。此现象的原因如下:①在我国经济进入"新常态"背景下,牛市期间非理性繁荣所带来的巨大财富效应,使得社会上关于期市和股市"神话"的传言随处可见,吸引了大量社会资金和中小散户入场。随着这些以投机为目的的参与者的不断加入,风险也在不断集聚。市场越疯狂上涨,泡沫也越吹越大,逐步偏离本轮牛市"改革牛"的初衷,本身就蕴含着极大的风险隐患,市场更多的是由于题材炒作、配资等不理性因素的助推上涨,本身效率并不高。②在"股灾"期间,中国证监会加大了对违规、违法行为的打击力度,提升了对市场资金流向的监控强度。证金公司通过一系列的大规模资金投入,稳定了投资者情绪,减少了市场极端现象的出现。中金所及时地调整了相关政策,采用提高保证金比率、限制开仓数量以及提高手续费等措施,有效抑制了市场的投机行为。以上一系列措施在一定程度上稳定了市场的情绪,控制了"股灾"造成的混乱局面,从而使得本轮熊市中市场有效性水平只是稍逊于牛市。

12.4.5 交叉相关性非对称多重分形特征分析

以上基于传统范式多重分形维度,对期现市场间 2014—2016 年牛熊周期的多重分形特征进行了分析,并以此为基础,进一步对市场间长记忆性、市场风险以及有效性等复杂性问题进行了研究。但是以上的研究仅仅分析了牛市和熊市的差别,并没有考虑到牛、熊市内部的非对称性特征。实际上,无论是处于牛市还是处于熊市,金融资产价格变动始终是涨跌相互交织的。在牛、熊市内部,金融市场间的交叉相关性在上涨或者下跌过程中是否存在着差异,市场对于利好消息和利空消息的反映是否存在着区分?一个市场的上涨和下跌对于另一个市场的影响是否存在着不同?当前已有的研究鲜有涉及。

鉴于此,为了进一步深化对复杂系统运行特征的刻画和描述,本章将从非对称多重分形维度出发,利用优化后的 AMF-DCCA 方法,对期现货市场间交叉相关性的非对称多重分形特征进行深入研究,并基于此,对市场间的长记忆性、市场风险以及有效性的非对称性进行分析。

1. 多重分形特征检验

AMF-DCCA 方法能够在非线性、非正态以及多时间标度框架下,研究一个市场的上涨、下跌过程和另一个市场(整体)在不同波动幅度中交叉相关性的差异。为方便理解,如果研究的是期货为上涨或下跌趋势时与现货(整体)之间交叉相关性的非对称性,则简称为期货趋势变动;反之,则简称为现货趋势变动。同时,由于 AMF-DCCA 方法的原因,此处市场间的非对称性与市场自身的非对称性定义存在着一定的差异。考虑到本书重点是研究市场间交叉相关性,在此仅对市场间的非对称多重分形特征进行研究,并不考虑单一市场自身。根据式(12.37),得到的结果如图 12-13~图 12-18 所示。

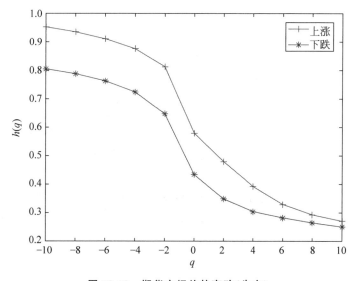

图 12-13　期货市场趋势变动(牛市)

由图 12-13~图 12-16 可知,期货(现货)无论是处于上涨过程还是处于下跌过程,与现货(期货)的 $h(q)$ 指数均随着 q 阶呈现递减趋势,在不同波动幅度上的长记忆性均有所差异。由此可知,无论是对于期货还是对于现货趋势变动而言,在牛、熊市中两者的关系均呈现出多重分形特征。图 12-17 和图 12-18 表明,在牛、熊市中各 q 阶的 $\Delta H_{xy} \neq 0$,因此在期现关系中均存在着非对称性,非对称性的存在对投资组合多样化、风险管理和政策制定等具有一定的影响,忽略了非对称性的存在将会使研究结论存在一定的偏误。综合可知,无论是牛市还是熊市,期现市场间皆存在非对称性多重分形特征。

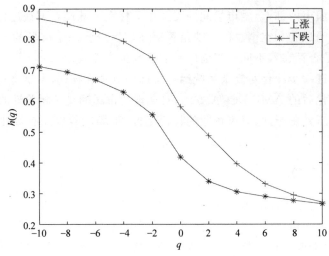

图 12-14　现货市场趋势变动（牛市）

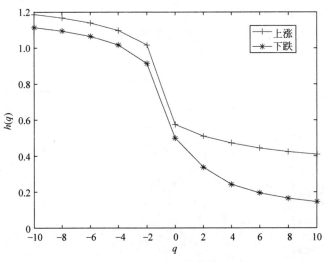

图 12-15　期货市场趋势变动（熊市）

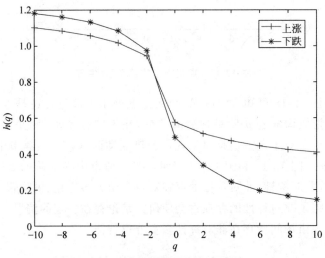

图 12-16　现货市场趋势变动（熊市）

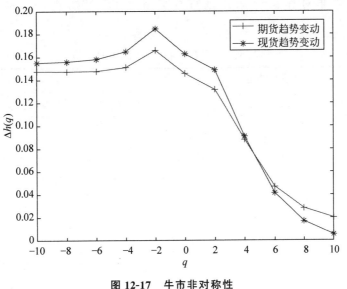

图 12-17　牛市非对称性

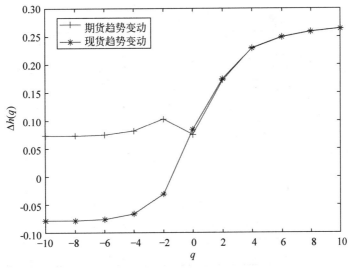

图 12-18　熊市非对称性

注：期货趋势变动表明期货不同趋势与现货之间的相关关系，以此类推。

同时，牛市和熊市的非对称性存在着明显差异：在牛市中，现货具有不同趋势（上涨趋势和下跌趋势）时，在 $-10 \leqslant q < 4$ 范围内，两者交叉相关关系的非对称性程度明显强于期货具有不同趋势时。与之相反，在熊市中，期货具有不同趋势（上涨趋势和下跌趋势）时交叉关系的非对称性程度在 $q < 0$ 即小幅波动上明显强于现货具有不同趋势时。但是在大幅波动时，两者之间的非对称性几乎相同。

2. 市场间非对称长记忆性分析

市场间非对称长记忆性是指一个市场在上涨或者下跌趋势时与另一个市场（整体）之间的长程交叉相关性，即当前两个市场之间的关系在下一个阶段大概率延续下去。鉴于此，本节将对市场间的非对称长记忆性进行检验和分析,根据式(12.37),得出结果见表 12-6 和表 12-7。

表 12-6 牛市 $h_{xy}^+(q)$、$h_{xy}^-(q)$、ΔH_{xy} 值

q	期货趋势变动			现货趋势变动		
	$h_{xy}^+(q)$	$h_{xy}^-(q)$	ΔH_{xy}	$h_{xy}^+(q)$	$h_{xy}^-(q)$	ΔH_{xy}
−10	0.953 0	0.805 3	0.147 7	0.868 0	0.713 3	0.155 2
−8	0.935 4	0.788 0	0.147 4	0.851 3	0.695 3	0.155 9
−6	0.911 1	0.763 3	0.147 8	0.827 8	0.669 6	0.158 2
−4	0.875 5	0.724 4	0.151 1	0.794 4	0.629 5	0.164 9
−2	0.813 2	0.647 3	0.165 9	0.741 1	0.556 4	0.184 7
0	0.579 4	0.433 7	0.145 7	0.582 0	0.419 2	0.162 8
2	0.479 8	0.348 2	0.131 7	0.488 1	0.339 2	0.148 9
4	0.392 5	0.304 2	0.088 3	0.396 5	0.305 6	0.090 9
6	0.329 1	0.282 1	0.047 0	0.331 3	0.290 0	0.041 3
8	0.293 0	0.264 7	0.028 3	0.294 3	0.277 3	0.017 0
10	0.270 8	0.250 7	0.020 1	0.271 6	0.266 4	0.005 3

表 12-7 熊市 $h_{xy}^+(q)$、$h_{xy}^-(q)$、ΔH_{xy} 值

q	期货趋势变动			现货趋势变动		
	$h_{xy}^+(q)$	$h_{xy}^-(q)$	ΔH_{xy}	$h_{xy}^+(q)$	$h_{xy}^-(q)$	ΔH_{xy}
−10	1.187 9	1.114 8	0.073 1	1.103 3	1.181 6	−0.078 3
−8	1.168 3	1.095 4	0.072 8	1.084 1	1.162 5	−0.078 4
−6	1.140 6	1.066 0	0.074 6	1.057 2	1.133 5	−0.076 2
−4	1.098 9	1.017 0	0.081 8	1.017 5	1.084 1	−0.066 5
−2	1.016 9	0.913 8	0.103 1	0.944 2	0.975 4	−0.031 3
0	0.574 53	0.499 6	0.074 9	0.576 0	0.492 1	0.083 9
2	0.510 1	0.338 3	0.171 8	0.512 26	0.337 8	0.174 5
4	0.471 9	0.242 3	0.229 6	0.472 8	0.243 9	0.228 9
6	0.443 6	0.194 1	0.249 5	0.443 7	0.194 8	0.248 9
8	0.424 1	0.164 9	0.259 1	0.423 9	0.165 2	0.258 7
10	0.409 8	0.145 3	0.264 5	0.409 6	0.145 4	0.264 2

注:期货趋势变动表明期货不同趋势与现货之间的相关关系,以此类推。

根据表 12-6 和表 12-7,分析如下。

当 $q<0$ 即小幅波动时:①在牛市中,无论是期货还是现货不同趋势时,$0.5<h_{xy}^-(q)<h_{xy}^+(q)$,因此上涨趋势和下跌趋势在小幅波动上均呈现出持续性特征,具有长记忆性。当前阶段的趋势在下一阶段难以改变,趋势具有延续性。并且,上涨趋势的持续性强于下跌趋势。在牛市中,市场主要是以上涨为主,下跌过程是由市场自身平衡和监管当局进行调控的共同结果,本身是为了让市场更加健康发展,因此,这样的下跌趋势较上涨趋势而言,较容易被改变。②在熊市中,当期货趋势不同时,$1<h_{xy}^-(q)<h_{xy}^+(q)$,即上涨趋势和下跌趋势在小幅波动上均呈现出持续性特征,具有长记忆性,并且上涨趋势的持久性强于下跌趋势。当现货趋势不同时,$1<h_{xy}^+(q)<h_{xy}^-(q)$,即上涨趋势和下跌趋势在小幅波动上呈现出持续性

特征,具有长记忆性,并且下跌趋势的持久性强于上涨趋势。同时,无论何者趋势波动,由于 $h_{xy}^+(q)$、$h_{xy}^-(q)$ 均大于 1,则持续性是具有不稳定性的。

当 $q>0$ 即大幅波动时:①在牛市中,无论是期货还是现货具有不同趋势时,$h_{xy}^-(q)<h_{xy}^+(q)<0.5$,则上涨趋势和下跌趋势在大幅度波动上均有反持续性,表现为均值回复的过程,并且上涨趋势反持续性较弱。股市本身就是经济的"晴雨表",而股指期货以股市为基础,也与实际经济好坏密切相关。本轮牛市较以往相对特殊,是在我国经济进入"新常态"的背景下,由"沪港通"等题材炒作和配资杠杆效应共同推动下出现的。因此,本轮牛市自身就具有很大的不稳定性。市场越疯狂上涨,投资者对于经济的乐观程度和未来收益的预期也越高,引发更多投资者和资金入市。这种交互反馈的不断升级演变,使本轮牛市出现了远超自身价值的非理性繁荣,导致泡沫越吹越大,当前的趋势就越具有反持续性。股市和期市在 2015 年 6 月达到最高点之后,出现大幅的极端波动,快速进入熊市,也证明了本书的实证研究符合实际情况。②在熊市中,无论是期货还是现货具有不同趋势时,当 $q=2$ 时,$h_{xy}^-(q)<0.5<h_{xy}^+(q)$,则上涨趋势具有长记忆性,呈现持续性特征。而下跌趋势则具有反持续性,表现为均值回复的过程。当 $q>2$ 时,$h_{xy}^-(q)<h_{xy}^+(q)<0.5$,这说明上涨趋势和下跌趋势在大幅波动上均具有反持续性特征,表现为均值回复的过程,当前趋势在下一个阶段较为容易发生改变。此现象与市场监管当局在本轮熊市中积极救市有关。

3. 市场间非对称风险分析

非对称交叉市场风险即一个市场上涨或者下跌趋势时与另一个市场(整体)之间的交叉风险,对非对称交叉市场风险的研究将为市场监管者和风险管理者提供全新的视角。鉴于此,本节将对非对称交叉市场风险进行检验和分析,根据式(12.39)和式(12.40),计算得到期货(现货)市场上涨趋势和下跌趋势时与现货(期货)市场间的交叉风险值,结果见表 12-8。

表 12-8 牛熊周期的 Δh^+ 和 Δh^-

牛 市				熊 市			
期货趋势变动		现货趋势变动		期货趋势变动		现货趋势变动	
Δh^+	Δh^-	Δh^+	Δh^-	Δh^+	Δh^-	Δh^+	Δh^-
0.682 2	0.554 6	0.596 4	0.446 9	0.778 1	0.969 5	0.693 7	1.036 2

注:期货趋势变动表明期货不同趋势与现货之间的相关关系,以此类推。

根据表 12-8,分析如下。

(1) 在牛市中,期货(现货)为上涨趋势时与现货(期货)之间的交叉市场风险明显高于下跌趋势。与以往时期不同,此次牛市中配资起到举足轻重的作用,使得市场带有明显的不稳定因素,市场投机气氛浓郁,大量本应该服务于实体经济的资金通过配资等渠道纷纷进场以及大量中小散户的不断入市,使得投机市场参与者范围和交易风险明显扩展,市场间的风险也在不断集聚,最终酿成了三次"股灾"的悲剧。此外,牛市中期货具有不同趋势时,对应的 Δh^+ 和 Δh^- 均大于现货趋势变动,说明在期现关系中期货市场的非对称性市场风险较强。同时期货趋势变动的 Δh^+ 明显高于其他三种状态,说明在牛市状态下,两者的市场风险情况在期货处于上涨趋势时最为突出和最为复杂。

(2) 在熊市中,期货(现货)为下跌趋势时与现货(期货)之间的交叉市场风险明显高于上涨趋势。此现象出现的原因错综复杂：一方面，熊市中三次"股灾"破坏力之强、来势之猛、影响之广，是以往股市和期市所罕见的，使得市场上的各路资金望风而逃。一些配资公司甚至不计成本，直接以跌停价格大量抛售股票，急于离场，减少自身的损失。诸多在"股灾"期间复牌的股票，甚至出现连续几个一字"跌停板"，正是配资等大量主力资金急于出逃的恶果。另一方面，牛市的繁荣盛景曾经使中小散户投资者过度自信，将大量本用于生计的资金也投入市场，谋求更高的财产性收入。而这些投资者本身的投资策略往往是以毫无逻辑性的方法为基础的，具有强烈的主观意识，并且容易相互传染，造成"追涨杀跌"现象频发。熊市中的暴跌现象使得诸多中小散户投资者无论是资金还是心理都遭受了巨大的冲击，导致其信息解读能力、情绪、风险厌恶以及预期等发生了根本性的改变，盲目杀跌现象屡见不鲜，羊群效应等不理智行为不断强化与加剧。与此同时，熊市中现货趋势变动的 Δh^- 大于期货趋势变动，表明此时期现关系中现货市场的下跌趋势与期货市场间的风险较强。同时现货趋势变动的 Δh^- 明显高于其他三种状态，说明在熊市状态下，两者的市场风险情况在现货处于下跌趋势时最为突出，两者关系最为复杂。

（3）在熊市中无论期货趋势变动还是现货趋势变动的非对称性风险皆强于牛市。这主要是由于 2015 年 6 月之前的大牛市般繁荣现象使得很多期现市场上的投资者过度自信，采用了扭曲的冒进策略，如通过配资等手段，加大自身的杠杆效应，并且这种决策实际上具有延续性，从牛市一直延续到了熊市。"股灾"般的极端波动造成了这些投资者财富的加速缩水，大部分市场投资者是具有"动物精神"和"理性经济人"的合体，在市场处于极端暴跌时，引发了市场的恐慌，"动物精神"驱使投资者做出各种不理智行为，通过"价格-价格反馈"机制，进一步造成了市场更大的极端波动。

4. 市场间非对称有效性分析

市场间非对称有效性即一个市场为上涨趋势或者下跌趋势时与另一个市场（整体）之间的交叉市场效率，当某市场为上涨趋势（下跌趋势）时，两者之间的有效性水平越高，说明某市场处于上涨趋势（下跌趋势）时，更能吸引投资者加入，有利于市场的健康发展，亦说明当前的措施对于某市场上涨（下跌）更有明显的政策效果。鉴于此，本节将对市场间的非对称有效性进行检验和分析，根据式（12.41）和式（12.42），计算得到 DME^+ 和 DME^-，见表 12-9。

表 12-9 期现市场间牛熊周期的 DME^+ 和 DME^-

牛 市				熊 市			
期货趋势变动		现货趋势变动		期货趋势变动		现货趋势变动	
DME^+	DME^-	DME^+	DME^-	DME^+	DME^-	DME^+	DME^-
0.254 8	0.213 2	0.216 6	0.169 7	0.313 4	0.374 8	0.276 8	0.405 3

注：期货趋势变动表明期货不同趋势与现货之间的相关关系，以此类推。DME^+ 和 DME^- 越小，说明市场越有效率，有效性越高。

根据表 12-9，分析如下。

（1）在牛市中，期货和现货趋势变动的 DME^- 小于 DME^+，说明下跌趋势时的市场效率高于上涨趋势。纯粹靠资金杠杆和题材炒作方式带来的牛市，本身就具有极大的不稳定性。随着市场的疯狂上涨，泡沫越来越大，远离市场实际的价值。而牛市中的下跌是对于疯狂上涨现象市场自我调节和外部监管共同作用的结果。这也表明在牛市中,中国证监会和中金所对市场一直保持一定程度上的干预能力,在市场过热时,通过清理配资、加强打击违法违规行为等措施,在一定程度上抑制了市场的投机行为,减弱极端的波动,驱逐市场不理性的因素。

(2) 在牛市中,期货为上涨趋势、下跌趋势时与现货之间的有效性均劣于现货为上涨趋势、下跌趋势时与期货之间。现货市场虽然存在着配资行为,使市场具有一定的杠杆效应,但是股指期货合约本身的高杠杆再加上配资的助推,使得其杠杆效应远强于现货市场。股指期货市场本是作为规避现货市场投资风险的场所,但是肆虐的配资使得期市投机气氛浓厚。因此期货市场无论是处于上涨趋势还是处于下跌趋势,始终处于较低的市场效率状态。市场在上涨时,配资助推市场持续疯狂暴涨,当局的抑制措施难以奏效;市场在下跌时,配资助推市场持续暴跌,当局的稳定措施也难以奏效。这样的市场环境加大了中金所对于市场监督和管理的难度。此外,期市巨大的财富效应通过媒体舆论的夸大宣传,进一步扩大期市的投资者数量和范围,造成了本轮牛市中期货市场的非理性繁荣。

(3) 在熊市中,期货和现货趋势变动的 DME^+ 小于 DME^-,说明上涨趋势的市场效率高于下跌趋势。当今的经济体系被一些经济学家称为"业主社会",每个人都依赖财富,为自己的未来打算。财富本身对于市场波动是极度敏感的,"股灾"期间市场资金大量出逃正是投资者保卫私有财产的表现。同时该行为也进一步造成市场的波动,所以下跌趋势时效率较低。中国证监会、中金所等金融监管当局在"股灾"期间的有效作为,以及市场通过持续暴跌也逐步回归到了真实价值位置,使这些投资者的不理智行为有所缓解,信心得到一定程度上的恢复,所以上涨趋势时市场效率明显较高。这也说明了"股灾"期间政府政策具有一定的有效性,随着我国金融市场的不断发展和完善,监管当局的市场调节和控制能力日益强化,措施渐趋成熟。

(4) 在熊市中,现货的上涨趋势和期货之间的有效性优于期货的上涨趋势与现货之间,而当现货处于下跌趋势时与期货之间的有效性劣于期货处于下跌趋势时与现货之间的有效性。政府积极入市干预主要是在现货市场进行的,通过大量买入股票、持续清理配资等措施在很大程度上稳定了市场信心,弱化了市场羊群效应等不理智因素和外在因素的干扰和冲击,再传递到期货市场上去,故期货趋势变动的 DME^+ 大于现货趋势变动,现货市场效率更高。同时,与牛市不同,熊市中的三次"股灾"破坏了市场稳定的秩序,造成市场持续动荡不安。并且,根据前文结论,从长期来看,现货市场居于两者关系的主导地位,故期货趋势变动的 DME^- 小于现货趋势变动,现货市场效率更低。

复习思考题

1. 简要概述单分形相关理论方法。
2. 简要概述多重分形相关理论方法。

即 测 即 练

空间计量方法及应用

本章知识点
1. 空间自相关的内涵理解。
2. 空间权重矩阵的构建。
3. 空间自相关的检验方法。
4. 空间计量模型的选择与构建。

13.1 空间自相关

13.1.1 空间自相关的内涵

所谓空间数据,就是在原来的横截面或面板数据基础上,加上横截面单位的位置信息(或相互距离)。空间自相关是指某位置上的观测数据与其他位置上的观测数据之间的相互依赖性,通常把这种依赖性叫作空间依赖性,空间计量经济学的最大特色就在于充分考虑横截面单位之间的空间依赖性。

空间依赖性,是指不同区域的事物和现象在空间上的相互依赖、相互制约、相互影响和相互作用,是事物和现象本身固有的空间经济属性,是地理空间现象和空间过程的本质属性。

空间自相关或空间依赖性的产生原因主要有以下几点。

1. 观测数据地理位置接近

托布勒(Tobler)于 1970 年提出"地理学第一定律",其内涵是:所有事物与其他事物都相关,距离越近的事物关联越紧密。比如,北京的雾霾会弥漫到周边省份,北京的空气质量会影响天津、河北、内蒙古等地区的空气质量。

2. 截面上个体间相互竞争和合作

比如,云南的旅游业和贵州的旅游业既存在竞争也存在合作,从而产生地区之间的连带效应。又如,在一个寡头竞争的市场中,厂商对自己产品定价时将对市场上其他厂商的价格作出反应,最后决定的价格将是博弈的均衡点。

3. 模仿行为

在群体中,个体会重复或模仿一个或几个特定个体的行为。比如,西部地区借鉴东部地区的经济发展经验,此时西部地区某些省份的经济行为与东部地区某些省份的经济行为将存在相似性。

4. 溢出效应

溢出效应是指经济活动和过程中的外部性对未参与经济活动和过程的周围个体的影响。比如,技术溢出,跨国公司通过对外直接投资内部化实现其技术转移,这种技术转移行为会给东道国带来外部经济。

5. 测量误差

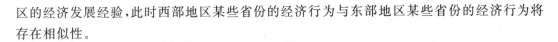

例如,有三个空间单元 A、B、C,其中空间单元 B 包括两个相互独立、互不相交的部分 B1 和 B2,假设三个空间单元 A、B、C 之间相互都没有影响,都是独立的。如果将 B1 和 B2 分别与 A、C 聚合成两个新的空间单元1(深灰部分)和2(浅灰部分),这样理论上空间单元1 和 2 也是相互独立的。由于考虑到 B 存在测量误差,且 B1 和 B2 的测量误差之和是 B 的测量误差,但这两部分测量误差之间是相关的,因此空间单元 1 和 2 的测量误差就是相关的,所以空间单元 1 和 2 具有空间依赖性。当然,如果 B1 和 B2 本来就相互依赖,由于空间单元 1 和 2 共享 B,所以有理由相信空间单元 1 和 2 具有空间依赖性。

13.1.2 空间权重矩阵

在实际构建模型中,如果将这种空间效应(空间自相关)纳入模型中,需要先根据某种标准建立空间权重矩阵,用空间权重矩阵度量区域之间的空间距离,表示区域之间的空间地理位置关系。

定义空间权重矩阵,需要对空间单位的位置进行量化,通常定义一个二元对称矩阵来表示 n 个区域之间的空间地理位置关系,如区域 i 与区域 j 之间的空间地理位置关系表示为 w_{ij},则空间权重矩阵定义为

$$\mathbf{W} = \begin{bmatrix} w_{11} & w_{12} & \cdots & w_{1n} \\ w_{21} & w_{22} & \cdots & w_{2n} \\ \vdots & \vdots & \vdots & \vdots \\ w_{n1} & w_{n2} & \cdots & w_{nn} \end{bmatrix} = \begin{bmatrix} 0 & w_{12} & \cdots & w_{1n} \\ w_{21} & 0 & \cdots & w_{2n} \\ \vdots & \vdots & \vdots & \vdots \\ w_{n1} & w_{n2} & \cdots & 0 \end{bmatrix} \quad (13.1)$$

由于同一区域的距离为 0,所以式(13.1)中对角线元素 $w_{11} = w_{22} = \cdots = w_{nn} = 0$。

常用的空间权重矩阵主要有以下四种:邻接权重矩阵、地理距离权重矩阵、经济距离权重矩阵、经济-地理距离权重矩阵。

1. 邻接权重矩阵

在邻接权重矩阵中,如果区域 i 与区域 j 之间有共同的边界,则 $w_{ij} = 1$,否则 $w_{ij} = 0$。参考象棋中不同棋子的行走路线,相邻关系可以划分为车相邻、象相邻、后相邻,如图 13-1 所示。

车相邻　　　　　　　象相邻　　　　　　　后相邻

图 13-1　车相邻、象相邻、后相邻示例图

车相邻：两个相邻的区域有共同的边。
象相邻：两个相邻的区域有共同的顶点，但没有共同边。
后相邻：两个相邻的区域有共同的顶点或共同的边。
例如，9 个区域的相邻关系如图 13-2 所示。

1	2	3
4	5	6
7	8	9

图 13-2　9 个区域的相邻关系

则车相邻对应的空间权重矩阵为

$$W = \begin{bmatrix} 0 & 1 & 0 & 1 & 0 & 0 & 0 & 0 & 0 \\ 1 & 0 & 1 & 0 & 1 & 0 & 0 & 0 & 0 \\ 0 & 1 & 0 & 0 & 0 & 1 & 0 & 0 & 0 \\ 1 & 0 & 0 & 0 & 1 & 0 & 1 & 0 & 0 \\ 0 & 1 & 0 & 1 & 0 & 1 & 0 & 1 & 0 \\ 0 & 0 & 1 & 0 & 1 & 0 & 0 & 0 & 1 \\ 0 & 0 & 0 & 1 & 0 & 0 & 0 & 1 & 0 \\ 0 & 0 & 0 & 0 & 1 & 0 & 1 & 0 & 1 \\ 0 & 0 & 0 & 0 & 0 & 1 & 0 & 1 & 0 \end{bmatrix} \qquad (13.2)$$

象相邻对应的空间权重矩阵为

$$W = \begin{bmatrix} 0 & 0 & 0 & 0 & 1 & 0 & 0 & 0 & 0 \\ 0 & 0 & 0 & 1 & 0 & 1 & 0 & 0 & 0 \\ 0 & 0 & 0 & 0 & 1 & 0 & 0 & 0 & 0 \\ 0 & 1 & 0 & 0 & 0 & 0 & 0 & 1 & 0 \\ 1 & 0 & 1 & 0 & 0 & 0 & 1 & 0 & 1 \\ 0 & 1 & 0 & 0 & 0 & 0 & 0 & 1 & 0 \\ 0 & 0 & 0 & 0 & 1 & 0 & 0 & 0 & 0 \\ 0 & 0 & 0 & 1 & 0 & 1 & 0 & 0 & 0 \\ 0 & 0 & 0 & 0 & 1 & 0 & 0 & 0 & 0 \end{bmatrix} \qquad (13.3)$$

后相邻对应的空间权重矩阵为

$$\boldsymbol{W} = \begin{bmatrix} 0 & 1 & 0 & 1 & 1 & 0 & 0 & 0 & 0 \\ 1 & 0 & 1 & 1 & 1 & 1 & 0 & 0 & 0 \\ 0 & 1 & 0 & 0 & 1 & 1 & 0 & 0 & 0 \\ 1 & 1 & 0 & 0 & 1 & 0 & 1 & 1 & 0 \\ 1 & 1 & 1 & 1 & 0 & 1 & 1 & 1 & 1 \\ 0 & 1 & 1 & 0 & 1 & 0 & 0 & 1 & 1 \\ 0 & 0 & 0 & 1 & 1 & 0 & 0 & 1 & 0 \\ 0 & 0 & 0 & 1 & 1 & 1 & 1 & 0 & 1 \\ 0 & 0 & 0 & 0 & 1 & 1 & 0 & 1 & 0 \end{bmatrix} \tag{13.4}$$

使用车相邻、象相邻还是后相邻,需要根据具体的实际情况而定。

在使用空间权重矩阵时,有时需要对空间权重矩阵进行标准化处理,原因如下:①空间权重矩阵是对称矩阵,这与现实情况不符,现实中存在的空间相关性是单向的或双向非对称的;②空间权重矩阵中各元素无法显示出其邻居空间作用的相对强弱。

对空间权重矩阵进行标准化处理,即对空间权重矩阵进行"行标准化",将矩阵中的每个元素(记为$\langle w_{ij} \rangle$)除以其所在行元素之和:

$$w_{ij} = \frac{\langle w_{ij} \rangle}{\sum_{j=1}^{n} \langle w_{ij} \rangle} \tag{13.5}$$

例如,未标准化处理过的邻接空间权重矩阵如下:

$$\langle \boldsymbol{W} \rangle = \begin{bmatrix} 0 & 1 & 0 & 1 & 1 & 0 & 0 & 0 & 0 \\ 1 & 0 & 1 & 1 & 1 & 1 & 0 & 0 & 0 \\ 0 & 1 & 0 & 0 & 1 & 1 & 0 & 0 & 0 \\ 1 & 1 & 0 & 0 & 1 & 0 & 1 & 1 & 0 \\ 1 & 1 & 1 & 1 & 0 & 1 & 1 & 1 & 1 \\ 0 & 1 & 1 & 0 & 1 & 0 & 0 & 1 & 1 \\ 0 & 0 & 0 & 1 & 1 & 0 & 0 & 1 & 0 \\ 0 & 0 & 0 & 1 & 1 & 1 & 1 & 0 & 1 \\ 0 & 0 & 0 & 0 & 1 & 1 & 0 & 1 & 0 \end{bmatrix} \tag{13.6}$$

则行标准化处理过的邻接空间权重矩阵如下:

$$\boldsymbol{W} = \begin{bmatrix} 0 & 1/3 & 0 & 1/3 & 1/3 & 0 & 0 & 0 & 0 \\ 1/5 & 0 & 1/5 & 1/5 & 1/5 & 1/5 & 0 & 0 & 0 \\ 0 & 1/3 & 0 & 0 & 1/3 & 1/3 & 0 & 0 & 0 \\ 1/5 & 1/5 & 0 & 0 & 1/5 & 0 & 1/5 & 1/5 & 0 \\ 1/8 & 1/8 & 1/8 & 1/8 & 0 & 1/8 & 1/8 & 1/8 & 1/8 \\ 0 & 1/5 & 1/5 & 0 & 1/5 & 0 & 0 & 1/5 & 1/5 \\ 0 & 0 & 0 & 1/3 & 1/3 & 0 & 0 & 1/3 & 0 \\ 0 & 0 & 0 & 1/5 & 1/5 & 1/5 & 1/5 & 0 & 1/5 \\ 0 & 0 & 0 & 0 & 1/3 & 1/3 & 0 & 1/3 & 0 \end{bmatrix} \tag{13.7}$$

标准化处理的好处在于,将标准化处理过的邻接空间权重矩阵$\boldsymbol{W}$乘以每个区域的观测

值 x_i，可以得到每个相邻区域的平均值。

$$\boldsymbol{W}x_i = \begin{bmatrix} 0 & 1/3 & 0 & 1/3 & 1/3 & 0 & 0 & 0 & 0 \\ 1/5 & 0 & 1/5 & 1/5 & 1/5 & 1/5 & 0 & 0 & 0 \\ 0 & 1/3 & 0 & 0 & 1/3 & 1/3 & 0 & 0 & 0 \\ 1/5 & 1/5 & 0 & 0 & 1/5 & 0 & 1/5 & 1/5 & 0 \\ 1/8 & 1/8 & 1/8 & 1/8 & 0 & 1/8 & 1/8 & 1/8 & 1/8 \\ 0 & 1/5 & 1/5 & 0 & 1/5 & 0 & 0 & 1/5 & 1/5 \\ 0 & 0 & 0 & 1/3 & 1/3 & 0 & 0 & 1/3 & 0 \\ 0 & 0 & 0 & 1/5 & 1/5 & 1/5 & 1/5 & 0 & 1/5 \\ 0 & 0 & 0 & 0 & 1/3 & 1/3 & 0 & 1/3 & 0 \end{bmatrix} \times \begin{bmatrix} x_1 \\ x_2 \\ x_3 \\ x_4 \\ x_5 \\ x_6 \\ x_7 \\ x_8 \\ x_9 \end{bmatrix}$$

$$= \begin{bmatrix} (x_2 + x_4 + x_5)/3 \\ (x_1 + x_3 + x_4 + x_5 + x_6)/5 \\ (x_2 + x_5 + x_6)/3 \\ (x_1 + x_2 + x_5 + x_7 + x_8)/5 \\ (x_1 + x_2 + x_3 + x_4 + x_6 + x_7 + x_8 + x_9)/8 \\ (x_2 + x_3 + x_5 + x_8 + x_9)/5 \\ (x_4 + x_5 + x_8)/3 \\ (x_4 + x_5 + x_6 + x_7 + x_9)/5 \\ (x_5 + x_6 + x_8)/3 \end{bmatrix}$$

(13.8)

但是，将矩阵标准化后，每行元素之和均为1，这意味着区域 i 受到的相邻区域的总体影响一定等于区域 i 所受其相邻区域的影响之和（对于任意 $i \ne j$），此假设可能过强。

2. 地理距离权重矩阵

地理距离指根据空间地理位置坐标计算的两区域间的欧氏距离，一般是根据区域的质心坐标进行计算，用 d_{ij} 表示区域 i 和区域 j 之间的欧氏距离，用欧氏距离的倒数表示区域 i 与区域 j 之间的空间地理位置关系，地理距离越大，则空间地理位置关系越小。

$$w_{ij} = \frac{1}{d_{ij}} \tag{13.9}$$

Pace(1997)进一步提出了有限距离的设定，即以距离阈值设定权重。在阈值范围内 w_{ij} 取1，在阈值范围外 w_{ij} 取0。

$$w_{ij}(d) = \begin{cases} 1, & \text{当区域} i \text{和区域} j \text{在距离} d \text{之内} \\ 0, & \text{当区域} i \text{和区域} j \text{在距离} d \text{之外} \end{cases} \tag{13.10}$$

3. 经济距离权重矩阵

经济距离指以运费、时间、便利程度（或舒适程度）来表示的两地之间的距离。经济距主要受交通运输技术进步和设施改善的影响。经济距离可以仿照欧氏距离进行计算,计算两区域经济指标差值的绝对值,用于衡量两区域之间的经济距离。用两区域经济指标差值的绝对值的倒数表示区域 i 与区域 j 之间的空间地理位置关系,经济距离越大,则空间地理位置关系越小。经济距离权重矩阵,较多以经济发展水平差异作为经济距离定义的对象,z_i 和 z_j 表示区域 i 和区域 j 的经济发展水平。

$$w_{ij} = \begin{cases} \dfrac{1}{|z_i - z_j|} & (i \neq j) \\ 0 & (i = j) \end{cases} \tag{13.11}$$

4. 经济-地理距离权重矩阵

经济-地理距离权重矩阵同时考虑区域之间的经济距离和地理距离,z_i 和 z_j 表示区域 i 和区域 j 的经济发展水平,d_{ij} 表示区域 i 和区域 j 之间的地理距离。

$$w_{ij} = \begin{cases} \dfrac{|z_i - z_j|}{d_{ij}^2} & (i \neq j) \\ 0 & (i = j) \end{cases} \tag{13.12}$$

在空间权重矩阵的选择方面,目前还没有明确的标准。一般先从邻接空间权重矩阵开始,然后用地理距离权重矩阵和经济距离权重矩阵来逐步确定所选择的空间权重矩阵。不同的空间权重矩阵所表达的含义不同,在空间计量模型中采用不同的空间权重矩阵得到的实证结果也有所差异。关于各种空间权重矩阵的选择,没有现成的理论依据,合适的空间权重矩阵,需要根据研究问题进行判定,依据研究结果的客观性和科学性进行选择。

13.1.3 空间自相关检验

空间自相关是指某一空间单元的变量同其相邻空间单元的变量间存在相关性。在构建空间计量模型前,需要检验被解释变量是否存在空间自相关,如果存在,则可以构建空间计量模型。"空间自相关"表现为位置相近的区域具有相似的变量取值。当相邻区域特征变量的高值或低值在空间上呈现集聚倾向时,即高值与高值聚集在一起、低值与低值聚集在一起,则表现为正的空间自相关。相反,当相邻区域特征变量取值与本区域特征变量取值高低相反时,即高值与低值相邻,则表现为负的空间自相关。当高值与低值完全随机地分布,则表现为不存在空间自相关。

检验空间自相关的指标主要有莫兰指数(Moran's I)和吉尔利指数(Geary's C),其中,莫兰指数是最常用的,分为全局莫兰指数和局部莫兰指数,吉尔利指数也分为全局吉尔利指数和局部吉尔利指数。

1. 莫兰指数

全局莫兰指数用于检验全局空间自相关,其计算方法如下:

$$I = \frac{\sum\limits_{i=1}^{n}\sum\limits_{j=1}^{n}w_{ij}(x_i - \bar{x})(x_j - \bar{x})}{S^2 \sum\limits_{i=1}^{n}\sum\limits_{j=1}^{n}w_{ij}} \tag{13.13}$$

式中，$\bar{x} = \frac{1}{n}\sum_{i=1}^{n} x_i$ 为 x_i 的平均值；$S^2 = \frac{1}{n}\sum_{i=1}^{n}(x_i - \bar{x})^2$ 为 x_i 的方差；w_{ij} 为空间权重矩阵中的元素，表示区域 i 和区域 j 的空间地理位置关系；n 为空间单位数；x_i 为区域 i 的观测数据；x_j 为区域 j 的观测数据；$\sum_{i=1}^{n}\sum_{j=1}^{n} w_{ij}$ 为所有空间权重之和。如果空间权重矩阵为行标准化，则 $\sum_{i=1}^{n}\sum_{j=1}^{n} w_{ij} = n$，此时全局莫兰指数可以写为

$$I = \frac{\sum_{i=1}^{n}\sum_{j=1}^{n} w_{ij}(x_i - \bar{x})(x_j - \bar{x})}{\sum_{i=1}^{n}(x_i - \bar{x})^2} \tag{13.14}$$

莫兰指数的取值范围为$[-1,1]$。当它大于 0、小于等于 1 且显著时，表示观测值在空间上存在正的空间自相关，其值越靠近 1，说明空间正相关性越强，相似属性的空间区域会聚集在一起；当它小于 0、大于等于 −1 且显著时，表示观测值在空间上存在负的空间自相关，其值越靠近 −1，说明空间负相关性越强，相异属性的空间区域会聚集在一起；而当它等于 0 时，表示观测值呈独立随机分布，在空间上不存在相关关系。

全局莫兰指数能够从整体上反映观测数据的空间自相关性，判断观测单位在空间上是否存在明显的集聚效应，但其弊端在于无法确定具体的集聚情况，即是属于高值与高值集聚、低值与低值集聚抑或是其他集聚情况，而这就需要进行局部空间相关性检验，局部空间相关性检验可以依靠局部莫兰指数。

局部莫兰指数是 Ansenlin 于 1995 年在对全局自相关进行改进的基础上提出的，它主要用来检验局部区域内是否有相似或相异的观测值集聚在一起。不仅如此，局部莫兰指数还能衡量某区域 i 与其相邻区域间的相关联程度。

局部莫兰指数的计算方法如下：

$$I_i = \frac{(x_i - \bar{x})}{S^2}\sum_{j=1}^{n} w_{ij}(x_j - \bar{x}) \tag{13.15}$$

式中，$\bar{x} = \frac{1}{n}\sum_{i=1}^{n} x_i$；$S^2 = \frac{1}{n}\sum_{i=1}^{n}(x_i - \bar{x})^2$；$w_{ij}$ 为空间权重矩阵中的元素；n 为空间单位数；x_i 为区域 i 的观测数据；x_j 为区域 j 的观测数据。

如果局部莫兰指数为正，表示某区域与其周边区域的莫兰值都比较高，存在高高集聚（HH），或者是某区域与其周边区域的莫兰值都比较低，存在低低集聚（LL）；而如果局部莫兰指数为负，表示某区域与其周边区域的莫兰值一高一低或一低一高，存在高低集聚（HL）或是低高集聚（LH）。

可以用莫兰散点图反映局部莫兰指数体现出的空间集聚性，一般将莫兰散点图分为四个象限，不同象限的观测值所呈现的特点不同。莫兰散点图的四个象限，分别对应该区域与其相邻区域之间四种类型的局部空间联系形式，如图 13-3 所示。

第一象限表示高高集聚，即高观测值的区域其周边区域也是高观测值；第二象限表示低高集聚，即低观测值的区域其周边区域是高观测值；第三象限表示低低集聚，即低观测值的区域其周边区域也是低观测值；第四象限表示高低集聚，即高观测值的区域其周边区域

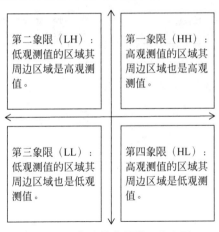

图 13-3 莫兰散点图的四个象限

是低观测值。若观测值集中分布在一、三象限,则说明观测值间存在正空间相关性;相反,若观测值集中分布在二、四象限,则说明观测值间存在负空间相关性。

例如,用人均 GDP 衡量我国 31 个省、自治区、直辖市的经济发展水平,选择经济距离权重矩阵,然后运用 Stata 软件计算 2011—2020 年全国(不含港澳台)各省份经济发展水平的全局莫兰指数,结果如表 13-1 所示。

表 13-1 全国(不含港澳台)各省份经济发展水平的全局莫兰指数

变量	I	$E(I)$	$sd(I)$	z	p
2011 年	0.449	−0.033	0.091	5.275	0.000
2012 年	0.454	−0.033	0.091	5.324	0.000
2013 年	0.462	−0.033	0.092	5.410	0.000
2014 年	0.469	−0.033	0.092	5.489	0.000
2015 年	0.473	−0.033	0.092	5.533	0.000
2016 年	0.464	−0.033	0.091	5.444	0.000
2017 年	0.451	−0.033	0.091	5.320	0.000
2018 年	0.451	−0.033	0.091	5.325	0.000
2019 年	0.401	−0.033	0.090	4.801	0.000
2020 年	0.415	−0.033	0.090	4.975	0.000

从表 13-1 可以看出,各年份经济发展的莫兰指数均大于 0,检验结果 p 值表明各年份的莫兰指数均通过 1% 的显著性水平,表明中国(不含港澳台)各省份之间的经济发展水平并非完全随机分布,而是存在明显的空间相关性。从数值上看,随着时间推移,2011—2020 年莫兰指数不断发生波动,2011—2015 年,莫兰指数整体呈现上升趋势,由 2011 年的 0.449 增加到 2015 年的 0.473,表明经济发展与空间分布的相关性在不断增强,2015—2020 年,莫兰指数整体呈现下降趋势,表明经济发展与空间分布的相关性有所降低,但 2015—2020 年莫兰指数均显著且大于 0.4,说明地理位置上相邻的省份经济发展产生空间交互影响作用虽有减弱但仍存在较强的相关性。

全局莫兰指数能够反映全国层面的空间相关性,对于局部省级范围内的空间相关性,需要用局部莫兰指数散点图进一步分析空间上是否趋于集聚。图 13-4~图 13-8 分别列出 2012 年、2014 年、2016 年、2018 年、2020 年经济发展水平的莫兰散点图。

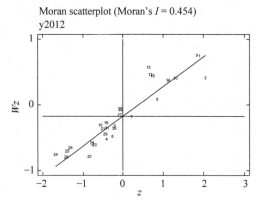

图 13-4　2012 年莫兰散点图

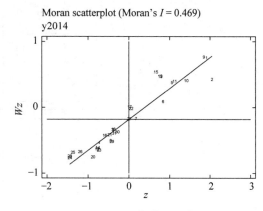

图 13-5　2014 年莫兰散点图

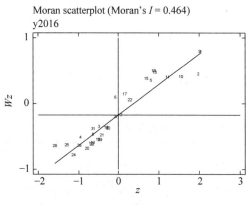

图 13-6　2016 年莫兰散点图

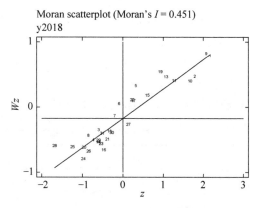

图 13-7　2018 年莫兰散点图

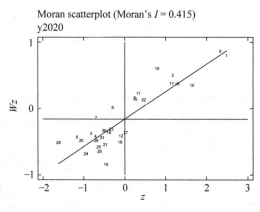

图 13-8　2020 年莫兰散点图

图中的数字是省份代码，由图 13-4 至图 13-8 可知，大部分省份分布在第一象限和第三象限，表明省份间的经济发展水平以空间集聚分布为主，图 13-4 至图 13-8 均出现"高高聚集"或"低低聚集"的现象，说明经济发展水平较高的省份其周围省份的经济发展水平也较高，经济发展水平较低的省份其周围省份的经济发展水平也较低，表明地区之间存在正向空间自相关，这和全局空间自相关分析的检验结果一致。

以 2020 年局部莫兰指数散点图为例,各省份经济发展水平在四个象限的分布如表 13-2 所示。

表 13-2　2020 年莫兰指数散点图的各省份分布

相邻方式		省　份
第一象限	高高相邻	北京、天津、内蒙古、上海、江苏、浙江、福建、山东、湖北、广东、重庆
第二象限	低高相邻	辽宁、吉林
第三象限	低低相邻	河北、山西、黑龙江、安徽、江西、河南、湖南、广西、海南、四川、贵州、云南、西藏、甘肃、青海、宁夏、新疆
第四象限	高低相邻	陕西

东部地区省份多位于第一象限,而中西部地区省份多位于第三象限,表明经济发展水平出现较强的局部空间集聚效应,即经济发展水平较高的地区被其他高值地区所包围,经济发展水平较低的地区被其他低值地区所包围,进一步验证省份间的经济发展水平存在空间相关性。

2. 吉尔利指数

检验空间自相关的另一个指标:吉尔利指数,该指数强调观测值之间的离差。

全局吉尔利指数计算公式为

$$C = \frac{(n-1)\sum_{i=1}^{n}\sum_{j=1}^{n}w_{ij}(x_i-x_j)^2}{2\sum_{i=1}^{n}\sum_{j=1}^{n}w_{ij}\sum_{i=1}^{n}(x_i-\bar{x})^2} \tag{13.16}$$

局部吉尔利指数计算公式为

$$C_x = \sum_{j=1}^{n}w_{ij}(x_i-x_j)^2 \tag{13.17}$$

全局吉尔利指数和局部吉尔利指数的分布范围均为[0,2],数学期望为 1。当吉尔利指数接近 1 时,表示不存在空间自相关;当吉尔利指数小于 1 时,表示存在正的空间自相关,相似的属性在空间上呈现集聚;当吉尔利指数大于 1 时,表示存在负的空间自相关,相异的属性在空间上呈现集聚。

13.2　空间计量模型

13.2.1　空间计量模型构建

非空间线性回归模型一般表达式如下:

$$Y = X\beta + \mu \tag{13.18}$$

式中,Y 为被解释变量;X 为解释变量;μ 为误差项,即一个回归模型至少包含因变量、自变量和误差项三项,由此产生三种空间交互效应,这三种空间交互效应分别为内生交互效应、外生交互效应和误差项之间的交互效应。

内生交互效应,即一个区域的被解释变量与其他空间单位的被解释变量存在空间相关性,在模型中可以通过 WY 来表示(W 为空间权重矩阵)。外生交互效应,即一个区域的被解释变量依赖于其他空间的解释变量,在模型中可以通过 WX 来表示。误差项之间的交互效应,即被遗漏的不可观测的变量存在空间交互性,在模型中可以通过 $W\mu$ 来表示。

由此,空间计量模型的一般表达式为

$$\begin{cases} Y = \lambda WY + X\beta + \delta WX + \mu \\ \mu = \rho W\mu + \varepsilon \end{cases} \tag{13.19}$$

式中,Y 为被解释变量矩阵;X 为解释变量矩阵;W 为空间权重矩阵;λ、δ、ρ 为各项的空间自回归系数矩阵,λ 衡量了邻近区域的被解释变量对本区域被解释变量的影响,δ 衡量了邻近区域的解释变量对本区域被解释变量的影响,ρ 衡量了邻近区域的被解释变量的误差项对本区域被解释变量的影响;β 为 $k \times 1$ 阶的回归系数矩阵,k 为解释变量个数;μ 为随机误差项;ε 为一个白噪声过程。

空间计量模型的一般表达式可分为以下三种。

(1) 如果 $\rho = 0$ 且 $\lambda \neq 0$、$\delta = 0$,则表示为空间滞后模型(Spatial Lag Model,SLM)。
(2) 如果 $\rho \neq 0$ 且 $\lambda = 0$、$\delta = 0$,则表示为空间误差模型(Spatial Error Model,SEM)。
(3) 如果 $\rho = 0$ 且 $\lambda \neq 0$、$\delta \neq 0$,则表示为空间杜宾模型(Spatial Durbin Model,SDM)。

1. 空间滞后模型

空间滞后模型也称为空间自回归模型(Spatial Autoregression Model,SAR),其通过空间权重矩阵作用于各区域的被解释变量,反映了相邻区域被解释变量对本区域被解释变量的影响,体现各区域被解释变量之间的空间自相关性,形成空间滞后项 WY 这一个新的变量,其表达式如下:

$$Y = \lambda WY + X\beta + \varepsilon \tag{13.20}$$

式中,Y 为被解释变量矩阵;X 为 $n \times k$ 阶的解释变量矩阵,n 为空间单元数,k 为解释变量个数;λ 为空间滞后系数矩阵,反映某地区的被解释变量受其他地区被解释变量的影响程度;W 为 $n \times n$ 阶的空间权重矩阵;β 为 $k \times 1$ 阶的回归系数矩阵;ε 为随机误差项。

2. 空间误差模型

空间误差模型反映了相邻区域被解释变量的误差项对本区域被解释变量的影响,其含义为不包含在 X 中但对 Y 有影响的遗漏变量存在空间依赖性,或者是不可观测到的随机冲击存在空间交互性,其表达式如下:

$$\begin{cases} Y = X\beta + \mu \\ \mu = \rho W\mu + \varepsilon \end{cases} \tag{13.21}$$

式中,μ 为随机误差项,该遗漏变量对 Y 产生影响,但没有包含在 X 变量内,该遗漏变量存在空间相关性,依赖于空间相邻单元的随机误差项 μ 和一个白噪声过程 ε;ρ 为空间误差项 $W\mu$ 的系数,用来衡量相邻地区的被解释变量的误差项 $W\mu$ 对本区域被解释变量误差项的影响;其他变量设定与空间滞后模型相似,在此不再赘述。

3. 空间杜宾模型

空间杜宾模型是空间滞后模型和空间误差模型的组合扩展形式,反映了相邻区域被解释变量和相邻区域解释变量对本区域被解释变量的影响，其表达式如下：

$$Y = \lambda WY + X\beta + \delta WX + \varepsilon \qquad (13.22)$$

式中，WX 为解释变量的空间滞后项；δ 用来衡量邻近区域的解释变量对本区域被解释变量的空间影响程度；其他变量设定与空间滞后模型相似，在此不再赘述。空间杜宾模型相比于空间滞后模型，既包含被解释变量的空间滞后变量，也包含解释变量的空间滞后变量；既考察了被解释变量间的空间自相关性，也考察了邻近区域解释变量对被解释变量的影响。与空间滞后模型、空间误差模型相比，空间杜宾模型考虑更加全面。

空间杜宾模型的特点在于同时考虑了解释变量和被解释变量的空间滞后相关性。为详细分析解释变量的全部作用效应，按照来源将其划分为直接效应和间接效应。其中，直接效应又可以分成两种，一种是解释变量直接对被解释变量的影响，另一种是解释变量影响相邻区域被解释变量造成的反馈效应；间接效应就是解释变量的空间溢出效应，也可以分成两种，一种是邻近区域解释变量对本区域被解释变量的影响，另一种就是邻近区域解释变量使其被解释变量造成变化，进而对本区域被解释变量产生的影响。

13.2.2 空间计量模型选择

在空间计量实证分析时，需要先通过多种检验方法来判断构建哪种空间计量模型，以便明确模型选择的正确性与合理性。空间计量模型主要分为空间滞后模型、空间误差模型、空间杜宾模型三类，针对不同模型还涉及固定效应与随机效应的选择，如果选择固定效应还涉及个体固定效应、时间固定效应或者双向固定效应的判别，这些问题都需要通过检验进行确定，检验步骤如下。

第一步：运用拉格朗日检验，即 LM 检验，以此来判断变量之间是否存在空间关系以及空间关系的类型。LM 检验以 LM-Lag 和 LM-Error 为判断标准，当两者均不显著时，表明各变量之间无空间关系，应采用普通回归模型；当 LM-Lag 显著但 LM-Error 不显著时，应选择空间滞后模型；当 LM-Lag 不显著但 LM-Error 显著时，应选择空间误差模型；当两者均显著时，进一步采取稳健性的拉格朗日检验，即 Robust LM 检验。Robust LM 检验以 Robust LM-Lag 和 Robust LM-Error 为判断标准，Robust LM-Lag 显著但 Robust LM-Error 不显著，应选择空间滞后模型；Robust LM-Lag 不显著但 Robust LM-Error 显著，应选择空间误差模型；若两者均显著，则选择空间滞后模型与空间误差模型结合的空间杜宾模型。LM 检验和 Robust LM 检验结果举例如表 13-3 所示。

表 13-3 LM 检验和 Robust-LM 检验结果

Test	Statistic	df	p-value
Spatial error：			
Moran's I	169.021	1	0.000
Lagrange multiplier	26.745	1	0.000
Robust Lagrange multiplier	39.508	1	0.000
Spatial lag：			
Lagrange multiplier	3.356	1	0.067
Robust Lagrange multiplier	16.119	1	0.000

第二步：运用 Wald 检验和 LR 检验判断空间杜宾模型是否会退化为空间滞后模型或空间误差模型，若两种检验的结果均显著，则说明空间杜宾模型不会退化，应选择空间杜宾模型。Wald 检验结果举例如表 13-4 所示。

表 13-4 Wald 检验结果

Wald Test for SAR	
LR chi2(7)=47.73 Prob>chi2=0.0000	Prob>chi2 值非常显著，拒绝 SDM 退化为 SAR 的原假设，接受 SDM
Wald Test for SEM	
LR chi2(7)=41.40 Prob>chi2=0.0000	Prob>chi2 值非常显著，拒绝 SDM 退化为 SEM 的原假设，接受 SDM

LR 检验结果举例如表 13-5 所示。

表 13-5 LR 检验结果

lrtest sdm sar		
Likelihood-ratio test （Assumption：sar nested in sdm）	LR chi2(7)=54.26 Prob>chi2=0.0000	Prob>chi2 值为 0.000 非常显著，拒绝原假设，接受 SDM
lrtest sdm sem		
Likelihood-ratio test （Assumption：sem nested in sdm）	LR chi2(7)=53.89 Prob>chi2=0.0000	Prob>chi2 值为 0.000 非常显著，拒绝原假设，接受 SDM

第三步：运用 Hausman（豪斯曼）检验来判断空间杜宾模型是运用固定效应还是随机效应。Hausman 检验结果举例如表 13-6 所示。

表 13-6 Hausman 检验结果

hausman fe re	
chi2(5)=(b-B)$'$[(V_b−V_B)^(−1)](b-B)=141.73 Prob>chi2=0.0000	Prob>chi2 值为 0.000 非常显著，拒绝原假设，选择固定效应

第四步：固定效应分为个体固定效应、时间固定效应、双向固定效应三种，若第三步的结果是运用固定效应，则进一步通过 LR 检验或根据对数似然比（$\log L$ 值）和拟合优度（R^2），判断三种固定效应哪一种更适用。LR 检验结果举例如表 13-7 所示。

表 13-7 LR 检验结果

lrtest both ind,df(10)		
Likelihood-ratio test （Assumption：ind nested in both）	LR chi2(10)=89.28 Prob>chi2=0.0000	Prob>chi2 值为 0.000 非常显著，拒绝原假设，选择双向固定效应
lrtest both time,df(10)		
Likelihood-ratio test （Assumption：time nested in both）	LR chi2(10)=292.93 Prob>chi2=0.0000	Prob>chi2 值为 0.000 非常显著，拒绝原假设，选择双向固定效应

13.3 案 例 分 析

13.3.1 案例1：绿色金融对经济高质量发展的空间溢出效应

绿色金融为绿色经济提供可持续的金融支持，引导社会资源投向绿色行业，实现经济、社会、环境的可持续发展，这一发展模式与经济高质量发展的生态文明理念不谋而合，因此研究绿色金融对经济高质量发展的影响。随着地区间金融交流逐渐深入，进一步地研究绿色金融对周边地区经济高质量发展是否存在空间溢出效应。基于2006—2017年我国30个省区市的面板数据，构建经济高质量发展指数，运用空间计量模型分析绿色金融对经济高质量发展的空间溢出效应。

被解释变量为经济高质量发展，从经济增长、创新发展、协调发展、绿色发展、开放发展、共享发展这六个维度构建指标体系，测算出2006—2017年我国30个省份的经济高质量发展水平。解释变量为绿色金融，从所有A股上市企业中选取垃圾发电、新能源、尾气治理、污水处理、环保概念等32个相关概念板块，共计599家企业，再将这些企业的长短期借款、发行的长短期债券以及获得的政府补助汇总，所得数据进行对数化处理，以反映全国各地绿色金融发展水平情况。控制变量选择市场化程度、政府规模、外资规模、产业结构、失业状况。

在构建空间计量模型之前，需考察经济高质量发展是否存在空间自相关，因此先计算经济高质量发展的全局莫兰指数，如表13-8所示。

表13-8 2006—2017年经济高质量发展的全局莫兰指数

年　份	地理距离权重矩阵	经济距离权重矩阵	经济-地理距离权重矩阵
2006	0.291***	0.742***	0.718***
2007	0.273***	0.687***	0.658***
2008	0.299***	0.678***	0.689***
2009	0.284***	0.671***	0.666***
2010	0.288***	0.690***	0.692***
2011	0.286***	0.674***	0.690***
2012	0.289***	0.651***	0.695***
2013	0.281***	0.641***	0.691***
2014	0.282***	0.658***	0.696***
2015	0.277***	0.649***	0.686***
2016	0.273***	0.660***	0.679***
2017	0.245***	0.614***	0.620***

注：*、**、***分别表示在10%、5%和1%的置信水平下显著。

由表13-8可知，2006—2017年绿色金融发展水平在三种空间权重矩阵下的全局莫兰指数均为正值，均通过了1%的显著性检验，且经济距离权重矩阵下的指数值比地理距离权重矩阵下的值要高。由此说明，经济高质量发展无论是在地理分布上还是在经济分布上都呈现出明显的空间依赖性，这表现为某一省份经济高质量发展水平的提高会对周围省份产生积极的影响。此外，相较于地理区位优势，这种影响在经济社会发展方面更为明显。

在检验完变量的空间自相关之后,需要选取合适的空间计量模型进行回归。首先在不考虑空间溢出效应的情况下,对样本数据进行混合 OLS 回归,采取 LM 和 Robust LM 检验判断模型中是否应当包含空间滞后项和空间误差项,即是否应当选择 SAR 和 SEM。接着,为判断 SDM 是否能够简化为 SAR 或 SEM,需要在三个模型的回归结果之上进行 LR 检验和 Wald 检验。检验结果如表 13-9 所示。

表 13-9　LM 检验、LR 检验和 Wald 检验

检验方法	检 验 量	统计量	P 值
LM 检验	LM-spatial lag	11.062	0.001
	Robust LM-spatial lag	10.426	0.001
	LM-spatial error	154.672	0.000
	Robust LM-spatial error	154.036	0.000
LR 检验	LR-spatial lag	28.530	0.000
	LR-spatial error	37.970	0.000
Wald 检验	Wald-spatial lag	28.450	0.000
	Wald-spatial error	42.400	0.000

由检验结果可知,无论是 LM 检验还是 Robust LM 检验,均在 1% 的显著性水平上通过了检验,故可以认为采取混合 OLS 回归得到的估计结果并不能准确描述变量之间的空间关系,应至少涵括空间滞后项或者空间误差项中的一项。于是进一步进行 LR 检验和 Wald 检验,结果显示 LR 值和 Wald 值都通过了 1% 的显著性水平检验,这说明所建模型应同时包括空间滞后项和空间误差项,故本书选取空间杜宾模型拟合效果更好。进一步地,固定效应包含时间固定效应、空间固定效应和双向固定效应,通过比较 log L 值、Sigma2 和 R^2 的大小,以及关键系数显著与否,最终选取基于时间固定效应的 SDM 作为本书空间计量分析的最优估计模型。

$$Y_{it} = \lambda WY_{it} + \beta X_{it} + \delta WX_{it} + \eta Control_{it} + \varphi WControl_{it} + \gamma_t + \varepsilon_{it} \quad (13.23)$$

式中,Y_{it} 为经济高质量发展水平;X_{it} 为绿色金融;$Control_{it}$ 为控制变量;W 为空间权重矩阵;γ_t 为时间固定;ε_{it} 为随机误差项。

空间杜宾模型回归结果如表 13-10、表 13-11、表 13-12 所示,其中直接效应表示为绿色金融对本省经济高质量发展的影响,间接效应表示为绿色金融对周边省份经济高质量发展的影响,总效应表示为两者之和。

表 13-10　地理距离权重矩阵下的空间杜宾模型效应分解

变　　量	直 接 效 应	间 接 效 应	总 效 应
绿色金融	0.024 7***	0.018 5***	0.043 1***
市场化程度	0.047 0***	−0.017 1*	0.029 9***
政府规模	0.202 4***	0.085 4	0.287 8**
外资规模	0.052 2***	0.104 7***	0.156 9***
产业结构	0.095 2***	−0.031 0*	0.064 2***
失业状况	−0.016 1***	−0.028 8*	−0.044 9***

注:*、**、*** 分别表示在 10%、5% 和 1% 的置信水平下显著。

表 13-11　经济距离权重矩阵下的空间杜宾模型效应分解

变　量	直 接 效 应	间 接 效 应	总 效 应
绿色金融	0.017 5***	0.029 3***	0.063 5***
市场化程度	0.036 1***	0.000 6	0.012 6
政府规模	0.224 5***	0.026 8	−0.131 2
外资规模	0.046 3***	0.130 3***	0.125 7***
产业结构	0.071 3***	−0.036 5**	0.066 6***
失业状况	−0.029 3***	0.014 9	0.001 0

注：*、**、*** 分别表示在 10%、5% 和 1% 的置信水平下显著。

表 13-12　经济-地理距离权重矩阵下的空间杜宾模型效应分解

变　量	直 接 效 应	间 接 效 应	总 效 应
绿色金融	0.020 8***	0.029 3***	0.050 1***
市场化程度	0.035 6***	0.000 6	0.036 2***
政府规模	0.235 0***	0.026 8	0.261 8*
外资规模	0.052 8***	0.130 3***	0.183 1***
产业结构	0.078 6***	−0.036 5**	0.042 1**
失业状况	−0.020 7***	0.014 9	−0.005 8

注：*、**、*** 分别表示在 10%、5% 和 1% 的置信水平下显著。

从表 13-10、表 13-11、表 13-12 的回归结果可知，在三种不同空间权重矩阵下绿色金融发展水平的直接效应、间接效应和总效应均显著为正。在地理距离权重矩阵中，绿色金融对本省经济高质量发展的直接效应要大于对周边省份经济高质量发展的间接效应(占比约 42.92%)，而在经济距离权重矩阵和经济-地理距离权重矩阵中则正好相反，间接效应分别占比约为 72.60% 和 58.48%。据此可以认为，绿色金融对地区经济发展的空间溢出效应已经突破传统地理距离的限制，转向以经济或经济地理融合为导向的空间溢出机制。此处的结果与前文空间相关性分析所得结果相同。

在控制变量中，市场化程度、政府规模、外资规模和产业结构的直接效应和总效应显著为正(系数不显著不予考虑)，说明当地市场化程度的提高、政府规模和外资规模的扩大以及产业结构的优化升级，在一定程度上可以提升本地区经济发展的质量。失业状况的直接效应和总效应显著为负(系数不显著不予考虑)，说明当地失业率的降低可以促进本地经济高质量发展。

从间接效应来看，市场化程度的系数在三种权重矩阵下显著为负(系数不显著不予考虑)，说明本地市场化程度的提高可能会加深地区间的市场竞争，这不利于周边地区经济发展。政府规模的系数在三种权重矩阵下都不显著，说明当地政府规模的扩大对周边地区的经济发展无积极作用。外资规模的系数在三种权重矩阵下均显著为正，表明当地外资规模的扩大有益于周边地区的经济高质量发展。产业结构的系数在三种权重矩阵下显著为负，说明当地产业结构的优化并不能带动周边地区经济发展。失业状况在地理距离权重矩阵下显著为负，在其他两种权重矩阵下不显著，说明当地失业率的降低对周边不同地区的经济发展的影响可能不尽相同，地理邻近地区会产生正面影响，而经济邻近地区则可能会产生负面影响。

13.3.2 案例2：数字金融对市场一体化的空间溢出效应

随着数字技术的快速渗透与发展，金融发展进入数字化、智能化新时代，数字金融应运而生。市场一体化要解决市场分割、要素流动阻碍、资源配置效率低等问题，数字金融为推动市场一体化发展提供有力支持。

一方面，数字化金融要素、金融信息、金融教育等元素具有天然流动性、高扩散速度与低扩散成本等特征，使数字金融受到地理空间限制较小，数字金融的数据信息跨时空传递特征可破解市场一体化之间存在的金融壁垒，促进市场一体化发展。另一方面，数字金融可助力要素跨界流动，数字金融可通过数字技术引导东部地区富裕金融资源跨区域、跨主体、跨时间转移至中西部地区开发项目中，数字金融可通过与劳动力、资本、商品等要素相结合，充分发挥自身空间溢出效应，推动其他地区的市场一体化发展，进而促进全国统一大市场建设。

以我国30个省份2011—2020年的数据作为样本观测值。被解释变量方面，将市场一体化划分为劳动力、商品、资本三个维度，共同衡量市场一体化。对劳动力市场一体化，选用在岗职工平均工资进行衡量。对商品市场一体化，运用医疗保健用品、食品、交通通信用品、烟酒、日用品、文化体育用品、衣着7类消费品价格进行衡量。对资本市场一体化，借助年末金融机构人民币人均各项贷款余额与年末金融机构人民币人均存款余额进行衡量。在此基础上，借助价格法对商品市场一体化与资本市场一体化进行测算；采用绝对偏差法度量劳动力市场一体化；最后运用变异系数法确定各维度权重，进而得到市场一体化总指数。解释变量方面，使用北京大学数字普惠金融指数的对数值衡量数字金融水平。同时控制了其他可能影响市场一体化的变量：财税自由度、对外开放水平、人口密度、互联网发展水平、资本投入、劳动投入。

为核验数字金融对市场一体化是否具有空间溢出效应，需先对市场一体化进行空间相关性分析，故运用莫兰指数度量邻接权重矩阵、经济距离权重矩阵下市场一体化的空间自相关性（表13-13）。可以看出，2011—2020年市场一体化具有正向空间自相关性，可运用空间模型进行下一步实证检验。

表13-13　市场一体化的全局莫兰指数

年　份	经济距离权重矩阵	邻接权重矩阵
2011	0.375***	0.369***
2012	0.436***	0.349**
2013	0.329**	0.435***
2014	0.245**	0.375***
2015	0.195**	0.351***
2016	0.286**	0.556***
2017	0.309**	0.471***
2018	0.259***	0.411***
2019	0.211*	0.369***
2020	0.175*	0.289**

注：*、**、*** 分别表示在10%、5%和1%的置信水平下显著。

选取模型需通过LM检验、Hausman检验等进行判断。通过表13-14可以看出，经济距离权重矩阵与邻接权重矩阵检验后，空间效应下的空间滞后模型与实证较为契合。

表 13-14　空间面板模型检验

检验方法	检 验 量	统计量（经济距离权重矩阵）	统计量（邻接权重矩阵）
LM 检验	空间滞后 LM 检验值	28.015***	15.362***
	稳健的空间滞后 LM 检验值	14.395***	7.715***
	空间误差 LM 检验值	14.652***	7.812***
	稳健的空间误差 LM 检验值	0.992	0.157
Hausman 检验	Hausman 检验值	11.015*	59.135***

注：*、**、***分别表示在10%、5%和1%的置信水平下显著。

模型设定如下：

$$Y_{it} = \lambda W Y_{it} + \beta X_{it} + \eta \text{Control}_{it} + \upsilon_i + \gamma_t + \varepsilon_{it} \tag{13.24}$$

式中，Y_{it} 为市场一体化；X_{it} 为数字金融；Control_{it} 为控制变量；W 为空间权重矩阵；υ_i 为个体固定；γ_t 为时间固定；ε_{it} 为随机误差项。

表 13-15 为对空间滞后模型的估计结果进行效应分解，结果显示，数字金融溢出效应影响系数均显著为正，说明该数字金融对市场一体化具有显著空间溢出效应。由表 13-15 结果可以看出，数字金融对市场一体化溢出效应高于直接效应。这主要是由于我国数字金融发展处于上升阶段，且不同区域数字金融发展差异化明显。北京、上海、浙江、广东等地区数字金融发展较好，且具有较好的辐射作用，可有效推动周边地区发展数字金融，为驱动市场一体化夯实金融基础。

表 13-15　空间滞后模型回归结果

变 量	直接效应		间接效应		总效应	
	经济距离权重矩阵	邻接权重矩阵	经济距离权重矩阵	邻接权重矩阵	经济距离权重矩阵	邻接权重矩阵
数字金融	0.326***	0.385***	0.152***	0.102**	0.492***	0.475***
财税自由度	0.125	0.145	0.062	0.042	0.136	0.169
对外开放水平	0.112***	0.132***	0.053***	0.036**	0.127***	0.146***
互联网发展水平	0.023	0.031	0.011	0.006	0.032	0.039
人口密度	0.085**	0.112***	0.052*	0.032	0.124**	0.146***
资本投入	0.224***	0.265***	0.109***	0.075**	0.331***	0.321***
劳动投入	0.236***	0.269***	0.102***	0.089**	0.336***	0.354***

注：*、**、***分别表示在10%、5%和1%的置信水平下显著。

复习思考题

1. 如何理解空间自相关？
2. 空间自相关的检验方法有哪些？
3. 简要概括三种空间计量模型。
4. 选择空间计量模型时的检验方法有哪些？
5. 如何构建空间计量模型？

即 测 即 练

第14章 复杂网络方法及应用

本章知识点
1. 复杂网络发展历程。
2. 复杂网络基本界定与特征量。
3. 经典复杂网络模型构建。

本章主要介绍复杂网络的发展历程、基本定义、基本特征量,着重阐述了经典复杂网络模型并提供了案例分析。

14.1 复杂网络基本概述

14.1.1 复杂网络的发展历程

随着新一轮科技革命迅速发展和数字技术快速渗透,人类社会已经步入复杂网络(complex networks)时代。网络科学已经从数学、物理学、计算机科学等工程技术领域扩展到管理学、社会学、经济学等众多不同学科,引起了各国政府和科学界的广泛关注与高度重视。

图论是复杂网络研究的数学基础,它提供了一种用抽象的点和线表示各种实际网络的统一方法,因而也成为目前研究复杂网络的一种共同语言。图论研究的诞生可以精确地追溯到1735年的哥尼斯堡七桥问题。瑞士的数学家莱昂哈德·欧拉(Leonhard Euler)用节点表示被河流分割开的每块陆地,用连边表示把两块陆地连接起来的每座桥。七桥问题被转化为这样一个问题:在包含4个点和7条边的图形中是否存在每条边都经过一次的回路?欧拉用数学方法证明,这样的回路并不存在。这是首次使用图来求解的数学问题,也是一个拓扑性质的问题。网络的拓扑性质与网络中节点的大小、位置、形状、功能等都无关,而只与网络中有多少个节点以及节点之间有无连边等基本特征相关。也就是说,网络的性质和其结构密切相关。

1. 随机图理论

网络科学聚焦于建立能够重现真实网络性质的模型,20世纪60年代两位匈牙利数学家Erdos和Renyi(1959)在图论中融入概率论和组合数学,在1959年到1968年间发表了一系列论文,由此建立了数学领域的一个新分支——随机图理论。在他们所提出的随机模型中，节点之间是随机建立连接的。假设大量的纽扣（$N \gg 1$）散落在地上，并以相同的概率 P 把每对纽扣系在一根线上，如此就得到了一个包含 N 个节点和大约 $pN(N-1)/2$ 条边的随机图的实例，这也是随机图或随机网络（random network）产生的机制。随机图的许多重要性质都是突然涌现的，假设连接概率正比于 N^Z，调节 Z 的值后，几乎每一个图都具有某个性质，或都不具有该性质。

自从随机网络模型提出以来，它一直指导着复杂网络的研究。随机网络模型认为，在复杂网络中观察到的网络应该是完全随机的，复杂性来源于随机性。然而，真实的网络往往并不是随机的，大多数真实网络的背后几乎都存在着内在深层次的机制。这种机制可以用来指导网络结构的属性，并通过系统的度量来确定真实网络结构属性。而随机网络可以作为探索真实网络属性的重要参考，观察这些网络结构属性时可以研究它的出现是否是随机偶然的。因此，尽管随机网络模型对大多数真实系统而言可能是错误的，但它对于网络科学仍然十分重要。

2. 小世界实验

对小世界现象的学术研究起源于政治科学家 Pool 和数学家 Kochen(1978) 的一篇论文。该论文于 1958 年完成、1978 年发表，介绍了小世界效应的数学基础，并猜测大部分人都可以通过两三个相识关系连接起来。在此基础上，美国社会心理学家 Milgram(1967) 进行了第一个验证小世界现象的实验。他曾询问一位智者，按照实验中的方式，任意两个人建立联系需要经历多少个中间人，回答是，将需要不少于 100 个人。但通过实验调查 Milgram 提出了一个有趣的推论：地球上任何两个人之间的平均距离是 6，这意味着，平均而言，你只需通过 5 个人就能与地球上任何角落的任何一个人取得联系。这就是著名的"六度分离"（six degrees of separation）理论。在网络科学中，"六度分离"被称为小世界性质，意味着网络中任意两个节点之间的距离非常小。

3. 网络嵌入性理论

网络嵌入性是经济学、社会学和管理学研究中的一个重要概念，"嵌入"（embeddedness）一词是由 Polanyi(1944) 首次提出的，它代表着紧紧地或非常牢固地固定或者镶入。按照 Polanyi 的观点，所有的经济活动并非孤立存在，而是嵌入特定的经济环境中。利用嵌入性理论可以揭示企业创新网络背景下社会结构对经济行为的影响（Schumpeter, 1950）。Granovetter(1985) 创新性地将嵌入性与社会网络联系在一起，并指出嵌入性是人们的经济行为受到整个社会结构影响的运作方式。网络嵌入性可以描述一个企业与其他企业的关系，这种关系结构影响了企业间的社会互动。通过有效的互动能够促进企业利用网络嵌入关系获取互补资源，进行组织间的学习。Granovetter 提出了网络嵌入中最经典的关系嵌入和结构嵌入分析框架。关系嵌入描述网络主体间关系的紧密程度、关系稳定性和信任程度等，关系嵌入会对网络主体间的信息交换和知识共享产生重要的影响。结构嵌入描述网络的整体结构和功能，以及网络主体在网络结构中的位置，侧重研究网络结构特征中的网络规模、网络密度、中心性和结构洞等对网络主体行为的影响。

4. 新时期的复杂网络研究

进入 21 世纪后,人们对复杂网络的科学探索发生了重要转变,对复杂网络理论的研究不再局限于数学领域,包括物理学、生物学在内的众多学科中都涌现了大量复杂网络研究的成果,人们开始关注现实世界中具有大量节点、连接结构复杂的复杂网络。两篇代表性的文章揭示了现实网络的网络特征和产生机制,开创了复杂网络研究的新纪元。美国康奈尔大学的 Watts 和 Strogatz(1998)在 *Nature* 上发表了一篇文章,由此掀起了学术界对小世界现象的新一轮兴趣。他们提出了小世界网络(small-world network)模型,并且发现小世界性质不仅存在于社会网络中,也存在于自然和技术网络中,由此揭示了现实世界中复杂网络的小世界特征。随后,美国圣母大学的 Barabasi 和 Albert(1999)在 *Science* 上发表了一篇文章,提出了无标度网络(scale-free network)模型,并且发现了万维网的无标度性质,即其度分布(degree distribution)服从幂律分布的特性,揭示了现实世界中复杂网络的无标度特征。这两篇经典文献解释了现实世界中的复杂网络介于简单的规则网络(regular network)和随机网络之间。

网络科学是一个新学科,学术界一致认为,网络科学作为一个独立的学科是在 21 世纪出现的。虽然该学科所研究的多数网络并不是新鲜事物。代谢网络可以追溯到生命起源,社会网络和人类一样历史悠久。包括社会学、生物化学、脑科学在内的许多学科,几十年来一直在研究各自的网络。然而,互联网技术革命提供了快速有效的数据共享和数据存储的方法,以互联网、社交网络、蛋白质相互作用网络、神经元连接网络等为代表的网络地图大批涌现,促进了网络科学的发展。

现实世界中的网络存在明显的差异:代谢网络中的节点是微小的分子,节点间的连接是由化学和量子力学定律支配的化学反应;万维网中的节点是网页连接,是供计算机算法解析地址使用的统一资源定位符;社会网络中的节点是人,连接则是表示家庭、职场、朋友和熟识的关系。然而,这些不同领域中形成的网络,其架构是彼此相似的,这说明它们在同样机制的支配下形成。因此,可以采用同样的数学工具来探索这些网络及其所描述的系统。

14.1.2 复杂网络的基本定义

复杂网络可以用一个二元组 $G=(V,E)$ 来表示,其中 G 包含了两个集合 V 和 E。$V=\{1,2,\cdots,N\}$ 为非空有限节点集合,节点数 $N=|V|$。$E=\{e_1,e_2,\cdots,e_M\}\in V^2$ 为有限边集合,边的总数为 $M=|E|$。按照边是否有向有权,将网络分为四种类型。G 中任意两个节点 i 和 j,$h\in[1,M]$,如果边 $e_h(j,i)$ 与 $e_h(i,j)$ 对应同一条边,那么称 G 为无向网络,否则称 G 为有向网络(directed network)。此外,如果给每条边赋予一个权值,那么称 G 为加权网络(weighted network),否则称 G 为无权网络(unweighted network)。在分析网络的各种结构特征时,需要在计算机中表示网络的拓扑结构。传统的表示方法有三种:邻接矩阵、邻接表和三元组。

1. 有向加权网络

网络 G 的邻接矩阵 $A=(a_{ij})$ 的方阵,其第 i 行第 j 列的元素 a_{ij} 为

$$a_{ij} = \begin{cases} w_{ij}, & \text{如果存在一条从节点 } i \text{ 指向节点 } j \text{ 的权重为 } w_{ij} \text{ 的连边} \\ 0, & \text{如果没有从节点 } i \text{ 指向节点 } j \text{ 的连边} \end{cases} \tag{14.1}$$

例如,图 14-1 所示的网络所对应的邻接矩阵为

$$A = \begin{bmatrix} 0 & 2 & 0 & 0 & 3 & 1 \\ 2 & 0 & 1 & 0 & 0 & 0 \\ 0 & 2 & 0 & 3 & 0 & 0 \\ 0 & 0 & 2 & 0 & 1 & 4 \\ 0 & 1 & 0 & 3 & 0 & 0 \\ 1 & 0 & 0 & 0 & 0 & 0 \end{bmatrix} \tag{14.2}$$

2. 有向无权网络

$$a_{ij} = \begin{cases} 1, & \text{如果从节点 } i \text{ 有指向节点 } j \text{ 的连边} \\ 0, & \text{如果从节点 } i \text{ 没有指向节点 } j \text{ 的连边} \end{cases} \tag{14.3}$$

例如,图 14-2 所示的网络,不考虑边的权重,只考虑节点之间的邻接关系,则其对应的邻接矩阵为

$$A = \begin{bmatrix} 0 & 1 & 0 & 0 & 1 & 1 \\ 1 & 0 & 1 & 0 & 0 & 0 \\ 0 & 1 & 0 & 1 & 0 & 0 \\ 0 & 0 & 1 & 0 & 1 & 1 \\ 0 & 1 & 0 & 1 & 0 & 0 \\ 1 & 0 & 0 & 0 & 0 & 0 \end{bmatrix} \tag{14.4}$$

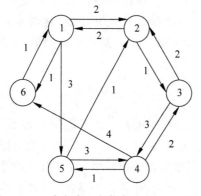
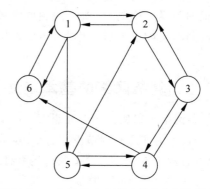

图 14-1 一个包含 6 个节点的有向加权网络　　图 14-2 一个包含 6 个节点的有向无权网络

3. 无向加权网络

$$a_{ij} = \begin{cases} w_{ij}, & \text{如果节点 } i \text{ 与节点 } j \text{ 的权重为 } w_{ij} \text{ 的连边} \\ 0, & \text{如果节点 } i \text{ 与节点 } j \text{ 之间没有连边} \end{cases} \tag{14.5}$$

例如,图 14-3 所示的网络,不考虑边的方向,并将两节点之间的有向边的权重加起来作

为新无向边的权重,则其对应的邻接矩阵为

$$A = \begin{bmatrix} 0 & 4 & 0 & 0 & 3 & 2 \\ 4 & 0 & 3 & 0 & 1 & 0 \\ 0 & 3 & 0 & 5 & 0 & 0 \\ 0 & 0 & 5 & 0 & 4 & 4 \\ 3 & 1 & 0 & 4 & 0 & 0 \\ 2 & 0 & 0 & 4 & 0 & 0 \end{bmatrix} \tag{14.6}$$

4. 无向无权网络

$$a_{ij} = \begin{cases} 1, & \text{如果节点 } i \text{ 与节点 } j \text{ 之间有连边} \\ 0, & \text{如果节点 } i \text{ 与节点 } j \text{ 之间没有连边} \end{cases} \tag{14.7}$$

例如,图 14-4 所示的网络,不考虑边的权重与方向,则其对应的邻接矩阵为

$$A = \begin{bmatrix} 0 & 1 & 0 & 0 & 1 & 1 \\ 1 & 0 & 1 & 0 & 1 & 0 \\ 0 & 1 & 0 & 1 & 0 & 0 \\ 0 & 0 & 1 & 0 & 1 & 1 \\ 1 & 1 & 0 & 1 & 0 & 0 \\ 1 & 0 & 0 & 1 & 0 & 0 \end{bmatrix} \tag{14.8}$$

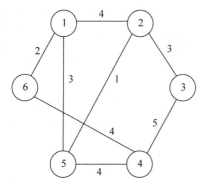

图 14-3 一个包含 6 个节点的无向加权网络

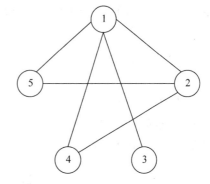

图 14-4 一个节点数为 $N=5$、边数为 $M=6$ 的无权无向网络

通过上面的介绍,可知计算机可以利用邻接矩阵很方便地表示网络的结构。当网络是无权无向的时候,邻接矩阵不仅对称,而且只有 0、1 这两个元素。进而,我们可以运用矩阵的分析方法来研究网络的许多性质,例如网络的同步能力和网络的传播阈值等。当网络是无向的时候,邻接矩阵是对称的。然而,大多数真实网络都是稀疏且规模巨大的。若是使用邻接矩阵存储网络结构,则会浪费很大的存储空间或基本不能存储。

鉴于此,学者们提出了另外两种经典的用计算机来表示网络结构的方法:邻接表和三元组。表示稀疏的无权网络常用的方法是邻接表。在邻接表中,每个节点 i 具有一个单链表,该单链表由节点 i 及其所有邻居节点(节点 i 所指向的节点)构成。例如,图 14-2 所示的网络,不考虑边的权重,则其对应的邻接表为

$$1\ 2\ 5\ 6$$
$$2\ 1\ 3$$
$$3\ 2\ 4$$
$$4\ 3\ 5\ 6$$
$$5\ 2\ 4$$
$$6\ 1$$

以该邻接表的第一行为例，其表示从节点1有分别指向节点2、5、6的三条连边。对于稀疏的有权网络，传统的邻接表则不能表示网络的结构。此时，三元组就可以表示这类网络。以图14-1所示的网络为例，其对应的三元组为

$$1\ 2\ 2\ |\ 1\ 5\ 3\ |\ 1\ 6\ 1$$
$$2\ 1\ 2\ |\ 2\ 3\ 1\ |\ 3\ 2\ 2$$
$$3\ 4\ 3\ |\ 4\ 3\ 2\ |\ 4\ 5\ 1$$
$$4\ 6\ 4\ |\ 5\ 2\ 1\ |\ 5\ 4\ 3$$
$$6\ 1\ 1$$

以第一个三元组1 2 2为例，其表示从节点1有指向节点2的连边且权重为2。

14.1.3 复杂网络的基本特征量

1. 度

度（degree）在各种表征单个节点的特征属性中占有非常重要的地位。具体来说，节点i的度k_i定义为与该节点连接的其他节点的数目。在无向网络中，节点i的度表示为

$$k_i = \sum_{j=1}^{N} a_{ij} \qquad (14.9)$$

在有向网络中，节点i的度分为入度（in-degree）和出度（out-degree）。节点i的入度k_i^{in}是指从其他节点指向节点i的连边总数；而节点i的出度k_i^{out}是指从节点i指向其他节点的连边总数。k_i^{in}和k_i^{out}可分别表示为

$$k_i^{\text{in}} = \sum_{j=1}^{N} a_{ij} \quad \text{和} \quad k_i^{\text{out}} = \sum_{j=1}^{N} a_{ji} \qquad (14.10)$$

故有向网络中节点i的度为$k_i = k_i^{\text{in}} + k_i^{\text{out}}$。

对整个网络而言，所有节点的度$k_i, i = 1, 2, \cdots, N$的平均值称为网络（节点）的平均度（average degree），记为$\langle k \rangle$。因此，平均度$\langle k \rangle$可表示为

$$\langle k \rangle = \frac{1}{N} \sum_{i=1}^{N} k_i \qquad (14.11)$$

此外，用点度中心度（degree centrality）来刻画网络中节点中心性，一个节点的点度中心度越大，就意味着该节点的度中心性越高，该节点在网络中就越重要。某个节点的点度中心度计算公式如下：

$$\text{DC}_i = \frac{k_i}{N-1} \qquad (14.12)$$

2. 度分布

为更好地刻画网络中节点的度的分布情况,引入度分布函数 $P(k)$。$P(k)$ 表示在网络中随机选取一个节点,其度恰好为 k 的概率。显然,在无向网络中,$P(k)$ 可表示为

$$P(k) = \frac{n_k}{N} \tag{14.13}$$

其中,n_k 表示度为 k 的节点在整个网络中各节点的度中出现的频数。在有向网络中,度分布则要分为入度分布 $P(k_{\text{in}})$ 和出度分布 $P(k_{\text{out}})$。

度分布可反映网络中节点间连接的均匀程度。因此,根据网络中度分布函数,网络可分为均匀网络(homogeneous networks)和异质网络(heterogeneous networks)。

若度分布近似 Poisson 分布,即

$$P(k) = \frac{\lambda^k e^{-\lambda}}{k!} \tag{14.14}$$

则称这样的网络为均匀网络。

若度分布近似幂律分布,即

$$p(k) \sim k^{-\gamma} \tag{14.15}$$

则称这样的网络为异质网络,其中,γ 为幂指数。在异质网络中,大多数节点的度较小,少数节点的度较大。而且,将这些度相对较大的节点称为 hub 节点。

在无向网络中,度 k 的 n 阶矩为 $\langle k^n \rangle = \sum_k k^n P(k)$。值得注意的是,一阶矩 $\langle k \rangle$ 表示网络的平均度,二阶矩 $\langle k^2 \rangle$ 刻画网络中度分布的差异性。

3. 度度相关性

度刻画的是单个节点的属性,但在整个网络中节点并不是独立存在的,而是相互连接的,因此引入度度相关性(degree-degree correlation)的概念。$P(k'|k)$ 表示度为 k 的节点随机连接到邻居节点中度为 k' 的概率。显然,$P(k'|k)$ 为一个条件概率,且 $\sum_{k'} P(k'|k) = 1$,当网络中度度不相关时,有

$$P(k'|k) = \frac{k' P(k')}{\langle k \rangle} \tag{14.16}$$

度度相关性刻画了节点与其周边邻点相连的情况。若网络中度大的节点倾向于连接度大的节点且度小的节点倾向于连接度小的节点,则称这样的连接方式是度度正相关或同配性的(assortative);若网络中度大的节点倾向连接度小的节点或度小的节点倾向于连接度大的节点,则称这样的连接方式为度度负相关或异配性的(disassortative)。网络节点度的相关性可用同配性系数(assortative coefficient)刻画,即

$$r = \frac{M^{-1} \sum_i j_i k_i - \left[M^{-1} \sum_i \frac{1}{2}(j_i + k_i) \right]^2}{M^{-1} \sum_i \frac{1}{2}(j_i^2 + k_i^2) - \left[M^{-1} \sum_i \frac{1}{2}(j_i + k_i) \right]^2} \tag{14.17}$$

式中,j_i 和 k_i 分别表示第 i 条边两端节点的度,M 是网络中总的连边数,若 $r > 0$,网络是同

配的；若 $r<0$，网络是异配的。

4. 平均路径长度

度和度度相关性主要刻画了节点局部的特征属性，却并没有较好地刻画整个网络的特征属性。因此，为进一步刻画整个网络的特征属性，引入网络的平均路径长度（average path length）的概念。网络的平均路径长度是指网络中任意两个节点间距离的平均值，即

$$L = \frac{1}{\frac{1}{2}N(N+1)} \sum_{i \geq j} d_{ij} \tag{14.18}$$

其中，d_{ij} 为网络中节点 i 和节点 j 间的最短路径长度（即节点 i 和节点 j 的距离）；N 为网络节点总数。网络的平均路径长度也被称为网络的特征路径长度（characteristic path length）。一般考虑的网络是无自环的，因此式（14.18）中当 $i=j$ 时，$d_{ij}=0$。如果不考虑节点到自身的距离，那么式（14.18）的右端乘以因子 $\frac{N+1}{N-1}$。

此外，网络中任意两个节点间距离的最大值为网络的直径（diameter），即

$$D = \max_{i \geq j} d_{ij} \tag{14.19}$$

网络的平均路径长度表征了网络中节点与节点连接所经过节点的平均个数。研究发现，许多实际网络的平均路径长度较小。如果一个平均度为 $\langle k \rangle$ 的网络的平均路径长度 L 的增加速度至多与网络的规模 N 的对数成正比，那么这个网络被称为具有小世界效应。

5. 聚类系数

网络的平均路径长度虽然表征了网络中任意两个节点间相连经过的平均节点个数，但却没有刻画单个节点与其周边邻居以及邻居的邻居的连接情况。因此，为描述网络的聚类特性，在网络中定义了聚类系数（clustering coefficient）。对于网络中度 k_i 的节点 i，在网络中至多有 $\frac{k_i(k_i-1)}{2}$ 条连边；而节点 i 实际的连边数为 E_i。因此，节点 i 的聚类系数 C_i 为实际连边 E_i 与可能存在的所有连边 $\frac{k_i(k_i-1)}{2}$ 的比值，即

$$C_i = \frac{2E_i}{k_i(k_i-1)} \tag{14.20}$$

从几何特点上看，式（14.20）的等价定义为

$$C_i = \frac{\text{与节点 } i \text{ 相连的三角形的数量}}{\text{与节点 } i \text{ 相连的三元组的数量}}$$

其中，与节点 i 相连的三元组是指包括节点 i 的三个节点，并且至少存在从节点 i 到其他两个节点的两条边。

网络的聚类系数，是指整个网络中所有节点聚类系数的平均值，记为

$$C = \frac{1}{N} \sum_{i=1}^{N} C_i \tag{14.21}$$

显然，$0 \leq C \leq 1$，$C=0$，表示网络中所有节点不相连，即所有节点为孤立节点；$C=1$ 表示网络中每个节点都与网络中其余节点相连，即网络为一个全局耦合网络。

14.2 经典复杂网络模型

在复杂网络研究中,一种常用方法是根据现实网络特性建立相应网络模型,在此基础上,分析模型的微观或宏观特性。自 20 世纪网络科学蓬勃发展以来,研究者通过对现实网络研究,提出了多种著名的网络模型,包括 Erdös-Rényi 网络、WS 小世界网络、NW 小世界网络、Price 无标度网络、BA 无标度网络等。这一系列网络模型的提出标志着人们对复杂网络的系统性研究迈出一大步,使理论分析结果能更好地预测现实网络某些特殊行为和性质。本书主要介绍几种典型的复杂网络模型:规则网络、随机网络、小世界网络、无标度网络。

14.2.1 规则网络

1. 全耦合网络模型

具有 N 个节点的全耦合网络模型有 $N(N-1)/2$ 条边,即任意两节点之间均有连接,如图 14-5(a)所示。在相同规模的所有网络中,该模型具有最大的边数、最小的直径 $D=1$、最小的平均路径长度 $L=1$ 和最大聚类系数 $C=1$。

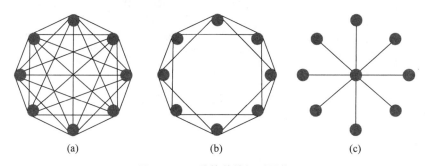

图 14-5 三种简单的规则网络

(a)全耦合网络图;(b)最近邻耦合网络图;(c)星形耦合网络图

2. 最近邻耦合网络模型

网络中每个节点只与其左右相邻的 $K/2$(K 为偶数)个节点相连,而与其他节点均没有连接,这样生成的网络模型被称为最近邻耦合网络(nearest-neighbor coupled network)模型,如图 14-5(b)所示,其中 $K=4$。该模型的聚类系数为 $C=3(K-2)/4(K-1)$。容易知道,随着 K 的增加,C 也增加,其取值范围为 $C\in[0,3/4)$。由此可见,此类网络具有高聚类的特点。另外,它的平均路径长度为 $L\approx N/2K$,当 $N\rightarrow\infty$ 时,$L\approx\infty$。

3. 星形耦合网络模型

一个网络具有 N 个节点,其中有一个中心节点与其他 $N-1$ 个节点相连,除此之外网络中再无另外的连边,按照这样的规则构成的网络模型被称为星形耦合网络模型,如图 14-5(c)所示。当 $N\rightarrow\infty$ 时,此模型的聚类系数为 $C=1$,平均路径长度为 $L=2-2/N$。当 $N\rightarrow\infty$ 时,$N\rightarrow 2$。

14.2.2 随机网络

20世纪，Erdös和Rényi提出了ER随机图模型，其连边是完全随机的，这与规则网络形成鲜明对比。ER随机图模型理论从诞生至今一直是网络科学研究的基础理论。ER随机图的构造算法如下。

(1) 设定网络包含N个节点，以及在任意节点对之间生成一条连边的概率为$p(p \in [0,1])$。

(2) 随机选择一对没有连边的节点，并生成一个随机数r，若$r<p$，则在所选择的节点对之间连一条边，否则不连边。

(3) 重复步骤(2)，直到所有的节点对都被选择一遍，考虑到网络共有$N(N-1)/2$对节点，需要重复步骤(2)$N(N-1)/2$次。由以上算法生成的网络的总边数约为$pN(N-1)/2$。固定网络规模为N，随着连边概率p的提高，网络的结构改变，如图14-6(a)所示。当N充分大且p充分小时，ER随机网络具有以下一些性质。

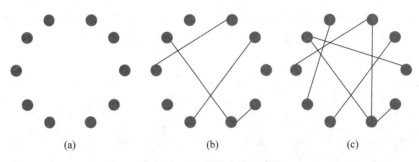

图 14-6 ER 网络生成示意图

(a) $p=0$ 时, 10 个孤立节点; (b) $p=0.1$ 时随机网络; (c) $p=0.15$ 时随机网络

平均度: $\langle k \rangle = pN$

平均路径长度: $L \sim \dfrac{\ln N}{\ln \langle k \rangle}$, 可以看到 ER 随机图具有较小的平均路径长度。

聚类系数: $C = p \simeq \dfrac{\langle k \rangle}{N}$, 对于稀疏网络而言, 其没有明显的聚类结构。

度分布:

$$P(k) = \binom{N-1}{k} p^k (1-p)^{N-1-k} \approx \dfrac{\langle k \rangle^k}{k!} e^{-\langle k \rangle} \tag{14.22}$$

从式(14.22)可以看出其度分布大致符合泊松分布。

14.2.3 小世界网络

随着人们对真实网络研究的不断深入，发现实际网络结构既不是完全随机的，也不是完全规则的。虽然真实网络往往规模较大、结构复杂，但是它们一般具有两个有趣的特征：明显的聚类结构和小的平均路径长度。这两个特征分别对应最近邻耦合网络和完全随机网络的两个典型特征。1998年，Watts和Strogatz发现在最近邻耦合网络中加入一些随机连边就能生成具有小的平均距离与高聚类的网络结构。这种经典的模型被称为WS小世界模型，其构造算法具体如下。

(1) 生成一个规则图：给定 N 个节点，让其中每个节点与它左右相邻的 $K/2$（K 是偶数）个节点相连。

(2) 随机断边重连：以概率 p 对原来网络中的每一条边进行断边重连。具体地，先选择一条边并取一个随机数 r。若 $r<p$，则固定这条边中的一个节点，断开另一端的节点，并随机选择网络中的其他节点作为这条边的另一个端点。若 $r \geqslant p$，则保持原有的这条边不变。对于所有连边重复步骤(2)。在断边重连的过程中不允许出现自环和重边。

在上述的构造算法中，当 $p=0$ 时，对应于原始的规则网络(最近邻耦合网络)。当 $p=1$ 时，所有边都经过了断边重连这一步骤，生成的网络对应于完全随机网络。随着 p 值不断增加，不仅实现了从规则网络到完全随机网络的转变，而且当 p 取合适的值时($0<p<1$)，该算法生成了具有小平均路径长度与高聚类的小世界网络，如图 14-7 所示。

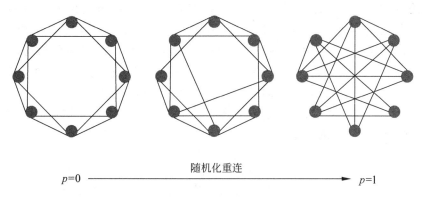

图 14-7　WS 小世界网络的演化示意图

随后 Newman 和 Watts 对 WS 小世界网络算法进行了改进，提出了 NW 小世界网络，具体算法如下。

(1) 生成一个规模为 N 的 K-近邻耦合网络，其中 K 为偶数。

(2) 以概率 p 对网络中每对节点进行随机加边(注意是随机加边，且不考虑自连或重连情形)。

显然，随着 p 从 0 变到 1，NW 小世界网络从 K-近邻耦合网络变为全局耦合网络，如图 14-8 所示。

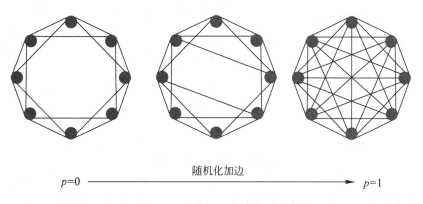

图 14-8　NW 小世界网络的演化示意图

14.2.4 无标度网络

20世纪末期,学者们发现一些真实网络并没有像小世界网络模型一样具有均匀的度分布(一般表现为泊松分布),如互联网和论文引用网络等。这些网络的度分布呈现幂律的形式,被称为无标度网络。在这类网络中,绝大多数节点的度比较小,而极少数的节点的度很大。Barabási 和 Albert 经过不断探索,发现 ER 随机网络和小世界网络模型忽略了实际网络演化过程中的两个重要特征。

(1) 增加性。一般来说,真实网络并非固定不变的,而是随时间不断扩展的。例如在人际关系网络中,随着年龄与阅历的增长,一个人的人际关系网会变得愈加庞大和复杂。然而,ER 随机图与 WS 小世界模型却固定了网络的规模。

(2) 偏好连接。新加入网络系统的节点往往倾向于与中心节点相连,这种现象被称为"马太效应"或"富者越富"。例如在抖音上新用户往往倾向于关注粉丝较多的博主。

基于上面的两个演化特性,Barabási 和 Albert 提出了 BA 无标度网络模型,算法如下。

(1) 增长。首先随机生成一个包含 m_0 个节点的连通网络,然后依次向原来的网络系统中增加新节点。每个新节点均连向网络中已有的 m 个节点。其中 $m \leqslant m_0$。

(2) 优先连接。新加入的节点并不是随机连接已有节点,而是更倾向于连接度大的节点。新节点与节点 i 相连的概率为

$$\prod_i = \frac{k_i}{\sum_j k_j} \tag{14.23}$$

按照上述算法依次向系统中添加新节点,经过 t 步后,整个网络包含 $N = m_0 + t$ 个节点、$E = M_0 + mt$ 条边,其中 M_0 是初始网络中的边数。图 14-9 展示了 BA 无标度网络的具体演化生成过程,其中 $M_0 = 1, m_0 = 2, m = 2$。

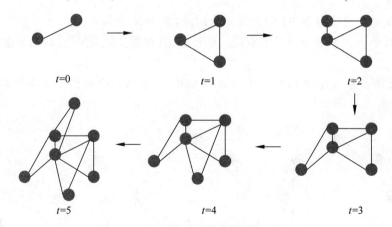

图 14-9 BA 无标度网络的演化示意图

14.3 案例分析

本书选取中国主要金融市场作为研究对象。首先,利用 TVP-VAR 模型构建溢出指数;其次,构建金融市场的风险传染网络;最后,分析我国金融市场风险传染网络结构。

14.3.1 数据选取与处理

为了研究中国(不含港、澳、台,本例下同)金融体系的风险溢出效应,结合中国金融市场的构成,此处将金融系统划分为六个一级市场,选取了各个市场重要的价格指数作为各市场风险的衡量指标。

1. 变量选取

金融系统划分与指标体系选取如表 14-1 所示。

表 14-1 金融系统划分与指标体系选取

	一级市场	二级市场	解释变量	简称
	货币市场	同业拆借市场	银行间 7 天同业拆借利率	currency
	资本市场	股票市场	沪深 300 指数	stock
		债券市场	中证综合债指数	bond
		基金市场	中国基金总指数	fund
金融系统	大宗商品交易市场	金属市场	南华金属指数	metal
		能源市场	南华能化指数	energy
		农产品市场	南华农产品指数	product
	外汇市场		美元兑人民币汇率	exchange
	黄金市场		AU9995 黄金现货价格	gold
	房地产市场		房地产业指数	real_estate

2. 数据处理

参考 Diebold 和 Yilmaz 的做法,选择收益率序列的标准差作为风险度量指标。根据当日指数数据计算收益率的标准差,如式(14.24)所示:

$$\tilde{\sigma}_{it} = 0.361[\ln(P_{it}^{\max}) - \ln(P_{it}^{\min})]^2 \qquad (14.24)$$

式中,$P_{it}^{\max}$ 代表第 i 个市场指数 t 日的最高价;$P_{it}^{\min}$ 代表市场指数 i 在 t 日的最低价。

根据式(14.24)计算年化日收益率的标准差作为金融市场波动率:

$$\tilde{\sigma} = 100\sqrt{365 \times \tilde{\sigma}_{it}^2} \qquad (14.25)$$

经检验,所有金融市场的波动率均在 1% 的显著性水平下平稳,最优滞后阶数为 4 阶,VAR 模型满足平稳性条件。选取 2010 年 7 月 1 日到 2020 年 6 月 30 日作为研究期间。数据来源于 Wind 数据库,每个子市场包含 2 428 组日数据。

14.3.2 风险传染网络构建

1. DY 溢出值计算

表 14-2 反映了各个金融子市场之间的风险溢出大小。其中,最后一列(from)表示某一个市场受到其他金融市场风险的影响,即该市场的风险承受程度。倒数第二行(to)表示某一个市场风险对其他金融市场风险的影响,即该市场的风险溢出程度。第 i 列的数值越大,说明市场 i 对其余市场波动的影响越强;第 i 行的数值越大,说明市场 i 受到来自其余市场波动的影响越强。对角线的值代表了市场自身受到滞后效应影响的程度。

表 14-2 中国金融市场 DY 溢出表 %

各类市场	货币市场	股票市场	债券市场	基金市场	金属市场	能源市场	农产品市场	外汇市场	黄金市场	房地产市场	from
货币市场	81.8	1.4	1.7	1.7	2.7	2.1	1.9	2.9	1.9	1.9	18.2
股票市场	3.8	76.6	1.6	2.2	3.4	2.5	2.5	2.7	1.6	3.2	23.4
债券市场	2.3	2.0	76.0	3.0	2.2	2.6	2.3	3.0	4.1	2.6	23.4
基金市场	2.6	2.1	2.9	65.2	3.7	3.0	2.5	1.8	1.9	14.3	24.0
金属市场	3.5	2.0	1.6	2.5	51.5	22.1	10.5	2.4	1.4	2.3	48.5
能源市场	2.2	1.2	1.9	2.3	23.0	50.3	12.8	2.2	2.1	2.0	49.7
农产品市场	2.4	2.2	2.1	2.2	11.9	13.4	59.5	2.0	2.4	1.9	40.5
外汇市场	5.9	1.7	2.6	2.1	4.4	3.3	2.4	73.0	2.8	1.8	27.0
黄金市场	1.7	1.2	1.6	1.5	1.5	2.3	1.5	1.5	85.8	1.4	14.2
房地产市场	2.9	2.2	2.1	15.4	3.3	2.6	1.7	1.5	1.7	66.5	33.5
to	27.3	16.1	18.1	36.9	56.2	53.8	38.2	19.8	20.0	31.3	313.7
净溢出	9.2	−7.4	−5.9	−1.9	7.7	4.0	−2.3	−7.1	5.8	−2.2	

从表 14-2 可以看出,表中对角线的值明显高于其他值,说明各个子市场更容易受到自身波动的影响。其中,受自身波动影响最大的市场为黄金市场。通过分析风险溢出的整体特征,可以看出,中国金融市场风险溢出表现出不稳定性、方向非对称性以及随机性。从风险溢出的方向来看,货币、金属、能源、黄金这几个市场的对外风险溢出效应比较大,而股票、债券、基金、农产品、外汇及房地产这几个市场受到其他金融市场的风险冲击影响更大。从对其他市场影响的方向来看,金属市场的风险溢出效应最强,为 56.2%。从风险承受的方向来看,能源市场受到的风险冲击最大,为 49.7%,其次为金属市场和农产品市场。可以看出,大宗商品市场与其他金融市场之间具有较强的风险联动作用。

从风险溢出的强度可以看出,货币市场的波动会对外汇市场产生较大的影响,值为 5.9%。同时,货币市场受到来自外汇市场的影响较大。基金市场对房地产市场的溢出相对较强,为 15.4%,受到来自房地产市场的影响较大,为 14.3%。金属市场对能源市场的溢出相对较强,为 23%,受到来自能源市场的影响最大,为 22.1%。农产品市场对能源市场的风险溢出相对较强,为 12.8%,受到来自能源市场的风险冲击相对较大,为 13.4%。外汇市场对债券市场的溢出效应相对较强,为 3%,受到来自货币市场的风险冲击相对较大,为 5.9%。房地产市场对基金市场的风险溢出相对较强,为 14.3%,受到来自基金市场的冲击相对较强,为 15.4%。

2. 复杂网络构建

在前文计算得到的方差分解矩阵的基础上,以各金融二级子市场作为金融风险网络的点,以方差分解矩阵的元素(表 14-2)作为金融风险传染网络的边,构建金融风险传染的复杂网络模型来反映不同时期金融风险如何在网络中传染。节点间连线的颜色越深,代表市场之间的风险溢出关系越明显。

图 14-10 所示为 2016—2020 年金融市场风险传染网络。2016—2020 年中国金融市场的金融风险传染网络已经相对紧密。从图 14-10 中可以看出,货币市场和股票市场处于中间地位,与其他市场间存在明显的风险溢出关系。货币市场位于风险溢出网络的中心,对其

他市场的影响程度相对较大。金属市场、能源市场及农产品市场三个大宗商品子市场之间存在明显的风险溢出关系,其中,金属市场和能源市场之间的风险溢出强度更大,能源市场在网络节点具有重要的影响力,这可能是由于原油期货的开通使能源市场和金融市场之间的联系不断加强。房地产市场与基金市场的双向风险溢出关系也比较明显。黄金市场与货币市场之间的风险溢出效应较强,与其他市场间的风险溢出相对较弱。

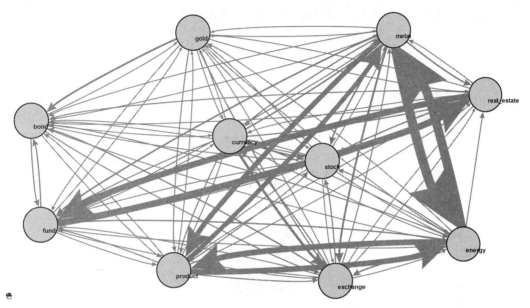

图 14-10　2016—2020 年金融市场风险传染网络

为刻画 2016—2020 年金融市场在风险传染网络中的地位,计算了各个金融市场的点度中心度指标(表 14-3)。点度中心度计算了有多少个点与该节点直接相连,是网络分析中衡量节点重要性的指标之一。在有向图中,点度中心度包括出度中心度及入度中心度。在风险传染网络当中,节点的出度中心度越大,就代表受到来自该市场的风险冲击的影响的市场数量越多;节点的入度中心度越大,代表给该市场带来风险冲击的市场数量越多。

表 14-3　风险传染网络点度中心度指标

金融市场	出度中心度	入度中心度
货币市场	1.00	0.22
股票市场	0.56	0.56
债券市场	0.33	0.78
基金市场	0.67	0.78
金属市场	0.78	0.56
能源市场	0.78	0.33
农产品市场	0.56	0.67
外汇市场	0.11	0.89
黄金市场	0.00	0.11
房地产市场	0.33	0.44

从表 14-3 可以看出,货币市场的出度中心度为 1,入度中心度小于 0.5,说明货币市场

对其他所有市场都会产生风险冲击,受到其他市场的影响相对较小;股票市场和基金市场的出度中心度和入度中心度较高,说明这两个市场既容易受到其他市场的影响,也容易影响其他市场;债券市场的出度中心度小于0.5,入度中心度为0.78,说明债券市场更容易受到来自其他市场的风险冲击;三个大宗商品交易市场的出度中心度和入度中心度均较大,与其他市场的关系比较密切;外汇市场的出度中心度小于入度中心度,说明其更容易受到其他市场的风险冲击;黄金市场与其他市场的关联度相对较小。

复习思考题

1. 简要介绍复杂网络的基本定义。
2. 简述 ER 随机网络算法。
3. 简述 ER 随机网络和小世界网络的区别,以及无标度网络的特征。

即 测 即 练

参考文献

[1] TSAY R S. 金融时间序列分析[M]. 王辉,潘家柱,译. 北京:人民邮电出版社,2009.
[2] 古扎拉蒂,波特. 经济计量学精要[M]. 张涛,译. 4版. 北京:机械工业出版社,2010.
[3] 克莱尔. 时间序列分析及应用:R语言[M]. 潘红宇,等译. 北京:机械工业出版社,2011.
[4] 拉玛纳山. 应用经济计量学[M]. 薛菁睿,译. 北京:机械工业出版社,2003.
[5] 弗洛伊德,威尔逊,平沙. 回归分析[M]. 沈崇麟,译. 重庆:重庆大学出版社,2012.
[6] 汉密尔顿. 时间序列分析[M]. 刘明志,译. 北京:中国社会科学出版社,1999.
[7] 斯托克,沃森. 计量经济学[M]. 孙燕,译. 上海:上海人民出版社,2009.
[8] 布鲁克斯. 金融计量经济学[M]. 邹宏元,译. 成都:西南财经大学出版社,2005.
[9] 陈浪南,杨科. 中国股市高频波动率的特征、预测模型以及预测精度比较[J]. 系统工程理论实践,2013,33(2):296-307.
[10] 陈强. 高级计量经济学及Stata应用[M]. 北京:高等教育出版社,2014.
[11] 陈耀辉. 非线性自回归模型的非参数方法及应用[M]. 北京:科学出版社,2013.
[12] 程开明,王桂梅. 城镇化、产业结构升级与经济高质量发展——基于空间杜宾模型的中介效应检验[J]. 系统工程理论与实践,2023,43(3):648-666.
[13] 樊欢欢,刘荣. EViews统计分析与应用[M]. 北京:机械工业出版社,2013.
[14] 冯严超,王晓红,胡士磊. FDI、OFDI与中国绿色全要素生产率——基于空间计量模型的分析[J]. 中国管理科学,2021,29(12):81-91.
[15] 高铁梅. 计量经济分析方法与建模[M]. 北京:清华大学出版社,2009.
[16] 龚玉婷,陈强,郑旭. 谁真正影响了股票和债券市场的相关性?——基于混频Copula模型的视角[J]. 经济学(季刊),2016,15(3):1205-1223.
[17] 郭文伟,钟明. 基于Vine Copula的中国股市风格资产相依结构特征及组合风险测度[J]. 管理评论,2013,25(11):41-52.
[18] 韩超,严太华. 基于高维动态藤Copula的汇率组合风险分析[J]. 中国管理科学,2017,25(2):10-20.
[19] 胡昌生,池阳春. 投资者情绪、资产估值与股票市场波动[J]. 金融研究,2013(10):181-193.
[20] 胡根华. 人民币与国外主要货币的尾部相依和联动[J]. 统计研究,2015,32(5):40-46.
[21] 胡心瀚,叶五一,缪柏其. 基于Copula-ACD模型的股票连涨和连跌收益率风险分析[J]. 系统工程理论与实践,2010,30(2):298-304.
[22] 黄健柏,程慧,郭尧琦,等. 金属期货量价关系的多重分形特征研究——基于MF-DCCA方法[J]. 管理评论,2013,25(4):77-85.
[23] 黄明凤,姚栋梅. 研发要素流动、空间溢出效应与区域创新效率——基于省际面板数据的空间杜宾模型分析[J]. 科研管理,2022,43(4):149-157.
[24] 解其昌. 稳健非参数VAR建模及风险量化研究[J]. 中国管理科学,2015,23(8):29-37.
[25] 李雪松. 高级经济计量学[M]. 北京:中国社会科学出版社,2008.
[26] 李政,卜林,郝毅. 我国股指期货价格发现功能的再探讨——来自三个上市品种的经验证据[J]. 财贸经济,2016,37(7):79-93.
[27] 李忠民,张世英,袁学民. 经济计量学教程[M]. 2版. 天津:天津大学出版社,2009.
[28] 李子奈,潘文卿. 计量经济学[M]. 北京:高等教育出版社,2010.
[29] 李子奈,叶阿忠. 高级应用计量经济学[M]. 北京:清华大学出版社,2012.
[30] 林谦. 截面相关条件下面板数据协整回归估计方法研究[M]. 成都:西南财经大学出版社,2015.
[31] 林宇,张德园,吴栩,等. 能源期货市场非对称多重分形相关性研究[J]. 管理评论,2017,29(2):35-46.
[32] 刘子斐,史敬. VAR模型比较技术及其评价——理论、实证回顾及其应用初探[J]. 金融研究,

2008(5):130-137.

[33] 陆静,张佳.基于极值理论和多元Copula函数的商业银行操作风险计量研究[J].中国管理科学,2013,21(3):11-19.

[34] 马微.协整理论与应用[M].天津:南开大学出版社,2004.

[35] 茆诗松,程依明,濮晓龙.概率论与数理统计教程[M].北京:高等教育出版社,2011.

[36] 欧阳志刚.非线性阈值协整理论及其在中国的应用研究[M].北京:中国社会科学出版社,2010.

[37] 庞皓.计量经济学[M].北京:科学出版社,2010.

[38] 隋新,何建敏,李亮.时变视角下基于MODWT的沪300指数现货与期货市场间波动溢出效应[J].系统工程,2015,33(1):31-38.

[39] 唐勇,林欣.考虑共同跳跃的波动建模:基于高频数据视角[J].中国管理科学,2015,23(8):47-53.

[40] 唐勇,刘微.加权已实现极差四次幂变差分析及其应用[J].系统工程理论与实践,2013,33(11):2766-2776.

[41] 唐勇,张伯新.基于高频数据的中国股市跳跃特征实证分析[J].中国管理科学,2013,21(5):29-39.

[42] 唐勇,张世英,张瑞锋.高频金融时间序列的协同持续关系研究[J].系统工程学报,2006,21(5):455-462.

[43] 唐勇,张世英.已实现波动和已实现极差波动的比较研究[J].系统工程学报,2007,22(4):437-443.

[44] 唐勇.基于高频数据的金融市场波动性研究[M].北京:经济科学出版社,2012.

[45] 唐振鹏,周熙雯,黄友珀,等.基于小波方法的中国股市与亚太股市联动效应实证研究[J].中国管理科学,2015,23:398-404.

[46] 田存志,程富强,付辉.关于金融市场长记忆性研究的若干争论[J].经济学动态,2016(6):141-149.

[47] 汪昌云,戴稳胜,张成思.基于EVIEWS的金融计量学[M].北京:中国人民大学出版社,2011.

[48] 汪冬华,索园园.我国沪深300股指期货和现货市场的交叉相关性及其风险[J].系统工程理论与实践,2014,34(3):631-639.

[49] 王斌会,谢贤芬.自相关过程能力指数置信区间的构建与评价[J].数量经济技术经济研究,2015(10):124-137.

[50] 王博,赵森杨,罗荣华,等.地方政府债务、空间溢出效应与区域经济增长[J].金融研究,2022(8):18-37.

[51] 王鹏,魏宇.基于多分形波动率测度的ES风险度量[J].系统管理学报,2012,21(2):192-200.

[52] 王松桂.线性统计模型——线性回归与方差分析[M].北京:高等教育出版社,1999.

[53] 王雄,黄云,任晓航,等.数字普惠金融对居民消费的空间溢出效应研究[J].系统工程理论与实践,2022,42(7):1770-1781.

[54] 格林.经济计量分析[M].王明舰,王永宏,译.北京:中国社会科学出版社,1998.

[55] 韦艳华,张世英.多元Copula-GARCH模型及其在金融风险分析上的应用[J].数理统计与管理,2007,26(3):432-439.

[56] 吴庆晓,刘海龙,龚世民.基于极值Copula的投资组合集成风险度量方法[J].统计研究,2011,28(7):84-91.

[57] 熊正德,韩丽君.金融市场间波动溢出效应研究——GC-MSV模型及其应用[J].中国管理科学,2013,21(2):32-41.

[58] 熊正德,文慧,熊一鹏.我国外汇市场与股票市场间波动溢出效应实证研究——基于小波多分辨的多元BEKK-GARCH(1,1)模型分析[J].中国管理科学,2015,23(4):30-38.

[59] 徐秋艳,房胜飞,马琳琳.新型城镇化、产业结构升级与中国经济增长——基于空间溢出及门槛效应的实证研究[J].系统工程理论与实践,2019,39(6):1407-1418.

[60] 杨宝臣,张世英.变结构协整问题研究[J].系统工程学报,2002,17(1):26-31.

[61] 杨政,曾勇,原子霞.几类非线性协整模型研究综述[J].数量经济技术经济研究,2011,28(10):148-160.

[62] 苑莹,王梦迪,樊晓倩,等.市场间相依性检验、非对称性及传导方向研究[J].系统工程理论与实践,2016,36(11):2778-2790.

[63] 张成思.金融计量学:时间序列分析视角[M].北京:中国人民大学出版社,2012.

[64] 张国富,杜子平.基于藤Copula-贝叶斯网络的中美股票、债券市场非线性相依关系分析[J].系统工程,2016,34(7):35-40.

[65] 张世英,樊智,郭名媛.协整理论与波动模型:金融时间序列分析及应用[M].3版.北京:清华大学出版社,2014.

[66] 张世英,樊智.协整理论与波动模型:金融时间序列分析及应用[M].北京:清华大学出版社,2009.

[67] 张世英,许启发,周红.金融时间序列分析[M].北京:清华大学出版社,2008.

[68] 张晓峒.计量经济分析[M].北京:经济科学出版社,2000.

[69] 张雪莹.金融计量学[M].济南:山东人民出版社,2013.

[70] 张宗新.金融计量学[M].北京:中国金融出版社,2008.

[71] 郑方镳,吴超鹏,吴世农.股票成交量与收益率序列相关性研究——来自中国股市的实证证据[J].金融研究,2007(3):140-150.

[72] 郑适,秦明,樊林峰,等.最低工资、空间溢出与非农就业——基于空间杜宾模型的分析[J].财贸经济,2016(12):133-143.

[73] 周爱民,徐辉,田翠杰.金融计量学[M].北京:经济管理出版社,2006.

[74] 庄新田,苑莹.中国股票市场的标度突变现象及其特征研究[J].系统工程学报,2009,24(1):79-83.

[75] 邹平.金融计量学[M].上海:上海财经大学出版社,2010.

[76] PERCIVAL D B,WALDEN A T.时间序列分析的小波方法[M].程正兴,等译.北京:机械工业出版社,2006.

[77] AAS K,BERG D. Models for construction of multivariate dependence: a comparison study[J]. The European journal of finance,2009,15(7-8):639-659.

[78] ACERBI C,NORDIO C,SIRTORI C. Expected shortfall as a tool for financial risk management[R]. arXiv preprint cond-mat/0102304,2001.

[79] ADRIAN T,BRUNNERMEIER M. CoVaR: a method for macroprudential regulation [EB/OL]. (2008-10-15). http://ideas.repec.org/p/fip/fednsr/348.html.

[80] AGUIAR-CONRARIA L,MARTINS M M F,SOARES M J. The yield curve and the macro-economy across time and frequencies[J]. Journal of economic dynamics & control,2012,36:1950-1970.

[81] AÏT-SAHALIA Y. Telling from discrete data whether the underlying continuous time model is a diffusion[J]. Journal of finance,2002,57(5):2075-2112.

[82] AKERLOF G A,SHILLER R J. Animal spirits[M]. Princeton: Princeton University Press,2005.

[83] ALVAREZ-RAMIREZ J,RODRIGUEZ E,ECHEVERRIA J C. A DFA approach for assessing asymmetric correlations[J]. Physica A: statistical mechanics and its applications,2009,388(12):2263-2270.

[84] ANDERSEN T G,BOLLERSLEV T,DIEBOLD F X. Roughing it up: including jump components in the measurement, modeling, and forecasting of return volatility[J]. Review of economics and statistics,2007,89(4):701-720.

[85] ANDERSEN T G,BOLLERSLEV T,DOBREV D. No-arbitrage semi-martingale restrictions for continuous-time volatility models subject to leverage effects, jumps and i.i.d. noise: theory and testable distributional implications[J]. Journal of econometrics,2007,138(1):125-180.

[86] ANSELIN L. Local indicator of spatial association-LISA[J]. Geographical analysis,1995(27):93-115.

[87] ANTONAKAKIS N. Recent developments in spatial econometrics[J]. Journal of geographical

systems,2020,22(1):3-4.

[88] ASGHARIAN H,CHRISTIANSEN C,HOU A. Macro-finance determinants of the long-run stock-bond correlation: the DCC-MIDAS specification[J]. Journal of financial econometrics,2016,3:617-642.

[89] AYUSUK A,SRIBOONCHITTA S. Risk analysis in Asian emerging markets using Cananical Vine Copula and Extreme Value Theory[J]. Thai journal of mathematics,2014,1:59-72.

[90] BARABÁSI A L,ALBERT R. Emergence of scaling in random networks[J]. Science,1999,286(5439):509-512.

[91] BARNDORFF-NIELSEN O E,SHEPHARD N. Power and bipower variation with stochastic volatility and jumps[J]. Journal of financial econometrics,2004,2(1):1-37.

[92] BASHAN A,BARTSCH R,KANTELHARDT J W,et al. Comparison of detrending methods for fluctuation analysis[J]. Physica A:statistical mechanics and its applications,2008,387(21):5080-5090.

[93] BAUR D G. What is co-movement?[J]. SSRN electronic journal,2004,36(7):365-378.

[94] BEDFORD T,COOKE R M. Probability density decomposition for conditionally dependent random variables modeled by vines[J]. Annals of mathematics and artificial intelligence,2001,32(1-4):245-268.

[95] BEDFORD T,COOKE R M. Vines—a new graphical model for dependent random variables[J]. The annals of statistics,2002,30(4):1031-1068.

[96] BENHMAD F. Bull or bear markets: a wavelet dynamic correlation perspective[J]. Economic modelling,2013,32:576-591.

[97] BOLLERSLEV T. Generalized autoregressive conditional heteroskedasticity[J]. Journal of econometric,1986,31(3):307-327.

[98] BRAUN P A,NELSON D B,SUNIER A M. Good news,bad news,volatility and betas[J]. Journal of finance,1995,50(5):1575-1603.

[99] CABEDO D,MOYA I. Estimating oil price 'Value at Risk' using the historical simulation approach[J]. Energy economics,2003,25(3):239-253.

[100] CAMPOS J,ERRICSSON N R,HENDRY D F. Cointegration tests in the presence of structural breaks[J]. Journal of econometrics,1996(70):187-220.

[101] CAO G X,HAN Y,CUI W J,et al. Multifractal detrended cross-correlations between the CSI 300 index futures and the spot markets based on high-frequency data[J]. Physica A:statistical mechanics and its applications,2014,414(15):308-320.

[102] CAO G X,HAN Y,LI Q C,et al. Asymmetric MF-DCCA method based on risk conduction and its application in the Chinese and foreign stock markets[J]. Physica A:statistical mechanics and its applications,2017,468(15):119-130.

[103] CHRISTENSEN K,PODOLSKIJ M. Realized range-based estimation of integrated variance[J]. Journal of econometrics,2007,141(2):323-349.

[104] CHRISTOFFERSEN P F. Evaluating interval forecasts[J]. International economic review,1998,39(4):841-862.

[105] CHUNG F. Graph theory in the information age[J]. Notices of the AMS,2010,57(6):726-732.

[106] COHEN R,HAVLIN S. Complex networks:structure,robustness and function[M]. Cambridge:Cambridge University Press,2010.

[107] COHEN R,HAVLIN S. Scale-free networks are ultrasmall[J]. Physical review letters,2003,90(5):058701.

[108] COLACITO R,ENGLE R F,GHYSELS E. A component model for dynamic correlations[J].

Journal of econometrics,2011,164(1): 45-59.

[109] CORSI F,RENO R. Discrete-time volatility forecasting with persistent leverage effect and the link with continuous-time volatility modeling[J]. Journal of business & economic statistics,2012,30(3): 368-380.

[110] CORSI F. A simple approximate long-memory model of realized volatility[J]. Journal of financial econometrics,2009,7(2): 174-196.

[111] CROUHY M,ROCKINGER M. Volatility clustering,asymmetry and hysteresis in stock returns: international evidence[J]. Financial engineering and the Japanese markets,1997(4): 1-35.

[112] CZADO C,SCHEPSMEIER U,MIN A. Maximum likelihood estimation of mixed C-vines with application to exchange rates[J]. Statistical modelling,2012,12(3): 229-255.

[113] DAJCMAN S. The dynamics of return comovement and spillovers between the Czech and European stock markets in the period 1997-2010[J]. Finance a uver,2012,62(4): 368-390.

[114] SHILLER R J. Irrational exuberance[M]. Princeton: Princeton University Press,2015.

[115] DE SOLA POOL I,KOCHEN M. Contacts and influence[J]. Social networks,1978,1(1): 5-51.

[116] DELBIANCO F,TOHMÉ F,STOSIC T,et al. Multifractal behavior of commodity markets: fuel versus non-fuel products[J]. Physica A: statistical mechanics and its applications,2016,457: 573-580.

[117] DEWANDARU G,MASIH R,MASIH A M M. Why is no financial crisis a dress rehearsal for the next? Exploring contagious heterogeneities across major Asian stock markets[J]. Physica A: statistical mechanics and its applications,2015,419: 241-259.

[118] DIBMANN J,BRECHMANN E C,CZADO C,et al. Selecting and estimating regular vine copulae and application to financial returns[J]. Computational statistics & data analysis,2013,59(1): 52-69.

[119] DIEBOLD F X,YILMAZ K. Measuring financial asset return and volatility spillovers,with application to global equity markets[J]. Economic journal,2009,119(534): 158-171.

[120] DIEBOLD F X,YILMAZ K. Better to give than to receive: predictive directional measurement of volatility spillovers[J]. International journal of forecasting,2012,28(1): 57-66.

[121] ELHORST J P. Applied spatial econometrics: raising the bar[J]. Spatial economic analysis,2010, 5(1): 9-28.

[122] ELHORST J P. Matlab software for spatial panels[J]. International regional science review,2014, 37(3): 389-405.

[123] EMBRECHTS P,KAUFMANN R,PATIE P. Strategic long-term financial risks: single risk factors [J]. Computational optimization and applications,2005,32(1-2): 61-90.

[124] ENGLE R F,GRANGER C W J. Co-integration and errorcorrection: representation,estimation and testing [J]. Econometrica,1987(55): 251-276.

[125] ENGLE R F. Dynamic conditional correlation-a simple class of multivariate GARCH models[J]. SSRN electronic journal,2002,20(3): 339-350.

[126] ENGLE R F,GHYSELS E,SOHN B. Stock market volatility and macroeconomic fundamentals [J]. Review of economics and statistics,2013,95(3): 776-797.

[127] ENGLE R F. Autoregressive conditional heteroskedasticity with estimates of the variance of UK inflation[J]. Econometrica,1982(50): 987-1008.

[128] ERDÖS P,RÉNYI A. On the evolution of random graphs[J]. Publications of the Mathematical Institute of the Hungarian Academy of Science,1960,5(1): 17-60.

[129] FAISAL A A,MIRAJUL H. A spatial econometric analysis of convergence in global environmental performance[J]. Environmental science and pollution research,2022,29(25): 37513-37526.

[130] FARRUKH J,NADER V. European equity market integration and joint relationship of conditional volatility and correlations[J]. Journal of international money and finance,2017,70: 53-77.

[131] FORBES K J, RIGOBON R. No contagion, only interdependence: measuring stock market comovements[J]. Finance,2002,57: 2223-2261.

[132] GENCAY R,SELCUK F,WHITCHER B. An introduction to wavelets and other filtering methods in finance and economics[M]. Salt Lake City: Academic Press,2002: 96-160.

[133] GHYSELS E,SANTA-CLARA P,VALKANOV R. Predicting volatility: getting the most out of return data sampled at different frequencies[J]. Journal of econometrics,2006,131(1): 59-95.

[134] GLEESON J P,MELNIK S,WARD J A,et al. Accuracy of mean-field theory for dynamics on real-world networks[J]. Physical review E,2012,85(2): 026106.

[135] GRANOVETTER M. Economic action and social structure: the problem of embeddedness[J]. American journal of sociology,1985,91(3): 481-510.

[136] GRINSTED A,MOORE J C,JEVREJEVA S. Application of the cross wavelet transform and wavelet coherence to geophysical time series[J]. Nonlinear processes in geophysics, 2004, 11: 561-566.

[137] GUNAY S. Are the scaling properties of bull and bear markets identical? Evidence from oil and gold markets[J]. International journal of financial studies,2014,2(4): 315-334.

[138] HANSEN P R,LUNDE A,NASON J M. The model confidence set[J]. Econometrica,2011,79(2): 453-497.

[139] HANSEN P R,LUNDE A. Consistent ranking of volatility models[J]. Journal of econometric, 2006,131: 97-121.

[140] HANSEN P R,LUNDE A. A forecast comparison of volatility models: does anything best a GARCH(1,1)? [J]. Journal of applied econometrics,2005,20(7): 873-889.

[141] HANSEN P R,HUANG Z,SHEK H H. Realized GARCH: a joint model of returns and realized measures of volatility[J]. Journal of applied econometrics,2012,27(6): 877-906.

[142] HOLGER F,YULIA K,CLAUDIA C,et al. Regime switching vine copula models for global equity and volatility indices[J]. Econometrics,2017,5(3): 1-38.

[143] JOE H. Families of m-variate distributions with given margins and m(m-1)/2 bivariate dependence parameters[C]//Distributions with Fixed Marginals and Related Topics,1996: 120-141.

[144] JOHANSEN S. Estimation and hypothesis testing of cointegration vectors in Gaussian vector autoregressive models [J]. Econometrica: journal of the econometric society, 1991, 59 (6): 1551-1580.

[145] JUSELIUS K. The cointegrated VAR model: methodology and applications[M]. Oxford: Oxford University Press,2006.

[146] KANTELHARDT J W,ZSCHIEGNER S A,KOSCIELNY-BUNDE E,et al. Multifractal detrended fluctuation analysis of nonstationary time series[J]. Physica A: statistical mechanics and its applications,2002,316(1-4): 87-114.

[147] KARL P. The great transformation: economic and political origins of our time[M]. New York: Rinehart,1944.

[148] KING M,WADHWANI S. Transmission of volatility between stock market[J]. Review of financial studies,1986,3(1): 5-33.

[149] KUPIEC P H. Techniques for verifying the accuracy of risk measurement models[J]. Journal of derivatives,1995,3(2): 73-84.

[150] LESAGE J P,PACE R K. Introduction to spatial econometrics[M]. Boca Raton: CRC Press,2009: 46-52.

[151] LI Z H,LU X S. Cross-correlations between agricultural commodity futures markets in the US and China[J]. Physica A: statistical mechanics and its applications,2012,391(8): 3930-3941.

[152] LIN A J,SHANG P,ZHAO X. The cross-correlations of stock markets based on DCCA and time-delay DCCA[J]. Nonlinear dynamics,2012,67(1): 425-435.

[153] LONGIN F,SOLNIK B. Is the correlation in international equity returns constant: 1960-1990? [J]. Journal of international money and finance,1995,14(1): 3-26.

[154] MA T,CAO X X. Spatial econometric study on the impact of industrial upgrading on green total factor productivity[J]. Mathematical problems in engineering,2022,2022: 1-11.

[155] MALLAT S. A theory for multiresolution signal decomposition: the wavelet representation[J]. IEEE transactions on pattern analysis and machine intelligence,1989,11(7): 674-693.

[156] MEDDAHI N. ARMA representation of integrated and realized variances[J]. Econometrics journal, 2003,6(22): 334-355.

[157] MERIC I,MITCHELL R,GULSER M. Co-movements of U. S. and Latin American equity markets in bull and bear markets[J]. Latin American business review,2004,4(2): 99-114.

[158] RANTA M. Contagion among major world markets: a wavelet approach[J]. International journal of managerial finance,2013,9(2): 133-149.

[159] MILGRAM S. The small world problem[J]. Psychology today,1967,2(1): 60-67.

[160] MITTNIK S,FABOZZI F J,FOCARDI S M,et al. Financial econometrics: from basics to advanced modeling techniques[M]. Hoboken: John Wiley & Sons,2007.

[161] NELSON D B. Conditional heteroskedasticity in asset returns: a new approach[J]. Econometrica: journal of the econometric society,1991,59(2): 347-370.

[162] NEWMAN M E J,WATTS D J. Renormalization group analysis of the small-world network model [J]. Physics letters A,1999,263(4-6): 341-346.

[163] OCRAN M K. South Africa and United States stock prices and the Rand/Dollar exchange rate[J]. South African journal of economic and management sciences,2010,13(3): 362-375.

[164] PARENT O,LESAGE J P. Using the variance structure of the conditional autoregressive spatial specification to model knowledge spillovers[J]. Journal of applied econometrics, 2008, 23 (2): 235-256.

[165] PATTON A J. Volatility forecast comparison using imperfect volatility proxies[J]. Journal of econometrics,2011,160(1): 246-256.

[166] PECORA L M,CARROLL T L. Master stability functions for synchronized coupled systems[J]. Physical review letters,1998,80(10): 2109.

[167] PENG C K,BULDYREV S V, HAVLIN S, et al. Mosaic organization of DNA nucleotides[J]. Physical review E,1994,49(2): 1685.

[168] PERCACCI R, VESPIGNANI A. Scale-free behavior of the Internet global performance[J]. The European physical journal B-condensed matter and complex systems,2003,32: 411-414.

[169] PERCIVAL D B, WALDEN A T. Wavelet methods for time series analysis[M]. Cambridge: Cambridge University Press,2000.

[170] PODOBNIK B,GROSSE I, HORVATIĆ D, et al. Quantifying cross-correlations using local and global detrending approaches[J]. The European physical journal B,2009,71: 243-250.

[171] PODOBNIK B,STANLEY H E. Detrended cross-correlation analysis: a new method for analyzing two nonstationary time series[J]. Physical review letters,2008,100(8): 084102.

[172] PONG S,SHACKLETON M B,TAYLOR S J,et al. Forecasting currency volatility: a comparison of implied volatilities and AR(FI)MA models[J]. Journal of banking & finance, 2004, 28(10): 2541-2563.

[173] POSHAKWALE S S, MANDAL A. What drives asymmetric dependence structure of asset return comovements? [J]. International review of financial analysis, 2016, 48: 312-330.

[174] RIZVI S A R, ARSHAD S. How does crisis affect efficiency? An empirical study of East Asian markets[J]. Borsa Istanbul review, 2016, 16(1): 1-8.

[175] RUAN Q, WANG Y, LU X, et al. Cross-correlations between Baltic Dry Index and crude oil prices [J]. Physica A: statistical mechanics and its applications, 2016, 453: 278-289.

[176] SKLAR M. Fonctions de répartition an dimensions et leurs marges[R]. Annales de l'ISUP, 1959, VIII(3): 229-231.

[177] SOLNIK B H. An equilibrium model of the international capital market[J]. Journal of economic theory, 1974, 8(4): 500-524.

[178] SUN Y, HAN A, HONG Y, et al. Threshold autoregressive models for interval-valued time series data[J]. Journal of econometrics, 2018, 206(2): 414-446.

[179] TORRENCE C, COMPO G P. A practical guide to wavelet analysis[J]. Bulletin of the American meteorological society, 1998, 79(1): 61-78.

[180] TRAVKIN A I. Estimating pair-copula constructions using empirical tail dependence functions: an application to Russian stock market[J]. Journal of new economic association, 2015, 25(1): 39-55.

[181] VUONG Q H. Likelihood ratio tests for model selection and non-nested hypotheses [J]. Econometrica: journal of the econometric society, 1989, 57(2): 307-333.

[182] WANG Y, LIU L, GU R, et al. Analysis of market efficiency for the Shanghai stock market over time[J]. Physica A: statistical mechanics and its applications, 2010, 389(8): 1635-1642.

[183] WATTS D J, STROGATZ S H. Collective dynamics of 'small-world' networks[J]. Nature, 1998, 393(6684): 440-442.

[184] WEBER E. Structural conditional correlation[J]. Journal of financial econometrics, 2010, 8(3): 392-407.

[185] YANG L, ZHU Y, WANG Y. Multifractal characterization of energy stocks in China: a multifractal detrended fluctuation analysis[J]. Physica A: statistical mechanics and its applications, 2016, 451: 357-365.

[186] ZEBENDE G F. DCCA cross-correlation coefficient: quantifying level of cross-correlation [J]. Physica A: statistical mechanics and its applications, 2011, 390(4): 614-618.

[187] ZHOU W X. Multifractal detrended cross-correlation analysis for two nonstationary signals[J]. Physical review E, 2008, 77(6): 066211.

[188] ZHOU Y, CHEN S. Cross-correlation analysis between Chinese TF contracts and treasury ETF based on high-frequency data[J]. Physica A: statistical mechanics and its applications, 2016, 443: 117-127.

[189] ZHOU Z M, ZHOU Y L, GE X Y. Nitrogen oxide emission, economic growth and urbanization in China: a spatial econometric analysis[J]. IOP conference series: materials science and engineering, 2018, 301(1): 012126.

统计分布表

附表 1　正态分布临界值表

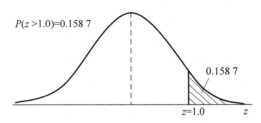

z	0.00	0.01	0.02	0.03	0.04	0.05	0.06	0.07	0.08	0.09
0.0	0.500 0	0.496 0	0.492 0	0.488 0	0.484 0	0.480 1	0.476 1	0.475 1	0.468 1	0.464 1
0.1	0.460 2	0.456 2	0.452 2	0.448 3	0.444 3	0.440 4	0.436 4	0.432 5	0.428 6	0.424 7
0.2	0.420 7	0.416 8	0.412 9	0.409 0	0.405 2	0.401 3	0.397 4	0.393 6	0.389 7	0.385 9
0.3	0.382 1	0.378 3	0.374 5	0.370 7	0.366 9	0.363 2	0.359 4	0.355 7	0.352 0	0.348 3
0.4	0.344 6	0.340 9	0.337 2	0.333 6	0.330 0	0.326 4	0.322 8	0.319 2	0.315 6	0.312 1
0.5	0.308 5	0.305 0	0.301 5	0.298 1	0.294 6	0.291 2	0.287 7	0.284 3	0.281 0	0.277 6
0.6	0.274 3	0.270 9	0.267 6	0.264 3	0.261 1	0.257 8	0.254 6	0.251 4	0.248 3	0.245 1
0.7	0.242 0	0.238 9	0.235 8	0.232 7	0.229 6	0.226 6	0.223 6	0.220 6	0.217 7	0.214 8
0.8	0.211 9	0.209 0	0.206 1	0.203 3	0.200 5	0.197 7	0.194 9	0.192 2	0.189 4	0.186 7
0.9	0.181 1	0.181 4	0.178 8	0.176 2	0.173 6	0.171 1	0.168 5	0.166 0	0.163 5	0.161 1
1.0	0.158 7	0.156 2	0.153 9	0.151 5	0.149 2	0.146 9	0.144 6	0.142 3	0.140 1	0.137 9
1.1	0.135 7	0.133 5	0.131 4	0.129 2	0.127 1	0.125 1	0.123 0	0.121 0	0.119 0	0.117 0
1.2	0.115 1	0.113 1	0.111 2	0.109 3	0.107 5	0.105 6	0.103 8	0.102 0	0.100 3	0.098 5
1.3	0.096 8	0.095 1	0.093 4	0.091 8	0.090 1	0.088 5	0.086 9	0.085 3	0.083 8	0.082 3
1.4	0.080 8	0.079 3	0.077 8	0.076 4	0.074 9	0.073 5	0.072 1	0.070 8	0.069 4	0.068 1
1.5	0.066 8	0.065 5	0.064 3	0.063 0	0.061 8	0.060 6	0.059 4	0.058 2	0.057 1	0.055 9
1.6	0.054 8	0.053 7	0.052 6	0.051 6	0.050 5	0.049 5	0.048 5	0.047 5	0.046 5	0.045 5
1.7	0.046 6	0.043 6	0.042 7	0.041 8	0.040 9	0.040 1	0.039 2	0.038 4	0.037 5	0.036 5
1.8	0.035 9	0.035 1	0.034 4	0.036 6	0.032 9	0.032 2	0.031 4	0.030 7	0.030 1	0.029 4
1.9	0.028 7	0.028 1	0.027 4	0.026 8	0.026 2	0.025 6	0.025 0	0.024 4	0.023 9	0.023 3
2.0	0.022 8	0.022 2	0.021 7	0.021 2	0.020 7	0.020 2	0.019 7	0.019 2	0.018 8	0.018 3
2.1	0.017 9	0.017 4	0.017 0	0.016 6	0.016 2	0.015 8	0.015 4	0.015 0	0.014 6	0.014 3
2.2	0.013 9	0.013 6	0.013 2	0.012 9	0.012 5	0.012 2	0.011 9	0.011 6	0.011 3	0.001 0
2.3	0.010 7	0.010 4	0.010 2	0.009 9	0.009 6	0.009 4	0.009 1	0.008 9	0.008 7	0.008 4
2.4	0.008 2	0.008 0	0.007 8	0.007 5	0.007 3	0.007 1	0.006 9	0.006 8	0.006 6	0.006 4
2.5	0.006 2	0.006 0	0.005 9	0.005 7	0.005 5	0.005 4	0.005 2	0.005 1	0.004 9	0.004 8
2.6	0.004 7	0.004 5	0.004 4	0.004 3	0.004 1	0.004 0	0.003 9	0.003 8	0.003 7	0.003 6
2.7	0.003 5	0.003 4	0.003 3	0.003 2	0.003 1	0.003 0	0.002 9	0.002 8	0.002 7	0.002 6
2.8	0.002 6	0.002 5	0.002 4	0.002 3	0.002 3	0.002 2	0.002 1	0.002 1	0.002 0	0.001 9
2.9	0.001 3	0.001 3	0.001 3	0.001 2	0.001 2	0.001 1	0.001 1	0.001 1	0.001 0	0.001 0

附表 2-1 F 分布临界值表（α=0.01）

v_2 \ v_1	1	2	3	4	5	6	7	8	9	10	12	15	20	24	30	40	60	120	∞
1	4 052	5 000	5 403	5 625	5 764	5 859	5 928	5 982	6 022	6 056	6 106	6 157	6 209	6 235	6 261	6 287	6 313	6 339	6 366
2	98.50	99.00	99.17	99.25	99.30	99.33	99.36	99.37	99.39	99.40	99.42	99.43	99.45	99.46	99.47	99.47	99.48	99.49	99.50
3	34.12	30.92	29.46	28.71	28.24	27.91	27.67	27.49	27.35	27.23	27.05	26.87	26.69	26.60	26.50	26.41	26.32	26.22	26.13
4	21.20	18.00	16.69	15.98	15.52	15.21	14.98	14.80	14.66	14.55	14.37	14.20	14.02	13.93	13.84	13.75	13.65	13.56	13.46
5	16.26	13.27	12.06	11.39	10.97	10.67	10.46	10.28	10.16	10.05	9.89	9.72	9.55	9.47	9.38	9.29	9.20	9.11	9.02
6	13.75	10.92	9.78	9.15	8.75	8.47	8.26	8.10	7.98	7.87	7.72	7.56	7.40	7.31	7.23	7.14	7.06	6.97	6.88
7	12.25	9.55	8.45	7.85	7.46	7.19	6.99	6.84	6.72	6.62	6.47	6.31	6.16	6.07	5.99	5.91	5.82	5.74	5.65
8	11.26	8.65	7.59	7.01	6.63	6.37	6.18	6.03	5.91	5.81	5.67	5.52	5.36	5.28	5.20	5.12	5.03	4.95	4.86
9	10.56	8.02	6.99	6.42	6.06	5.80	5.61	5.47	5.35	5.26	5.11	4.96	4.81	4.73	4.65	4.57	4.48	4.40	4.31
10	10.04	7.56	6.55	5.99	5.64	5.39	5.20	5.06	4.94	4.85	4.71	4.56	4.41	4.33	4.25	4.17	4.08	4.00	3.91
11	9.65	7.21	6.22	5.67	5.32	5.07	4.89	4.74	4.63	4.54	4.40	4.25	4.10	4.02	3.94	3.86	3.78	3.69	3.60
12	9.33	6.93	5.95	5.41	5.06	4.82	4.64	4.50	4.39	4.30	4.16	4.01	3.86	3.78	3.70	3.62	3.54	3.45	3.36
13	9.07	6.70	5.74	5.21	4.86	4.62	4.44	4.30	4.19	4.10	3.96	3.82	3.66	3.59	3.51	3.43	3.34	3.25	3.17
14	8.86	6.51	5.56	5.04	4.69	4.46	4.28	4.14	4.03	3.94	3.80	3.66	3.51	3.43	3.35	3.27	3.18	3.09	3.00
15	8.68	6.36	5.42	4.89	4.56	4.32	4.14	4.00	3.89	3.80	3.67	3.52	3.37	3.29	3.21	3.13	3.05	2.96	2.87
16	8.53	6.23	5.29	4.77	4.44	4.20	4.03	3.89	3.78	3.69	3.55	3.41	3.26	3.18	3.10	3.02	2.93	2.84	2.75
17	8.40	6.11	5.18	4.67	4.34	4.10	3.93	3.79	3.68	3.59	3.46	3.31	3.16	3.08	3.00	2.92	2.83	2.75	2.65
18	8.29	6.01	5.09	4.58	4.25	4.01	3.84	3.71	3.60	3.51	3.37	3.23	3.08	3.00	2.92	2.84	2.75	2.66	2.57
19	8.18	5.93	5.01	4.50	4.17	3.94	3.77	3.63	3.52	3.43	3.30	3.15	3.00	2.92	2.84	2.76	2.67	2.58	2.49
20	8.10	5.85	4.94	4.43	4.10	3.87	3.70	3.56	3.46	3.37	3.23	3.09	2.94	2.86	2.78	2.69	2.61	2.52	2.42
21	8.02	5.78	4.87	4.37	4.04	3.81	3.64	3.51	3.40	3.31	3.17	3.03	2.88	2.80	2.72	2.64	2.55	2.46	2.36
22	7.95	5.72	4.82	4.31	3.99	3.76	3.59	3.45	3.35	3.26	3.12	2.98	2.83	2.75	2.67	2.58	2.50	2.40	2.31
23	7.88	5.66	4.76	4.26	3.94	3.71	3.54	3.41	3.30	3.21	3.07	2.93	2.78	2.70	2.62	2.54	2.45	2.35	2.26
24	7.82	5.61	4.72	4.22	3.90	3.67	3.50	3.36	3.26	3.17	3.03	2.89	2.74	2.66	2.58	2.49	2.40	2.31	2.21
25	7.77	5.57	4.68	4.18	3.85	3.63	3.46	3.32	3.22	3.13	2.99	2.85	2.70	2.62	2.54	2.45	2.36	2.27	2.17
26	7.72	5.53	4.64	4.14	3.82	3.59	3.42	3.29	3.18	3.09	2.96	2.81	2.66	2.58	2.50	2.42	2.33	2.23	2.13

续表

V_2 \ V_1	1	2	3	4	5	6	7	8	9	10	12	15	20	24	30	40	60	120	∞
27	7.68	5.49	4.60	4.11	3.78	3.56	3.39	3.26	3.15	3.06	2.93	2.78	2.63	2.55	2.47	2.38	2.29	2.20	2.10
28	7.64	5.45	4.57	4.07	3.75	3.53	3.36	3.23	3.12	3.03	2.90	2.75	2.60	2.52	2.44	2.35	2.26	2.17	2.06
29	7.60	5.42	4.54	4.04	3.73	3.50	3.33	3.20	3.09	3.00	2.87	2.73	2.57	2.49	2.41	2.33	2.23	2.14	2.03
30	7.56	5.39	4.51	4.02	3.70	3.47	3.30	3.17	3.07	2.98	2.84	2.70	2.55	2.47	2.39	2.30	2.21	2.11	2.01
40	7.31	5.13	4.31	3.83	3.51	3.29	3.12	2.99	2.89	2.80	2.66	2.52	2.37	2.29	2.20	2.11	2.02	1.92	1.80
60	7.08	4.98	4.13	3.65	3.34	3.12	2.95	2.82	2.72	2.63	2.50	2.35	2.20	2.12	2.03	1.94	1.84	1.73	1.60
120	6.85	4.79	3.95	3.48	3.17	2.96	2.79	2.66	2.56	2.47	2.34	2.19	2.03	1.95	1.86	1.76	1.66	1.53	1.38
∞	6.63	4.61	3.78	3.32	3.02	2.80	2.64	2.51	2.41	2.32	2.13	2.04	1.88	1.79	1.70	1.59	1.47	1.32	1.00

注: $P\{F > F_{0.01}(V_1, V_2)\} = 0.01$,其中,$V_1$ 表示分子自由度,V_2 表示分母自由度。

附表 2-2 F 分布临界值表 ($\alpha = 0.05$)

V_2 \ V_1	1	2	3	4	5	6	7	8	9	10	12	15	20	24	30	40	60	120	∞
1	161.40	199.50	215.70	224.60	230.20	234.00	236.80	238.90	240.50	241.90	243.90	245.90	248.00	249.10	250.10	251.10	252.20	253.30	254.30
2	18.52	19.00	19.16	19.25	19.30	19.33	19.35	19.37	19.38	19.40	19.41	19.43	19.45	19.45	19.46	19.47	19.48	19.49	19.50
3	10.13	9.55	9.28	9.12	9.01	8.94	8.89	8.85	8.81	8.79	8.74	8.70	8.66	8.64	8.62	8.59	8.57	8.55	8.53
4	7.71	6.94	6.59	6.39	6.26	6.16	6.09	6.04	6.00	5.96	5.91	5.86	5.80	5.77	5.75	5.72	5.69	5.66	5.63
5	6.61	5.79	5.41	5.19	5.05	4.95	4.88	4.82	4.77	4.74	4.68	4.62	4.56	4.53	4.50	4.46	4.43	4.40	4.36
6	5.99	5.14	4.76	4.53	4.39	4.28	4.21	4.15	4.10	4.06	4.00	3.94	3.87	3.84	3.81	3.77	3.74	3.70	3.67
7	5.59	4.74	4.35	4.12	3.97	3.87	3.79	3.73	3.68	3.64	3.57	3.51	3.44	3.41	3.38	3.34	3.30	3.27	3.23
8	5.32	4.47	4.07	3.84	3.69	3.58	3.50	3.44	3.39	3.35	3.28	3.22	3.15	3.12	3.08	3.04	3.01	2.97	2.93
9	5.12	4.26	3.86	3.63	3.48	3.37	3.29	3.23	3.18	3.14	3.07	3.01	2.94	2.90	2.86	2.83	2.79	2.75	2.71
10	4.96	4.10	3.71	3.48	3.33	3.22	3.14	3.07	3.02	2.98	2.91	2.85	2.77	2.74	2.70	2.66	2.62	2.58	2.54
11	4.84	3.98	3.59	3.36	3.20	3.09	3.01	2.95	2.90	2.85	2.79	2.72	2.65	2.61	2.57	2.53	2.49	2.45	2.40
12	4.75	3.89	3.49	3.26	3.11	3.00	2.91	2.85	2.80	2.75	2.69	2.62	2.54	2.51	2.47	2.43	2.38	2.34	2.30
13	4.67	3.81	3.41	3.18	3.03	2.92	2.83	2.77	2.71	2.67	2.60	2.53	2.46	2.42	2.38	2.34	2.30	2.25	2.21

续表

V_1 \ V_2	1	2	3	4	5	6	7	8	9	10	12	15	20	24	30	40	60	120	∞
14	4.60	3.74	3.34	3.11	2.96	2.85	2.76	2.70	2.65	2.60	2.53	2.46	2.39	2.35	2.31	2.27	2.22	2.18	2.13
15	4.54	3.68	3.29	3.06	2.90	2.79	2.71	2.64	2.59	2.54	2.48	2.40	2.33	2.29	2.25	2.20	2.16	2.11	2.07
16	4.49	3.63	3.24	3.01	2.85	2.74	2.66	2.59	2.54	2.49	2.42	2.35	2.28	2.24	2.19	2.15	2.11	2.06	2.01
17	4.45	3.59	3.20	2.96	2.81	2.70	2.61	2.55	2.49	2.45	2.38	2.31	2.23	2.19	2.15	2.10	2.06	2.01	1.96
18	4.41	3.55	3.16	2.93	2.77	2.66	2.58	2.51	2.46	2.41	2.34	2.27	2.19	2.15	2.11	2.06	2.02	1.97	1.92
19	4.38	3.52	3.13	2.90	2.74	2.63	2.54	2.48	2.42	2.38	2.31	2.23	2.16	2.11	2.07	2.03	1.98	1.93	1.88
20	4.35	3.49	3.10	2.87	2.71	2.60	2.51	2.45	2.39	2.35	2.28	2.20	2.12	2.08	2.04	1.99	1.95	1.90	1.84
21	4.32	3.47	3.07	2.84	2.68	2.57	2.49	2.42	2.37	2.32	2.25	2.18	2.10	2.05	2.01	1.96	1.92	1.87	1.81
22	4.30	3.44	3.05	2.82	2.66	2.55	2.46	2.40	2.34	2.30	2.23	2.15	2.07	2.03	1.98	1.94	1.89	1.84	1.78
23	4.28	3.42	3.03	2.80	2.64	2.53	2.44	2.37	2.32	2.27	2.20	2.13	2.05	2.01	1.96	1.91	1.86	1.81	1.76
24	4.26	3.40	3.01	2.78	2.62	2.51	2.42	2.36	2.30	2.25	2.18	2.11	2.03	1.98	1.94	1.89	1.84	1.79	1.73
25	4.24	3.39	2.99	2.76	2.60	2.49	2.40	2.34	2.28	2.24	2.16	2.09	2.01	1.96	1.92	1.87	1.82	1.77	1.71
26	4.23	3.37	2.98	2.74	2.59	2.47	2.39	2.32	2.27	2.22	2.15	2.07	1.99	1.95	1.90	1.85	1.80	1.75	1.69
27	4.21	3.35	2.96	2.73	2.57	2.46	2.37	2.31	2.25	2.20	2.13	2.06	1.97	1.93	1.88	1.84	1.79	1.73	1.67
28	4.20	3.34	2.95	2.71	2.56	2.45	2.36	2.29	2.24	2.19	2.12	2.04	1.96	1.91	1.87	1.82	1.77	1.71	1.65
29	4.18	3.33	2.93	2.70	2.55	2.43	2.35	2.28	2.22	2.18	2.10	2.03	1.94	1.90	1.85	1.81	1.75	1.70	1.64
30	4.17	3.32	2.92	2.69	2.53	2.42	2.33	2.27	2.21	2.16	2.09	2.01	1.93	1.89	1.84	1.79	1.74	1.68	1.62
40	4.08	3.23	2.84	2.61	2.45	2.34	2.25	2.18	2.12	2.08	2.00	1.92	1.84	1.79	1.74	1.69	1.64	1.58	1.52
60	4.00	3.15	2.76	2.53	2.37	2.25	2.17	2.10	2.04	1.99	1.92	1.84	1.75	1.70	1.65	1.59	1.53	1.47	1.39
120	3.92	3.07	2.68	2.45	2.29	2.17	2.09	2.02	1.96	1.91	1.83	1.75	1.66	1.61	1.55	1.50	1.43	1.35	1.25
∞	3.84	3.00	2.60	2.37	2.21	2.10	2.01	1.94	1.88	1.83	1.75	1.67	1.57	1.52	1.46	1.39	1.32	1.22	1.00

注：$P\{F > F_{0.05}(V_1, V_2)\} = 0.05$，其中，$V_1$ 表示分子自由度，V_2 表示分母自由度。

附表3 t 分布临界值表

α \ n	单尾：0.1	0.05	0.025	0.01	0.005	0.0005
	双尾：0.2	0.1	0.1	0.02	0.01	0.001
1	3.078	6.314	12.706	31.821	63.657	636.619
2	1.886	2.920	4.303	6.965	9.925	31.599
3	1.638	2.353	3.182	4.541	5.841	12.924
4	1.533	2.132	2.776	3.747	4.604	8.610
5	1.476	2.015	2.571	3.365	4.032	6.869
6	1.440	1.943	2.447	3.143	3.707	5.959
7	1.415	1.895	2.365	2.998	3.499	5.408
8	1.397	1.860	2.306	2.896	3.355	5.041
9	1.383	1.833	2.262	2.821	3.250	4.781
10	1.372	1.812	2.228	2.764	3.169	4.587
11	1.363	1.796	2.201	2.718	3.106	4.437
12	1.356	1.782	2.179	2.681	3.055	4.318
13	1.350	1.771	2.160	2.650	3.012	4.221
14	1.345	1.761	2.145	2.624	2.977	4.140
15	1.341	1.753	2.131	2.602	2.947	4.073
16	1.337	1.746	2.120	2.583	2.921	4.015
17	1.333	1.740	2.110	2.567	2.898	3.965
18	1.330	1.734	2.101	2.552	2.878	3.922
19	1.328	1.729	2.093	2.539	2.861	3.883
20	1.325	1.725	2.086	2.528	2.845	3.850
21	1.323	1.721	2.080	2.518	2.831	3.819
22	1.321	1.717	2.074	2.508	2.819	3.792
23	1.319	1.714	2.069	2.500	2.807	3.768
24	1.318	1.711	2.064	2.492	2.797	3.745
25	1.316	1.708	2.060	2.485	2.787	3.725
26	1.315	1.706	2.056	2.479	2.779	3.707
27	1.314	1.703	2.052	2.473	2.771	3.690
28	1.313	1.701	2.048	2.467	2.763	3.674
29	1.311	1.699	2.045	2.462	2.756	3.659
30	1.310	1.697	2.042	2.457	2.750	3.646
40	1.303	1.684	2.021	2.423	2.704	3.551
50	1.299	1.676	2.009	2.403	2.678	3.496
60	1.296	1.671	2.00	2.390	2.660	3.460
70	1.294	1.667	1.994	2.381	2.648	3.435
80	1.292	1.664	1.990	2.374	2.639	3.416
90	1.291	1.662	1.987	2.368	2.632	3.402
100	1.290	1.660	1.984	2.364	2.626	3.390
110	1.289	1.659	1.982	2.361	2.621	3.381
120	1.289	1.658	1.980	2.358	2.617	3.373
∞	1.282	1.645	1.960	2.326	2.576	3.291

注：n 为自由度，α 为大于相应临界值的概率。

附表 4 不同 α 值和自由度的 χ^2 分布的临界值表

n	0.995	0.99	0.975	0.95	0.9	0.75	0.25	0.1	0.05	0.025	0.01	0.005
1	0.000	0.000	0.001	0.004	0.016	0.102	1.323	2.706	3.841	5.024	6.635	7.879
2	0.010	0.020	0.051	0.103	0.211	0.575	2.773	4.605	5.991	7.378	9.210	10.597
3	0.072	0.115	0.216	0.352	0.584	1.213	4.108	6.251	7.815	9.348	11.345	12.838
4	0.207	0.297	0.484	0.711	1.064	1.923	5.385	7.779	9.488	11.143	13.277	14.860
5	0.412	0.554	0.831	1.145	1.610	2.675	6.626	9.236	11.071	12.833	15.086	16.750
6	0.676	0.872	1.237	1.635	2.204	3.455	7.841	10.645	12.592	14.449	16.812	18.548
7	0.989	1.239	1.690	2.167	2.833	4.255	9.037	12.017	14.067	16.013	18.475	20.278
8	1.344	1.646	2.180	2.733	3.490	5.071	10.219	13.362	15.507	17.535	20.090	21.955
9	1.735	2.088	2.700	3.325	4.168	5.899	11.389	14.684	16.919	19.023	21.666	23.589
10	2.156	2.558	3.247	3.940	4.865	6.737	12.549	15.987	18.307	20.483	23.209	25.188
11	2.603	3.053	3.816	4.575	5.578	7.584	13.701	17.275	19.675	21.920	24.725	26.757
12	3.074	3.571	4.404	5.226	6.304	8.438	14.845	18.549	21.026	23.337	26.217	28.29
13	3.565	4.107	5.009	5.892	7.042	9.299	15.984	19.812	22.362	24.736	27.688	29.819
14	4.075	4.660	5.629	6.571	7.790	10.165	17.117	21.064	23.685	26.119	29.141	31.319
15	4.601	5.229	6.262	7.261	8.547	11.037	18.245	22.307	24.996	27.488	30.578	32.801
16	5.142	5.812	6.908	7.962	9.312	11.912	19.369	23.542	26.296	28.845	32.000	34.267
17	5.697	6.408	7.564	8.672	10.085	12.792	20.489	24.769	27.587	30.191	33.409	35.718
18	6.265	7.015	8.231	9.390	10.865	13.675	21.605	25.989	28.869	31.526	34.805	37.156
19	6.844	7.633	8.907	10.117	11.651	14.562	22.718	27.204	30.144	32.852	36.191	38.582
20	7.434	8.260	9.591	10.851	12.443	15.452	23.828	28.412	31.410	34.170	37.566	39.997
21	8.034	8.897	10.283	11.591	13.240	16.344	24.935	29.615	32.671	35.479	38.932	41.401
22	8.643	9.542	10.982	12.338	14.042	17.240	26.039	30.813	33.924	36.781	40.289	42.796
23	9.260	10.196	11.689	13.091	14.848	18.137	27.141	32.007	35.172	38.076	41.638	44.181
24	9.886	10.856	12.401	13.848	15.659	19.037	28.241	33.196	36.415	39.364	42.980	45.559
25	10.520	11.524	13.120	14.611	16.473	19.939	29.339	34.382	37.652	40.646	44.314	46.928
26	11.161	12.198	13.844	15.379	17.292	20.843	30.435	35.563	38.885	41.923	45.642	48.290
27	11.808	12.879	14.573	16.151	18.114	21.749	31.528	36.741	40.113	43.194	46.963	49.645
28	12.461	13.565	15.308	16.928	18.939	22.657	32.620	37.916	41.337	44.461	48.278	50.993
29	13.121	14.257	16.047	17.708	19.768	23.567	33.711	39.087	42.557	45.722	49.588	52.336
30	13.787	14.954	16.791	18.493	20.599	24.478	34.800	40.256	43.773	46.979	50.892	53.672
31	14.458	15.655	17.539	19.281	21.434	25.390	35.887	41.422	44.985	48.232	52.191	55.003
32	15.134	16.362	18.291	20.072	22.271	26.304	36.973	42.585	46.194	49.480	53.486	56.328
33	15.815	17.074	19.047	20.867	23.110	27.219	38.058	43.745	47.400	50.725	54.776	57.648
34	16.501	17.789	19.806	21.664	23.952	28.136	39.141	44.903	48.602	51.966	56.061	58.964
35	17.192	18.509	20.569	22.465	24.797	29.054	40.223	46.059	49.802	53.203	57.342	60.275
36	17.887	19.233	21.336	23.369	25.643	29.973	41.304	47.212	50.998	54.437	58.619	61.581
37	18.586	19.960	22.106	24.075	26.492	30.893	42.383	48.363	52.192	55.668	59.892	62.883
38	19.289	20.691	22.878	24.884	27.343	31.815	43.462	49.513	53.384	56.896	61.162	64.181
39	19.996	21.426	23.654	25.695	28.196	32.737	44.539	50.660	54.572	58.120	62.428	65.476
40	20.707	22.164	24.433	26.509	29.015	33.660	45.616	51.805	55.758	59.342	63.691	66.766
41	21.421	22.906	25.215	27.326	29.907	34.585	46.692	52.949	56.942	60.561	64.950	68.053
42	22.138	23.650	25.999	28.144	30.765	35.510	47.766	54.090	58.124	61.777	66.206	69.336
43	22.859	24.398	26.785	28.965	31.625	36.436	48.840	55.230	59.304	62.990	67.459	70.616
44	23.584	25.148	27.575	29.787	32.487	37.363	49.913	56.369	60.418	64.201	68.710	71.893
45	24.311	25.901	28.366	30.612	33.350	38.291	50.895	57.505	61.656	65.410	69.957	73.166

附表 5　杜宾-沃特森统计量在 5% 显著性水平下的检验临界值表

T	K=1		K=2		K=3		K=4		K=5	
	d_L	d_U	d_L	d_U	d_L	d_U	d_L	d_U	d_L	d_U
15	0.81	1.07	0.70	1.25	0.59	1.46	0.49	1.70	0.39	1.96
16	0.84	1.09	0.74	1.25	0.63	1.44	0.53	1.66	0.44	1.90
17	0.87	1.10	0.77	1.25	0.67	1.43	0.57	1.63	0.48	1.85
18	0.90	1.12	0.80	1.26	0.71	1.42	0.61	1.60	0.52	1.80
19	0.93	1.13	0.83	1.26	0.74	1.41	0.65	1.58	0.56	1.77
20	0.95	1.15	0.86	1.27	0.77	1.41	0.68	1.57	0.60	1.74
21	0.97	1.16	0.89	1.27	0.80	1.41	0.72	1.55	0.63	1.71
22	1.00	1.17	0.91	1.28	0.83	1.40	0.75	1.54	0.66	1.69
23	1.02	1.19	0.94	1.29	0.86	1.40	0.77	1.53	0.70	1.67
24	1.04	1.20	0.96	1.30	0.88	1.41	0.80	1.53	0.72	1.66
25	1.05	1.21	0.98	1.30	0.90	1.41	0.83	1.52	0.75	1.65
26	1.07	1.22	1.00	1.31	0.93	1.41	0.85	1.52	0.78	1.64
27	1.09	1.23	1.02	1.32	0.95	1.41	0.88	1.51	0.81	1.63
28	1.10	1.24	1.04	1.32	0.97	1.41	0.90	1.51	0.83	1.62
29	1.12	1.25	1.05	1.33	0.99	1.42	0.92	1.51	0.85	1.61
30	1.13	1.26	1.07	1.34	1.01	1.42	0.94	1.51	0.88	1.61
31	1.15	1.27	1.08	1.34	1.02	1.42	0.96	1.51	0.90	1.60
32	1.16	1.28	1.10	1.35	1.04	1.43	0.98	1.51	0.92	1.60
33	1.17	1.29	1.11	1.36	1.05	1.43	1.00	1.51	0.94	1.59
34	1.18	1.30	1.13	1.36	1.07	1.43	1.01	1.51	0.95	1.59
35	1.19	1.31	1.14	1.37	1.08	1.44	1.03	1.51	0.97	1.59
36	1.21	1.32	1.15	1.38	1.10	1.44	1.04	1.51	0.99	1.59
37	1.22	1.32	1.16	1.38	1.11	1.45	1.06	1.51	1.00	1.59
38	1.23	1.33	1.18	1.39	1.12	1.45	1.07	1.52	1.02	1.58
39	1.24	1.34	1.19	1.39	1.14	1.45	1.09	1.52	1.03	1.58
40	1.25	1.34	1.20	1.40	1.15	1.46	1.10	1.52	1.05	1.58
45	1.29	1.38	1.24	1.42	1.20	1.48	1.16	1.53	1.11	1.58
50	1.32	1.40	1.28	1.45	1.24	1.49	1.20	1.54	1.16	1.59
55	1.36	1.43	1.32	1.47	1.28	1.51	1.25	1.55	1.21	1.59
60	1.38	1.45	1.35	1.48	1.32	1.52	1.28	1.56	1.25	1.60
65	1.41	1.47	1.38	1.50	1.35	1.53	1.31	1.57	1.28	1.61
70	1.43	1.49	1.40	1.52	1.37	1.55	1.34	1.58	1.31	1.61
75	1.45	1.50	1.42	1.53	1.39	1.56	1.37	1.59	1.34	1.62
80	1.47	1.52	1.44	1.54	1.42	1.57	1.39	1.60	1.36	1.62
85	1.48	1.53	1.46	1.55	1.43	1.58	1.41	1.60	1.39	1.63
90	1.50	1.54	1.47	1.56	1.45	1.59	1.43	1.61	1.41	1.64
95	1.51	1.55	1.49	1.57	1.47	1.60	1.45	1.62	1.42	1.64
100	1.52	1.56	1.50	1.58	1.48	1.60	1.46	1.63	1.44	1.65

注：T 为样本容量，K 为常数项以外的解释变量数目，d_U、d_L 分别表示上、下临界值。

附表 6 Dick-Full 检验临界值表

样本大小 T	0.01	0.025	0.05	0.10
		τ		
25	−2.66	−2.26	−1.95	−1.60
50	−2.62	−2.25	−1.95	−1.61
100	−2.60	−2.24	−1.95	−1.61
250	−2.58	−2.23	−1.95	−1.62
500	−2.58	−2.23	−1.95	−1.62
∞	−2.58	−2.23	−1.95	−1.62
		$\tau\mu$		
25	−3.75	−3.33	−3.00	−2.63
50	−3.58	−3.22	−2.93	−2.60
100	−3.51	−3.17	−2.89	−2.58
250	−3.46	−3.14	−2.88	−2.57
500	−3.43	−3.13	−2.87	−2.57
∞	−3.43	−3.12	−2.86	−2.57
		τt		
25	−4.38	−3.95	−3.60	−3.24
50	−4.15	−3.80	−3.50	−3.18
100	−4.04	−3.73	−3.45	−3.15
250	−3.99	−3.69	−3.43	−3.13
500	−3.98	−3.68	−3.42	−3.13
∞	−3.96	−3.66	−3.41	−3.12

教师服务

感谢您选用清华大学出版社的教材！为了更好地服务教学，我们为授课教师提供本书的教学辅助资源，以及本学科重点教材信息。请您扫码获取。

▶▶ 教辅获取

本书教辅资源，授课教师扫码获取

▶▶ 样书赠送

财政与金融类重点教材，教师扫码获取样书

清华大学出版社

E-mail：tupfuwu@163.com
电话：010-83470332 / 83470142
地址：北京市海淀区双清路学研大厦 B 座 509

网址：https://www.tup.com.cn/
传真：8610-83470107
邮编：100084